Der Auschwitz-Prozeß

Hermann Langbein

Der Auschwitz-Prozeß

Eine Dokumentation

Band 1

Büchergilde Gutenberg

Daß ich diese Dokumentation zusammenstellen konnte, verdanke ich der selbstlosen, nimmermüden Hilfe von Frau Hedwig Urbann in Frankfurt und ganz besonders meiner lieben Frau Loisi.

H. L.

Unveränderter Nachdruck der 1965
im Europa-Verlag, Wien, erschienenen Erstausgabe
Der Verlag dankt dem Verein zur Gründung der Stiftung Auschwitz
in Frankfurt am Main für seine Hilfe bei der Realisierung des Nachdrucks.

Einbandgestaltung: Angelika Richter, Heidesheim
Reproduktion, Druck und Bindung: Kösel, Kempten
Printed in Germany 1995
ISBN 3 7632 4400 X

Inhalt

ERSTER BAND

ZWEITER BAND

Anhang

Vorwort zur Neuauflage

Als vor mehr als drei Jahrzehnten der große Auschwitz-Prozeß in Frankfurt begann, dem bald weitere komplexe Prozesse über die Massenverbrechen des Nationalsozialismus folgten, wurde das mit Recht als juristische Großtat eingeschätzt. Ein so umfangreiches Verfahren mit einer so großen Zahl von Angeklagten, mit so ausführlichen Ermittlungen unter Einbeziehung zahlloser Dokumente, mit Zeugen aus einer Vielzahl von Ländern mußte Aufsehen erregen. Die Richter betonten zwar immer wieder, daß es nicht die Aufgabe des Gerichts sein könne, die Geschichte des Konzentrationslagers Auschwitz zu rekonstruieren, das zum größten Vernichtungslager des nationalsozialistischen Regimes ausgebaut worden war; es habe sich auf die Prüfung der Schuldvorwürfe gegen die zwanzig Angeklagten zu beschränken. Dennoch lag die eigentliche Bedeutung des Frankfurter Auschwitz-Prozesses darin, daß die Öffentlichkeit erfuhr und von einem deutschen Gericht bestätigt bekam, was in Auschwitz Realität gewesen ist: die Massentötung von Menschen wie Ungeziefer, mit großer Präzision von dem Staatsapparat organisiert, der Deutschland regierte. Das Echo war dementsprechend stark und nachhaltig. Eine Generation, die die Herrschaft der Nationalsozialisten nicht selbst miterlebt und bis dahin kaum etwas über sie erfahren hatte, sah sich zur Auseinandersetzung mit dieser Epoche veranlaßt. 1968 war mit von dieser Aufarbeitung der Vergangenheit geprägt.

Der juristische Aspekt des Frankfurter Auschwitz-Prozesses ist heute kaum mehr von Bedeutung. Thema auch für die Generation der heute Jungen bleibt die Auseinandersetzung mit der Zeitgeschichte. Welche Bedeutung können dafür die Aussagen aus einem Verfahren haben, das vor drei Jahrzehnten verhandelt wurde?

Die Einzelheiten zu den Lebensläufen der Angeklagten, die während des Prozesses bekannt wurden, zeigen, wie Menschen, die keineswegs von vornherein als Sadisten gezeichnet waren, dazu gebracht werden konnten, am alltäglichen Massenmorden in Auschwitz mitzuwirken – sei es unmittelbar, sei es indirekt. Sie belegen auch, daß sich diejenigen unter ihnen, die nicht bald nach Kriegsende von der Justiz ausfindig gemacht wurden, unauffällig in ein normales Leben einfügen konnten, in eine Normalität, in der von oben keine Vernichtungsbefehle mehr kamen, in der blinder Gehorsam nicht mehr als oberste Tugend galt und in der die Eliten, denen anzugehören vorteilhaft schien, nicht mehr die Uniform der SS und das Hakenkreuz trugen.

Ebenfalls ist es interessant - heute kaum weniger als damals - festzustellen, daß manche, die im Auschwitz-Prozeß wortgewandt als honorige Zeugen auftraten, offenbar keine geringere - oft sicher eine massivere - Mitverantwortung als die Angeklagten an dem trugen, was in Auschwitz grauenvoll vollendet wurde: an der Realisierung der mörderischen Rassenideologie, die das nationalsozialistische System zur Staatsdoktrin erhoben hatte.

Vor einem halben Jahrhundert wurde Auschwitz befreit. Seitdem ist Auschwitz Geschichte.

Aber ist das Kapitel Auschwitz in unserer Zeitgeschichte wirklich abgeschlossen? Ist überzeugend nachgewiesen worden, wieso es im zwanzigsten Jahrhundert in Mitteleuropa ein Auschwitz geben konnte, wieso - von leider viel zu wenigen abgesehen - niemand etwas dagegen zu tun versuchte, wenigstens passiven Widerstand leistete? Wieso so viele schwiegen, als im September 1935 die Rassengesetze beschlossen wurden, die Juden und Zigeuner außerhalb der Gesellschaft stellten? Wieso das Novemberpogrom 1938 nicht als Warnung vor dem Kommenden verstanden wurde? Noch ist das einschneidendste Kapitel der europäischen Zeitgeschichte nicht als deren charakteristisches Element, als Folge einer gesellschaftlichen Entwicklung, von allen verstanden worden, noch sind die Konsequenzen aus der geschichtlichen Erfahrung nicht gezogen worden, die ein Auschwitz - unter welchen Vorzeichen auch immer - unmöglich machen.

Wenn nun diese Dokumentation des Frankfurter Auschwitz-Prozesses wiederaufgelegt und damit einer neuen Generation interessierter Leser zugänglich gemacht wird, so kann sie vielleicht dazu beitragen, das Nachdenken über die Ursachen von Auschwitz anzuregen; wenn sie darüber hinaus mithelfen könnte, Schlußfolgerungen für die Zukunft zu ziehen, wären diejenigen dankbar, die hier als ehemalige Häftlinge des größten nationalsozialistischen Vernichtungslagers zu Wort kommen.

Wien, Dezember 1994
Hermann Langbein

Einleitung

Die Prozesse, die in Deutschland wegen lange zurückliegender Massenverbrechen geführt werden, unterscheiden sich von anderen Kriminalverfahren. Diese Verbrechen sind zwar von den Führern des nationalsozialistischen Staates angeordnet, geplant und organisiert worden, dennoch blieben sie auch formal eindeutig kriminelle Delikte; denn es gab im Dritten Reich kein Gesetz, das gestattet hätte, Juden, Polen, Zigeuner oder kriegsgefangene Russen, die sich völlig wehrlos in der Macht der Nationalsozialisten befanden, ohne irgendwelchen Anlaß zu töten. Hitler beauftragte in erster Linie die auf ihn persönlich eingeschworene Garde, die SS, mit solchen Taten. Es dürfte keine Übertreibung sein, zu sagen: Niemand von denen, die als Massenmörder in SS-Uniform nachträglich vor Gericht gestellt werden, wäre schuldig geworden, wenn ihm nicht sein Führer befohlen hätte, Verbrechen zu verüben.

Die Prozesse, die wegen derartiger Verbrechen geführt werden, sind in mehrfacher Hinsicht von besonderer Art, nicht nur wegen des Umfangs der Verbrechen. Wird jemand wegen Beihilfe zum Mord an einigen Hunderten verurteilt, so scheint diese Zahl vergleichsweise unbedeutend zu sein, denn nur zu oft werden Urteile wegen Mitwirkung an Mordaktionen gesprochen, die Hunderttausende betrafen. Das Besondere an diesen Kriminalprozessen ist deren politische Wirkung — zwingen sie doch zur nachträglichen Auseinandersetzung mit dem nationalsozialistischen System. Einen eigenartigen, oft schwer verständlichen Charakter erhalten diese Verfahren auch dadurch, daß Richter und Geschworene, Staatsanwälte und Verteidiger, Journalisten und Beobachter selbst meistens in den Jahren der nationalsozialistischen Herrschaft groß geworden sind und sich daher oft eher in die Lage des Täters versetzen können als in die der Opfer, besonders dann, wenn dem Täter nicht Roheitsakte nachgewiesen werden können, die dieser eigenhändig verübt hat, und die Opfer Menschen sind, gegen die Vorurteile verbreitet und mit Eifer genährt worden sind: Slawen, Zigeuner oder Juden.

In der künftigen Beschreibung der Geschichte der Nachkriegszeit werden diese Prozesse und deren Echo deutliche Hinweise auf die moralische Situation der nationalsozialistischen Epoche geben können.

Die starke politische Bedeutung dieser Prozeßkette, die bereits während der Verhandlungszeit spürbar wird, liegt darin, daß die Öffentlichkeit unanfechtbare Tatsachen über einen Abschnitt der deutschen Geschichte erfährt, der bis dahin für viele, allzu viele, im dunkeln lag. Wer Genaueres wußte, wollte meist nicht sprechen. Wer Berichte las, hielt sie für übertrieben; denn was in den Vernichtungslagern geschah, die Art, wie die Einsatzgruppen handelten, scheint bei einer ersten Betrachtung dieser Geschehnisse unvorstellbar, unglaubwürdig. Was aber vor einem Gericht Bestand behält, vor dem die Angeklagten in ihrer Verteidigung wahrhaftig keiner Einschränkung unterworfen sind — und wie richtig und notwendig ist das auch im Hinblick auf das historische Gewicht dieser Prozesse! —, das kann nicht bezweifelt werden. Denn die Angeklagten kennen den Umfang und die Umstände der Verbrechen am besten. Nichts kann sie daran hindern, übertriebene Darstellungen zurückzuweisen und zu widerlegen.

Mögen Umfragen von Meinungsforschungsinstituten auch ergeben, daß ein großer Prozentsatz der Bevölkerung von diesen Prozessen keine Notiz nimmt, so wurden dennoch viele Vertreter der jungen Generation gerade durch diese Prozesse zum erstenmal mit der vollen Wahrheit über diese Epoche, mit dem wahren Gesicht des Nationalsozialismus konfrontiert. Man kann die unmittelbare Wirkung der Verfahren erst dann richtig einschätzen, wenn man mit jungen Menschen über dieses Thema spricht.

Das bezieht sich im allgemeinen auf Prozesse wegen nationalsozialistischer Verbrechen — das trifft ganz besonders auf den größten und gewichtigsten zu: auf den Auschwitz-Prozeß.

Nicht nur durch seine besonderen Ausmaße hebt sich dieser Prozeß von anderen Verfahren ähnlichen Charakters ab — obwohl es kein Zufall ist, daß zur Durchführung dieses Verfahrens nach mehr als fünfeinhalbjähriger Vorbereitung eine Hauptverhandlung notwendig war, die zwanzig Monate dauerte; daß sich zwanzig Angeklagte gemeinsam verantworten mußten und diese Zahl eigentlich noch größer hätte sein müssen. Zum Nachteil des Prozesses wurde sie gewissermaßen willkürlich beschränkt. Einige Beschuldigte werden sich in nachfolgenden Auschwitz-Prozessen in Frankfurt zu verantworten haben, andere wurden aus der Reihe der Beschuldigten gestrichen, ohne daß ein Grund dafür angegeben worden wäre. Die Reduktion der Zahl der Angeklagten wurde damit begründet, daß man den Prozeß nicht allzu umfangreich anlegen könne, und hatte zur Folge, daß einige Abteilungen in der Lagerleitung der SS auf der Anklagebank nicht vertreten waren, das Gericht sich daher auch nicht veranlaßt sah, die spezielle Verantwortung dieser bürokratischen Sparte im SS-Verwaltungsapparat zu überprüfen — eine willkommene Gelegenheit für manche Angeklagten, gewisse Verantwortung diesem Ressort zuzuschieben. Es fehlte die Abteilung „Verwaltung" — ihr Leiter, SS-Sturmbannführer Wilhelm Burger, wird sich erst in einem der nächsten Verfahren zu verantworten haben. Es befand sich kein Vertreter des Arbeitseinsatzes unter den Angeklagten — das Verfahren gegen SS-Oberscharführer Jakob Fries wurde ebenso wie das gegen den Standortarzt Dr. Kurt Uhlenbroock auf Antrag der Staatsanwaltschaft eingestellt. Dies dürfte den angeklagten SS-Ärzten gelegen gekommen sein.

Der Auschwitz-Prozeß ragt nicht nur der Zahlen wegen, die ähnliche Angaben in anderen Prozessen übertreffen, aus der langen Reihe hervor: Das Besondere liegt darin, daß durch dieses Verfahren ein deutsches Gericht veranlaßt worden ist, den umfangreichsten und ungeheuerlichsten Komplex von Verbrechen, die jemals begangen worden sind, juristisch zu untersuchen. Die Opfer von Auschwitz zählen nach Millionen.

Indem das Frankfurter Schwurgericht danach zu forschen hatte, welche individuelle Schuld jeder der zwanzig Angeklagten auf sich geladen hat, rekonstruierte es notwendigerweise die Geschichte dieses größten Vernichtungs- und Konzentrationslagers, zumindest insoweit, als die Tätigkeit eines Angeklagten eine gewisse Kenntnis des Hintergrundes notwendig machte. Obwohl das nicht Zweck der langen Verhandlung war, wurde doch Material in einem Umfang zusammengetragen, in welchem das bisher noch keiner Institution möglich war und auch keiner mehr gelingen wird. Kein zeitgeschichtliches Institut hat die Möglichkeit, 248 Zeugen unter Eid über ihre Erlebnisse in Auschwitz zu verhören und diese aus fast 1500 Überlebenden auszusuchen. Niemandem stehen die Mittel zur Verfügung, Reisen von ehemaligen Häftlingen zu diesem Zweck aus dem Westen, Osten und aus Übersee zu ermöglichen. Wer könnte die Opfer mit den Tätern, wie das Gericht es tat, konfrontieren? Denn diese Gegenüberstellung verleiht den geschilderten Tatsachen erst recht jenen Wahrheitsgehalt, welcher den Zweifler von heute überzeugt und dem Historiker von morgen Quellenmaterial liefert. Das Gericht hat zwischen dem 20. Dezember 1963 und dem 20. August 1965 diese seine Chance weitgehend genützt. Zu einem späteren Zeitpunkt wären diese Möglichkeiten sicherlich nicht mehr gegeben: Nicht nur das Gedächtnis der Zeugen läßt nach — „Auschwitzer“ werden selten alt.

Daß der Auschwitz-Prozeß in die Geschichte eingehen würde, war vorauszusehen. Daß seine Bedeutung weniger im Urteil, vielmehr in der Feststellung des Geschehenen liegen mußte, wurde schon nach kurzer Verhandlung offenbar. Keiner der zwanzig Angeklagten hat sich im Laufe des Verfahrens als besondere Persönlichkeit erwiesen — auch nicht in negativem Sinn. So sehr sich ein Akademiker wie Dr. Lucas von einem primitiven volksdeutschen Arbeiter aus der Bukowina — Stefan Baretzki — unterscheiden mag; so groß auch der Abstand zwischen dem Hamburger Kaufmann Robert Mulka, der, fast 47jährig, die Funktion eines Adjutanten des Kommandanten in Auschwitz bekleidete, und dem Darmstädter Hans Stark sein mag, der 19 Jahre alt war, als er nach Auschwitz kommandiert wurde — jeder einzelne von ihnen war nur ein persönlich kaum interessantes Werkzeug in dem von der SS-Führung aufgebauten Apparat, dessen Bestimmung es war, in einem Umfang zu töten, der bis dahin unvorstellbar war. Dies wurde um so deutlicher, je weiter die Beweisaufnahme fortschritt, je mehr die Ereignisse in Auschwitz im Gerichtssaal allgemein bekannt wurden. Aber das Gericht mußte sich streng an seine vorgeschriebene Aufgabe halten, es mußte feststellen, wieweit

Dr. Lucas ein Befehlsnotstand zugebilligt werden durfte. Es mußte auf solche Fragen die Antwort finden: Konnte man dem Adjutanten Mulka Glauben schenken, der nichts mit dem Tötungsapparat zu tun gehabt haben wollte? Waren die Taten Baretzkis als Beihilfe zum Mord oder als Mord zu werten? Konnte auf Stark das Jugendstrafrecht Anwendung finden? Die Justiz hatte ihre eigenen Probleme. Sie war keineswegs berufen, zeitgeschichtliche Forschung zu betreiben.

Das ist verständlich. Weniger einleuchtend und sehr bedauerlich ist es, daß die Strafprozeßordnung, nach der das Auschwitz-Verfahren durchzuführen war, nicht vorsieht, daß ein Protokoll aufgenommen wird, das den wesentlichen Inhalt des Verfahrens festhält. Am 1. April 1965 trat zwar in Deutschland eine neue Strafprozeßordnung in Kraft, die auch bei Schwurgerichtsprozessen gestattet, mehr als bloße Formalprotokolle zu führen. Aber für die zu diesem Zeitpunkt bereits laufenden Verfahren galt noch voll und ganz die alte Ordnung. Das Gericht hat die Schwierigkeit, die der Mangel an einem genauen Protokoll bei einem so umfangreichen Verfahren hervorrufen mußte, bald erkannt. Nachdem die ersten Aussagen den Umfang der Materie klargemacht hatten, wurden fast alle Zeugen vor Beginn ihrer Vernehmung von dem Vorsitzenden gefragt, ob sie etwas dagegen einzuwenden hätten, daß ihre Aussagen auf Tonband aufgenommen würden — „zur Stützung des Gedächtnisses des Gerichts“, wie die stereotype Formel lautete. Kaum ein Zeuge verwahrte sich dagegen. Das Gericht hielt sich streng an die von ihm selbst angezeigte Einschränkung: Es verwehrte sogar Verteidigern und Nebenklägern die Benutzung dieser Tonbänder. Nach der Urteilsberatung sollen sie gelöscht werden. Quellenmaterial von unschätzbarem Wert würde dadurch vernichtet werden. Darum bemühen sich Organisationen ehemaliger Häftlinge, die Löschung dieser Tonbänder zu verhindern.

Die Presse berichtete über jeden Prozeßtag. Aber selbst ein ausführlicher, spaltenlanger Bericht kann nicht mehr als einzelne Episoden der langen Verhandlungstage schildern.

Es wäre schlimm, wenn die Schilderungen von 248 ehemaligen Häftlingen in Auschwitz, wichtige Aussagen anderer Zeugen, die Angaben der Angeklagten verloren sein sollten, mit Ausnahme jener, die in der Urteilsbegründung ihren Niederschlag fanden. Und es war leicht vorauszusehen, daß selbst eine sehr ausführliche Begründung des Richterspruches nur wenig aus der kaum übersehbaren Fülle des Materials festhalten konnte. Der Mangel war zu schmerzhaft fühlbar, ihm sollte abgeholfen werden, soweit das in der Möglichkeit eines einzelnen lag.

Darum habe ich dem Prozeß als Beobachter beigewohnt, nachdem ich vernommen worden war; ein Zeuge darf nämlich an der Verhandlung erst dann teilnehmen, nachdem er ausgesagt hat. Ich schrieb die Verhandlung mit und stellte diese Dokumentation über Auschwitz zusammen.

Das Gericht benötigte 183 Verhandlungstage für den Auschwitz-Prozeß. Den ersten 23 Verhandlungen konnte ich nicht beiwohnen. Sie waren mit der Vernehmung der Angeklagten (1. bis 15. Verhandlungstag), Gutachten von Sachverständigen (16. bis 18. und 21. Verhandlungstag) und Aussagen der ersten vier Zeugen (19., 20., 22. und 23. Verhandlungstag) ausgefüllt. Am 24. Verhandlungstag wurde ich einvernommen. Von da an habe ich dann den Prozeß verfolgt und nur 4 Tage versäumt — den 26. März, den 13. und 14. August und den 30. Dezember 1964. Das Ergebnis dieser fehlenden 27 Verhandlungstage konnte in diese Dokumentation nur auf Grund von Presseberichten aufgenommen werden. Für die beiden Augusttage 1964 stellte mir Axel Eggebrecht, der den Prozeß zeitweilig verfolgt hat, seine Aufzeichnungen liebenswürdigerweise zur Verfügung. Für die Dokumentation aller weiteren Prozeßtage, an denen 349 (von insgesamt 359) Zeugen vernommen wurden, standen mir meine Aufzeichnungen zur Verfügung. Wenn einzelne Episoden in der Presse wörtlich geschildert wurden, dann zog ich diese Berichte vergleichsweise mit heran. 825 Teilstücke der Verhandlungsergebnisse sind in der Dokumentation zusammengestellt. Für 157 davon sind Berichte der „Frankfurter Allgemeinen Zeitung" herangezogen worden, für 77 die der „Frankfurter Neuen Presse", für 28 die der „Frankfurter Rundschau", in Einzelfällen auch andere Zeitungen, wie die „Stuttgarter Zeitung", „Die Welt" sowie schweizerische und französische Pressemeldungen. Für verschiedene Teilstücke, vor allem für Ergebnisse der Verhandlungstage, die ich versäumen mußte, wurden mehrere Zeitungen gleichzeitig herangezogen. Allen anderen Protokollen liegen meine Aufzeichnungen allein zugrunde. Die eben genannten Zahlen spiegeln den Umfang wider, in welchem die großen Frankfurter Zeitungen regelmäßig über den Prozeß berichteten.

In diese Dokumentation konnten nicht alle Aussagen vollständig aufgenommen werden — sie hätte sonst Bände gefüllt und wäre außerdem noch unübersichtlich geworden. Das war auch durchaus nicht notwendig, denn manche Aussagen waren — was die Geschichte von Auschwitz betrifft — völlig belanglos. Man denke nur an die vielen ehemaligen SS-Männer, die sich vor Gericht an nichts mehr erinnern wollten. Andere Aussagen beruhten offenkundig auf Irrtümern. Sie hätten das Bild eher verwirrt als ergänzt. Es wurden 409 Zeugen vernommen beziehungsweise deren Vernehmungsprotokolle verlesen, und es wurden immerhin 273 Aussagen für dieses Buch verwertet. Da die Schilderungen ehemaliger Häftlinge in der Regel Wesentlicheres brachten als die Angaben anderer Zeugen, wurden sie mehr berücksichtigt. Von insgesamt 248 Aussagen aus dieser Zeugengruppe sind 193 in die Dokumentation aufgenommen. Von den 91 Zeugen, die der SS angehört hatten, machten nur 43 Aussagen, die für eine Dokumentation von Interesse zu sein schienen. Etwas höher lag der Prozentsatz jener Einvernahmen, die aus den Aussagen einer dritten Zeugengruppe für die Dokumentation ausgewählt wurden — einer Gruppe, die diejenigen umfaßt, die weder in der Zebrauniform der Häftlinge noch in der totenkopfgezierten der SS in Auschwitz waren; es waren 37 von 70. Die meisten Zeugen dieser Gruppe kannten einen der Angeklagten. Ihre Angaben können helfen, sich ein Bild von der Persönlichkeit des Angeklagten zu machen.

Die ausgewählten Aussagen konnten nicht zur Gänze aufgenommen werden. Viele der Zeugen wurden oft stundenlang vernommen, Nebensächliches reihte sich an Wichtiges, Wiederholungen waren schwer zu vermeiden.

Der Gesichtspunkt, nach welchem ausgewählt wurde, war dieser: Das sollte festgehalten werden, was für die Darstellung der Geschehnisse in Auschwitz von Bedeutung war. Meist, aber nicht immer, deckte sich dieser Gesichtspunkt mit den Bemühungen des Gerichts. Diesem ging es um möglichst eindeutige Klarheit in den konkreten Fällen, die Gegenstand der

Anklage waren. Nur soweit es zur Einschätzung der Situation für jeden einzelnen Fall notwendig schien, interessierte sich das Gericht für Schilderungen allgemeiner Art. Lediglich die ersten Zeugen sollten die Atmosphäre in Auschwitz, die verschiedenen Bedingungen in den einzelnen Lagern, den Ablauf der Ereignisse vom Juni 1940, als die ersten Polentransporte nach Auschwitz gebracht wurden, bis zum Januar 1945, als das Lager evakuiert wurde, zusammenhängend schildern. Alle weiteren Zeugen wurden durch Fragen des Vorsitzenden zielbewußt und schnell zum eigentlichen Vernehmungsthema geführt.

Aussagen, die das Lager allgemein schildern, oder Teile von Aussagen, die Licht auf die allgemeinen Verhältnisse werfen, sind in den ersten Kapiteln der Dokumentation und in den Einleitungskapiteln zu den verschiedenen Abschnitten zusammengefaßt. Aber der Leser findet für die Lage in Auschwitz Charakteristisches auch in jenen Teilen des Buches, in denen die Angaben über jeden der Angeklagten zusammengefaßt sind. Zusammenhängende Schilderungen vermitteln dem Leser auch einen gewissen Eindruck von der Persönlichkeit der Zeugen. Darum wurde es möglichst vermieden, solche Aussagen auf verschiedene Kapitel aufzuteilen.

Die Zeugen wurden aber in der Regel nach ihren Erlebnissen mit den Angeklagten befragt. Eine strenge thematische Gliederung war daher nicht möglich. Ein Sachregister im Anhang hilft, alle Angaben über bestimmte Probleme zu finden. Das Gericht war bemüht, von jedem Zeugen einen persönlichen Eindruck zu gewinnen, um dessen Glaubwürdigkeit richtig einschätzen zu können; auch dem Leser soll, soweit wie möglich, die Persönlichkeit jedes Zeugen nähergebracht werden, wenn auch die Stimme, die Sprechweise, das Aussehen schriftlich nicht wiedergegeben werden können; wenn auch die vielen beredten Pausen wegfallen müssen — jene Minuten des Schweigens, in welchen in dem nüchternen Gerichtssaal Auschwitz am deutlichsten spürbar wurde. Soweit es möglich war, wurde die Ausdrucksweise jedes Zeugen beibehalten; das war leicht, wenn er in deutscher Sprache ausgesagt hat. Die meisten Opfer von Auschwitz haben aber nur mit Hilfe eines Dolmetschers aussagen können. Die ersten Erfahrungen, die mit den Dolmetschern gemacht wurden, waren schlimm.

Schließlich hat das Gericht für die Sprachen, die von den Zeugen am häufigsten benutzt wurden, ausgezeichnete Übersetzer gefunden: Herrn Benesch für die tschechische Sprache und Frau Wera Kapkajew für die polnische und die russische. Frau Kapkajew hat nicht nur sehr korrekt und fließend übersetzt, sie besitzt auch die Gabe, Ton und Nuancen in einer Weise wiederzugeben, die dem Zuhörer den Eindruck vermittelt, den Zeugen selbst sprechen zu hören. Der Vorsitzende hat ihr nach der Vernehmung des letzten polnischen Zeugen mit warmen Worten für ihre Hilfe gedankt.

Die Sprechweise der Angeklagten ist ohne Veränderung wiedergegeben worden. Die schwulstige Art, in der sich ein Mulka auszudrücken gewohnt war, blieb ebenso erhalten wie die primitive Ausdrucksweise eines Kaduk oder Klehr. Leider konnten weder der arrogante Ton eines Dr. Capesius noch die gepreßte, in der Erregung bellend klingende Stimme eines Stark auf das Papier übertragen werden.

Die Stellen aus den Vernehmungen, die in dieses Buch aufgenommen wurden, sind dem Inhalt nach zusammengezogen worden. Wäre das unterblieben, so würde die Lesbarkeit darunter leiden und die Dokumentation wäre zu umfangreich geworden. In einigen Fällen wurden auch Teile von Aussagen, die inhaltlich zusammengehören, aneinandergerückt.

Zeitraubende Einleitungen wurden auf das Wesentliche beschränkt zusammengefaßt, dabei blieben jedoch etwaige entlastende Momente in jedem Falle erhalten. Der Leser kann sich dank der thematischen Zusammenstellung über ein bestimmtes Problem unterrichten, er kann verschiedene Aussagen zum selben Gegenstand gegeneinander abwägen und gewinnt auf diese Weise Eindruck von der Person jedes Angeklagten und Überblick über dessen Taten. In den einzelnen Abschnitten werden Teilaussagen, die zum Thema des Kapitels von Bedeutung sind, sinngemäß zusammengefaßt, durch möglichst knapp gehaltene Bemerkungen ergänzt und verbunden. Jede Bemerkung des Autors hebt sich durch die Kursivschrift deutlich von der Aussage ab, so daß ein Mißverständnis unmöglich erscheint. Im Kapitel „Vorgeschichte des Prozesses" wird dadurch der Text der vielen zitierten Dokumente klar hervorgehoben.

Der Anhang bietet einen Überblick über den chronologischen Ablauf des Prozesses. Man kann sich darüber orientieren, wann diese oder jene Aussage gemacht wurde. An dieser Stelle sind auch die Personaldaten der Zeugen angeführt, soweit sie bekannt sind. Häufig gebrauchte Abkürzungen und Ausdrücke des Lagerjargons werden ebenfalls im Anhang erklärt.

Viele Zeugen haben zu verschiedenen Themen ausgesagt. Mehr als die Hälfte aller Zeugenaussagen ist daher auf mehrere Stellen verteilt zu finden. Eine Gruppe von ehemaligen Häftlingen verfügt über reiche Lagererfahrung und ein noch gutes Gedächtnis; aus ihren Aussagen wurden viele Stellen aufgenommen. Das trifft besonders auf Leute zu, die in Auschwitz in Schlüsselstellungen gearbeitet haben: als Arzt, Pfleger oder Schreiber im Häftlingskrankenbau, als „Arbeitseinsatz“, in der „Politischen Abteilung“, im „SS-Revier“, als Capos oder Blockälteste, als Leichenträger oder im „Sonderkommando“, das in den Krematorien zur Arbeit gezwungen worden ist.

Im Bildanhang sind Fotografien von Zeugen zu finden, deren Aussagen ausführlich verwendet werden konnten. Es standen nicht Bilder von allen Zeugen zur Verfügung, die Auswahl soll daher keinesfalls als Wertung verstanden werden. Das trifft besonders auf jene Häftlingsfotos zu, die in einigen Fällen neben Fotos aus der Zeit, in welcher die Aussage in Frankfurt gemacht wurde, wiedergegeben sind. Nicht alle Häftlingsfotos sind erhalten geblieben; von jüdischen Häftlingen hat die SS keine Fotos gemacht, sie nicht „erkennungsdienstlich verarbeitet“, wie sich der Angeklagte Boger einmal ausdrückte.

Nicht jeder Zeuge, der als Häftling in Auschwitz eine Funktion bekleidet hatte, war ein wertvoller Zeuge. Eine Erfahrung, die in vielen Prozessen dieser Art gewonnen worden war, bestätigte sich auch hier: Wer selber Butter auf dem Kopf hatte, war mehr als zurückhaltend in seiner Aussage, die andere betraf; mußte er sich doch vergegenwärtigen, daß ein von ihm Beschuldigter aufstand und sagte: „Und was haben Sie gemacht?“

Eine wichtige Ergänzung der Aussagen bilden Zitate aus dem „Broad-Bericht“, den Aufzeichnungen, die der Angeklagte Broad im Jahr 1945 in englischer Kriegsgefangenschaft gemacht hat und die in dem Prozeß verlesen wurden. Oft bestätigt dieser Bericht Angaben von Zeugen, die zuerst wegen der Schilderung besonders schrecklicher Dinge unglaubhaft erschienen. Mehrmals wurde Broad wegen dieses Dokuments als Kronzeuge bezeichnet.

Die Dokumentation durfte nicht allzu lang werden. Darum wurde auf die Wiedergabe einiger Teile verzichtet. Aus der Anklageschrift wurden nur einige wenige Zitate aufgenommen, die Ereignisse darstellen, welche von keinem Zeugen geschildert wurden. Vieles war nach Abschluß der Beweisaufnahme überholt. Die Gutachten der Sachverständigen wurden kaum herangezogen: Sie gehören nur mittelbar zur Geschichte des KZ Auschwitz; einige sind bereits publiziert worden. Die Aussagen einer langen Reihe von Zeugen, die in der letzten Prozeßphase zum Thema „Befehlsnotstand" gehört wurden, wurden nicht in die Dokumentation aufgenommen. Obwohl viele Aussagen dieser NS-Größen zeitgeschichtlich von Interesse sein können, haben sie mit dem eigentlichen Thema, der Geschichte des Vernichtungslagers Auschwitz, nichts zu tun. Ausnahmen wurden nur dort gemacht, wo davon die Rede ist, daß in anderen Konzentrationslagern SS-Angehörige die Durchführung von Mordbefehlen verweigert haben. Denn aus diesen Aussagen dürfen Rückschlüsse auf die Situation der SS-Täter in Auschwitz gemacht werden. Auch die Plädoyers finden in diesem Buch kaum einen Niederschlag, denn dieses soll nicht der juristischen Würdigung, sondern einer historischen Darstellung dienen.

Die Geschichte des Konzentrationslagers Auschwitz wurde noch nicht geschrieben. Um alle Phasen des Lagerlebens, alle menschlichen Phänomene, die in einer so extremen Situation sichtbar wurden, darzustellen, vom Gesichtspunkt der Gefangenen und auch von dem der Wachmannschaft, die sich ebenfalls, wenn auch in ganz anderem Sinn, in einer Lage befunden hat, die mit keiner anderen zu vergleichen ist — dazu hat bisher noch niemandes Kraft gereicht.

Diese Dokumentation kann eine solche Geschichte nicht ersetzen, sie ist notwendigerweise unvollständig. Viele Dinge kamen bei dem Prozeß nicht zur Sprache, weil sie keinen Angeklagten betrafen — beispielsweise die medizinischen Versuche, die unternommen wurden, um ganze Völker unfruchtbar zu machen, und die Vorkommnisse in den meisten Außenlagern. Nicht nur Verteidiger, auch Historiker können Zweifel an dem Wahrheitsgehalt von Aussagen hegen, die zwei Jahrzehnte nach den Geschehnissen gemacht wurden. Dort, wo sich verschiedene Aussagen decken oder einander ergänzen, werden derartige Zweifel allerdings verstummen müssen.

Auch hatte das Gericht nach einigen Verhandlungsmonaten bereits einen ausreichenden Überblick gewonnen, um Widersprüche aufdecken und Übertriebenes ablehnen zu können. Wenn bereits aus mehr als hundert Schilderungen bestimmte Vorkommnisse bekannt waren, dann geriet eine unrichtige Darstellung gleich in offenen Widerspruch mit anderen Zeugnissen. Solche Angaben wurden in diese Dokumentation nicht aufgenommen. Selbst jene Verteidiger, die in ihren Schlußplädoyers alle ihre Mandanten belastenden Aussagen als unrichtig bezeichnet haben, bezweifelten nicht etwa die Angaben dieser Zeugen generell; sie wiesen vielmehr nur auf die Möglichkeit hin, daß diese Zeugen sich in der Person des Täters haben irren können.

Wenn diese Zusammenstellung von 825 Aussagen, die 273 Zeugen im Auschwitz-Prozeß abgegeben haben, der jungen Generation helfen kann, sich einen Überblick darüber zu verschaffen, was noch vor gar nicht so langer Zeit in Deutschland möglich war, wenn sie ihr hilft, sich Gedanken darüber zu machen, warum dies geschehen konnte und was zu tun ist, um eine Wiederholung, unter welchen Vorzeichen immer, zu vermeiden — dann hat dieses Buch seinen Zweck erfüllt.

Wenn es Historikern in Zukunft hilft, dieses unfaßbare Phänomen der letzten Jahrzehnte zu studieren — daß nämlich in Mitteleuropa von Staats wegen Menschen wie Ungeziefer vertilgt werden konnten und Tausende die Befehle für diese Tat widerspruchslos ausführten —, dann hat sich alle Mühe mehr als gelohnt.

Vorgeschichte des Prozesses

Der größte Prozeß vor einem deutschen Gericht wurde wie viele andere Verfahren wegen nationalsozialistischer Verbrechen — man denke nur an den Ulmer Einsatzgruppenprozeß — durch einen Zufall ausgelöst. Am 1. März schrieb A. R., der damals in Bruchsal eine Strafe verbüßte, folgenden Brief an die Staatsanwaltschaft in Stuttgart:

Im Jahre 1946 ist der ehemalige SS-Oberscharführer Boger aus dem Auslieferungstransport nach Polen geflüchtet. Der Transport war vom War Crimes-Camp 29 Dachau zusammengestellt.

Boger ist schwerstens belastet durch seine im ehemaligen KZ Auschwitz begangenen Verbrechen gegen die Menschlichkeit (Massenmord, Selektionen, Totschlag, Geständniserpressungen mit und ohne Anwendung der Schaukel usw.).

Ich selbst war als Häftling vom 6. Mai 1941 bis 16. Januar 1945 unter der Lagernummer 15.465 im KZ-Lager Auschwitz I. Ich habe nunmehr folgendes in Erfahrung gebracht:

Ein Boger soll sich bis 1948 versteckt gehalten haben in Unterrath bei Schwäbisch Hall. Er ist dann aus der bekannten Versenkung aufgetaucht. Er ist verheiratet und wohnt jetzt in „Weil im Dorf". Seit zirka 1956 soll er bei Firma „Heinkel" in Zuffenhausen, Motorenfabrik für Auto, in Stellung sein.

Sofern es der Boger ist, stelle ich heute gegen ihn Strafantrag wegen Massenmord. Beweise und Zeugen stelle ich sofort zur Verfügung, zugleich stellt das Internationale Auschwitz-Komitee, Wien 10, Weigandhof 5, sowie der Zentralrat der deutschen Juden, Düsseldorf-Benrath, sicherlich auch reichliches Beweismaterial zur Verfügung, nachdem im Archiv des KZ-Museums Auschwitz ganze Bände von Unterlagen sind. Direktor ist der ehemalige polnische KZ-Kamerad

Franz Targosz; vom Auschwitz-Komitee Wien ist Hermann Langbein der geschäftsführende Mann, auch ein ehemaliger KZler.

Gemächlich begannen die Behörden, sich mit diesem Fall zu befassen. Am 10. April hatte die Kriminalpolizei von Stuttgart das Ergebnis der Ermittlungen an die Staatsanwaltschaft weitergeleitet. In diesem Schreiben heißt es:

Bei dem Beschuldigten handelt es sich um den verheirateten kaufmännischen Angestellten Wilhelm Boger, geboren 19. Dezember 1906 in Stuttgart-Zuffenhausen, wohnhaft Hemmingen, Kreis Leonberg.

Boger ist Angestellter bei der Firma Heinkel, Motorenwerke, Stuttgart-Zuffenhausen. Er war SS-Oberscharführer in Auschwitz.

Die Anzeige wird zurückgereicht mit der Bitte, die gewünschten Ermittlungen durch das zuständige Kriminalkommissariat durchführen zu lassen.

Es mag verständlich sein, daß die erste Strafanzeige nicht so ernst genommen wurde, wie es notwendig gewesen wäre; erstattete sie doch ein Mann, der wiederholt vorbestraft war, unter anderem auch wegen Meineid. Aber A. R. hat seine Kenntnis über die Anwesenheit Bogers nicht nur der Staatsanwaltschaft in Stuttgart mitgeteilt. Er schrieb darüber auch dem Internationalen Auschwitz-Komitee in Wien. Damals war ich dessen Generalsekretär. Am 9. Mai 1958 ging folgender Brief von Wien an diese Staatsanwaltschaft ab:

Uns wurde mitgeteilt, daß bei Ihnen ein Verfahren gegen SS-Oberscharführer Boger läuft.

Boger war seinerzeit bei der Politischen Abteilung im Konzentrationslager Auschwitz tätig und hat dort eine Fülle schwerster Verbrechen begangen. Er ist von einem Transport von Dachau nach Polen geflohen und hielt sich seitdem versteckt.

Wir ersuchen um Nachricht, ob die uns zugegangene Mitteilung auf Richtigkeit beruht. Wir sind in der Lage und bereit, Ihnen Zeugen und Beweismaterial über den Umfang der Verbrechen Bogers zur Verfügung zu stellen.

Ihrer Antwort entgegensehend, zeichnet mit dem Ausdruck vorzüglicher Hochachtung für das Internationale Auschwitz-Komitee: Hermann Langbein.

Bewußt bezog ich mich nicht auf die Strafanzeige von A. R. Es zeigte sich aber, daß die Justiz trotzdem nicht schneller zu arbeiten begann. Eine schleppend geführte Korrespondenz, der keine konkreten Schritte folgten, hatte zur Folge, daß ich bei dem Staatsanwalt in Stuttgart und — nachdem diese Besprechung überaus unbefriedigend verlaufen war — bei der ihm vorgesetzten Stelle intervenierte. Was in den Monaten von Mai bis September geschah und nicht geschah, faßte ich im folgenden Brief zusammen, der das Datum 21. September 1958 trägt:

Sehr geehrter Herr Oberstaatsanwalt!

Ich danke Ihnen für Ihr Schreiben. Sie erwähnen darin, daß zwischen den Ansichten der Staatsanwaltschaft und unseren in der Frage ein Unterschied besteht, ob bereits jetzt Voraussetzungen für den Erlaß eines Haftbefehls gegen Wilhelm Boger gegeben sind, beziehungsweise darüber, ob die Staatsanwaltschaft alles in ihren Möglichkeiten Stehende veranlaßt hat, um solche Voraussetzungen zu schaffen. Ich mußte nach meiner kurzen Unterredung mit Staatsanwalt Weber am 9. September zu dem Eindruck kommen, daß bisher die Staatsanwaltschaft nicht alle ihr zur Verfügung stehenden Möglichkeiten ausgeschöpft hat.

Ich darf in dem Zusammenhang darauf hinweisen, daß unser Komitee bereits in einem Schreiben vom 9. Mai 1958 erstmals darauf aufmerksam gemacht hat, daß Boger in Auschwitz schwerste Verbrechen begangen hat. Auf eine Anfrage, die unser Komitee am 29. Mai an die Staatsanwaltschaft richtete, bekam es keine Antwort. Erst nachdem wir diese am 9. Juli urgierten, ersuchte uns die Staatsanwaltschaft um Unterlagen.

Mit Schreiben vom 30. August nannten wir der Staatsanwaltschaft fünf Zeugen, die über die Verbrechen Bogers Aussagen machen können, nachdem bereits am 29. Mai der Staatsanwaltschaft eine erste Zeugenaussage übergeben wurde. Mit Schreiben vom 3. September teilten wir Anschriften zweier weiterer Zeugen mit. Bei der Besprechung am 9. September mußte ich aber feststellen, daß noch keiner dieser Zeugen vernommen war — auch nicht die drei Zeugen aus der Bundesrepublik Deutschland. Staatsanwalt Weber erklärte ausdrücklich, daß er es nicht für notwendig halte, an die Wohnorte dieser Zeugen zu fahren, um sie zu vernehmen. Er wies auf die Schwierigkeiten hin, die der Vernehmung ausländischer Zeugen im Wege stehen. Staatsanwalt Weber hielt es aber nicht für nötig, mich, der in der Angelegenheit Boger bereits am 29. Mai als Zeuge genannt wurde, bei meiner Anwesenheit in der Staatsanwaltschaft in Stuttgart zu vernehmen. Ergänzend zu dieser zusammenfassenden Feststellung ist noch zu erwähnen, daß unseres Wissens weder die bereits erwähnten acht Zeugen noch die drei Zeugen, die ich der Staatsanwaltschaft am 9. September mitteilte, bis heute verhört worden sind. Ich hebe ausdrücklich hervor, daß vier dieser Zeugen in der Bundesrepublik Deutschland leben.

Schließlich mußte ich bei meiner kurzen Unterredung mit Staatsanwalt Weber am 9. September feststellen, daß dieser das Bunkerbuch, das unser Komitee ihm am 30. August als belastendes Beweismaterial zusandte, noch nicht eingesehen hatte. Ja, er hat nicht einmal den Begleitbrief von uns gelesen. Dort war erwähnt, daß dieses Bunkerbuch in polnischer Sprache kommentiert ist — während das Buch selbst in Fotokopie in deutscher Sprache vorliegt. Staatsanwalt Weber war aber der Ansicht, daß das Kommentar in tschechischer Sprache abgefaßt sei. Er räumt in diesem Zusammenhang ein, daß er noch nicht alles, was unser Komitee in der Angelegenheit Boger der Staatsanwaltschaft Stuttgart geschrieben hat, gelesen habe.

Wir schließen uns Ihrer Auffassung, sehr geehrter Herr Oberstaatsanwalt, an, daß zuerst alles für eine Verhaftung ausreichende Material zusammengetragen werden muß, bevor Antrag auf einen Haftbefehl gegen Wilhelm Boger gestellt werden kann. Wir mußten aber feststellen, daß bisher von seiten der Staatsanwaltschaft keine Initiative entwickelt wurde, um solches Material zu bekommen, und die Unterstützung unseres Komitees zur Beschaffung eines solchen Materials bis jetzt nicht ausgewertet worden ist.

Wir wiederholen unseren Hinweis, daß sich der Schriftwechsel in dieser Angelegenheit nun bereits den fünften Monat hinzieht und daß dadurch die Gefahr, daß Boger von dem

Verfahren erfährt und sich der Justiz durch eine Flucht entzieht, ständig größer wird. Darauf weist sowohl seine erste Flucht als auch der Parallelfall Dr. Eisele hin.

Jetzt erst wurde über den Fall Boger nicht nur korrespondiert, es wurde gehandelt. Am 2. Oktober verhängte das Amtsgericht in Stuttgart einen Haftbefehl gegen Boger. Am 10. Oktober 1958 machte Oberstaatsanwalt Schabel endlich folgende Mitteilung:

Sehr geehrter Herr Langbein!

Auf Ihre Schreiben vom 21. September und 1. Oktober 1958 teile ich Ihnen mit, daß sich der Beschuldigte Boger seit 8. Oktober 1958 in Untersuchungshaft befindet.

Aus diesem Anlaß bitte ich Sie, die Staatsanwaltschaft bei der Beschaffung von geeigneten Beweismitteln weiter zu unterstützen.

Zunächst erscheint die Benennung von weiteren Zeugen strafbarer Handlungen Bogers nützlich. Sollten Sie durch Ihre Verbindungen in der Lage sein, einen Lagerplan von Auschwitz zur Verfügung zu stellen, wäre der Sache ebenfalls sehr gedient.

Sie dürfen versichert sein, daß die Maßnahmen getroffen werden, die der Bedeutung des Verfahrens entsprechen.

Immerhin hat es sechs Tage gebraucht, bis auf Grund des erlassenen Haftbefehls Boger, dessen Wohnadresse und Arbeitsstelle bekannt waren, endlich verhaftet worden ist. Vor Gericht sagte Boger aus, daß er einige Tage vor seiner Verhaftung angerufen worden sei. Es meldete sich die Kriminalpolizei und fragte, ob er der Boger von der Politischen Abteilung in Auschwitz sei. Er habe diese Frage bejaht, darauf habe die andere Seite abgehängt. „Ich hätte leicht fliehen können, wenn ich mich schuldig gefühlt hätte" — diese Feststellung Bogers am ersten Verhandlungstag des Auschwitz-Prozesses ist nicht widerlegt worden.

Eine Kette von Zufällen hat dazu geführt, daß sich die deutsche Justiz für Wilhelm Boger zu interessieren begann. Er stand auf der Kriegsverbrecherliste der Alliierten, wird in der Fachliteratur mehr als einmal erwähnt, war aus amerikanischer Haft geflohen und hätte eigentlich schon deswegen gesucht werden sollen. Seit dem 31. August 1949 aber lebte Boger unter seinem richtigen Namen, ordnungsgemäß gemeldet. Ein Brief aus einer Zelle in Bruchsal hat endlich den Anstoß dazu gegeben, die Unterlassungssünden der Vergangenheit zu korrigieren. Und Zufälle gestatteten es, daß Boger nach langen Monaten schließlich verhaftet werden konnte, ohne daß er vorher geflohen war.

Seitdem wird in Stuttgart ein Verfahren Wilhelm Boger geführt. Niemand ahnt noch, daß daraus das umfangreichste Verfahren werden soll, das jemals die deutsche Justiz beschäftigt hat.

Der erste Schritt zur Ausweitung des Verfahrens wurde am 14. November 1958 getan. In einem Schreiben an den Oberstaatsanwalt in Stuttgart übersandte ich eine Liste von 18 weiteren Angehörigen der Politischen Abteilung des Konzentrationslagers Auschwitz, die sich bisher noch vor keinem Gericht verantworten mußten. Es lag nahe, anzunehmen, daß sie ebenfalls unter ihrem Namen unbehelligt in Deutschland lebten. Auf dieser Liste stehen auch die Namen von Hans Stark, Klaus Dylewski und Pery Broad, späteren Mitangeklagten im Prozeß. Am 20. November antwortete der Erste Staatsanwalt:

Der Eingang Ihres Schreibens vom 14. November 1958, in dem weitere Hinweise zur Aufklärung des Sachverhaltes enthalten sind, wird hiermit dankend bestätigt. Die zur Vernehmung der im Auslande wohnhaften Zeugen erforderlichen Schritte sind eingeleitet worden. Die Fahndung nach den von Ihnen benannten weiteren Angehörigen des SS-Lager-Personals von Auschwitz wird sich infolge der lückenhaften Personalangaben allerdings sehr schwierig gestalten. Auf jeden Fall wird aber alles unternommen werden, was zur Ausfindigmachung dieser Personen geeignet ist.

In dieser Zeit haben das allgemeine Unbehagen und die wachsende Unruhe — entstanden durch die Unterlassungssünden der deutschen Justiz, die offenbar wurden — dazu geführt, daß sich die Landesjustizminister endlich entschlossen, eine zentrale Stelle zur Verfolgung der Naziverbrechen zu schaffen.

Damit begann ein neues Kapitel. Die deutsche Justiz entwickelte bei der Aufdeckung nationalsozialistischer Verbrechen Initiative. Das hat schnell seine Wirkung auch auf dieses Verfahren ausgeübt. Am 28. Dezember 1958 schrieb ich folgenden Brief an den Leiter der Zentralstelle, dessen Anschrift mir damals noch unbekannt war:

Das Internationale Auschwitz-Komitee hat bei einer Vorsprache im Bundesjustizministerium in Bonn und schließlich aus der deutschen Presse erfahren, daß sich die deutsche Justiz entschlossen hat, eine zentrale Ermittlungsbehörde für die Verfolgung von KZ-Verbrechen und Morden an jüdischen Bürgern zu schaffen. Unser Komitee hat sich bisher bemüht, der deutschen Justiz bei der Verfolgung von Personen, die sich im Konzentrationslager Auschwitz Verbrechen zuschulden kommen ließen, zu helfen. Wir sind auch bereit, Ihrem Amt unseren Kräften entsprechend zu helfen. Wir erlauben uns daher, Sie auf folgende Verfahren aufmerksam zu machen, die gegenwärtig in der Bundesrepublik laufen:

Verfahren gegen den ehemaligen SS-Oberscharführer der Politischen Abteilung des KZ Auschwitz, Wilhelm Boger, anhängig beim Oberstaatsanwalt beim Landgericht Stuttgart, 16 Js 1273/58 — im Zusammenhang mit diesem Verfahren haben wir am 4. November mündlich und am 14. November schriftlich weitere SS-Angehörige der Politischen Abteilung der Oberstaatsanwaltschaft namhaft gemacht, die sich unseres Wissens bisher noch vor keinem Gericht verantworten mußten.

Verfahren wegen Mordverdacht gegen Johann Paul Kremer, anhängig beim Oberstaatsanwalt beim Landgericht Münster 6D Js 473/58. Derzeit noch unabhängig von diesem Verfahren läuft ein anderes gegen den ehemaligen Lagerarzt des KZ Auschwitz, SS-Hauptsturmführer Dr. Josef Mengele. Unsere diesbezügliche Strafanzeige wurde vom Bundesjustizministerium an den Herrn Justizminister des Landes Schleswig-Holstein weitergeleitet. Wir konnten diesem nicht nur Zeugen über die Verbrechen Mengeles, sondern dessen Personaldaten und mit Schreiben vom 15. Dezember auch Angaben über eine Scheidung seiner Ehe am 25. März 1954 in Düsseldorf bekanntgeben. Ferner wurde der Kriminalpolizei beim Polizeipräsidium München auf Grund einer von dort erfolgten Anfrage eine Strafanzeige gegen den ehemaligen SS-Oberscharführer Josef Klehr erstattet. Dieselbe Stelle fahndet gegen den ehemaligen Lagerarzt des KZ Auschwitz, Dr. Horst Fischer (KD 2 — Tgb. Nr. 4929/58). — Wir glauben, daß es zweckmäßig wäre, wenn diese Verfahren gegen ehemalige Lagerärzte des KZ Auschwitz und deren Gehilfen von einer Stelle gemeinsam geführt werden könnten.

Verfahren gegen den ehemaligen SS-Obersturmbannführer

Hermann Krumey, der die Judendeportationen aus Ungarn nach Auschwitz organisiert hat. Verfahren gegen den ehemaligen Gesandten des Dritten Reiches in Bulgarien, Adolf Heinz Beckerle, der für Judendeportationen aus Bulgarien nach Auschwitz die Verantwortung trägt.

Der Leiter der Zentralstelle, Oberstaatsanwalt Schüle, antwortete am 19. Januar 1959:

Sehr geehrter Herr Langbein!

Ihr Schreiben vom 28. Dezember 1958 wurde mir vom Justizministerium Baden-Württemberg zugeleitet.

Ich habe mit dem Herrn Oberstaatsanwalt in Stuttgart wegen des Verfahrens Boger Rücksprache genommen. Dieses Verfahren wird demnächst an meine Dienststelle abgegeben. Sobald dies geschehen ist, werde ich mir eine Übersicht bezüglich weiterer in der Bundesrepublik Deutschland anhängiger Auschwitz-Verfahren verschaffen und diese Verfahren nach Möglichkeit von hier aus zentral ermitteln und zu einem Verfahren zusammenfassen.

Die Hilfe des Auschwitz-Komitees bei der Feststellung der einzelnen Tatbestände und Täter wird dabei unerläßlich sein. Ich würde es daher begrüßen, wenn Sie, Herr Generalsekretär, mir zu einer Besprechung zur Verfügung stünden, sobald ich die Verfahren, die jetzt noch bei verschiedenen Staatsanwaltschaften anhängig sind, in meiner Hand vereinigt habe.

Ich bin überzeugt, daß durch eine vertrauensvolle Zusammenarbeit zwischen dem Auschwitz-Komitee und meiner Dienststelle die Aufklärung und Sühne der in Auschwitz begangenen Verbrechen beschleunigt wird.

Ein anderer Ton, ein neuer Geist. Nun wurde zielbewußt eine Ausweitung des Verfahrens gegen Boger angestrebt. So wurde von der Zentralstelle bereits am 3. Februar geschrieben:

Wir sind bestrebt, den Fall Boger nicht für sich allein zur Verhandlung zu bringen, sondern mit ihm noch sonstige Angehörige der Politischen Abteilung des KZ Auschwitz, die sich irgendwelche Verbrechen haben zuschulden kommen lassen. Die notwendigen Aufenthaltsermittlungen sind in die

Wege geleitet. Ich lege Ihnen eine Liste bei, die diejenigen SS-Angehörigen bezeichnet, die bis jetzt im Fall Boger und anderen Fällen bekannt geworden sind. Ich darf Sie bitten, die Liste durchzusehen, sie eventuell zu ergänzen und außerdem für die in der Liste genannten Personen, soweit sie noch am Leben sind, Belastungs- und Beweismaterial mitzuteilen. Sollten Belastungszeugen aus den Ostblockstaaten benannt werden, so darf ich darauf hinweisen, daß nur solche Zeugen von Wert sind, die bereit wären, zu einer Vernehmung in die Bundesrepublik zu kommen. Außerdem wäre bei diesen Zeugen notwendig, daß sie vor einer offiziellen Vernehmung in einem schriftlichen Bericht angeben, was ihnen im einzelnen bekannt ist, wobei natürlich in erster Linie Augenzeugenberichte in Frage kommen.

Schnell entwickelt sich das Verfahren weiter. Am 23. Februar übersende ich der Zentralstelle eine Liste der SS-Angehörigen der Dienststelle des Standortarztes von Auschwitz, und schon am 27. Februar antwortet Oberstaatsanwalt Schüle:

Aus der übersandten Ärzteliste Auschwitz habe ich festgestellt, daß dort unter andern auch ein Apotheker Capesius aufgeführt ist. Da mir der Aufenthalt der genannten Person bekannt ist, wäre mir auch in diesem Falle sehr daran gelegen, die gegen diese Person im einzelnen erhobenen strafrechtlichen Vorwürfe konkretisiert zu erfahren. Ich brauche also auch in diesem Falle konkrete Zeugenangaben und eventuell Dokumente, soweit solche vorhanden sind.

Wenn es eines Beweises dafür bedarf, daß die Justiz in so umfangreichen Ermittlungen die Unterstützung aus dem Kreis der ehemaligen Opfer benötigt — der Beginn des Auschwitz-Verfahrens bringt diesen Beweis. Zu diesem Zeitpunkt kann man bereits von einem Auschwitz-Verfahren sprechen, das von der Zentralstelle geführt wird.

Ende April 1959 werden Hans Stark, Pery Broad und Klaus Dylewski verhaftet: Schon vorher konnte der ehemalige Schutzhaftlagerführer Franz Hofmann in Haft genommen werden, vorerst in Zusammenhang mit Verbrechen, die dieser in anderen Konzentrationslagern begangen hatte. Die Zentralstelle hatte die Anschriften weiterer

SS-Angehöriger, die im Konzentrationslager Auschwitz Dienst versehen hatten, ermittelt.

Ebenfalls Ende April erhielt ich den Anruf eines ehemaligen Auschwitz-Häftlings aus Katowice. Er teilte mir die Berliner Adresse des Rapportführers Kaduk mit. Die Adresse war richtig. Im Juli wurde Kaduk verhaftet.

Inzwischen hat der Bundesgerichtshof beschlossen, die Strafsache Auschwitz dem Landgericht in Frankfurt am Main zu übertragen. Ein weiterer Zufall hat dazu geführt. Eine Vernehmungsniederschrift gibt von ihm Kunde:

Am Dienstag, dem 21. April 1959, um 13.30 Uhr wurde in seiner Wohnung aufgesucht Wulkan Emil, geboren am 19. Mai 1890 in Breslau, verheiratet, Rentner, früher Erzhändler, wohnhaft in Frankfurt am Main. Er gab, mit dem Gegenstand der Vernehmung vertraut gemacht und zur Wahrheit ermahnt, folgendes an:

„Es war in den ersten Maitagen des Jahres 1945, während der Belagerung Breslaus. Zu dieser Zeit hielt sich ein guter Freund von mir, der Volkssturmführer war, während der Kampfpausen und zur Nachtzeit in meiner Wohnung, Höfchenstraße 80, auf. Bei dem Freund handelte es sich um einen Lederfabrikanten mit Namen Franz Borek.

Dieser kam eines Abends zu mir und teilte mir mit, daß in der Lessingloge in der Agnesstraße eine größere Anzahl Papiere über Juden und deren Vernehmungen lagern. Ich bat ihn, diese Papiere mitzubringen, da diese unter Umständen für uns später von Wichtigkeit sein konnten. Darauf brachte Borek eine kleinere Anzahl dieser Papiere mit. Ich erkannte sofort die Wichtigkeit dieser Papiere und bat ihn, mehr mitzubringen. Dies war jedoch nicht mehr möglich, da das Logengebäude mit Inhalt niederbrannte. Die in meinen Besitz gekommenen Papiere habe ich für mich behalten. Im Laufe der Jahre haben verschiedene Institutionen, die sich mit dem Schicksal der KZ-Opfer befaßt haben, in diese Unterlagen Einsicht genommen. Am 10. Januar dieses Jahres kam der Journalist der Frankfurter Rundschau, Thomas Gnielka, in einer Presseangelegenheit zu mir. Während seines Aufenthaltes in meiner Wohnung entdeckte er zufällig die Listen von Auschwitz-Häftlingen. Er bat mich, ihm diese zu überlassen, um sie an eine Ermittlungsstelle weitergeben zu können. Diesem Wunsche entsprach ich gerne.

Es handelte sich um Listen von Auschwitz-Häftlingen, die „auf der Flucht erschossen" worden waren, und um Namen von SS-Angehörigen, die diese Gefangenen erschossen hatten. Diese Dokumente wurden der Oberstaatsanwaltschaft in Frankfurt am Main übergeben. Das war der Anlaß dafür, daß der gesamte Auschwitz-Komplex schließlich den Frankfurter Justizstellen übergeben wurde. Am 19. Juni 1959 sendet die Zentralstelle die Akten von Ludwigsburg nach Frankfurt. Der erste Abschnitt in der Geschichte des Auschwitz-Verfahrens ist abgeschlossen. Er wurde hier ausführlich dargestellt, weil er charakteristisch für diese Jahre erscheint, in denen sich die deutsche Justiz auf ihre schwerste Aufgabe endlich besinnt.

In Frankfurt werden zwei Staatsanwälte — Joachim Kügler und Georg Friedrich Vogel — für die Bearbeitung dieses Verfahrens freigestellt. Die Zentralstelle stellt ihnen nicht nur die bereits umfangreich gewordenen Akten, sondern auch ihre Erfahrungen zur Verfügung. Der Umfang des Verfahrens wird fixiert: Alle noch feststellbaren und nicht verjährten Verbrechen, die im Konzentrationslager Auschwitz und dessen Nebenlagern begangen worden sind, sollen zusammengefaßt werden.

Umfassende Ermittlungen werden angestellt, bisher noch unbekannt gebliebene Namen von SS-Angehörigen tauchen auf, Dokumente werden überprüft. Die Staatsanwälte stehen in diesem Stadium des Prozesses in engem Kontakt mit dem Internationalen Auschwitz-Komitee, das sie um Unterstützung bitten, um außerhalb Deutschlands lebende Kronzeugen nach Frankfurt kommen zu lassen. Es ist für diese Zeit ein außergewöhnlicher Schritt, daß ehemalige polnische Auschwitz-Häftlinge offiziell von einer Oberstaatsanwaltschaft in die Bundesrepublik Deutschland eingeladen werden. Am 12. Dezember schreibt Oberstaatsanwalt Wolf an mich:

Ich möchte Ihre Anwesenheit zur Zeugenvernehmung in Frankfurt zum Anlaß nehmen, Ihnen und dem von Ihnen vertretenen Internationalen Auschwitz-Komitee Dank und Anerkennung auszusprechen für die tatkräftige und wertvolle Unterstützung, die Sie der Staatsanwaltschaft Frankfurt im Auschwitz-Verfahren zuteil werden lassen. Bei der Vorbereitung des umfangreichen Verfahrens, das die noch unaufgeklärten Verbrechen von Auschwitz zum Gegenstand hat, haben Sie uns durch die verdienstvolle Sammlung und Bereitstellung wichtigen Urkundenmaterials und durch die Ermittlung zahlreicher Tatzeugen aus dem In- und Ausland unsere schwierige und verantwortungsvolle Aufgabe wesentlich erleichtert.

Wir verstehen die Sorge und Unruhe der Überlebenden und hören die mahnende Stimme der Millionen stummer Opfer, für die Sie stellvertretend sprechen, alle noch auffindbaren Mörder von Auschwitz schnell und ausnahmslos in ihrer Anonymität aufzuspüren und der gerechten Bestrafung zuzuführen.

Da Lokalkenntnisse unersetzbar sind und bei einem Besuch von Auschwitz auch dokumentarische Unterlagen studiert werden können, die sich wohlgeordnet in dem dortigen Museum befinden, vermittle ich den Staatsanwälten eine Einladung für eine solche Reise. Erst nach Überwindung erheblicher Schwierigkeiten vermögen sie dieser Einladung zu folgen, allerdings kann diese Fahrt nach Auschwitz nur den Charakter einer privaten Urlaubsreise haben. Die deutschen Justizbehörden haben zu diesem Zeitpunkt noch Bedenken, Staatsanwälten eine Dienstreise nach Polen zu gestatten.

Als wichtigsten Fortschritt kann die Staatsanwaltschaft Ende 1960 bekanntgeben, daß es ihr gelungen ist, den letzten Kommandanten des Konzentrationslagers Auschwitz, Richard Baer, zu verhaften. Er lebte unter falschem Namen als Forstarbeiter in der Umgebung von Hamburg.

Am 12. Juli 1961 wird die gerichtliche Voruntersuchung beantragt und wenige Wochen darauf von Landgerichtsrat Dr. Heinz Düx eröffnet. Sie wird vorerst gegen 24 Beschuldigte geführt, von denen 17 bei Prozeßbeginn auf der Anklagebank Platz zu nehmen haben.

Zu dieser Zeit sah ich mich gezwungen, meine Funktionen im Internationalen Auschwitz-Komitee niederzulegen, da mir strikte Überparteilichkeit eine unerläßliche Voraussetzung für jede Tätigkeit im Namen der Opfer dieses größten Vernichtungslagers zu sein scheint. Aber auch weiterhin gebe ich dem Untersuchungsrichter Zeugen bekannt. Mehrere Organisationen ehemaliger Häftlinge und verschiedene Institute unterstützen seine Arbeit.

Dr. Düx führt die Voruntersuchung mit großer Energie, unternimmt zahlreiche Reisen, um Zeugen, auch Staatsbürger von Ländern, mit denen die Bundesrepublik keine diplomatischen Beziehungen unter-

hält, persönlich zu vernehmen, und fährt ebenfalls nach Auschwitz. Allerdings kann auch diese Reise keinen amtlichen Charakter haben. Nahezu 1500 Überlebende von Auschwitz sind im gesamten Vorverfahren gehört oder ihre schriftliche Aussage zu den Akten genommen worden, diese nehmen bereits den Umfang einer Bibliothek an. 95 Aktenbände sind für sie erforderlich. Im Verlauf dieser Voruntersuchung wird das Verfahren vom Untersuchungsrichter Dr. Düx auf den Adjutanten Höcker, den Lagerarzt Dr. Lucas und auf Scherpe, Neubert und Schlage ausgedehnt. Am 19. Oktober 1962 wird die Voruntersuchung abgeschlossen. Bis dahin wurde die gesamte Vorbereitungszeit seit der Verhaftung Bogers energisch genützt.

Zwei Angeklagte sterben, bevor der Prozeß eröffnet wird: der Leiter der Gestapo der Stadt Auschwitz, Max Lustig, und der Kommandant Richard Baer. Baer stirbt in der Untersuchungshaft. Bei der Obduktion wird kein Anzeichen festgestellt, das auf einen unnatürlichen Tod schließen ließe. Das Ausscheiden des Kommandanten bedeutet für den Prozeß einen Nachteil. Die Adjutanten, die nun an die Spitze aller Angeklagten rücken, wenn man die Dienststellung in Auschwitz berücksichtigt, haben größere Möglichkeiten, ihre Verantwortung zu verschleiern oder abzuwälzen.

Weitere Angeklagte scheiden aus. Die Staatsanwaltschaft stellt am 16. April 1963 den Antrag, das Verfahren gegen den Standortarzt, SS-Sturmbannführer Dr. Kurt Uhlenbroock, den Arbeitsdienstführer, SS-Oberscbharführer Jakob Fries, den Rapportführer, SS-Hauptscharführer Berhard Rakers, und den ehemaligen Funktionshäftling Alois Staller einzustellen. Diesem Antrag wird stattgegeben.

Die Anträge werden damit begründet, daß Rakers bereits in einem anderen Verfahren zu lebenslänglichem Zuchthaus verurteilt wurde und bei den anderen drei Angeklagten die Beweise mangelhaft seien. Die schwerwiegenden Beschuldigungen, die im Prozeß gegen den als Zeugen auftretenden ehemaligen Standortarzt Dr. Uhlenbroock vorgebracht werden, sind der Staatsanwaltschaft zum Zeitpunkt ihres Einstellungsantrags bereits bekannt. Sowohl gegen ihn als auch gegen Fries werden neue Belastungszeugen genannt, die aber von der Staatsanwaltschaft nicht geladen werden.

Schließlich scheidet auch der Sanitätsdienstgrad Hans Nierzwicki aus dem Verfahren aus. Ein Amtsarzt bescheinigt, daß er an Tuberkulose erkrankt und Ansteckungsgefahr gegeben ist. Nur unter besonderen Vorsichtsmaßnahmen wäre seine Teilnahme am Prozeß zu verantworten. Das Gericht lehnt es ab, diese Verantwortung zu übernehmen.

Im Verlauf des Prozesses wird bekannt, daß Nierzwicki aus dem Gefängnisspital in eine normale Pflegeanstalt überstellt und im Herbst 1964 aus dieser nach Hause entlassen worden ist. Die Staatsanwaltschaft gibt dazu keine Erklärung ab. 1965 befindet sich dieser Beschuldigte in einem Sanatorium.

Am 16. April 1963 wird formell Anklage erhoben und nach mehr als fünfeinhalb Jahren währenden Vorermittlungen endlich am 20. Dezember 1963 der Schwurgerichtsprozeß gegen „Mulka und andere" — wie er nun offiziell genannt wird — in Frankfurt eröffnet. Die Weltpresse ist vertreten, das Fernsehen nützt die kurzen Minuten, die ihm zu Prozeßbeginn für Aufnahmen eingeräumt worden sind, so gut als möglich aus, Blitzlichter zucken auf, wenn die Angeklagten Platz nehmen.

Es beginnt der Prozeß, in welchem dem Gericht und der Welt die Vorkommnisse im Konzentrationslager Auschwitz dargelegt werden.

Der Ablauf des Prozesses

Sogar der größte Schwurgerichtssaal war für den Auschwitz-Prozeß zu klein. Der Prozeß wurde in den „Römer" verlegt, in den Sitzungssaal der Frankfurter Stadtverordneten, der der Justiz zur Verfügung gestellt wurde. Wo sonst der Oberbürgermeister thront, präsidierte nun der Vorsitzende des Gerichts, auf den Stühlen der Stadtverordneten saßen die Angeklagten neben ihren Verteidigern und den Polizisten; die vielen Journalisten mußten sich an den Saalrändern drängen. Die Galerie stand dem Publikum zur Verfügung.

Zu Ostern 1964 wurde das Gallus-Haus in der Frankenallee fertiggestellt. Es soll den Bewohnern dieses Stadtviertels für kulturelle Veranstaltungen zur Verfügung stehen. Es wurde jedoch von der Justiz beschlagnahmt, sie hatte sich schon lange vorher vorsorglich eingemietet. Ab 3. April wurde der Prozeß in diesem Gallus-Haus fortgesetzt. An den verhandlungsfreien Tagen fand im selben Saal lange Monate hindurch der Prozeß gegen die Mitarbeiter Eichmanns, Krumey und Hunsche, statt. Hier wurde dem Gericht die Bühne überlassen, für Angeklagte, Verteidiger und Polizisten wurden auf der einen Seite des Saales ansteigende Sitzreihen gebaut, Staatsanwälte und Vertreter der Nebenklage nahmen ihnen gegenüber Platz — und hatten dabei mit dem Nachteil zu kämpfen, der auch jeden Zeugen behinderte, wenn er einen Angeklagten identifizieren sollte: Daß nämlich die helle Glaswand hinter den Angeklagten blendete, wenn kein künstliches Licht eingeschaltet war. Nach langem Zögern überwand das Gericht schließlich diese Schwierigkeit, indem es die Angeklagten bei Gegenüberstellungen vortreten ließ. Die Galerie war für die Presse reserviert, die von dort zwar einen guten Überblick hatte, aber den Zeugen, der der Bühne gegenüber saß, nur von hinten sehen konnte.

Aus dem „Römer" wurden Pläne mitgebracht, die das Museum von Auschwitz zur Verfügung gestellt hatte: ein Plan des Stammlagers, einer von Birkenau, ein Modell der Gaskammer und eine Skizze, auf der die Außenlager von Auschwitz eingezeichnet sind. Viele Zeugen wurden vom Vorsitzenden aufgefordert, ihre Angaben an den beiden zuerst genannten Plänen zu demonstrieren. Der Wachtmeister reichte dann einen langen Zeigestab. Manche Zeugen, die nur kurz im Lager waren, standen ratlos vor den Karten. Andere — vor allem Überlebende, die im Lager eine Funktion bekleidet und dadurch größere Bewegungsfreiheit hatten — waren auf den Plänen „zu Hause“. Bald kannte das Gericht die einzelnen Lagerabschnitte von Birkenau und war darüber im Bild, daß im Stammlager die Numerierung der Blöcke geändert wurde, daß die Krematorien unterschiedliche Bezeichnungen hatten, wodurch nun leicht Mißverständnisse entstehen konnten. Zum Abbild des Modells einer Gaskammer wurde nur ein Zeuge gebeten, der im Sonderkommando im Krematorium zu arbeiten hatte. Nüchtern bestätigte er die Darstellung. Erst seine Worte verliehen dem Modell volles Gewicht. Der Plan der Außenlager blieb unbenützt.

Allen Prozeßbeteiligten und auch dem Zeugen standen Mikrophone zur Verfügung. Die Technik funktionierte gut, nur manchmal versäumten es Angeklagte, zum Mikrophon zu gehen, wenn sie zu einer Antwort aufgerufen wurden. Wenn unsachliche Auseinandersetzungen zwischen Verteidigern und Vertretern der Nebenklage zu laut wurden, half sich der Vorsitzende so, daß er die Lautsprecher abschaltete. Dr. Laternser und Dr. Kaul ist das öfters widerfahren, doch niemals hat man dadurch etwas versäumt, was für das Verfahren von Interesse sein konnte.

Dieses äußere Bild des Prozesses änderte sich freilich im Verlauf der Verhandlung.

Ursprünglich waren 13 der 22 Angeklagten auf freiem Fuß. Da ein Angeklagter, der ehemalige Schutzhaftlagerführer Hofmann, bereits wegen Verbrechen, die er in einem anderen Konzentrationslager begangen hatte, zu lebenslänglichem Zuchthaus verurteilt worden war, hat man anfangs nur acht Angeklagte aus der Untersuchungshaft vorgeführt. Viele Prozeßbeobachter konnten nicht verstehen, wieso es Menschen gestattet wurde, sich frei zu bewegen, die der Beihilfe zum Mord an Unzähligen, ja des unmittelbaren Mordes selbst angeklagt waren. Es war ein höchst eigenartiges Gefühl, wenn man von einer Sitzung des Auschwitz-Prozesses in sein Hotel zurückkehrend, die furchtbaren Anklagen noch im Ohr, in der Halle den Adjutanten des Kommandanten dieses Vernichtungslagers in angeregtem Gespräch bei einer Schale Kaffee wiedersah; oder in der Garderobe des Gerichtsgebäudes versehentlich mit dem Arzt zusammenstieß, über den man erst vor wenigen Minuten gehört hat, daß er bei einer Selektion Tausende für den Tod in den Gaskammern bestimmt hatte.

Langsam änderte sich dieses Bild. Zwei Angeklagte, die sich auf freiem Fuß befanden, schieden aus dem Verfahren aus, weil sie erkrankten. Der ehemalige Blockführer Heinrich Bischoff fehlte bereits in der Verhandlung am 13. März 1964. Am 26. Oktober desselben Jahres starb er. Der Sanitätsdienstgrad Gerhard Neubert wurde am 23. Juli 1964 wegen einer Nierenerkrankung verhandlungsunfähig erklärt und aus dem Verfahren ausgeschieden. Von den übrigen elf Angeklagten, die am 20. Dezember 1963 frei und ungehindert den Gerichtssaal betreten hatten, sind im Laufe des Prozesses acht in Untersuchungshaft genommen worden, Adjutant Mulka sogar zweimal. Auf Antrag seiner Verteidiger wurde der erste Haftbefehl außer Vollzug gesetzt, als ein Belastungszeuge ausblieb und ein anderer widersprüchlich aussagte. Die Staatsanwaltschaft trat von diesem Teil der Anklage schließlich zurück. Wenige Wochen später belastete aber ein anderer Zeuge Mulka, der ihn zwar nicht namentlich kannte, sich aber an sein Gesicht erinnerte, so schwerwiegend, daß das Gericht Mulkas Verhaftung beschloß, ohne daß ein entsprechender Antrag gestellt worden wäre. Der Angeklagte Broad wurde ebenfalls auf Grund einer überraschend bei einer Gegenüberstellung ausgesprochenen Belastung auf Initiative des Gerichts in Haft genommen. Bei Doktor Frank, Dr. Lucas und Dylewski lagen Anträge der Nebenkläger Ormond und Raabe vor, nachdem Zeugen, die von diesen Prozeßbeteiligten geladen waren, neue schwere Beschuldigungen vorgebracht hatten. Das Gericht hat allerdings den Haftantrag gegen Dr. Lucas abgelehnt, erst das Oberlandesgericht ordnete auf die Beschwerde Raabes hin Untersuchungshaft an. Nur in den restlichen Fällen führten Anträge der Staatsanwälte zur Verhaftung von Angeklagten. Bei Schlage war ebenfalls eine Berufung an das Oberlandesgericht nötig, um seine Verhaftung durchzusetzen. Der Angeklagte Dr. Schatz konnte der Verhandlung bis zum Ende als freier Mann folgen. Ein Haftantrag des Vertreters der Nebenklage Ormond wurde vom Gericht abgelehnt, ebenso ein Antrag von Staatsanwalt Kügler, der gleichzeitig gestellt wurde, als die Höchststrafe wegen Mordes gegen Dr. Schatz beantragt wurde. Es dürfte keinen anderen Fall geben, in dem einem Angeklagten die Untersuchungshaft erspart blieb, wenn die Anklagebehörde lebenslanges Zuchthaus beantragte. Allerdings war der Antrag Küglers juristisch nicht ausreichend fundiert. Bei Schobert und Breitwieser wurden von keiner Seite Haftanträge gestellt! Bei Schobert wahrscheinlich des-

wegen, weil die vorgebrachten Beschuldigungen nicht überzeugend genug waren, bei Breitwieser lag der Grund außerdem auch darin, daß er bereits in Polen mehr als 12 Jahre Haft verbüßt hatte, und es war vorauszusehen, daß ihm diese Strafe bei Verurteilung angerechnet würde.

Die Angeklagten saßen in zwei Reihen. In der zweiten Reihe saßen diejenigen, die sich in Haft befanden, in der vorderen nahmen diejenigen Platz, die täglich frei aus dem für das Publikum reservierten Raum den Gerichtssaal betreten durften. Ursprünglich war die erste Reihe dicht besetzt. Später lichtete sie sich, und in der zweiten Reihe war dann kein Platz mehr frei. Schließlich mußten Angeklagte, die aus der Untersuchungshaft vorgeführt wurden, auch in die erste Reihe gesetzt werden, unter ihnen Kaduk. Man konnte ihm anmerken, daß er diese Art der Beförderung mit Genugtuung zur Kenntnis nahm.

Die meisten Angeklagten, die auf freiem Fuß belassen wurden, hatten Kautionen zu stellen. Diese erreichten beträchtliche Höhen, für Mulka und Broad wurden je 50.000 DM deponiert. Es wurde nicht gefragt, woher diese Geldmittel stammen.

Die Juristen begründeten die besonders von ausländischen Prozeßbeobachtern immer wieder mißbilligte Tatsache, daß manchen Angeklagten die Untersuchungshaft erspart blieb, damit, daß nach deutschem Recht diese Haft keinen Teil der Strafe bilden kann, sondern lediglich verhängt wird, wenn Flucht- oder Verdunklungsgefahr angenommen werden muß. In der Diskussion, die in Deutschland bei der Vorbereitung einer Strafrechtsreform geführt wird, wird mehr Recht für den Angeklagten verlangt, unter anderem auch Abkürzung einer oft überlangen Untersuchungshaft. Tatsächlich wurden einige Angeklagte in diesem Prozeß außergewöhnlich lang in Untersuchungshaft gehalten. Als das Urteil gesprochen wurde, war Boger bereits nahezu 7 Jahre in Haft, Kaduk über 6 Jahre, Stark — mit einer kurzen Unterbrechung — nahezu 6 Jahre, Dr. Capesius und Baretzki hatten weit über 5 Jahre Untersuchungshaft hinter sich, Klehr nahezu 5 Jahre und auch Bednarek und Hantl waren bereits über 4 Jahre in Haft.

Ein Auschwitz-Verfahren kann man aber in keiner Weise mit gewöhnlichen Maßen messen — wird gegen diese formale Argumentation eingewandt. Obwohl die Richter mit ihrer Annahme, daß keine Fluchtgefahr bestünde, recht behielten, war es dennoch widersinnig, daß Angeklagte auf freien Fuß blieben, die sich wegen Verbrechen zu verantworten hatten, die mit der Höchststrafe — mit lebenslänglichem Zuchthaus — geahndet werden konnten. Erscheint das nicht doppelt widersinnig, wenn gegen solche Beschuldigten erst lange Jahre nach den

Verbrechen ermittelt wird? Erhielten sie nicht de facto eine Amnestie im vorhinein, nachdem ihnen schon durch das Versäumnis der Justizbehörden Straffreiheit von weit mehr als einem Jahrzehnt geschenkt worden war?

Am eindeutigsten zeigte sich das im Fall Mulka: Dieser Angeklagte wurde nach seiner ersten Festnahme im November 1960 dreimal enthaftet und wieder in Haft genommen, er konnte dadurch von diesem Zeitpunkt an noch mehr als zweieinhalb Jahre in Freiheit verbringen, bevor er — über 70 Jahre alt — zu 14 Jahren Zuchthaus verurteilt wurde. Diese Verurteilung erfolgte wegen Beihilfe zum Mord an mindestens 3000 Menschen — und das war vorauszusehen, da von Anbeginn an bekannt war, daß Mulka monatelang in Auschwitz die Funktion des Adjutanten des Kommandanten Höß bekleidet hatte.

Deutlich heben sich im Auschwitz-Prozeß mehrere Phasen voneinander ab.

Zuerst kamen die Angeklagten zu Wort, deren Einvernahme am 6. Februar 1964 beendet war, also früher, als man angenommen hatte. In diesem ersten Abschnitt des Prozesses war wenig von Auschwitz die Rede. Die Angeklagten „erinnerten sich nicht", „wußten nicht" oder hatten nie etwas getan. Fast stereotyp war dieses Leugnen, das nur von den Angeklagten Klehr und Stark in der Voruntersuchung nicht ganz eingehalten worden war. Manches Zugeständnis aus den Vorvernehmungen wurde in der Hauptverhandlung abgestritten. Viele Angeklagte zeigten Selbstbewußtsein und Zuversicht, die jeden schockieren mußten, der von deren Taten Kenntnis hatte.

Nach dieser ersten Phase wurden Sachverständige gehört. Am 24. Februar 1964 begann man mit den Zeugenvernehmungen, die erst am 3. Mai 1965 beendet wurden. Die ersten Überlebenden von Auschwitz, die gehört wurden, sollten dem Gericht einen allgemeinen Überblick geben. Diese Aufgabe fiel drei Österreichern zu. Anschließend wurden viele „Auschwitzer" gehört, die man als Kronzeugen bezeichnen kann; sie waren lange im Lager und hatten dort reichlich Gelegenheit, den Apparat der SS zu studieren, da sie als Schreiber oder in anderen Funktionen bei SS-Dienststellen oder in den Krankenbauten arbeiteten. Etwa bis Ende Mai 1964 bestimmten die Aussagen dieser Zeugen den Charakter der Verhandlung. Die ersten Häftlinge waren Polen, sie verfügten über die größte Lagererfahrung und stellten die meisten Zeugen. Der Vorsitzende wuchs spürbar mit seiner schweren Aufgabe, oft mußte er seine Rührung unterdrücken. Geschworene weinten, die Ergriffenheit des Publikums war nicht zu übersehen. Seine Reaktion war dann am stärksten, wenn Einzelschicksale geschildert wurden. Denn das Schicksal des einzelnen ist noch faßbar. Aber die tägliche Routinearbeit der Mordmaschinerie, das Ende von Tausenden unbekannten Opfern sind nicht nachzuempfinden — das Gefühl versagt.

Langsam wich diese Spannung. Routine trat an ihre Stelle. Jemand, der in dieser Phase zum erstenmal einer Gerichtssitzung beiwohnte, konnte über den nüchternen Ton erschrecken, mit dem von Selektionen für Vergasungen, vom Spritzen und Erschießen gesprochen wurde. Man darf aber dem Gericht nicht Unrecht tun. Anders wäre es nicht möglich, lange Monate hindurch derartige Vorkommnisse zu untersuchen.

Zu dieser Zeit hatte sich der Lagerjargon auch im Gerichtssaal bereits durchgesetzt. Anfangs wehrte sich der Vorsitzende gegen ihn: „Sprechen Sie nicht vom Spritzen, sagen Sie doch, tödliche Giftinjektionen ins Herz." Bald mußte er kapitulieren. „Selektieren" und „Schwarze Wand" wurden klare Begriffe, die Wörter „Kanada" und „Mexiko" wurden nicht als Bezeichnung von Ländern gebraucht, sie bedeuteten das Sonderlager bei den Krematorien in Birkenau und das Spezialkommando für die Sammlung all der Güter, die den Opfern bei deren Ankunft abgenommen wurden („Kanada" war für die Polen gleich Reichtum, und in „Kanada" war alles zu haben); der Birkenauer Lagerabschnitt B III wurde „Mexiko" genannt: Hier wurden im Jahr 1944 Frauen aus den ankommenden Transporten untergebracht, ohne auch nur das Geringste zu bekommen, nicht einmal etwas zum Anziehen; so hängten sich die Unglücklichen Decken um den nackten Körper — das bunte Bild der verschiedenfarbigen Tücher verleitete zu dieser Bezeichnung. Beide Namen wurden in Auschwitz auch von der SS übernommen. Die Abkürzungen HKB (Häftlingskrankenbau) und SDG (Sanitätsdienstgrad) wurden ebenso selbstverständlich wie SK (Strafkompanie). Daß ein psychisch und physisch völlig gebrochener Mensch in Auschwitz „Muselmann" genannt wurde, wußte jeder im Gerichtssaal, und wenn ein Zeuge diesen Ausdruck erklären wollte, winkte man nur ab. Gleich bekannt war der Lagerausdruck „Rampe" für die Bahngeleise, wo die Transportzüge zur Ausladung rangiert wurden. Allen Prozeßbeteiligten war bereits geläufig, wo das Krematorium III oder die neue Rampe gelegen ist, und mehr als einmal trat die groteske Situation ein, daß der Wachtmeister auf dem großen Plan von Birkenau einem Zeugen zeigte, wo sich das Eingangstor zum Lager befunden und welcher Weg zu den Gaskammern geführt hatte.

Denn mancher Zeuge, der in Auschwitz nie die Möglichkeit hatte, einen Überblick zu gewinnen, ja auch nur ruhig zu beobachten, stand hilflos vor der Wandkarte mit den vielen Lagerabschnitten.

Das Gericht konnte auch in der Sommerhitze keine Verhandlungspause einschalten. Denn nach der deutschen Strafprozeßordnung muß ein Prozeß neu begonnen werden, wenn er länger als 10 Tage unterbrochen war. Daß in dieser Jahreszeit auch die rein physische Belastung dieses außergewöhnlichen Verfahrens stark zu fühlen war, ist verständlich. Das wurde in Zeitabschnitten — zum Beispiel in der ersten Septemberhälfte — offenbar, in denen vorwiegend Zeugen vernommen wurden, die Auschwitz als SS-Männer kennengelernt hatten — oder nicht kennengelernt haben wollten; ihre stereotype Antwort lautete: „Ich erinnere mich nicht", „Herr Vorsitzender, es ist bereits 20 Jahre her", „Ich habe das nie gesehen". Die Spannung ließ nach, und die Ermüdung, die ein so ausgedehntes Verfahren erregt, wurde deutlich.

Bald aber erreichte der Prozeß einen neuen Höhepunkt. Anfang Oktober begann die Vernehmung einer Zeugengruppe, die von dem Vertreter der Nebenklage Ormond genannt worden war. Sehr konkrete neue Beschuldigungen führten zur Verhaftung von Angeklagten. Das erste Mal schilderten Überlebende des Sonderkommandos, die unmittelbar in den Krematorien und Gaskammern zur Arbeit gezwungen worden waren, ihre Wahrnehmungen. Ein Mitglied des Gerichts sagte: „Wenn diese Aussage zu Beginn des Prozesses gemacht worden wäre, hätte ich sie nicht geglaubt." Der Ablauf des Prozesses hat gezeigt, welchen besonderen Wert zusammenfassende Verfahren gegenüber Einzelprozessen haben. Diese Feststellung weist auf die Notwendigkeit hin, nicht Einzelfälle, sondern einen ganzen Komplex aufzurollen, will man über die Schuld auch nur eines einzelnen bei umfassenden Mordaktionen des Nationalsozialismus richten.

Ein wichtiges Ereignis im Prozeßverlauf bedeutete der Lokalaugenschein in Auschwitz, der vom 14. bis 16. Dezember 1964 stattfand. Alle, die an ihm teilnahmen, hatten an Ort und Stelle starke, noch weit nachhaltiger wirkende Eindrücke empfangen, als es diejenigen sind, welche Aussagen und Dokumente vermitteln konnten. Richter Hotz, der als einziges Mitglied des Gerichts nach Polen fuhr, schaltete sich nach seiner Rückkehr wesentlich aktiver in die Befragungen ein; und mancher Verteidiger ist in Auschwitz und Birkenau nachdenklich geworden. Das großzügige Entgegenkommen der polnischen Behörden und die sorgfältige, peinlich korrekte Führung durch das Museum in Auschwitz verdienen Anerkennung. Es ist nur zu bedauern, daß sich das Gericht nicht zu dem Entschluß durchringen konnte, einen regelrechten Lokaltermin in Auschwitz mit Teilnahme des gesamten Gerichts durchzuführen.

Zu Beginn des Jahres 1965 wurden vor allem Zeugen der Verteidigung geladen. Nicht allzu viele hatten Wesentliches auszusagen. Überraschend oft entpuppte sich ein solcher Zeuge als Ankläger. Mehr als einmal erkannte er andere Angeklagte im Saal und belastete diese.

Besonders im März wurde das Gericht lange durch zahlreiche Zeugen aufgehalten, die über den sogenannten Befehlsnotstand auszusagen hatten. Aber so interessant es auch für manche Zuschauer gewesen sein mag, ehemalige SS-Obergruppenführer in großer Zahl zu sehen und zu hören, für den Prozeß selbst hatten sie so gut wie nichts auszusagen. Für manche Angeklagte freilich muß es aufreizend gewesen sein, ihre ehemaligen höchsten Vorgesetzten in tadellosen Maßanzügen zu sehen und zu erfahren, in welchen Positionen sich diese heute befinden.

Eine weitere Verzögerung erfuhr das Verfahren dadurch, daß in der letzten Phase mehrere polnische Zeugen keine Erlaubnis bekamen, nach Frankfurt zu reisen, während früher aus keinem Land mehr Zeugen nach Frankfurt kamen als gerade aus Polen. Die Verteidigung witterte darin ihre Chance und bestand auf deren Vernehmung. Es wurde schließlich vereinbart, daß diese Zeugen in ihrer Heimat von polnischen Richtern einvernommen werden und deutsche Staatsanwälte und Verteidiger dabei anwesend sein dürfen. Der Prozeß mußte so lange gestreckt werden — im April 1965 wurde nur fünfmal verhandelt —, bis die Protokolle dieser Vernehmungen in Frankfurt eintrafen. Bei deren Verlesung zeigte es sich eindringlich, wie schlecht die polnischen Behörden beraten waren, als sie die Ausreise dieser Zeugen verhinderten. Manche schwere Belastung erhielt so nicht das Gewicht, das durch eine Gegenüberstellung mit dem Täter und durch den persönlichen Eindruck eines Zeugen hätte entstehen können.

Es gab auch mit rumänischen Zeugen Schwierigkeiten, die Capesius, der in Siebenbürgen gelebt hat, in Auschwitz wiedererkannt haben. Nach mehrmaliger vergeblicher Ladung und verschiedenen Interventionen konnten diese Zeugen aber doch nach Frankfurt kommen, nur zwei von ihnen blieb die Reise bis zum Prozeßende verwehrt. Auf ihre Vernehmung wurde einverständlich verzichtet.

Es mag symbolisch wirken, daß die letzten zwei Zeugen, die in Frankfurt gehört wurden, konkrete, neue Beschuldigungen gegen ein halbes Dutzend Angeklagte aussprachen, obwohl beide von Verteidigern nach Frankfurt gerufen wurden. Wären sie von diesen nicht genannt worden, dann wären dem Gericht selbst nach mehr als 16 Monate langer Verhandlung wichtige Tatsachen unbekannt geblieben. Der Zufall ist also auch bei einem Verfahren von solchem Umfang nicht auszuschalten. Wie viele Zeugen, die ebenfalls Neues und Schweres zu bekunden hätten, wurden nicht gehört? Auf manche wurde die Anklagevertretung vergebens hingewiesen. Dabei hätte die Staatsanwaltschaft zumindest einen von diesen letzten Zeugen schon wegen der Funktion, die dieser in Auschwitz ausgeübt hatte, bereits in der Voruntersuchung hören müssen: Er war jahrelang „Arbeitseinsatz" in Birkenau und hatte infolgedessen mehr und genauer beobachten können als die meisten anderen. Auch diese Episode beweist den Wert großer zusammenfassender Verfahren. Die Aussagen dieser Zeugen — wie schon vieler vor ihnen — betrafen andere Angeklagte als die, für die sie benannt worden waren. Am 6. Mai 1965 wurde die Beweisaufnahme abgeschlossen.

Am 23. Juli wurde die Beweisaufnahme für kurze Zeit wiedereröffnet, da während der Plädoyers viele Eventualanträge gestellt worden waren. Ein Zeuge wurde nochmals vernommen und mehrere Dokumente verlesen. Das geschah nicht zuletzt deswegen, weil sich der Vorsitzende während des ganzen Verfahrens sehr bemühte, alle denkbaren Revisionsgründe auszuschalten.

Zwölf Gutachten wurden dem Gericht erstattet — ein Sachverständiger mußte sogar dreimal erscheinen, das Gutachten eines anderen, vom Vertreter der Nebenklage Dr. Kaul mit Nachdruck vorgeschlagenen, wurde allerdings wegen Unsachlichkeit zurückgewiesen. Eine Fülle von Dokumenten wurde verlesen. Trotzdem waren es die Zeugen, die den Hauptteil der Beweislast lieferten.

In 135 Verhandlungstagen wurden 359 Zeugen gehört, 13 von ihnen mehrmals. Protokolle von weiteren 50 Zeugen wurden verlesen, weil diese aus verschiedenen Gründen verhindert waren, nach Frankfurt zu kommen. Nur bei einem Zeugen, der in Australien lebt, war der Grund dafür, daß er nicht persönlich geladen wurde, sondern man sich mit der Verlesung seines im Rechtshilfeverfahren aufgenommenen Protokolls begnügte, vom Gericht gegeben: Die Entfernung wäre zu weit, lautete die Begründung.

Wenn man die Zeugen in drei Gruppen teilt, ergibt sich folgendes Bild:

Ehemalige Häftlinge	*vernommen 211,*	*verlesen 37 Protokolle*
Ehemalige SS-Männer	*85,*	*6*
Sonstige Zeugen	*63,*	*7*

Es versteht sich von selbst, daß die wichtigsten Zeugen diejenigen der ersten Gruppe waren. Eine weitere Gliederung dieser Zeugengruppe nach dem Deportierungsgrund ergibt folgende Zahlen:

In Auschwitz als Juden	*vernommen 90,*	*verlesen 6 Protokolle*
In Auschwitz als Zigeuner	*4,*	*2*
In Auschwitz als politische Häftlinge	*104,*	*28*
In Auschwitz als kriminelle Häftlinge	*13,*	*1*

In der Anklageschrift hatte die Staatsanwaltschaft 252 Zeugen benannt. Von diesen sind nur 153 vor Gericht erschienen. Einige waren verhindert, sieben sind zwischen Anklageerhebung und Prozeß gestorben — eine Nachwirkung von Auschwitz, denn keiner dieser sieben war besonders alt. Auf 72 Zeugen hat die Staatsanwaltschaft im Laufe des Verfahrens verzichtet, und sie hätte ohne Schaden auf noch mehr verzichten können. Sie war schlecht beraten, als sie eine große Anzahl von ehemaligen SS-Männern und deutsche Kriminelle, die mit einem grünen Winkel als Häftlinge nach Auschwitz eingewiesen worden waren, als Zeugen benannte. Nur ganz wenige aus diesen beiden Gruppen brachten Wesentliches zur Wahrheitsfindung — und das war vorauszusehen. Die Erfahrungen der ersten Prozeßmonate veranlaßte die Anklagebehörde zu einer Revision ihrer ursprünglichen Zeugenliste. Auf einige Zeugen hat die Staatsanwaltschaft verzichtet, weil diese nur gegen die Angeklagten Bischoff oder Neubert aussagen sollten, diese aber inzwischen aus dem Verfahren ausgeschieden waren.

Von den schon vor Beginn des Verfahrens genannten und später auch gehörten 153 Zeugen waren 110 ehemalige Häftlinge in Auschwitz, 41 hatten Auschwitz in der Uniform der SS kennengelernt. Nahezu die Hälfte aller Überlebenden von Auschwitz, die den schweren Gang nach Frankfurt antraten, um in Gegenwart der Mörder von damals ihre Erinnerungen wieder lebendig werden zu lassen, sind also erst im Laufe des Verfahrens als Zeugen gerufen worden, die meisten von den Vertretern der Nebenklage. Es blieb ungeklärt, warum wichtige Kronzeugen, die bereits während der Voruntersuchung von dem sehr initiativ tätigen Untersuchungsrichter Dr. Düx vernommen worden waren, nicht von der Anklagebehörde von Anfang an geladen wurden.

Aus 19 Ländern kamen Überlebende von Auschwitz nach Frankfurt. Die meisten traten die Reise aus Polen an: 60 von ihnen haben viel dazu beigetragen, daß sich das Gericht ein allgemeines Bild über das größte Vernichtungslager Hitlers machen konnte. Zahlenmäßig an zweiter Stelle standen jene „Auschwitzer", die heute in der Bundesrepublik Deutschland leben; 49 von ihnen wurden gehört, neun Protokolle von solchen, die durch Krankheit am Erscheinen verhindert waren, verlesen. Aus Israel und der Tschechoslowakei reisten je 20 Zeugen nach Frankfurt, aus Österreich und der Deutschen Demokratischen Republik kamen je neun. Von drei weiteren österreichischen Zeugen wurden Vernehmungsniederschriften verlesen. Zwölf „Auschwitzer" flogen aus den Vereinigten Staaten nach Frankfurt, drei Protokolle, die in diesem Land aufgenommen wurden, kamen vor dem Schwurgericht zur Verlesung. Aus Frankreich und Rumänien kamen je sechs, aus Holland und der Sowjetunion je fünf Zeugen. Unter den einvernommenen 211 ehemaligen Häftlingen befanden sich 28 Frauen, die Auschwitz überlebt haben.

Oberstaatsanwalt Dr. Großmann hat in seinem Plädoyer andere Zahlen genannt. Möglicherweise wurden von ihm Zeugen, die zweimal gehört wurden, doppelt gezählt.

Man kann sich schwer vorstellen, welche Belastung es für diese Zeugen bedeutete, vor einem deutschen Gericht zu erscheinen. Nicht wenige brachen, nachdem sie von Frankfurt in die Heimat zurückgekehrt waren, zusammen. Um so verdienstvoller war es, daß mehrere Frauen sich im Auftrag des Deutschen Roten Kreuzes dieser Zeugen in Frankfurt mit rührender Sorge annahmen. Anfangs waren die Zeugen allerdings völlig allein auf sich gestellt. Als die ersten polnischen Zeugen kamen, wurde offenbar, daß Abhilfe geschaffen werden mußte. Zu dem ohnehin starken psychischen Druck kam in den ersten Wochen hinzu, daß der Ankommende keinen Pfennig deutscher Währung in der Tasche hatte, das Land nicht kannte und oft eine falsche Vorstellung von diesem mitbrachte, der Sprache nicht mächtig war, kein Hotelzimmer vorbestellt hatte, alles das lastete schwer auf den Menschen. Da die Anklagebehörde keine Abhilfe schuf, erreichte ein Artikel in der Zeitung „Die Welt", daß opferbereite Frauen über ein Jahr lang selbstlos die Zeugen betreuten.

Die lange Dauer des Auschwitz-Prozesses brachte manche Veränderung mit sich: Hofmeyer, der als Landgerichtsdirektor das Ver-

fahren eröffnete, war Senatspräsident, als er schließlich das Urteil verkündete. Er hat den Prozeß souverän geführt und es verstanden, kleinliches Geplänkel und politische Propaganda schnell auszuschalten; der Nebenkläger Dr. Kaul, Dr. Laternser und einige andere Verteidiger konnten nur zu oft der Versuchung nicht widerstehen, die Aufmerksamkeit der internationalen Presse auf Themen zu lenken, die in einem Auschwitz-Prozeß wahrhaftig keinen Platz haben dürften. Der Ergänzungsrichter Landgerichtsrat Werner Hummerich (in der Dokumentation werden die beiden Richter, die in Ergänzung des Gerichts dem ganzen Verfahren zu folgen hatten, um einspringen zu können, wenn einer der drei Richter krank werden sollte, kurz „Ersatzrichter" genannt) hat sich sehr zum Vorteil des Verfahrens in die Materie eingearbeitet. Bei der Urteilsverkündung führte er den Titel Landgerichtsdirektor wie auch Landesgerichtsrat Josef Perseke.

Von den sechs Geschworenen, die am 20. Dezember 1963 mit drei Richtern das Schwurgericht bildeten, sind im Laufe des Verfahrens zwei durch Krankheit ausgefallen. Zwei von den fünf Ergänzungsgeschworenen rückten nach. Bei der Urteilsberatung standen den drei Berufsrichtern vier Frauen und zwei Männer zur Seite.

Auch der Leiter der Anklagebehörde Dr. Großmann erhielt einen neuen Titel: Als Erster Staatsanwalt nahm er an der Eröffnungssitzung teil, als Oberstaatsanwalt hielt er sein Plädoyer. Während des Verfahrens selbst trat er wenig in Erscheinung. Staatsanwalt Vogel, der gemeinsam mit Staatsanwalt Kügler seit dem Sommer 1959 die Ermittlungen im Verfahren geführt hat, erkrankte während des Prozesses mehrmals und fiel zeitweise aus.

Als vierter auf der Bank der Anklagebehörde nahm Staatsanwalt Wiese Platz, der sich vorwiegend mit technischen Belangen, mit der oft recht komplizierten Ladung ausländischer Zeugen, zu befassen hatte. Zu Beginn des Verfahrens führte er den Titel „Gerichtsassessor".

Man kann sich schwer vorstellen, wie der Prozeß verlaufen wäre, wenn sich dem Verfahren nicht Nebenkläger angeschlossen hätten. Ein großer Teil der Aufgaben der Anklagebehörde wurde von den Vertretern der Nebenklage übernommen.

Die Frankfurter Rechtsanwälte Henry Ormond und Christian Raabe vertraten 15 Hinterbliebene von Opfern aus Auschwitz, die in zwölf verschiedenen Ländern wohnen, Dr. Friedrich Kaul wurde von Familienangehörigen solcher Auschwitz-Opfer, die in der DDR leben, als deren Vertreter legitimiert. An einigen Tagen wurde er von Anwalt Strott vertreten.

Eine Möglichkeit nahmen die Prozeßbeteiligten zu wenig wahr: Sie haben es versäumt, die Angeklagten immer wieder zu befragen, in Gegenwart der Zeugen, an die sich diese von Auschwitz her noch erinnern mußten, zur Wiederholung ihrer Ausflüchte und ihres Leugnens zu veranlassen, die Gegensätze auszunützen, die sich allein dadurch boten, daß einige als kleine SS-Männer — Bednarek sogar als Häftling — in Auschwitz tätig gewesen waren, andere aber als SS-Führer in leitenden Stellungen. Der Rumäniendeutsche Stefan Baretzki, der erst knapp vor Kriegsende zum SS-Rottenführer befördert worden war, konnte sich öfter nicht mehr beherrschen und bewies damit, daß durch eine systematische Befragung der Angeklagten manches ans Licht hätte gebracht werden können, was für das Verfahren von Bedeutung gewesen wäre.

Auf den Anklagebänken ging nämlich eine große Veränderung vor sich: Die oft demonstrativ zur Schau getragene Selbstsicherheit der Anfangswochen ist gewichen. Das zu Beginn häufig aggressiv hervorgestoßene: „Ich beantworte die Fragen des Nebenklägers nicht" war in der zweiten Prozeßhälfte undenkbar. Die meisten haben auch das Schweigen aufgegeben, das sie anfangs als Taktik bei ihrer Verantwortung gewählt hatten. In der letzten Prozeßphase wurden mehrere Angeklagte ausgesprochen redselig, Bednarek und Kaduk sind in Tränen ausgebrochen — Selbstmitleid und nicht etwa Reue hat sie bewegt! Boger und Hofmann stockten und stotterten mehr als einmal vor Erregung. Es war aber nicht zu übersehen, daß sich einzelne Angeklagte bis zuletzt bemühten, die Solidarität auf der Anklagebank aufrechtzuerhalten und dabei andere Überlegungen als lediglich die einer Kameraderie mitwirkten. Beispielsweise deutete ein Berichterstatter an, daß die Angehörigen von Kaduk durch die Familie Mulkas unterstützt würden. Wenn man weiß, daß Kaduk Mulka in der Voruntersuchung schwer belastet, diese Beschuldigung in der Hauptverhandlung aber zurückgezogen hat, dann gewinnt diese Vermutung an Wahrscheinlichkeit.

Die Schlußworte der Angeklagten waren für diese zwanzig Menschen, die durch den Prozeß in den Mittelpunkt des Interesses gerückt wurden, bezeichnend: Nachdem sie in 180 Verhandlungstagen immer wieder an Auschwitz erinnert wurden, selbst nachdem sie Senatspräsident Hofmeyer vor der Erteilung des Schlußwortes eindringlich ermahnt hatte, fand keiner von ihnen ein Wort, das ahnen ließ, daß sein Gewissen mahnt. Psychologen mögen es erklären: Viele Zeugen fanden lange keine Ruhe, keinen Schlaf, als sie ihre Aussage zwang, sich die Bilder von Auschwitz wieder voll ins Gedächtnis zu rufen: bei keinem der zwanzig Angeklagten hatte selbst der Beobachter, der nach derartigen Anzeichen suchte, einen ähnlichen Eindruck. Dabei hat jeder einzelne von ihnen in Auschwitz schrecklichere Bilder gesehen als die allermeisten Zeugen. Die Schilderungen von Baretzki — dem einzigen, der im Lauf des Verfahrens über seine Erlebnisse sprach — beweisen das eindeutig. Leugnen, Ausflüchte, Phrasen — daraus setzten sich die Schlußworte der Menschen zusammen, die in SS-Uniform Auschwitz erlebt hatten. Der Blockführer des Bunkers, in dem mehr gemordet wurde als in jedem anderen Block von Auschwitz, Bruno Schlage, ließ seine vorbereitete Schlußerklärung in eine Aufzählung dessen gipfeln, was er und seine Familie nach der Niederlage des Nationalsozialismus in polnischen Lagern hätten erdulden müssen. Ihm ist damals und in den zwei Jahrzehnten, die seither vergangen sind, offenbar niemals der Gedanke gekommen, daß das eine Reaktion auf Auschwitz gewesen sein könnte.

Jeder Angeklagte wurde von zwei Anwälten verteidigt, so hat es das Gericht verfügt: Sollte ein Verteidiger ausfallen, dann blieb der Beschuldigte immer noch nicht ohne Verteidiger, der mit der Materie vertraut war. Allerdings haben die meisten Anwälte die Vertretung von mehreren Angeklagten übernommen. Insgesamt waren 18 Verteidiger tätig. Die Zahl änderte sich mehrmals, weil einzelne Angeklagte ihre Anwälte wechselten, andere Verteidiger krank wurden und deswegen ausfielen.

Da die Anwaltskosten bei einem Verfahren von diesem Ausmaß so hoch waren, daß die meisten Angeklagten nachweisen konnten, sie seien für sie untragbar, wurden ihnen Pflichtverteidiger beigestellt. Viele Angeklagten hatten bereits vor Beginn des Verfahrens ihren Anwalt gewählt. In der Regel wurde dieser von Gerichts wegen nachträglich in den Status eines Pflichtverteidigers gesetzt.

Niemand wollte die Verteidigungsmöglichkeit eines Angeklagten irgendwie eingeschränkt wissen. Die besonderen Schwierigkeiten, mit denen sich ein Anwalt auseinanderzusetzen hatte, der einem Menschen, der an Massenmorden von nie gehörtem Ausmaß beteiligt war, Rechtsbeistand zu leisten hatte, sind offenbar. Es sei anerkannt, daß viele Verteidiger ihre Pflicht korrekt erfüllt haben. Um so unangenehmer fielen Praktiken mancher Anwälte auf, die nicht nur die oft zitierte Würde des Gerichts, sondern auch die besondere Würde gerade dieses Prozesses verletzten. Nur die krassesten Episoden dieser Art wurden in die Dokumentation aufgenommen. Sie sollen keinesfalls zu einer Verallgemeinerung führen, denn eine solche wäre nicht zutreffend.

Vom 7. Mai bis zum 6. August 1965 waren 26 Verhandlungstage von Plädoyers ausgefüllt. Dem Beobachter erschien diese letzte Periode des Auschwitz-Prozesses quälend lang. Gerade sie zeigte eindringlich, daß die Bedeutung des Prozesses in erster Linie im Zeitgeschichtlichen, nicht aber im Juristischen liegt. Notwendigerweise beschäftigten sich aber die Plädoyers vor allem mit juristischen Fachfragen.

Die Öffentlichkeit hat dem Auschwitz-Prozeß — in Erkenntnis seiner Bedeutung — große Aufmerksamkeit geschenkt. Für die Vertreter der internationalen Presse war allerdings die zeitliche Belastung zu groß. Etwa ab Sommerbeginn 1964 sah man nichtdeutsche Journalisten nur mehr vereinzelt und lediglich bei besonderen Anlässen auf der Pressetribüne. Große deutsche Zeitungen brachten aber die Kraft auf, über jeden der 183 Verhandlungstage zu berichten, allen voran die „Frankfurter Allgemeine Zeitung" und die „Frankfurter Neue Presse".

Bei der Urteilsverkündung war freilich wieder die internationale Presse stark vertreten, die Pressetribüne überfüllt. Das Echo, welches das Urteil auslöste, war ungemein stark. Daß manche Kritik an der Oberfläche haften blieb, ist bei dem Umfang der komplizierten Materie erklärlich, daß Bestrebungen einsetzten, das Echo des Urteilsspruches für billige tagespolitische Zwecke umzumünzen, ist bedauerlich, aber wohl unvermeidlich. Unschwer konnte vorausgesagt werden, daß dieser Prozeß noch lange Zeit die Öffentlichkeit beschäftigen wird.

Auch die Tatsache, daß im Zuschauerraum Tag für Tag Schulklassen außer zur Zeit der Schulferien und andere Gruppen von Jugendlichen dem Verfahren folgten, zeigt, daß die zeitgeschichtliche Bedeutung des Prozesses von vielen Verantwortlichen verstanden worden ist. Zeitweise mußten sich Schulen lange Wochen vorher anmelden, um einen freien Termin zu erhalten.

Nach 183 Verhandlungstagen, nach einer Prozeßdauer von zwanzig Monaten kannten schon diejenigen einander, die ständig an den Verhandlungen teilnahmen. Juristen und Journalisten fanden in den Verhandlungspausen einen Ton, wie er dort entsteht, wo Menschen längere Zeit miteinander zu tun haben. Durch das ständige Wiedersehen und Wiederhören verlor auch der Anblick von Menschen, die an einem Verbrechen von Auschwitzer Ausmaß teilgenommen hatten, das Beklemmende. Wahrhaftig — nicht diese zwanzig Menschen, die sich meist recht unintelligent verteidigten, deren Art zu reden und zu denken man schon gut kannte, verdienten das außergewöhnliche Interesse, das dieser Prozeß erregt hat.

In diesem Verfahren wurde dokumentiert, was Auschwitz war. Das hob den Prozeß heraus aus der Kette üblicher Kriminalverfahren. Die Dokumentation des Prozesses ist eine — keineswegs vollständige, zweifellos mit Unzulänglichkeiten behaftete — Darstellung des größten Vernichtungslagers, das Hitler und Himmler gewollt und geschaffen haben. So wurde der Auschwitz-Prozeß weit mehr als ein Gerichtsverfahren. Zeitgeschichte wurde in einer Weise lebendig, die einem oft und oft die Stimme verschlug, das Herz klopfen ließ, in der Nacht den Schlaf raubte.

Das Konzentrationslager Auschwitz

Die Stadt Auschwitz (Oświecim) liegt am Ostrand der mährischen Pforte in einer Niederung und hatte im Jahre 1939 etwa 12.000 Einwohner. Die Stadt ist in Luftlinie von Krakau 50 km und von Kattowitz 30 km entfernt.

Bei dem Plan zur Errichtung des Konzentrationslagers in Auschwitz war neben der günstigen Verkehrslage für die Wahl vor allem von Bedeutung, daß sich bei Auschwitz außerhalb der geschlossenen Ortschaft in der Gabelung der Flüsse Weichsel und Sola ehemalige Kasernen befanden, die ohne größere Umbauarbeiten sofort von Häftlingen bezogen werden konnten.

Der Inspekteur der KL schickte im Frühjahr 1940 zwei Kommissionen zur Überprüfung des Projekts nach Auschwitz. Die zweite Kommission, die am 18. und 19. 4. 1940 unter Führung des späteren Lagerkommandanten Höß das Gelände besichtigte, befürwortete den Plan. Darauf befahl Himmler die Errichtung des Konzentrationslagers in Auschwitz und berief Höß zum Kommandanten dieses Lagers.

Gleichzeitig mit der Einrichtung des Lagers wurde die polnische Bevölkerung, die in der Umgebung der Kasernen wohnte, ausgesiedelt. Zuerst wurden etwa 2000 Bewohner der Baracken, die sich neben dem Anschlußgleis des Polnischen Tabakmonopols — dem Gelände des späteren sogenannten Bauhofes — befanden, und im November 1940 die Bevölkerung von Zasole, dem zum Lager hin gelegenen Vorort von Auschwitz, evakuiert. Die Gebäude wurden von Kommandos, die sich aus Häftlingen zusammensetzten, abgebrochen; das Material wurde zum Aufbau des Lagers verwendet. Ebenfalls noch im Jahre 1940 wurden die Bauern aus mehreren benachbarten Dörfern ausgesiedelt, insbesondere auch aus Birkenau (Brzezinka). Der entvölkerte Landstreifen umfaßte etwa

40 km² und erhielt die Bezeichnung „Interessengebiet des Lagers". Dieses Interessengebiet wurde zum Sperrgebiet erklärt, dessen Betreten streng verboten war. Es wurde als gesondertes Verwaltungsgebiet — unabhängig von der allgemeinen Gebietsverwaltung — unter dem Namen „Amtsbezirk" organisiert. Leiter dieses Amtsbezirks war der sogenannte Amtskommissar, dessen Funktionen von dem jeweiligen Lagerkommandanten wahrgenommen wurden.

Mit diesen Worten schildert die Anklageschrift auf Grund von Dokumenten die Entstehungsgeschichte von Auschwitz. Es heißt in ihr weiter:

Nach seiner Ernennung kam Höß mit einigen SS-Angehörigen nach Auschwitz, wo er mit Hilfe von 200 zwangsweise rekrutierten Juden aus der Stadt Auschwitz mit der Einrichtung des Lagers begann. Außerdem forderte er von dem Konzentrationslager Sachsenhausen 30 Häftlinge aus den Reihen der dort untergebrachten Berufsverbrecher an, damit diese in dem neu einzurichtenden Konzentrationslager Auschwitz als Funktionshäftlinge eingesetzt werden konnten. Diese 30 Häftlinge wurden am 20. 5. 1940 von dem späteren Rapportführer Palitzsch nach Auschwitz gebracht. Den Kern des Lagers bildeten die Militärkasernen am linken Ufer der Sola sowie einige Gebäude des Polnischen Tabakmonopols. Insgesamt handelte es sich um zwanzig größtenteils einstöckige Gebäude.

Am 14. 6. 1940 traf in Auschwitz der erste Häftlingstransport aus Krakau ein, der etwa 700 polnische Häftlinge umfaßte und dem bald weitere Transporte folgten. Dementsprechend wurde auch das SS-Lagerpersonal ständig weiter verstärkt. Bei den eingelieferten Häftlingen handelte es sich anfangs durchwegs um Polen.

Das Konzentrationslager war anfangs relativ klein, aber schon nach kurzer Zeit wurde es weiter ausgebaut:

Am 1. 3. 1941 besuchte Himmler zum ersten Male das Lager Auschwitz. Nach einer eingehenden Besichtigung des

Lagers und Inspektion des gesamten Interessengebietes befahl er eine Vergrößerung des Stammlagers und ordnete den Aufbau eines neuen Lagers für 100.000 Kriegsgefangene an. Als besonders geeignet hierfür wurde das Gelände bei dem bereits von polnischen Zivilisten geräumten Dorf Birkenau (Brzezinka) jenseits der Bahnlinie in einer Entfernung von etwa drei Kilometer vom Stammlager Auschwitz angesehen.

Mit dem Bau dieses Lagers wurde im Oktober 1941 begonnen, wobei von vornherein ein Fassungsvermögen für 200.000 Menschen vorgesehen war. Die einzelnen Teile des Lagers wurden Abschnitte genannt, die wiederum in Felder unterteilt waren. Die Bauernhöfe des Dorfes Birkenau wurden abgebrochen; das Abbruchmaterial wurde zum Bau der Felder a und b des späteren Frauen-Konzentrationslagers (FKL) im Abschnitt B I verwendet. Mit diesem Material wurden unverputzte Baracken mit gemauerten Boxen an Stelle von Betten errichtet. Anschließend wurde der Abschnitt B II gebaut, bald darauf begann der Aufbau des Abschnittes B III. Der vierte Abschnitt, der für 60.000 Häftlinge vorgesehen war, blieb in der Planung stecken. Die Abschnitte B I, II und III hatten ein Fassungsvermögen für etwa 150.000 Häftlinge. Die gesamten Planungs- und Ausbauarbeiten im Bereich des Konzentrationslagers Auschwitz wurden von der „Zentralbauleitung der Waffen-SS und Polizei in Auschwitz/OS", die dem Lagerkommandanten und dem Wirtschaftsverwaltungshauptamt unterstellt war, durchgeführt. Mit Ausnahme des FKL wohnten die Häftlinge in Birkenau in Baracken, die nach dem Muster der Wehrmachts-Pferdestall-Baracken Typ 260/9 gebaut waren.

Ein Zeuge, der als Häftlingsarzt in Birkenau war, beschreibt, wie es in einer solchen Baracke aussah:

Dr. Wolken: Im Quarantäneblock 16 des Birkenauer Lagerabschnittes B II a lagen die Kranken und Neuzugänge zu sechs und acht auf Pritschen ohne Strohsack, eine Decke für vier Mann. Im Herbst und im Winter schliefen die Menschen — bis zu 1200 in einer für 300 Personen bestimmten Baracke — oft auf dem verschlammten Lehmboden.

Es war nicht der Mangel am Notwendigsten, der die Lagerleitung gezwungen hat, derartige Zustände zu schaffen. In der Anklageschrift heißt es:

Die gleichen Wehrmachts-Pferdestall-Baracken vom Typ 260/9, in die bis zu 1200 Häftlinge hineingepfercht wurden, hielt die Lagerleitung für die Unterbringung von Kühen für ungeeignet. Bei dem Umbau einer solchen Baracke in einen Kuhstall wurde sie, wie aus einem Schreiben des Leiters der Effektenkammer vom 14. Juli 1944 hervorgeht, mit Lüftungsanlagen und einem Zementfußboden versehen. Eine ähnliche Sorgfalt legte die Lagerverwaltung beim Bau von Hundeboxen an den Tag. Auf Befehl des Wirtschaftsverwaltungshauptamtes vom 16. Oktober 1942 wurde in Birkenau ein bestens eingerichteter Hundestall gebaut, der für die Unterbringung von 250 Polizeihunden berechnet war und 81.000 Reichsmark kostete. Aus der erhalten gebliebenen Baukorrespondenz ist ersichtlich, daß bei der Anfertigung des Bauplanes für den Hundestall das Gutachten des Lagerveterinärs eingeholt und außerdem alles darangesetzt wurde, damit die Hundeställe in jeder Beziehung den neuzeitlichen sanitären Anforderungen entsprachen.

Ein Zeuge, der davon wissen mußte, der ehemalige SS-Obersturmbannführer Dr. Joachim Caesar, der ranghöchste SS-Offizier in Auschwitz neben dem Kommandanten, sagt aus:

Dr. Caesar: Das Arbeitslager Birkenau war in einem unmöglichen Zustand. Das fing schon so an: Höß sagte mir, daß er den Befehl bekommen habe, Auschwitz II zu belegen. Und ich wußte ja, wie Auschwitz II aussah. Da gab es weder Wege noch Wasser. Wir fanden keinen einzigen Brunnen in dem ganzen Gebiet, der nicht koliverseucht war, nicht eine einzige Pfütze, worin nicht Anophelesmücken — die Überträger von Malaria — waren. Der primäre Grund für die Zustände in Auschwitz, was Krankheiten und Epidemien betraf, war der, daß man in ein Gebiet gegangen ist, das völlig ungeeignet war.

Sachlich berichtet eine Frau, die von Anfang an im Frauenlager interniert war, über die Zustände in diesem Lager:

Palarczyk: Von der Belegung an bis zum Frühling 1943 gab es im Frauenlager Birkenau kein Wasser, mit Ausnahme eines Brunnens bei der Küche. Wir hatten in Birkenau immer sehr viele Läuse. Darum mußten wir immer drei Meter Abstand von jedem SS-Mann und jeder SS-Aufseherin halten.

Eine österreichische Ärztin, die ebenfalls in diesem Lager war, schildert die Umstände folgendermaßen:

Dr. Lingens: Das Essen haben die Frauen oft wie Hunde aus der Schüssel geschleckt. Die einzige Wasserquelle befand sich unmittelbar neben der Latrine und hatte auch den Zweck, mit einem fingerdicken Strahl Wasser die Exkremente wegzuspülen. Da standen die Frauen und tranken und versuchten, sich etwas Wasser in irgendeinem Behälter mitzunehmen, während ihre Leidensgenossinnen daneben ihre Notdurft verrichteten. Und die Aufseherinnen schlugen derweil mit dem Knüppel dazwischen. Bei all dem ging die SS auf und ab und sah zu.

In dem Männerlager im Bauabschnitt B II waren die Verhältnisse ähnlich:

Dr. Wolken: In Birkenau hatten wir zwar keine Flöhe wie im Stammlager, dafür aber Ratten. Sie haben nicht nur Leichen angenagt, sondern auch Schwerkranke. Diese Tiere waren dreist und unverfroren, sie schreckten vor nichts zurück und holten sich nachts sogar Brot aus den Taschen der Häftlinge. Man hob es sich von der Abendportion auf, weil es zum „Frühstück" — einer Kaffeebrühe — ja nichts gab.

Die morgendliche Waschung mußte bei einer Reihe von Holztrögen vorgenommen werden, über denen ein Eisenrohr angebracht war, in welches Löcher gebohrt waren, aus denen Wasser sickerte. Es war gerade so viel, daß man nicht sagen konnte, es tröpfelte.

Dann beeilte man sich, auf die Latrine zu kommen. Das war

ein Betontrog, auf dem Bohlen mit runden Löchern lagen. Zwei- bis dreihundert Personen konnten auf einmal Platz nehmen. Ein Latrinenkommando mußte aufpassen, daß niemand zu lange da saß. Die Aufpasser schlugen mit Stöcken dazwischen, um die Häftlinge herunterzujagen. Bei manchen ging es aber nicht so schnell. Dabei trat ihnen schon vor Anstrengung der Mastdarm hervor. Wenn das Latrinenkommando dann auf sie einschlug, rannten sie davon und stellten sich bei den Wartenden hinten wieder an. Papier gab es nicht. Wenn einer eine Jacke mit Futter hatte, riß er sich ein Stückchen ab, um sich zu reinigen. Oder er stahl einem anderen nachts ein Stück aus dessen Montur, um wieder Vorrat zu haben. Die Abwässer aus den Waschbaracken wurden in die Latrinen geleitet, um den Kot abzuschwemmen. Aber es gab immer wieder große Stauungen, vor allem dort, wo der Wasserdruck nicht mehr ausreichte. Ein ungeheurer Gestank verbreitete sich. Dann kam das Scheißkommando, das das Zeug abzusaugen hatte.

Das Konzentrationslager Auschwitz dehnte sich weiter aus. In der Anklageschrift ist darüber folgendes zu lesen:

Das größte Arbeitslager im Bereich des Konzentrationslagers Auschwitz war das Lager Monowitz, das zuerst „Lager Buna“ und später „Lager Monowitz“ genannt wurde.

Im Laufe der Zeit wurden außer in Birkenau und Monowitz noch weitere 39 Nebenlager, Zweiglager, Außenlager und Arbeitslager eingerichtet, die auf das Gebiet von Schlesien verstreut waren und sich zum Teil sogar außerhalb Schlesiens befanden, wie zum Beispiel das Lager Brünn in Mähren und das Lager Freudenthal im Sudetenland. Ebenso wie in Monowitz arbeiteten die Häftlinge in den Nebenlagern Fürstengrube, Güntergrube und Janinagrube für die „IG-Farbenindustrie“, um die zur Benzin- und Bunaproduktion notwendigen Kohlen zu schlagen. Einige dieser Nebenlager waren wegen der dort herrschenden Lebens- und Arbeitsbedingungen besonders gefürchtet. Einige Nebenlager, in denen Landwirtschaft und Viehzucht betrieben wurde, sollten dem gesamten Konzentrationslager-Komplex wirtschaftliche

Autarkie sichern. In diesen Nebenlagern hatten es die Häftlinge leichter, eine Überlebenschance zu finden. In dem Nebenlager Harmense gab es beispielsweise eine Fischzucht. Leiter der Landwirtschaftsbetriebe war der Zeuge SS-Obersturmbannführer Dr. Caesar, der sämtliche landwirtschaftlichen, Wald-, Wild-, Forst- und Fischereiangelegenheiten bearbeitete.

Mit dem Standortbefehl Nr. 53/43 vom 22. November 1943 führte der damalige Lagerkommandant Liebehenschel eine Aufteilung des Gesamtbereichs in drei Lager durch:

Konzentrationslager Auschwitz I — Stammlager
Konzentrationslager Auschwitz II — Birkenau
Konzentrationslager Auschwitz III — Außenlager (das sämtliche Nebenlager umfaßte)

Diese Änderung war offenbar erforderlich, weil der Lagerbereich zu umfangreich geworden war und eine einheitliche Führung nicht mehr zweckmäßig erschien. Trotz der Teilung behielten aber die Kommandantur des Stammlagers und die Politische Abteilung weiterhin eine gewisse übergeordnete Stellung zu den anderen Lagern. So blieb das Stammlager Zu- und Abgangslager für den gesamten (dreigeteilten) Lagerbereich.

Am 25. November 1944 wurde das Lager Birkenau wieder völlig an das Stammlager Auschwitz angeschlossen, das jetzt offiziell „Konzentrationslager Auschwitz" genannt wurde; das Lager Auschwitz III erhielt die Bezeichnung „Konzentrationslager Monowitz". Auch diese Teilung war jedoch nicht vollständig, da wiederum die Kommandantur und die Politische Abteilung des Stammlagers ihre übergeordnete Stellung behielten.

Das erwähnte Außenlager Harmense wird von einem Zeugen folgendermaßen beschrieben:

Nolewajka: Ich habe vom März 1941 bis November 1944 im Kommando Harmense gearbeitet. Es gab dort 103 Teiche, in denen Fische gezüchtet wurden. Wir wurden auch zum Fischfang in der Sola und in der Weichsel eingesetzt. In der ersten

Zeit wohnte unser Kommando im Stammlager, und wir sind täglich nach Harmense hinausmarschiert. Dann — es dürfte etwa im November 1941 gewesen sein — bezog unser Kommando eine Unterkunft an Ort und Stelle. Diejenigen Häftlinge, die in der Hühnerfarm beschäftigt waren, wohnten in der sogenannten Burg. Wir von der Teichwirtschaft wohnten in einem anderen Haus, etwa einen halben Kilometer davon entfernt.

Anders wird ein Außenlager beschrieben, welches ebenfalls dem SS-Obersturmbannführer Caesar unterstanden hat:

Dr. Skrein: Ich war zuerst im Außenlager Kobier, wo wir als Holzfäller zu arbeiten hatten. Der Kommandoführer und zwei grüne Capos waren an den furchtbaren Zuständen in diesem Lager schuld. Schon beim Ausrücken in der Früh hat die SS bestimmt, wer an dem Tag umgebracht werden soll. Der Betreffende wurde fortgesetzt gequält und ihm dabei immer zugerufen: „Lauf, lauf!" Wenn der Unglückliche dann gelaufen ist, wurde er „auf der Flucht" erschossen. Ein Häftling, der wußte, was der Ruf „Laufen" zu bedeuten hatte, hat sich trotz aller Quälereien geweigert, zu laufen. Da haben sie ihn zehnmal auf einem Baum auf- und wieder abgehängt, bis er auch verzweifelt davongelaufen und dann „auf der Flucht" erschossen worden ist.

Da die Arbeitskraft in Auschwitz billig war, wurden in der Umgebung des Lagers Rüstungsbetriebe errichtet. Die SS vermietete ihre Häftlinge an diese Betriebe. Darüber sagt der Sachverständige Dr. Broszat aus:

Für sechs Mark pro Tag hat das Wirtschafts- und Verwaltungshauptamt der SS Facharbeiter unter den Konzentrationslagerhäftlingen an die Rüstungsindustrie verkauft. Sie mußten elf Stunden am Tag arbeiten. Hilfsarbeiter standen mit vier Mark im Kurs.

Die IG-Farben-Werke nützten diese Möglichkeit am meisten aus. Wenige Kilometer östlich von Auschwitz wurde bei Monowitz ein Buna-Werk errichtet. Der Vorsitzende des Aufsichtsrates dieser Weltfirma gibt an:

Dr. Krauch: Von der Kommandantur Auschwitz I wurden Häftlinge für das Buna-Werk abbeordert. Wir drängten darauf, daß so schnell als möglich ein Sonderarbeitslager beim Werk selbst errichtet wird. Dort gab es zwanzig andere Arbeitslager. 200 Firmen, vor allem Montagefirmen, waren dort.

Vorher hatte ich einmal die Verwendung von KZ-Häftlingen abgelehnt. Diese Ablehnung ist noch zu Friedenszeiten erfolgt, als Himmler an mich mit dem Vorschlag herangetreten war, die IG-Farben soll Techniker zur Verfügung stellen und Häftlinge sollen die Arbeit durchführen. Die Häftlinge waren aber damals asoziale Elemente mit politischer Vergangenheit, und mir schien es untragbar, daß hinter jedem Arbeiter ein Polizist mit einem Prügel steht.

Beim Buna-Werk arbeiteten insgesamt 50.000 Arbeiter, Fremdarbeiter, Kriegsgefangene und Häftlinge.

Vorsitzender: Was erzeugte der Betrieb?

Dr. Krauch: Es kam gar nicht zur Erzeugung.

Vertreter der Nebenklage Dr. Kaul: Sind Sie in Nürnberg verurteilt worden?

Dr. Krauch: Ja, ich wurde wegen Beschäftigung von Zwangsarbeitern verurteilt.

Vorsitzender: Was die Selektionen im Häftlingskrankenbau des Außenlagers Buna betrifft, es liegt ein Buch vom Krankenbau Monowitz vor. Die Angaben des Buches erstrecken sich auf die Zeit vom Juli 1943 bis Juni 1944. In diesem Zeitabschnitt sind in dem Buch 15.684 Kranke verzeichnet, von diesen sind 12.311 als entlassen gemeldet, 765 als gestorben, 1116 als nach Auschwitz überstellt und 1397 als nach Birkenau überstellt. Der Rest ist anderswohin gekommen.

Wer hat von seiten der SS mit den IG-Farben verhandelt?

Dr. Krauch: Dürrfeld und Bütefisch haben mit dem General der Waffen-SS Wolff verhandelt.

Vorsitzender: Und wer führte in Auschwitz selbst seitens der SS die Verhandlungen?

Dr. Krauch: Das kann nur die Lagerleitung gewesen sein.

Dr. Otto Ambros will nicht Betriebsführer der Buna-Werke gewesen sein. Wenn das in einem Protokoll steht, so müsse es auf einem Irrtum beruhen. Zur Entstehung dieses IG-Betriebes sagt Dr. Ambros aus:

Dr. Ambros: Am 5. April 1941 fand eine Gründungssitzung der Buna-Werke in Monowitz statt. Schon vorher wurde gesagt, daß beim Bau dieser Werke das KZ Auschwitz helfen sollte. Ich lernte bei dieser Sitzung den Kommandanten Höß kennen, und er hat mich aufgefordert, die Werkstätten des Konzentrationslagers zu besichtigen. Wenige Tage später fand diese Besichtigung unter der Führung von Höß statt. Er zeigte mir eine Schreinerei, eine Schlosserei und einen landwirtschaftlichen Betrieb und gab mir die Erlaubnis, die Häftlinge, die dort arbeiteten, anzusprechen. Dadurch habe ich von diesen selbst erfahren, daß es sich um Kriminelle aus Berlin handelte. Sie leisteten dort ihre Arbeit. Ich war davon beeindruckt und habe daraufhin den Brief geschrieben, der inzwischen bereits in die Geschichte eingegangen ist.

In diesem Brief schrieb Dr. Ambros über den „wirklich hervorragenden Betrieb des KZ".

Dieser Brief wurde am 14. April 1941 geschrieben. Zu jener Zeit ist noch nicht ein Mord in Auschwitz passiert. Er wird aber nun mit den makabren Vorgängen, die sich ein Jahr später in Auschwitz ereigneten, in Zusammenhang gebracht.

Vertreter der Nebenklage Ormond: Stimmt es, daß Sie die Betriebsstätte in Monowitz als für das Buna-Werk geeignet ausgewählt haben?

Dr. Ambros: Jawohl, ich habe diesen Platz ausgewählt.

Ormond: Haben Sie das auch deswegen getan, weil sich in der Nähe von Monowitz eine große Zahl von Häftlingen aus dem KZ befunden haben?

Dr. Ambros: Als ich den entscheidenden Bericht im Januar 1941 abfaßte, hatte ich vom KZ in Auschwitz noch keine Ahnung. Ich habe den Standort aus rein technischen Erwägungen gewählt. Voraus ging die Forderung, daß das Buna-Werk im äußersten Osten sein mußte, damit es Luftangriffen nicht ausgesetzt war. Da man für ein Buna-Werk viel Wasser braucht, kamen nur die Oder oder die Weichsel in Frage. Die Oder war bereits industriell sehr bedeckt. In Monowitz stand das Wasser der Weichsel zur Verfügung, ferner Kohle und Kalk. Das war viel maßgebender als die Arbeitskräfte während der vorübergehenden Bauzeit des Werkes. Der Platz wurde daher einzig und allein aus technischen Gründen gewählt. Bei der Gründungssitzung wurde zudem vom Arbeitsamt Bielitz, das zuständig war, erklärt, daß genügend freie Arbeitskräfte für den Aufbau zur Verfügung ständen. In jener Zeit war noch nicht die Rede davon, daß Häftlinge zum Aufbau herangezogen werden sollen.

Ormond: Bütefisch hat aber im amerikanischen IG-Prozeß ausgesagt, daß im Winter 1940/41 von Dr. Ambros der Standort der Buna-Werke deswegen vorgeschlagen worden sei, weil Häftlinge des nahen KZ zur Verfügung gestanden seien. Das wird in einer eidesstattlichen Erklärung als erster Grund für die Ortswahl angegeben.

Vorsitzender: Herr Zeuge, bleiben Sie bei Ihrer Aussage?

Dr. Ambros: Ich bleibe mit aller innerlichen ehrlichen Überzeugung dabei. Als Beweis mag auch gelten, daß die Polen heute das Werk weiterführen, obwohl keine Häftlinge zur Verfügung stehen. Sie würden es nicht betreiben, wenn nicht der Standort gut gewählt wäre.

Ein leitender Ingenieur der IG-Farben-Werke bezeugt:

Faust: Ich leitete in Auschwitz sämtliche Bauarbeiten für das IG-Werk Buna. Anfangs wurden uns 600 Häftlinge zur Verfügung gestellt, deren Aufgabe es war, ein Barackenlager aufzubauen. Ich kam erst im zweiten Halbjahr 1941 nach Auschwitz. Damals war schon in unserem Werk eine Sozialabteilung tätig, die unter Rossbach und seinem Gehilfen Schneider arbeitete. Diese Abteilung verhandelte auch mit den Arbeitsämtern wegen der Arbeitskräfte.

Vorsitzender: Sie haben damals regelmäßig Wochenberichte abgefaßt?

Faust: Ja.

Vorsitzender: In einem Bericht über die Zeit vom 8. bis 21. Februar 1943 steht, daß anläßlich eines Besuches des SS-Obersturmbannführers Maurer von den Lagern bei Buna gesprochen wurde und Maurer Ihnen zugesagt hat, die Zahl der bei dem IG-Werk beschäftigten Häftlinge auf 4000 bis 4500 zu erhöhen. Es wurde damals beschlossen, Teile des Werkes einzuzäunen, damit die Häftlinge im Werk leichter bewacht werden können. Maurer sagte — laut diesem Wochenbericht — gleichzeitig zu, daß alle schwachen Häftlinge abgeschoben werden können.

Faust: Ich erinnere mich jetzt nicht, aber wenn ich das geschrieben habe, dann wird es wohl der Fall gewesen sein. Ich nahm an solchen Besprechungen immer gemeinsam mit Dürrfeld teil.

Vorsitzender: Wurde die Produktion in dem Buna-Werk überhaupt aufgenommen?

Faust: Im August 1943 ist die Fabrikation teilweise angelaufen.

Staatsanwalt Vogel: Sind Sie wegen Ihrer Tätigkeit in den Buna-Werken jemals verurteilt worden?

Faust: Nein. Ich war im Nürnberger IG-Farben-Prozeß nur Zeuge.

Vertreter der Nebenklage Ormond: Als Himmler Auschwitz und auch die Buna-Werke besuchte, haben Sie ihn dann nicht durch das Werk geführt?

Faust: Jawohl. Aber das geschah lediglich deshalb, weil die anderen leitenden Männer der IG-Farben zufällig verreist waren. Daß ich im Jahre 1942 den sogenannten Reichsführer der SS zwei Stunden lang durch die Baustelle geführt habe, dient seit 1952 zum Anlaß, in allen Zeitungen das Photo zu zeigen, auf dem ich mit Himmler abgebildet bin, oft mit der Unterschrift: „Mörder unter uns". Es wird über mich geschrieben. Ich kann mich dagegen nicht wehren. Ich möchte aber diese Gelegenheit wahrnehmen, um dagegen zu protestieren. Man kann mir doch nicht übelnehmen, daß ich den Herrn Himmler zwei Stunden lang durch die Baustelle führte.

Ormond: Haben Sie seinerzeit der SS vorgeschlagen, beim Buna-Werk ein besonderes Häftlingslager einzurichten?

Faust: Ja, das geschah im Frühling 1942 anläßlich einer Bausitzung, wie sie jedes Vierteljahr abgehalten wurde. Es war das damals die erste Bausitzung, nachdem eine Fleckfieberepidemie ausgebrochen war, und wir berieten darüber, wo das Lager eingerichtet werden soll. Im Anschluß daran wurde zweifellos mit der SS wegen der Errichtung dieses Häftlingslagers verhandelt. Ich weiß aber nicht, wer diese Verhandlungen geführt hat.

Ormond: Haben Sie sich seinerzeit beim Kommandanten oder Adjutanten darüber beschwert, daß Häftlinge wegen ganz geringfügiger Anlässe bei Überschreiten der Postenkette erschossen worden sind, und dabei die Zahl von zwölf erschossenen Häftlingen genannt?

Faust: Zweifellos wurde darüber gesprochen, aber normalerweise geschah das durch Dürrfeld.

Ormond: Haben Sie mit der SS verhandelt, weil gegen zwei Meister Ihres Werkes ein Verfahren wegen Häftlingsbegünstigung geführt worden war, und haben Sie sich dafür eingesetzt, diese beiden Meister freizubekommen?

Faust: Jawohl. Der eine war ein Schreinermeister. Ich glaube, ich habe mit Höß darüber gesprochen, aber ich habe diese Angelegenheit telephonisch geregelt. Es hat lange gedauert, bis ich die beiden freibekommen habe.

Beleidigt ob des Ungemachs, das er wegen einer so böswilligen Propaganda zu erleiden habe, verläßt Ingenieur Faust den Zeugenstand. Die Aussage des Direktors der Buna-Werke kann nur verlesen werden. Eine Krankheit hindert Ingenieur Dr. Walter Dürrfeld, einer Ladung des Frankfurter Gerichts zu folgen:

Dr. Dürrfeld: Monowitz war bis zur Aufteilung von Auschwitz in drei selbständige Lager ein reines Arbeitslager. Bei den Buna-Werken gab es eine stets ansteigende Linie des Arbeitseinsatzes von Häftlingen. Nur durch Krankheit oder Witterungsumstände wurde dieser Aufstieg zeitweilig storniert. Vom Oktober 1942 bis zur Evakuierung war ich in Buna-Monowitz bodenständig. Mein Verhandlungspartner war in der Regel Schöttl.

Die IG-Farben hatte Interesse, nur arbeitsfähige Häftlinge zu bekommen. Je länger Häftlinge bei uns waren, desto mehr besserte sich ihr Gesundheitszustand.

Was die ehemaligen Häftlinge des Lagers zu diesem sonnigen Optimismus zu sagen haben, kommt in dem Prozeß nur am Rand zur Sprache: lange Überstellungslisten von Muselmännern, Selektionen von Arbeitsunfähigen. Da nach dem Ausscheiden Neuberts aus dem Prozeß kein

Angeklagter mit dem Lager Buna-Monowitz zu tun hatte, sieht das Gericht keine Veranlassung, den Wahrheitsgehalt der Äußerung von Dr. Dürrfeld zu überprüfen.
Der Bauleiter der IG-Farben-Werke erinnert sich so an seine Tätigkeit:

Murr: Ich war Bauleiter der IG-Farben für Auschwitz. Ich bekam den Auftrag, am 20. Februar 1941 nach Auschwitz zu fahren und dort die Erschließung einer Großbaustelle in die Wege zu leiten. Die Oberbauleitung habe ich geführt, die Bauarbeiten wurden Firmen übergeben. Arbeitskräfte habe ich vom Arbeitsamt Bielitz angefordert. Häftlinge kamen erst viel später zu uns als andere Arbeitskräfte, vielleicht ein bis zwei Monate später.
Vorsitzender: Wer kam auf den Gedanken, Häftlinge als Arbeitskräfte zu verwenden?
Murr: Ich habe das Arbeitsamt gedrängt, Leute zu stellen, darauf erwiderte man dort: „Es bleiben nur noch Häftlinge übrig." Zuerst sind die Häftlinge von Auschwitz zu Fuß nach Buna gelaufen. Ich drängte darauf, daß sie mit der Bahn fahren. Das tat ich als Mensch, denn wenn die Häftlinge jeden Tag sechs Kilometer zu laufen haben, können sie nicht mehr voll arbeiten.

Mir ist bekannt, daß es Beschwerden gab, wenn nicht mehr genügend Arbeitskraft vorhanden war. Nach einer solchen Beschwerde ist es meist besser geworden. Die SS hat kräftigere Leute geschickt, denn wenn einer schwach ist, kann er ja nichts leisten.
Vorsitzender: Was ist von seiten der SS auf eine solche Beschwerde hin erfolgt?
Murr: Das entzieht sich meiner Kenntnis. Ich weiß nicht, was mit den Schwachen geschah.

Das Schicksal dieser Unglücklichen interessierte ihn nicht; es fiel ja nicht mehr in sein Ressort.
Auch die Firma Siemens-Schuckert nützte die billige Arbeitskraft der Auschwitzer Häftlinge aus:

Bundzus: Als Beauftragter der Firma Siemens und Schuckert kam ich nach Auschwitz, um dort einen Häftlingsbetrieb zu eröffnen. Im September und November 1943 wurden unsere Anlagen in Berlin durch Luftangriffe zerstört. Damals trat das SS-Hauptamt an meinen Auftraggeber heran und machte darauf aufmerksam, daß es im KZ viele Facharbeiter gibt, die man zur Arbeitsleistung einsetzen könnte. Als ich nach Auschwitz kam, unterzog ich hundert vorgemusterte Häftlinge einer Befähigungsprüfung. Fünfzig haben den technischen Forderungen entsprochen. Ich habe die Kommandantur ersucht, daß diese Häftlinge bis zu ihrem Arbeitseinsatz in unserem Werk Zusatzverpflegung und Zusatzdecken bekommen und bevorzugt behandelt werden. Diese Häftlinge sollten pfleglichst aufgeforstet werden. Dann verabschiedete ich mich.

Vertreter der Nebenklage Dr. Kaul: Der Ausdruck „Aufforstung" ist grauenhaft in diesem Zusammenhang.

Bundzus: Einen Monat später kam ich wieder nach Auschwitz. Es war mir möglich, etwa viereinhalb bis fünf Kilometer von Auschwitz entfernt eine verfallene Fabrik zu erwerben, die in vier Monaten für den Häftlingseinsatz hergerichtet wurde. Ich habe zu diesem Zweck noch 70 Häftlinge als Bauarbeiter angefordert. So wurde die Fabrik Bobrek der Siemens-Werke errichtet. Am 1. April 1944 wurde das Richtfest gefeiert, und am 20. Mai 1944 konnten alle Häftlinge, die dort arbeiteten, in ein eigenes Lager Bobrek herübergezogen werden. Das Lager befand sich neben den Werkhallen. Sechs Zivilarbeiter der Firma Siemens waren ebenfalls dort. Die Häftlinge bekamen Zusatzverpflegung, doppelte Bekleidung, es war ein eigener Küchenbetrieb eingerichtet. Wir haben in eigener Regie Gemüse angebaut. Die Häftlinge hatten den besten Wohlstand. Mitte Januar 1945 wurde der Betrieb aufgelöst, es erfolgte eine Abwanderung der SS mit den Häftlingen.

In dem Lager befanden sich 110 Häftlinge, die Facharbeiter waren, 70 Bauarbeiter, die später für die Gartenpflege eingesetzt waren, und 30 weibliche Häftlinge für die Gewindeanfertigung.

Vorsitzender: Hier hat der Zeuge Schaffer erklärt, daß ursprünglich 50 Häftlinge ausgesucht wurden, aber später, als das Lager Bobrek belegt wurde, nur mehr 20 von diesen nach Bobrek kamen.

Bundzus: Dazu kann ich keine Stellung nehmen.

Dr. Kaul: Was können Sie über den Zustand der Häftlinge in Bobrek sagen?

Bundzus: Die Häftlinge hatten es gut, sie hatten in der Weichsel gebadet, es wurden Bücher angeschafft und auch Musikinstrumente, sie waren in ihrer Freizeit keiner Zwangsform unterlegen.

Der Herr Oberingenieur sah den Aufenthalt in Auschwitz wie ein Idyll.
Ein anderes Außenlager ist wohl das krasse Gegenteil eines Idylls gewesen:

Vertreter der Nebenklage Dr. Kaul: Wie war die Arbeit in den Kohlengruben von Janina?

Kasner: Die Grube befand sich 400 Meter unter der Erde. Vorher war dort ein englisches Kriegsgefangenenlager. In der Grube mußten Leute arbeiten, die vorher nie in ihrem Leben eine Kohlengrube auch nur gesehen hatten. Polen waren als Zivilarbeiter beschäftigt. Häftlinge hatten an Stellen zu arbeiten, wo Wasser stand und wo sie am Bauch kriechend arbeiten mußten. Die Arbeitszeit betrug acht bis zehn Stunden im Tag, und es gab Unfälle am laufenden Band.

Waren auch die Lebensbedingungen in den verschiedenen Arbeitslagern und zu verschiedenen Zeiten recht unterschiedlich, die Häftlinge mußten das Lager ganz anders empfinden als die Herren Ingenieure. Die scheinbaren Widersprüche, die sich beim Vergleich diverser Berichte ergeben, leitet ein Zeuge von den veränderlichen Umständen in den Lagern ab:

Dr. Wolken: Die Atmosphäre im Lager änderte sich beinahe von Tag zu Tag. Sie war abhängig vom Lagerführer, vom Rapportführer, vom Blockführer und deren Launen. Sie war abhängig vom Kriegsgeschehen. Wenn draußen etwas Böses geschah, dann haben das die Häftlinge sofort zu spüren bekommen, und es kam zu unvorstellbaren Grausamkeiten. Es gab Dinge, die waren heute möglich, und zwei Tage danach waren sie wieder unmöglich. Ein Arbeitskommando war einmal ein Todeskommando, ein Schindanger, und zu einem anderen Zeitpunkt eine ganz gemütliche Angelegenheit.

Ein anderer Zeuge spricht in einer knappen Antwort eine Wahrheit über Auschwitz:

Vorsitzender: Kamen die Anweisungen für Erschießungen aus Berlin?

Wörl: Höchstens bei deutschen Häftlingen, eventuell noch bei interessanten Polen. In Auschwitz galt der Grundsatz: Juden mußten, Polen sollten, Deutsche konnten sterben.

Die »Endlösung«

Juden mußten sterben — Himmler hatte Auschwitz zum Ausrottungszentrum der Juden bestimmt. Der Sachverständige Dr. Broszat stellt fest:

Den entscheidenden Faktor bei der Ausweitung des Lagers und der enormen Massierung von Häftlingen mit ihren katastrophalen Begleiterscheinungen bildete vor allem der Entschluß, Auschwitz zur Hauptstätte der Juden-Vernichtung zu machen. Erst dadurch kam es zu der permanenten Ausdehnung des Lagers, die weit über die Dimensionen sämtlicher anderer KL hinausging.

Giftgas schien den Nationalsozialisten das geeignetste Mittel zu sein, den geplanten Massenmord durchzuführen. Im Rahmen der „Euthanasie"-Aktion wurden auch die Konzentrationslager nach Menschen durchsucht, die nicht mehr „lebenswert" erschienen. Die Opfer wurden in Anstalten gebracht, die mit Vergasungsräumen ausgestattet waren. Auch Auschwitz wurde von dieser Aktion nicht verschont. Ein Zeuge, der mit dem ersten polnischen Transport dorthin deportiert worden war, macht darüber Angaben:

Staatsanwalt Vogel: Wer führte die Selektionen im Lager durch?

Barcz: Ausschließlich SS-Ärzte. Ein Fall ist mir allerdings bekannt, wo die Schutzhaftlagerführung selektierte. Es handelte sich um die erste Selektion — damals wußten wir noch nicht, was das bedeutete. Die Selektierten wurden nach Dresden transportiert und dort vergast.

Nachdem Himmler Auschwitz zum Mittelpunkt der Massenvernichtungsaktion bestimmt hatte, begann die Lagerführung, selbständig mit Giftgas zu experimentieren:

Vertreter der Nebenklage Raabe: Wann haben die ersten Vergasungen in Auschwitz begonnen?

Barcz: Etwa Ende 1941. Sie fanden im Keller des Blocks 11 statt. Uns Krankenpflegern wurde befohlen, Kranke in diesen Block zu bringen. Am Abend vorher haben wir gehört, wie russische Kriegsgefangene an den Blöcken vorbeigetrieben wurden. Sie haben geschrien, weil sie geschlagen wurden, und wir haben sie an der Sprache erkannt. Ich erinnere mich an den Ruf: „Bitte um Erbarmen!" Das war nach dem Abendappell.

Raabe: Woher wissen Sie, daß diese dann vergast worden sind?

Barcz: Nach drei Tagen mußte das Häftlingspersonal des Krankenbaus in den Block 11, um die Kellerräume zu leeren. Ich habe dort selbst gesehen, wie auf sehr engem Raum eine große Anzahl von Menschen zusammengepreßt war. Sie hatten sich offensichtlich zu den Öffnungen gedrängt, wo sie frische Luft erhofften. Wir konnten die Räume erst drei Tage später betreten. Eine Entlüftung vorher war notwendig. Dort befanden sich einige hundert Tote. Die Leichen wurden auf Wagen an eine Stelle hinausgeführt, wo tags zuvor von Häftlingen Massengräber vorbereitet werden mußten.

Ein anderer polnischer Zeuge schildert dieselbe Szene so:

Dr. Glowacki: Ich war als Leichenträger eingeteilt. So wurde ich auch Zeuge der ersten Vergasung im Block 11. Wir mußten von dort die Leichen hinaustragen. Es war ein makabres Bild. Ich sah Leute, die in ihren Fäusten ganz fest Haare gehalten haben, die sie sich oder anderen ausgerissen hatten. Ich habe auch Finger gesehen, die ganz zerbissen waren. Die Leichen befanden sich schon zwei Tage im Bunker. Die Haut der Toten blieb uns in Fetzen an den Händen. Es herrschte eine furchtbare Hitze. Dieses Bild kann man nie genau beschreiben oder vergessen.

Aus der Schilderung des SS-Apothekers gewinnt man keinen deutlichen Eindruck. SS-Untersturmführer Storch, der erste SS-Apotheker in Auschwitz, weiß über diese versuchsweise durchgeführte Vergasung folgendes zu berichten:

Vorsitzender: Was wissen Sie von Vergasungen?
Storch: Einmal habe ich dienstlich davon erfahren. Die Vergasung fand in Kellerräumen im Lager statt.
Vorsitzender: Was wissen Sie darüber?
Storch: Am nächsten Morgen ließ mich der Standortarzt Doktor Popiersch holen. Ich sollte feststellen, daß keine Spuren von Gas mehr in den Räumen sind.
Vorsitzender: War das Gas mit einem Reizstoff versehen?
Storch: Das weiß ich nicht.
Vorsitzender: Wie sollten Sie dann feststellen, ob noch Gas im Raum war?
Storch: Dr. Popiersch sagte, daß es sich um ein Blausäurepräparat handelt, das nach bitteren Mandeln riecht. Ich bin in den Keller gegangen. Die Toten sind auf dem Fußboden gelegen. Ich erinnere mich an einzelne Räume mit Türrahmen, die Türen selbst waren ausgehakt. Die Leichen waren verteilt. Sie waren bekleidet, ich glaube, einheitlich graubraun, kann aber nicht sagen, um welche Uniform es sich gehandelt hat. Es waren nur Männer. Ein Geruch war nicht mehr feststellbar. Alle Fenster waren geöffnet. Mein Auftrag war erledigt. Die Aktion lief unter „Geheime Reichssache" — damals hielt man sich noch daran.
Vorsitzender: Haben Sie sonst noch einmal etwas von Vergasungsaktionen gemerkt?
Storch: Im Krematorium war eine kleine pathologische Abteilung eingerichtet. Sie wurde von mir mit Alkohol und Phenol beliefert, und ich hatte sie zu inspizieren. Als ich einmal dort war, ist die Tür zur Leichenhalle offengestanden. Ich habe gesehen, daß vergast worden war. Unbekleidete Leichen waren im Raum; es waren sehr viel, der Raum war brechend voll.
Vorsitzender: Konnten Sie an den Leichen etwas feststellen?
Storch: Ich habe sie nicht angesehen. Ich bin vorbeigegangen. Ich bin kein Wissenschaftler, und mir war der Anblick viel zu unangenehm. Ich mag nicht gern Tote.

Vertreter der Nebenklage Ormond: Wie groß war etwa die Zahl der Vergasten?

Storch: Die eisernen Türen standen offen, die Toten sind wahrscheinlich herausgefallen. Es waren sehr viele, vielleicht hundert.

Die Methode war gefunden. Zwei Bauernhäuser in der Ortschaft Brzezinka — ihr verdeutschter Name Birkenau ist in der ganzen Welt bekannt — wurden zu Gaskammern umgebaut.

Vorsitzender: Wo fanden damals die Vergasungen statt?

Kremer: Alte Bauernhäuser waren als Bunker ausgebaut und mit einer fest verschließbaren Schiebetür versehen. Oben befand sich eine Luke. Die Menschen wurden entkleidet hineingeführt. Sie gingen ganz harmlos hinein, nur wenige haben sich gesträubt, die wurden beiseite genommen und erschossen. Das Gas warf ein dafür bestimmter SS-Mann ein. Er stieg dazu auf eine Leiter hinauf.

Vorsitzender: Sie sagten früher, daß Schreie zu hören waren.

Kremer: Ja, das war die Lebensangst. Sie haben gegen die Türe getreten. Ich bin im Wagen gesessen.

Vorsitzender: Gab es Sonderzulagen für die, die bei einer solchen Aktion beteiligt waren?

Kremer: Ja, das war üblich, ein bißchen Branntwein und Zigaretten. Da waren alle hinterher. Es wurden dafür Bons ausgegeben. Ich habe auch solche Bons bekommen — ganz automatisch.

Vertreter der Nebenklage Ormond: Sie haben in Ihrem Tagebuch geschrieben, daß sich die SS-Männer zu dem Rampendienst gedrängt hätten.

Kremer: Das ist menschlich doch ganz verständlich. Es war ja Krieg, und Zigaretten und Schnaps waren knapp. Wenn einer zigarettensüchtig war... Die Bons sammelte man, und dann ging man mit der Flasche zur Kantine.

Der Mann, der den Vergasungsvorgang mit sachlichen, unbeteiligten Worten schildert, ist der ehemalige Universitätsprofessor Dr. Johann Paul Kremer aus Münster. Er wurde in Polen und in Deutschland wegen seiner Beihilfe an den Massenmorden bereits bestraft. In Frankfurt verläßt er milde lächelnd den Zeugenstand.
Zögernd sagt ein kleiner SS-Mann aus; er hat die Vergasungsstätte als Fahrer kennengelernt.

Hölblinger: Ich war in der Fahrbereitschaft und habe den Sanka, der für Häftlingstransporte bestimmt war, gefahren.
Vorsitzender: Fuhren Sie auch nachts?
Hölblinger: Ja, wenn Judentransporte auf der Rampe in Birkenau eintrafen. Dann mußte ich die Sanitäter und die Ärzte an die Rampe fahren. Dann sind wir auch zu den Gaskammern weitergefahren. Die Sanitäter sind dort auf einer Leiter hinaufgestiegen, sie haben die Gasmaske oben gehabt und haben die Büchsen entleert. Die Häftlinge konnte ich beim Entkleiden sehen; es war immer alles ganz friedlich und ahnungslos. Es ist sehr rasch gegangen.
Vorsitzender: Wie lange dauerte die Vergasung?
Hölblinger: Ungefähr eine Minute. Wenn das Gas hineinkam, hörte man einen Entsetzensschrei. Nach einer Minute war alles still. Das Gas haben die SDG in Blechbüchsen mitgebracht.
Vorsitzender: Wie wurden die Opfer zur Gaskammer gebracht?
Hölblinger: Die nichtarbeitsfähigen Juden sind mit LKW zur Gaskammer gebracht worden. Es waren fünf oder sechs Wagen eingesetzt, die sind dann öfters gefahren.
Vorsitzender: Wurden die Bunker mit Autoscheinwerfern angestrahlt?
Hölblinger: Ja.
Staatsanwalt Kügler: War der Angeklagte Klehr der Chef der SDG?
Hölblinger: Ich weiß nicht. Wir haben sie nur die Vergaserfritzen genannt.
Vertreter der Nebenklage Raabe: Wie lange dauerte eine Selektion im Durchschnitt?
Hölblinger: Es war verschieden. So eine Stunde bis anderthalb Stunden.

Ein SS-Kollege Hölblingers fuhr einmal mit zu der Mordstätte:

Ersatzrichter Hummerich: Waren Sie einmal bei einer Vergasungsaktion?

Böck: Ja, es war an einem Abend, da bin ich mit dem Fahrer Hölblinger mitgefahren. Ein Transport aus Holland war angekommen, die Häftlinge mußten von den Waggons herunterhupfen. Es waren bessere Juden, Frauen mit Persianermänteln waren dabei. Sie kamen in Schnellzugwaggons. Lastwagen sind schon bereitgestanden, vor ihnen eine Holztreppe, und die Leute sind hinaufgestiegen. Dann sind alle losgefahren. In der Gegend, in der früher die Ortschaft Birkenau war, ist nur mehr ein langes Bauernhaus gestanden, daneben vier oder fünf große Baracken. Drinnen standen die Leute auf Kleidungsstücken, die hoch am Fußboden lagen. Blockführer und ein Unterscharführer mit einem Stock waren dort. Hölblinger sagte mir: „Gehen wir jetzt hinüber." Dort stand eine Tafel: Zur Desinfektion. Er sagte: „Jetzt bringen sie noch Kinder her." Da haben sie die Tür aufgemacht, die Kinder reingeschmissen und dann die Tür wieder zugemacht. Ein furchtbares Geschrei war zu hören. Ein SS-Mann ist aufs Dach gestiegen. Die Leute haben zehn Minuten lang geschrien. Dann haben Häftlinge die Türen aufgemacht. Es war alles untereinander und verkrampft. Es ist ganz heiß herausgekommen. Die Leichen sind auf einen Leiterwagen verladen und zu einem Graben geführt worden. Die Nächsten zogen sich in den Baracken schon aus. Ich habe damals meine Frau vier Wochen lang nicht angeschaut.

Vorsitzender: Waren Sie auch einmal auf der Rampe?

Böck: Ja, es war im Sommer 1944, und es kamen damals die Transporte aus Ungarn. Ich mußte etwas zur Rampe fahren. Der Zug ist schon ohne Lokomotive dagestanden. Mengele und ein paar Offiziere standen dort, auch Moll. Mengele sagte: „Ärzte und Apotheker nach vorne!" Bessere Herren sind gekommen. Auch eine blonde Frau, die ausgeschaut hat wie Lilian Harvey. Mengele fragte sie, wie alt sie ist. Sie antwortete: „29 Jahre." Mengele fragte weiter, ob sie schwanger ist. Sie sagte: „Ja, im neunten Monat." Mengele sagte nur: „Weg!" Er hat so mit dem Daumen gemacht. Nach einer Zeit hat Mengele „Ach was" gesagt und alle auf die Seite geschickt, ohne weitere für das Lager auszusuchen. Sechs LKW waren zu dieser Aktion eingesetzt. Es waren Mercedes mit Anhängern. Ich sollte auch dort fahren, habe mich aber geweigert.

Anfangs ist im kleinen Krematorium vergast worden. Grabner hat damals die Transporte vom Bahnhof abgeholt, so 40 bis 50 Juden waren das. „Hopp, los, zieht euch aus!“ Er hat das ganz heimlich und freundlich gesagt. Ein SS-Mann ist dann oben hinaufgestiegen. Man hat es dann bis zur Unterkunft schreien gehört.

Staatsanwalt Kügler: Wann wurden diese sechs LKW beschafft?

Böck: Das war ungefähr im Frühling 1942, als das mit dem Vergasen richtig angelaufen ist. Es waren schwere Wagen, Fünf- bis Sechstonner. Die Brüder, die bei diesen Aktionen mitgemacht haben, haben zehn bis zwölf Flaschen Schnaps im Schrank gehabt.

Böck ist der einzige SS-Zeuge, der vor Gericht ehrlichen Abscheu zeigt. Der Sachverständige Dr. Broszat spricht sachlich über die eigenartige Atmosphäre in Auschwitz:

Auschwitz stellte mit seinen drei großen Lagerkomplexen (Stammlager, Birkenau, Monowitz) einerseits das größte aller KL dar und wurde als solches ein Riesenarsenal von Häftlingsarbeitern für die Rüstungsindustrie, anderseits entwickelte es sich mit den außerhalb des Lagerzaunes von Birkenau errichteten großen Vergasungsbunkern und Krematorien zur größten Judenvernichtungsanlage.

Das bedeutete: Nur in Auschwitz, wo die beiden Zwecke (Vernichtung und Arbeitseinsatz der Juden) an einem Ort konkurrierten, entstand jenes Ausleseverfahren der sogenannten Selektion, dem fast jeder ankommende Judentransport unterworfen wurde: Aus der Masse der deportierten jüdischen Männer, Frauen und Kinder sonderten SS-Ärzte und SS-Führer auf der sogenannten „Rampe“ von Birkenau — wohl je nach Bedarf und dem Gesundheitszustand der Transporte — eine größere oder kleinere Zahl von Arbeitsfähigen (bevorzugt Jugendliche, Männer mittleren Alters und arbeitsfähige Frauen ohne Kinder) aus, die von der Vernichtung ausgenommen, als Häftlinge registriert und in das angrenzende

Lager überwiesen wurden, wo sie eine Chance des Überlebens hatten, solange sie arbeitsfähig blieben. Selektion bedeutete: Überführung in einen anderen Zuständigkeitsbereich und Funktionszusammenhang, wo nicht mehr die Vernichtung, sondern — wenigstens der Theorie nach — die Nutzung und, bis zu einem gewissen Grade, auch die Erhaltung der Arbeitskraft der Häftlinge maßgeblich war.

Die meisten SS-Zeugen wollen sich an die Selektionen nicht mehr erinnern. Um so schwerwiegender ist die Aussage eines ehemaligen SS-Mannes, eines „Volksdeutschen" aus der Bukowina:

Staatsanwalt Kügler: Sie haben in der Postenkette Ihren Dienst versehen. Wie weit stand diese Postenkette von den ankommenden Transporten an der Rampe entfernt?

Huley: Etwa fünfzehn bis zwanzig Meter. Ich war meist nachts auf Posten dort, die Rampe war beleuchtet.

Kügler: Welche Befehle erhielten die Ankommenden?

Huley: Sie wurden nach rechts und links beordert. Ihre Arbeitsfähigkeit wurde geprüft und besondere Berufe gesucht, je nach Bedarf. So wurden einmal Ärzte herausgerufen, ein anderes Mal Feinmechaniker oder Schlosser. In der Regel war ein SS-Arzt dort, aber manchmal auch Schwarz ohne Arzt. Meistens waren aber Ärzte auf der Rampe. Wenn beide dort waren, haben sie die Selektion gemeinsam gemacht. Frauen mit Kindern wurden gleich fürs Gas ausgesondert. Die Blockführer haben an der Rampe nur Hilfsdienste versehen. Die Führer haben rechts und links entschieden.

Kügler: Sind alle Ankommenden vor den SS-Arzt gekommen?

Huley: Ja, alle mußten vorgehen und wurden dann nach rechts oder links dirigiert.

Kügler: Haben Sie auch den Kommandanten an der Rampe gesehen?

Huley: Er war oft dort, fuhr aber wieder weg. Ob er von anderen Offizieren begleitet wurde, weiß ich nicht mehr. Der Adjutant wird wohl ab und zu dabeigewesen sein. An Selektionen hat er sich aber nicht beteiligt.

Aber der Häftling sah diesen Vorgang anders:

Dr. Vrba: Vom Herbst 1942 bis zum Juni 1943 war ich im Aufräumungskommando, das zuerst im Stammlager und dann in Birkenau Quartier hatte. Unser Kommando arbeitete in zwei Schichten. Die Nachtschicht hatte direkt mit den Zugängen an der Rampe Kontakt, die Tagschicht verlud und sortierte die Effekten der Opfer. Wenn ein Transport angemeldet wurde, hat uns der Blockführer geweckt, wir mußten aufstehen und zur Rampe gehen. Die Rampe befand sich damals noch nicht im Lager Birkenau. Sie wurde aus einem etwa 500 Meter langen Holzgerüst gebildet. Wenn ein Transport kam, wurde von der SS eine Postenkette um die Rampe gezogen, die aus etwa 100 SS-Männern bestand. Wir marschierten hinter die Postenkette. Dann kam eine Kommission von SS-Offizieren und Unteroffizieren. Wir hatten am unteren Ende der Rampe zu stehen, die Kommission stand am oberen Ende. Die Unterscharführer haben die Waggons geöffnet, und die Deportierten mußten diese verlassen. Es kamen verschieden große Transporte, kleinere mit etwa 700 oder 800 Personen, größere bis zu 3000 Personen. Man hat die Menschen mit guten und schlechten Worten aus den Waggons herausgetrieben. Wir durften unter Todesstrafe nicht mit den Ankommenden reden. Auch die Ankommenden erhielten sofort Sprechverbot, und die SS paßte mit Stöcken auf, damit ja niemand redete. Dann wurden die Angekommenen zur Kommission geführt, die selektierte. Einmal wurden 10, ein anderes Mal 20 Prozent der Ankommenden ins Lager geschickt; das variierte sehr stark. Der Rest wurde auf Lastwagen verladen und direkt in die Gaskammern geführt. Auch ein Rot-Kreuz-Wagen war bei der Rampe, er löste eine sehr beruhigende Wirkung aus.

Wenn das vorbei war, kam etwas, das sehr schlimm für uns war. In den Waggons waren Leute geblieben, die nicht einmal durch Schläge herauszukriegen waren: Tote, Todkranke, Krüppel. Wir mußten sie nun aus den Waggons herausbekommen. Wir haben sie geschleppt und getragen. Es war eine sehr unangenehme Arbeit. Manchmal waren bis zu 10 oder 15 Tote in einem Waggon. Wir wurden mit Stockschlägen angetrieben, alles mußte sehr schnell vor sich gehen.

Wir konnten die Kranken oft nur an den Händen ziehen oder auf Decken schleppen und mußten sie auf Lastautos verladen; sie wurden zusammen mit den Toten weggeführt. Das alles mußte im Laufschritt gemacht werden. Nachher haben wir ebenfalls im Laufschritt alle Effekten aus den Waggons herausbringen müssen. Die Lastwagen kamen leer zurück, und nun wurde das Gepäck auf sie aufgeladen. Es wurde in einen Gebäudekomplex bei dem Lager Auschwitz I gebracht. Dann hatten wir die Waggons zu reinigen. Das mußte sehr schnell, innerhalb einer sehr kurzen Zeit und sehr genau geschehen. Das Stroh aus den Waggons wurde auf einem freien Platz verbrannt. Nachher kam eine SS-Inspektion, und es gab schwere Strafen, wenn man in den Waggons noch irgendwelche Spuren von Menschen sah. Dann kam die Lokomotive, und der Zug wurde weggezogen. Wir sind oft auf der Rampe geblieben, wenn weitere Transporte erwartet wurden. Es gab manchmal Nächte, in denen bis zu fünf oder sechs Transporte kamen. Manchmal aber kam nur einer, dann marschierten wir nach der Reinigung der Waggons ins Lager zurück. Am nächsten Morgen wurden die Pakete und Gepäckstücke sortiert. Dokumente, Fotos und Papiere wurden auf einem Platz verbrannt, die Wäsche wurde genau sortiert; es gab Hemden erster, zweiter und dritter Güte. Diese wurden auf Züge verladen. Ich erinnere mich, daß auf den Waggons die Inschrift zu lesen war: „Winterhilfswerk". Auch an die Adresse einer Papierfabrik, wohin die Lumpen geführt wurden, kann ich mich erinnern. Wertgegenstände wurden extra gesammelt. Jeden Tag wurden große Koffer mit Valuten und Wertgegenständen gefüllt. Wir wurden sehr streng untersucht, damit wir nichts stehlen.

Vorsitzender: Wurden die Transporte bis zu Ihrem Weggang aus dem Kommando, also bis zum Juni 1943, bei dieser alten Rampe ausgeladen?

Dr. Vrba: Ja. Solange ich bei dem Kommando arbeitete, erfolgte die Ausladung der Transporte auf der sogenannten alten Rampe. Die Rampe war aus Holz, das unter der Last der vielen Menschen nachgegeben hat. Die Rampe wurde daher repariert. Es wurde eine Betonrampe gebaut. Aber zu der Zeit war ich nicht mehr in diesem Kommando.

Vorsitzender: Haben Sie SS-Leute gekannt, die an der Rampe Dienst versehen haben?

Dr. Vrba: Ja, ich habe sehr viele gekannt, aber nicht namentlich. Sie wurden ausgetauscht, die Gesichter wechselten sehr oft. Wenn eine kalte Nacht war und viele Transporte ankamen, dann haben sie sich auch abgelöst. Ich habe beobachtet, daß die SS mit großer Lust Rampendienst gemacht hat, weil es dort viel zu organisieren gab: Damenuhren, Sliwowitz, Weinflaschen und alles mögliche.

Staatsanwalt Vogel: Wer führte bei den ankommenden Transporten die Trennung von Männern und Frauen durch?

Dr. Vrba: Das machten die SS-Unterscharführer mit Stöcken, wobei sie gleichzeitig die Menschen zu beschwichtigen trachteten. Sie wußten, es sei notwendig, daß das Ganze möglichst reibungslos ablaufe. Die SS wußte, daß es stets Skandale gab, wenn man Kinder von den Müttern trennte, darum wurden Mütter immer mit ihren Kindern auf die Seite derer gestellt, die vergast werden sollten.

Vogel: Kam es auf der Rampe zu Unruhen?

Dr. Vrba: Ja, es gab kleinere Zwischenfälle, aber die SS wußte genau, hier war das Herz von Auschwitz, hier mußte sie mit aller List dafür sorgen, daß die Leute freiwillig in die Gaskammer fuhren. Die SSler sagten höflich: „Bitte auszusteigen!“, und erließen sofort Sprechverbot, denn um eine Revolte durchzuführen, muß man miteinander sprechen können. Wenn einer von uns die Ankommenden warnen wollte, dann wurde er für sein Vorhaben rücksichtslos mit dem Tod bestraft, das habe ich öfter gesehen. Ich erinnere mich an eine Szene. Eine Frau sagte: „Ich gehe nicht von meinem Mann weg.“ Da wurde sofort der Stock benützt. Kinder haben geschrien, aber alles ging sehr schnell vor sich.

Ein anderer Zeuge wurde zu derselben Arbeit auf der Rampe gezwungen:

Gotland: Ich arbeitete im Kanada-Kommando. Wenn ein Transport ankam, mußten wir die Wagen öffnen und die Menschen herausjagen und das Gepäck auf die Rampe werfen. Dann mußten wir alle in Fünferreihen aufstellen. Mengele oder ein anderer SS-Arzt stand schon da, der hat dann die Jungen ausgesucht — vielleicht 10 oder 20 Prozent —, die sind ins Lager gekommen.

Vorsitzender: Wer gab die Befehle bei der Ausladung?

Gotland: Der Kommandoführer kam, wir wußten dann schon, was wir zu tun hatten. Die Politische Abteilung kam dann mit einem Befehl: Wer Gold oder Wertgegenstände hat, soll sie abgeben, sonst wird er an Ort und Stelle erschossen.

Vorsitzender: Was geschah nach der Selektion?

Gotland: Ganz Schwache wurden auf einen Lastwagen hinaufgeworfen. Es gab auch Transporte, die hundertprozentig ins Lager kamen, zum Beispiel solche aus anderen Lagern. Einmal waren bei der Ankunft eines Transportes alle tot. Der Zug kam aus Weißruthenien oder der Ukraine. Wir haben drei Tage arbeiten müssen, bis alle Leichen aus den Waggons waren. Der Transport war zehn oder zwölf Tage unterwegs. Nur ein Mädchen — vielleicht sieben Jahre alt — lebte noch, sie war im Arm ihres toten Vaters. Das Mädchen ist mit den Leichen zusammen ins Krematorium gekommen. Dort hat es Moll entzweigerissen; das haben uns die vom Sonderkommando erzählt.

In einem Sprachgemisch von Polnisch, Französisch und Jiddisch wird diese Schilderung herausgestoßen. Ein weiterer Zeuge, ebenfalls Jude, wurde gezwungen, auf der Rampe zu arbeiten:

Fuks: Einmal, es dürfte vielleicht im November 1943 gewesen sein, kam ein Transport aus Lettland an. Unser Kommando hatte bei den Transporten dabei zu sein, um die Effekten der Angekommenen aus den Waggons zu holen. Schon beim Einrollen der Waggons stank der Transport ganz entsetzlich. Das war so schlimm, daß der Lagerarzt Dr. Mengele, der auf der Rampe stand, die SS sofort zurückziehen ließ. Als wir die Waggontüren öffneten, sahen wir gleich: Alle waren wie Leichen. Sprechen konnte keiner mehr, aber einige atmeten noch. Alle wurden sofort auf Lastwagen verladen und in die Verbrennungsgruben geschüttet. Man hat sie vorher nicht einmal mehr vergast.

Vorsitzender: Lebten aus diesem Transport noch einige, als sie in die Gruben geworfen wurden?
Fuks: Ja, einige lebten noch.

War es derselbe Leichentransport, und irrt sich einer der beiden Zeugen in der Angabe des Landes, aus dem er kam? Gab es mehrere solche Transporte? Die Frage bleibt offen.
Wieder wird eine flüsternd gemachte Schilderung durch die Lautsprecher im Gerichtssaal überdeutlich laut:

Löffler: Einmal wurde uns befohlen, auf Lastwagen aufzusteigen. Wir wurden zum Güterbahnhof Auschwitz geführt, dort standen zwei oder drei Waggons. SS mit Hunden war dabei. Wir mußten aus den Waggons Mädchenleichen, vielleicht im Alter von zwei bis vier Jahren, herausbringen. Die Mädchen waren angezogen, als ob sie zum Geburtstag gingen. In einem Waggon waren 94 bis 97 Mädchen. Wir wurden mit Gummiknüppeln angetrieben, weil wir zu langsam arbeiteten. Schließlich haben wir die Leichen an Haaren und Armen gepackt und weggeschmissen. Uns wurde gedroht: „Wenn ihr im Lager darüber etwas erzählt, werdet ihr sofort erschossen".
Vorsitzender: Waren alle Kinder in den Waggons tot?
Löffler: Ja, alle waren tot. Es hat geheißen, daß sie im Waggon vergast worden sind. In jedem Waggon war auch ein Fräulein von vielleicht 21 Jahren. Eines hatte noch ein Mädchen auf dem Arm.
Verteidiger Naumann: Wann hat sich das ereignet?
Löffler: Das war im Frühling 1943, als ich Pfleger war. Uns wurde gesagt, wir müssen Möbel verladen. Die Waggons standen vom Güterbahnhof weit entfernt. Es waren viele SSler dabei.

Der Angeklagte Kaduk freilich spricht mit lauter Stimme, polternd und sich überstürzend:

Kaduk: An manchen Tagen war es toll, was so alles angekommen ist. Ich weiß, es waren einmal schon um 10.30 Uhr fünf Transporte. Ich habe mich manchmal gewundert, wie die

Vergasungskandidaten gelassen ihr Schicksal hingenommen haben, denn was dort los war, roch man ja schon am Bahnhof von Auschwitz. Der Krematoriumsgeruch war so stark, daß man die Fenster schließen mußte. Daß sich die Leute nicht wehrten, lag wohl daran, daß sie einsahen, daß alles sinnlos war.

Hofmann sagt aus, die Ärzte seien vom Kommandanten und vom Arbeitseinsatz angewiesen worden, wie viele Arbeitsfähige jeweils bei den Selektionen an der Rampe ausgesondert werden sollten. Manche Züge gingen geschlossen ins Gas, *weiß er zu berichten.*
Und der Schutzhaftlagerführer von Auschwitz muß es wissen.

Eine Zigeunerin gibt zu Protokoll:

Guttenberger: Ich habe einmal durch die Oberlichte meiner Baracke im Zigeunerlager gesehen, wie vielleicht tausend oder zweitausend russische Zigeuner, die eben erst in das Lager gekommen sind, wieder abtransportiert wurden. In die Schreibstube kam dann deren Liste mit der Bezeichnung SB — Sonderbehandlung. Wer das angeordnet hat, weiß ich nicht.

Die SS legte ein Zweiggeleise ins Lager Birkenau, das direkt zu den großen Krematorien führte. So konnten Posten bei der Bewachung und Benzin für den Transport der Schwachen und Kranken zu den Gaskammern gespart werden. Noch schneller, rationeller sollte der Apparat funktionieren. Dieses Geleise wurde die „neue Rampe" genannt.

Vorsitzender: Wann wurde die neue Rampe im Lager Birkenau fertig?
Palarczyk: Ich selbst habe den Weg ins Krematorium mitbauen müssen. Die Rampe wurde meiner Erinnerung nach im Frühling 1943 fertig. Die griechischen Transporte sind bereits auf dieser Rampe ausgeladen worden. Wir konnten sie daher gut beobachten.

Im selben Frauenlager in Birkenau war eine andere polnische Zeugin interniert.

Swiderska: Ich war in der Aufnahmeabteilung der Politischen Abteilung im Frauenlager beschäftigt.

Vorsitzender: Konnten Sie von dort aus das Ankommen von Transporten in Birkenau beobachten?

Swiderska: Ja. Ich erinnere mich dabei an folgende Episode. Es war im Jahr 1943, und die Rampe, die direkt ins Lager führte, war noch nicht lange gebaut. Da kam ein Transport von Juden aus der Slowakei an. In unserem Kommando war eine Jüdin aus der Slowakei namens Edith. Sie war längere Zeit im Lager und wußte daher genau, daß alte Menschen und Kinder fürs Gas ausgesondert wurden. Als die Deportierten dem Geleise entlangkamen, ging Edith zum Draht und rief: „Meine Mutter! Mein Vater! Meine Großmutter! Meine Tante!" Die Verwandten haben sie gehört und haben sie auch erkannt. Eine Schwester von ihr trug ein Kind am Arm. Edith bemühte sich, ihr durch Zeichen verständlich zu machen, daß die Schwester das Kind der Großmutter geben soll, denn sie wußte, daß die Großmutter und das Kind ohnedies nicht zu retten waren. So blieb die Schwester am Leben. Auch andere aus unserem Kommando haben damals Familienangehörige bei den ankommenden Transporten erkannt. Wir standen außerhalb der Sauna an der Mauer der Baracke.

Vorsitzender: War es nicht verboten, außerhalb der Baracke zu stehen?

Swiderska: Wir durften es, wir waren ja bei der Registrierung der Ankommenden beschäftigt.

Vorsitzender: Wann wurde die neue Rampe fertig?

Swiderska: Im Jahr 1943, es war schon warm.

Andere Zeugen glaubten sich zu erinnern, daß die neue Rampe erst später fertig wurde.
Weit weniger plastisch ist der Eindruck, den die Schilderung des Zeugen Hilse hinterläßt:

Hilse: Ich war in der Zeit von 1942 bis 1944 erster Vertreter des Dienstvorstehers bei der Güterabfertigung im Bahnhof Auschwitz. Ich führte die Aufsicht über die Güterabfertigung. Mir unterstanden unmittelbar Wagendienst und Zugsabfertigung für Güterzüge.

Vorsitzender: Sind Ihnen die sogenannten RSHA-Transporte bekannt gewesen?

Hilse: Ja, sie sind mir bekannt. Im Mai 1944 kamen solche Transporte aus Ungarn.

Vorsitzender: Wurden Ihnen für diese Transporte Frachtbriefe übergeben?

Hilse: Ja. Sämtliche Ungarntransporte sind mit großen Wehrmachtsfrachtbriefen übergeben worden. Der Zugführer hat sie mir überbracht, ich habe sie an die Bahndirektion nach Oppeln weitergeschickt. Auf der Vorderseite dieser Frachtbriefe waren alle Angaben für die Abfertigung, auf der Innenseite war die Achszahl und die Zahl der beförderten Personen angegeben. Das war sehr wichtig für die Abrechnung.

Vorsitzender: Ist Ihnen bekannt, wieviel Personen in jedem einzelnen Waggon waren?

Hilse: Das war sehr schwer festzustellen, die Türen waren geschlossen. Ich kann mich an die Zahl nicht erinnern, aber ich schätze, daß in jedem Waggon vielleicht 50 bis 60 Personen waren. Für einen Zug waren höchstens 60 Waggons zugelassen. Soweit ich mich erinnere, sind bis zu meinem Weggang im Juli 1944 im Rahmen der Ungarntransporte vielleicht 120 solche Züge angekommen. Ob nach meinem Weggang noch weitere Transporte gekommen sind, weiß ich nicht.

Ersatzrichter Hummerich: Wie waren die Züge zusammengestellt?

Hilse: Es waren lauter gedeckte Lastwaggons. Sie wurden direkt ins Lager gefahren. Die leeren Züge kamen auf den Bahnhof zurück und wurden zur Entseuchung nach Myslowitz geschickt.

Hummerich: Zeugen haben hier ausgesagt, daß bis zu 80, ja sogar 100 Personen in einem Waggon eingeschlossen waren.

Hilse: Das konnte ich nicht feststellen. Ich erinnere mich, daß einmal ein Transport aus Ungarn am Bahnhof stand und nur die Luftklappen der Waggons offen waren. Eine Frau hat um Wasser gebeten. Ich ging hin und wollte ihr Wasser reichen.

Da kam ein SS-Mann und sagte: „Wenn Sie nicht sofort weggehen, schieße ich Sie tot!“

Verteidiger Erhard: Ich habe eine Frage an den Angeklagten Stark: Was für Züge fuhren nach Auschwitz, als Sie Dienst hatten?

Stark: Zu meiner Zeit wurden nur Personenzüge nach Auschwitz gebracht.

Hilse ist heute Bundesbahn-Oberinspektor.

Polizeimeister a. D. Kilp ist der nächste Zeuge, dessen Schilderung knapp und nüchtern ist:

Kilp: Ich tat in einem Polizeiwachbataillon in Frankreich Dienst. Im Frühjahr 1944 bekam ich den Befehl, nach Drancy bei Paris zu fahren. Von dort mußte ich einen Transport nach Auschwitz begleiten. Der Zug ist in Auschwitz in das Lager hineingefahren, die Häftlinge wurden aufgestellt, die Stückzahl festgestellt, und unser Transportführer bekam eine Bescheinigung. Das Ganze hat vielleicht eine Viertelstunde gedauert, dann waren wir aus dem Lager.

Vergasen kann man viel schneller als verbrennen. Und so werden die Leichen in großen Gruben verscharrt:

Gotland: Ich wurde in das Sonderkommando eingeteilt. Wir haben bei den Gaskammern Gräber machen müssen. In der Früh waren sie dann voll und darüber zehn Zentimeter Erde. Manchmal hat noch eine Hand oder ein Fuß durchgeschaut. Drei bis vier Tage später wurde von der Politischen Abteilung eine Änderung durchgeführt. Wir mußten lange Gräben ausheben, vielleicht zehn Meter lang und sieben Meter tief, ich habe es nicht gemessen. Die Leichen wurden mit Zement und Kalk zugedeckt, darauf haben wir zwei Meter Sand geschüttet. Trotzdem kam das Blut heraus. Einen Monat oder sechs Wochen war ich bei diesem Kommando.

Das Krematorium neben dem Stammlager, dessen Kapazität bald nicht mehr ausreichte, wurde „altes Krematorium“ genannt. Es wird kurz so beschrieben:

Vorsitzender: Waren Sie einmal im Krematorium?

Heß: Ja, ich bin im alten Krematorium gewesen. Einmal ging ich vorbei, da war das Holztor zum Vorraum geöffnet, ich sah, wie sich drinnen Leute bewegten. Ein Oberscharführer kam und fragte mich, ob ich schon einmal drin gewesen sei, er werde mir das Krematorium zeigen. Rechts in einem Raum lagen vergaste Menschen, Öfen waren zu sehen, ein Raum mit Loren, die direkt zu den Öfen führten, war ebenfalls zu sehen. Ich bin gleich wieder hinausgegangen. Daß dort vergast worden ist, war in Auschwitz ein offenes Geheimnis.

Heß war als SS-Hauptscharführer in Auschwitz.
Vier übergroße, ganz modern eingerichtete Krematorien wurden dort gebaut, wo das Lager Birkenau an den Wald grenzte: Auch während des Winters 1942/43 mußten Häftlinge an diesem größten Bauvorhaben in Auschwitz arbeiten. Ein Überlebender des Sonderkommandos wird über die Einrichtung der Krematorien befragt. Das Sonderkommando hatte in den Krematorien zu arbeiten:

Staatsanwalt Kügler: Gab es rein architektonisch einen Unterschied zwischen den Krematorien I, II und den Krematorien III und IV?

Müller: Die Krematorien I und II waren gleich gebaut, die Krematorien III und IV ebenfalls. In den Krematorien I und II waren je 15 Öfen im Erdgeschoß, jedes Krematorium hatte einen Kamin. Man ging über Treppen in den Auskleideraum hinunter, der unter der Erde lag. Dort waren Haken und hölzerne Bänke. Die Inschriften an der Wand waren in verschiedenen Sprachen. „Zum Bad" stand dort, mit einem Pfeil zur Gaskammer. Von der Gaskammer ging ein Aufzug hinauf. Mit ihm wurden die Leichen in den Verbrennungsraum gebracht.

Kügler: Und die Krematorien III und IV?

Müller: In den Krematorien III und IV waren Gaskammer, Auskleideraum und Verbrennungsraum in einer Ebene. Jedes Krematorium hatte acht Öfen und zwei Rauchfänge. In den Krematorien I und II befanden sich im Gasraum hohe Säulen, die vom Fußboden bis zur Decke reichten. Sie waren mit durchbrochenem Blech umgeben. Oben war eine Spirale angebracht, damit sich das Gas, wenn es eingeworfen wurde, richtig verteilte. In den Krematorien III und IV gab es solche Säulen nicht. Das Gas wurde dort von der Seite durch kleine Fenster eingeworfen, die von außen geschlossen werden konnten. Dort befanden sich keine imitierten Brausen im Gasraum.

Kügler: Ist Ihnen etwas von Experimenten in den Krematorien bekannt?

Müller: Ja. Als im Jahr 1944 die ungarischen Transporte kamen, wurden zwei ungarische Pathologen ins Krematorium gebracht, wo sie Dr. Mengele zur Verfügung standen, einer hieß Dr. Nyiszli. Ich habe einmal gesehen, daß Dr. Nyiszli die Leiche eines Buckligen in ein Faß geben mußte, in dem Salze oder Säuren waren, um das Skelett dieses Menschen zu gewinnen. Ich habe auch gesehen, wie das Fleisch von Schenkeln der Erschossenen ausgeschnitten wurde.

Dr. Nyiszli konnte nicht als Zeuge geladen werden. Er ist einige Jahre vor Prozeßbeginn in Rumänien gestorben.
Der Angeklagte Broad weiß von der Bauleitung zu berichten:

Die Zentral-Bauleitung des KZ Auschwitz war so stolz auf ihre Leistung, daß im Vestibül ihres Hauptgebäudes Bilder von den Krematorien öffentlich ausgehängt wurden. Man ließ vollkommen außer acht, daß die Zivilisten, die dort ein- und ausgingen, durch eine Großaufnahme von fünfzehn säuberlich nebeneinanderliegenden Verbrennungsöfen wohl weniger zu Betrachtungen über das technische Können der Bauleitung als vielmehr zum Nachdenken über die doch sehr zweifelhaften Einrichtungen des Dritten Reiches angeregt werden würden. Grabner sorgte zwar sehr bald dafür, daß diese eigenartige Propaganda eingestellt wurde, konnte jedoch nicht verhindern, daß die Bauleitung dieses Bauvorhaben mit zahlreichen Zivilarbeitern durchführte, die natürlich die Anlagen der Krematorien genauestens kannten und von dem Gesehenen berichteten.

Das schrieb Broad unmittelbar nach dem Krieg, als er sich in englischer Kriegsgefangenschaft befand. Vor dem Gericht in Frankfurt hatte er nicht einmal ein annähernd so gutes Gedächtnis.

Nur sehr wenig von dem, was sich vor und in diesen größten Gebäuden des Lagers Auschwitz abgespielt hat, können heute Augenzeugen bekunden:

Gulba: Ich arbeitete einige Tage in einem Kommando in Birkenau, das mit Wegbau beschäftigt war. Wir hatten einen Weg zu bauen, der zu dem Häuschen führte, das als Gaskammer hergerichtet war.

Einmal kamen Autos, auf denen halbnackte Frauen waren. SSler mit Hunden haben die Frauen in das Häuschen hineingejagt. Einige Frauen haben sich geweigert hineinzugehen. Da haben die SSler ihre Hunde auf sie gehetzt, und wir sahen, wie die Fleischfetzen flogen. Diese Transporte dauerten einige Tage lang.

Höß war erfinderisch, wenn es galt, zu improvisieren, um die Todesmaschinerie trotz aller Schwierigkeiten in Gang zu halten:

Langbein: Im Jahre 1944 wurden lebende Kinder in die großen Feuer geworfen, die neben den Krematorien brannten. Wir hörten das im Stammlager, und ich teilte es dem Standortarzt mit. Dr. Wirths wollte es mir nicht glauben. Er fuhr nach Birkenau hinaus, um nachzusehen. Als ich am nächsten Tag zum Diktat zu ihm kam, sagte er nur: „Das war ein Befehl vom Lagerkommandanten Höß. Er wurde gegeben, weil nicht mehr genug Gas da war.“ Seitdem glaubte mir Dr. Wirths alles, was ich ihm sagte.

Das sagte der Häftlingsschreiber des SS-Standortarztes aus. Daß sich Dr. Wirths von allen anderen SS-Führern unterschied, geht aus dieser Aussage ebenfalls hervor. Filip Müller vom Sonderkommando bestätigt aus eigener Wahrnehmung die Angaben Langbeins:

Müller: Als wir vom Sonderkommando die Toten aus den Gaskammern herausräumen mußten, war einmal ein Kind dabei, dessen Herz hat noch geschlagen, es war aber ohne Bewußtsein. Das Kind wurde erschossen.

Der Chef der Krematorien, Moll, nahm einmal ein Kind von

seiner Mutter, ich habe das beim Krematorium IV gesehen. Dort waren zwei große Gruben, in denen Leichen verbrannt wurden. Er hat das Kind in das kochende Leichenfett, das sich in den Gräben um die Grube herum gesammelt hatte, hineingeworfen und dann zu seinem Kalfaktor gesagt: „Jetzt esse ich mich satt, jetzt habe ich meine Pflicht erfüllt!"

Staatsanwalt Kügler: Wenn die Verbrennung der Leichen in offenen Gruben erfolgte, wurde da das Leichenfett auf die neu aufgeschichteten Leichen gegossen?

Müller: Richtig. Bei dem Krematorium IV befanden sich zwei solche Gruben. Sie waren vielleicht 40 Meter lang und sechs bis acht Meter breit und hatten eine Tiefe von etwa zweieinhalb Metern. Am Rand sammelte sich das Leichenfett. Mit diesem mußten wir die Leichen übergießen.

Derselbe Zeuge macht es dem Gericht verständlich, wieso die Häftlinge des Sonderkommandos den Neuangekommenen nicht sagen konnten, welches Schicksal auf sie wartete:

Müller: Einmal hat ein Häftling denen, die in das Krematorium geführt wurden, gesagt, wohin sie gingen. Der Mann, zu dem er gesprochen hat, geht zum SS-Mann Georges und fragt ihn: „Ist es wahr, gehen wir wirklich in den Tod?" Georges fragt: „Wer hat das gesagt?" Der Mann zeigt auf den Häftling. Dieser Häftling wurde lebendig verbrannt. Wir mußten zuschauen, denn das sollte für uns eine Warnung sein.

Waren die Gaskammern besetzt oder noch nicht entlüftet, kamen die Verbrennungsöfen nicht nach, dann hat die findige Lagerführung einen Ausweg erdacht, damit keine Stockung bei den Transporten eintrat:

Baretzki: Im Sommer 1944 wurden sehr viele Leute nach Auschwitz geschickt. Sie sind alle nach Mexiko hineingeschickt worden; dort gab es keine Verpflegung, kein Licht, und sobald Platz in der Gaskammer war, sind sie von dort in die Gaskammer gekommen. Mexiko, das war offiziell ein Ausweichlager. Tausende sind dort hineingestopft worden.

Ein anderes Mal schildert Baretzki die Zustände in Mexiko noch anschaulicher:

Baretzki: Im Mexikolager waren einige tausend Frauen. Die haben auf dem reinen Boden geschlafen, sie hatten nicht einmal eine Decke. Nur ein Faß Wasser im Tag wurde hingebracht. Ich habe das Wasser nach Mexiko hineingebracht. Ich habe vom Arbeitseinsatz den Befehl bekommen, ein Faß Wasser hinzubringen. Die Leute von der Kapelle haben das Wasser hineingetragen. Da drinnen waren Jüdinnen aus der Slowakei, die haben uns gebeten: „Bringen Sie uns doch noch mehr Wasser!" Aber das war für mich schwer. Ich kann erst wieder zu Mittag Wasser bringen, wenn es niemand bemerkt, wenn die anderen Posten fort sind. Die Aufseherinnen in Mexiko waren einverstanden, daß ich Wasser bringe. Und hie und da habe ich Mittag noch Wasser gebracht. Dafür haben sie den Aufseherinnen Zigaretten gegeben, ich habe keine genommen. Wenn ich mit dem Schutzhaftlagerführer Schwarzhuber darüber gesprochen habe, da hat er mir immer nur gesagt: „Das geht Sie doch nichts an, Sie müssen endlich einmal begreifen, daß das Juden sind!" Die Leute haben keine Schuhe gehabt. Es wurden neue Schuhe ausgegeben, aber niemand hat diese neuen Schuhe angezogen, denn sie haben Angst gehabt, daß sie totgeschlagen werden, damit man die neuen Schuhe nimmt und an Zivilisten verkauft. So sind die Juden barfuß gegangen, und die SS-Leute haben gelacht: „Das sind ja nur Juden!" So war es in Auschwitz und nicht so, wie die Leute hier jetzt sagen.

Staatsanwalt Kügler: Waren die Leute in Mexiko auch ohne Bekleidung?

Baretzki: Ja, das kann man sich ja gar nicht vorstellen, das kann man gar nicht beschreiben, das war hundertprozentig so. Die Leute hatten fast gar nichts zu essen. Sie wurden dann alle vergast. Man sagte, die Leute sollen abgehärtet werden.

Kügler: Wer war dafür verantwortlich?

Baretzki: Das weiß ich nicht genau, das kann ich nicht sagen. Im April 1944 wurden alle vergast. So ein Elend hat es nirgends gegeben wie in Mexiko. Es war ein schwarzes Lager. Niemand hat gewußt, was dort los ist. Nur die mittleren Barackenreihen waren besetzt. Polizeiposten standen herum, es gab dort keine Wachttürme. Die Leute hatten gar nichts zu essen. Die Essentonnen wurden meistens umgeschmissen, und dann haben sich die Leute das Essen vom Boden aufgekratzt. Da hat keiner geholfen. Jedes zweite Wort war nur: „Laß sie doch durch den Schornstein gehen!“

Der Angeklagte Baretzki konnte das als Blockführer in Birkenau aus unmittelbarer Nähe beobachten.

Als die Ungarntransporte nach Auschwitz kamen, wurde auch der Lagerabschnitt B II c mit Frauen belegt. Ein Zeuge schildert die Zustände:

Ruprecht: Das Lager c wurde im Mai 1944 neu belegt. Es war für höchstens 10.000 Menschen vorgesehen, aber 35.000 ungarische Frauen wurden dort eingesperrt. Sie können sich nicht vorstellen, wie es dort aussah: keine Küchen, keine Waschmöglichkeit! In einem Block waren 1500 Mädchen untergebracht. Wenn man da hineingekommen ist, hat einen der Gestank umgeworfen. Auf einer Pritsche, die für vier Personen bestimmt war, mußten 15 sein. Die konnten nicht liegen, die konnten bloß sitzen.

Der Zeuge Müller hat von den ganz wenigen Überlebenden des Sonderkommandos am längsten bei den Krematorien arbeiten müssen, er kann genaue Auskunft geben.

Vorsitzender: Wie lange wurden im Krematorium IV Leichen verbrannt?

Müller: Bis zum Schluß. Vergast wurde aber nur bis gegen November 1944. Nachher wurden nur die Leichen vom Häftlingskrankenbau, die mit einem großen Wagen herausgeführt wurden, verbrannt.

Die Möglichkeit, so schnell und mühelos viele Menschen gleichzeitig töten zu können, veranlaßte die Lagerführung, auch im Lager selbst zu selektieren. Wer nicht mehr arbeiten konnte, sollte nicht mehr leben:

Van Velsen: Die Verpflegung in Birkenau war sehr schlecht. Wir waren damals im Abschnitt B I b. Die Häftlinge hatten auch keine richtigen Schuhe, sie waren voller Krätze, sie waren menschliche Skelette. Die Kommandos brachten beim Einmarsch täglich Tote mit. Die Reichsdeutschen waren im Block 4 untergebracht und hatten es besser, auch in der Verpflegung.

Fürchterlich war der Block 7 — eine Hölle. Dort kamen die Kranken hinein, erhielten keine Verpflegung und keine Heilmittel, sie lagen dort nur, um zu sterben. Man wußte, aus diesem Block kommt man nicht mehr lebendig heraus. Die Muselmänner boten einen fürchterlichen Anblick, sie hatten nur mehr den Trieb, etwas zu essen zu bekommen, auch wenn es aus dem Kübel kam.

Wenn Block 7 geleert wurde, kam eine Autokolonne. Die Leute lagen im Schlamm. Manchmal fuhren die Lastwagen über sie wie über Steine. Manchmal wurden die Menschen auf die Wagen geschmissen, wenn dann die Zahl nicht stimmte, wieder heruntergeschmissen und neuerlich gezählt. Wenn die Lastwagen losfuhren, bogen sie links ab zu dem Bauernhaus, das zu einer provisorischen Gaskammer umgebaut worden war.

Vorsitzender: Wie viele Menschen haben Ihrer Schätzung nach so den Tod gefunden?

Van Velsen: Ich glaube, es dürften 25.000 bis 30.000 gewesen sein. Bei einer einzigen Aktion waren es allein 1500.

Van Velsen ist holländischer Offizier — in Birkenau war er einer der wenigen Häftlingsfunktionäre mit dem roten Winkel, der „Politi schen“:

Das Gefühl ist nicht zu beschreiben, das den Zuhörer erfaßt, wenn diejenigen auf dem Zeugenstuhl Platz nehmen, die im Zentrum der Vernichtungsmaschinerie gewesen sind:

Porebski: Ich war in Birkenau beim Elektrikerkommando. Ab Frühling 1942 wohnte ich bis zum Schluß allein bei der Wasserpumpe im Lager B I b. Ich blieb dort auch, als in diesen Abschnitt Frauen hineinkamen. Die Pumpe hatte Wasser für die Krematorien herbeizuschaffen. Als im Herbst 1944 die SS anfing, die Krematorien abzureißen, kamen an meine Stelle zwei ältere SS-Leute. Ich ging in mein früheres Kommando zurück.

Vorsitzender: Welche Arbeit hatten Sie als Elektriker?

Porebski: Zuerst hatte ich die Kontrolle des Lagerabschnittes, in dem ich gewohnt habe. Ich mußte den Zaun kontrollieren. Am elektrisch geladenen Zaun waren Kontrollampen angebracht, die die Spannung anzeigten. In der Blockführerstube gab es eine Sicherheitsinstallation. Sobald ein Häftling in den Draht ging, hat ein Automat ein Geräusch ausgelöst. Ich wurde dann geholt und mußte prüfen.

Vorsitzender: Gingen oft Häftlinge in den Draht?

Porebski: Ja, häufig.

Vorsitzender: War die Umzäunung Tag und Nacht elektrisch geladen?

Porebski: Bei Tag nicht. Nach dem Appell wurde sie geladen. Sonntags stand sie auch über Tag unter Strom.

Vorsitzender: Kamen Sie bei Ihrer Tätigkeit auch in die Krematorien?

Porebski: Ja. Im Jahr 1942 war ein Bauernhaus als Gaskammer eingerichtet. Wenn ein Schaden in der Lichtleitung auftrat, mußte ich dorthin gehen, wo sich die zu Vergasenden ausziehen mußten. Später hatte ich alle Lagerabschnitte in Birkenau und ebenfalls alle Krematorien zu kontrollieren.

Vorsitzender: Welche elektrische Installation befand sich in diesem Bauernhaus?

Porebski: In der Baracke, die zum Auskleiden diente, war eine Lichtleitung, die Umgebung war für die Arbeit auch in der Nacht beleuchtet. Ferner war die Wand beleuchtet, auf der die Inschrift stand: „Zum Baderaum".

Vorsitzender: Waren Sie als Elektriker auch in den großen Krematorien?

Porebski: Ich mußte alle Krematorien kontrollieren. In den Krematorien I und II waren elektrische Ventilatoren, um das Gas zu entfernen, ferner Ventilatoren bei den Öfen, um das Feuer zu entfachen. Die Pumpe versorgte die Krematorien mit Wasser, das notwendig war, um die Gaskammern schnell zu säubern. Die Krematorien III und IV hatten eigene Wasserpumpen. Um diese zu kontrollieren, war ich auch dort. Wenn ich eine Ringkontrolle aller Zäune der Lagerabschnitte Birkenau durchzuführen hatte, dann ging ich bei diesem Kontrollgang auch zu sämtlichen Krematorien.

Vorsitzender: Sind Sie auf diese Weise auch Zeuge von Vergasungen geworden?

Porebski: Mehrmals.

Vorsitzender: Kamen Sie in ein Krematorium hinein, während dort vergast wurde?

Porebski: Ich befand mich mehrmals auf dem Gebiet des Krematoriums, wenn eine solche Aktion durchgeführt wurde. Dann wurde ich entweder vom Kommandoführer in dessen Zimmer eingeschlossen oder auf dem Speicher, wo ein Raum für das Sonderkommando war. Dort befand sich auch ein Fahrstuhl und die Einrichtung für die Ventilatoren, ebenfalls eine elektrische Sicherheitsvorrichtung.

Vorsitzender: Haben Sie den Einwurf des Giftgases beobachten können?

Porebski: Ja, mehrmals. Ich war einmal auf Ringkontrolle beim Lagerabschnitt B I b. Da sah ich, wie SSler schnell die Büchsen geöffnet haben. Auf dem Dach jeder Gaskammer waren vier Öffnungen. Der Einwurf erfolgte sehr schnell. Ich ging gerade am Zaun zwischen dem Frauenlager und dem Krematorium entlang. Ich habe von dort genau beobachten können. Ich fragte auch den Capo, woran sie denn erkennen, daß schon alle in der Gaskammer tot seien. Der Capo sagte mir, ein SS-Arzt gebe die Erlaubnis zum Öffnen der Gaskammer.

Staatsanwalt Kügler: Wieviel Opfer waren in einer Gaskammer?

Porebski: In den beiden größeren Krematorien I und II 1800 bis 2000.

Kügler: Hat nur ein SS-Mann gleichzeitig Gas in eine Gaskammer eingeworfen?

Porebski: Nein, es waren mehrere.

Vertreter der Nebenklage Dr. Kaul: Haben sich nicht manchmal Opfer gewehrt? Gab es nicht Unruhe?

Porebski: Die Opfer wurden von der SS gezwungen, alles sehr schnell zu tun, dabei wurden sie geschlagen. Sie waren sehr eingeschüchtert. Aber manchmal wollten einige nicht in den sogenannten Baderaum. Diese wurden hinter die Baracke geführt und dort mit Genickschuß getötet, ich habe das selber gesehen. Später bemühte sich die SS, die Aufnahme möglichst ruhig durchzuführen. Ein SS-Mann sprach zu den Leuten, und dann erst wurden sie in die Gaskammer geführt. Die Posten, die den Transport hinführten, durften selbst nicht ins

Krematorium. Die Opfer wurden vom Chef des Krematoriums oder von einem Kommandoführer übernommen. Sie wurden ruhig in den Entkleidungsraum geführt, der ganz normal aussah. Dann gingen die meisten ruhig in die Gaskammer. Bei ganz großen Aktionen sind so bis zu 20.000 Menschen im Tag ermordet worden.

Heute lebt Buki in den Vereinigten Staaten. Damals vegetierte er wie auf einem anderen Planeten — er war im Sonderkommando:

Buki: Ich war im Sonderkommando. Unser Kommando war 400 Häftlinge stark. Als die ungarischen Transporte kamen, wurde es auf 900 erhöht.

Vorsitzender: Wenn die Stärke des Sonderkommandos herabgesetzt wurde, was geschah dann?

Buki: Ein Teil wurde umgebracht. Einmal wurden 200 nach Lublin geschickt und dort umgebracht, ein anderes Mal kamen die Häftlinge ins Stammlager. Wie sie dort ermordet wurden, weiß ich nicht. Manche sind in Auschwitz I vergast worden, die Leichen schickte man zu uns nach Birkenau.

Vorsitzender: Welche Aufgaben hatte das Sonderkommando?

Buki: Wir hatten die Befehle zur Leichenverbrennung auszuführen. Als noch keine Krematorien in Birkenau waren, wurden die Leichen in Gräben verbrannt, man hatte sie auf Loren dorthin gebracht.

Vorsitzender: Wo wurde im Jahre 1942 vergast?

Buki: Ich kam am 14. Dezember 1942 in das Sonderkommando. Unsere erste Aufgabe war, die Leichen des früheren Sonderkommandos zu verbrennen. Überall lagen noch die gestreiften Kleider dieser Häftlinge herum. Die Leichen wurden in Gräben verbrannt. Es gab noch keine Krematorien. Vergast wurde in kleinen, weißgekalkten Häuschen. Unser Kommando wurde in Sonderkommando I und II geteilt. Aus unserem Transport hat man 200 Häftlinge für das Sonderkommando ausgesucht. Nachher wurden die Sonderkommandos I und II vergrößert.

Vorsitzender: Wie lange wurde in den beiden Häuschen vergast?

Buki: Bis die Krematorien gebaut waren.

Vorsitzender: Wurde täglich vergast?

Buki: Ja, meistens täglich, Tag und Nacht. Ich habe nach der Befreiung eine Erklärung abgegeben und habe sie mit. Ich kann sie vorlesen.

Vorsitzender (liest aus der übergebenen Erklärung vor): „Linz, den 14. Februar 1946. Der Oberscharführer Muhsfeld war als Chef der Krematorien I und II mein Vorgesetzter. Er allein hat mindestens 300 Häftlinge erschossen. Einmal befahl er einem Mann, bei den Erschießungen einen Walzer zu singen und versprach ihm, ihn dafür am Leben zu lassen. Schließlich hat er ihn auch erschossen. Bei den Erschießungen waren nicht immer alle Opfer tot, aber alle kamen zu den Öfen. Muhsfeld hatte eine Stahlrute, mit der er uns und auch die Opfer schlug. Schließlich hat er auch unseren Capo Kaminski erschossen. Damals sagte er: ‚So mache ich es auch mit euch!' "

Vorsitzender: Wie ging die Verbrennung vor sich, als die Krematorien noch nicht erbaut waren?

Buki: SSler mit Hunden bewachten die Ankommenden. Diese mußten sich ausziehen und anstellen. Dann wurde die Tür zum Bauernhaus aufgemacht, es hieß: „Aufgehen!", und die Hunde wurden auf die Leute gehetzt. Es gingen nicht immer alle hinein. Manchmal waren es zu viele. Zuletzt blieben immer die Alten und Kranken übrig, die wurden draußen angezogen erschossen.

Vorsitzender: Was geschah dann?

Buki: Die Tür wurde verschraubt, dann warf man durchs Fenster das Gas hinein. Ein Spezialist war dafür da. Auch ein Auto mit einem roten Kreuz fuhr vor. Dieses Auto fehlte bei keiner Vergasung.

Vorsitzender: Waren auch Ärzte anwesend?

Buki: Ja.

Vorsitzender: Kam es vor, daß sich Häftlinge des Sonderkommandos weigerten zu arbeiten?

Buki: Ja, das geschah einmal. Moll hat zwei Leute, die sich geweigert hatten, in ungeheizte Öfen gesteckt, sie dann ins Wasser geworfen und schließlich mit seiner Pistole erschossen.

Ein berüchtigter SS-Rapportführer wurde noch am Tatort selbst gerichtet:

Fuks: Als einmal ein Transport aus Warschau ausgeladen wurde, ist der Rapportführer Schillinger erschossen worden. 20 Minuten später haben wir das von unserem Kommandoführer Effinger erfahren. Schillinger hat einer Frau, einer Tänzerin aus Warschau, die in diesem Transport war, befohlen: „Zieh dich aus!". Die Frau hat sich geweigert. Schillinger hat sie bedroht, daraufhin hat die Frau die Pistole Schillingers genommen, ihn erschossen und einen anderen SSler am Bein verletzt.

Langsam, tonlos, mit langen Pausen zwischen den Worten spricht ein anderer Zeuge:

Paisikovic: Ich bin im Mai 1944 mit meiner ganzen Familie aus Karpathorußland nach Auschwitz gebracht worden, die Eltern und acht Kinder. Nur mein Bruder und ich haben Auschwitz überlebt. Als wir ankamen, wurde ich für das Krematorium, das sogenannte Sonderkommando, ausgesucht. Ich wußte damals nicht, was das zu bedeuten hatte. Moll und andere SSler wählten insgesamt 250 Mann aus unserem Transport aus. Zuerst haben wir auf Block 13 im Lagerabschnitt BIId gewohnt, dann mußten wir im Krematorium I wohnen.

Vorsitzender: Warum hat man damals 250 Menschen für das Sonderkommando gebraucht?

Paisikovic: Wir fanden im Krematorium alte Häftlinge des Sonderkommandos vor. Damals kamen aber sehr viele Transporte, und das Kommando war zu klein. Zuerst war ich einige Tage im Krematorium I, dann wurde ich in das Krematorium II überstellt, wo ich blieb, solange es existierte. Wir haben auf dem Dachboden dieses Krematoriums geschlafen. Der Leiter des Krematoriums war der Unterscharführer Steinberg. Hauptscharführer Moll war der Chef aller Krematorien.

Ich habe auch im Bunker V, der als Gaskammer ausgebaut war, gearbeitet. Dieser Bunker befand sich im Wald. Das Haus war mit Stroh gedeckt. Von vorne hat man nichts gesehen. Moll sagte zu uns: „Ihr werdet zu fressen haben, aber ihr müßt arbeiten." Es war eine Hölle. Stapel von Holz waren da. Wir mußten die Leichen aus dem Haus zu den Gräben schleppen, andere haben sie in diese hineingeworfen. Viele von uns sind aus Verzweiflung ins Feuer gesprungen. Die Opfer kamen zuerst in den Auskleideraum, dann wurden sie von der SS in den Bunker geführt, und wir haben die Kleider hinausbringen müssen.

Vorsitzender: Hatten Sie auch die Aufgabe, die Opfer zu beruhigen?

Paisikovic: Nein, das hat die SS gemacht. Wenn ein Transport ankam, war ich oft im Auskleideraum. Wir mußten die Kleider hinaustragen. Draußen standen schon die Lastwagen bereit, es mußte alles sehr schnell geschehen.

Vorsitzender: Wie war der Vergasungsvorgang bei dem Krematorium II?

Paisikovic: Mit jedem Transport kam ein Rot-Kreuz-Wagen, und immer war auch ein Arzt dabei. Im Auto war Zyklon-B. Das wurde herausgenommen.

Vorsitzender: Wieviel Menschen gingen in eine Gaskammer?

Paisikovic: Ungefähr 3000 auf einmal. Der Auskleideraum war nicht so groß. Darum kamen die ersten, wenn sie sich ausgekleidet hatten, in die Gaskammer und haben dort gewartet, bis sich die anderen fertig ausgekleidet hatten. Es konnte manchmal zwei Stunden dauern, bis die Gaskammer voll war.

Vorsitzender: Haben sich Opfer gewehrt?

Paisikovic: Ja, solche, die gewußt haben, wohin es ging. Die sich gewehrt haben, wurden mit Gewalt hineingeworfen.

Vorsitzender: War kein Geruch in der Gaskammer bemerkbar?

Paisikovic: Es war eine Entlüftung angebracht. Ventilatoren befanden sich in den Seitenwänden.

Vorsitzender: Wie ging die Vergasung vor sich?

Paisikovic: Die SS hatte die Türen verschlossen. Oben ist einer aufs Dach hinaufgegangen, dort waren zwei Stutzen, in die hat er Zyklon hineingeworfen und dann die Öffnungen mit einem Betondeckel zugedeckt.

Vorsitzender: War ein Arzt dabei?

Paisikovic: Ja, ein Arzt gab den Befehl zur Öffnung. Wenn die Gaskammer ganz voll war, dauerte es kürzere Zeit, wenn sie nicht voll war, dauerte es länger, bis alle tot waren. Es dauerte von fünf bis sieben Minuten bis vielleicht 20 Minuten, dann wurde die Gaskammer geöffnet, und die Entlüftung eingeschaltet. Der Arzt hat hineingeschaut.

Vorsitzender: Kam es vor, daß Menschen nicht tot waren?

Paisikovic: Ja, es gab viele solche Fälle. Diese Menschen wurden dann erschossen.

Vorsitzender: Wie wurden die Kinder in die Gaskammer gebracht?

Paisikovic: Manchmal wurden sie über die Köpfe derer geworfen, die in der Gaskammer aneinander gedrängt standen. Einmal sah ich, wie ein SS-Mann einem Kind ein Bonbon gab dann warf er das Kind vor der Mutter an die Wand.

Vorsitzender: Wurden diejenigen, die für den Gastod ausgesucht waren, mit Lastwagen zum Krematorium geführt oder sind sie zu Fuß gegangen?

Paisikovic: Mit Lastwagen wurden nur diejenigen hingeführt, die selbst nicht mehr gehen konnten. Der Lastwagen wurde vor dem Krematorium gekippt, und die SS hat denen auf die Hände geschossen, die sich an den Rand anhielten. Moll war immer dabei.

Vorsitzender: Konnten immer alle Leichen in den Öfen der Krematorien verbrannt werden?

Paisikovic: Wenn viele Transporte kamen, wurden die Leichen auf Haufen gestapelt, damit die Gaskammer frei wird, weil die Öfen nicht nachkamen. Dann schwollen die Leichen durch das lange Liegen an. Beim Krematorium II gab es keine Gruben, wo verbrannt wurde, ich habe aber gehört, daß beim Krematorium IV im Freien verbrannt worden ist.

Wie viele Opfer hat Auschwitz gefressen? — die Frage wird gestellt:

Staatsanwalt Vogel: Angeklagter Boger, können Sie jetzt Angaben über die Zahl der Opfer von Auschwitz machen? Sie haben im Jahr 1945 zu Protokoll gegeben, daß es weit mehr als vier Millionen gewesen seien.

Boger: Diese Angabe von vier Millionen habe ich damals gemacht, weil man mir vorhielt, es seien zehn Millionen Juden in Auschwitz ermordet worden. Heute glaube ich, daß ungefähr das zutrifft, was Höß angibt. Das dürfte der Wirklichkeit nahekommen.

Vogel: Sie meinen die Angabe von Höß, daß zweieinhalb Millionen in Auschwitz ermordet wurden?

Boger: Ob es eine Million, zwei Millionen oder zweieinhalb Millionen waren, kann man nicht sagen.
Vogel: Ist Ihnen etwas über die Zahl derer bekannt, die im Frühling 1944 im Zuge der Ungarntransporte ermordet wurden? Es wurde hier eine Zahl von mehr als 400.000 genannt.
Boger: Das steht fest, das kann man ja nicht in Abrede stellen, das war mit Sicherheit so.

Genaueres kann oder will der Angeklagte Boger nicht sagen. Ein Häftling hat Zahlen sicherstellen können, die für sich sprechen:

Langbein: Mit Hilfe der NS-Schwester Maria Stromberger konnte ich eine Zusammenstellung über die Sterblichkeit in Auschwitz zu meinen Angehörigen nach Wien schmuggeln. Da ich regelmäßig auch die Geheimberichte zu schreiben hatte, die der Standortarzt monatlich nach Berlin sandte, und da mir deren Ablage zugänglich war, konnte ich mir die Zahlen beschaffen. Wenn das Gericht es erlaubt, lese ich die Zahlen aus dem Bericht vor, der in Wien erhalten geblieben ist.

Im Jahr 1942 betrug die monatliche Sterblichkeit in Prozentzahlen zur Belegstärke aller Auschwitzer Lager:

im ersten Vierteljahr	13,8 Prozent
im zweiten Vierteljahr	14,8 Prozent
im dritten Vierteljahr	20,5 Prozent
im vierten Vierteljahr	20,4 Prozent

Es handelt sich hier um die monatliche Sterblichkeit. Anscheinend standen mir damals nur die Vierteljahresberichte zur Verfügung, darum sind die Angaben nicht detaillierter. Im Jahr 1943 betrug die Sterblichkeit:

Jänner 1943	19,1 Prozent
Feber 1943	25,5 Prozent
März 1943	15,4 Prozent
April 1943	10,3 Prozent
Mai 1943	5,2 Prozent
Juni 1943	5,6 Prozent
Juli 1943	3,5 Prozent

August 1943	3,5 Prozent
September 1943	3,9 Prozent
Oktober 1943	2,3 Prozent
November 1943	3,7 Prozent
Dezember 1943	8,3 Prozent
Jänner 1944	13,2 Prozent
Feber 1944	6,1 Prozent
März 1944	ca. 10,0 Prozent

Ich nehme an, daß ich den Bericht abschickte, ehe noch die genauen Zahlen für den März 1944 ausgerechnet waren. So erkläre ich mir die ungefähre Angabe für diesen letzten Monat.

Auch andere Dokumente blieben erhalten.

Die Staatsanwaltschaft hat dem Gericht ein amtliches Totenbuch des Standesamtes Auschwitz überreicht, das vom Niederländischen Rijksinstituut voor Oorlogsdocumentatie zur Einsichtnahme übergeben worden war. In diesem Buch sind in den Tagen vom 28. September bis 2. Oktober 1942 unter den laufenden Nummern 31.501 bis 33.000 die Namen von 1500 Häftlingen verzeichnet, die in diesen fünf Tagen im Konzentrationslager Auschwitz gestorben sind. Am Ende dieses dicken Bandes heißt es: „Dieser Band 22 des Totenbuches von 1942 wird unter Hinweis auf Band 23 abgeschlossen."

Der Untersuchungsrichter im Auschwitz-Verfahren hat die Stätte der Vernichtung besucht:

Dr. Düx: Bei meinem Besuch in Auschwitz im Sommer 1963 habe ich auch die Weichselsümpfe gesehen, wo früher die Verbrennungsgruben waren. Damals war es ziemlich trocken dort. Ich bin zu einer Verbrennungsgrube gegangen und habe Schilf herausgezogen. An der Wurzel des Schilfs war ein Knochenrest, ich glaube, es war ein Wirbelknochen.

Die Wut packt Kaduk, als ein eleganter Herr nach dem anderen — ehemalige SS-Obergruppenführer, die sich nun an nichts mehr erinnern können — ungehindert den Zeugenstuhl verlassen können:

Kaduk: Wenn die Öfen gebrannt haben, dann war eine Stichflamme von fünf Meter Höhe, die hat man vom Bahnhof aus gesehen. Der ganze Bahnhof war voll von Zivilisten. Niemand hat etwas gesagt. Auch Urlauberzüge waren dort. Meine Frau ist gekommen, und ich habe sie abgeschoben: Ich habe keine Zeit für dich, habe ich ihr gesagt. Oft haben die Urlauberzüge Aufenthalt in Auschwitz gehabt, und der ganze Bahnhof war vernebelt. Die Wehrmachtsoffiziere haben aus dem Fenster herausgeguckt und haben gefragt, warum es so riecht, so süß. Aber keiner hat den Mut gehabt, zu fragen: Was ist denn los? Hier ist doch keine Zuckerfabrik. Wozu sind denn die Schornsteine da?

Auch die Alliierten haben es gewußt. Man brauchte doch nur die Zugsverbindung in Schutt und Asche legen. Das mit den Juden war das größte Verbrechen. Aber leider, niemand hat nichts gewußt. Die ganzen Gruppenführer und Obergruppenführer, die hier ausgesagt haben, die wissen von nichts mehr. Dann sage ich nur, dann sind die Juden eben freiwillig nach Auschwitz gekommen.

Besondere Lager

Manchen Menschengruppen hat die SS ein besonderes Schicksal zugedacht, beispielsweise den russischen Kriegsgefangenen. Es begann so:

Stark: Ich möchte sagen, etwa im Juni, im Juli oder im August 1941 kam vom OKW ein Befehl, wonach bei den gefangenen Russen Einsatzkommandos tätig werden sollten, um die Gefangenen nach Kommissaren zu durchsuchen. Diese waren gemäß diesem Befehl dem nächsten KL zuzuführen und zu liquidieren.

Diese trockenen Worte bekommen Farbe, wenn man einen Überlebenden aus dieser Gruppe hört:

Pogoschew: Ich bin Anfang Oktober 1941 mit einem großen Transport russischer Kriegsgefangener nach Auschwitz deportiert worden. Als wir in Auschwitz ankamen, war es noch dunkel. Als es hell wurde, kamen Menschen mit gestreiften Anzügen zu uns, vielleicht 20 Häftlinge, die Hocker bei sich hatten. Sie mußten uns alle Körperhaare scheren. Wir mußten uns auf Befehl von SS-Leuten völlig nackt ausziehen und alles wegwerfen. Jeder von uns mußte in ein Faß, in dem eine Flüssigkeit war, untertauchen. Die Flüssigkeit war grünlich und dürfte zur Desinfektion gedient haben. Von SS-Männern wurden wir dabei mit der Peitsche geschlagen. Einer wurde besonders schwer geschlagen, der bei sich ein Bild von einem Mädchen hatte, das er nicht hergeben wollte. Je fünf in einer Reihe mußten wir dann in Hockestellung so lange warten, bis 100 fertig waren, dann wurde das Tor geöffnet, und diese

Gruppe der Hundert mußte in das Lager laufen. In der dritten oder vierten Hundertergruppe befand ich mich. Ich war schon ganz starr vor Kälte. Wir gingen durch das Tor, über dem stand: „Arbeit macht frei", und wurden abgezählt. Im Lager wurde uns befohlen, in Badewannen zu springen, in denen heißes Wasser war. Nachher wurden wir mit dem Schlauch mit kaltem Wasser abgespritzt. Immer wieder wurden die Liegenden mit Peitschen aufgejagt.

Der Verteidiger des Angeklagten Stark befragt einen Zeugen, der als Häftling in der Aufnahmeabteilung gearbeitet hat, wie viele aus dem Kriegsgefangenenlager am Leben blieben:

Verteidiger Dr. Staiger: Wurden in der Politischen Abteilung auch die russischen Kriegsgefangenen registriert?

Bartel: Ja.

Dr. Staiger: Wurde auch deren Tod registriert?

Bartel: Ja, auch deren Tod wurde festgehalten.

Dr. Staiger: Stimmt es, daß im Februar 1942 nur mehr 300 russische Kriegsgefangene von Zehntausend am Leben gewesen sind?

Bartel: Im Spätherbst 1941 wurden nach meiner Erinnerung etwa 11.000 russische Kriegsgefangene in Auschwitz aufgenommen. Diese mußten beim Ausbau von Birkenau und teilweise auch vom Lager Buna arbeiten. Die Sterblichkeit war ungeheuer, täglich durchschnittlich etwa 300. Die Russen wurden bei der Arbeit ermordet, und zwar in solchem Ausmaß, daß die Politische Abteilung es für notwendig hielt, diese Gefangenen zu tätowieren, damit klar wurde, wer gestorben ist und wer noch lebte. Ich glaube, Ende Februar oder Anfang März 1942 kam der Rest dieser russischen Kriegsgefangenen nach Birkenau. Es dürften damals etwa 200 bis 300 gewesen sein.

Dr. Staiger: Im Heft Nr. 3 des Museums von Auschwitz ist unter dem 1. März 1942 eingetragen: „Das russische Kriegsgefangenenlager ist aufgelöst, ein Rest von 945 Gefangenen ist noch am Leben."

Glaubt der Verteidiger, durch Hinweis auf die Differenz zwischen beiden Angaben die Tatsache selbst anzweifeln zu können?

Kazimierz Smoleń, der mit Bartel im selben Kommando war, beschreibt seine Erinnerung daran so:

Smoleń: Im Oktober 1941 wurden etwa 10.000 russische Kriegsgefangene nach Auschwitz gebracht. Sie befanden sich in einem furchtbaren Zustand. Bei der Aufnahme wurde eine Kartei in einer anderen Farbe angelegt, und die ausgegebenen Nummern fingen mit 1 an. Sie wurden den Kriegsgefangenen auf die Brust tätowiert. Eine Sonderkommission der Gestapoleitstelle Kattowitz — sie bestand aus vier Mann — kam und führte bei den Kriegsgefangenen eine Selektion durch. Trembaczowski und ich wurden dieser Kommission als Häftlingsschreiber zugeteilt. Die Kriegsgefangenen wurden sehr kurz verhört und dabei geschlagen. Sie wurden in vier Gruppen eingeteilt: Die erste Gruppe — fanatische Kommunisten, die zweite — politisch Verdächtige, die dritte — politisch Unverdächtige, und die vierte Gruppe — zum Wiederaufbau geeignet. Zur ersten Gruppe wurden etwa 300 Kriegsgefangene eingeteilt, zur zweiten 600 bis 800, die dritte Gruppe war die größte, und die vierte Gruppe war ganz klein, zu ihr kamen etwa 20 bis 30 Kriegsgefangene. Die erste Gruppe wurde in Block 24 untergebracht und von dort zum Erschießen abgeholt. Unsere Arbeit wurde auch auf diesem Block durchgeführt, und so sahen wir sie nackt oder nur mit dem Hemd bekleidet zu Block 11 gehen.

Broad hat seinerzeit in seinem Bericht darüber geschrieben:

Im Winter 1941/42 wurden etwa 12.000 russische Kriegsgefangene nach Auschwitz transportiert. Aus den trockenen Ziffern der Registratur ging hervor, daß von den Kriegsgefangenen kaum ein halbes Jahr später nur noch 150 lebten. Diesen restlichen gelang es allerdings, das Vertrauen der SS-Leute, speziell der Schutzhaftlagerführung, zu erwerben und in Arbeitskommandos unterzukommen, die Lebensmöglichkeiten boten. Mit der Zeit vertraute man ihnen sogar in solchem Maße, daß sie bei Fluchten aus dem Bereich der großen Postenkette als Suchkommandos eingesetzt wurden.

Betroffen erhielt die Lagerführung eines Abends die Meldung, daß 90 Russen geschlossen bei einer Suchaktion die Postenkette durchbrochen haben und entflohen seien. Die sofort mit Spürhunden von der gesamten verfügbaren Truppe durchgeführte Verfolgung brachte keinen nennenswerten Erfolg.

Der Russe Pogoschew kennt diese Episode genau:

Pogoschew: Am 6. November 1942 in der Abenddämmerung gelang mir die Flucht aus Birkenau. Es war die erste Massenflucht russischer Kriegsgefangener. Damals sind 70 Häftlinge geflohen.

Es fällt auf, daß er die Zahl der Geflohenen niedriger ansetzt als der SS-Mann Broad.
Auch später noch erleiden russische Kriegsgefangene ähnliches Schicksal:

Smoleń: Ich erinnere mich, daß Anfang 1944 achtzig bis hundert russische Kriegsgefangene eingeliefert, aber nicht alle registriert wurden. Mir wurde gesagt, daß ein Teil von ihnen unmittelbar nach der Ankunft in der Sauna erschossen worden ist. Das ereignete sich wenige Tage vor dem 4. März 1944.

Mehr über das Los der Russen wird in den Kapiteln erwähnt, in denen diejenigen angeklagt werden, die bei Massenmorden mitgewirkt haben.

*

Anders und doch ähnlich ist das Schicksal der Zigeuner in Auschwitz. Ursprünglich galten sie als privilegierte Häftlinge, ihre Familien durften beisammenbleiben. Wie das in der Praxis aussah, wird von dem angeklagten Lagerarzt geschildert:

Dr. Lucas: Im Zigeunerlager Birkenau waren große Baracken, die vorne und hinten ein Loch hatten, das war die Tür. Auf einzelnen Pritschen, großen Holzkisten, lagen fünf bis sechs

Mann. Die sanitären Verhältnisse waren katastrophal, Farbe an den Wänden gab es überhaupt keine, die Wasservorräte waren so gut wie nicht vorhanden. Die Zahl der Insassen kann ich nicht angeben. Es mögen sechs- bis achttausend gewesen sein. Die Häftlinge wurden nicht geschoren; es war ein Familienlager mit Frauen und Kindern. Sie waren alle unterernährt.

In der Küche habe ich das Essen kontrolliert und es gekostet. Es war irgendeine Art Graupensuppe, nein, man muß sagen, es war eine Wassersuppe, in der einige Graupen schwammen.

Eine der fürchterlichsten Krankheiten war die Noma, die nur bei völlig heruntergekommenen Menschen auftritt und Löcher durch die Wangen frißt, so daß man die Zähne sehen kann. Im Zivilleben habe ich so etwas nie gesehen. Die hygienischen Verhältnisse waren unbeschreibbar. Von Toiletten konnte man überhaupt nicht sprechen, Latrinen wäre auch kein Ausdruck.

Einer der wenigen Überlebenden, der als Zeuge vor Gericht gerufen wurde, schildert knapp seinen Weg:

Zeuge (sein Name wird aus verständlichen Gründen nicht genannt):
Ich wurde 1940 aus der Wehrmacht entlassen, weil ich Zigeuner bin. Ich kam schließlich mit einem großen Transport nach Auschwitz. Wir Zigeuner wurden dort keiner Selektion unterworfen, sondern alle im sogenannten Zigeunerlager in Birkenau untergebracht. Dort hatten wir verschiedene Arbeiten zu verrichten. Ich war beim Kanalbau und bei Außenkommandos eingeteilt, wohnte auf Block 7, dem sogenannten Wehrmachtsblock. Dort hatten wir verschiedene Begünstigungen, aber später wurden die Häftlinge dieses Blocks auf andere aufgeteilt.

Vor der Liquidierung des Zigeunerlagers kamen wir, die bei der Wehrmacht gewesen waren, zur Sterilisierung nach Ravensbrück. Nachher sollten wir uns freiwillig zur Wehrmacht melden und sind auch 1945 in diese wieder aufgenommen worden. Die anderen wurden vergast. Ich bin noch im Jahr 1945 verwundet worden.

Diese Aussage wird bestätigt:

Stein: Ich war bis zur Liquidierung des Zigeunerlagers dort festgehalten. Weil ich arbeitsfähig war, wurde ich von dem Schicksal der anderen verschont. Damals wurde ein Aufruf erlassen, alle arbeitsfähigen Männer und Frauen sollen heraustreten. Die SS sagte uns, die Familienmitglieder kommen später nach. Unsere Nummern wurden abgelesen, wir wurden auf Lkw verladen und ins Stammlager gebracht. Einige Zeit später kamen die deutschen Blockältesten nach und haben uns gesagt, was mit den anderen geworden ist. Wir etwa hundert Wehrmachtsangehörige sind dann nach Ravensbrück verlegt worden.

Über das, was bei der SS und nun auch im Gerichtssaal „Liquidierung des Zigeunerlagers" heißt, berichten Zeugen, die keine Zigeuner sind, aber in Auschwitz waren:

Diamanski: Ich war eine Zeitlang Lagerältester im Zigeunerlager. Die Zustände dort waren fürchterlich. Die Menschen wateten bis an die Knöchel im Schlamm. Manche Appelle dauerten tagelang, weil Frauen immer wieder ihre Kinder versteckten. Als das Fleckfieber ausbrach, starben die Leute wie die Fliegen.

Vertreter der Nebenklage Ormond: Wie stark war das Zigeunerlager belegt?

Diamanski: Mit etwa 17.000 bis 18.000. Bei der Liquidierung war der Stand freilich geringer. Unmittelbar vorher sind etwa 2000 Arbeitsfähige ausgesucht und in das Stammlager Auschwitz verlegt worden.

Die Vergasung der Zigeuner war für mich das Schrecklichste. Blockführer erzählten mir nachher, daß Kleinkinder so getötet wurden, daß sie mit dem Kopf an die Wand oder an einem Baum geschlagen wurden.

Ormond: Haben sich SSler damit gebrüstet?

Diamanski: Ja, dadurch hatten wir es erfahren. Einer sagte etwa: „Guck mal, bis hierher war ich wieder im Blut!"

Diamanski ist Deutscher. Ein anderer Zeuge kommt aus Polen:

Vorsitzender: Was können Sie über die Räumung des Zigeunerlagers aussagen?

Polak: Das war mein schlimmstes Erlebnis in Auschwitz. Ich war damals Blockältester im Block 4, in dem verschiedene Häftlinge untergebracht waren. Vom Lagerältesten wurde ich ins Zigeunerlager geschickt, wo einige Tausende Zigeuner, aber auch jüdische Häftlinge, die für Transporte bereitgestellt waren, lebten. Ich mußte dafür sorgen, daß in den drei jüdischen Blocks Ordnung herrschte.

Einmal sagte mir der Lagerälteste nach dem Abendappell: „Jetzt wird etwas geschehen, du sollst den Block nicht verlassen!“ Es wurde Lagersperre befohlen. Ich habe trotzdem die Türe etwas geöffnet und sah die SS am Lagertor. Dann kamen Autos, und ein Block nach dem anderen wurde entleert. Es gab ein schreckliches Geschrei, Rufen von Frauen und Kindern, die geahnt haben, was ihnen droht. Die ganze Nacht durch wurden die Wagen beladen, vielleicht bis zwei, drei Uhr morgens. Am Morgen besichtigte ich dann mit dem Lagerältesten die Baracken. Alles war durcheinandergeworfen, man sah Spuren von Blut drinnen, aber keine Zigeuner mehr.

Auch über dieses Lager wird noch in den Kapiteln berichtet, die Aussagen über diejenigen Angeklagten zusammenfassen, die im Zigeunerlager eingesetzt waren.

*

Ein anderer Lagerabschnitt in Birkenau wurde ebenfalls als Familienlager geführt. Lange bleibt es den Häftlingen ein Rätsel, warum die Juden aus Theresienstadt so bevorzugt behandelt werden:

Otto Kulka: Am 9. September 1943 kamen wir — insgesamt 5000 Personen — von Theresienstadt nach Birkenau. Niemand wurde bei der Ankunft selektiert. Wir wurden in einem Familienlager untergebracht, eine kulturelle Tätigkeit wurde sogar gefördert, hauptsächlich vom Lagerführer Schwarzhuber. Das Besondere für Birkenau war, daß wir die menschliche Würde behalten konnten, und das wirkte sich sogar auf die SS aus. Wir haben zum Beispiel eine Kinderoper einstudiert. Selbst die primitivsten SS-Männer waren davon wie fasziniert und angezogen. Nachher haben sie aber die Insassen des Familienlagers kaltblütig ermordet.

Vorsitzender: Sind Sie zuerst in Quarantäne gekommen?

Otto Kulka: Nein, wir wurden gleich in den Lagerabschnitt B II b gebracht. Wir hatten nur die Arbeiten in unserem Lager selbst zu verrichten. Wir Kinder — ich war damals elf Jahre alt — kamen in einen besonderen Block unter Fredy Hirsch. Dieser Block wurde das Zentrum der jüdischen Leitung im Lager, auch Widerstandsversuche wurden dort geplant. Wir hatten nur jüdische Blockälteste, alle Funktionäre bis auf den Lagerältesten waren Juden. Lagerältester war der kriminelle Häftling Nummer 8, Arno Böhm, der sehr grausam war. Aber die anderen Funktionäre ermöglichten uns im Gegensatz zu den meisten Funktionären anderer Lagerabschnitte, die durch Privilegien zu Werkzeugen der SS geworden waren, ein erträgliches Leben.

Schon in den ersten Tagen, als wir gerade nach Birkenau gekommen waren, haben uns ältere Häftlinge — darunter auch mein Stiefvater — alles von Auschwitz erzählt. Sie hatten keinen Zweifel, daß uns dasselbe Schicksal bereitet würde wie allen anderen jüdischen Transporten. Ich muß sagen, daß wir das nicht glauben wollten, selbst im Angesicht der Krematorien. Als wir Muselmännertransporte dorthin gehen und nachher den aufsteigenden Rauch gesehen haben, dann glaubten wir schon, daß vergast wird, aber wir dachten, wir seien privilegiert wie in Theresienstadt.

Vorsitzender: Bekamen Sie vor der Vergasung des Familienlagers Kenntnis von dieser Aktion?

Otto Kulka: Anfang März 1944 wurde uns vom Lagerführer Schwarzhuber gesagt, daß eine Überstellung nach Heydebreck erfolge. Eine Häftlingsschreiberin, Katharina Schlesinger, hat uns gewarnt, unser Transport trage die Bezeichnung SB. Daß das Sonderbehandlung, also Vergasung, heißt, war bekannt. Es wurden Beratungen abgehalten und heftig diskutiert. Einige wollten einen Widerstand organisieren. Schwarzhuber ließ alle nach einer Desinfektion in das Quarantänelager B II a verlegen. Dadurch sind Zweifel entstanden, ob wir nicht doch auf Transport in ein Arbeitslager gehen sollten, und der Widerstandswille wurde geschwächt. Ich war vorher erkrankt und lag im HKB Block 32 im b-Lager. Daß die Kranken dort zurückgelassen wurden, sollte auch als Beweis dafür gelten, daß alle in ein Arbeitslager kommen. In der Nacht wurde ich schließlich auch ins Quarantänelager verlegt.

Um 8 Uhr abends war Lagersperre und wir hörten Lastwagen ins Quarantänelager fahren. Die Wagen fuhren zu den Blocks, und die Leute sollten aufsteigen. Ich habe gesehen, daß sich einige geweigert haben. Der Blockälteste Bondy, der groß und stark war, rief auf tschechisch den anderen zu, daß sie nicht aufsteigen sollen. Es kam zu einer Schlägerei, Bondy wurde von zwei oder drei Capos niedergeschlagen. SSler standen mit Revolvern dabei, sie haben aber nicht geschossen. Die Reflektoren der LKW waren auf die Leute gerichtet, es war eine gespenstische Szene. Es herrschte große Erregung, aus verschiedenen Blöcken hörte man Gesang, hebräische und tschechische Lieder wurden gesungen.

Bei unserem Kinderblock standen der Lagerführer, Doktor Mengele und ein zweiter Lagerarzt. Es kam zu einer heftigen Diskussion zwischen der SS und den Lehrern von uns. Hirsch war nicht zu sehen. Sie haben erregt gesprochen und auf unsere Gruppe gezeigt. Nach etwa einer halben Stunde machte ein SSler eine Bewegung, und wir wurden in das b-Lager zurückgeführt. Die Lastwagen sind aus dem Lagertor nach rechts, also nicht direkt zu den Krematorien, gefahren. Daher glaubten auch wir, daß unsere Leute nicht in den Tod gefahren wurden. Dann haben wir erfahren, daß alle vergast worden sind. Unter den Ermordeten war meine Mutter, meine Familie, meine Kameraden. Nachträglich habe ich gehört, daß Hirsch im letzten Moment Selbstmord begangen hat.

In unserem Kinderblock blieb alles beim alten. Die Erzieher und wir Kinder lebten in der gleichen Art weiter. Der Unterschied bestand nur darin: Wir wußten nun, wie viele Tage wir noch bleiben konnten. Der erste Transport aus Theresienstadt ist genau sechs Monate nach seiner Ankunft ins Gas gekommen. Dasselbe Schicksal war für die weiteren Transporte zu erwarten. Trotzdem lernte ich damals die Geschichte der Thermopylen und der Makkabäer. Wir hatten auch einen

Gesangschor. Ich weiß nicht, ob das eine Art Heldentum oder ein absurder Akt war.

Dann mußte der zweite Theresienstädter Transport Postkarten an Bekannte schreiben. Auch die vom ersten Transport hatten solche Karten vor der Vernichtung schreiben und sie vordatieren müssen, sie trugen damals das Datum 25. März 1944 und als Absender „Arbeitslager Birkenau bei Neuberun". Diese Karten hatten einen Standardtext zu enthalten, doch schrieben wir zum Beispiel solche Sätze dazu: „Besuchet öfters meinen Sohn in Strašnice!" Strašnice ist der jüdische Friedhof in Prag.

So lebten wir bis Anfang Juli 1944. Vorbereitungen für einen Widerstand wurden mit Hilfe von Häftlingen aus anderen Lagerabschnitten getroffen, wir hatten Brandstoff. Die Liquidierung erfolgte aber diesmal nicht in derselben Weise. Eine Gruppe von arbeitsfähigen Männern wurde auf Waggons verladen. Ich schlich mich zu einer Gruppe von Jugendlichen, die als arbeitsfähig ausgewählt worden war. Der Rapportführer Buntrock fragte mich, wie alt ich bin. Ich sagte, zwölf Jahre, obwohl ich erst elf Jahre alt war. Er sagte: „Warum lügst du?" Dann hat er aber mit einer Bewegung „Hau ab!" gesagt, und ich bin zu der Gruppe der Jugendlichen gegangen, die in den Lagerabschnitt B II d geführt wurde. Die Zurückgebliebenen wurden vergast.

Ein anderer Zeuge, der ebenfalls als Kind im tschechischen Familienlager war und überlebt hat, sagt aus:

Bergmann: Ich kam im Mai 1944 als Vierzehnjähriger von Theresienstadt nach Auschwitz. In Auschwitz haben wir gesehen, was dort geschah, und wir machten uns keine Illusionen. Gesunde Männer und Frauen wurden aus dem Familienlager ausgesucht und in Arbeitslager ins Reich geschickt. Dann — es war vielleicht im Juli 1944 — gab der Lagerführer Schwarzhuber den Befehl, aus der Gruppe der Jugendlichen ein Kommando zusammenzustellen. Diese sollten als Lehrlinge ins Reich kommen. Die Auswahl wurde im Waschraum getroffen. 500 Jugendliche sind angetreten, und die 80 stärksten wurden ausgesucht. Schwarzhuber war dabei,

Dr. Mengele führte die Selektion durch. Wir kamen aber in die Strafkompanie, weil der ursprüngliche Plan nicht realisiert worden ist. Wir durften jedoch aus dem Block der Strafkompanie ins Lager hinausgehen. Ich bin zu einem Blockschreiber gekommen. Die anderen Jugendlichen wurden in Außenlager geschickt, zum Beispiel nach Fürstengrube. Dort sind sehr viele gestorben.

Jehuda Bacon ist heute Professor an einer Kunstakademie in Jerusalem:

Bacon: Ich war beim Rollwagenkommando mit anderen 20 Jugendlichen. Wir haben einen Wagen ziehen müssen. Wir fuhren in alle Lager, auch öfters zum Krematorium, dort holten wir Asche und bestreuten mit ihr die vereisten Wege. Auch haben wir von den Krematorien Holz geholt und in das Lager für die normale Heizung gebracht. Wenn wir draußen waren, und gerade keine Menschen in den Gaskammern gewesen sind, erlaubte uns der Capo, uns in der Gaskammer zu wärmen, wenn wir mit der Arbeit fertig waren.
Draußen im Krematorium habe ich das Schicksal unseres Lehrers aus dem Familienlager, Fredy Hirsch, erfahren. Wir hatten Fredy Hirsch sehr geliebt. Der Capo des Krematoriums erzählte uns, daß er Fredy Hirsch allein verbrannt hat. Hirsch hat sich vergiftet, weil er nicht zusehen wollte, wie das ganze Theresienstädter Familienlager ins Krematorium geführt und dort ermordet wird.
Vertreter der Nebenklage Ormond: Wann sind Sie geboren?
Bacon: Am 28. Juli 1929.

Weitere Schilderungen über dieses Familienlager erfolgen später, wenn gewisse Angeklagte in dieser Sache direkt belastet werden.

*

Im Verlauf des Prozesses wurde wenig über die Hölle in Auschwitz — über die Strafkompanie — gesprochen. Keiner der Angeklagten wird mit den dort begangenen Untaten belastet, kein Zeuge wird daher darüber ausdrücklich befragt. Am Rand erfährt man nur:

Kronauer: Ich wurde mit drei Monaten Strafkompanie bestraft und im Juni 1942 dorthin verlegt. Die Strafkompanie arbeitete am Königsgraben. Am gleichen Tag wurden noch fünf andere zur Strafkompanie gebracht. Ich war der einzige von uns sechs, der den ersten Tag dort überlebt hat. Jeden Morgen nahm die SK einen Wagen mit, auf dem dann beim Einmarsch die Leichen mitgeführt wurden. Wenn der Kommandoführer Moll geschlagen hat, hat sein Hund zugebissen.

In dieser furchtbaren Lage planten die Polen der SK eine Massenflucht. Das Pfeifen des Kommandoführers zum Antreten sollte das Zeichen sein. Moll pfiff an diesem Tag aber schon früher. Elf bis zwölf sind weggelaufen. Moll gab den Befehl: „Alles hinlegen!“ Nachher kam die Politische Abteilung, und es wurde einfach wahllos geschossen.

Ein Pole, der mit dem ersten Häftlingstransport nach Auschwitz kam, kann sich erinnern:

Bartel: Als ich im Juni 1941 nach Auschwitz kam, wurden alle Juden und Geistlichen automatisch zur Arbeit in der Strafkompanie eingeteilt. Die SK hatte in der Kiesgrube zu arbeiten und war im Block 11 untergebracht.

Über die Zustände in dem Block in Birkenau, in dem die Strafkompanie später untergebracht war, wird noch mehr ausgesagt, denn dessen Blockältester Emil Bednarek ist einer der Angeklagten.

Häftlinge in Auschwitz

Welches Los war schlimmer, bevor das Ende kam — sofort in den Gaskammern getötet oder im Lager langen Qualen ausgesetzt zu werden?

Laks: Vielleicht 12.000 bis 14.000 Juden kamen in vier Transporten nach Auschwitz. Ich war im letzten Transport. Wir bekamen die Nummern von 97.000 bis 99.000. Zwei- bis dreitausend Männer wurden als Häftlinge ins Lager aufgenommen. In den sieben Wochen, in denen wir in Birkenau waren, ist die Hälfte davon gestorben. Einmal stand bei dem Appell ein Student neben mir. Er sagte mir: „Ich kann nicht mehr stehen." Ich habe ihn nach dem Appell vorgeschoben, damit er früher in den Block hineinkommen konnte. Als ich dann selbst in den Block gekommen bin, war er nicht mehr am Leben. Viele sind so an Erschöpfung gestorben. Ein Bekannter von mir ist an einem Morgen beim Anziehen der Hose gestorben.

Menschen, die durch seelischen Schock und chronischen Hunger soweit gekommen waren, nannte man in der Lagersprache Muselmänner. Sind sie nicht freiwillig aus einem so unerträglichen Leben geschieden?

Neumann: Als noch im Lagerabschnitt B I b in Birkenau Männer inhaftiert waren, mußte ich als Leichenträger täglich den Zaun abgehen und die Zahl der Erschossenen aufnehmen. Es waren in der Regel Selbstmörder, die über Nacht in den Zaun gelaufen sind. Die Zahl war verschieden. Bei holländischen Transporten war sie sehr hoch. Ich erinnere mich, daß sie einmal auf 30 gestiegen ist. Bei slowakischen Transporten war sie geringer, vielleicht fünf bis zehn. Der Durchschnitt dürfte bei acht bis zwölf täglich gewesen sein. Meistens waren es neue Häftlinge, die in den Draht gelaufen sind, aber auch solche, die schon länger im Lager waren.

Vielen Muselmännern fehlte die Kraft zu einem solchen Entschluß. Den Juden erging es im Lager am schlimmsten, die Deutschen hatten noch die größten Möglichkeiten innerhalb der Hierarchie, die die SS unter den Häftlingen planvoll aufgebaut hatte:

Krumme: Ich war von Anfang März 1943 bis zu meiner Entlassung im Juli 1944 im Arbeitsdienst im Stammlager. Die Funktion war wichtig und exponiert. In den Arbeitskommandos wurden die Menschen zerschlissen. Ich mußte die Anforderungen befriedigen und die Arbeitskommandos ergänzen. Ich habe diese bevorzugte Stellung nicht einem Privileg zu verdanken. Die wenigen Deutschen im Lager wurden gebraucht. Ich hatte fast jeden Morgen im HKB zu tun. Die dort Entlassenen mußte ich in die Kommandos einteilen.

Unter den Deutschen wurden in der Regel die „Grünen" — die sogenannten Berufsverbrecher, die während des Krieges in die Konzentrationslager eingewiesen wurden und dort einen grünen Winkel zu tragen hatten — bevorzugt. Die SS erwartete von ihnen, daß diese sich um der Privilegien willen am ehesten als ihr verlängerter Arm im Lager betätigen:

Ruprecht: Die SS hat nicht so viel geschlagen wie die Berufsverbrecher. Die grünen Capos waren viel gefährlicher.
Vertreter der Nebenklage Dr. Kaul: Wer hat diese Berufsverbrecher zu Vorgesetzten für andere Häftlinge gemacht?
Ruprecht: Meistens wurden sie von der SS eingesetzt.
Vertreter der Nebenklage Raabe: Waren Sie nicht selber Capo in Auschwitz?
Ruprecht: Ich wurde so genannt, trug aber keine Binde.
Raabe: Danke, das genügt mir.

Ein ehemaliger deutscher Blockältester wird deswegen befragt:

Verteidiger Gerhardt: Wer wurde in Auschwitz Capo?
de Martini: Oft Facharbeiter. Sie wurden meistens von der Lagerleitung bestimmt, unter Umständen auf Empfehlung des Lagerältesten. Man durfte eine solche Funktion nicht ablehnen.

Einfach faßt eine Zigeunerin ihre Lagererfahrung zusammen:

Weiß: Die BVer mußten andere Häftlinge mit Knüppeln schlagen, sonst wurden sie selbst geschlagen.

Wie teilt sich die Verantwortung zwischen dem Häftling, der ein Arbeitskommando zu führen hat — er wird „Capo" genannt — und der SS?

Langbein: Viele grüne — also kriminelle — Capos haben im Lager schlimm gewütet. Aber ich habe auch erfahren, wieso es oft dazu gekommen ist. Mir wurde erzählt, daß einmal ein solcher grüner Capo beim Ausmarsch seines Kommandos vom Lagerführer Fritzsch gerufen und gefragt wurde, wieviel Juden in seinem Kommando seien. Der Capo meldete die Zahl. Darauf sagte der Schutzhaftlagerführer: „Am Samstag meldest du dein Kommando judenrein, verstanden!" Und am Samstag war dieses Kommando ohne Juden, das heißt, die Juden wurden vom Capo und seinen Gehilfen umgebracht.

In der Anfangszeit wüteten die Capos schlimmer als in den Jahren 1943 und 1944:

Ersatzrichter Hummerich: War der Obercapo Kral ein Antreiber?
Mikusz: Er war Obercapo. Welcher Capo hat im Jahr 1941 in Auschwitz nicht zur Arbeit angetrieben?

Der einzige SS-Zeuge, der auf dem Zeugenstuhl seinem Mitleid Ausdruck gibt, berichtet:

Böck: Die Häftlinge haben so ausgesehen, daß jeder Erbarmen haben mußte, der ein Herz im Leib hat. Wer hat das Recht gehabt, daß man Menschen so plagt und heruntersetzt? Beim Ausmarsch der Kommandos in der Früh sind SS-Offiziere am Tor gestanden. Ein Capo hat sein Kommando gemeldet. Da sagt ihm der Offizier: „Du bringst mir heute abend 20 Häftlinge weniger, sonst hast du selbst einen kalten Arsch, verstanden!"

Wenn sich ein Häftling erhängt hat und ein Kamerad hat ihn abgeschnitten, so hat dieser dafür 25 bekommen. Es hat Capos gegeben, die haben geschlagen, um ihr Leben zu erhalten. Ich habe gehört, wie der Arbeitsdienstführer Emmerich einmal gesagt hat: „Capo, komm mal her und mach den fertig!"

Wenn die Strafkompanie eingerückt ist, dann hat sie acht bis zehn Tote mitgetragen. Dabei haben sie ein Lied singen müssen, das hat ganz hohl geklungen. Mit den Toten auf den Schultern sangen sie: „Lasset uns singen und fröhlich sein."

Einmal wurden die Capos, die in ihren Kommandos die wenigsten Toten hatten, zur Strafarbeit kommandiert. Ein Capo von der Landwirtschaft, ein feiner Kerl, er hat immer so freundlich gelächelt, wurde dabei totgeschlagen. Seine Kameraden mußten das tun.

In Birkenau war es in jeder Beziehung weit schlimmer als im Stammlager, auch was die Capos betrifft. Und doch sagt ein Zeuge, der dort interniert war, aus:

Rosenstock: Ich erinnere mich an den Blockältesten Hans Röhrig. Als das tschechische Familienlager liquidiert wurde, und Capos und Blockälteste von der SS eingesetzt wurden, um ihr dabei zu helfen, hat sich Röhrig geweigert, mitzutun. Der Lagerführer Schwarzhuber fragte ihn nach dem Grund seiner Weigerung. Er antwortete: „Ich bin kein Henker". Daraufhin mußte er sich die Haare schneiden lassen, die er als priviliegierter Häftling stehenlassen durfte.

Ich erinnere mich auch an einen anderen ähnlichen Fall. Es war im Jahr 1942. In der Faulgasanlage wurden sehr viele Häftlinge ermordet. Das Mützenwerfen war dort großer Sport, die Häftlinge mußten ihre Mütze, die über die Postenkette geworfen wurde, suchen und wurden dabei „auf der Flucht erschossen", wie es hieß. Da kam ein reichsdeutscher Capo in dieses Kommando, er hieß Hermann. Als von einem SS-Mann wieder die Mütze eines Häftlings über die Postenkette geworfen wurde, sagte dieser Capo zu dem Mann: „Geh nicht nach der Mütze, ich hole sie". Nach ihm wurde nicht geschossen. Das Verhalten eines Capos und eines Blockältesten war Charaktersache.

Hinzuzufügen ist, daß nur sehr starke Charaktere dieser außerordentlichen Belastung gewachsen waren. Man brauchte dazu den Glauben an ein Leben nach Auschwitz. Dieser Glaube war 1944 eher vorhanden als 1941.
Trotz allem organisierte sich in Auschwitz eine Widerstandsbewegung:

Dr. Klodziński: Bis 1942 kamen fast ausschließlich Polen nach Auschwitz. Sie galten als alte Häftlinge und besetzten die Schlüsselstellungen. Später kamen auch Angehörige anderer Nationen und vor allem Juden. Die Polen wollten die Stellungen halten.

Damals war die Widerstandsbewegung polnisch, vor allem Offiziere waren in ihr tätig. Als immer mehr Vertreter anderer Nationen nach Auschwitz kamen, wurde auch die Widerstandsbewegung international. Ihr Hauptanliegen war, das Überleben möglichst vielen zu sichern. Sie bemühte sich, eine gemeinsame Front gegen die SS, gegen Spitzel der SS und gegen die Kriminellen zu bilden.

Die Widerstandsbewegung bemühte sich, Gegensätze innerhalb der SS auszunützen:

Langbein: Es gab zwei Strömungen innerhalb der SS. Die einen wollten möglichst alle Juden sofort liquidieren, die anderen wollten sie, so lange es nur ging, für den Arbeitseinsatz ausnützen. Es war eine spürbare Erleichterung für das Lager, als im November 1943 der Kommandant Höß durch Liebehenschel abgelöst wurde. Höß hatte sich fanatisch dafür eingesetzt, daß die Todesmaschinerie so gut als nur möglich funktioniert. Liebehenschel milderte den Lagerterror, stellte die schlimmsten Strafmaßnahmen ab — so ließ er zum Beispiel den Stehbunker abreißen — und erließ eine Bunkeramnestie. Der Standortarzt Dr. Wirths hatte ein gutes Verhältnis zu Liebehenschel und machte es möglich, daß ich einmal bei dem neuen Kommandanten vorsprechen konnte. Liebehenschel forderte mich auf, ganz offen zu sprechen. Ich machte ihn auf das Unwesen der Spitzel der Politischen Abteilung aufmerksam — ich kam ja gerade aus dem Bunker, der eine richtige „Spitzelfabrik" war — und auf das Unwesen der Grünen. Daraufhin wurde der erste rote — also politische Häftling — zum Lagerältesten eingesetzt, und Liebehenschel hat mich aufgefordert, eine Liste der Spitzel zusammenzustellen. Diese wurden dann auf Transport in das KZ Flossenbürg geschickt. Liebehenschel sorgte selbst dafür, daß keine Intervention der Politischen Abteilung erfolgreich war.

Ein Pole, der nicht in die Tätigkeit der streng geheimen Organisation eingeweiht war, berichtet über seine Wahrnehmungen:

Olszówka: Als im Winter 1943/44 der Hauptspitzel der Politischen Abteilung Dorosewicz floh und auf der Flucht einen SS-Mann ermordete, wurden von dem neuen Lagerkommandanten keine Repressalien angeordnet. Lachmann von der Politischen Abteilung wurde zur Strafe versetzt. Damals bemerkte man anscheinend den schlechten Einfluß des Spitzelunwesens. Am 8. Februar 1944 wurde ein eigener Spitzeltransport nach Flossenbürg zusammengestellt.

Die Widerstandsbewegung ging einen Schritt weiter:

Die polnische Widerstandsbewegung war unterdessen unermüdlich tätig, das Geheimnis um Auschwitz zu lichten und der Welt Kunde von dem sich dort abspielenden Verbrechen zu vermitteln. Geflohene Häftlinge und durch von im Lagerbereich beschäftigten Zivilarbeitern übermittelte Kassiber brachten viel Material. Es wurde eine Schrift verfaßt, die „Das Todeslager" hieß.

Während wahrscheinlich die meisten Außenstehenden diese Schilderung als übertriebene Greuelpropaganda auffaßten, enthielt sie doch nur einen Bruchteil des wirklichen Geschehens. Mit der „Bitte um Stellungnahme" wurde der Kommandantur von Auschwitz vom Reichssicherheitshauptamt ein Exemplar dieser Aufklärungsschrift übersandt. Man war in Berlin wütend und wollte wissen, wie so viel herauskommen konnte. Auch über die Morde im Block 11 waren die Polen orientiert. Einige Zeit später sollten über den Sender Daventry Todesurteile gegen einige namhafte SS-Führer von Auschwitz bekanntgegeben worden sein, denen außer Deutschen auch französische, polnische und russische Staatsangehörige zum Opfer gefallen waren. Nun platzte Himmler die Geduld, er beauftragte die Sonderkommission, sich in erster Linie um diese Dinge zu kümmern und Ermittlungsverfahren gegen alle Verantwortlichen einzuleiten.

So schrieb Broad in seinem bereits mehrmals zitierten Bericht. Die SS fürchtete vor allem den Kontakt mit der polnischen Untergrundbewegung der Umgebung; sie vermutete deswegen, die ihr nicht faßbare Organisation im Lager sei polnisch, nicht international. Über eine Folge dieser englischen Rundfunksendung erzählt der Angeklagte Hofmann:

Staatsanwalt Vogel: Sie haben einmal zu Protokoll gegeben, daß Ihnen SS-Unterscharführer Lachmann erzählt habe, sein Name sei im englischen Rundfunk verkündet worden?

Hofmann: Ja, er sagte mir, daß zehn oder elf Namen im englischen Rundfunk durchgegeben wurden, unter ihnen auch der seine. Welche die anderen Namen waren, weiß ich nicht mehr.

Vogel: Sie sagten damals, daß Lachmann deswegen von Auschwitz weggekommen sei und ein neues Soldbuch mit einem anderen Namen bekommen habe.

Hofmann: Ja, das stimmt.

Ein anderer Angeklagter bestreitet allerdings, daß es in der Ära Liebehenschel den Häftlingen besser erging:

Baretzki: Es stimmt nicht, daß es besser wurde, als der Kommandant Liebehenschel gekommen war. Es wurde nicht besser. Ja, die Schwarze Wand ist abgerissen worden, aber ich habe selber gesehen, ich habe ja Dienst gemacht bei der Blockführerstube in Birkenau, und da habe ich alles gesehen, was vorbeigekommen ist. Es sind im Tag drei oder vier Autos mit Zivilisten direkt zum Krematorium IV gefahren. Es waren auch Frauen dabei und Kinder. Man hat damals die Leute nicht erschossen, man hat sie vergast. Es ist nicht besser geworden, es ist schlechter geworden.

Wie es zu der Auschwitz-Sendung im englischen Rundfunk kam, wird dem Gericht geschildert:

Langbein: Anfang 1944 gelang es der Widerstandsbewegung im Lager, Namen, Geburtsdaten sowie Geburtsorte derjenigen SS-Männer nach Krakau zu schicken, die im Lager besondere Schuld auf sich geladen haben. Von dort wurden diese Daten nach London gefunkt und dann im Londoner Rundfunk verlesen. An der Nervosität der SSler merkten wir, daß auch sie Radio London hörten. Diese Nervosität hat sich segensreich ausgewirkt, mancher SS-Mann hat seitdem Häftlingen geholfen, um einen Zeugen zu haben, der später günstig für ihn aussagt.

Leben retten und die Menschen draußen warnen — diese Aufgabe stellten sich diejenigen, die im Schatten der Krematorien ihren Mut nicht verloren.

Dr. Vrba: Ich bin am 7. April 1944 mit meinem Freund Wetzler aus Auschwitz geflohen. Wir haben uns vorgenommen, die Welt vor dem zu warnen, was in Auschwitz geschah, und vor allem zu verhindern, daß sich die ungarischen Juden widerstandslos nach Auschwitz abtransportieren lassen. Denn zu dieser Zeit wußten wir schon in Auschwitz, daß große Ungarntransporte vorbereitet wurden. Gemeinsam mit Wetzler habe ich eine komplette Statistik der Todesaktionen zusammengestellt. Als wir in die Slowakei zu jüdischen Organisationen kamen, wurden wir gesondert verhört, weil man unsere Angaben nicht glauben wollte. Das, was wir unabhängig voneinander gleichlautend gesagt haben, wurde in ein Protokoll aufgenommen. Eine Kopie dieses Protokolls kann ich dem Gericht vorlegen, ich habe sie in der Bibliothek des Weißen Hauses gefunden.

Vorsitzender: Wie haben Sie die Statistik angefertigt?

Dr. Vrba: Schon als ich im Aufräumungskommando beim Rampendienst eingeteilt war, dachte ich an Flucht. Ich habe ein gutes Zahlengedächtnis und versuchte, mir die Zahl der Überlebenden von jedem Transport zu merken. Ich merke mir auch heute noch die Telefonnummern meiner Freunde. Diese Zahlen habe ich ständig korrigiert, wenn ich mit Bekannten sprach, die aus diesen Transporten stammten. So haben wir schließlich bis zum April 1944 eine Zahl von eindreiviertel Millionen Getöteten festgestellt.

Staatsanwalt Vogel: Beruht diese Zahl von eindreiviertel Millionen Vergasten auf eigenen Beobachtungen oder ist auch die Zahl derer mit inbegriffen, die vor Ihrer Ankunft in Auschwitz und vor Ihrer Einteilung zum Aufräumungskommando auf der Rampe ermordet worden sind?

Dr. Vrba: Die Zahl in der Zeit vor Mitte 1942 war relativ klein, das wußte ich aus Gesprächen. Aber soweit wir etwas feststellen konnten, ist das auch berücksichtigt.

Vertreter der Nebenklage Ormond: Ab wann merkten Sie sich diese Zahlen bewußt? Weil Sie sich auf eine Flucht vorbereiteten?

Dr. Vrba: Das ist jetzt nachträglich schwer zu sagen. Ich habe die Transporte und die Zahlen systematisch beobachtet.

Ormond: Während Sie die Fluchtvorbereitungen trafen, haben Sie die Zahlen fortlaufend vervollständigt, also bis zum 7. April 1944, oder waren Sie in der letzten Zeit mit der direkten Fluchtvorbereitung so beschäftigt, daß Sie das nicht mehr tun konnten?

Dr. Vrba: Die Liquidierung des Familienlagers im März war für mich eine außerordentliche Sache. Sie hat auf mich einen tieferen Eindruck gemacht als alles andere. Die Zahl dieser Opfer ist sicherlich enthalten, ebenso die der griechischen Transporte, die im März 1944 nach Auschwitz kamen. Die Aufzeichnungen gehen bis zu dieser Zeit.

Ersatzrichter Hummerich: Wie haben Sie mit Wetzler gemeinsam die Flucht organisiert, und wie haben Sie sich mit ihm getroffen?

Dr. Vrba: Wir trafen uns im Bauabschnitt III, dem sogenannten Mexiko-Lager. Bei der Blockführerstube wurde ein Bunker gebaut, dort haben wir drei Tage und drei Nächte gewartet, bis der Abend des 11. April kam. Denn drei Tage lang stand immer die große Postenkette, wenn eine Flucht bekannt wurde. Vor uns sind vier Häftlinge geflohen und haben dieses Versteck benützt. Sie sind aufgegriffen worden, haben aber das Versteck trotz Folter nicht verraten. Um 6 Uhr abends, nach unserer Flucht, wurde Alarm gegeben. Wir wurden drei Tage lang gesucht. Wir gingen in der darauffolgenden Nacht weg, als wir hörten, daß die Postenkette abgezogen wurde.

Ormond: Wo fanden Sie Zuflucht, nachdem Ihnen die Flucht geglückt war?

Dr. Vrba: Wir haben am 21. April die polnisch-slowakische Grenze überschritten. Jenseits der Grenze hat uns ein Bauer versteckt. Wir haben mit der jüdischen Gemeinde in Zilina Verbindung aufgenommen, dort den Arzt Dr. Pollak aufgesucht. Er hat uns eine Zusammenkunft mit den Führern der Jüdischen Gemeinde in Bratislava ermöglicht. Diese fand entweder am 24. oder 25. April statt.

Ormond: Was war die erste Reaktion dieser Menschen?

Dr. Vrba: Unser Bericht erschien ihnen zunächst völlig unglaubhaft. Das waren Menschen, die in einer zivilisierten Welt aufgewachsen waren und sich so etwas nicht vorstellen konnten. Aber als wir die Transporte aus der Slowakei, die nach Auschwitz kamen, anführten, nahmen sie die Verzeichnisse zur Hand, die sie über diese Transporte hatten. Wetzler und ich wurden getrennt ins Kreuzverhör genommen. Es hat sich herausgestellt, daß unsere Angaben mit ihren Aufzeichnungen über die Abfahrt der Transporte übereinstimmten. Schließlich wurden wir in ein Kloster gebracht und dem päpstlichen Nuntius der in Bratislava residierte vorgestellt. Dieser hatte vorher schon das Protokoll gelesen. Er gab uns sein Ehrenwort, daß er unseren Bericht dem Vatikan und den westlichen Regierungen weiterleitet.

Auch Wetzler, der ältere von beiden, wird als Zeuge gerufen:

Wetzler: Ich bin am 7. April 1944 aus Birkenau geflüchtet und kam über die Grenze in die Slowakei.

Vertreter der Nebenklage Raabe: Wie ist Ihnen diese Flucht gelungen?

Verteidiger Dr. Laternser: Ich erhebe Einspruch gegen diese Frage, sie hat mit dem Prozeß nichts zu tun.

Wetzler: Ich kann nur sagen, ohne Hilfe der SS.

Raabe: Sie sind mit dem Mithäftling Dr. Vrba geflohen?

Wetzler: Ja, wir kamen in die Slowakei und haben dort einen Bericht über Auschwitz abgefaßt. Ich habe diesen Bericht bei mir.

Raabe: Es handelt sich hier um ein historisches Dokument von außerordentlicher Bedeutung. Es wurde nach Ungarn gesandt, wo es die Juden vor den Deportationen warnen sollte, und es kam auch über den päpstlichen Nuntius zum Papst.

Verteidiger Steinacker: Ich erhebe Widerspruch gegen diese Ausführungen, die nichts mit dem Prozeß zu tun haben.

Vorsitzender: Fragen über diesen Gegenstand stehen dem Anwalt Raabe zu.

Raabe: Haben Sie das Original dieses Dokumentes hier?

Wetzler: Ich habe eine Fotokopie aus Washington. Das Original ist dem Präsidenten Truman geschickt worden. Wir haben den Bericht am 27. April 1944 geschrieben. Es sind dann noch zwei weitere Häftlinge geflohen, und mit ihnen gemeinsam faßten wir am 6. Juni 1944 einen zweiten, erweiterten Bericht ab.

Raabe: Ich schlage vor, daß der Bericht dem Gericht übergeben wird, und behalte mir vor, dessen Verlesung zu beantragen.

Wetzler: Der Bericht ist in englischer Sprache. Ich habe ihn selbst in deutscher Sprache geschrieben, mit Hilfe eines Schweizer Journalisten. Der Bericht wurde auch im Nürnberger Prozeß vorgelegt.

Die von Wetzler erwähnten beiden anderen Juden aus der Slowakei, denen die Flucht geglückt ist und die bereits über die Vernichtungsaktion gegen die ungarischen Juden berichten konnten, wurden nicht als Zeugen gerufen.
Aber nicht jeder Fluchtversuch glückte:

Neumann: Ich arbeitete als Leichenträger in Birkenau. Da ich als solcher größere Bewegungsfreiheit hatte, dachte ich immer an eine Flucht. Ich lernte den Blockführer Pestek kennen. Er war ein anständiger SS-Mann, der nie Häftlinge schlug. Ich kam mit ihm oft privat ins Gespräch, und er versprach mir, zu helfen. Da aber schon mehrere Fluchtversuche mit der „Hilfe" von SS-Leuten letztlich von den SSlern verraten worden waren, vertraute ich ihm nicht. Auch hatte ich eine Schwester im tschechischen Familienlager, ihretwegen konnte ich mich nicht entschließen zu fliehen, weil ich fürchtete, daß sie dafür würde büßen müssen. So habe ich es abgelehnt, mit Pestek zu fliehen.

Einmal kam Pestek zu mir und sagte, ich soll ihm etwas geben. Ich habe ihm eine Uhr und einen Geldbetrag gegeben, ich weiß nicht mehr, wie hoch dieser war. Dann verabschiedete er sich von mir mit den Worten: „Es wird morgen ein großes Erstaunen hier im Lager sein." Am nächsten Morgen wurde Fluchtalarm gegeben. Der Blockälteste Lederer war verschwunden.

Es war vielleicht vier Wochen später, da wurde ich, als ich mit meinem Leichenkarren in Birkenau unterwegs war, von einem Blockführer, den ich vorher nie gesehen hatte, gefilzt. Er fand bei mir etwas, gab mir die Sachen aber zurück und sagte: „Sei froh, daß du nicht von jemand anderem erwischt worden bist." Als ich nachher in meiner Tasche nachsah, fand ich darin einen Zettel, auf dem stand: „Ich bin im Block X". Das war ein Block im Lagerabschnitt B III, der Mexiko genannt wurde, dort traf ich mich gewöhnlich mit Pestek. Dieser Block lag gegenüber dem tschechischen Familienlager. Ich ging in den Block, pfiff, und Pestek antwortete mir. Er war auf dem Dachboden der Baracke versteckt. Er half mir auf den Boden hinauf und sagte: „Jetzt glaubst du mir, daß ich euch nicht verrate. Pack dich schnell zusammen, nimm alles, was du nur kriegen kannst, um 11 Uhr fahren wir fort." Ich konnte es noch immer nicht glauben, aber ich war bereit, jedes Risiko auf mich zu nehmen.

Um 10 Uhr meldete ich mich in meinem Lagerabschnitt B II f ab und ging zu dem Treffpunkt. Ich stellte aber schon aus der Entfernung fest, daß der Block von SSlern umstellt war. Ich hatte unter meiner Häftlingskleidung bereits Zivilkleider angezogen und beeilte mich, in das tschechische Familienlager zu kommen, in das ich ja als Leichenträger Eintritt hatte, und zog dort meine Zivilkleider aus, warf alles weg, was ich zu mir genommen hatte, auch ein Verzeichnis von Totenzahlen, das ich mitnehmen wollte. Da hörte ich schon den Ruf des Rapportführers: „Leichencapo!" — so wurde ich allgemein gerufen. Ich ging zum Rapportführer, meldete mich, und schon war seine Faust in meinem Gesicht. Er fragte mich: „Wo ist Pestek?" Ich sagte: „Ich habe keine Ahnung." Rapportführer Buntrock brachte mich zum Lagerführer Schwarzhuber. Dort stand bereits Pestek mit Händen, die am Rücken gefesselt und am Fenster angebunden waren. Ich wurde ebenso gefesselt. Dann ließ mich Schwarzhuber in seine Kanzlei bringen und fragte: „Willst du reden?" Ich sagte: „Ich bin nicht der, den Sie beschuldigen". Da sagte er nur: „Fort!" Ich wurde Hand an Hand mit Pestek gefesselt und im Auto von Schwarzhuber zum Block 11 ins Stammlager gebracht. Dort war großes Erstaunen darüber, daß ein SS-Mann und ein Häftling aneinandergefesselt gebracht wurden. SS-Männer vom Bunker und auch der Bunkerkalfaktor Jakob kamen, wir wurden losgebunden und in verschiedene Zellen gebracht.

Ich blieb eine Woche mit gefesselten Händen im Bunker. Ich erzählte Jakob die Wahrheit von der Fluchtgeschichte und fragte ihn, was mit Pestek sei. Da ließ mich Jakob eines Morgens die Zellen im Bunker aufwischen und so kam ich auch in die Zelle von Pestek und habe dort mit ihm gesprochen. Er war ganz blau und schwarz und sagte, er habe bei den Verhören alle Schuld auf mich gewälzt, ich soll alle Schuld auf ihn legen, aber ja niemanden anderen in die Sache mit hineinziehen. Wir waren uns beide dessen bewußt, daß wir sterben mußten. Pestek sagte mir, daß ihn ein Standgericht in Berlin angefordert habe, daß er sich aber gegen eine Überstellung zur Wehr gesetzt hat, weil er wußte, daß er dort noch furchtbarer geschlagen würde. Er hat gesagt, wenn man ihn nach Berlin schickt, dann werde er dort sagen, daß die SS mit Häftlingen in Birkenau Geschäfte betreibe.

Es war vielleicht dreieinhalb oder vier Wochen später, da wurde ich aus dem Bunker nach Birkenau gebracht. Ich glaubte, ich werde ins Krematorium geführt, aber der Posten, der mich eskortierte, brachte mich in das Zigeunerlager. Unterwegs erzählte er mir, daß Pestek tot sei. Er sei „auf der Flucht“ erschossen worden. Unser Fluchtversuch fand im April 1944 statt.

Einige Tage später kommt der Angeklagte Baretzki auf diesen Fall zu sprechen:

Baretzki (meldet sich zu Wort, als ein Zeuge über die Tätigkeit der SS-Gerichte aussagt): In Auschwitz, da wurden die SS-Männer erschossen ohne jedes Gericht. Von meiner Abteilung sind welche erschossen worden. Warum sind sie denn erschossen worden? Ich erinnere an den Fall Pestek. Es waren auch andere Fälle. Die SS-Leute sind einfach aus der Baracke herausgeholt worden, und man hat uns nachher gesagt, sie sind durch den Kamin.

Vorsitzender: Woher wissen Sie das?

Baretzki: Das kann man sich nur denken. Vielleicht weiß Boger, wer sie erschossen hat. Er hat ja gesagt, daß er wegen Pestek mit dem Kommandanten Kramer gesprochen hat.

Staatsanwalt Vogel: Angeklagter Boger, was wissen Sie über den Fall Pestek?

Boger: Pestek wurde ordnungsgemäß durch ein SS- und Polizeigericht der Nebenstelle Kattowitz abgeurteilt und exekutiert. Andere Fälle von Erschießungen von SS-Angehörigen sind mir nicht bekannt. Die Verhandlung gegen Pestek hat in Auschwitz stattgefunden. Ich war bei ihr nicht anwesend.

Vogel: Wo hat sie stattgefunden?

Boger: Ich glaube, im Speisesaal des Unterführerkasinos. Der Schreiber Unterscharführer Mertens war zugegen, ebenso bei der Vollstreckung des Urteils, das in Miedzebrodze vollzogen wurde. Ich weiß das alles aber nur vom Hörensagen. Pestek wurde wegen Häftlingsbegünstigung und Fahnenflucht verurteilt. Er wurde geschnappt, als er nach seiner Flucht nochmals nach Auschwitz zurückkam.

Baretzki: Eine Gerichtsverhandlung gegen Pestek, davon ist mir nichts bekannt. Wenn eine stattgefunden hätte, dann wäre ich sicher anwesend gewesen. Einmal war eine Gerichtsverhandlung, weil einer etwas gestohlen hat. Da mußten wir alle hinkommen, das war eine Art Warnung. Bestimmt wäre das auch bei Pestek so gewesen, schon wegen der Abschreckung. Wissen Sie, was ich damals gehört habe? Ich habe gehört, Pestek ist von Boger erschossen worden!

Pestek war wie Baretzki Rumäniendeutscher.

Auch ein anderer Fluchtversuch endete tragisch; wie eine Zeugin ihn schildert, die als Schreiberin in der Politischen Abteilung Zwangsarbeit leistete:

Kagan: Mala Zimetbaum war eine außergewöhnliche Persönlichkeit. Sie hatte im Frauenlager einen guten, einflußreichen Posten, hat ihre Macht aber niemals mißbraucht. Sie hat immer geholfen und war sehr selbstbewußt. Im Lager wurde darüber gesprochen, daß ihre Flucht mit dem Polen Edek keine gewöhnliche Flucht war. Man sagte, daß sie Listen mitgenommen habe, um die Welt über Auschwitz zu informieren. Ich saß neben dem Zimmer, wo die Ferngespräche geführt wurden, und hörte am Tag ihrer Flucht, wie überallhin telephoniert wurde. Nach zwei Wochen wurden beide festgenommen. Edek wurde von Boger gefoltert und dann in Birkenau aufgehängt. Mala wurde in unsere kleine Baracke geführt. Ich benützte eine Gelegenheit, um heimlich mit ihr zu sprechen. Sie sagte nur: „Mir geht es gut." Die Lagerleiterin Mandel wollte mit ihrer Hinrichtung ein großes Spektakel veranstalten und hat einen Generalappell befohlen. Mala konnte sich eine Rasierklinge im Ärmel verstecken. Damit hat sie sich unter dem Galgen die Pulsader geöffnet. Der SS-Mann Ritter wollte ihr die Klinge wegnehmen, sie hat ihn aber mit der blutigen Hand ins Gesicht geschlagen. Sie rief: „Ich werde als Heldin sterben, du verreckst aber wie ein Hund!" Sie ist dann lebend auf einem Karren ins Krematorium gebracht worden.

Einmal traten Häftlinge von Auschwitz mit Waffen in der Hand ihren Peinigern gegenüber — es waren Menschen, denen die SS das schlimmste Schicksal bereitet hatte, das sie in Auschwitz vergeben konnte, es waren Menschen aus dem Sonderkommando. Ein Überlebender erinnert sich:

Buki: Im Oktober 1944 sollte im ganzen Lager ein Aufstand stattfinden. Der Tag war bestimmt. Aber an diesem Tag wurde die SS in Birkenau verstärkt, weil Transporte angekündigt waren. Trotzdem haben wir uns an den Termin gehalten. Ich war damals im Krematorium II. Signal für den allgemeinen Aufstand sollte das Anzünden der Strohsäcke sein. Aber diese brannten nicht. So wurden die Häftlinge des Krematorium II nicht in den Aufstand mit einbezogen. Die SS-Männer Schwarz und Houstek hielten uns die ganze Nacht im Krematorium II eingesperrt. Am nächsten Morgen mußten wir wieder zur Arbeit. Unser Kommando wurde damals nicht erschossen, nur ein Häftling wurde erschossen, weil er angeblich das Fahrrad des SS-Mannes Ackermann kaputtgemacht hat.

Die Schilderung von Paisikovic lautet ähnlich:

Vorsitzender: Was wissen Sie über den Aufstand des Sonderkommandos?

Paisikovic: Der fand im Oktober 1944 statt. Ich war damals im Krematorium II. Der Aufstand begann im Krematorium III und IV. Es war ein Plan vorhanden, und wir hatten auch Waffen, Granaten und Pulver, aber der Aufstand ist voreilig ausgebrochen. Es war vorgesehen, daß im Krematorium II das Zeichen für den allgemeinen Aufstand durch ein Feuer gegeben wird. Die im Krematorium III haben jedoch auf das Zeichen nicht gewartet.

Vorsitzender: Was haben Sie beim Aufstand sehen können?

Paisikovic: Wir waren gerade zu Mittag beim Essenholen im d-Lager. Als wir am Weg waren, haben wir gehört, daß man zu schießen anfing, und wir sahen beim Krematorium III Feuer. Wir mußten zum Krematorium II laufen und sahen, daß die SS schon mit Maschinengewehren kam, und das Krematorium umstellte. Wir mußten im Hof antreten und wurden in ein Zimmer, den Sektionsraum, gesperrt.

Der dritte Überlebende des Sonderkommandos, der vor Gericht geladen wurde, weiß am meisten über den Aufstand:

Vorsitzender: Was können Sie über den Aufstand des Sonderkommandos berichten?

Müller: Der Capo Kaminski war der Organisator des Aufstandes im Krematorium. Alle Häftlinge des Sonderkommandos wußten, daß sie sicher zum Tod verurteilt waren. Der Aufstand sollte so stattfinden, daß das ganze Lager mitgerissen wird. Aber freilich konnte man nicht allen sagen, was geplant wird. Viele aus dem Sonderkommando waren zu sehr verroht oder zu verzweifelt. Sie sagten, es habe keinen Zweck mehr, wenn wir nur eine Stunde länger leben, so ist nur das wichtig, und so weiter. Andere waren ganz apathisch. Ihnen war alles egal. Sie haben niemanden mehr gehabt. Das waren keine Menschen, sondern Roboter. Viele wollten wieder gleich etwas machen, sie wollten nicht auf die Organisierung eines Aufstandes warten. Capo Kaminski ließ von jedem Transport aufschreiben, wie viele vergast worden sind, er hat Photos und andere Dokumente gesammelt.

Damals war Moll Chef der Krematorien. Er machte seine Arbeit mit solcher Liebe, wie ein Direktor eine Fabrik baut. Er hatte eiserne Disziplin eingeführt. Er bestimmte selbst, wo jeder Häftling zu arbeiten hatte. Die Häftlinge wurden auseinandergerissen. Damals wurde Kaminski im Krematorium IV erschossen. Das war in der Nacht, in der das Zigeunerlager vergast worden ist. Kaminski wurde deswegen erschossen, weil man vermutete, daß er ein Attentat auf den Oberscharführer Muhsfeld geplant hat. Uns alle überfiel deswegen große Verzweiflung.

Der Plan des Aufstandes war so: Wir sollten ins Lager einrücken, wenn alle Kommandos zum Abendappell nach Birkenau einmarschierten. Wir hätten dann unsere Kommandoführer erledigen und die Posten, die die anderen Häftlingskommandos ins Lager führten, auch auf uns nehmen sollen. Bei jeder Blockführerstube wäre der Blockführer zu erledigen und der Telefondraht zu zerreißen gewesen. Das hätten wir vom Krematorium III und IV auf der einen Seite, das Sonderkommando vom Krematorium I und II dasselbe auf der anderen Seite beim Frauenlager machen sollen. Wir hatten mit

Gummi isolierte Scheren zum Zerschneiden des Stacheldrahtes und Pulver, das wir vom Kommando Union bekommen haben, vorbereitet. Das Pulver war im Krematorium II in einem guten Versteck gelagert. In jedem Krematorium sollten ein paar Häftlinge bleiben, die zu dieser Zeit ein Feuer anzünden sollten. Das wäre das Signal für den allgemeinen Aufstand gewesen. Wir hatten Verbindung mit den Partisanen aufgenommen. Das habe ich von Kaminski gehört. Er sagte nicht, mit wem er gesprochen hat und durch wen diese Verbindung hergestellt wurde.

Es ist aber dann anders gekommen. Im Herbst 1944 machte der Unterscharführer Puch eine Selektion im Sonderkommando. Es gab damals 300 Häftlinge bei uns. Puch sagte: „270 gehen zu einer sehr guten Arbeit." Es war das nicht die erste Selektion, und wir wußten, was geplant war. Abends wurde selektiert, die Nummern wurden aufgeschrieben. Am anderen Tag hieß es: „Antreten!", und man rief diese Nummern auf. Ich bin bei der Gruppe der 30 geblieben, die nicht aufgeschrieben war. Einige, die aufgerufen worden sind, sind nicht hinausgegangen. Ein paar Häftlinge haben auf dem Boden des Krematoriums III ein Feuer angezündet. Ein Häftling hat sich auf einen SS-Mann gestürzt, Puch hat sein Fahrrad genommen und ist schnell weggefahren. Zwei SS-Leute wurden von Häftlingen erschlagen. Dann ertönte eine Sirene. Es wurde Alarm gegeben. Der Zeitpunkt des Aufstandes war also spontan und nicht organisiert. Der Aufstand fand auch nicht so statt, wie er geplant war. SS läuft zusammen und schießt zu uns herüber. Alle Häftlinge laufen zurück in den Hof des Krematoriums. Das Dach fällt schon brennend ein. Ich kann am Boden eine Klappe öffnen und mich verstecken. Ich höre draußen noch Schießen und Schreien.

Vorsitzender: Wurde das Sonderkommando nicht alle drei bis vier Monate von der SS getötet?

Müller: Nicht regelmäßig. Ich erinnere mich, daß einmal die Stärksten aus dem Sonderkommando genommen und nach Lublin transportiert wurden. Als aber später das Sonderkommando von Lublin nach Auschwitz gebracht wurde, sahen wir, daß sie Stiefel von unseren Leuten trugen. Sie haben uns erzählt, daß das Auschwitzer Sonderkommando in Lublin vergast worden ist.

Vertreter der Nebenklage Ormond: Wie viele Überlebende des Sonderkommandos kennen Sie?

Müller: Wer heute lebt, weiß ich nicht. Das Lager werden vielleicht mehr als zehn überlebt haben.

Ormond: Von allen Häftlingen des Sonderkommandos sind also etwas mehr als zehn übriggeblieben?

Müller: Ja, als wir nach Mauthausen überstellt worden sind, hat man dort beim Appell gefragt, wer im Sonderkommando gearbeitet hat. Ich habe mich aber nicht gemeldet, die anderen ebenfalls nicht.

Ormond: Wie stark war das Sonderkommando?

Müller: Das Fischlkommando im alten Krematorium beim Stammlager bestand aus sieben Häftlingen, dazu kamen noch die Heizer. Bei den großen Krematorien in den Jahren 1943/1944 war das Sonderkommando verschieden stark. Ich schätze, daß es bei den ungarischen Transporten, als es am stärksten waren — es wurden damals in 24 Stunden bis zu 25.000 Menschen vergast —, einen Stand bis zu 900 Häftlingen hatte.

Ormond: Haben Sie in zwei oder drei Schichten gearbeitet?

Müller: Es wurde ununterbrochen in Schichten und an verschiedenen Stellen gearbeitet.

Manchmal wurden Widerstand von Häftlingen oder gar ein Aufstandsversuch lediglich vorgetäuscht. Ein derartiger Vorfall, der hernach als die „Revolte von Budy“ bezeichnet wurde, ist plastisch in dem Bericht von Broad geschildert:

Grabners Vertreter, Kriminalassistent Wosnitza, ein weiterer Vernehmungssachbearbeiter, und zwei Schreiber müssen an einem Herbstmorgen des Jahres 1942 sofort Schreibmaschinen und Papier zusammenpacken und in den vor dem Kommandanturgebäude wartenden geräumigen Kübelwagen einsteigen. Es wird nicht gesagt, was eigentlich los ist, aber nach Grabners Miene zu urteilen muß es etwas Besonderes sein. Der Wagen fährt in schnellem Tempo in Richtung Budy ab.

Neugierig treten die Angehörigen der Abteilung II durch das Lagertor. Der Posten erweist eine Ehrenbezeugung. Ein undefinierbares Singen und Summen schwingt in der Luft.

Da erblicken die Augen etwas so Grauenhaftes, daß es geraume Zeit dauert, ehe das Bewußtsein es aufnehmen kann. Auf dem Platz hinter und neben dem Schulgebäude liegen kreuz und quer Dutzende verstümmelter und blutverkrusteter Frauenkörper. Sie sind alle nur mit schäbigen Häftlingshemden bekleidet. Zwischen den bereits Toten winden sich Halbtote. Ihr Stöhnen mischt sich mit dem Brummen gewaltiger Fliegenschwärme, die über klebrigen Blutlachen und zerschmetterten Schädeln kreisen, zu jenem eigentümlichen Singen, das sich die Ankömmlinge zunächst nicht zu erklären vermochten. Mehrere Leichen hängen in verkrampfter Stellung in dem Stacheldrahtzaun. Andere sind offensichtlich aus dem noch geöffneten Bodenfenster herausgestürzt worden.

Grabner gibt den Befehl, einige noch einigermaßen Vernehmungsfähige von den am Boden Liegenden herauszusuchen und als Zeugen über das Geschehene zu vernehmen. Wosnitza steigt zwischen den Körpern herum und sucht nach Opfern dieser Bluttat, die noch zu sprechen vermögen. Er kann aber niemanden finden, und so nimmt man als Zeugen einige leichte Verletzte, die gerade am Brunnen ihre Wunden reinigen. Die Ermittlungen ergeben folgendes Bild:

Als am vergangenen Abend eine Jüdin vom Abort in den Schlafraum oben im Schulhaus zurückkehrte, glaubte eine Deutsche, einen Stein in ihrer Hand erkannt zu haben. Natürlich war das eine hysterische Einbildung. Unten am Tor hatte ein Posten Wache, mit dem sie — wie allgemein den Häftlingen bekannt war — ein Liebesverhältnis unterhielt. Sie rief aus dem Fenster um Hilfe, da sie angeblich von einem jüdischen Häftling geschlagen würde. Alle Posten, die als Wache das Lager umstanden, stürzten daraufhin die Treppe hinauf und schlugen, gemeinsam mit den entmenschten deutschen Anweiserinnen, wahllos auf die Jüdinnen ein. Sie warfen sie die winkelige Treppe hinunter, so daß eine über die andere fiel. Einige wurden aus dem Fenster geschleudert und blieben leblos draußen liegen. Die Posten trieben auch einen Teil der jüdischen Häftlinge aus der Baracke auf den Hof. Die Anstifterin dieses Gemetzels blieb im Schlafraum alleine mit ihrem Geliebten zurück. Wahrscheinlich war das ihre eigentliche Absicht gewesen. Mit Knüppeln, Gewehrkolben und Schüssen wurde unterdessen auf dem Hof die „Revolte" niedergeschlagen. Sogar eine Axt diente einem der weiblichen Capos als Mordwerkzeug. In ihrer Todesangst versuchten ein paar Jüdinnen durch den Stacheldraht zu kriechen und dem Gemetzel zu entrinnen. Sie blieben jedoch hängen und wurden umgebracht.

Sechs deutsche Anweiserinnen, die sich mehr oder weniger an der Untat beteiligt hatten, vor allem die „Axtkönigin", die Elfriede Schmidt hieß und eine Schlächtermamsell war, wurden in den Block 11 eingeliefert. Nach ihrem Verhör und dem Schuldbekenntnis lagen sie, für immer zum Schweigen gebracht, in der Leichenhalle des Krematoriums. Kaum sichtbare rote Einstichpunkte unter der linken Brust verrieten, auf welche Weise sie ihr Ende gefunden hatten. Die Eltern bekamen, wie das so üblich war, vom Kommandanten tief empfundene Beileidschreiben. Ihnen wurde mitgeteilt, daß ihre Tochter am Soundsovielten mit der und der Krankheit in den Häftlingskrankenbau eingeliefert wurde und daß es „trotz bester medikamentöser Pflege und ärztlicher Behandlung nicht gelungen sei, der Krankheit Herr zu werden".

In Budy war ein kleines Außenkommando des Frauenlagers stationiert. Bei der Einvernahme von Klehr wird über das Ende dieser „Revolte" noch zu lesen sein.

Trotz aller Bemühungen, Foltern und Spitzel hat die Politische Abteilung die Leitung der internationalen Widerstandsorganisation nie fassen können. Erst als eine Flucht geplant und verraten wurde, die einen Teil dieser Leitung zu polnischen Partisanen der Umgebung bringen sollte, erreichte der Tod Menschen, die jahrelang innerhalb des Stacheldrahtes von Auschwitz den Kampf gegen die allmächtige SS aufgenommen haben:

Olszówka: Ich war auch Augenzeuge der letzten Hinrichtung im Stammlager. Ich mußte etwa drei Schritte entfernt stehen, als fünf Häftlinge aufgehängt wurden. Zwei weitere — die Polen Duzel und Raynoch — haben sich vorher während der Untersuchung vergiftet. Die Polen riefen unter dem Galgen patriotische Rufe, die Österreicher riefen: „Weg mit der braunen Mordbande, es lebe die Rote Armee, es lebe der Kommunismus!" Das machte die SS-Männer wahnsinnig vor Wut. Boger und Kaduk mißhandelten die bereits Hängenden. Sie gaben ihnen Ohrfeigen, versetzten ihnen Tritte und zogen sie an den Füßen nach unten.

Ein anderer Zeuge sagt:

Lederer: Ich habe die letzte Hinrichtung im Lager Auschwitz erlebt. Ernst Burger, Vesely, Friemel und zwei Polen wurden damals hingerichtet. Sie haben einen Fluchtversuch unternommen. Der Pole Raynoch hat Gift genommen und ist gestorben. Die Hinrichtung sollte bereits am 28. 12. durchgeführt werden, aber wie ich gehört habe, hat der Lagerführer Hössler das verhindert. Von Berlin soll aber dann der Befehl zur Durchführung der Exekution gekommen sein. Die Opfer wurden vom Block 11, nur mit Hemd und Hose bekleidet, zum Appellplatz geführt. Den ganzen Weg über haben sie antifaschistische Losungen gerufen. Sie wurden dabei ständig geschlagen, hörten aber nicht auf zu rufen. Die Häftlinge, die zum Appell angetreten waren und zuschauen mußten, haben nach der Hinrichtung „Mützen ab" gemacht.

Der Wiener Ernst Burger war Mitglied der Leitung der internationalen Widerstandsbewegung im Konzentrationslager Auschwitz.

Die SS in Auschwitz

Was für die Gefangenen den Tod — und wahrlich kein leichtes Ende — bedeutete, brachte den SS-Männern Zigaretten und Schnaps:

Hofmann: Sämtliche Diensttuende an der Rampe haben Sonderverpflegung erhalten. Wir haben uns sieben Führer bei diesem Dienst abgelöst. Wer von uns Dienst hatte, gab auch die Verpflegungsscheine mit seinem Namenszug aus. Wir bekamen diese Gutscheine von Aumeier. Ich nehme an, daß er sie von der Verwaltung bekommen hat.

Das ist für den Schutzhaftlagerführer Hofmann heute noch so selbstverständlich wie damals. In dieser Atmosphäre war alles möglich:

Leeuwarden: Ich arbeitete im Kommando Kasernenbau; wir mußten Loren aufladen. Einmal erlaubte sich ein SS-Mann folgenden Spaß mit uns: Wir mußten alle bei der Latrinengrube antreten. Er befahl uns, in diese hineinzuspringen und sagte: „Wer als Letzter hineinspringt, kriegt von mir eine Kugel." Wir sprangen alle in den Kot. Als ich einem alten Mann heraushelfen wollte, schlug der SS-Mann mit der Schaufel auf meine Hände. Den alten Mann hat er dann mit dem Schaufelstiel auf den Kopf geschlagen und ihn untergetaucht, bis er erstickt war. Wie dieser SS-Mann hieß, weiß ich nicht.

Wie viele Verbrechen können nicht mehr geahndet werden, weil die Namen der Täter unbekannt geblieben sind? Auch folgende Tat bleibt anonym:

Gönczi: Als ich in den ersten Tagen in Buna arbeiten mußte, hatte ich ein furchtbares Erlebnis.

Als unser Kommando ausmarschierte, um Planierungsarbeiten durchzuführen, hat ein SS-Mann die Mütze meines Vaters weggeworfen und ihm befohlen, die Mütze zu holen. Dabei hat er meinen Vater erschossen. Ich war damals 17 Jahre alt und dachte, mein Leben hat keinen Wert mehr. Ich stürzte mich auf den Mörder meines Vaters, weil ich nicht mehr weiterleben wollte. Ich wurde von diesem niedergeschlagen. Er sagte nur: „Dich erschieße ich nicht, du krepierst ja sowieso.“ Dann mußte ich meinen toten Vater auf dem Rücken ins Lager zurücktragen. Ich habe noch sein warmes Blut gespürt.

Die Atmosphäre von Auschwitz wirkte ansteckend. Ein Arzt aus dem Hygiene-Institut bezeugt:

Dr. Münch: Menschlich reagieren konnte man in Auschwitz nur in den ersten Stunden. Wenn man erst einmal eine Zeitlang dort war, war es unmöglich, noch normal zu reagieren. Infolge des Dienstplanes hatte dann jeder Dreck am Stecken. Er war gefangen und mußte mitmachen.

Die Menschen, die in Auschwitz so viel verbrochen haben, wurden nicht schon als Kinder zum Bösen erzogen:

Dr. Lingens: Ich kenne kaum einen SS-Mann, der nicht sagen könnte, er habe nicht einem das Leben gerettet. Es gab wenig Sadisten. Nicht mehr als fünf bis zehn Prozent waren Triebverbrecher im klinischen Sinn. Die anderen waren ganz normale Menschen, die durchaus wußten, was gut und böse ist. Sie haben alle gewußt, was da geschieht.

Ein anderer Zeuge berichtet:

Ruprecht: Ich kannte in Birkenau den Blockführer Weiss. Er hat gern getrunken. Als er einmal angetrunken war, hat er gesagt: „Mutter, wenn du wüßtest, daß dein Sohn ein Mörder geworden ist!“

Vorsitzender: Das haben Sie gehört?

Ruprecht: Ja, das habe ich selber gehört.

Die Bewachungsmannschaft bot ein buntes Bild. Neben der Stammmannschaft — den „alten Stacheldrahtkämpfern", wie sie sich selbst scherzweise nannten — kamen in wachsender Zahl Volksdeutsche nach Auschwitz. In der letzten Phase sah man dort nicht nur die SS-Uniform:

Nebbe: Im April 1944 wurde ich Hauptfeldwebel der Wehrmachtsleitstelle in Auschwitz.

Ersatzrichter Hummerich: Wer gehörte zu dieser Wehrmachtsleitstelle?

Nebbe: Vielleicht 1200 bis 1500 Wehrmachtsangehörige wurden zu ihr überstellt. Die wurden untersucht und daraufhin entweder an die Front oder zum Dienst im KZ Auschwitz abkommandiert. War letzteres der Fall, dann wurden sie zur SS überstellt. Untersturmführer Lange war mein Vorgesetzter.

Was alles möglich war, schildert Broad in seinem mehrmals zitierten Bericht:

Nach Erschießungen im Krematorium oder im Block 11 konnte man häufig beobachten, daß selbst den Toten keine Ruhe gelassen wurde. Ein SS-Arzt, meist SS-Hauptsturmführer Kitt oder SS-Obersturmführer Dr. Weber, stürzte sich auf die noch warmen Leichen und schnitt ihnen aus den Schenkeln und dem Gesäß Fleisch für die bakteriologischen Kulturen des Hygieneinstitutes. Dieses Institut, das vom Lager abgesetzt an der Straße nach Rajsko lag, wurde von SS-Obersturmführer Dr. Weber geleitet. Weber war vor allem Bakteriologe. Im allgemeinen war von diesem Institut nur bekannt, daß dort Häftlinge, zum größten Teil Experten auf dem Gebiet der Chemie und der Bakteriologie, in mehreren Laboratorien tätig waren.

Auch Häftlinge berichten darüber:

Kasner: Mehrmals wurde ich zum Leichentragen eingeteilt, als ich im Stammlager noch Hilfspfleger war. Ich hatte nie vorher eine Leiche angefaßt. Einmal wurden wir in den Hof von Block 11 geführt, wo auf der linken Seite vielleicht 300 Leichen lagen. Wir bekamen Handschlingen, mit denen wir die Leichen zum Wagen ziehen mußten. Ich mußte auf den Wagen steigen. Ich kann gar nicht beschreiben, wie furchtbar es ist, auf Leichen herumtreten zu müssen, um diese ordnen zu können. Es war damals Lagersperre befohlen. Wir mußten mit dem Wagen zum kleinen Krematorium fahren und dort die Leichen abladen. Zwei Mann mußten auf den Wagen hinauf, andere haben den Boden mit Wasser bespritzt, und wir haben die Toten über den Boden zu den Öfen ziehen müssen.

Am schlimmsten war, als man uns einmal rief, im Hof von Block 11 Leichen aufzuladen. Ich werde nie vergessen, was ich dort gesehen habe. Es lagen vielleicht 60 Frauen dort. Es waren keine abgezehrten, sondern normal ernährte Frauen. Ihre Brüste waren abgeschnitten, bei sämtlichen Weichteilen, hinten und am Schenkel, waren mit großen Schnitten Stücke von Fleisch herausgeschnitten. Die Kanalisation war völlig verstopft, und wir wateten bis über die Knöchel im Blut. Wir sahen nachher wie Fleischhauer aus. An diesem Tag war ich wirklich vollkommen fertig und konnte nicht essen.

Staatsanwalt Vogel: Ist Ihnen bekannt, daß mit diesem Fleisch Experimente durchgeführt wurden?

Kasner: Ich habe einmal gehört, daß das Fleisch nach Rajsko ins Laboratorium geführt worden sei.

Ein Zeuge weiß auch, wozu das Menschenfleisch gebraucht wurde:

Gönczi: Ich arbeitete im Kommando Hygiene-Institut in Rajsko. Ich war in einem kleinen Labor bei der Nährbodenküche beschäftigt. Der SS-Mann Fugger brachte uns jede Woche aus Krakau Fleisch — Rind- oder Pferdefleisch —, aus dem wir eine Brühe für die Nährböden kochen mußten. Das Fleisch selbst haben wir nachher aufgegessen, das hat uns sehr geholfen. Eines Tages brachte der SS-Mann Zabl einen großen Topf mit Fleisch, er konnte vielleicht 15 Kilo gefaßt haben. Die Fleischstücke kamen mir merkwürdig vor; es waren auch mehrere Stücke Leber dabei.

Ich ging mit einem dieser Fleischstücke zu meinem Mithäftling, Professor Tomaschek aus Brünn, und sagte ihm, ich habe den Verdacht, es handle sich hier um keine Pferdefleischstücke, sondern um Menschenfleisch. Tomaschek antwortete mir: „Nein, solche Mörder sind das nicht, das ist unmöglich". Ich nahm das Fleisch, zerschnitt es und legte es in Reagenzgläser. Dabei fand ich ein Stückchen Haut, es war vielleicht zwei Quadratzentimeter groß. Es handelte sich offensichtlich um Menschenhaut. Wir mußten also Menschenfleisch kochen.

Ein halbes Jahr haben wir in unserem Labor Menschenfleisch gekocht. Es wurde uns in großen Töpfen gebracht. Auf diese Weise hat die SS das Fleisch aus Krakau selber essen können. Dr. Münch, der Untersturmführer im Hygiene-Institut war, könnte Näheres darüber erzählen.

Ganz eigenartige Situationen entstanden durch Einwirken des Kriegsgeschehens:

Holuj: Am 13. September 1944 haben englische oder amerikanische Flugzeuge die Bekleidungswerkstätte bombardiert. Etwa hundert Menschen wurden dabei getötet, Häftlinge und SS-Männer, und etwa ebenso viele wurden verwundet. Freiwillige aus dem Krankenbau eilten mit Tragbahren hinaus, ich war auch dabei. Wir haben Verwundete in den Krankenbau gebracht, auch SS-Leute. Es wurden Verbände angelegt und chirurgische Eingriffe vorgenommen. Am nächsten Tag schickte die Lagerleitung den verwundeten Häftlingen Alpenveilchen und Schokolade aus Rote-Kreuz-Paketen. Wir sahen darin eine gewisse Anerkennung, weil wir auch den SS-Männern geholfen hatten. Später wurden alle schwerverletzten Häftlinge vergast.

Ein anderer polnischer Zeuge bestätigt diesen Bericht:

Kowalczyk: Im September 1944 wurden durch einen Bombenangriff viele Häftlinge und SS-Angehörige verwundet. Einige SSler kamen zu uns in den Operationssaal, sie wurden verbunden, und es wurden auch Amputationen vorgenommen. Nach der Operation haben sie uns die Hände geküßt, sie waren überrascht, daß wir sie mit solcher Sorgfalt behandelt haben.

Vorsitzender: Wurden die Häftlinge dafür belohnt?

Kowalczyk: Ich habe damals mitgeholfen, wurde aber nicht belohnt. Die Häftlinge, die beim Angriff auch verletzt wurden, bekamen eine Tafel Schokolade. Die Schokolade wurde von Offizieren überbracht, die dabei eine Ansprache hielten und hervorhoben, wie barbarisch sich die Engländer selbst Häftlingen gegenüber verhalten hätten. Nach einer Weile wurden dann die verwundeten Häftlinge mit Wagen zu den Gaskammern geführt. Es wurde erzählt, daß das auf Befehl der Kommandantur geschah.

Damals war Höcker Adjutant des Kommandanten. Der Angeklagte wird wegen dieses Ereignisses nicht befragt.

Je mehr Judentransporte nach Auschwitz kamen, desto größer wurde dort die Korruption:

Krafft: Aus dem Gepäck der ankommenden Juden gab es sehr viele Dinge in Birkenau. Wir haben damit die Aufseherinnen zu kaufen versucht. Einmal hat eine Aufseherin einen Persianermantel haben wollen. Wir haben einen für sie auf die Seite getragen. Das war sehr gefährlich. Aus taktischen Gründen haben wir ihr nicht sofort den Mantel gegeben. Nachdem wir sie eine Zeitlang hingehalten hatten, haben wir ihr gesagt: „Heute abend bringen wir den Mantel". Diese Aufseherin konnte dann uns Häftlinge nicht mehr so leicht schlagen.

Boger: Leider ist das mit den Aufseherinnen richtig. Ich habe zahlreiche Ermittlungen führen müssen. Viele Aufseherinnen haben sich von Häftlingen mit schwarzem Winkel nicht wesentlich unterschieden.

Vertreter der Nebenklage Dr. Kaul: Ich bitte, die ehemaligen Häftlinge vor diesen Beleidigungen des Angeklagten Boger in Schutz zu nehmen.

Auch auf diesem Gebiet war buchstäblich alles möglich:

Spicker: Ich arbeitete in der Lager-Druckerei. Ich erinnere mich, daß ich einmal vom Blockschreiber des Blockes 11 gerufen wurde. Ein Unterscharführer hat mir den Auftrag gegeben, mich als Fälscher zu betätigen. Er befahl mir, Marketendermarken für Schnaps, Zigaretten und andere Dinge zu drucken. Ich habe diese Fälschungen angefertigt und bekam vom Unterscharführer dafür Margarine, Brot, Wurst und Zigaretten.

Vorsitzender: Wann haben Sie diese Bons gedruckt?

Spicker: Das muß 1943 vor Jahresende gewesen sein. Ich war damals noch in der alten Druckerei.

In Birkenau — im Schatten der Krematorien — entstand ein Zentrum der Korruption:

Van Velsen: Vom Standpunkt der SS aus war das Zigeunerlager gefährlich. Die Versuchung war wegen der Frauen und der Effekten groß. Es kam zu zahlreichen Schiebungen. Wir versuchten systematisch, SSler weichzumachen. Wir gaben ihnen Uhren, Ringe und Geld. Wenn sie genommen haben, dann waren sie nicht mehr so gefährlich. Schließlich waren sie demoralisiert bis zum Nullpunkt.

Es wurde so arg, daß von der Zentrale der SS eine Untersuchung eingeleitet werden mußte. Der ehemalige SS-Hauptsturmführer Doktor Morgen hat sie geführt und berichtet darüber dem Gericht:

Dr. Morgen: Die Untersuchung gegen SS-Leute des Konzentrationslagers Auschwitz wurde durch ein Feldpostpäckchen ausgelöst. Es wurde wegen seines auffallend großen Gewichtes beschlagnahmt und enthielt drei Goldklumpen, einen in der Größe von zwei Fäusten und zwei kleinere. Es handelte sich um hochkarätiges Zahngold, welches ein Sanitätsdienstgrad, der in Auschwitz seinen Dienst versah, an seine Frau schickte. Auf Grund meiner Schätzungen entsprach diese Goldmenge etwa 100.000 Leichen, wenn man berücksichtigt, daß nicht alle Menschen Goldplomben tragen. Das Unfaßbare war, daß der Täter solche Mengen unbemerkt beiseiteschaffen konnte. Mir war klar: Ich mußte mir Auschwitz ansehen.

Ich meldete mich bei dem Kommandanten Höß und eröffnete ihm, daß ich eine Untersuchung zu führen habe. Er war sehr wortkarg und hat lediglich gesagt, daß viele seiner SS-Leute der schweren Aufgabe charakterlich nicht gewachsen seien.

Ein SS-Offizier *(später gibt sich der Angeklagte Hofmann als dieser zu erkennen)* führte mich durchs ganze Lager und erklärte mir auch die Todesmaschinerie in allen Einzelheiten. Die Krematorien fielen nicht weiter auf, der Boden war schräg vertieft, und ein Außenstehender konnte nur feststellen, daß die Wagen in einer Bodensenke verschwanden. Ein großes Tor führte zu den sogenannten Auskleideräumen. Dort gab es numerierte Plätze und auch Garderobemarken. Pfeile an der Wand zeigten zu den Duschräumen. Die Beschriftung war in sechs oder sieben Sprachen angebracht. In dem riesigen Krematorium war alles spiegelblank. Nichts hat darauf hingedeutet, daß dort noch eine Nacht zuvor tausende Menschen vergast und verbrannt worden waren. Nichts ist von ihnen übriggeblieben, nicht einmal ein Stäubchen auf den Ofenarmaturen.

Ich wollte die SS-Leute kennenlernen und begab mich in die SS-Wachstube Birkenau. Dort habe ich das erste Mal einen wirklichen Schock erlitten. Während im allgemeinen Wachstuben spartanisch einfach waren, lagen hier SS-Männer auf Couchen und dösten mit glasigen Augen vor sich hin. Statt eines Schreibtisches stand ein Hotelherd im Raum, und vier bis fünf junge Jüdinnen von orientalischer Schönheit backten Kartoffelpuffer und fütterten die SS-Männer, die sich wie Paschas bedienen ließen. Die SS-Leute und die weiblichen Häftlinge duzten einander.

Auf meinen entsetzt fragenden Blick zuckte mein Begleiter nur die Achseln und sagte: „Die Männer haben eine schwere Nacht hinter sich, sie hatten mehrere Transporte abzufertigen."

Bei einer anschließenden Spindkontrolle ergab sich, daß in einzelnen Spinden ein Vermögen an Gold, Perlen, Ringen und Devisen in sämtlichen Währungen gehortet war. In ein oder zwei Spinden befanden sich Geschlechtsteile frischgeschlachteter Bullen, die zur Erhöhung der eigenen sexuellen Potenz dienen sollten.

So etwas habe ich noch nie gesehen.

Vorsitzender: Warum haben Sie nicht sofort die Verantwortlichen verhaftet?

Dr. Morgen: Ich war auf einen Antrag des Staatsanwaltes angewiesen. Ich habe ja Hitler, Himmler oder den Lagerkommandanten nicht anklagen können, da die Massenmorde von Hitler befohlen waren. Hitler bewegte sich in einem rechtsfreien Raum. So war ich entschlossen, in die Schweiz zu fliehen und dort alles zu offenbaren. Ich hatte Blanco-Marschbefehle und fuhr über Österreich nach Konstanz. Vor dem Grenzübertritt habe ich mir nochmals alles überlegt, und mir wurde klar, daß mein Bericht so unfaßbar war, daß er nicht geglaubt werden konnte. Wenn man mir aber geglaubt hätte, so würde ich die gegnerische Kriegspropaganda unterstützt haben, und die Siegermächte könnten das ganze deutsche Volk auf Grund dieser Vorkommnisse vernichten. Ich dachte an meine Eltern, die ein solches Los nicht verdienten, an meine Kameraden im SS-Regiment Germania — jugendliche Idealisten aus Skandinavien, die ein solches Ende nicht verdient hätten. Also fuhr ich nach Berlin zurück.

Staatsanwalt Kügler: Was geschah mit dem SS-Mann, der die Goldklumpen in die Heimat geschickt hat?

Dr. Morgen: Er wurde zu zwölf Jahren Zuchthaus verurteilt.

Dr. Morgen ist gegenwärtig als Rechtsanwalt und Notar in Frankfurt tätig. Ihm war Dr. Wiebeck — jetzt ebenfalls Rechtsanwalt — unterstellt:

Dr. Wiebeck: Im Laufe der Untersuchungen wurde ich von dem SS-Mann Gehri darauf hingewiesen, daß der Kommandant Höß ein Liebesverhältnis mit einem weiblichen Häftling habe. Das war ein Anhaltspunkt für eine große Untersuchung. Ich fuhr nach Auschwitz und fand den weiblichen Häftling Hodys in einer Baracke. Ich ließ sie holen. Sie wurde auf eine Bahre gelegt, ich glaube, sie hatte Knochen-Tbc. Ich ließ Hodys in einem Einzelraum unterbringen und meldete den Fall dem damaligen Kommandanten Baer, der in einem sehr scharfen Ton sagte: „Durch den Schornstein mit ihr!"

Vorsitzender: Was wurde damals aufgeklärt?

Dr. Wiebeck: Es wurde klargestellt, daß Höß den weiblichen Häftling umbringen wollte.

Vorsitzender: Sie sollte im Stehbunker verhungern. Wurde Höß deswegen angeklagt?

Dr. Wiebeck: Es wurde keine Untersuchung eingeleitet.
Vorsitzender: Kennen Sie das weitere Schicksal der Frau Hodys?
Dr. Wiebeck: Sie hat im Jahr 1947 noch in Leipzig gelebt. Sie gab sich als Italienerin aus. Sie kam 1942 von Ravensbrück nach Auschwitz.

Wenn sich der Kommandant so verhält, wie soll die Moral der Truppe sein? Broad schildert sie in seinem Bericht:

Nachts sah man meilenweit den über Auschwitz rot gefärbten Himmel. Ohne die riesigen Scheiterhaufen wäre es ja undenkbar gewesen, die Unzahl von Toten, die im Lager verstorben waren, und die Leichen aus den Gaskammern zu beseitigen.

Der Schornstein des Auschwitzer Krematoriums hatte durch Überhitzung gefährliche Risse bekommen. Obwohl man geschwätzige Posten drakonisch bestrafte und ihnen die Schuld daran zuschrieb, daß der Schleier des Geheimnisses nicht mehr dicht war, konnte man doch nicht verhindern, daß der eindeutige, süßliche Geruch und der nächtliche Flammenschein die Kunde von den Vorgängen in dem Todeslager Auschwitz zumindest der näheren Umgebung zutrug. Eisenbahner erzählten der Zivilbevölkerung, daß täglich Tausende nach Auschwitz transportiert würden, das Lager doch nicht dementsprechend vergrößert werde. Die Transportbegleiter der Polizei bestätigten diese Berichte. Der Erfolg war, daß ein Gauredner in der Stadt Auschwitz vor einem zum größten Teil renitenten Publikum die Segel streichen mußte. Im Lager selbst empfanden viele SS-Leute die Empörung der deutschen Presse über Katyn und die Gegenüberstellung mit der eigenen Ethik, Moral und sittlich hochstehenden Art der Kriegführung als eine ausgesprochene Belustigung, über die man ehrlich amüsiert lachte. Die Wachtruppe hatte einen zu tiefen Einblick in die Vergasungsaktionen erhalten, von denen ja eigentlich nur das Sonderkommando hätte wissen dürfen. Der Leiter der Abteilung VI, SS-Oberscharführer Knittel, der für Truppenbetreuung und weltanschauliche Erziehung verantwortlich war und wegen seiner theatralischen Art von der

Wachmannschaft als Truppenheiland bezeichnet wurde, mußte in Vorträgen mit aller Kraft gegen eine um sich greifende üble Stimmung anrennen.

Kurt Knittel ist Regierungsschulrat in Karlsruhe.
Es gab auch andere Menschen unter der SS:

Vertreter der Nebenklage Ormond: Sie waren drei Jahre in Auschwitz und haben es nur bis zum SS-Sturmmann gebracht?
Huley: Ich hätte es zum Blockführer bringen können, wenn ich Veranlagung dazu gehabt hätte. Man konnte sich so verhalten, daß man nicht Blockführer geworden ist.

Die ehemalige Häftlingsärztin Dr. Lingens schildert eine andere Ausnahme:

Dr. Lingens: Eine einzige Insel des Friedens habe ich im Konzentrationslager Auschwitz kennengelernt — es war das Arbeitslager Babice. Es war einem einzigen Mann zu verdanken, dem Oberscharführer Flagge. Wie er das gemacht hat, weiß ich nicht. Es war bei ihm sauber, und das Essen war entsprechend. Die Frauen haben ihn „Vati" genannt, er hat sogar Eier von draußen besorgt. Später, als er nach Birkenau kam, da haben in seinem Abschnitt alle Kameraden gesagt, der Flagge ist da, es ist alles gut. Ich weiß nicht, was aus ihm geworden ist. Einmal habe ich mit ihm gesprochen: „Wissen Sie, Herr SDG, es ist alles so furchtbar, alles so sinnlos, was wir tun. Denn wenn dieser Krieg zu Ende geht, wird man uns doch alle umbringen. Man läßt doch keine Zeugen überleben." Und da hat Flagge geantwortet: „Ich hoffe, es werden genügend unter uns sein, die das verhindern werden."
Vorsitzender: Sie wollen damit sagen, daß jeder durchaus für sich selbst entscheiden konnte, ob er in Auschwitz gut oder böse war?
Dr. Lingens: Genau das wollte ich sagen.

Mancher zerbrach bei dem mörderischen Dienst:

Pilecki: Die Blockführer des Bunkerblockes 11 waren bei Vergasungen dabei. In der Zeit, als jüdische Kinder vergast wurden, kam einmal der SS-Unterscharführer Nebbert — ich glaube, er hieß so — sehr aufgeregt von der Vergasungsaktion zurück, trank Schnaps und fing dann an zu sprechen. Er war so aufgeregt, weil sein Freund draußen mitvergast wurde. Der ist anscheinend irrsinnig geworden und hat irgendwelche Dinge gesagt.

Bei einer anderen Gelegenheit erzählte Nebbert, daß man in der Zugangsquarantäne holländischen Juden Blut abnimmt, das für verwundete deutsche Soldaten verwendet werden soll. Er konnte nicht begreifen, daß man so etwas mache, wegen der Reinheit der Rasse.

Broad schildert in seinem Bericht eine Episode, die zeigt, daß sich die Grenzen zwischen Wächtern und Bewachten verwischen konnten:

In Auschwitz war auch eine Kompanie Ukrainer zum Wachdienst eingesetzt. Diese waren besonders empfänglich für die Ansicht, daß die Wachtruppe eines Tages liquidiert werden würde, zumindest sie als Ausländer. Zum ersten Mal traten Symptome dieser Einstellung klar zutage, als die Ukrainer in die Truppensauna zur Entlausung gehen sollten. Sie weigerten sich und betraten die Sauna erst, nachdem ein reichsdeutscher SS-Unterscharführer vorgegangen war. Das Mißtrauen und die feindselige Gesinnung gegen die Deutschen geriet in Kreisen der ukrainischen Wachkompanie immer mehr in Gärung. Eines Nachts war die Katastrophe da. Etwa 20 Ukrainer waren mit Gewehren, Maschinenpistolen und Munition bewaffnet entflohen. Die verfügbare Truppe wurde mobilisiert und hinterhergejagt. Die Ukrainer verbarrikadierten sich, als sie von der SS erreicht wurden, in einem Steinbruch und lagen in günstigen Stellungen. Der Feuerkampf dauerte einen Tag und endete damit, daß die SS zwei und die Ukrainer sieben Tote hatten. Sechs Ukrainer hatten den Selbstmord einer Gefangennahme vorgezogen. Einer wurde leicht verwundet ergriffen, der Rest entkam. Da man sich aber in Auschwitz auch nach der Hinrichtung des Wiederergriffenen und der drei angeblichen Mitwisser vor erneuten Komplotten nicht sicher fühlte, wurden alle ukrainischen Wachleute in das KZ Buchenwald versetzt.

Noch einmal kommt die Rede auf diese eigenartige Kompanie:

Vertreter der Nebenklage Raabe: Ist Ihnen bekannt, daß Ukrainer auch bei der SS-Truppe in Auschwitz Dienst versehen haben?

Dr. Wintowiak: Es ist mir nicht bekannt.

Raabe: Der Angeklagte Broad hat in seinem hier verlesenen Bericht von einer ukrainischen Truppe geschrieben. Vielleicht kann er dazu etwas sagen?

Broad: Wahrscheinlich meinen Sie das sogenannte Kommando Zeppelin. Aber das waren keine Ukrainer, das waren Kaukasier. Sie gehörten nicht zur Wache des KZ, sondern genossen eine besondere Ausbildung.

Dr. Wintowiak: Ja, an das Kommando kann ich mich erinnern. Diese Russen erhielten Fallschirmausbildung. Eine Truppe von Kaukasiern war in Babice und hat dort geübt. Die Leute haben russische Lieder gesungen, daran haben wir erkannt, woher sie sind.

Baretzki: Das Kommando Zeppelin, das war eine Kompanie, die in Birkenau gelegen ist in russischen Uniformen. Sie ist im Herbst 1943 dorthin gekommen. Kompaniechef war ein Lange aus Bremen. Im Frühling 1944 ist die ganze Kompanie in die Beskiden verschwunden. Die SS hat die Flüchtigen gestellt. Es gab damals drei bis vier Tote bei der SS, und die Kompanie wurde aufgerieben. Als die Kompanie noch ihren Dienst in Birkenau versehen hat, haben die Männer auch — gemischt mit anderen SSlern — Begleitung und Bewachung von Häftlingskommandos durchgeführt.

Boger: Es ist eine ukrainische Kompanie von auswärts gekommen. Ihr Führer war Lange. Aber diese Kompanie hatte nichts mit Häftlingen zu tun, sie war nicht das sogenannte Zeppelinkommando.

Eine gebrechliche Frau bringt zu ihrer Vernehmung ein Photoalbum mit:

Zelmanovic: Ich wurde 1945 im Lager Nordhausen-Dora befreit. Ich war so schwach, daß ich von den Amerikanern in einer Kaserne untergebracht wurde, in der früher Nazi gewohnt hatten. Es war mir sehr kalt, ich öffnete den Nachtkasten, suchte nach warmer Kleidung. Ich fand eine Pyjamajacke und ein Album. In dem Album sah ich das Bild eines Rabbiners aus meiner Heimatstadt. Ich blätterte weiter und fand auch Bilder von meinen Verwandten und schließlich eines von mir selbst. Dieses Album ist der einzige Besitz, der mir aus der Zeit vor Auschwitz übriggeblieben ist.

Vorsitzender (liest aus dem Album folgende Widmung auf der Titelseite vor): „Andenken von Deinem liebenden, unvergeßlicher und treubleibender Heinz."

Mit dieser sinnigen, auch stilistisch bezeichnenden Widmung sind Bilder von Selektionen und Vergasungen zusammengestellt — ein historisches Dokument in mehrfachem Sinn.

Die Kommandantur

Richter Hummerich, der dem Prozeß zwar nur als Ergänzungsrichter folgt, um einspringen zu können, wenn einer der drei Richter ausfallen sollte, drängt wiederholt darauf, den organisatorischen Aufbau des SS-Apparates klarzulegen:

Ersatzrichter Hummerich: Wie war der Apparat in Auschwitz aufgebaut? Unterstanden alle Tötungsaktionen der Politischen Abteilung?

Boger: In einem Fall war die Kommandantur direkt dem Reichssicherheitshauptamt unterstellt. Sonst unterstand die Kommandantur dem SS-Wirtschafts- und Verwaltungshauptamt. Dieser eine Fall, das waren die Judentransporte.

Hummerich: Wer hatte über die Juden zu verfügen, die von diesen Transporten als arbeitsfähig ausgesucht wurden?

Boger: Diese wurden zunächst der Kommandantur unterstellt. Aber es war verwaltungsmäßig ein Unterschied zwischen diesen RSHA-Juden und anderen Häftlingen. Sie wurden auch nicht fotografiert und erkennungsdienstlich verarbeitet.

Hummerich: Es war also gar nicht daran gedacht, daß sie überleben könnten?

Boger: Das glaube ich auch.

Hummerich: Und wie war es mit dem Standesamt?

Boger: Das Standesamt unterstand der Kommandantur, das war eine reine Kommandantursache.

Hummerich: Wie war es mit den Krematorien?

Boger: Die Verwaltung der Krematorien unterstand dem Leiter der Abteilung II, also der Politischen Abteilung, aber indirekt auch der Kommandantur. Die Tötungen dort, das war eine RSHA-Angelegenheit. Ich habe angenommen, daß die Kommandantur in Auschwitz eine gewisse Standrechtsbefugnis hat. So hat es mir Grabner im Zusammenhang mit den Bunkerentleerungen gesagt.

Hummerich: Aber Sie sind doch polizeilich ausgebildet und wissen, daß ein Standrecht nur dort verhängt werden kann, wo die Sicherheit unmittelbar gefährdet ist?

Boger: Eine solche Gefahr war zweifellos im Lager gegeben. Es gab dort eine Widerstandsbewegung, ich erinnere nur an den Aufstand im Krematorium.

Boger „vergißt", daß dieser Aufstand am 7. Oktober 1944 versucht wurde, die Tötungen durch die Politische Abteilung aber schon Jahre vorher regelmäßig stattfanden.

Welche Rolle fiel dem Kommandanten bei Selektionen der Ankommenden zu? Aus einem Protokoll des bereits 1947 hingerichteten Lagerarztes Dr. Friedrich Entreß wird dazu verlesen:

Dr. Entreß: Wenn ein Transport ankam und an der Rampe selektiert wurde, so geschah das in Anwesenheit des Kommandanten und anderer. Die Häftlinge wurden dabei oft nach ihrem Beruf gefragt, und manche Berufe, die für den Arbeitseinsatz interessant waren, wurden herausgezogen. Ich hatte den Eindruck, daß manche Transporte, die aus dem Osten kamen, wußten, was ihnen widerfährt.

Immer wieder wird gefragt, wer die Weisung gab, wie viele Menschen aus einem Transport für das Lager und wie viele für die Gaskammern auszusuchen waren:

Staatsanwalt Kügler: Angeklagter Dr. Frank, haben Sie in Erinnerung, welche Richtlinien die Ärzte bekamen, wenn sie die Zugangstransporte an der Rampe zu selektieren hatten?

Dr. Frank: Es wurden keine Richtlinien erteilt. Die Prozentsätze der Selektierten hing davon ab, ob mehr alte oder mehr junge Leute im Transport waren.

Kügler: Bis zu welcher Altersgrenze wurde selektiert?

Dr. Frank: Es wurden die Arbeitsfähigen herausgesucht. Das war dem Selekteur überlassen.

Nicht nur Dr. Frank, auch keiner der anderen Angeklagten sagt dazu etwas Konkretes. Diese Frage bleibt offen.
Boger wurde gegen Ende des Verfahrens gesprächiger, wenn ihm seine alten Protokolle vorgehalten wurden:

Staatsanwalt Kügler: Angeklagter Boger, Sie wurden im Jahr 1945 von Amerikanern vernommen und haben damals zu Protokoll gegeben, daß immer ein Führer zur Stelle war, wenn in Auschwitz ein Transport ankam. Was für ein Führer war da zur Stelle?
Boger: Der diensthabende Führer. Es gab für die Führer genauso Diensteinteilung wie für die SS-Ärzte. Sämtliche Führer der Abteilung 3 — Lagerführer und Arbeitsdienst — waren dazu eingeteilt.
Kügler: Ging das über den Adjutanten?
Boger: Wenn nicht direkt, so hatte der Adjutant bestimmt indirekt bei den Transporten die Einteilung zu treffen. Das war ja eine eingespielte Sache, der Adjutant hatte sich nicht mit jedem Transport selbst zu befassen.
Kügler: Sind Sie der Meinung, daß die Kommandantur nichts mit der Abwicklung des Rampendienstes zu tun hatte?
Boger: Das kann man nicht ausschließen, aber ich habe zu wenig Einblick gehabt, um konkrete Angaben machen zu können.
Kügler: Der Bereich der Krematorien stand doch unter dem Schutz eines besonderen Kommandos. Hieß das nicht Sonderkommando?
Boger: Ja, die Krematorien hatten eine besondere Bewachung.
Kügler: Unterstand diese Gruppe der Kommandantur?
Boger: Wenn ich das damals so in meinem Protokoll festgehalten habe, dann dürfte es wohl richtig sein.
Kügler: Sie sprachen damals von einem SS-Sonderkommando, das unmittelbar dem Kommandanten unterstand.
Boger: Ja, in diesem Kommando gab es keinen Führer. Moll war der Chef, der war aber kein Führer.
Kügler: Unterstand Moll direkt der Kommandantur?
Boger: Die Kommandantur hatte ohne Zweifel die erste Hand darauf.
Hofmann: Ich kam im Dezember 1942 nach Auschwitz. Damals wurde ich von Aumeier in den Rampendienst eingewiesen.

Einen Dienstplan der Abteilung 3 für den Rampendienst habe ich nie gesehen. Wir waren sieben Führer und haben uns dabei abgelöst. Wenn Transporte kamen, waren Aumeier oder Schwarz dort anwesend, oder auch Sell war dort, wir anderen lösten uns ab.

Vorsitzender: War niemand von der Kommandantur dort? Wer war für die Ablösung und Einteilung verantwortlich?

Hofmann: Was soll ich sagen, wer da verantwortlich und wer zuständig war? Immer waren genug Leute da. Das Kommando hatte Aumeier, Schwarz oder Grabner. Leider sind diese drei tot.

Immer wieder werden von den Angeklagten Tote genannt, falls sie überhaupt Namen nennen.

Wesentlich exakter als die Angeklagten schildern Dokumente den Sachverhalt. Ein Schriftwechsel zwischen der Zentrale in Oranienburg und der Kommandantur in Auschwitz ist deutlich genug:

Aus einem Fernschreiben des Wirtschaftsverwaltungshauptamtes Oranienburg an die Kommandantur Auschwitz vom 26. 1. 1943: 5000 Juden aus dem Ghetto Theresienstadt sind in das KL Auschwitz überstellt worden. Diese Juden sind sorgfältig zu erfassen und altersmäßig zusammenzustellen, sie sollen in den Buna-Werken zur Arbeit eingesetzt werden.

Schreiben der Kommandantur Auschwitz. Betreff: FS des WVHA vom 26. 1. 1943, Überstellungen aus Theresienstadt.

Es wurden 5022 Juden aus Theresienstadt hierher überstellt und zwar:

21. 1. 1943 — 2000
24. 1. 1943 — 2029
27. 1. 1943 — 993

Zum Arbeitseinsatz davon kamen aus dem:

1. Transport: 254 männliche und 164 weibliche Häftlinge.
2. Transport: 147 männliche und 80 weibliche Häftlinge.
3. Transport: 212 männliche und 72 weibliche Häftlinge.

Gesondert untergebracht wurden aus dem:

1. Transport: 602 Männer und 980 Frauen.
2. Transport: 624 Männer und 1178 Frauen.
3. Transport: 197 Männer und 512 Frauen.

Die gesonderte Unterbringung erfolgte bei den Männern wegen zu großer Gebrechlichkeit, bei den Frauen, weil es sich zum großen Teil um Kinder handelte. Sämtliche, die als Häftlinge ins Lager eingewiesen wurden, sind nach einer Quarantäne der Bauleitung zur Arbeit zur Verfügung gestellt worden. Das Alter der Männer beträgt 18 bis 40 Jahre, das der Frauen 18 bis 35.

„Gesondert untergebracht" war eine der Tarnbezeichnungen für Vergasung. Alles war genau geregelt:

Nieciuński: Ich habe eine Zeitlang auf der Poststelle in Auschwitz gearbeitet. Wir sind fast täglich zur Post in die Stadt Auschwitz gefahren. So konnten wir Verbindungen aufnehmen. Auf der Post arbeitete ein Deutscher aus Schlesien, der aus der Wehrmacht entlassen worden war, weil ihm ein Arm fehlte. Mit ihm hatten wir Kontakt.

Damals mußte ich auch oft ins kleine Krematorium gehen. Wenn nämlich im Lager ein Reichsdeutscher starb, bekamen seine Angehörigen ein Paket mit Asche. Wir mußten dazu Asche aus dem kleinen Krematorium holen, machten ein Päckchen und brachten es auf die Post. Ich war drei oder vier Monate lang in dem Kommando. Während dieser Zeit haben wir vielleicht 60 oder 70 solche Holzkästchen zur Post in der Stadt Auschwitz gebracht.

Muß hinzugefügt werden, daß die Asche willkürlich zusammengekratzt wurde? Zwei Adjutanten der Kommandanten befinden sich unter den Angeklagten. Beide wollen nichts mit den Tötungsaktionen zu tun gehabt haben. Darum wird immer wieder nach dem Aufgabenbereich eines Adjutanten in Auschwitz gefragt:

Hofmann: Laut Dienstvorschrift war der erste Schutzhaftlagerführer Stellvertreter des Kommandanten. Als Liebehenschel als Kommandant nach Auschwitz kam, wurde ich erster Schutzhaftlagerführer, aber der Adjutant Zoller war der Stellvertreter von Liebehenschel. Das war ein Ausnahmefall, denn Zoller war Hauptsturmführer und ich nur Obersturmführer. Ich kam dann am gleichen Tag von Auschwitz weg wie Liebehenschel.

Der Angeklagte Hofmann läßt nichts über seine Mitangeklagten kommen. Die Wachkompanie war von den Vorbereitungen bei der Ankunft eines Transportes mit erfaßt, das bestätigt ein anderer Angeklagter, wenn auch indirekt:

Stark: Jeden Donnerstag kam ein Schubwagen aus Kattowitz. Dann hatte ich zwei oder drei Leute von der Wachkompanie zur Verfügung. Ich hatte lediglich die Papiere in Empfang zu nehmen und die Leute zu zählen.

Wer trug die Verantwortung für die zahlreichen „Erschießungen auf der Flucht"?

Vorsitzender: Welche Instruktionen hatten Sie, wenn ein Häftling zu flüchten versuchte?
Messmer: Wir mußten dreimal „Halt" rufen und in die Luft schießen, dann erst durften wir auf den Häftling schießen.
Baretzki: Das mit den dreimal „Halt" rufen und in die Luft schießen, das hat es nicht gegeben. Ein Häftling durfte doch gar nicht an den Draht herankommen, der war aber doch nur paar Schritte entfernt.
Vorsitzender: Von wem erhielten Sie Instruktionen?
Baretzki: Die wurden bei der Kompaniebelehrung gegeben. Auch der Kompaniechef hat sie erteilt.
Vorsitzender: Wurde da nicht gesagt, daß Sie dreimal zu rufen hätten, bevor Sie von der Schußwaffe Gebrauch machen?
Baretzki: Das ist nie gesagt worden. Außerhalb des KZ mußte man anrufen, das habe ich gelernt. Aber in Auschwitz war das anders. Wer da über die Postenkette geht, wer in die Sperrzone geht, wer aus der Reihe geht — dann wird sofort geschossen. Wir hatten das Gewehr immer im Anschlag zu tragen.

Wenn sich alle so erinnern würden wie der Angeklagte Baretzki, hätte es das Gericht wesentlich leichter.
Der Spieß der Sanitätsabteilung, der nur als Zeuge vor diesem Gericht erscheint, erinnert sich so:

Staatsanwalt Kügler: Hatte der Adjutant des Kommandanten mit den Vergasungsaktionen an der Rampe zu tun?
Wilhelmy: Er muß damit zu tun gehabt haben, es ging ja alles über die Kommandantur. Wenn jemand davon wußte, dann war es der Adjutant.

Der Spieß der Kommandantur — ebenfalls Zeuge in diesem Verfahren — spricht exakter. Ihm droht ja die Gefahr, selbst in den Verdacht höherer Verantwortung zu kommen:

Nebbe: Wenn Transporte ankamen, wurde die Politische Abteilung davon in Kenntnis gesetzt, daraufhin das Schutzhaftlager und das Wachbataillon verständigt. So ist die Lage. Das Bataillon wurde von der Kommandantur benachrichtigt. Der Kommandant oder sein Adjutant muß diese Nachricht gegeben haben; ich glaube aber nicht, daß sich der Kommandant selbst darum gekümmert hat. Fernschreiben wurden auf unserer Schreibstube abgegeben, Geheimschreiben wurden direkt zum Adjutanten gebracht. Der Adjutant muß sie quittiert haben. Mit Geheimschreiben ist er dann selbst zum Kommandanten gegangen. Fernschreiben über ankommende Transporte sind nach meiner Annahme zum Kommandanten oder seinem Adjutanten gekommen. Ich als Spieß der Kommandantur hatte mit dieser Sache nichts zu tun. Ich darf betonen, ich war nur für soldatische Angelegenheiten zuständig, für die anderen Dinge war der Kommandant oder sein Adjutant zuständig.
Ersatzrichter Hummerich: Welcher Führer war für Verschlußsachen zuständig?
Nebbe: Der Adjutant. Ich durfte keine Geheimschreiben quittieren. Die Geheimkiste wurde beim Adjutanten geführt.
Hummerich: Wer erteilte Instruktionen über die Schweigepflicht?
Nebbe: Der Adjutant instruierte.

Der Zwillingsbruder des polnischen Zeugen, der die Asche zur Post zu bringen hatte, war Reiniger im Gebäude der Kommandantur:

Staatsanwalt Wiese: Haben Sie das Zimmer des Adjutanten im Kommandanturgebäude gereinigt?

Waclaw Niecuński: Nein, es waren dort andere Kameraden zur Reinigung eingeteilt. Aber im Winter 1943/44 mußte ich die Öfen, die in diesen Zimmern standen, untertags einigemale nachfüllen. Dabei bin ich manchmal auch ins Adjutantenzimmer gekommen, um Kohle nachzulegen. Ich erinnere mich, daß eines Tages, als ich dort nachlegte, ein SS-Mann ins Zimmer kam und dem Adjutanten die Ankunft eines Sondertransportes von tausend Personen meldete. Der Offizier schaute auf mich und gab dem SS-Mann zu erkennen, daß er seine Meldung unterbrechen soll. Dann befahl er mir, das Zimmer zu verlassen.

Wiese: Ist Ihnen der Name des Adjutanten in Erinnerung?

Waclaw Niecuński: Nein.

Dem Gedächtnis eines SS-Zeugen muß erst etwas nachgeholfen werden:

Vorsitzender: Haben Sie die Adjutanten Mulka und Höcker auf der Rampe gesehen?

Hykes: Ich kann das nicht behaupten.

Vorsitzender: Ihr Gedächtnis hat stark nachgelassen. Sie haben seinerzeit ausgesagt, daß Sie die Behauptung der Angeklagten Mulka und Höcker, sie hätten auf der Rampe nichts zu tun gehabt, als lächerlich betrachten.

Hykes: Ja, dazu stehe ich auch heute noch. Alle SS-Führer waren auf der Rampe. Sie haben persönlich dafür gesorgt, daß der Betrieb dort klappt, das kann ich mit gutem Gewissen behaupten, aber die Angeklagten selbst habe ich dort nicht gesehen.

Im Herbst 1943 wurde Auschwitz verwaltungsmäßig geteilt. Ab November gab es eine Kommandantur Auschwitz I — Stammlager, eine Kommandantur Auschwitz II — sie faßte den Lagerkomplex Birkenau zusammen, alle Außenlager wurden von der Kommandantur Auschwitz III geleitet, die ihren Sitz im größten dieser Lager, in Buna-Monowitz, hatte.

Für das Verfahren ist die Feststellung wichtig, ob die Kommandantur Auschwitz I nach wie vor die Leitung aller Lager und auch die Aufsicht über den Vernichtungsapparat hatte. Der Angeklagte Kaduk kann sich an die folgende Episode erinnern:

Kaduk: Im Jahr 1944 ist ein Fernschreiben von Berlin gekommen an den Kommandanten, und der hat daraufhin gesagt: „Was schickt uns denn der Eichmann da 350.000 Juden aus Ungarn?“ Er hat sich geweigert, sie zu nehmen, und hat gesagt: „Wo sollen wir denn hin damit?“

Vertreter der Nebenklage Raabe: Also hat sich der Kommandant Baer mit den ungarischen Juden befaßt?

Kaduk: Der Liebehenschel war froh, daß er weggehen konnte. Baer hat gesagt: „Ich werde sofort nach Berlin telephonieren, wohin soll ich denn damit?“ Nachher wurde gesagt, sie werden vergast.

Raabe: Angeklagter Höcker, Sie hören, daß sich der Kommandant Baer doch mit der Vergasung befaßt hat.

Höcker: Nach meiner Kenntnis hatte er damit nichts zu tun. Vielleicht hätte er damals die Juden übernehmen sollen. Ich bin ein oder zwei Wochen später als Baer nach Auschwitz gekommen. Dann ist Höß gekommen. Nachdem er gegangen war, fuhr Baer nach Berlin, um die Sache abzustellen. Ich nehme zumindest an, daß er deswegen nach Berlin fuhr. Ich weiß nicht, ob man ihm irgend etwas übertragen hat. Schriftlich habe ich über diese Sachen nichts gesehen.

Ersatzrichter Hummerich will es ganz genau wissen:

Ersatzrichter Hummerich: Angeklagter Hofmann, wer hatte Ihnen, als Sie Schutzhaftlagerführer waren, hineinzureden?

Hofmann: Nur die Kommandantur, sonst niemand in Auschwitz, außer Berlin.

Einmal ist ein Transport von 400 oder 500 Menschen zusammengestellt worden im Lager. Die Ärzte haben selektiert. Der Kommandant Liebehenschel ist gekommen und hat mir gesagt: „Ich fahre nach Berlin und werde schauen, daß ich das unterbinden kann.“ Schließlich sind die Häftlinge zu ihren Arbeitskommandos zurückgekommen.

Wie war es mit den Arbeitslagern? Die IG-Direktoren werden danach gefragt:

Dr. Krauch: Meiner Meinung nach führte die SS des Stammlagers die Oberaufsicht auch über die Häftlinge im Werk Buna-Monowitz. Die SS in Monowitz unterstand dem Hauptlager. Das ist ein Schluß von mir, den ich freilich nicht belegen kann.
Vorsitzender: War das auch im Jahr 1944 so?
Dr. Krauch: Jawohl, nach meiner Auffassung schon.

Der Bauingenieur der IG-Farben, Max Faust, erinnert sich so:

Vorsitzender: Wie waren die Machtbefugnisse bei der SS in Auschwitz verteilt?
Faust: Nach meiner Ansicht war zweifellos Höß der Chef der ganzen SS, ähnlich wie ein Regimentschef Leiter des Regiments ist.
Vorsitzender: Und wie war das, nachdem das Lager dreigeteilt und eine Kommandantur Auschwitz I, II und III eingerichtet worden war?
Faust: Ich erinnere mich an folgendes: In Monowitz war ein Hauptsturmführer, er ist nach dem Krieg gehenkt worden. Zweifellos war er Höß unterstellt. Das war zumindest mein Eindruck.

Ein Häftling aus dem Lager Monowitz bezeugt:

Vorsitzender: Haben Sie in Buna einen Adjutanten kennengelernt?
Markowitsch: Ich habe die Namen der Adjutanten gehört, diese aber nicht gesehen. Mir ist bekannt, daß der Sanitäter Neubert im Krankenbau einmal gesagt hat: „Ich muß jetzt den ‚Adju‘ anrufen, um Wagen zu bestellen“. Das tat er, weil er Lastwagen zur Beförderung der Selektierten nach Birkenau benötigte.

Eindeutig beantwortet der Angeklagte Baretzki die Frage, wie weit die Verantwortung der zentralen Kommandantur I nach der Teilung des Lagers Auschwitz in drei verwaltungsmäßige Einheiten gereicht hat:

Baretzki: In Birkenau unterstand alles der Kommandantur. Es war nur eine Kommandantur in Auschwitz, und die war in Auschwitz I. Ich habe keine drei Kommandanturen gekannt. Am Telefon konnte man nur die Kommandantur I direkt anrufen. Die anderen mußte man über die Vermittlung holen.

Die Kommandantur sorgte schließlich auch dafür, daß die wichtigsten Einrichtungen von Auschwitz nicht verlorengehen, wenn das Lager evakuiert werden muß:

Steiner: Vor der Evakuierung von Auschwitz mußte ich bei der Demontage der Öfen des Krematoriums I arbeiten. Die Öfen sollten in das Konzentrationslager Mauthausen gebracht werden. Wir haben manche Stücke teilweise zerschnitten, damit die Öfen nicht gebrauchsfertig sind.

Auch weibliche Häftlinge waren bei diesen Arbeiten eingesetzt. Frau Szabo aus Rumänien erinnert sich:

Szabo: Später haben wir beim Abbruch der Krematorien helfen müssen. Beim Abbruch selbst haben andere Häftlinge gearbeitet, wir hatten die Umzäunung abzureißen. Um das Krematorium stand ein Zaun aus Zweigen.
Staatsanwalt Kügler: Wann war das?
Szabo: Im November 1944.

Von der Evakuierung selbst berichtet ein holländischer Zeuge:

Van Velsen: Bei der Evakuierung von Auschwitz war ich bei der letzten Kolonne, die aus Birkenau abmarschierte, eingeteilt. Wir wurden über Auschwitz und Pleß nach Loslau geführt. Viele Leute blieben zurück. Dann kamen zehn SSler auf Rädern und erschossen die Zurückbleibenden, indem sie die

Pistole direkt an den Kopf hielten. Von Auschwitz bis Loslau war der Weg mit Leichen besät. Sie waren nicht weggeräumt. 15 Kilometer von Pleß entfernt lagen etwa 400 Leichen in einer Lichtung. Bei dieser Evakuierung sind auch Fluchten gelungen.

Der letzte Befehl des Kommandanten von Auschwitz: alle nicht mehr Marschfähigen sind zu erschießen.

Robert Mulka

Mulka ist der älteste Angeklagte. Er wurde 1895 in Hamburg geboren, sein Vater war dort Postassistent. Er hat die kaufmännische Lehre absolviert und sich bei Ausbruch des Ersten Weltkriegs freiwillig gemeldet, bei den Pionieren gedient, wurde ausgezeichnet und zum Leutnant befördert. Nach Kriegsende war er in der baltischen Landeswehr tätig und wurde wegen einer Unregelmäßigkeit bei der Verwaltung der Beute im Jahre 1920 in Hamburg wegen Hehlerei zu 8 Monaten Gefängnis und 2 Jahren Ehrverlust verurteilt. Später arbeitete er bei einer Agenturfirma und gründete 1931 eine selbständige Import- und Exportagentur.

Wegen seiner Vorstrafe wurde Mulka aus dem Offizierskorps ausgeschlossen. Er meldete sich 1941 freiwillig zur Waffen-SS, da er in der Wehrmacht nur als einfacher Soldat hätte dienen können, was er als unzumutbar ablehnte, und erhielt den Angleichungsrang eines SS-Obersturmführers. Zuerst diente er bei einem Pionierbataillon in Dresden, dann wurde er nach Auschwitz versetzt. Zu Prozeßbeginn schildert Mulka seine dortige Tätigkeit mit folgenden Worten:

Mulka (am Plan des Lagers): Hinter dieser inneren Postenkette lag das Schutzhaftlager. Herr Vorsitzender, es mag unglaubwürdig erscheinen, aber ich habe dieses Schutzhaftlager nie betreten.

Vorsitzender: Wie war das? Ich sehe die anderen Angeklagten ungläubig abwinken. Sie hatten den Rang eines SS-Hauptsturmführers?

Mulka: Wenn ich es ganz genau sagen darf: SS-Hauptsturmführer der Reserve auf Kriegsdauer.

Vorsitzender: Was waren Ihre Aufgaben als Chef der ersten Wachkompanie in Auschwitz?

Mulka: Bei der Kompanie gab es Frühsport, Waffenreinigen, Putz- und Flickstunde, militärische Grundausbildung und selbstverständlich in der Freizeit auch Ausgang nach Auschwitz. Meine Soldaten machten nichts, was sie nicht tun durften.

Vorsitzender: Und was machten die Soldaten in ihrer Freizeit angesichts des Stacheldrahtes?

Mulka: Was alle Soldaten machen, singen, Skat spielen. Von Mitte April 1942 wurde ich vertretungsweise erinnerungsmöglich Adjutant des Lagerkommandanten Höß. In diesem Amt bin ich dann später bestätigt worden. Als solcher hatte ich eine Menge Leute zu empfangen.

Vorsitzender: Wer soll wohl Interesse daran gehabt haben, diese Stätte des Grauens zu besuchen?

Mulka: Doch, da kamen die Herren von der IG und dann einmal der Kommandierende General.

Vorsitzender: Wieso wurden gerade Sie als Adjutant des Lagerkommandanten ausgesucht? Dazu nimmt man doch einen Mann seines Vertrauens, von dem man weiß, daß er Initiative zeigt und daß er sich um alles kümmert.

Mulka: Ich kann darauf keine Antwort geben.

Vorsitzender: Haben Sie sich als Adjutant nie darum gekümmert, wie die Menschen hinter dem elektrisch geladenen Stacheldraht untergebracht waren und ob sie zu essen hatten?

Mulka: Ich habe darüber keine Klagen bekommen.

Vorsitzender: Wer sollte denn klagen? Was geschah in Fällen, wenn Häftlinge auf der Flucht erschossen wurden?

Mulka: Ich glaube mich zu erinnern, daß dann Meldungen gemacht wurden, der Tatort wurde besichtigt, und die Schützen sind vernommen worden.

Vorsitzender: Jemand anderer wurde nicht vernommen? So etwas wurde doch auch von Häftlingen beobachtet.

Mulka: Nein, nur die Soldaten. Für die Protokolle gab es einen festen Text mit der Schlußbitte, das Verfahren einzustellen, da sich bei der Vernehmung herausgestellt hat, daß sich der Soldat bei der Ausübung seines Dienstes korrekt verhalten habe.

Vorsitzender: Wem wurde gemeldet, wenn zum Beispiel hundert Leute zu Tode gekommen waren?

Mulka: Ich weiß es nicht. Vielleicht der Politischen Abteilung.

Vorsitzender: Sie waren doch der Adjutant des Chefs, also sein rechtes Ohr. Hat er niemals über diese Dinge mit Ihnen gesprochen?

Mulka: Niemals. Ich war offenbar nicht sein rechtes Ohr.

Vorsitzender: Wußten Sie nicht, daß in Auschwitz Gaskammern waren?

Mulka (nach längerer Pause): Ja, aber ich hatte keine Veranlassung, danach zu fragen. Ich möchte glauben, daß es auch keine Stelle gab, wo man hätte fragen können.

Vorsitzender: Der Kommandant?

Mulka: Er war ein undurchsichtiger Mann; ich habe vermieden, ihn etwas zu fragen.

Vorsitzender: Warum haben Sie sich nicht nach Oranienburg gewendet? Sie waren doch schließlich Gerichtsoffizier.

Mulka: Ich war der hundertprozentigen Überzeugung, daß es mein Todesurteil gewesen wäre, wenn ich eine solche Meldung gemacht hätte.

Vorsitzender: Haben Sie etwas mit Fernschreiben zu tun gehabt, in welchen Häftlingstransporte angekündigt wurden?

Mulka: Ich habe vielleicht drei- oder viermal solche Fernschreiben weitergegeben. Ich hätte sie doch nicht kurzerhand in den Papierkorb werfen oder die Staatsanwaltschaft in Kattowitz verständigen können.

Vorsitzender: Wußten Sie, was „Sonderbehandlung" bedeutete?

Mulka: Sonderbehandlung war Mord, worüber ich tief empört war. Jedermann war mit dem Tod bedroht, der davon gewußt hat.

Vorsitzender: Woher wußten Sie davon?

Mulka: Darauf kann ich keine Antwort geben. Im übrigen habe ich mich gehütet, mit höheren Orts vorgebrachten Fragen nach der Gesetzmäßigkeit von Gefangenentötungen, die mir zu Ohren gekommen waren, mein eigenes Todesurteil auszufertigen. Ich hatte Verantwortung meiner Familie gegenüber und vor mir selbst. Als das furchtbarste empfand ich, daß inmitten dieses Lagers die Truppenbetreuung recht gut florierte mit Theater, Kino und bunten Abenden. Ein Herr Kurt Knittel machte das, derselbe Mann, der auch die Schulungsabende für die SS-Offiziere hielt.

Vorsitzender: Ja konnte der das denn?

Mulka: Nun, er war ein Studienrat und zur Zeit, wenn ich

richtig unterrichtet bin, Studiendirektor irgendwo, er war für eine Lehrtätigkeit offensichtlich wohl geeignet.

Vorsitzender: Wollten Sie nicht von Auschwitz weg?

Mulka: Ja, selbstverständlich. Die Dinge, die sich dort abspielten, hatten von Anfang an eine Schockwirkung auf mich.

Vorsitzender: Was spielte sich ab?

Mulka: Na, die Leute dort in den gestreiften Kleidern.

Vorsitzender: Nur die Kleidung?

Mulka: Nein, das war nicht alles: Der ganze Ton. Nur ein Beispiel: Wenn ich früher — ich habe mein Oberleutnantspatent 1922 erhalten — einem jungen Leutnant dieses weiße Blatt Papier hier gezeigt und gesagt hätte: „Ist das nicht ein schönes rotes Blatt?", dann hätte er geantwortet: „Tatsächlich, ein wunderschönes Rot. Wenn Sie es nicht gesagt hätten, hätte man meinen können, es wäre weiß." Hätte ich das bei der SS in Auschwitz gesagt, dann hätte man mir geantwortet: „Na so ein Unsinn, das ist doch weiß." Nein, die hatten eben keine Form. Ich meldete mich immer krank, das ist aktenkundig.

Vorsitzender: War Ihnen bekannt, daß man täglich Leichen verbrannte?

Mulka: Man roch es. Und man sah nachts die Scheiterhaufen bis nach Kattowitz leuchten. Die ganze Bevölkerung wußte, was geschah. Aber von Gericht oder Staatsanwaltschaft kam keine Rückfrage.

Staatsanwalt Kügler: Es gab ein Protestschreiben des Oberlandesgerichtspräsidenten.

Verteidiger: Aber keine Untersuchung wegen Mordes.

Vertreter der Nebenklage Ormond: Wo wurden Sie gepflegt, wenn Sie krank waren?

Mulka: Im SS-Lazarett.

Ormond: Wollen Sie die Lage dieses Lazaretts auf der Karte zeigen? Welches Gebäude liegt ihm gegenüber?

Mulka (nach einer Pause): Das Krematorium.

Ormond: Wußten Sie, daß dort die Leichen der ermordeten Häftlinge verbrannt wurden?

Mulka: Daß man zu meiner Zeit im alten Krematorium Vergasungen vornahm, erfuhr ich erst nach dem Krieg aus der Literatur.

Vorsitzender: War Ihnen bekannt, daß Mitglieder von Exekutionskommandos Sonderverpflegung erhielten?

Mulka: Es wurde ein Fünftelliter Branntwein und eine erhöhte Fleischration ausgegeben.

Staatsanwalt Kügler: Sie hatten doch in Auschwitz als Adjutant die Aufsicht über die Wirtschaftsbetriebe. Erinnern Sie sich daran, daß von den Deutschen Ausrüstungswerken, die zum „Wirtschaftsraum Auschwitz" gehörten, für die Krematorien in Birkenau gasdichte Türen mit einem Guckloch angefordert wurden?

Mulka: Ich erinnere mich nicht an eine solche Türenbestellung, aber es ist durchaus möglich, daß mir der Leiter dieses Werkes einen solchen Auftrag vorgelegt hat.

Nach dem Krieg wurde Mulka in Hamm (Westfalen) von einer Spruchkammer wegen Kenntnis der Vorgänge in Auschwitz zu eineinhalb Jahren Gefängnis verurteilt, in einer zweiten Verhandlung aber freigesprochen.

Als sich Mulka noch in englischer Kriegsgefangenschaft befand, boten die Engländer seine Auslieferung nach Polen an, wo ein Auschwitz-Prozeß vorbereitet wurde. Aber Polen legte, wie der Verteidiger ausführt, keinen Wert auf die Auslieferung Mulkas.

Sein Geschäft hat Mulka auf seinen Sohn überschreiben lassen. Er ist formell bei ihm als Angestellter beschäftigt.

Kein Angeklagter wurde so oft in Haft genommen und wieder entlassen wie dieser. Am 8. November 1960 wurde er im Auschwitz-Verfahren erstmals verhaftet, am 6. März 1961 aber wieder entlassen. Die Staatsanwaltschaft hat gegen diese Entlassung berufen, der Berufung wurde stattgegeben, und am 29. Mai 1961 wurde Mulka wieder in das Untersuchungsgefängnis eingeliefert. Am 15. Dezember des gleichen Jahres wurde er vom Landgericht Frankfurt gegen eine Kaution von 50.000 DM auf freien Fuß gesetzt. Während des Prozesses wurde Mulka am 21. Februar 1964 im Zusammenhang mit einer Nachtragsanklage wegen des Verdachts der Ermordung von drei Häftlingen neuerlich verhaftet. Als die Zeugen, die von der Staatsanwaltschaft zur Erhärtung dieser Anklage geladen wurden, teils nicht erschienen, teils widersprüchlich aussagten, wurde Mulka am 23. Oktober 1964 aus der Haft entlassen. Einer weiteren belastenden Aussage zufolge verfügte das Gericht am 3. Dezember 1964 die abermalige Inhaftnahme.

Mulka fällt nicht nur durch seine gewundene Ausdrucksweise und eine Sprache, die wohl vornehm wirken soll, auf; kaum ein anderer auf der Anklagebank verwickelt sich so oft in Widersprüche, die eindeutig nachgewiesen werden können, wie er.

Staatsanwalt Kügler: Angeklagter Mulka, mit wem von den IG-Farben haben Sie in Auschwitz verhandelt?

Mulka: Ich habe nicht mit den Herren von der IG-Farben verhandelt.

Vorsitzender: Aber seinerzeit haben Sie gesagt, Sie haben es getan.

Mulka: Ich habe das nicht erklärt.

Kügler: Das ist die reine Unwahrheit.

Vorsitzender: Sie haben hier ausgesagt, daß es auch zu Ihren Aufgaben gehört hätte, Besuche zu empfangen, unter anderem auch Direktoren der IG-Farben.

Mulka: Ich habe lediglich einmal bei einer gesellschaftlichen Veranstaltung Herrn Dürrfeld von der IG-Farben kennengelernt.

Mulkas Verteidigung läßt viele Zeugen laden, die ihn von früher her kennen. Durch diese wird dem Gericht das Milieu vertraut, in dem dieser Angeklagte gelebt hat:

Dr. Hennings: Ich habe Mulka im Fichtebund kennengelernt. Er wurde damals als Freikorpskämpfer bei mir eingeführt. Er bat mich als seinen Rechtsbetreuer, das Urteil, das seinerzeit gegen ihn gefällt wurde, aus der Welt zu schaffen. Er war zu einer Freiheits- und Ehrenstrafe verurteilt worden. Zuerst hat sich Mulka um diese Strafe nicht gekümmert. Als er aber dann ihretwegen aus der Wehrmacht entlassen wurde, wollte er die Ehrenstrafe aus der Welt schaffen. Ich war ein alter Nazi, und Mulka glaubte, daß ich daher Möglichkeiten haben könnte. Ich habe wegen seiner Rehabilitierung verhandelt. Man sagte mir, es gebe nur eine Chance, er müsse als einfacher Soldat wieder zur Wehrmacht kommen und würde dann schnell befördert werden. Das lehnte aber Mulka ab. Schließlich erreichte ich, daß er von der Waffen-SS übernommen wurde. Mulka ist damals sozusagen unter Staatszwang zur Waffen-SS gekommen. Er hatte weder zur Partei noch zur SS irgendeine

Einstellung. Er war Offizier. Ihm kam es lediglich auf seine Rehabilitation an.

Verteidiger Müller: Haben Sie Mulka im Jahr 1943 wiedergesehen?

Dr. Hennings: Ja, ich bin ihm einmal in einem Zug auf der Strecke Berlin-Hamburg begegnet. Mulka kam aus einem Sanatorium. Er sah trostlos aus. Er bat mich, ob ich nicht dafür sorgen könnte, daß er von dem Kommando wegkam, wo er gerade war, aber er könne mir nicht sagen, wo er sei. Ich sagte ihm, ich könne mich für ihn nur einsetzen, wenn ich wisse, wo er jetzt Dienst versehe. Mulka machte eine Pause und sagte, er könne es nicht sagen. Wenn es nicht anders gehe, dann müsse er eben auf meine Hilfe verzichten, denn wenn er es sagen würde, wäre das sein Tod.

Staatsanwalt Kügler: Können Sie uns sagen, was für Ziele der Fichtebund hatte?

Dr. Hennings: Er sollte das Ausland über das Unrecht von Versailles aufklären.

Ein General a. D. nimmt im Zeugenstuhl Platz:

Trowitz: Ich war aktiver Offizier und habe 1925 meinen Abschied genommen. Den Angeklagten Mulka habe ich im Nationalverband deutscher Offiziere kennengelernt, wo er in der Sportabteilung tätig war. Wir haben uns angefreundet. Im Mai 1943 hat mich Frau Mulka einmal in Hamburg dringend gebeten, ihren Mann zu besuchen, der in Zehlendorf sei, völlig zusammengebrochen. Ich traf Mulka in Zehlendorf und kann sagen, er war kein Mensch mehr. Er kam uns völlig verändert entgegen. Er erzählte nur wenig. Er sagte, er sei Adjutant in Auschwitz, habe Fürchterliches erlebt und sei jetzt im SS-Lazarett. Ich dachte mir, was muß mit dem Mann passiert sein, der sich seinerzeit das EK I geholt hat, ein Bulle war und jetzt so ausschaute. Was muß der durchgemacht haben. Als ich später aus der Kriegsgefangenschaft zurückkam, wurde ich bei Mulkas nett aufgenommen und ich habe ihn öfter getroffen.

Staatsanwalt Kügler: Haben Sie im Jahr 1925 gewußt, daß Mulka bestraft war?

Trowitz: Ja, ich habe davon ein Jahr später gehört.
Kügler: Hat das Ihre Einstellung zu Mulka nicht beeinträchtigt?
Trowitz: Nein, es handelte sich um eine leichtfertige Handlung. Sie hat keineswegs meine Einstellung beeinträchtigt.

Ein weiterer Zeuge wird bemüht, um zu schildern, wie erschüttert Mulka von seinen Auschwitzer Erlebnissen war:

Buch: Ich kenne Mulka seit dem Jahre 1930. Im Herbst 1943 haben wir uns wiedergesehen, als die großen Angriffe gegen Hamburg geflogen wurden. Er war damals sehr bedrückt und unzufrieden und erzählte mir, daß er in Auschwitz gewesen sei. Er sei dort als Wirtschaftsführer hingekommen und dann Adjutant geworden. Er hat mir schreckliche Dinge erzählt von Gasöfen, Genickschüssen, und wie Juden behandelt wurden. Er sagte, er habe versucht, von dort herauszukommen und sich deswegen künstliche Koliken zugefügt.
Staatsanwalt Kügler: Was hat er von Genickschüssen erzählt?
Buch: Genickschüsse? Habe ich das gesagt? Ich meine natürlich Erschießungen. Genickschuß, das ist ja eigentlich ein russisches System.
Kügler: Was hat er noch erzählt?
Buch: Daß sogar Kinder umgebracht wurden.

Der nächste Zeuge der Verteidigung hat mit Mulka in Auschwitz selbst zu tun gehabt:

Vorsitzender: Haben Sie Äusserungen von Mulka über Auschwitz gehört?
Dr. May: Ja, bei einer Dienstreise nach Auschwitz Mitte 1942, als ich dort als Chef des Amtes W IV die Ausrüstungswerke inspizierte, habe ich Mulka kennengelernt, der damals Adjutant in Auschwitz war. Ich habe mit ihm die Lagerhallen — große Zeppelinhallen — inspiziert. Mulka hat mir viel erzählt, er hatte sportliche Ambitionen, und wir haben uns so gefunden. Schließlich sagte er mir: „Das hier ist zum Kotzen, können Sie mich nicht abkommandieren?“ Er erzählte, daß er bereits um den Fronteinsatz gekämpft habe, daß der Kommandant ihm aber deswegen über den Mund gefahren sei. Ich habe dann beim Kommandanten Höß gefragt, ob nicht Mulka

die Werksdirektion übernehmen könne. Normalerweise war der Lagerkommandant in Personalunion auch Direktor der DAW. Aber Höß war nicht der Prototyp eines Wirtschafters. Ich fragte darum, ob man dieses Amt nicht an Mulka übertragen könne, und Höß antwortete: „Darüber kann man sprechen. Mulka ist ein Reaktionär. Es ist gut, wenn er auf dieses Abstellgeleise kommt."

Staatsanwalt Kügler: Wie groß waren die DAW-Werke?

Dr. May: Sie dürften etwa 1000 bis 1200 Häftlinge beschäftigt haben.

Kügler: Waren die DAW-Werke beim Bau der Gaskammern in Auschwitz beteiligt?

Dr. May: Diese Abteilung unterstand mir nicht. Ich bin bloß für den Holzsektor zuständig gewesen. Kammler hat die Bauten vorgenommen.

Kügler: Wurden die Türen für die Gaskammern nicht in den DAW-Werken hergestellt?

Dr. May: Mir ist nichts davon bekannt.

Kügler: Ihnen unterstanden aber die DAW-Werke als Ganzes?

Dr. May: Ja, die haben mir in allen Konzentrationslagern unterstanden. Aber 90 Prozent wurden in diesen Werken in Holz und nicht in Metall gearbeitet.

Vorsitzender: Wurde einmal gegen Sie ein Verfahren eingeleitet?

Dr. May: Nein.

Warum gegen Dr. May bis dahin noch nicht ermittelt wurde, bleibt in diesem Prozeß ungeklärt.

Mulka wird über seine Laufbahn bei der SS nach seinem Aufenthalt in Auschwitz befragt:

Vorsitzender: Es wird ein Dokument verlesen, aus dem hervorgeht, daß SS-Hauptsturmführer Mulka am 9. Mai 1944 zum SS-Oberabschnitt Nordsee versetzt wird, daß diese Versetzung aber am 16. Mai dahin gehend abgeändert wird, daß SS-Hauptsturmführer Mulka diesen Dienst erst nach Beendigung eines Sonderauftrages, den er vom Reichsführer SS erhalten hat, anzutreten hat.

Staatsanwalt Kügler: Um was für einen Sonderauftrag hat es sich gehandelt?

Mulka: Das Hohe Gericht ist durch mich schon informiert

worden, daß ich anschließend an die alliierten Terrorangriffe auf Hamburg dort als IA tätig war. Das war bis Anfang Mai 1944. Dann hatte ich persönliche Differenzen mit dem Gruppenführer auf dem Gebiet der Moral. Ich nahm Veranlassung, diese von mir beanstandeten Dinge dem Gruppenführer vorzutragen. Er wurde böse, und ich wurde daraufhin zum Abschnitt 15 kommandiert, was hier vorgelesen wurde. Mir wurde die Aufgabe übertragen, die Volkssturmeinheiten in diesem Abschnitt nicht nur zu gliedern, sondern auch mit Dienstvorschriften zu versehen. Während dieser Zeit erreichte mich ein Befehl, daß ich mich in Berlin bei SS-Obergruppenführer Pohl zu melden habe. Ich kam nach Berlin und meldete mich. SS-Obergruppenführer Pohl fragte, wie es mir gesundheitlich ginge. Ich erwiderte, daß ich in der Lage bin, den Dienst, den ich augenblicklich versehe, durchzuführen. Pohl fragte, ob ich einen Sonderauftrag durchführen könnte. Ich sagte, daß ich zuerst wissen müßte, um welchen Sonderauftrag es sich handelt.

Pohl hat mir den Sonderauftrag nicht genannt. Er hat meine Antwort zur Kenntnis genommen und mich entlassen. Ich bin daraufhin unmittelbar zum Kommandoamt der Waffen-SS gegangen, habe mich gemeldet und gebeten, mich im Truppendienst zu verwenden. Man brauchte damals dringend alte ausgebildete Pionieroffiziere, und so wurde ich entweder Ende Mai oder Anfang Juni 1944 in die Pionierschule der Waffen-SS in der Nähe von Prag als Abteilungskommandeur einer französischen Lehrabteilung versetzt. Von diesem Zeitpunkt an habe ich diese Abteilung ausgebildet und durchgehalten bis etwa zum 10. Februar 1945. Dann bin ich leider mit meinem alten Magenleiden vollständig zusammengebrochen und bin in das Heimatlazarett Hamburg gekommen. Ich weiß das Datum deswegen genau, weil ich am 13. Februar 1945 auf der Durchreise in der Kaserne in Dresden die dreimaligen mörderischen Angriffe der alliierten Luftwaffe erlebt habe ...

Der Vorsitzende unterbricht Mulka.

Vertreter der Nebenklage Raabe: Was hat Sie damals veranlaßt, den von Pohl ausgesprochenen Sonderauftrag nicht zu übernehmen?

Mulka: Ich habe gefragt, um welchen Auftrag es sich handelt, er hat ihn mir nicht genannt.

Raabe: Hatten Sie infolge dieser Ablehnung keine Schwierigkeiten?

Mulka: Nein, die Ablehnung gelang ohne Schwierigkeiten. Die Nachteile, die dadurch entstanden sind, waren die, daß ich bis Ende des Krieges Hauptmann blieb, während meine Kameraden desselben Jahrganges bereits Oberst und General waren.

Staatsanwalt Kügler: Eine Beförderung wurde bei Ihnen nicht ausgesprochen, weil Ihre alten Verfehlungen bekannt waren.

Mulka: Die Staatsanwaltschaft hat nun zum zweitenmal Veranlassung genommen, diese Verfehlungen zur Kenntnis zu bringen. Ich war im Jahr 1920 aus dem Baltikum zurückgekommen als Führer einer freiwilligen Pionierkampfeinheit, die im Baltikum freiwillig den Bolschewismus bekämpft hat. Ich war damals fünf Jahre fast ununterbrochen an vorderster Front gewesen. Ich hatte als Frontsoldat mit 24 Jahren verhältnismäßig hohe Auszeichnungen bekommen. Ich habe eine Entscheidung getroffen, die zu einer Verurteilung geführt hat. Dieses Urteil liegt 45 Jahre zurück. Ob der Charakter eines Frontsoldaten, der fünf Jahre ununterbrochen an vorderster Front als Pionier gestanden hat, der gleiche ist wie der in meinem späteren Leben, das ist die Frage. Ich halte es für völlig unangebracht, aus einem Ereignis, bei dem man 24 Jahre alt war, einen Schluß auf den Charakter eines Mannes im reifen Alter zu ziehen.

Kügler: Sie sind aber nicht befördert worden, weil Sie bestraft waren.

Mulka: Ich bin nicht befördert worden, weil in meinem Personalakt vermerkt war, daß ich wegen eines Verfahrens der Heimtücke verhaftet war. Das bedeutete damals viel mehr als nur Nichtbeförderung. Das hätte unter Umständen zur Todesstrafe führen können. Ich wurde mehrfach durch den Kommandanten der Pionierschule zur Beförderung vorgeschlagen, aber niemals wurde ich befördert.

Raabe: Wenn Sie damals infolge der Akteneintragung so gefährdet waren, wieso hatten Sie nicht Angst, bei Pohl einen Sonderauftrag zurückzuweisen?

Mulka: Dazu gehörte kein großer Mut.

Raabe: Haben Sie auch in der Zeit, in der Sie in Auschwitz waren, den Versuch gemacht, zu einer Pioniereinheit versetzt zu werden, da Sie doch ein besonderer Fachmann waren?

Mulka: Während meiner Zeit in Auschwitz war ich außerordentlich häufig krank. Ich hatte jede Woche schwerste Magenkoliken erlitten und konnte nur durch Morphiumspritzen aufrecht erhalten werden. Ich war damals ausgesprochen GvH.

Ein anderes Dokument wird Mulka vorgehalten:

Vorsitzender: Die Staatsanwaltschaft hat beantragt, daß ein Antrag des Angeklagten Mulka auf Entschädigung nach dem Kriegsentschädigungsgesetz zur Verlesung gelangt. Dieser Antrag wurde im Juni 1954 in Hamburg gestellt. In dem Antrag gibt Mulka an, daß er vom 1. Juni 1941 bis 1944 in Dresden bei der SS Dienst versehen hat. Ferner ist angegeben, daß er bis zum 25. März 1948 in verschiedenen Kriegsgefangenenlagern interniert war. Von April bis Oktober 1948 war er arbeitsunfähig, außerdem mußte er ein Darlehen aufnehmen, um sein Geschäft wieder in Gang bringen zu können. Oberhalb der Unterschrift steht ausdrücklich, der Unterzeichnete versichert, daß seine Angaben der Wahrheit entsprechen.

Angeklagter Mulka, was haben Sie dazu zu sagen?

Mulka: Die Zeiten der Internierungslager stimmen.

Vorsitzender: Hier steht aber, daß Sie vom 1. Juni 1941 bis 1944 SS-Oberleutnant und Kompaniechef in Dresden gewesen wären.

Mulka: Das ist nicht richtig. Ich muß sagen, ich kann mich nicht erinnern, wieso diese Angaben erfolgt sind.

Vorsitzender: Diese Angaben sind bewußt falsch. Sie waren doch nach Ihrer eigenen Darstellung zumindestens vom Februar 1942 bis März 1943 in Auschwitz.

Mulka: Ich bin am 9. März 1943 von Auschwitz weg nach Berlin. Auf der Fahrt habe ich zweimal eine Kolik bekommen, und deswegen wurde ich zuerst in das Lazarett Lichterfelde eingeliefert. Dort wurde ich am 10. März 1943 aufgenommen. Wenige Wochen später kam ich in das SS- und Polizeigefängnis Berlin-Schöneberg, aus dem ich auf Weisung des Reichsführers SS entlassen und vom Dienst so lange suspendiert wurde, bis von ihm eine Entscheidung erfolgte.

Vorsitzender: Sie haben bei Ihrem Gesuch eine falsche Angabe gemacht. Sie dürfen sich nicht wundern, wenn wir daher allgemein Zweifel an Ihren Angaben haben.

Mulka: Ich glaube nicht, daß diese Angabe einen Einfluß auf den Antrag hatte.

Vorsitzender: Ist der Antrag von Ihnen unterschrieben?

Mulka: Ja, das ist meine Unterschrift.

Vorsitzender: Haben Sie auf Grund dieses Antrages eine Entschädigung bekommen?

Mulka: Ich kann mich nicht mehr erinnern.

Vorsitzender: Ob man Geld bekommen hat, muß einem doch noch im Gedächtnis sein.

In Auschwitz hat dieser Adjutant des Kommandanten mit dem Lager nichts zu tun gehabt, wie er unermüdlich wiederholt:

Staatsanwalt Kügler: Angeklagter Mulka, Sie hören, daß die Sektionsberichte der Erschossenen zur Kommandantur gekommen sind. Haben Sie sie gesehen?

Mulka: Nein.

Kügler: Sie hören, daß in den Totenbüchern 130.000 Tote verzeichnet waren. Haben Sie davon erfahren?

Mulka: Die Kommandantur hatte acht Abteilungen, ich war Ia und hatte nichts mit Häftlingen zu tun.

Kügler: Ist Ihnen ein Schreiben von Berlin bekannt, in dem betont wird, daß die Sterblichkeit in Auschwitz so groß ist?

Mulka: Nein.

Nachdem dem Gericht ein Totenbuch von Auschwitz vorgelegt wurde, demzufolge in fünf Tagen 1500 Häftlinge gestorben waren, befragte die Staatsanwaltschaft den Adjutanten Mulka, ob ihm diese ungewöhnlich hohe Sterblichkeitsziffer nicht aufgefallen sei.

Mulka: Ich kann mich dunkel erinnern, ab und zu Stärkemeldungen gesehen zu haben. Zahlen dieser Größe sind nicht zu meiner Kenntnis gekommen. Ich würde sagen, ich erinnere mich an Todeszahlen in Größe von acht, zehn oder zwölf bis fünfzehn Abgängen täglich.

Vorsitzender: Wieso soll dann der widerlich süßliche Geruch entstanden sein, bei der Verbrennung von nur acht Leichen?

Mulka: Zu meiner Zeit wurde im Freien verbrannt, diesen Feuerschein habe ich gesehen. Es ist mir auch bekannt, daß Transporte angekommen sind und vergast wurden. Das sprach sich herum. Ich habe auch Fernschreiben gesehen, in denen Transporte angekündigt wurden. In diesen Fernschreiben stand, daß die Transporte zur SB bestimmt seien. Der Begriff SB ist uns allen erst nach und nach klar geworden, auch mir.

Mulka ist auf die Staatsanwaltschaft böse, weil er sich durch sie beleidigt fühlt. Die Folge davon ist, daß der Vorsitzende die Fragen der Staatsanwaltschaft an diesen Angeklagten übernimmt. Er gibt sich mit unglaubwürdigen Antworten nicht zufrieden:

Staatsanwalt Kügler: Da der Angeklagte Mulka Antworten auf Fragen der Staatsanwaltschaft verweigert, bitte ich das Gericht, ihn zu befragen.

Vorsitzender: Ist Ihnen das Schreiben von Liebehenschel bekannt, das sich mit der Anforderung von fünf LKW beschäftigt und das Datum 14. September 1942 trägt?

Mulka: Ich war nachweislich in der Zeit vom 3. bis 30. September 1942 nicht in Auschwitz.

Vorsitzender: Sie waren zu dieser Zeit im SS-Lazarett in Kattowitz?

Mulka: Und bei der Prüfstelle Dachau zur Feststellung der Dienstfähigkeit.

Vorsitzender: Aber später wußten Sie doch vom Einsatz dieser Lastkraftwagen?

Mulka: Darüber kann ich nichts berichten.

Vorsitzender: Wer forderte sie an?

Mulka: Vermutlich der Chef der Fahrbereitschaft, Hauptscharführer Wiegand.

Vorsitzender: So etwas hat es nie gegeben, daß ein Hauptscharführer — also kein Offizier — direkt eine Anforderung nach Berlin richtet.

Mulka: Wiegand hatte in technischer Hinsicht in Auschwitz keinen Vorgesetzten.

Vorsitzender: Unterstand Wiegand nicht Ihnen als dem Adjutanten?

Mulka: Nur in disziplinärer Hinsicht.

Vorsitzender: Und Sie wußten auch vom Einsatz der LKW nichts?

Mulka: Ich wußte davon — nur mit der Einschränkung, ich habe über diese Fahrzeuge nicht disponiert.

Vorsitzender: Die Leute waren Ihnen aber doch disziplinär unterstellt. Haben Sie die Fahrten zur Gaskammer gebilligt? Wenn nicht, was taten Sie dagegen?

Mulka: Zu meiner Zeit gingen die betreffenden Personen sogar zu Fuß zur Gaskammer.

Vorsitzender: Sie sagten doch gerade, daß Sie wußten, daß sie dahin gefahren wurden.

Mulka: Das wurde mir berichtet und erzählt.

Vorsitzender: Billigten Sie das als Disziplinarvorgesetzter von Wiegand?

Mulka: Ich erfuhr nichts davon, weil die Fahrten im Lagerbereich stattfanden und dazu keine Fahrbefehle notwendig waren.

Vorsitzender: Haben Sie diese Fahrten gebilligt?

Mulka: Nein, ich habe aber nichts dagegen unternehmen können.

Vorsitzender: Warum nicht, Sie waren doch der Disziplinarvorgesetzte? Nehmen wir einmal an, mit den Lastwagen wären Spazierfahrten unternommen worden. Hätten Sie das nicht verboten?

Mulka: Dann wäre ich selbstverständlich eingeschritten.

Vorsitzender: Warum sind Sie nicht bei den Fahrten zu den Gaskammern eingeschritten?

Mulka: Ich hätte sie nicht verhindern können. Wiegand wäre zum Kommandanten gegangen, und der hätte ihm dann direkt Befehl gegeben.

Mulka sagt, er sei nachweislich im September 1942 nicht in Auschwitz gewesen. Dieser Nachweis wird überprüft:

Vorsitzender: Aus einer Aufzeichnung der SS-ärztlichen Prüfungsstelle in Dachau geht hervor, daß der Angeklagte SS-Hauptsturmführer Mulka, der am 8. Juni 1941 in die Waffen-SS eingetreten war, vom 20. bis 22. Oktober 1942 bei dieser Prüfstelle war.

Es wurde ein Zustand nach ruhrähnlicher Erkrankung festgestellt und eine Kur in Karlsbad empfohlen. Der ärztliche Befund besagt, daß 14 Tage vorher ein Durchfall mit Blut- und Schleimabgang konstatiert werden konnte. Es ist vorauszusehen, daß der Patient nach Durchführung der Kur wahrscheinlich GvH-einsatzfähig sein dürfte.

Zu anderen Zeiten hat Mulka andere Angaben gemacht:

Staatsanwalt Kügler: Ich lege dem Gericht eine eidesstattliche Erklärung des Angeklagten Mulka vom März 1961 vor. In dieser macht er Angaben über den ehemaligen SS-Standortarzt Dr. Kurt Uhlenbroock, der hier als Zeuge ausgesagt hat, ebenso wie Mulka in Hamburg lebt und mit ihm gut bekannt ist.

In der eidesstattlichen Versicherung erklärt Mulka, er habe sich in Auschwitz dafür eingesetzt, daß Uhlenbroock wegen seines Krankheitszustandes von seinem Dienst in Auschwitz entfernt würde. Er habe ihm auch die Fahrscheine zu einer Vernehmung in Berlin und Anfang oder Mitte September 1942 zur Abreise nach einem Lazarettaufenthalt in Kattowitz ausgestellt.

Hier hat aber Mulka angegeben, daß er selbst von Anfang September bis zum 30. September 1942 im Lazarett in Kattowitz gelegen sei.

Mulka: Ich kann jetzt nicht sagen, ob ich damals ununterbrochen krank war. Jedenfalls geht aus dem Kommandanturbefehl vom 3. September 1942 hervor, daß ich damals nicht Dienst versehen habe, denn er ist nicht von mir unterzeichnet. Erst der Sonderbefehl vom 30. September trägt wieder meine Unterschrift.

Vorsitzender: Sie rekonstruieren jetzt aus Dokumenten. Können Sie sich an Ihre Krankheit heute noch erinnern?

Mulka: Ich war damals zu oft krank, als daß ich mich an die Zeiten genau erinnern könnte. Ab Ende Juli 1942 kamen diese Zusammenbrüche ununterbrochen. Nur mit Morphium-Atropin-Spritzen konnte ich aufrechterhalten werden.

Es ist durchaus möglich, daß ich auch im September 1942 den einen oder anderen Tag Dienst gemacht habe.

Vorsitzender: Stimmt denn Ihre eidesstattliche Versicherung, die Sie im Jahr 1961 im Zusammenhang mit Dr. Uhlenbroock abgegeben haben?

Mulka: Ich habe diese Versicherung im Lazarett abgegeben. Ich lag auch damals mit einem schweren Magenleiden danieder.

Vorsitzender: Es wurde bereits ein Dokument verlesen, aus dem hervorgeht, daß Sie am 15. September 1942 eine Fahrgenehmigung unterzeichnet haben, damit in Litzmannstadt Versuchsöfen der Aktion Reinhard besichtigt werden.

Mulka: Das deckt sich mit meiner Einlassung, daß ich auch im September vorübergehend einige Tage Dienst gemacht habe. Wenn ich irgendwie körperlich konnte, war ich in meinem Dienstzimmer.

Vorsitzender: Waren Sie damals überhaupt in Kattowitz im Lazarett? Oder lagen Sie nur zu Hause?

Mulka: Ich kann es nicht sagen. Jedenfalls bin ich in meinem Quartier vielfach gelegen. Ich meine mich zu erinnern, daß ich einmal zu einer röntgenologischen Untersuchung im September 1942 in Kattowitz war.

Vorsitzender: Wenn eine röntgenologische Untersuchung nicht ambulant durchgeführt wird, so dauert doch der Lazarettaufenthalt dabei höchstens drei Tage.

Mulka bekennt sich auch nicht zu allen Unterschriften unter Auschwitzer Dokumenten, die ihm in der Verhandlung vorgelegt werden:

Vorsitzender: Angeklagter Mulka, anerkennen Sie diese Unterschrift?

Mulka: Nein, es handelt sich nicht um meine Unterschrift. Zu dieser Zeit habe ich grundsätzlich deutsche Lettern geschrieben.

Die Begründung hilft mit, den Angeklagten zu charakterisieren. Ehemalige SS-Leute entwerfen folgendes Bild von ihm:

Staatsanwalt Kügler: Erinnern Sie sich an den Adjutanten Mulka?

Wilhelmy: Ja. Er war Gerichtsoffizier. Er war ein scharfer Vorgesetzter. Ich ging ihm lieber aus dem Weg. Ich glaube, alle haben vor Mulka Angst gehabt.

Noch deutlicher charakterisiert ihn ein anderer SS-Zeuge:

Pomreinke: Ich war als SS-Mann bei der Fahrbereitschaft und weiß, daß diese dem Adjutanten — also auch Mulka — unterstanden ist. Mulka hat auch die Fahrbefehle unterschrieben. Für Fahrten im Lagerbereich sind keine schriftlichen Fahrbefehle ausgestellt worden.

Nach Beendigung seiner Vernehmung bittet der Zeuge den Vorsitzenden: Darf ich eine Frage an Herrn Mulka stellen?

Vorsitzender: Sie dürfen.

Pomreinke: Wo ist meine Braut?

Vorsitzender: Wieso kommen Sie auf diese Frage?

Pomreinke: Ich wollte in Auschwitz heiraten, habe auch meine Verlobte nach Auschwitz kommen lassen, sie in der Stadt einquartiert und alle Heiratspapiere verschafft. Herr Mulka hat aber alle Unterlagen zerrissen und wütend gerufen: „Da könnte doch jeder kommen! Es kommt gar nicht in Frage, daß Hottentotten in Auschwitz heiraten. Was hier geschieht, bestimme ich allein!"

Vorsitzender: Was sollte der Ausdruck „Hottentotte" bedeuten?

Pomreinke: Ich bin Volksdeutscher aus Rumänien.

Mulka: Das entspricht nicht meiner Ausdrucksweise, ich bin derart familiengebunden, daß ich mich über eine Hochzeit nur gefreut hätte. Ich habe meine Zustimmung deswegen verweigert, weil die Braut keine Aufenthaltserlaubnis für Auschwitz gehabt hat. Und um ihr gewissermaßen zu helfen, habe ich sie als Dienstmädchen verpflichtet und in mein Hamburger Haus geschickt.

Pomreinke: Und wo ist sie jetzt?

Mulka: Meines Wissens in Linz.

In dem Prozeß werden mehrmals Mitteilungen der SS-Gerichtsbarkeit zitiert, weil ihnen zu entnehmen ist, daß Strafdrohungen gegen SS-Angehörige ausgesprochen wurden, allerdings nicht wegen Verweigerung verbrecherischer Befehle.

Vertreter der Nebenklage Dr. Kaul: Der Angeklagte Mulka wäre zu befragen, ob die Mitteilungen der SS-Gerichtsbarkeit, die an alle Kompanien verteilt wurden, auch in Auschwitz verteilt worden und ihm als Gerichtsoffizier in die Hände gelangt sind.

Mulka: Ja, ich erinnere mich an solche Warnbeispiele. Sie wurden bis zur Kompanie bekanntgegeben. Wir hatten deswegen Angst und Sorge. Einzelne Fälle kann ich nicht mehr zitieren.

Vorsitzender: Was verbreitete denn damals solche Angst?

Mulka: Es waren schwerste Strafen einschließlich der Todesstrafe für Nichtbefolgung von Befehlen angegeben.

Richter Hotz: Wir haben hier von dem Zeugen Wilhelmy, der Spieß beim SS-Standortarzt war, erfahren, daß er einen Befehl von Untersturmführer Grabner nicht befolgt hat. Der Befehl lautete, Wilhelmy habe zu melden, wenn ein bestimmter Häftling entlassen wurde. Wissen Sie, ob Wilhelmy deswegen etwas geschehen ist, der damals Ihrer Gerichtsbarkeit unterstand?

Mulka: Ich weiß nichts darüber.

Hotz: Sie erinnern sich an keine Bestrafung Wilhelmys?

Mulka: Ich erinnere mich nicht.

Dem Gericht scheint es unglaubwürdig, daß der Adjutant des Kommandanten niemals im Häftlingslager gewesen sein soll. Der Mitangeklagte Kaduk wird deswegen befragt:

Kaduk: Der Zeuge hat von dem Besuch des Reichsführers in Auschwitz gesprochen. Der Besuch fand am 17. Juni 1942 statt. Um 14.20 Uhr kam der Reichsführer ins Stammlager. Er blieb dort bis 15 Uhr. Der Reichsführer war nicht beim Appell anwesend. Um 15.05 Uhr fuhr er mit seinem Wagen nach Birkenau.

Staatsanwalt Kügler: War damals der Adjutant Mulka in Begleitung von Himmler?

Kaduk: Es waren ungefähr 60 Personen in seiner Begleitung mit viel Lametta, ich weiß nicht, wer. Wir drei Mann haben uns gemeldet und den Reichsführer gebeten, daß wir zur Front versetzt werden. Der Reichsführer hat es abgelehnt und gesagt: „Auschwitz ist Frontdienst".

Kügler: Können Sie sicher sagen, daß Mulka damals nicht dabei war?

Kaduk: Ich weiß es nicht ganz genau.

Kügler: Angeklagter Mulka, waren Sie damals mit Himmler im Lager?

Mulka: Nein. Ich habe den Reichsführer nur im Führerheim getroffen. Ins Lager hat der Kommandant Höß ihn begleitet.

Kügler: Und Sie haben Höß allein gehen lassen?

Mulka: Ja, ich ließ ihn allein.

Kügler: Konnten Sie damals mit Himmler sprechen?

Mulka: Jawohl. Ich hatte damals eine Unterredung mit dem Reichsführer über das besondere Benehmen von SS-Führern. Bei der Tafel im Führerheim hat sich ein Untersturmführer mit beiden Armen auf den Tisch aufgestützt. Ich habe eine Ordonnanz zu diesem geschickt und ihn fragen lassen, ob er nicht eine Chaiselongue haben will. Himmler hat das gehört und gesagt: „Großartig, so will ich meine Führer haben! Sie sollen nicht nur an der Front tapfer sein, sondern sich auch mit Lackstiefeln in jedem Salon bewegen können".

Früher hat sich Kaduk allerdings besser an Mulka erinnern können:

Vertreter der Nebenklage Dr. Kaul: Was sagte der Angeklagte Kaduk über den Adjutanten Mulka, als er Ihnen gegenübergestellt wurde?

Reineck: Kaduk war damals sehr erregt und laut. Er sagte, daß man immer auf die kleinen losgehe. Der Adjutant Mulka war an der Rampe, aber die großen . . .

Dr. Kaul: Laut Protokoll hat damals Kaduk gesagt, daß der Adjutant Mulka die Fahrten ins Krematorium zu organisieren hatte. Wörtlich sagte er: „Ja, ich habe Mulka dort gesehen".

Reineck: Das stimmt.

Vertreter der Nebenklage Ormond: Angeklagter Kaduk, stehen Sie jetzt noch zu dieser Äußerung von Ihnen?

Kaduk: Ich kann mich nicht mehr erinnern. Ich streite das nicht ab, aber ich war so nervös, ich bin fünf Jahre in Einzelhaft gewesen, das ist schlimmer als Zuchthaus.

Der Verteidiger tut in seinem Plädoyer diese Belastung mit der Bemerkung ab, Kaduk habe gerade damals erfahren, daß Mulka gegen eine hohe Kaution aus der Untersuchungshaft entlassen worden war, und hatte deswegen die oft zitierte Wut des „Kleinen" gegen einen „Großen". Der ehemalige Häftling, der als „Arbeitsdienst" ständig beim Lagertor stehen mußte, erinnert sich so:

Erster Staatsanwalt Dr. Großmann: Kennen Sie den Angeklagten Mulka?

Pozimski: Ich würde ihn wahrscheinlich heute nicht erkennen. Aber im Arbeitsdienst gehörte es zu meinen Aufgaben, beim Ausmarsch der Kommandos dabeizustehen. Die Capos gaben mir den Stand ihrer Kommandos an, und ich meldete diesen Stand an den Arbeitsdienstführer weiter. Sehr häufig habe ich beim Ausmarsch den Kommandanten und seinen Adjutanten beim Tor gesehen. Ob dieser Mulka hieß oder anders, weiß ich nicht. Wenn Höß zurückging, blieb der Adjutant dort, bis alle Kommandos ausmarschiert waren.

Ein SS-Zeuge sagt aus:

Vorsitzender: Kennen Sie den Angeklagten Mulka?

Stenzel: Ja, vom Sehen. Er stand immer am Ausgang des Lagertores, wenn die Häftlinge ausmarschierten. Wenn wir Posten die Kommandos beim Tor in Empfang nahmen, hat er das beaufsichtigt. Ich habe ihn wiedererkannt, als ich sein Bild in Zeitungen sah. Auch bei der Vernehmung wurde mir sein Bild gezeigt, und ich habe ihn erkannt.

Vorsitzender: Sie haben früher zu Protokoll gegeben, daß Mulka als Adjutant den Kommandanten vertreten mußte, wenn dieser abwesend war.

Stenzel: Das wird wohl stimmen. Aber man hört vieles auch von anderen.

Das Gedächtnis dieser Gruppe von Zeugen hat recht oft zwischen erster Vernehmung und Hauptverhandlung stark nachgelassen.
Ein ehemaliger Häftling erkennt den Angeklagten:

Klein (bei der Gegenüberstellung der Angeklagten): Ist das mit der Brille nicht Mulka?

Vorsitzender: Jawohl, das ist der Angeklagte Mulka. Woher erinnern Sie sich an ihn?

Klein: Er stand beim Einmarsch der Arbeitskommandos am Tor. Ich erinnere mich deshalb an ihn, weil er einen besseren Eindruck machte als die anderen SS-Männer.

Vorsitzender: Haben Sie ihn auch im Lager gesehen?

Klein: Nein, ich erinnere mich nur, daß er am Tor gestanden ist.

Vorsitzender: Hat er dort auch etwas getan?

Klein: Ich sah ihn immer nur einen kurzen Moment beim Vorbeimarsch, sonst kann ich nichts sagen.

Vorsitzender: Angeklagter Mulka, was haben Sie dazu zu sagen?

Mulka: Ich habe niemals am Tor gestanden.

Vorsitzender: Aber Sie sehen doch, wie vorsichtig der Zeuge in seiner ganzen Aussage ist. Wollen Sie uns wirklich glauben machen, daß er lügt?

Mulka: Mir fiel erneut auf, daß der Zeuge bei der Gegenüberstellung gesagt hat: „Das mit der Brille ist Mulka". Das ereignete sich hier schon öfter bei tschechischen Zeugen.

Klein: Ich habe Mulka an seiner Haltung und Figur wiedererkannt.

Vorsitzender: Trug Mulka damals eine Brille?

Klein: Ich weiß nicht, aber es war Mulka.

Vorsitzender: Als Sie bei der Gegenüberstellung sagten: „Der mit der Brille", bezog sich das nur auf das Wiedererkennen heute?

Klein: Ich habe den Angeklagten an der Haltung und Figur wiedererkannt.

Mulka: Die Aussage entspricht nicht der Wahrheit. Ich hatte am Tor nichts zu tun. Ich hatte auch gar keine Zeit dafür.

Vorsitzender: Aber im allgemeinen hatten doch der Kommandant und sein Adjutant sehr genau darauf zu achten, wenn Einmarsch oder Ausmarsch war. Das war doch so wie beim Militär?

Mulka: Ich hatte in Auschwitz keine Zeit zum Herumstehen. Ich hatte viel zu tun. Der Zeuge kann mich im Lager nie gesehen haben. Wenn er in den Tatsachen die Wahrheit spricht, so hat er sich eben in der Person geirrt.

Vorsitzender: Angeklagter Baretzki, haben Sie etwas zu sagen? Sie haben eben gelacht.

Baretzki: Ich weiß es anders. Wenn Herr Mulka behauptet, er war nie am Tor, dann ist das nicht wahr! Der Angeklagte Hofmann weiß das am besten. Das war so: Im Oktober oder November gab es in Auschwitz viel Nebel. Wenn Nebel war, hatte der Lagerführer allein gar keine Macht, die Häftlinge ausmarschieren zu lassen. Der Lagerführer hätte sich gehütet, denn wenn jemand floh, dann war er schuld. Er hat gewartet, bis der Kommandant sagte: „Es kann ausmarschiert werden." Der Lagerführer allein hätte sich gar nicht getraut, so einen Befehl zu geben.

Vorsitzender: Das war im Jahr 1942? Sie waren damals in Auschwitz?

Baretzki: Ja, ich war dort und habe dort Mulka bestimmt gesehen. Jede Kompanie, die Häftlingsbegleitung hatte, stand beim Tor. Die Leute wurden herausgeführt und wir als Begleitung eingeteilt. Der Kompaniechef tat das, auch der Arbeitseinsatzführer stand da.

Vorsitzender: Und was machten der Kommandant und sein Adjutant?

Baretzki: Die guckten sich den ganzen Betrieb an. Es war ganz anders, als es hier erzählt wird.

Vorsitzender: Angeklagter Hofmann, was haben Sie dazu zu sagen?

Hofmann: In meiner Zeit war Mulka nicht mehr in Auschwitz. Damals war Zoller Adjutant, der war eigentlich überall, aber ich weiß nicht, wie es bei Mulka war.

Baretzki ist der einzige Angeklagte, der über Mitangeklagte etwas weiß. Ein tschechischer Zeuge erinnert sich, daß Mulka auch im Lager Birkenau war:

Vorsitzender: Herr Zeuge, welche Angeklagten erkennen Sie?
Erich Kulka: Diesen hier *(auf den Adjutanten Mulka zeigend)*, er

war im Lager. Ich habe ihn nur gesehen, kann aber nichts über seine Tätigkeit sagen.

Mulka: Diese Aussage entspricht nicht der Wahrheit, der Zeuge muß sich irren.

Vorsitzender: Er hat Sie erkannt. Es ist von vornherein sehr schwer verständlich, daß ein Adjutant nicht das Lager betreten hätte.

Mulka: Es ist beinahe nicht verständlich, es entspricht aber den Tatsachen.

Noch ein SS-Mann wird als Zeuge gerufen:

Meßmer: Ich habe in Auschwitz in der ersten Wachkompanie meinen Dienst versehen.

Vorsitzender: Wer war Ihr Kompaniechef?

Meßmer: Obersturmführer Mulka.

Vorsitzender: Wie lange?

Meßmer: Ich glaube bis 1942 oder 1943, dann wurde er zur Kommandantur abkommandiert. Er wurde dort Stellvertreter oder Adjutant vom Kommandanten.

Vorsitzender: Wurden Häftlinge in der Zeit, als Mulka Kompaniechef war, auf der Flucht erschossen?

Meßmer: Ich weiß es nicht.

Richter Perseke: Wurde die ganze erste Kompanie oder nur Züge dieser Kompanie zum Absperrdienst an der Rampe eingeteilt, wenn Transporte ankamen?

Meßmer: Es wurde manchmal auch die ganze Kompanie dazu eingeteilt. Dann mußte auch der Kompanieführer mit. Ob damals Mulka oder bereits sein Nachfolger Kompanieführer war, weiß ich nicht mehr.

Ersatzrichter Hummerich: Wer kontrollierte die Posten, die auf den Türmen standen?

Meßmer: Ein Führer. Auch der Kompanieführer. Wir mußten vom Turm herunter unsere Meldung machen.

Staatsanwalt Kügler: Angeklagter Baretzki, Sie waren ja anfangs auch bei der ersten Kompanie?

Baretzki: Ja, Mulka war Kompanieführer.

Kügler: War Mulka auch mit der Kompanie an der Rampe, wenn diese zum Absperrdienst hinkommandiert wurde?

Baretzki: Ich würde sagen, daß er an der Rampe dabei war. Wenn die Kompanie zur Rampe mußte — bei Tag ist nicht die ganze Kompanie ausgerückt, da genügte ein Teil davon. Bei Nacht mußte die ganze Kompanie 'raus — dann sind wir ja nicht allein hingegangen.

Kügler: Wie oft war Ihre Kompanie zum Absperrdienst an der Rampe eingeteilt?

Baretzki: Das weiß ich nicht. Manchmal war es zweimal am Tag. Wir hatten immer eine ganze Woche Bereitschaftsdienst, dann die nächste Woche große Postenkette, die nächste Woche kleine Postenkette. Wenn in der Woche, wo wir Bereitschaftsdienst hatten, ein Transport kam, sind wir einmal hinaus. Wenn zehn Transporte kamen, dann sind wir zehnmal hinaus.

Kügler: Da der Angeklagte Mulka Fragen der Staatsanwaltschaft nicht beantwortet, bitte ich den Vorsitzenden, die Frage an Mulka zu richten, ob er mit seiner Wachkompanie zur Rampe marschiert ist.

Vorsitzender: Angeklagter Mulka, Sie haben die Frage gehört.

Mulka: Nein, ich bin nicht an der Rampe gewesen.

Vorsitzender: Und wo waren Sie, wenn Ihre ganze Kompanie dort eingesetzt war?

Mulka: Ich war nur bis Mitte April 1942 Chef der ersten Kompanie. In dieser Zeit wurde von dieser ein derartiger Absperrdienst nicht durchgeführt. Ich erinnere mich an keinen Transport zu dieser Zeit.

Vorsitzender: Aber im Jahr 1942 war das Lager doch voll. Es mußten Transporte gekommen sein.

Mulka: Es ist kein Zweifel, daß im Jahr 1942 Transporte angekommen sind. Aber als ich Chef der ersten Kompanie war, ist diese Kompanie zu keinem Absperrdienst an die Rampe marschiert.

Vorsitzender: Sie waren doch mindestens ein Vierteljahr Chef dieser Kompanie. Während dieser Zeit gab es keine Transporte?

Mulka: Es waren damals acht Kompanien in Auschwitz.

Kügler: Angeklagter Baretzki, gab es damals bereits acht Kompanien?

Baretzki: Damals waren vier Kompanien und eine Ausbildungskompanie in Auschwitz.

War Mulka auch auf der Rampe? Ein Zeuge aus der DDR hat ihn dort gesehen:

Spicker: Im Februar 1943 wurde ich mit meiner Frau von Berlin nach Auschwitz deportiert, weil wir Juden waren. Als wir aus dem Waggon ausstiegen, wurde ich links zu einer größeren Gruppe von Männern gestoßen, meine Frau und auch Kinder kamen nach rechts. Ich wollte zu meiner Frau. Als ich hinüberging, wurde ich sehr unsanft zurückgestoßen und erhielt Fußtritte.

Vorsitzender: Wer hat die Einteilung angeordnet?

Spicker: Das ist mir nicht bekannt. Mehrere SS-Leute jagten mich nach links, fast alle Älteren wurden nach rechts gejagt. Später habe ich nach dem Namen von dem SS-Mann, der das Ganze befehligte, gefragt. Man sagte mir, es sei Mulka.

Vorsitzender: Können Sie diesen SS-Mann beschreiben?

Spicker: Er hatte ein markantes Gesicht, das man sich gemerkt hat. Es war ein unvergeßlicher Anblick. Er hat ein Habichtsgesicht.

Vorsitzender: Welchen Rang hatte er?

Spicker: Das weiß ich nicht, jedenfalls war er Offizier.

Vorsitzender: Welche Rolle spielte er an der Rampe?

Spicker: Er war an der Einteilung der Häftlinge beteiligt. Er war derjenige, der mich zurückholte.

Vorsitzender: Von wem haben Sie den Namen dieses Mannes erfahren?

Spicker: Im Lager habe ich einen Blockältesten kennengelernt, der den Spitznamen „Napoleon" hatte. Er sagte mir, daß das Mulka war.

Vorsitzender: Trug Mulka damals eine Brille?

Spicker: Das kann ich nicht sagen.

Bei der folgenden Gegenüberstellung erkennt der Zeuge den Angeklagten Mulka.

Vorsitzender: Hier haben Sie einige Bilder. Eines davon zeigt Mulka in SS-Uniform und ist aus der damaligen Zeit.

Spicker: Das hier ist Mulka. Genau so ist er mir in Erinnerung.

Vorsitzender: Können Sie das beschwören? War er damals verantwortlich für die Selektion?

Spicker: Er war sicher dort, aber ob er die Verantwortung für die Selektion hatte, weiß ich nicht. Er war aktiv beteiligt.

Verteidiger Dr. Stolting II: Erhielten Sie die Fußtritte von Mulka?

Spicker: Irgendjemand riß mir eine Tasche weg. Ich bekam einen Schlag, und als ich eine Bemerkung machte, bekam ich einen Fußtritt von Mulka.

Dr. Stolting: Sind Sie dabei hingefallen?

Spicker: Nein.

Dr. Stolting: Früher sagten Sie, Sie seien niedergeschlagen worden.

Spicker: Das kann man so nicht sagen. Ich bin gestoßen worden.

Porebski war in Birkenau Elektriker. Deswegen konnte er sich freier bewegen als die meisten anderen Häftlinge:

Vertreter der Nebenklage Dr. Kaul: Haben Sie den Angeklagten Mulka auf der Rampe gesehen?

Porebski: Ja, ich glaube, ich habe ihn mit anderen höheren Offizieren bei Selektionen gesehen.

Dr. Kaul: Was hat er dort getan?

Porebski: Ich habe Mulka bei der Einteilung der Angekommenen mehrmals gesehen. Ich erinnere mich, daß die Mitglieder einer Familie sich einmal an ihn gewandt haben, und er sie zurückschickte.

Dr. Kaul: Hat er aktiv an der Selektion teilgenommen?

Porebski: So wie die anderen.

Dr. Kaul: Hing von seiner Entscheidung das Schicksal der Opfer ab?

Porebski: Ja, er hat nach links oder rechts gezeigt.

Verteidiger Dr. Eggert: Von wo haben Sie Mulka auf der Rampe gesehen?

Porebski: Im Jahr 1942 fanden die Selektionen auf der alten Rampe statt. Ich habe ihn im Vorbeigehen gesehen. Ich mußte dort Lampen auswechseln, wenn das Licht kaputtgegangen ist.

Ein tschechischer Zeuge hatte bei der Sammlung der Effekten zu tun, die die nach Auschwitz Deportierten mit sich führten. Er kennt nicht den Namen des Angeklagten Mulka, aber sein Gesicht:

Vorsitzender: Sie haben hier bei der Gegenüberstellung den Angeklagten Mulka erkannt. Was können Sie über ihn sagen?

Gibian: Das war der erste SS-Mann, den ich bei meiner Ankunft auf der Rampe gesehen habe. Ich bin am 31. März 1942 angekommen. Ich habe ihn später mehrmals dort gesehen. Er hat wie ein leitender Mann die Vorgänge auf der Rampe überwacht.

Vorsitzender: Haben Sie gesehen, daß er selbst selektiert hat?

Gibian: Ob er selbst selektiert hat, kann ich nicht sagen, ich glaube eher nein.

Auch an der Schwarzen Wand wurde Mulka gesehen:

Bei der Gegenüberstellung der Angeklagten und des Zeugen erkennt der Zeuge Fabian den Angeklagten Mulka.

Fabian: Ich glaube, diesen sah ich auch im Hof vom Block 11, aber er hat nicht geschossen. Er hatte einen Ledermantel von einer ganz besonderen Farbe an.

Vorsitzender: Welche Vorstellung verbinden Sie mit diesem Angeklagten?

Fabian: Er stand dabei, wenn der ganze Stab dort war. Ob Höß und er gemeinsam dort waren, weiß ich nicht mehr. Ich bin aber zu neunzig Prozent sicher, daß ich ihn dort gesehen habe.

In einer Nachtragsanklage wird Mulka beschuldigt, mit eigener Hand Häftlinge ermordet zu haben:

Rybka: Ich war im Kommando Teichwirtschaft Harmense zur Arbeit eingeteilt. Im Sommer 1942 bekam ich Typhus und kam in den Krankenbau des Stammlagers. Als ich die Krankheit überstanden hatte, wurde ich wieder in das Kommando Harmense zurückgeholt, und zwar brachte mich der Rottenführer Thran auf einem Pferdewagen ins Kommando. Der Wagen wurde von dem polnischen Häftling Izydor Kornacki gelenkt. Wir hielten zuerst bei der SS-Küche und nahmen dort den Sturmmann Pomreinke, einen Volksdeutschen aus Rumänien, auf, der ein großes Paket auflud.

Wir waren erst etwa 600 bis 800 Meter von der SS-Küche weggefahren, da begegneten wir einem Häftlingskommando, das Strohsäcke trug. Es waren vielleicht 40 Häftlinge. Auf dem Weg kam uns ein offener Pkw entgegen. Thran befahl Kornacki, vom Weg herunterzufahren und stehenzubleiben. Das Auto blieb ebenfalls stehen. Aus dem Auto stieg Mulka aus. Ich kenne ihn und kann mich in seiner Person nicht irren. Er schrie die SS-Begleiter des Häftlingskommandos an, weil aus den Strohsäcken Holzwolle, die beschmutzt und vielleicht auch mit Fäkalien verunreinigt war, herausfiel. Mulka brüllte: „Man muß die Strohsäcke mit der Öffnung nach oben tragen." Ich vermute, er hatte Angst vor einer Ansteckung, denn in dieser Zeit sind auch Frauen von SS-Angehörigen an Fleckfieber gestorben. Mulka war sehr aufgeregt, zog schließlich die Pistole und gab auf einen Häftling, der einen Strohsack trug, zwei Schüsse ab. Der Häftling fiel zu Boden. Unter den anderen Häftlingen entstand eine große Unruhe; sie drehten sich um. Da gab Mulka auf den nächsten auch zwei Schüsse ab. Ich sah, wie sich der Häftling hinter seinem Strohsack versteckte, und sah auch, daß Blut aus seinem Ärmel rann. Mulka gab nochmals zwei Schüsse ab, und ein dritter Häftling wurde erschossen, ebenfalls von hinten. Rottenführer Thran sagte zu Izydor: „Izydor vorwärts, fahr ums Auto herum und weg." Wir waren sehr aufgeregt, ich habe gezittert. Thran sagte zum anderen SS-Mann: „Der alte Mulka ist wild geworden, er hat wahrscheinlich Angst vor Flecktyphus."

Vorsitzender: War mit Mulka noch jemand in dem Wagen?

Rybka: Ja, es war noch ein SS-Mann im Wagen, aber ich weiß nicht, welchen Rang er hatte.

Vorsitzender: Als Kornacki zu diesem Vorfall vernommen wurde, hat er ihn anders geschildert, zwischen seiner und Ihrer Schilderung gibt es erhebliche Unterschiede.

Rybka: Wir standen im Wagen an der Seite. Wenn zwei nach 22 Jahren einen Vorfall zu schildern haben, dann werden die Aussagen wahrscheinlich nicht gleich sein.

Vorsitzender: Das wird wohl zutreffen. Aber wenn aus heiterem Himmel plötzlich drei Menschen erschossen werden, dann muß man sich doch merken, ob man den Vorfall von vorne oder von hinten beobachtet hat.

Rybka: Ich habe den Vorfall so gesehen, wie ich ihn hier auf meiner Skizze eingezeichnet habe. Er bleibt mir bis zu meinem Lebensende im Gedächtnis.

Vorsitzender: In Ihrem Protokoll haben Sie ihn aber anders geschildert.

Rybka: Die Schilderung stimmt so, wie ich sie heute hier abgegeben habe. Als ich damals vernommen wurde, war kein Dolmetsch anwesend, und es sind vielleicht Fehler unterlaufen. Ich bin nicht gesund.

Vorsitzender: Hatte der Angeklagte Mulka damals eine Brille auf?

Rybka: Ich sah ihn damals ohne Brille.

Vorsitzender: Früher haben Sie aber zu Protokoll gegeben, daß Sie ihn mit Brille gesehen haben.

Rybka: Mulka war damals kein Brillenträger.

Vorsitzender: Seinerzeit haben Sie angegeben, er trug sicher eine Brille, die oben einen goldenen Rand hatte.

Rybka: Das ist nicht richtig zu Protokoll genommen worden.

Vorsitzender: Woher kannten Sie Mulka?

Rybka: Ich kannte ihn, weil er oft nach Harmense kam. Wenn ein SS-Führer hinkam, rief man uns von der Hühnerfarm immer an und sagte: „Es kommt Besuch". Es kamen oft Höß, Caesar, Aumeier, Palitzsch; alle kamen, um sich Fische zu holen.

Richter Hotz: Waren Sie schon fieberfrei, als man Sie aus dem Krankenbau nach Ihrer Typhuserkrankung abholte?

Rybka: Ich habe dem Capo von unserem Kommando Post geschickt, er möge mich bald holen kommen, weil es viele Tote im Krankenbau gab. Ich war damals ein Wrack. Aber als ich die Fahrt antrat, war ich ohne Fieber.

Vorsitzender: Angeklagter Mulka, wann haben Sie das erste Mal eine Brille bekommen?

Mulka: Ich glaube mich erinnern zu können, etwa um das Jahr 1950 herum, es könnte aber sein, daß ich schon vorher eine Lesebrille hatte.

Vorsitzender: Hatten Sie vorher schon Sehstörungen?

Mulka: Beim Lesen; vielleicht habe ich eine Lesebrille gehabt. Jetzt habe ich eine andere Brille.

Vorsitzender: Aber Sie wissen doch, daß Sie bereits am 7. Januar 1935 das erste Mal eine Brille verschrieben bekamen und dafür von der Krankenkasse einen Zuschuß von zehn Mark erhielten. Im Mai 1940 haben Sie erneut eine Brille bei der Krankenkasse beantragt.

Mulka: Es dürfte sich um eine Lesebrille gehandelt haben.

Staatsanwalt Wiese: Der Zeuge Kornacki, der in Polen wohnt, ist krank und derzeit nicht reisefähig.

Nur das Protokoll Kornackis kann verlesen werden, in welchem steht:

Kornacki: Etwa Ende August oder Anfang September 1942 bin ich mit einem Pferdewagen aus Auschwitz herausgefahren. Ein SS-Posten und mein Mithäftling Rybka waren ebenfalls auf dem Wagen. Ich erinnere mich, daß wir einem SS-Offizier begegnet sind, der furchtbar geschrien hat, einen SS-Mann anbrüllte, daß die Häftlinge das Gelände beschmutzt hätten, nach seiner Pistolentasche griff und acht oder zehn Schüsse abgegeben hat. Auf wen er geschossen hat, habe ich nicht beobachtet. Aber er schoß sicherlich in die Richtung, in der die Häftlinge gingen. Rybka und der SS-Mann sprachen nachher miteinander und ich hörte, wie sie sagten, daß der Offizier Mulka heißt. Die Häftlinge, auf die geschossen worden ist, waren aus einem Arbeitskommando, das Strohsäcke aus dem Krankenbau zu tragen hatte. Es handelte sich um Strohsäcke, auf denen Typhuskranke gelegen waren.

Pomreinke wird auch befragt:

Vorsitzender: Erinnern Sie sich, daß Sie einmal mit einem Pferdewagen nach Harmense gefahren sind?

Pomreinke: Ja, ich erinnere mich. Das ist im Sommer 1942 gewesen. Es war dort ein Außenkommando für Fischteiche, und wir haben mit einem Pferdefuhrwerk einige Sachen hingebracht.

Vorsitzender: Erinnern Sie sich, daß Sie auf dem Weg dorthin Erschießungen gesehen haben?

Pomreinke: Das kann sein, ich weiß es aber nicht, denn ich habe nicht so sehr darauf geachtet.

Vorsitzender: Aber ein solcher Vorfall ist doch besonders eindrucksvoll. *Der Vorsitzende schildert dem Zeugen die Aussage des Zeugen Rybka.*

Pomreinke: Ich weiß nicht, es ist denkbar, daß so etwas gewesen ist, aber ich kann mich nicht erinnern, daß ich damals Strohsäcke gesehen habe. Es ist möglich, daß so etwas vorgekommen ist.

Vorsitzender: Kennen Sie den Zeugen Rybka?

Pomreinke: Ja, ich kenne ihn. Ich habe oft von seinen Eltern Lebensmittel für ihn geholt.

Schließlich tritt die Staatsanwaltschaft von diesem Punkt der Anklage zurück. Er scheint ihr nicht eindeutig genug bewiesen.
Ein tschechischer Zeuge erinnert sich an ein Erlebnis mit Mulka, das er so schildert:

Princz: Zum Pferdestall, wo ich arbeitete, kamen oft Offiziere, um Reitpferde zu holen.

Vertreter der Nebenklage Raabe: Kam auch der SS-Adjutant Mulka dorthin?

Princz: Ich habe diesen Namen oft im Lager gehört und Mulka auch gesehen. Ich erinnere mich, daß im Herbst 1942 dem Kommandanten Höß ein Pferd vorgeführt wurde, er saß auf, das Pferd sprang, und er brach sich den Fuß. Seit dieser Zeit vertrat ihn ein hochgewachsener Offizier, der in der Abwesenheit von Höß Chef des Lagers war.

Vorsitzender: Woher wissen Sie das?

Princz: Man sagte uns, das ist der Chef des Lagers. Ich habe diesen Mann beim Krematorium und auch bei der Rampe gesehen. Unser Kommandoführer nannte uns die Namen der SS-Offiziere, so auch den Namen von Mulka. Fast alle Offiziere kamen zu uns, um zu reiten.

Raabe: Sahen Sie Mulka auch bei der Rampe?

Princz: Ja, ich sah ihn dort sehr oft.

Raabe: Was hatten Sie auf der Rampe zu tun?

Princz: Dort blieb viel Unbrauchbares liegen, das mußten wir zum Verbrennen wegfahren.

Raabe: Was tat Mulka, wenn er auf der Rampe war?

Princz: Er war bei Selektionen dabei, aber ich habe nicht gesehen, daß er selbst entschieden hat.

Ich habe Mulka auch noch ein anderes Mal genau gesehen. Wir fuhren aus dem Lager Birkenau hinaus, es war an einem Nachmittag, vielleicht im Jänner oder Februar 1943. Die Kommandos rückten schon ein, und wir kamen gerade zu der Brücke, die zwischen Birkenau und Auschwitz über die Bahn führt. Wir waren auf dem Wagen drei Kutscher und ein SS-Posten. Vielleicht 300 oder 400 Meter vor der Brücke überholte uns ein Auto, darin saß Mulka. Das Auto blieb stehen. Vor uns standen zwei Häftlinge und zwei SS-Posten. Die Posten visitierten die beiden Häftlinge, schlugen sie und nahmen irgend etwas aus deren Taschen. Wir waren von dieser Gruppe vielleicht 20 oder 25 Meter entfernt. Mulka fragte die SS-Posten: „Was ist denn das?“. Der SSler meldete, daß die Häftlinge irgend etwas organisiert haben. Darauf sagte Mulka: „Schießt doch die Hunde nieder!“ Der eine Häftling war durch die Schläge schon mit Blut bedeckt. Die SS-Posten schossen, aber ein Häftling erhob sich noch. Da zog Mulka selbst die Pistole und gab einen Schuß ab. Dann fuhr er in seinem Wagen weg. Wir mußten die Leichen auf unseren Wagen aufladen und nach Birkenau führen.

Bei der Gegenüberstellung erkennt der Zeuge den Angeklagten Mulka und sagt: Damals trug er einen Ledermantel.

Vorsitzender: Trug Mulka damals eine Brille?

Princz: Nein, er war damals gut aussehend. Er war schlimmer als Höß und hat nie ertragen, wenn ein Häftling sich ausgeruht hat.

Vorsitzender: Haben Sie ihn öfter gesehen?

Princz: Ich habe ihn x-mal an verschiedenen Stellen getroffen.

Raabe: Bitte schildern Sie den Vorfall mit der Erschießung der beiden Häftlinge doch noch etwas genauer.

Princz: Die Häftlinge hatten die Mützen auf den Boden gelegt und mußten in diese Mützen den Inhalt ihrer Taschen hineingeben. Dabei wurden sie von den SS-Posten geschlagen. Sie hatten schon blutige Nasen. Mulka kam gerade, als die Häftlinge ihre Taschen entleerten. Geschossen hat der eine SS-Mann, der die Häftlinge untersucht hat. Mulka schoß schließlich auf den Häftling, der sich noch einmal zu erheben versuchte. Die Schüsse wurden etwa zur gleichen Zeit abgegeben.

Vertreter der Nebenklage Dr. Kaul: Wohin mußten Sie die Leichen bringen?

Princz: In das Männerlager, und zwar in die Leichenhalle. Häftlinge haben die Leichen dort abgeladen. Der Nummer nach waren es Häftlinge, die schon länger in Auschwitz waren; sie dürften 30 oder 35 Jahre alt gewesen sein.

Vorsitzender: Laut Kommandanturbefehl war aber Kommandant Höß in dieser ganzen Zeit, von der Sie sagen, daß Mulka ihn vertreten habe, tätig.

Princz: Unser Kommandoführer Graf hat gesagt: „Das ist der neue Kommandant". Ich habe keine Kommandanturbefehle gesehen. Ich kann mich auch erinnern, daß er gesagt hat: „Gebt acht, das ist ein sehr strenger Mensch."

Mulka leugnet und beantragt, daß die Witwe von Höß geladen wird, um zu beweisen, daß Höß um diese Zeit keinen Reitunfall hatte: Frau Höß erinnert sich aber an einen solchen Unfall, der auch dokumentarisch nachgewiesen werden kann.

Staatanwalt Kügler: Es ist nun festgestellt, daß der Kommandant Höß am 6. Oktober 1942 einen Reitunfall hatte und dann in das Krankenhaus eingeliefert wurde. Angeklagter Mulka, haben Sie während der Erkrankung von Höß die Geschäfte des Kommandanten geführt?

Mulka: Ich weiß nicht, wer die Geschäfte geführt hat, ich weiß nur, daß ich am 10. Oktober 1942 nicht mehr in Auschwitz war. Ich kann mich an den Unfall des Kommandanten Höß nicht erinnern. Nach der Lagerordnung hatte der erste Schutzhaftlagerführer seine Vertretung.

Vorsitzender: Ist diese Lagerordnung auch eingehalten worden?

Mulka: Das kann ich jetzt nicht sagen.

Während meiner Zeit habe ich, wenn ein Fernschreiben einen Transport ankündigte — ich erinnere mich vielleicht an drei oder vier solche Fernschreiben —, durch die Ordonnanz die Abteilung II verständigt. Was diese daraufhin für Maßnahmen durchgeführt hat, kann ich nicht sagen. Die Abteilung II, also die Politische Abteilung, hat die weitere Benachrichtigung durchgeführt.

Vorsitzender: Welche Erinnerung haben Sie von der Einteilung des Dienstes an der Rampe?

Mulka: Ich habe an der Rampe keinen Dienst versehen. Das Sonderkommando ist mir nicht bekannt.

Kügler: Kennen Sie die zwei Bauernhäuser in Birkenau, in denen vergast wurde?

Mulka: Ich erinnere mich nicht mehr daran.

Kügler: Haben Sie veranlaßt, daß bei ankommenden Transporten Absperrdienst versehen wird?

Mulka: Die Wachtruppe wurde durch die Politische Abteilung von ankommenden Transporten benachrichtigt. Meiner Eigenschaft als Vertreter des Wachsturmbannkommandeurs ist niemals zum Zug gekommen.

Ersatzrichter Hummerich: Angeklagter Mulka, der Angeklagte Boger hat uns berichtet, daß ein Dienstplan für die SS-Führer vorhanden war, nach welchem sie zu dem Rampendienst eingeteilt waren. Was hat der Adjutant gemacht? Es gibt nur zwei Möglichkeiten: Entweder, der Adjutant hat diesen Dienstplan gemacht oder der Kommandant hat ihn gemacht, dann war aber der Adjutant auf diesem Dienstplan selbst auch eingeteilt.

Mulka: Jeden Tag war ein SS-Führer der Wachtruppe Offizier vom Dienst. Aber der hatte an der Rampe nichts zu tun.

Hummerich: Der Angeklagte Boger hat uns aber erzählt, daß auch ein Offizier vom Dienst aus dem Kommandanturbereich täglich eingesetzt war.

Mulka: Das kann nur ein Führer vom Schutzhaftlager oder vom Arbeitsdienst gewesen sein, der an der Rampe war.

Vorsitzender: Das kann nicht stimmen. Man kann es doch nicht dem Zufall überlassen, wer an der Rampe ist. Das muß doch befehlsgemäß im voraus bestimmt sein.

Mulka: Die Politische Abteilung war für den Dienst an der Rampe verantwortlich. Von einem extra aufsichtführenden Führer vom Dienst ist mir nichts in Erinnerung.

Vorsitzender: Der Befehl an einen solchen Führer kann aber doch nicht von der Politischen Abteilung ausgegangen sein?

Mulka: Ich habe keinen Befehl ausgegeben und ich glaube auch nicht, daß der Kommandant einen solchen Befehl gegeben hat.

Aus England kommt ein Zeuge, der als Häftling an der Rampe arbeiten mußte, und sich an das Gesicht Mulkas erinnert:

Bei der Gegenüberstellung erkennt der Zeuge Dr. Vrba den Angeklagten Mulka.

Vorsitzender: Woher kennen Sie den Angeklagten Mulka?

Dr. Vrba: Ich habe ihn öfters auf der Rampe in Offiziersuniform gesehen. Er trug einen Mantel mit einem weißen Pelz. Ich erinnere mich an einen Vorfall: Ein Häftling wurde mit Schlägen vor die SS-Führer gebracht, und der Untercapo meldete: „Dieses Schwein hat mit den Zugängen sprechen wollen!“ Da sagte dieser Angeklagte: „Machen Sie ihn fertig, es ist schon spät!“ Und es war tatsächlich spät, es war schon nach Mitternacht.

Vorsitzender: Hat dieser Angeklagte auch selbst selektiert?

Dr. Vrba: Bei den Selektionen war ich nicht dabei, das kann ich nicht sagen.

Staatsanwalt Kügler: Kann man dem Zeugen ein Foto des Angeklagten Mulka aus seiner Auschwitz-Zeit vorlegen?

Dr. Vrba (erkennt Mulka auf dem Foto): Ja, so hat er ausgesehen! Er hat damals keine Augengläser getragen, das war er!

Kügler: Können Sie den Pelz, den er auf dem Mantel hatte, genauer beschreiben?

Dr. Vrba: Sein Mantel war ein grüner Offiziersmantel, der Pelz oben war weiß.

Vertreter der Nebenklage Ormond: Haben Sie ihn auf der Rampe wiederholt gesehen?

Dr. Vrba: Ja, deswegen habe ich ihn mir gemerkt.

Vorsitzender: Wie wurde der Häftling fertiggemacht, der Mulka vorgeführt worden war?

Dr. Vrba: Mit Knüppeln wurde er geschlagen, bis er keinen Ton mehr von sich gab. Dann wurde die Leiche weggeschafft. Das war gang und gäbe in unserem Kommando.

Kügler: Angeklagter Kaduk, erinnern Sie sich, daß Mulka einen Pelzmantel mit weißem Kragen getragen hat?

Kaduk: Ich kann mich nicht erinnern.

Nach dieser Zufallsaussage — der Zeuge war zu einem anderen Thema benannt worden — wird Mulka endgültig in Haft genommen.

Die Frau des SS-Sturmbannführers und Chefs der Zentralbauleitung der Waffen-SS in Auschwitz, Karl Bischoff, wird vernommen, da sie seinerzeit eine Anzeige gegen Mulka erstattet hatte:

Bischoff: Ich kannte Mulka in Auschwitz, wir haben dort gesellschaftlich miteinander verkehrt.

Vorsitzender: Sie haben Mulka bei Pohl angezeigt, weil er Goebbels als einen Idioten bezeichnet hat, der durch seine Reden dem deutschen Volk großen Schaden zugefügt habe?

Bischoff: Mein Mann hat mich veranlaßt, diesen Brief zu schreiben.

Vorsitzender: Sie wußten doch, was diese Anzeige bedeutete?

Bischoff: Ich weiß nicht mehr, ob das eine Anzeige der Form nach war.

Vorsitzender: Frau Bischoff, was das damals bedeutete, das weiß jeder von uns. So eine Anzeige war doch lebensgefährlich.

Bischoff: Ja, heute weiß ich das.

Vorsitzender: Das hat man damals noch besser gewußt. Was ist dann geschehen?

Bischoff: Ich wurde ins Führerheim zu einer Rücksprache gebeten. Mulka war dort und ein Herr aus Berlin.

Staatsanwalt Kügler: Bei Ihrem gerichtlichen Verhör erwähnten Sie, daß Sie und Ihr Gatte über das feuchtfröhliche Leben Mulkas mitten im Kriege empört waren.

Bischoff: Ja, aber so kraß wollte ich das auch wieder nicht sagen. Ich konnte das nicht beurteilen, es wurde nur so gesprochen. Mulka arrangierte die Truppenbetreuung und alle Unterhaltungen für die Truppe und war mit den Künstlern sehr verbindlich.

Verteidiger Dr. Stolting II: Als Ihr Mann Ihnen den Auftrag für den Brief gab, warum haben Sie da gerade an Pohl geschrieben?

Bischoff: Mein Mann sagte mir die Adresse. Sicherlich hat mein Mann auch den Brief diktiert. Ich glaube, er war mit der Maschine geschrieben.

Mulka: Ich möchte nur in der Terminologie dessen, was ich in meiner Befragung zur Sache bekannt habe, etwas richtigstellen. Ich habe damals angegeben, daß ich am 9. März 1943 verhaftet und nach Berlin-Schöneberg gebracht wurde. Das ist nicht richtig. Ich erlitt auf der Fahrt nach Berlin zweimal eine schwere Magenkolik. Ich wurde daher am 10. März zunächst ins Lazarett Berlin-Lichterfelde eingewiesen. Erst Anfang April kam ich ins Gefängnis und blieb dort bis Juli.

Kügler: Das ist Ihnen aber erst eingefallen, nachdem ich Ihnen Ihre falschen Angaben vorgehalten hatte.

Mulka: Jawohl, Sie haben mir das gezeigt, und da kam es mir zu Bewußtsein. Mitte Juli wurde ich vom Dienst suspendiert. Ich kam nach Hamburg. Das einzige, was mich vor dem Strick der Nationalsozialisten rettete, war der Umstand, daß ich in Hamburg in die Terrorangriffe kam. Da ging es gar nicht anders, als daß ich als alter Soldat den Verletzten half!

Kügler: Sie waren kein Soldat, Sie haben einem uniformierten Mordkommando angehört.

Mulka: Doch, ich war Soldat.

Vorsitzender: Was haben Sie erwidert, als Ihnen damals die Beschuldigungen vorgehalten wurden?

Mulka: Ich habe versucht, mit den besten Mitteln herauszukommen. Ich habe selbstverständlich alles abgestritten.

Vorsitzender: Streiten Sie heute auch so selbstverständlich Dinge ab, obwohl sie wahr sind?

Mulka: Nein.

Vorsitzender: Sie haben aber ursprünglich angegeben, daß Ihnen von Erschießungen, Sterilisationsexperimenten, vom Bunker, von Selektionen und Vergasungen nichts bekannt gewesen sei.

Mulka: Das stimmt zum Teil. Ich habe natürlich von solchen Dingen Kenntnis bekommen. Ich habe das nur unter einer Schockwirkung abgestritten.

Leopold Heger war SS-Oberscharführer in der Fahrbereitschaft. Er wird nach seinen Beobachtungen über diese Affäre gefragt:

Vorsitzender: War der Adjutant Mulka im Schutzhaftlager?

Heger: Als Adjutant mußte er ins Lager kommen.

Staatsanwalt Kügler: Ist Ihnen bekannt, daß Mulka in Auschwitz von der SS verhaftet worden ist?

Heger: Mir ist das nicht erinnerlich.

Der Spieß bei der Kommandantur erinnert sich deutlicher:

Vorsitzender: Welche Einstellung konnten Sie seinerzeit bei dem Angeklagten Mulka feststellen?

Nebbe: Er hatte eine negative Einstellung. Er war mit vielen Dingen nicht einverstanden.

Vorsitzender: Welche Dinge meinen Sie?

Nebbe: Den Komplex mit den Gefangenen, deren Behandlung, die Aussiedlung von Menschen. Er machte Äußerungen gegen die damalige Regierung. Ich habe darüber geschwiegen. Mir ist bekannt, daß ein Verfahren gegen ihn eingeleitet wurde. Eines Tages wurde der Adjutant unter Hausarrest gestellt, und ich wurde zur Vernehmung befohlen. Es waren Herren aus Berlin da. Ich mußte über meine persönlichen Eindrücke von Mulka aussagen. Das Ergebnis war, daß Mulka von Auschwitz wegkam.

Schließlich rekonstruiert die Staatsanwaltschaft an Hand erhalten gebliebener Personalpapiere diese Affäre:

Vorsitzender: Auf Antrag der Staatsanwaltschaft wird aus den Akten verlesen, die seinerzeit vom SS-Gericht angelegt wurden, als Mulka der Heimtücke angeklagt war.

Es wird erwähnt, daß Mulka als Offizier im Ersten Weltkrieg gedient und das EK I erhalten habe, daß er nachher zu 20 Monaten Gefängnis wegen Hehlerei verurteilt worden sei und ihm deswegen dauernd das Recht, sich Offizier zu nennen, abgesprochen worden sei. Als er Jahre später in die Wehrmacht eintrat, sei er nach Bekanntwerden dieses Deliktes aus der Wehrmacht entlassen worden. Deswegen sei er der Waffen-SS beigetreten.

Die Frau des SS-Sturmbannführers Bischoff habe ihn deswegen angezeigt, weil er abfällige Kritik an Goebbels geübt habe. Er solle geäußert haben, Goebbels sei ein Idiot, ein Schürzenjäger und die deutsche Wehrmacht sei kriegsmüde. Mulka bestreite diese Äußerungen und niemand könne behaupten, daß solche Äußerungen seiner allgemeinen Einstellung entsprechen würden. Ein Arzt bescheinige, daß Mulka krank und vielleicht nicht ganz Herr seiner Sinne sei.

Der Reichsführer SS habe angeordnet, daß noch weitere Ermittlungen durchzuführen seien.

Schließlich wird festgestellt, daß sich Mulka bei den Luftangriffen auf Hamburg ganz hervorragend verhalten habe. Es sei daraufhin vorgeschlagen worden, weiterhin keine Strafverfolgung gegen ihn durchzuführen. Mulka könne auch in der SS bleiben. Wegen seines Verhaltens in Hamburg sei Mulka das Kriegsverdienstkreuz 1. Klasse verliehen worden. Auf Anordnung des Reichsführers SS sei Mulka entsprechend seinen Fähigkeiten wieder zum Dienst zu erfassen.

Vertreter der Nebenklage Ormond: Angeklagter Mulka, haben Sie diese Äußerung über Goebbels getan?

Mulka: Jawohl!

Ormond: Damals haben Sie es aber bestritten.

Mulka: Ich habe diese Äußerungen deswegen gemacht, weil Frau Bischoff versuchte, sich von einer Dienstleistung zu drücken, zu der Anfang 1943 auch alle SS-Frauen heranzuziehen waren. Ich war zu dieser Zeit noch immer der Ansicht, das Kriegsziel ist der Endsieg. Darum waren die Frauen der SS-Führer zum Dienst heranzuziehen und darum kam es zu dieser Auseinandersetzung. Ich habe die Äußerung gemacht, daß Goebbels ein Idiot und Schürzenjäger sei in Hinblick auf die Kritik in der auswärtigen Presse. Weil Goebbels nach Stalingrad in einer großen Versammlung im Sportpalast den totalen Krieg erklärt hat, konnte man im Ausland merken, daß Deutschland fertig war. Das war der Grund, weswegen ich damals explodierte. Für mich handelte es sich darum, den Krieg zu gewinnen. So habe ich es auch damals bei der Vernehmung erklärt. Ich bin wie ein Vulkan explodiert. Die Sportpalastrede von Goebbels war staatspolitisch vollkommen unsinnig.

Mulka hat also Goebbels nicht deswegen beschimpft, weil er ein Gegner des Nationalsozialismus war, wie er ursprünglich das Gericht glauben machen wollte.

Immer weitere Dokumente werden dem Mann vorgehalten, der an einem Schreibtisch in der Kommandantur des Konzentrationslagers gesessen ist und sich heute an nichts mehr erinnern will:

Vorsitzender: Es wurde hier eine Reihe von Kommandanturbefehlen vorgelegt, so ein Kommandanturbefehl vom 4. Mai 1942, in dem die Arbeitszeit der Häftlinge von 6 Uhr früh bis 18 Uhr nachmittag mit einer Stunde Mittagspause festgelegt wurde, und der Kommandanturbefehl vom 12. August 1942, in dem bekanntgegeben wurde, daß dem Gas kein Warnstoff mehr beigegeben ist, und in dem daher besondere Verhaltensmaßregeln für SS-Leute beim Vergasen angegeben wurden. Diese beiden Befehle tragen Ihre Unterschrift, Angeklagter Mulka. Ferner liegt hier noch ein weiteres Schreiben vom 23. Januar 1943 an den Amtsgruppenchef C, Kammler, vor. In diesem wird bekanntgegeben, wie der Baufortschritt der Krematorien vor sich geht. Ein weiteres Schreiben vom 29. Januar 1943 behandelt ebenfalls die Fertigstellung der Krematoriumsbauten. In diesem wird vom Lagerkommandanten angeordnet, daß die Häftlingskommandos auch am Sonntag, dem 31. Januar, wie an einem gewöhnlichen Werktag auszurücken haben. Auch diese Schreiben tragen Ihre Unterschrift, Herr Angeklagter Mulka. Wollen Sie diese Unterschriften anerkennen?

Mulka: Darf ich die Dokumente einsehen? Ja, diese zwei sind von mir unterschrieben, aber auf Anordnung des Lagerkommandanten. An den Vorgang mit der Bauleitung kann ich mich nicht erinnern. Die andere Unterschrift stammt ebenfalls von mir, aber es steht hier: Für die Richtigkeit.

Vorsitzender: Haben Sie zum Inhalt dieser Schreiben nichts zu sagen? Es handelt sich doch um die Krematoriumbauten, und Sie müssen also von deren Bau gewußt haben. Bei den Krematorien waren doch auch Gaskammern?

Mulka: Das ist wahrscheinlich, ich kann mich aber nicht erinnern. Der Kommandant hat mir eine Anordnung gegeben, und ich habe diese lediglich weitergegeben.

Vorsitzender: Sie haben also doch eine Ahnung von den Gaskammern gehabt?

Mulka: Es sind so unendlich viel Dinge vorgekommen. Ich müßte einzeln befragt werden, wenn ich antworten sollte.

Vorsitzender: Sind diese Dokumente nicht ein Beweis, daß Sie beim Aufbau der Krematorien beteiligt waren? Sie haben aber gesagt, Sie hätten nichts damit zu tun gehabt.

Mulka: Sicherlich wußte ich, daß dort gebaut wurde. Es kam ja eine Anordnung nach der anderen, und ich habe die Anordnungen des Kommandanten weitergegeben. Aber tatsächlich war ich am Bau nicht beteiligt. Ich erinnere mich auch nicht an den Bau von einer Tür. Es ist hier ein Schreiben vorgelegt worden wegen einer gasdichten Tür. Ich weiß nicht, ob das Schreiben damals bei mir durchgelaufen ist.

Vorsitzender: Aber Sie haben die Arbeitszeit der Häftlinge festgesetzt?

Mulka: Ja, das geschah auf Anordnung.

Vorsitzender: Das steht aber nicht in dem Schreiben.

Mulka: Das Schreiben wurde am 4. Mai 1942 unterschrieben, also in den ersten Tagen, nachdem ich die Geschäfte übernommen hatte. Damals war ich als Vertreter für den erkrankten Adjutanten eingesprungen.

Vorsitzender: In dem Schreiben, das mit dem 12. August 1942 datiert ist, sprechen Sie von der Kammer im Zusammenhang mit vergasten Räumen.

Mulka: Es könnte sich um entweste Räume gehandelt haben. Ich habe nie in Abrede gestellt, daß ich gewußt habe, daß in Auschwitz vergast wurde.

Staatsanwalt Kügler: Der Angeklagte Mulka hat früher gesagt, er habe nichts von Birkenau und von den Vergasungen gewußt.

Mulka: Zu meiner Zeit war bekannt, daß damals in Birkenau die Anfänge gebaut wurden. Die vier Krematorien selbst habe ich nicht gekannt. Zu meiner Zeit stand von Birkenau nur das Lager BIb, das damals Frauenlager war. Dieser Abschnitt war in Betrieb.

Der Angeklagte wird in die Enge getrieben:

Vertreter der Nebenklage Raabe (nachdem eine ganze Reihe von Dokumenten verlesen worden ist, die von Mulka gezeichnet sind und Häftlingsüberstellungen und ähnliches betreffen): Angeklagter Mulka, wollen Sie immer noch behaupten, daß Sie als Adjutant nichts mit Häftlingen zu tun hatten?

Mulka: Die hier verlesenen Dokumente waren Fernschreiben, die von mir nur weitergegeben wurden.

Raabe: Aber auf dem einen befindet sich doch ein handschriftlicher Vermerk von Ihnen: „zur Rücksprache".

Mulka: Ich habe niemals Rücksprache in Häftlingssachen geführt. Das hat bei mir persönlich nicht stattgefunden. Ich erinnere mich auch nicht an solche Rücksprachen.

Vertreter der Nebenklage Dr. Kaul: Früher haben Sie gesagt, daß Sie mit Fernschreiben überhaupt nichts zu tun hatten. Jetzt sagten Sie, daß alle über Ihr Büro gegangen sind?

Vorsitzender: Ja, das stimmt. Früher haben Sie gesagt, Sie haben sich um Fernschreiben nicht gekümmert. Jetzt sagen Sie, Sie haben keine Rücksprache verfügt.

Mulka: Ich habe nie behauptet, daß ich keine Fernschreiben gesehen habe.

Vorsitzender: Wurden also alle Fernschreiben automatisch dem Adjutanten vorgelegt?

Mulka: Dem Adjutanten unterstand auch die Fernschreibstelle.

Staatsanwalt Kügler: Sind also alle Fernschreiben, auch die über Ankünfte von Transporten, über den Schreibtisch des Adjutanten gegangen?

Mulka: Ich habe schon beim Untersuchungsrichter angegeben, daß während meiner Amtszeit vielleicht zwei oder drei, höchstens vier Ankündigungen von Transporten von mir gesichtet und weitergeleitet worden sind.

Vorsitzender: Sonst gab es keine Fernschreiben über Transporte während Ihrer Amtszeit?

Mulka: In meiner Erinnerung sind es drei oder vier solche Ankündigungen gewesen, die ich selbst gesehen habe.

Vorsitzender: Und die anderen haben Sie nicht gesehen?

Mulka: In meiner Amtszeit sind nicht mehr Transporte angekommen. Ich hatte während der fraglichen Zeit auch verschiedene Abwesenheiten.

Vorsitzender: Sie wollen also sagen, daß zwischen Mitte Dezember 1942 und dem 9. März 1943 nur zwei, drei oder vier Fernschreiben wegen ankommender Transporte in Auschwitz eingetroffen sind?

Mulka: Ja.

Vorsitzender: Sind Ihnen die abgehenden Fernschreiben regelmäßig vorgelegt worden?

Mulka: Jawohl. Es durfte nichts ohne mich abgehen, das gehörte zu meiner Aufgabe.

Vorsitzender: Bisher haben Sie das anders dargestellt.

Mulka: Bevor ein Fernschreiben weitergegeben wurde, mußte ich es abzeichnen. Das erfolgte deshalb, damit der Fernschreiber nicht zu außerdienstlichen Zwecken benützt werde. Das war bereits eine Üblichkeit, als ich die Funktion des Adjutanten übernahm.

Vorsitzender: Da haben Sie auch die Meldungen über die Sonderbehandlung abgezeichnet?

Mulka: Ich kann mich nicht ganz positiv daran erinnern.

Vorsitzender: Bei Ihnen ist es sehr schwer festzustellen, was Sie getan haben. Sie waren einer der maßgeblichsten Leute in Auschwitz. Bisher haben Sie sich so verantwortet, daß Sie sich nur um die wirtschaftlichen Betriebe zu kümmern hatten und Höß alles andere selbst gemacht habe.

Mulka: Das habe ich nie gesagt, ich sagte immer nur, daß ich mit den Häftlingen und mit dem Lager nichts zu tun hatte. Der Kommandant hielt mich als einen Reaktionär nicht für die Arbeit geeignet. Er hat mir deshalb einen unheimlichen Wust von schriftlichen Arbeiten und die Leitung der Wirtschaftsbetriebe übertragen.

Was hat der Angeklagte in Auschwitz wirklich getan? Der Vorsitzende will diese Frage klären:

Vorsitzender: Angeklagter Mulka, Sie haben ausgesagt, Sie seien nur als Betriebsführer der SS-Betriebe während der Zeit tätig gewesen, während der Sie Adjutant in Auschwitz waren.

Mulka: Nein, ich hatte natürlich auch mit der Adjutantur als solcher zu tun, aber nichts mit dem Schutzhaftlager und nichts mit Häftlingen. Zu meinem Aufgabenbereich gehörten auch die Personalien als da sind Beförderungen, Bestrafungen und so weiter. Ich hatte diese Dinge zu prüfen und mich darüber mit dem Kommandanten zu unterhalten.

Vorsitzender: Aber wenn man Vorschläge zur Beförderung machen soll, muß man sich doch ein Bild über die Tätigkeit der Leute machen.

Mulka: O ja. Ich war im großen darüber informiert, was vor sich ging; ich habe nie bestritten, davon gewußt zu haben.

Aber was im einzelnen geschah, konnte ich unmöglich wissen, das ist mir niemals zur Kenntnis gekommen, das habe ich alles erst hier im Prozeß zum erstenmal gehört.

Vorsitzender: Aber wenn Sie zum Fenster hinausgeschaut haben, dann mußten Sie beispielsweise den Einmarsch der Häftlinge sehen.

Mulka: Von meinem Fenster konnte ich das Eingangstor nicht sehen.

Vorsitzender: Ein Zeuge hat gesagt, er selbst hat Sie beim Tor stehen gesehen, als die Häftlinge einmarschierten.

Mulka: Dieser Zeuge hat sich unzweifelhaft in der Person geirrt. Meine Tätigkeit in Auschwitz bestand nicht darin, zum Fenster hinauszugucken.

Vorsitzender: Aber Sie hatten doch eine Beurteilung der SS-Führer abzugeben.

Mulka: Jawohl.

Vorsitzender: Wenn Ihnen zum Beispiel einmal gemeldet wurde oder zur Kenntnis kam, daß ein SS-Führer jemanden totgeschlagen hat, was haben Sie dann in Ihrer Beurteilung geschrieben?

Mulka: Ich habe so etwas niemals erfahren. Ich weiß heute nicht, was ich nach den seelischen Konflikten, die ich dem Gericht schon geschildert habe, in einem solchen Fall gemacht hätte.

Vorsitzender: Aber wofür waren Sie denn Personalsachbearbeiter, wenn Sie die Leute, über die Sie zu urteilen hatten, nicht im Dienst gesehen haben?

Mulka: Ich habe sie nicht im Dienst gesehen.

Vorsitzender: Ja, warum haben Sie denn eigentlich das Lager nicht betreten und angesehen, wie die Leute ihren Dienst durchführten?

Mulka: Ich tat das nicht. Ich habe die Leute danach beurteilt, wie sie sich mir gegenüber repräsentierten, wie ich sie im Führerheim sah.

Vorsitzender: Das wäre doch ein ganz grober Verstoß gegen Ihre Pflichten gewesen.

Mulka: Die SS-Führer überwachte der Kommandant persönlich. Ich habe in Auschwitz auch niemals die Uniform der Totenkopfverbände getragen, ich habe immer meine Pionieruniform der Waffen-SS getragen.

Ich hatte die Wirtschaftlichkeit der Betriebe zu überprüfen. Auch die Abteilung VI — Schulungstätigkeit — war mir nur insofern unterstellt, als es die Wirtschaftlichkeit betraf. Der Führer dieser Abteilung mußte mit mir besprechen, ob beispielsweise eine Theatergruppe auch bezahlt werden kann.

Staatsanwalt Vogel: Mußte er Sie auch wegen der Themen für seine Schulungsvorträge fragen?

Mulka: Nein, ich hatte nur die Wirtschaftlichkeit zu überprüfen. Aber ich habe gewußt, daß er Vorträge hielt über das, was man damals weltanschauliche Schulung nannte.

Vogel: Haben Sie sich für diese Themen nicht interessiert?

Mulka: Ich kann mich nicht daran erinnern.

Baretzki (sich spontan zu Wort meldend): Damals wurden uns Hetzfilme gezeigt wie „Jud Süß“ und „Ohm Krüger“. An diese beiden Titel kann ich mich noch erinnern.

Und was für Folgen das für die Häftlinge hatte! Die Filme wurden der Mannschaft gezeigt — und wie haben die Häftlinge am nächsten Tag ausgesehen!

Niemand fragt den Angeklagten Baretzki weiter.

Vorsitzender: Angeklagter Mulka, hier liegt ein Dokument mit Ihrer Unterschrift vor. Neben Ihrer Unterschrift ist der Titel „Stabsführer“ zu lesen.

Mulka: Dieser Begriff ist mir nicht bekannt. Ich kenne den Begriff Stabsführer bei der Waffen-SS nicht. Ich habe ihn nur später bei der Allgemeinen SS kennengelernt.

Staatsanwalt Kügler: Ich kann dem Gericht einen Standortbefehl aus dem Jahr 1942 vorlegen, in dem es unter anderem heißt:

„Der bisherige stellvertretende Adjutant SS-Obersturmführer Mulka übernimmt mit sofortiger Wirkung die Stelle des Stabsführers im KL Auschwitz. In dieser Eigenschaft führt und leitet er die gesamten Dienstgeschäfte des Kommandanturstabes. Es sind ihm unterstellt: Adjutantur, Führerpersonalien und sonstige Personalfragen, Gerichtsabteilung als Gerichtsoffizier, Abteilung VI Truppenbetreuung, Schulung und Ausbildung der Aufseherinnen des Frauenkonzentrationslagers. Er ist Sachbearbeiter für Wirtschaftsfragen. In all diesen Fragen vertritt Mulka den Kommandanten unmittelbar."

Vorsitzender: Da haben Sie die Erklärung dafür, was ein Stabsführer ist. Und nun sagen Sie, Sie hätten den Begriff im Konzentrationslager nicht gekannt!

Mulka: Ich kann mich nicht erinnern.

Vorsitzender: So können Sie uns doch nicht antworten!

Mulka: Die Unterschrift unter diesem Befehl schaut auch etwas anders aus als meine Unterschrift.

Kügler: Die Staatsanwaltschaft wird dem Gericht noch mehrere Dokumente vorlegen, unter denen die Unterschrift Mulkas mit der Bezeichnung Stabsführer zu sehen ist.

Und es werden weitere Dokumente vorgelegt:

Vorsitzender: Aus hier verlesenen Kommandantenbefehlen geht eindeutig hervor, daß Sie, Angeklagter Mulka, vollwertig als Adjutant eingesetzt und als solcher Stellvertreter des Kommandanten waren, ferner, daß Sie auch die Funktion eines Stabsführers bekleidet haben. Sie haben sich also in Auschwitz nicht nur mit Wirtschaftsfragen zu beschäftigen gehabt, wie Sie hier angegeben haben.

Mulka: Ja, ich war Adjutant und vorher schon vertretungsweise Adjutant. Zu dieser Zeit entstand auch der Begriff des Stabsführers. Ich habe nachträglich darüber nachgedacht, seitdem mir das hier zum erstenmal vorgehalten worden war. Höß war der Ansicht, es müsse jemand da sein, der alles im Bereich der Kommandantur überwacht. Er wußte, bei mir hatte er jemanden, der peinlich genau und immer auf alles achtete.

Vorsitzender: Bisher sagten Sie, Sie seien nur für die Wirtschaftsbetriebe verantwortlich gewesen.

Mulka: Es ist ja hier ein Befehl verlesen worden, nach dem ich für die Wirtschaftsbetriebe verantwortlich und außerdem noch für eine Reihe von anderen Aufgaben eingesetzt war.

Vorsitzender: Also die Leitung der Wirtschaftsbetriebe war nur eine von vielen Aufgaben.

Richter Hummerich drängt weiter:

Ersatzrichter Hummerich: Ich habe eine Frage an den Angeklagten Mulka. Die Sache ist hier zwar schon zur Sprache gekommen, wurde aber noch nicht genügend geklärt. Sie gaben seinerzeit an, daß Sie in Hamburg nach Luftbombardements geholfen hatten, weil ihr altes Soldatenherz es nicht zugelassen hatte, untätig zuzusehen.

Mulka: Ja, das trifft zu.

Hummerich: Das war doch nicht ungefährlich?

Mulka: Nein, ich habe während und nach den Angriffen geholfen; das war sicherlich nicht ungefährlich, aber ich fühlte mich als deutscher Mann dazu verpflichtet gegenüber meinen Mitmenschen, gegenüber jedermann.

Hummerich: Sie zögerten damals keinen Moment?

Mulka: Nein.

Hummerich: Aber in Auschwitz geschahen doch auch Dinge, die Sie als ungesetzlich angesehen haben mußten. Das waren doch auch unschuldige Menschen. Diesen haben Sie nicht geholfen.

Mulka: Ich kannte das Militärstrafgesetz. Man hatte nur dann einen Befehl nicht auszuführen, wenn man dessen Unrecht auf dem Vorwege bereits erkannt hatte. Die Erlasse, die wir in Auschwitz erhielten, wurden von dem damaligen alleinigen Befehlshaber und Gesetzgeber, dem Diktator Adolf Hitler, gegeben. Ob sie um des Mordes willen oder um Kriegsziele zu erreichen gegeben wurden, das war eine Frage, mit der ich mich immer herumgeschlagen habe. An dieser Frage bin ich beinahe zerbrochen.

Hummerich: Bisher haben Sie aber über diese Probleme nicht gesprochen.

Mulka: Ich sage auch heute noch, daß ich im Lager selbst nicht war.

Das Gebäude der Verteidigung, das Mulka mit vielen Worten und beschwörend gesprochenen Beteuerungen lange Monate hindurch aufzubauen bemüht war, das er so zäh zu verteidigen suchte, bricht vollends zusammen:

Vorsitzender: Angeklagter Mulka, haben Sie Fahrbefehle für Fahrten nach Dessau ausgestellt?

Mulka: Mir ist nur ein einziger Vorgang bekannt. Ein Fahrbefehl wurde von Glücks unterzeichnet und links unten von mir unterschrieben. Es handelte sich um Desinfektionsmittel.

Vorsitzender: Hier steht: „Für Judenumsiedlung" und „Für die Richtigkeit der Abschrift Mulka". Was Judenumsiedlungen waren, wußten Sie doch?

Mulka: Ja, das war mir bekannt.

Vorsitzender: Und was waren das für Materialien für die Judenumsiedlung?

Mulka (ganz leise): Ja, Rohmaterial.

Vorsitzender: Na ja, also das war Zyklon-B.

Mulka (noch leiser): Ja, Zyklon-B.

Vorsitzender: Herr Mulka, Sie haben doch bisher immer gesagt, daß Sie mit der Vergasung der Juden nichts zu tun hatten. So ist es doch?

Mulka: Ja, Herr Vorsitzender, einen Fahrbefehl nach Dessau habe ich gegeben.

Verteidiger Dr. Stolting II: Darf ich bitten, das Gespräch wiederzugeben. Es war schlecht verständlich, da Herr Mulka nicht ins Mikrophon gesprochen hat.

Der Vorsitzende wiederholt die Aussage Mulkas.

Dr. Stolting I: Aber ich bitte Sie, Herr Vorsitzender, mit einem Fünftonner Zyklon-B zu holen, damit könnte man ja doch ...zig Millionen Juden umbringen.

Vertreter der Nebenklage Ormond: Das hat man auch.

Auf der Liste der Angeklagten steht Mulka an erster Stelle. Am Ende des Prozesses zum Schlußwort aufgerufen, liest er folgende Sätze von einem Blatt:

Wenn ich als erster der hier Angeklagten das mir erteilte Schlußwort ergreife, so will ich in subjektiver, objektiver und rechtlicher Hinsicht den Ausführungen meiner Herren Verteidiger nichts mehr hinzufügen. Ich schließe mich ihren Anträgen vollinhaltlich an.

Seine Verteidiger haben Freispruch beantragt. Mulka setzt fort:

Mein persönliches Schicksal und dasjenige meiner unglücklichen Familie lege ich vertrauensvoll in die Hände des Gerichts, in der tiefen Überzeugung, daß es sämtliche Umstände, die mich damals in meine Konfliktslage geführt haben, erwägt und berücksichtigt. Insoweit bleibt mir nur die Erwartung und die Bitte auf eine gerechte Entscheidung.

Karl Höcker

Karl Höcker wurde im Jahr 1911 in Engershausen, Kreis Lübbecke, als Sohn eines Bauunternehmers geboren. Sein Vater ist im Ersten Weltkrieg gefallen. Er absolvierte eine kaufmännische Lehre, war mehr als zwei Jahre lang arbeitslos, wurde anschließend bei Notstandsarbeiten beschäftigt und war ab Juni 1933 bei der Kreissparkasse tätig.
Im Oktober 1933 bewarb sich Höcker um die Aufnahme in die allgemeine SS — aus Dankbarkeit dafür, daß er Arbeit bekommen hat, wie sein Verteidiger meint — und trat 1937 der NSDAP bei. Bei Kriegsausbruch wird er zu einem SS-Regiment in Danzig eingezogen und im April 1940 zum Konzentrationslager Neuengamme versetzt. Er ist dort in der Schreibstube tätig, wird Stabsscharführer, besucht eine Junkerschule und wird im Mai 1943 als SS-Untersturmführer und Adjutant des Kommandanten nach Majdanek bei Lublin versetzt — dem zweiten Lager, das gleichzeitig Konzentrationslager und Vernichtungsstätte wie Auschwitz war. Von dort wird er nach Auschwitz beordert und zum SS-Obersturmführer befördert.

Höcker: Als ich im Mai 1944 als Adjutant des Kommandanten nach Auschwitz versetzt wurde, zeigte mir mein Vorgänger, SS-Hauptsturmführer Zoller, die Örtlichkeiten. Die Aufgaben des Adjutanten waren mir klar, ich war ja vorher Adjutant in Majdanek bei Lublin. Als Adjutant hatte ich mit den Häftlingen nichts zu tun. Der Adjutant hatte grundsätzlich mit Häftlingen nichts zu tun.
Vorsitzender: Wissen Sie etwas von der Schwarzen Wand?
Höcker: Nein.
Vorsitzender: Wissen Sie etwas von der Kiesgrube?
Höcker: Nein.
Vorsitzender: Wissen Sie etwas vom Block 11?
Höcker: Nein.

Vorsitzender: Vom Arrestblock?

Höcker: Die inneren Zustände des Lagers waren mir nicht bekannt, ich habe mich nicht darum gekümmert.

Vorsitzender: Wußten Sie etwas von den Gaskammern?

Höcker: Nein. Es ist erst im Laufe der Zeit durchgesickert.

Vorsitzender: Haben Sie die lodernden Flammen gesehen?

Höcker: Nein.

Vorsitzender: Hat man es nicht auch gerochen?

Höcker: Jawohl. Die Zuständigkeit des Lagers Auschwitz II gehörte nicht zu meinem Aufgabengebiet. Ich habe mit Abscheu von diesen Dingen Kenntnis genommen.

Vorsitzender: Hatten Sie nie Zweifel an der Rechtmäßigkeit solcher Befehle?

Höcker: Es gab für das Lager in der Frage der Rechtmäßigkeit dieser Befehle keinen Zweifel. Was vom Reichssicherheitshauptamt kam, war ein rechtmäßiger Befehl.

Vorsitzender: War Ihnen nicht bekannt, daß unrechtmäßige Befehle nicht ausgeführt zu werden brauchten?

Höcker: Dazu war ich nicht genug juristisch gebildet.

Vorsitzender: Haben Sie gewußt, daß Frauen mit Kindern bei ihrer Einlieferung grundsätzlich getötet wurden?

Höcker: Nein, ich habe nie Kinder gesehen. Im Gegenteil, ich habe angenommen, daß die Häftlinge in Auschwitz grundsätzlich nicht getötet worden sind.

Vorsitzender: Was glaubten Sie denn, warum diese bedauernswerten Leute dorthin kamen?

Höcker: Ja, ich glaube, wegen Gefährdung der Öffentlichkeit.

Vorsitzender: Können Sie sich vorstellen, daß Unschuldige umgebracht wurden, um die Öffentlichkeit vor ihren Gewaltakten zu schützen?

Höcker: Ja, das waren die Juden.

Vorsitzender: Das waren doch auch Menschen.

Höcker: Das war wohl eine politische Einstellung der Führung — von Hitler. Aber allen SS-Leuten war wohl der Gedanke gekommen, daß dies nicht der richtige Weg war. Aber da war keine Macht, das zu ändern.

Staatsanwalt Kügler: Kannten Sie die vier großen Krematorien beim Lager Birkenau?

Höcker: Ich war nie dort.

Kügler: Wo sollten denn die Juden untergebracht werden?

Höcker: Es gab dafür Einrichtungen.
Kügler: Was für Einrichtungen?
Höcker: Das kann ich nicht sagen, ich war nie dort. Ich war einige Male in Birkenau, aber nur in der Kommandantur, nicht im Lager.
Kügler: Fielen Ihnen dabei nicht die Krematorien auf?
Höcker: Nein, die waren von der Kommandantur aus nicht zu sehen.

Höcker hat nach Kriegsende in alliierter Haft, wie er angibt, eine Selbstanzeige erstattet und wurde wegen Zugehörigkeit zur SS zu neun Monaten Gefängnis verurteilt. Die Strafe brauchte er nicht zu verbüßen. Er wurde wieder Hauptkassier.
Wegen seiner Tätigkeit in Majdanek läuft seit mehreren Jahren ein Verfahren gegen Höcker in Köln.
Am 25. März 1965 wird Höcker auf Antrag der Staatsanwaltschaft im Gerichtssaal verhaftet. Früher gestellte Haftanträge sind stets abgelehnt worden.
Wenige Zeugen können sich an Höcker erinnern, wohl deswegen, weil der Adjutant stets im Schatten des Kommandanten stand:

Vorsitzender: Kennen Sie den letzten Kommandanten von Auschwitz I?
Van Velsen: Ja, es war SS-Sturmbannführer Baer. Er war fast tagtäglich in Birkenau. Der Kommandant von Auschwitz I war Kommandant für alle Lagerbereiche von Auschwitz. Ich konnte ihn so oft sehen, weil ich damals Blockältester in Kanada war. Er war meist in Begleitung eines Offiziers und der Lagerführerin des Frauenlagers, Mandel.
Vorsitzender: Was für ein Begleitoffizier war das?
Van Velsen: Keiner aus Birkenau.
Vorsitzender: War es der Adjutant des Kommandanten?
Van Velsen: Das konnte ich damals nur vermuten.

Ein polnischer Zeuge glaubt sich zu erinnern:

Vorsitzender: Sie waren Reiniger in der Kommandantur. Haben Sie den Namen des Adjutanten Höcker gehört?

Niecuński: Ist das ein Offizier?
Vorsitzender: Ja.
Nieciuński: Ich habe diesen Namen gehört, ich glaube, er amtierte 1944 in der neuen Baracke gegenüber der Blockführerstube am Eingang des Lagers. Wenn ich mich nicht irre, hatte er dort ein Zimmer, an dessen Tür stand: „Bevollmächtigter der SS für Umsiedlung der ungarischen Juden." Dieses Wort Umsiedlung fiel mir auf, denn ich wußte, was mit den ungarischen Juden in Auschwitz geschah. Er hatte nicht den höchsten Dienstgrad, denn damals war Baer im Lager. Bei ihm liefen die Fäden der sogenannten Ungarntransporte zusammen. Ich bin dort oft vorbeigegangen, denn ich mußte zur Küche gehen. Er war ein kleiner Offizier, vielleicht mittelgroß. *Bei der Gegenüberstellung erkennt dieser Zeuge den Angeklagten Höcker nicht.*
Staatsanwalt Kügler: Diese Anschrift befand sich an der Zimmertür innerhalb der Baracke?
Nieciuński: Ja, in diesem Zimmer reinigte mein Freund. Er ging oft hinein.
Kügler: Lebt dieser Freund noch?
Nieciuński: Ja, ich habe ihn vor einigen Jahren in Polen gesehen. *Zeuge gibt dem Gericht die Adresse seines Freundes bekannt.*
Kügler: Haben Sie selbst die Anschrift an der Tür gesehen?
Nieciuński: Ja, einige Male. Sie ist mir eben wegen des Wortes „Umsiedlung" aufgefallen.
Verteidiger Dr. Stolting II: Wann haben Sie Höcker das erstemal gesehen?
Nieciuński: Das ist sehr schwer zu sagen, ich weiß es nicht. Ich versuchte, alle Ereignisse von Auschwitz zu vergessen.
Dr. Stolting: Können Sie vielleicht Höcker und Hößler miteinander verwechseln?
Nieciuński: Es ist möglich, man müßte es durch andere Zeugen überprüfen.

Die Aussage ist unbestimmt. Der von Nieciuński genannte Freund wird nicht geladen, die Angabe nicht überprüft.
Wenn Zeugen fehlen, muß die Befragung des Angeklagten intensiv erfolgen, müssen Dokumente herangezogen werden:

Höcker: Ich hatte mit der Abwicklung der Transporte nicht das geringste zu tun. Birkenau war eine selbständige Kommandantur. Ich habe auch das Sonderkommando, das die Krematorien zu bewachen hatte, nicht gekannt, und mir ist nichts darüber bekannt.

Staatsanwalt Kügler: Bisher hat das Ermittlungsverfahren ergeben, daß das Lager Birkenau direkt mit der Vernichtungsanstalt nichts zu tun hatte.

Höcker: Nach meiner Ansicht war Birkenau nur dazu da.

Kügler: Warum schreibt dann Höß, daß er nach Auschwitz kam, weil sich der Kommandant Baer nicht genug darum gekümmert hatte?

Höcker: Das weiß ich nicht. Ich weiß nicht, wieweit sich Kramer und Höß ergänzt haben.

Baretzki: Höcker sagte, daß die Verständigung zu den Transporten von Birkenau aus geschah. Die Transporte wurden von der Kommandantur Auschwitz I gemeldet. Es ist nichts in Auschwitz passiert ohne die Kommandantur in Auschwitz. Die Einteilung der Führer ging nach einem Dienstplan. Immer war ein Offizier da, aber nie einer von der Truppe. Die Führer von der Truppe hatten mit der Rampe nichts zu tun. Ich habe Höcker an der Rampe nicht gesehen, aber Höcker muß genauso wie jeder andere Offizier an der Rampe gewesen sein.

Höcker: Baretzki hat ja gar keinen Einblick gehabt. Solange ich in Auschwitz war, hat nie ein solcher Dienstplan existiert, und von Auschwitz I ist keine Einteilung zum Rampendienst erfolgt. Wenn Baretzki eine Benachrichtigung bekommen hat, dann nur von der Kommandantur Auschwitz II. Er war ja gar nicht in der Lage zu beurteilen, von wo die Benachrichtigung kam.

Vertreter der Nebenklage Raabe: Was hatte denn der Standortälteste zu tun?

Höcker: Das war eine rein truppenmäßige Angelegenheit. Der Standortälteste hatte nichts mit Häftlingen zu tun, in keiner Weise.

Vertreter der Nebenklage Dr. Kaul: Es gibt aber Standortbefehle, die von Höcker beglaubigt sind und die sich mit der Behandlung von Häftlingen befassen.

Höcker: Ich kann nichts sagen, weil ich nicht weiß, welchen Standortbefehl Sie meinen. Ich möchte die Befehle sehen.

Kügler: Hat Baer die Standortbefehle selbst geschrieben?

Höcker: Alle Abteilungen von allen Lagern haben ihre Beiträge zu einem bestimmten Termin an die Kommandantur eingereicht. Der Kommandant hat entschieden, was in den Befehl aufgenommen wurde und was nicht. Von meiner Dienststelle aus wurde das vorgelegt. Die Anträge waren bereits formuliert. Ich hatte nur die Richtigkeit der Übertragung vom Original auf die Matrize zu bestätigen.

Kügler: Sie hatten also mit den Vergasungen überhaupt nichts zu tun?

Höcker: Nicht das geringste.

Standortbefehle, die erhalten geblieben sind, scheinen diese Behauptung zu widerlegen:

Vertreter der Nebenklage Raabe: Aus den hier vorgelesenen Standortbefehlen, die von dem Angeklagten Höcker unterzeichnet sind, geht hervor, daß der Standortälteste auch für das Lager Birkenau zuständig war. Was haben Sie, Angeklagter Höcker, dazu zu sagen?

Höcker: Alle Punkte, die in diesen Standortbefehlen angeführt sind, betreffen überörtliche Sachen.

Raabe: Aber in einem Standortbefehl, der von Ihnen unterzeichnet ist, wird auch die Belobigung von SS-Männern ausgesprochen, weil diese bei einem Fluchtversuch von der Schußwaffe erfolgreich Gebrauch gemacht haben.

Höcker: Ich weiß nicht, wie das in den Standortbefehl hineingekommen ist. Die einzelnen Dienststellen haben ihre Beiträge zur Standortkommandantur gegeben. In diesem Fall muß etwas Außergewöhnliches erfolgt sein, denn sonst wäre diese Belobigung nicht in den Standortbefehl gekommen.

Raabe: Wieso war es außergewöhnlich, wenn in Auschwitz Häftlinge erschossen wurden?

Höcker: Wahrscheinlich erfolgte diese Fluchtverhinderung unter besonders schwierigen Umständen. Ich weiß es aber nicht, denn ich hatte damit nichts zu tun.

Raabe: In einem Standortbefehl ist auch erwähnt, daß die Drahtumzäunung in Birkenau von einem bestimmten Zeitpunkt an Tag und Nacht mit elektrischem Strom geladen wurde.

Höcker: Das hat der Standortälteste deswegen in seinem Befehl publiziert, weil das auch andere Abteilungen wissen mußten, so zum Beispiel die Flak. Vorher ist wahrscheinlich ein Befehl verkündet worden, der besagt hat, daß der Strom tagsüber ausgeschaltet war. Von einer derartigen Änderung mußten eben alle Dienststellen verständigt werden.

Auch nach der Teilung der Lager in Auschwitz I, II und III hat es nur eine einzige Fahrbereitschaft gegeben, die der Kommandantur Auschwitz I unterstand.

Staatsanwalt Kügler: Angeklagter Höcker, ist Ihnen die Vernichtung des Zigeunerlagers bekannt gewesen?

Höcker: Ich habe davon nichts gehört.

Kügler: Damals waren Lastkraftwagen eingesetzt. Wer hat sich mit deren Einsatz befaßt?

Höcker: Ich habe nicht über Fahrzeuge disponiert.

Kügler: Die Liquidierung mußte doch von höherer Stelle befohlen sein. Davon mußten Sie eine Vorstellung haben.

Höcker: Ich habe mit Sicherheit kein Schriftstück darüber gesehen. Ich weiß nicht, von wo das angeordnet war.

Kügler: Haben Sie vielleicht nachher ein Schriftstück darüber gelesen?

Höcker: Ich habe bis heute nichts davon gelesen. Ich habe selbst das Buch von Höß noch nicht gelesen.

Kügler: Ist Ihnen etwas vom Aufstand des Sonderkommandos bekannt?

Höcker: Das ist mir bekannt. Ich kann aber nicht genau sagen, wie die Durchführung und Erfassung dieser Aktion erfolgte, denn das geschah nicht in meiner Regie.

Kronzeuge gegen Höcker ist ein SS-Mann, dessen Vernehmung sich dramatisch gestaltet:

Walter: Als ich im Jahre 1944 Spieß in der Kommandantur wurde, habe ich niemals Fernschreiben gesehen. Die sind direkt zum Adjutanten gekommen.

Staatsanwalt Kügler: In der Voruntersuchung haben Sie zu Protokoll gegeben, daß Sie dem Adjutanten Fernschreiben übergeben haben.

Walter: Das hatte ich aus dem Gedächtnis verloren.

Nach Verhandlungsschluß wird der Zeuge Walter durch die Staatsanwaltschaft wegen des Verdachts einer falschen Aussage festgenommen, aber nach einem Verhör noch am selben Abend freigelassen.

Am nächsten Verhandlungstag wird Walter nochmals vorgerufen:

Walter: Ich war gestern verwirrt und deprimiert und möchte meine Aussage ergänzen: Ich stand einmal dabei, als der Adjutant Höcker verschiedenen Abteilungen Anweisungen über einen ankommenden Transport gab.

Verteidiger Dr. Stolting II: Wurde Ihnen die Aufhebung der gestern verfügten Festnahme mit dem Bemerken angekündigt, daß Sie heute anders auszusagen haben?

Walter: Nein. Ich habe mich aus freiem Willen zur Aussageänderung entschlossen.

Erster Staatsanwalt Dr. Großmann: Konnten Sie gestern der Vernehmung folgen?

Walter: Ja.

Dr. Großmann: Machte man Ihnen Versprechungen oder übte man einen Druck aus?

Walter: Nein.

Dr. Großmann: Und Sie haben sich die neuerliche Aussage reiflich überlegt?

Walter: Ja.

Staatsanwalt Kügler: Was hat Höcker damals am Telefon über Transporte gesagt?

Walter: Er hat andere Abteilungen verständigt. Er muß auch etwas über den Zeitpunkt der Ankunft dieser Transporte gesagt haben.

Vorsitzender: Angeklagter Höcker, haben Sie Fernschreiben an Abteilungen weitergegeben oder den Inhalt von solchen Fernschreiben besprochen, die mit der Ankunft eines Transportes zu tun hatten?

Höcker: Nein, das muß ein Irrtum sein, ich habe solche Fernschreiben nie in der Hand gehabt.

Weil diese Aussage entscheidend ist, beantragt die Verteidigung von Höcker, den Zeugen Walter nochmals zu vernehmen.

Vorsitzender: Sie wurden hier bereits einmal vernommen, nach dieser Vernehmung vorübergehend von der Staatsanwaltschaft festgenommen und haben am nächsten Tag Ihre Angaben abgeändert. Die Verteidigung sagt nun, diese Abänderung sei auf Druck als Folge der Festnahme erfolgt. Da nun Monate verstrichen sind, wurden Sie nochmals gerufen.

Sie waren in Auschwitz Leiter des Erkennungsdienstes und zuletzt auch Spieß in der Kommandantur. Was können Sie uns über den Geschäftsgang in der Fernschreibstelle sagen?

Walter: Soweit ich weiß, waren fast alle Fernschreiben Geheimschreiben. Sie wurden unmittelbar zum I a hinaufgetragen.

Vorsitzender: I a — was bedeutet das?

Walter: Die Adjutantur. In jedem Fall hat der Adjutant die Fernschreiben an sich genommen. Ich selbst habe auch vielleicht zwei- oder dreimal Fernschreiben quittiert. Die Fernschreiben waren numeriert, und auf ihnen war die Zeit angegeben. Die von mir quittierten habe ich vorgelegt.

Vorsitzender: Sie haben auch früher angegeben, daß Sie vielleicht ein- oder zweimal Fernschreiben entgegengenommen haben, weil der Adjutant nicht anwesend war.

Walter: Ja, in der Regel habe ich die Fernschreiben nicht entgegengenommen. Auch die von mir angenommenen habe ich dem Adjutanten übergeben, als er zurückkehrte.

Vorsitzender: Wer war damals Adjutant?

Walter: Obersturmführer Höcker.

Vorsitzender: Waren unter den Fernschreiben auch solche, die Transporte ankündigten?

Walter: Ich bin einmal im Zimmer des Adjutanten geblieben, da hat dieser verschiedene Abteilungen telefonisch davon verständigt, daß ein Transport angekündigt war. Es waren sicher auch Schutzhaftlagerführer und Politische Abteilung dabei.

Vorsitzender: Wann war das?

Walter: Das war im Jahre 1944; in welchem Monat, weiß ich nicht.

Vorsitzender: Früher haben Sie einmal gesagt, im Frühjahr oder im Sommer 1944.

Walter: Das könnte sein.

Höcker: Es ist irrig, daß alle Fernschreiben zur Adjutantur gekommen sind. Ich hatte selbst nur ein paarmal Fernschreiben in Empfang genommen. Der Verwaltungsführer, die Politische Abteilung, der Standortarzt, Pflaum von der Schädlingsbekämpfung, sie alle haben selbst Fernschreiben losgeschickt und auch in Empfang genommen.

Walter: Ich glaube nicht, daß es so war. Oben in der Kommandantur war ja der Verteiler. Auch die Fernschreiben an die Ärzteschaft gingen an die Kommandantur, und dann wurden sie in das Fach für die Ärzte gelegt.

Höcker: Sie irren. Das wissen Sie ja nicht! Das ist nicht richtig. Jede Abteilung hat ihre Fernschreiben selbst aufgeben können. I a hat nur Fernschreiben bekommen, die allgemeiner Art waren.

Vertreter der Nebenklage Dr. Kaul: Herr Zeuge, wohin haben Sie die Fernschreiben getragen?

Walter: Ich habe sie grundsätzlich dem Adjutanten übergeben oder ihm auf den Tisch gelegt, und zwar alle Fernschreiben, auch die für andere Abteilungen. Wer dann diese Fernschreiben in den Verteiler gegeben hat, weiß ich nicht. Es kam der Eingangsstempel darauf.

Staatsanwalt Kügler: Angeklagter Höcker, Sie werden doch nicht im Ernst behaupten wollen, daß der Leiter der Fernschreibstelle entschieden hat, an welche Stelle ein Fernschreiben zu leiten war?

Höcker: Fernschreiben, die RSHA-Transporte betrafen, hat Höß direkt an sich genommen. Ich habe das einmal im Quittungsbuch gesehen. Er war ja als Sonderbeauftragter für die Judenaktion aus Ungarn ständig in Auschwitz. Als diese Aktion beendet worden ist, ist er abgezogen und hat auch seine Familie mitgenommen.

Vertreter der Nebenklage Raabe: Wann war das etwa?

Höcker: Das dürfte wahrscheinlich im August gewesen sein. Damals ist meiner Meinung nach der letzte RSHA-Transport nach Auschwitz gekommen.

Raabe: In den Auschwitz-Heften steht aber, daß die Transporte bis zu Oktober 1944 nach Auschwitz geleitet wurden.

Höcker: Das kann ich nicht sagen.

Raabe: Und was sagen Sie dazu, wenn ich Ihnen vorhalte, daß Höß bereits am 29. Juli 1944 von Auschwitz wegkam?

Höcker: Das Datum weiß ich nicht.
Raabe: Wann sind Sie nach Auschwitz gekommen?
Höcker: Ich bin zwischen dem 20. und 25. Mai 1944 nach Auschwitz versetzt worden.
Oberstaatsanwalt Dr. Großmann: Was stand in dem Quittungsbuch?
Höcker: Vorne stand die absendende Stelle, dann die Nummer des Fernschreibens und schließlich die Unterschrift dessen, der das Fernschreiben entgegengenommen hat. Ich habe die Quittierung durch Höß gesehen und bin daher sicher, daß ich diese Fernschreiben nicht selber bekommen habe.
Dr. Großmann: Sie wußten auch von den Transporten nichts?
Höcker: Daß Transporte nach Auschwitz kamen, wußte jeder.
Kügler: Wie hieß denn der Verantwortliche der Fernschreibstelle?
Walter: Riedel.
Kügler: Wissen Sie etwas über sein Schicksal?
Walter: Ich weiß nicht, ob er noch lebt und wo er lebt.

Ein anderer Zeuge hat nur einige Worte über Höcker zu sagen; er kennt ihn nicht einmal dem Namen nach. Paisikovic ist einer von den wenigen Überlebenden des Sonderkommandos:

Vorsitzender: Sie haben hier den Angeklagten Höcker erkannt. Was können Sie über ihn aussagen?
Paisikovic: Er war in den Krematorien in der Begleitung von höheren Offizieren. Wenn ein Transport angekommen ist, ist immer ein SS-Offizier gekommen, der kein Arzt war. Ich habe diesen Angeklagten oft dort gesehen. Er war Offizier.
Vorsitzender: Woran haben Sie das erkannt?
Paisikovic: Er wurde von den anderen zuerst gegrüßt.

Am Rande kommt die Sprache auch auf Majdanek, die Wirkungsstätte Höckers, bevor er nach Auschwitz kam:

Staatsanwalt Kügler: Sie waren Richter beim SS-Gericht in Lublin. Ist Ihnen dort etwas bekannt geworden von Erschießungen, die im Konzentrationslager Lublin-Majdanek durchgeführt wurden?

Dr. Lauffs: Jawohl, ich habe davon gehört. Es wurde darüber gesprochen, daß man das Lager geräumt hat, weil ein Ausbruchsversuch aufgedeckt worden ist, der in Verbindung mit Partisanen hätte durchgeführt werden sollen.

Kügler: Angeklagter Höcker, waren Sie damals Adjutant in Lublin?

Höcker: Ich war vom Mai 1943 bis zu meiner Versetzung nach Auschwitz Adjutant in Lublin. Von diesen Erschießungen habe ich gehört, sie wurden aber während meiner Krankheit im November 1943 durchgeführt.

Man hätte von Höcker keine andere Antwort erwarten können, dem Mann, der zu dem Zeitpunkt nach Auschwitz geholt wurde, als dort die größte Vernichtungsaktion — die Vernichtung der ungarischen Juden im Frühling 1944 — begann; zu dem Zeitpunkt, als ein neuer, scharfer Kommandant — Baer — den „weichen" Liebehenschel ablöste. Baer hatte aber keine Erfahrung im Vernichtungsapparat. Höcker freilich verfügte über solche Erfahrungen.

Auch am Ende des Prozesses bleibt Höcker bei seiner Darstellung. Er sagt in seinem Schlußwort:

Als ich Ende Mai 1944 nach Auschwitz versetzt wurde, hatte ich keine Vorstellung von Auschwitz. Was in Birkenau geschah, habe ich erst dort erfahren. Ich hatte nichts damit zu tun und keine Möglichkeit, die Geschehnisse dort zu beeinflussen. Ich habe keinem Menschen etwas zuleide getan, noch sind Menschen durch mich umgekommen.

Im Jahr 1952 habe ich mich freiwillig bei der Staatsanwaltschaft in Bielefeld gestellt und meine Angaben gemacht. Hätte das jemand getan, der sich schuldig fühlt? Was hätte ich noch mehr tun sollen?

Ich bitte um ein gerechtes Urteil.

Die Schutzhaftlagerführung

Jedes Lager wurde von einem Schutzhaftlagerführer geleitet, dem Rapportführer zur Verfügung standen. Diesen waren Blockführer unterstellt. Die Lagerführung hatte alles, was das Lager betrifft, zu regeln und war dem Kommandanten verantwortlich. Der Angeklagte Hofmann war Schutzhaftlagerführer, Kaduk war Rapportführer und Baretzki übte die Funktion eines Blockführers aus.
Er beschreibt am anschaulichsten, wie der SS-Apparat funktionierte:

Staatsanwalt Vogel: Angeklagter Baretzki, als der Angeklagte Bednarek sagte, es habe für die Blockältesten keine Belehrung gegeben, haben Sie den Kopf geschüttelt. Was haben Sie dazu zu sagen?

Baretzki: Wenn die Kommandos in der Früh ausgerückt sind, hat der Lagerälteste gerufen: „Blockälteste antreten!" Die Blockältesten sind angetreten, und es wurden ihnen Instruktionen gegeben. Was ihnen gesagt worden ist, weiß ich nicht. Diese Instruktionen hatten sie vom Alten bekommen oder vom Rapportführer. Der Lagerälteste in Birkenau, das war ja kein Häftling, das war ja ein Berufsverbrecher, ein Grüner. Vor Weihnachten 1944 hat er plötzlich den roten Winkel bekommen, ich weiß nicht, warum.

Kaduk: Das war so: Um 6.45 Uhr war Ausrücken der Kommandos. Nach 6.45 Uhr traten sämtliche Blockälteste beim Block 24 an. Der Lagerälteste meldete die Blockältesten, wir standen dabei. Es ging so vor sich: Der erste Blockälteste meldete: „Block 1 — keine Vorkommnisse." Dann: „Block 2 — Läuse gefunden" oder „schlechte Decken" oder „Block 3 — vier Häftlinge von Rapportführer Kaduk beim Kartenspielen erwischt".

Vorsitzender: Wurden dabei den Blockältesten Belehrungen gegeben?

Kaduk: Es waren 16.000 Häftlinge im Lager, die Blockältesten waren verantwortlich für den Block. Wir haben den Blockältesten zur Verantwortung gezogen, wenn etwas nicht geklappt hat. Stimmte etwas nicht im Block, dann wurde der Blockälteste abgelöst und ist in die Kiesgrube gegangen. Der Blockälteste mußte sich eben durchsetzen. Wir Blockführer hatten keinen guten Ruf, und auch als Rapportführer hatte ich keinen guten Ruf.

Baretzki: Das war so: Wir hatten in unserem Lager 24 Wohnblocks. Niemand durfte ohne mein Wissen von einem Block in den Krankenbau geschickt werden. Aber es durfte in jedem Block, an jedem Tag nur einen sogenannten Arztvorsteller geben. Wenn mehr gegangen wären, dann hätte uns der Lagerführer zusammengestaucht, was uns denn einfiel. Wenn wir alle Kranken geschickt hätten, dann hätten wir täglich von jedem Block fünfzig schicken müssen und nicht nur einen. Wenn man da etwas gesagt hat, dann hat der Lagerführer nur zum Schornstein gezeigt und zu uns gesagt: „Die Juden müssen da durch!" So war es.

Vertreter der Nebenklage Raabe: Und wenn der Lagerführer erfahren hat, daß in einem Block ein Blockältester einen Häftling zusammengeschlagen hat, was hat er dann getan, Angeklagter Kaduk?

Kaduk: Ich kann mich nicht an so etwas erinnern. Der Blockälteste mußte schon ab und zu eine Ohrfeige geben, denn alles mußte zack-zack gehen, wenn es hieß, zum Appell antreten. Aber sonst war es grundsätzlich verboten, einen Häftling zu schlagen. Das hat der Reichsführer grundsätzlich verboten.

Wie man sich an dieses Verbot gehalten hatte, wird man erfahren, wenn man die Aussagen liest, die zu den einzelnen Angeklagten abgegeben wurden — nicht zuletzt diejenigen, die Kaduk betreffen.
Die Schutzhaftlagerführung war auch für Strafen zuständig:

Gulba: Im Februar 1942 wurden ich und noch eine Reihe von anderen Häftlingen beim Appell aufgerufen. Uns wurde vorgeworfen, wir haben uns Lagervergehen zuschulden kommen lassen. Bei mir wurde im Strohsack eine Häftlingsmütze gefunden. Ich habe diese aufbewahrt, weil ich am Kopf sehr empfindlich bin. Das Verstecken der Mütze wurde so gedeutet, daß ich Vorbereitung zu einer Flucht habe treffen wollen. Ich wurde zu sieben Nächten Stehbunker verurteilt. Auch die anderen wurden mit Stehbunker von verschiedener Dauer bestraft. Die zu Stehbunker Verurteilten mußten bei Tag in ihren Kommandos arbeiten und wurden während der Nacht in den Block 11 in die Stehzellen gesperrt.

Als wir alle auf Block 11 geführt wurden, waren die Stehzellen für so viele Menschen zu klein. Es gab dort vier Stehzellen. Die SS führte uns darum in eine große dunkle Zelle. In dieser befanden sich auch Heizungsrohre. Als wir alle drinnen waren, war die Zelle so überfüllt, daß fast kein Platz zum Stehen war. Nach zwei oder drei Stunden hatten wir keine Luft mehr, um zu atmen. Einige zogen ihre Holzschuhe aus und klopften mit ihnen an die Tür. Aber niemand öffnete sie. Die Lage war zum Verrücktwerden, es kam zu Schlägereien, viele rangen nach Luft. Ich hörte Geräusche, wie wenn ein Fisch, der außerhalb des Wassers ist, nach Luft schnappt. Niemand kam, um uns Luft zu verschaffen. Es war die Nacht von Samstag auf Sonntag. Am Sonntag wurde das Lager später geweckt, der Gong ging statt um 4 Uhr erst um 5 Uhr. Als der Blockälteste um 5 Uhr kam, konnte er zuerst die Tür nicht öffnen, weil alle so an die Tür drängten. Er mußte erst Stubendienste rufen, dann konnte die Tür mit Gewalt geöffnet werden. Zuerst kamen die heraus, die direkt an der Tür standen. Auch ich befand mich dort. Wir waren alle nackt. Wir hatten uns ausgezogen, weil es in der Zelle viel zu heiß war.

Achtzehn von uns waren tot. Zwölf mußten sofort in den Krankenbau gebracht werden, fünfzehn, unter ihnen auch ich, gingen zurück auf ihren Block. Schließlich wurde ich in die Strafkompanie eingewiesen.

Der Zeuge wurde gefragt, wer der Blockführer in Block 11 war, der die 45 auf solche Art eingeschlossen hatte. Er erinnert sich nicht an dessen Namen. Niemand fordert ihn auf, die Angeklagten anzuschauen. Unter ihnen befindet sich auch Bruno Schlage, der zu dieser Zeit Block-

führer im Bunker gewesen war. Er sitzt so, daß der Zeuge ihn von seinem Platz aus nicht sehen kann.
Es gab auch andere Lagerstrafen:

Olszówka: Ich wurde einmal wegen „Organisierens" von Lebensmitteln zu 25 Schlägen auf das Gesäß verurteilt. Die Vorschrift besagte, daß der Bestrafte vorher einem SS-Arzt vorzuführen ist, der festzustellen hat, ob der Häftling der Strafe körperlich gewachsen sei. Ich wurde erst drei Tage nach Vollzug der Prügelstrafe dem SS-Arzt vorgeführt, er hieß Dr. Fischer. Er schrieb auf das Formular: „Strafe bereits vollzogen".
Vorsitzender: Erfolgte dieselbe Handhabung bei der Exekution der zwölf Häftlinge aus dem Vermessungskommando, die im Zusammenhang mit einer Flucht erfolgt ist?
Olszówka: Mir ist in Erinnerung, daß auch diese Strafe vor Einlangung einer Bestätigung vollzogen worden ist. Die Exekution erfolgte sehr schnell nach der Flucht, etwa zwei bis drei Tage nachher. Ähnliche Fälle gab es sehr oft.
Vorsitzender: Ging damals eine Meldung nach Berlin?
Olszówka: Eine solche Meldung ist erfolgt, aber ich weiß genau, daß die Zeitspanne für eine Antwort zu kurz war.
Vorsitzender: Haben Sie das selbst wahrgenommen oder nur den Schluß gezogen?
Olszówka: Meiner Meinung nach war die Zeit zu kurz, es wurde auch bekannt, daß das Urteil später eintraf.

Der Staatsanwalt will wissen, wieweit ein Schutzhaftlagerführer für die Selektionen, die im Lager durchgeführt wurden, verantwortlich war:

Staatsanwalt Kügler: Angeklagter Hofmann, wie ist es gewesen? Konnte in Auschwitz ein Rapportführer oder auch ein Schutzhaftlagerführer selbständig selektieren?
Hofmann: Ein Rapportführer und auch ein Schutzhaftlagerführer konnten nicht selbständig Selektionen durchführen. Selektionen geschahen nur unter Aufsicht eines Arztes. Dann wurden die Ausgesuchten vergast. Wenn die Selektion für ein anderes Lager durchgeführt wurde, geschah das vom Arbeitseinsatz.

Kügler: Inwieweit erhielt dieser seine Anweisungen von der Kommandantur?

Hofmann: Es besteht die Möglichkeit, daß der Arbeitseinsatz eine Weisung direkt von Berlin bekam. Der Vorgesetzte dort war Maurer.

Und immer wieder forscht der Vorsitzende danach, wer bestimmt hat, wie viele von einem ankommenden Transport für den unmittelbaren Tod in den Gaskammern auszuwählen waren:

Baretzki: Die Zahl, wieviel von einem Transport, der angekommen ist, für die Gaskammer ausgesucht wurden, ist nicht vom Blockführer an Stark gegeben worden, wie der Angeklagte Stark jetzt gesagt hat. Der Blockführer erfährt ja nicht die Zahl derer, die verbrannt werden. Das erfährt ja kein Blockführer.

Ich war oft auf der Rampe gewesen. Da war Selektion, ein Haufen ist rechts und ein Haufen ist links gekommen. Der Polizeioffizier oder wer den Transport gebracht hat, hat die Papiere vom ganzen Haufen gebracht, das wird quittiert und dann nimmt der Polizeioffizier seine Leute zusammen und marschiert ab von der Rampe. Der SS-Mann von der Aufnahme zählt dann beide Gruppen und rechnet sie zusammen, so geht das. Es ist kein bißchen anders. Der Blockführer weiß nur, wieviel ins Lager kommen. Die muß er ja in den Stand aufnehmen.

In seiner harten, ungelenken Sprache schildert Baretzki damit auch die Pflichten der Blockführer an der Rampe.
Broad hat in seinem Bericht ein Aufgabengebiet beschrieben, das ebenfalls der Schutzhaftlagerführung zugefallen ist:

Es kam der Zeitpunkt, wo in allen deutschen Zeitungen das Geschrei über Katyn losging. Die Lagerführung erinnerte sich unangenehm berührt ihrer Russengräber. Gleichzeitig beschwerten sich die Fischereien, daß in den großen Fischteichen in der Umgebung von Birkenau, beispielsweise bei Harmense, die Fische eingingen. Sachverständige sahen die

Ursache dieser Erscheinung in der Vergiftung des Grundwassers durch Leichengift. Aber damit nicht genug. Die Sommersonne brannte auf den Boden von Birkenau, die nicht verwesten, sondern nur faulenden Leichen begannen sich zu regen, und aus der aufbrechenden Erdkruste brodelte eine schwarzrote Masse, die einen mit Worten nicht zu beschreibenden Gestank verbreitete. Es mußte also schleunigst etwas geschehen. Angesichts Katyns konnte man sich nicht solche Massengräber gestatten, in denen sich die Leichen offensichtlich nicht zersetzten, und darüber hinaus wieder zum Vorschein kamen. Der SS-Hauptscharführer und spätere Obersturmführer Franz Hößler bekam den Auftrag, unter Aufbietung aller Geheimhaltungsmöglichkeiten die Leichen ausgraben und verbrennen zu lassen. Er suchte sich zur Durchführung dieser Aufgabe etwa 20 bis 30 besonders zuverlässige SS-Leute aus, die eine Erklärung unterschreiben mußten, gemäß welcher sie im Falle der Verletzung ihrer Geheimnispflicht oder irgendwelcher Andeutungen bezüglich der Art ihres Dienstes mit dem Tode bestraft werden. Natürlich mutete man diesen SS-Männern nicht zu, auch nur einen einzigen Spatenstich zur Beseitigung dieser Schandtaten selbst auszuführen. Dazu hatte man ja genügend Häftlinge. Mit einigen hundert Menschen jüdischen Glaubens aus allen von den Deutschen besetzten Ländern ging Hößlers Sonderkommando in zwei Schichten an die Arbeit. Viele von den Häftlingen weigerten sich, durch Pistolenschüsse wurden sie liquidiert. Die SS-Männer, unter deren Aufsicht die Ausgrabung und Verbrennung der faulenden, aber noch einigermaßen erhaltenen Kadaver durchgeführt wurde, konnten sich jeden Abend in der SS-Küche eine Sonderverpflegung abholen: ein Liter Milch, Wurst, Zigaretten und natürlich auch Schnaps. Die Häftlinge des Sonderkommandos wohnten im Birkenauer Lager in durch Bretterzäune von den übrigen Häftlingsunterkünften getrennten Blöcken. Wochenlang sah man aus dem vom Lager etwas entfernter liegenden Gelände, das nicht mehr so sumpfig, sondern landschaftlich sehr reizvoll war, an mehreren Stellen dicke, weißliche Qualmwolken zum Himmel emporsteigen.

Franz Hofmann

Hofmann wurde 1906 als Sohn eines Metzgers in Hof an der Saale geboren und wuchs dort auf. In der Volksschule erreichte er durchschnittliche Lernergebnisse. Mit 17 Jahren legte er die Gesellenprüfung als Tapezierer ab. Als Kellner, Hoteldiener und Verkäufer arbeitete er in Emden und Oldenburg und war zwischendurch auch arbeitslos. 1932 trat Hofmann der NSDAP und der SS bei, ohne innere Überzeugung, aus dem Grund, weil die Arbeitslosigkeit ihn dazu veranlaßte und weil eine SS-Uniform, die seines Bruders, der aus der SS ausgeschlossen worden war, im Kasten hing, die also Hofmann ohne Auslagen benützen konnte — so begründete der Angeklagte nachträglich diesen Schritt. Er nahm an einem Hilfspolizeikurs teil und wurde am 1. Juli 1933 in Hof als Hilfspolizist eingestellt. Im September desselben Jahres wurde Hofmann zur Wachtruppe des Konzentrationslagers Dachau versetzt. Damals wurde dort unter dem Kommandanten Eicke ein Musterlager im nationalsozialistischen Sinn eingerichtet. Die meisten Kommandanten, Schutzhaftlagerführer und anderen prominenten SS-Führer der Konzentrationslager sind in der Schule Eickes „hart" gemacht worden. Hofmann wurde in Dachau im Jahr 1939 zum SS-Hauptscharführer, im Januar 1941 zum SS-Untersturmführer und bereits im April 1942 zum SS-Obersturmführer befördert. Seine Beförderung zum SS-Hauptsturmführer wurde am 20. April 1944 ausgesprochen, knapp bevor Hofmann von Auschwitz nach Natzweiler versetzt wurde.

Wegen in Dachau begangener Verbrechen ist Hofmann am 19. Dezember 1961 in München zu lebenslänglichem Zuchthaus verurteilt worden. Eine Wiederaufnahme dieses Verfahrens ist 1964 beschlossen worden, da die Verteidigung Hofmanns einen Entlastungszeugen namhaft gemacht hat.

Dem Gericht macht Hofmann folgende Angaben:

Vorsitzender: Sie sind bereits zu lebenslänglichem Zuchthaus verurteilt. Fühlen Sie sich unschuldig verurteilt?

Hofmann: Ich kann es nicht anders sagen.

Vertreter der Nebenklage Ormond: Sie sind während Ihres Dienstes in verschiedenen Konzentrationslagern sehr schnell befördert worden. Ist das auf Ihre dort erworbenen Verdienste zurückzuführen?

Hofmann: Ich habe meinen Dienst gemacht. Wo ich hingestellt werde, mache ich eben meine Arbeit.

Seine Mitgliedsnummern bei der NSDAP und der SS bezeichnete der Angeklagte Hofmann als Daten, die er wie seine Geburtsdaten im Gedächtnis behalte.

Vorsitzender: Haben Sie Häftlinge durch sogenanntes „Sportmachen" so gequält, daß einige an den Folgen gestorben sind?

Hofmann: Nein, ich habe nur den Leuten, die den ganzen Tag über ohne Beschäftigung waren, Freiübungen empfohlen. Im März 1943 kam ich als Schutzhaftlagerführer ins Zigeunerlager. Es war unverantwortlich von Schwarz, wie man dort Leute einsperrte. Es war ein Morast mit Pferdeställen ohne Fenster.

Vorsitzender: Sie waren doch als Schutzhaftlagerführer zuständig? Wieviel Platz hatte eigentlich jeder in den Pferdeställen?

Hofmann: Das kann ich nicht sagen.

Vorsitzender: Waren es fünfzig Zentimeter oder lagen sie übereinander?

Hofmann: Man war froh, daß man nicht hinein brauchte.

Vorsitzender: Warum ließen Sie das Lager nicht weiter ausbauen? Zigeuner brauchten doch nicht in Arbeitskommandos außerhalb arbeiten.

Hofmann: Ja, das hätte ich machen können, aber die Vorgesetzten waren dagegen. Was ich mit meinen leeren Taschen tun konnte, habe ich gemacht. Es war ein Lager, ein Lager ...

Vorsitzender: Mit der primitivsten Einrichtung?

Hofmann: Mit gar keiner Einrichtung!

Vorsitzender: Haben Sie denn nichts getan, um das schwere Los der Häftlinge zu erleichtern? Es kam doch sogar eine Verfügung aus Berlin, man soll mit den Häftlingen etwas sorgsamer umgehen, da sie wertvolle Arbeitskräfte seien.

Hofmann: Ja, das stimmt. Aber was nützen Verfügungen. Wer Höß gekannt hat, wer Aumeier gekannt hat und Schwarz, der weiß, was los war. Das sind die Leute gewesen, die uns hierher gebracht haben. Denen konnte man doch nichts sagen. Schade, daß die nicht mehr hier sind. Das mußte einmal ausgesprochen werden! *(Wischt sich Tränen ab.)*

Der Vorsitzende gibt sich mit den Äußerungen Hofmanns nicht zufrieden:

Vorsitzender: Was sollen wir denn jetzt mit Ihrer Aussage anfangen? Sie haben sich doch sehr zurückgehalten. Sie können sich doch nach Ihren jetzigen Aussagen noch nicht frei fühlen.

Hofmann (laut und aufbrausend): Wenn ich es noch mal zu tun hätte, dann würde ich gar nichts mehr sagen. Ein Verfahren nach dem anderen habe ich da am Hals. Wenn ich damals gewußt hätte, was mir da noch alles bevorstand, gar nichts mehr würde ich sagen, nichts mehr würde ich sagen. Überall schreit man nach Hofmann: Das ist der Hofmann und das ist nicht der Hofmann, alles schreit, Hofmann hat schuld. Ich weiß überhaupt nicht, was man von mir will. Mir kommt es bald selbst so vor, als ob ich immer und allein die treibende Kraft gewesen wäre. Acht Verfahren gab es jetzt schon gegen mich, drei wurden überhaupt eingestellt.

Noch vor dem Abschluß des Auschwitz-Verfahrens hatte sich Hofmann in einem neuerlichen Prozeß wegen Verbrechen, die ihm während seiner Tätigkeit im Konzentrationslager Natzweiler zur Last gelegt werden, vor einem Schwurgericht in Hechingen zu verantworten.
Die Staatsanwaltschaft bemüht sich, die Daten der Tätigkeit dieses Angeklagten in Auschwitz zu fixieren:

Staatsanwalt Vogel: Angeklagter Hofmann, können Sie uns nochmals den genauen Zeitpunkt Ihrer Anwesenheit in Auschwitz angeben?

Hofmann: Meines Wissens bin ich dort am 15. Mai 1944 weggekommen. Ich habe noch den Kommandanten Baer in

Auschwitz getroffen, der mir den Fahrschein und den Befehl zur Versetzung gegeben hat.

Vogel: Wann sind Sie nach Auschwitz gekommen?

Hofmann: Ich bin am 1. Dezember 1942 hingekommen, es kann auch ein paar Tage später gewesen sein. Früher sicher nicht.

Vogel: Wann wurden Sie erster Schutzhaftlagerführer?

Hofmann: Das war Mitte November 1943.

Vogel: Hier liegt aber Ihr Personalbogen vor, auf dem eingetragen ist, daß Sie bereits im September 1943 erster Schutzhaftlagerführer geworden sind.

Hofmann: Im September 1943 ist mein jüngster Sohn geboren. Meine Frau hat mir telegraphiert, und der erste Schutzhaftlagerführer Aumeier hat mich von dem Telegramm verständigt. Ich war zu diesem Zeitpunkt dritter Schutzhaftlagerführer.

Hofmann bemüht sich um Milderungsgründe:

Hofmann: Ich möchte an die Zeugin eine Frage stellen: Kennen Sie die Hausangestellte Antonia Motze, eine Polin, die 18 Jahre alt war? Sie ist im März 1944 als Häftling entlassen worden und zu mir als Hausangestellte gekommen.

Palarczyk: Ich erinnere mich nicht an sie.

Hofmann: Sie erinnern sich nicht, daß ein weiblicher Häftling entlassen wurde und Hausangestellte bei mir geworden ist?

Verteidiger Heymann: Als die Familie Hofmann einen Monat in Auschwitz war, ist dieser Häftling freigelassen worden. Motze ist nach dem Krieg ausgewandert. Der Angeklagte Hofmann will diesen Fall zu seiner Entlastung anführen.

Staatsanwalt Vogel: Ist dieser Häftling auf Ihre Anordnung freigelassen worden?

Hofmann: Ja, auf meinen Antrag.

Das Schicksal von Antonia Motze wird weiter verfolgt:

Vorsitzender (liest aus einem Kommandanturbefehl des KZ Natzweiler vor): Mit Wirkung vom 15. Mai 1944 wird SS-Hauptsturmführer Franz Hofmann von Auschwitz hierher versetzt.

Staatsanwalt Vogel: Wo war Ihre Familie im Mai 1944?

Hofmann: Die Frau ist mit den Kindern zu den Eltern gefahren. Sie ist erst im April 1944 nach Auschwitz gezogen. Meine Versetzung ist ganz plötzlich gekommen, mehr als überraschend. Am 23. Mai ist meine Familie dann von Auschwitz weg.

Vogel: Und wie war das mit dem Dienstmädchen? Sie sagten doch, daß ein weiblicher Häftling bei Ihnen als Dienstmädchen so gut behandelt worden ist.

Hofmann: Meine Frau hat das Mädchen mitgenommen. Sie blieb bei ihr bis zum Zusammenbruch.

Noch ein Dokument wird in diesem Zusammenhang verlesen:

Vorsitzender: Dem Gericht liegt eine Bestätigung der Marktgemeinde Kitzenberg vor, aus der ersichtlich ist, daß die Ehefrau des Angeklagten Hofmann, Annemarie Hofmann, mit ihren Kindern am 24. Mai 1944 in dieser Gemeinde polizeilich angemeldet wurde und daß gleichzeitig eine Polin mit dem Vornamen Antonia, im Jahr 1926 geboren, gemeldet wurde. Diese ist später verzogen, ein Datum ist nicht angegeben. Sie dürfte wahrscheinlich in ein Lager gekommen sein, in welchem die Polen zur Repatriierung gesammelt wurden.

Hofmann: Ja, das stimmt alles, das ist alles in Ordnung.

Nach dem Krieg ist Hofmann unter falschem Namen untergetaucht und nicht mehr zu seiner Familie zurückgekehrt. Er verdingte sich als Landarbeiter und später als Heizer. Hofmann hat für seine unehelichen Kinder mit zwei Frauen zu sorgen.
Am 16. April 1959 wird Hofmann verhaftet und befindet sich seither in Untersuchungs- und Strafhaft.
Wegen seiner Tätigkeit in Birkenau wird Hofmann von einem holländischen Offizier belastet:

Van Velsen: Einmal waren in Birkenau viele Kinder im Lager und wurden von uns geschützt. Schutzhaftlagerführer Hofmann hat sich konstant darüber geärgert. Die meisten waren jüdische Kinder. Ein Capo mit schwarzem Winkel führte ein

Kommando mit 200 Jungen — die sogenannte Maurerschule. Eines Tages — es dürfte etwa im Oktober 1943 gewesen sein — rückte das Kommando auf Befehl von Hofmann nicht aus. Der Capo wurde zu einer anderen Arbeit geschickt und ein Blockführer vom Stammlager Auschwitz ließ das Kommando dorthin abmarschieren. Ich habe dann gehört, daß die Jungen gespritzt worden sein sollen.

Vorsitzender: Wer hat das veranlaßt?

Van Velsen: Hofmann gab den Befehl. Er verlangte auch immer, daß die Blocks sauber sind. Wie sollte man aber einen Block sauber halten, wenn die Leute selbst dreckig waren? Hofmann hat verboten, daß die Blöcke geheizt werden. Er befahl: „Wenn die Blöcke nicht sauber sind, dann müssen alle die ganze Nacht draußen stehen!" Einmal wurden alle Blockältesten zur Blockführerstube befohlen. Hofmann ordnete an, daß jeder von uns zehn auf den Hintern bekommt, weil wir nicht genug angetrieben hätten.

Hofmann wehrt sich gegen diese Beschuldigung:

Hofmann: Es kam damals eine Liste mit 40 Judenjungs zum Vergasen. Ich bin zum Kommandanten Liebehenschel, damit sie nicht zum Vergasen, sondern in die Maurerschule kommen.

Van Velsen: Wir hatten viele versteckt. Sie aber haben gesagt, diese faulen Luder sollen arbeiten gehen. Hätten Sie das gemacht, wenn Sie so besorgt gewesen wären?

Hofmann: Vielleicht gab es einen Befehl von oben.

Vorsitzender: Angeklagter Hofmann, waren Sie damals für die Überstellung der Jugendlichen verantwortlich?

Hofmann: Wenn ich das damals gesagt habe — es sind Verlegungen vorgekommen —, dann war es auf Anordnung von der Kommandantur.

Vorsitzender: Aber eine Kindertötung ist doch etwas ganz Besonderes.

Hofmann: Es handelte sich um eine Verlegung, ich habe nicht von Tötung gesprochen.

Zigeuner haben ihn als Schutzhaftlagerführer kennengelernt:

Guttenberger: Einmal, bei einer Kontrolle im Zigeunerlager, hat Schutzhaftlagerführer Hofmann mit dem Stock fast alle geprügelt. Auch bei den Appellen wurde Sport kommandiert, und Hofmann hat manchmal dabei geschlagen. Er hat mehrmals geschlagen, das habe ich gesehen. Nach der Ablösung Hofmanns als Schutzhaftlagerführer im Zigeunerlager hörten die Mißhandlungen im großen und ganzen auf.

Die Rapportschreiberin des Zigeunerlagers erinnert sich:

Weiß: Von Hofmann hatte ich den schlechtesten Eindruck. Er hat mit den Häftlingen immer Sport gemacht. Dabei wurde auf die Häftlinge eingeschlagen. Nicht nur Hofmann hat geschlagen, auch andere SSler, die aber auf Befehl von Hofmann geprügelt haben.

Diese Aussagen können nur verlesen werden. Der Gesundheitszustand der beiden Zeuginnen erlaubt es ihnen nicht, persönlich den schweren Weg zu Gericht zu gehen. Einige Zigeuner kommen aber nach Frankfurt:

Morgenstern: Im Hochsommer 1943 mußten alle Stubendienste und Blockschreiber im Zigeunerlager Sport machen; ich war auch dabei. Als der Sport vorbei war, haben wir gesungen: „Das kann doch einen Seemann nicht erschüttern." Darauf mußten wir noch einmal Sport machen. Beim zweiten Mal konnte ich mich drücken, denn da war es schon dunkel. Am Ende blieben etliche liegen. Beim zweiten Sport sind vielleicht sieben oder acht tot gegangen. Der Sport wurde im sogenannten Kindergarten gemacht. Auch ein paar von meinem Block sind damals gestorben. Andere haben wir zurückgeschleppt. Wir haben ihnen mehr zu essen gegeben und sie wieder hochgekriegt.

Vorsitzender: Von wem wurde der Sport befohlen?

Morgenstern: Ich glaube, er wurde von Hofmann geleitet. Beim ersten Sport waren Plagge und Palitzsch dabei. Beim zweiten wurde gesagt, daß Hofmann dabei war.

An diesen Sport erinnern sich auch andere Zeugen:

Schröder: Der Lagerführer des Zigeunerlagers, Hofmann, hat den Stubendienst heraustreten lassen und Sport befohlen. Als der Sport zu Ende war, lagen im Krankenbau zwei Tote und einige Verletzte.

Vorsitzender: War Hofmann während der ganzen Zeit anwesend?

Schröder: Ja, ich habe gesehen, wie er die Häftlinge antreten ließ. Es waren auch Blockführer dabei, vielleicht sieben oder acht oder noch mehr.

Vorsitzender: Hat Hofmann bei dem Sport den Befehl geführt?

Schröder: Ich weiß es nicht. Man sagte, der Hofmann kommt, da ist es gefährlich.

Hofmann: Das ist unmöglich, daß abends um acht Uhr Sport gemacht wurde. Da war Lagersperre, und die Kübel wurden zusammengetragen. Um diese Zeit war es schon nahe an der Lagersperre.

Vorsitzender: Es kommt ja auf die Stunde nicht so an; ist beim Sportmachen jemand zu Schaden gekommen?

Hofmann: Also von Menschen, die beim Sportmachen gestorben sein sollen, davon weiß ich überhaupt nichts. Daß zwei Menschen beim Sportmachen zu Tode gekommen sind, davon ist mir nichts bekannt. Herr Vorsitzender, in so einem Lager wurde so viel erzählt, wenn man da alles glauben wollte!

Es erfolgt aber noch eine weitere Bestätigung dieser Vorkommnisse:

Friedrich: Im Zigeunerlager war Hofmann Lagerführer. Er sprach einen oberbayrischen Dialekt. Ich war Torwächter. Es ist mir bekannt, daß Hofmann alle Stubendienste geschlagen hat. Einmal hat er mir mit dem Prügel über den Kopf gehauen, dann hat er den Blockältesten kommen lassen und ihn auch geprügelt.

Vorsitzender: Ist Ihnen bekannt, daß Hofmann auch sogenannten Sport befohlen hat?

Friedrich: Ja, Hofmann hat Sport angeordnet, wie man mir erzählt hat. Der Lagerführer war gefürchtet, er hat immer geschlagen, er brauchte keinen Grund dazu. Ich erinnere mich, daß die Brüder Adolf und Max Schopper bei diesem Sport getötet wurden. Ich war damals im Block, es war Blocksperre, und ich konnte nicht hinausgehen, aber die Stubendienste mußten antreten, und die Brüder Schopper waren dabei, weil sie Stubendienste waren.

Vorsitzender: Weswegen ist dieser Sport befohlen worden?

Friedrich: Es hat sich um irgendetwas in der Küche gehandelt. Die Stubendienste waren nicht pünktlich beim Essenabholen. Die Stubendienste, die vom Sport zurückgekommen sind, haben erzählt, daß es sehr schlimm war und daß sie geschlagen wurden mit Schippenstielen. Viele sind in den Krankenbau gekommen. Ob Hofmann beim Sport dabei war, habe ich nicht gesehen, aber er war ja der Lagerführer. Die beiden Brüder Schopper sind gestorben, der eine am Vormittag, der andere am Nachmittag.

Vorsitzender: Haben Sie erfahren, ob Hofmann bei dem Sport dabei war?

Friedrich: Ich weiß es nicht, darum hat man sich ja in Auschwitz nicht gekümmert.

Vorsitzender: Der Zeuge Schröder, der mit Ihnen bekannt ist, hat angegeben, daß Hofmann die ganze Zeit beim Sport anwesend war.

Friedrich: Das ist möglich, er war in der Küche, dort war ein Fenster durch das er beobachten konnte. Wir hatten in unserer Baracke nur ein Oberlicht.

Verteidiger Dr. Staiger: Der Zeuge Schröder hat hier aber seine Aussage berichtigt, er gibt nicht mehr an, daß er Hofmann bei dem Sport gesehen hat.

Staatsanwalt Vogel: Erinnern Sie sich, wann dieser Sport befohlen wurde, der zum Tod der Brüder Schopper führte?

Friedrich: An Daten kann ich mich nicht erinnern. Es war ziemlich am Ende meiner Zeit in Auschwitz, also vielleicht im Frühjahr 1944.

Vogel: Kann es auch im Herbst 1943 gewesen sein?

Friedrich: Ich glaube eher nicht.

Hofmann: Der Zeuge irrt sich. Ich war in der Zeit vom März bis September 1943 Lagerführer im Zigeunerlager, dann war ich nicht mehr dort, ich habe mit dem Fall der Brüder Schopper daher auch nichts zu tun.

Vorsitzender: Früher haben Sie gesagt, daß Sie bis zum November 1943 Lagerführer im Zigeunerlager waren.
Hofmann: Ich kann das Datum heute nicht mehr genau sagen.
Vorsitzender: Wann hat Hofmann Sie geschlagen?
Friedrich: Als er den ganzen Stubendienst vor der Küche geschlagen hat. Den Zeitpunkt weiß ich nicht, aber es war vor der Sache mit den Brüdern Schopper.

Ein deutscher Häftling hatte folgendes Erlebnis mit Hofmann:

Holtgraeve: Ich mußte mit hundert Häftlingen aus der Strafkompanie zum Gleisbau außerhalb des Lagers. Der Lagerführer Hofmann fragte mich, was ich für ein Landsmann sei. Ich antwortete: „Hamburger." Dann sagte er: „Sie wissen doch, daß unser Führer das Judenprogramm zu lösen hat?" Ich habe das bejaht. Dann wurde unser Kommando von Wachen eingekreist und zum Arbeitsplatz geführt. Dort verteilte sich die SS. Ich sagte den jüdischen Häftlingen, daß jeder, der die Postenkette überschreitet, erschossen wird. Die Posten waren so aufgestellt, daß die Latrine außerhalb der Postenkette lag. Damals war in der Strafkompanie ein ziemliches Durcheinander. Man hat einem Häftling die Mütze vom Kopf gerissen, sie weggeworfen und ihm befohlen, sie zu holen. Lief er danach, dann wurde er erschossen. An diesem Tag veranstaltete die SS eine regelrechte Treibjagd. Wir hatten 28 Tote. Nachmittag kam Hofmann mit einem Lastwagen und hat sich mit dem Kommandoführer unterhalten. Der Lastwagen war für die Toten bestimmt.
Vertreter der Nebenklage Ormond: War der Gleisbau ein besonderes Judenkommando?
Holtgraeve: Zu den schwersten Kommandos wurde immer die Strafkompanie eingeteilt. Im Kommando Gleisbau waren nur Juden, keine anderen.

Hofmann hat auch bei den Gaskammern zu tun gehabt. Er gibt von dieser Tätigkeit folgende Schilderung:

Hofmann: Vor den Gaskammern hat es natürlich auch Widersetzlichkeiten gegeben. Da hat es Schläge und Prügel gegeben, mit denen die Judenkommandos die Häftlinge in die als Duschräume getarnten Gaskammern getrieben haben. Diese Kommandos wurden dann ebenfalls vergast. Das war ja immer ein großer Wirrwarr, ich mußte sogar darauf achten, daß nicht Funktionshäftlinge mitvergast wurden. Ja, und manchmal haben wir dann auch mitgeschoben. Ja, was sollten wir denn machen? Es war uns ja befohlen worden.

In der Voruntersuchung gab Hofmann zu Protokoll, daß er die Vergasungen als Unrecht angesehen habe und daß er sich bestimmt angeschlossen hätte, wenn jemand dagegen die Initiative ergriffen hätte.

Als Hofmann im Stammlager Schutzhaftlagerführer war, hatte er ebenfalls mit Kindern zu tun — daran erinnert sich ein deutscher Zeuge:

Grande: Im Keller von Block 12 waren 50 Kinder im Alter von sechs bis dreizehn Jahren untergebracht. Vorher waren sie auf Block 18. Zum Teil waren sie zur Arbeit eingeteilt, die älteren gingen in das Kommando Maurerschule. Ich hörte ein Gespräch des Lagerführers Hofmann, der sagte, die Kinder müssen aus dem Lager weg, die Kinder müssen vernichtet werden.

Vorsitzender: Mit wem sprach Hofmann damals?

Grande: Ich weiß es nicht.

Vorsitzender: Warum sollten die Kinder weg?

Grande: Der Block sollte anders belegt werden.

Vertreter der Nebenklage Raabe: Angeklagter Hofmann, wie war das mit den Kindern?

Hofmann: Die Verantwortung dafür hat Schutzhaftlagerführer Schwarz zu tragen. Die Kinder wurden nicht ins Krematorium überstellt, sondern in den Lagerabschnitt B II f verlegt. Der Fall selbst stimmt. Ich bin wegen der Kinder zum Kommandanten Liebehenschel, und dann wurde die Maurerschule aufgemacht. Später sollten die Kinder auf Block 6 verlegt werden, sie kamen aber nach B II f. Was dort dann mit ihnen geschehen ist, weiß ich nicht; darauf hatte ich keinen Einfluß. Sie wurden mit Genehmigung des Arztes verlegt, ich habe sie nicht verlegt.

Aus Belgien kommt ein Zeuge, der im Stammlager Friseur war:

Jakubowitz: Einmal, es war in der Zeit, als Liebehenschel Kommandant war, gab es einen Appell für alle Lagerkommandos. Der Lagerführer Hofmann ließ alle Juden, die im Lager beschäftigt waren, antreten. Er sagte: „Was glaubt ihr, der Führer hat euch hergeschickt, damit ihr euch vollfreßt? Ihr kommt alle ins Himmelkommando.“ Die SS stand mit Hunden beim Tor. Die Häftlinge wurden weggeführt, ohne daß sie ihre Sachen mitnehmen mußten. Bei dieser Aktion hat Hofmann den Befehl gegeben.

Hofmann: Ich soll in Abwesenheit von Liebehenschel der Herrscher gewesen sein? Der Stellvertreter vom Kommandanten Liebehenschel war der Adjutant Zoller. Es wurde keine Selektion in Abwesenheit von Liebehenschel durchgeführt, das ist unwahr. Es hat zwar im Block 2a eine Selektion stattgefunden, und 400 bis 500 Häftlinge wurden ausgesucht. Nachher fand aber eine Besprechung bei Liebehenschel statt, und auf Grund dieser Aussprache ist er nach Berlin gefahren, um die Vergasung zu verhindern. Er kam zurück und sagte mir: „Hofmann, diese Leute werden nicht vergast.“

Vorsitzender: Wenn sie selektiert wurden, muß aber doch eine Absicht zur Vergasung bestanden haben?

Hofmann: Ich hatte Befehl von Liebehenschel, die Häftlinge auf Block 2a zusammenzuziehen.

Vorsitzender: Warum hat Liebehenschel nicht mit der Selektion gewartet, bis er von Berlin zurückkam?

Hofmann: Der Befehl war da.

Vorsitzender: Auch andere Befehle sind in Auschwitz nicht durchgeführt worden. Haben Sie als Lagerführer Befehl zu dieser Selektion gegeben?

Hofmann: Nein. Zur Zeit von Liebehenschel war die erste Selektion im Januar 1944, und dazu kam der Befehl von Berlin.

Jakubowitz: Hofmann hat auch Millionenwerte aus Kanada gestohlen.

Hofmann: Will der Zeuge mir nicht Näheres sagen, wo das Vermögen ist? Wenn man das hört, die Lügen kann man ja greifen.

Jakubowitz: Man muß als Nazi die Wahrheit sagen.

Hofmann: Meine Lügen sind nicht so groß wie die des Zeugen.

Welches Eingeständnis Hofmann mit dieser Bemerkung macht, kommt ihm nicht zu Bewußtsein.
Der Lagerälteste im Stammlager hat bittere Anklagen:

Wörl: Als Lagerältester habe ich wiederholt wegen der schlechten Ernährung interveniert. Sehr viele Häftlinge sind wegen Unterernährung umgekommen. Der Sanitäter Wloka hat in Monowitz ganze Koffer von Margarine weggeschleppt. Auf Grund meiner Beschwerden wurde er schließlich durch Neubert abgelöst.

In Kanada gab es ganze Berge von Lebensmitteln. Sie wurden mit schmutzigen Schaufeln ins Essen gegeben, daß man dann im Essen Frauenhaare, Zähne und anderes fand. Kaduk und Hofmann haben mich mehrmals gewarnt: „Misch dich da nicht hinein!" Einmal habe ich Schutzhaftlagerführer Hofmann persönlich einen Zettel überreicht, auf dem notiert war, was alles im Essen gefunden wurde. Er antwortete: „Du willst wohl in ein anderes Kommando?"

Ein Duplikat dieser Eingabe habe ich an den Kommandanten Liebehenschel geschickt. Nachher hat Hofmann einen Tobsuchtsanfall bekommen und mich angeschrien: „Wie kommst du Drecksau dazu, dich an den Kommandanten zu wenden!"

Der Verteidiger Hofmanns führt an, sein Mandant habe sich dreimal bemüht, an die Front versetzt zu werden, daß er aber die Antwort erhielt, er habe seinen Dienst dort zu tun, wo er hingestellt wurde.
Entlastend soll auch sein Verhalten bei der Untersuchung gegen den Leiter der Politischen Abteilung, SS-Untersturmführer Maximilian Grabner, gewertet werden:

Vorsitzender: Angeklagter Hofmann, der Zeuge Dr. Morgen hat angegeben, daß Sie im Prozeß gegen Grabner Hauptbelastungszeuge gewesen wären.

Hofmann: Das Verfahren wurde in Weimar im September 1944 durchgeführt. Zu Beginn gab es Fliegeralarm. Wir sind deswegen in ein Schlößchen gefahren. Dr. Morgen vertrat als Staatsanwalt die Anklage gegen Grabner wegen Mordes. Ich habe Grabner und Aumeier beschuldigt, daß sie eigenmächtig im Bunker erschossen haben. Auch Schwarz und Wirths waren bei dieser Verhandlung dabei. Sie wurde schließlich vertagt.

Dr. Morgen: Die Einzelheiten stimmen.

Verteidiger: Wurde auch gegen den Sanitäter Klehr ein Verfahren durchgeführt?

Dr. Morgen: Ermittelt wurde gegen ihn sicherlich.

Der Verteidiger führt ferner an, daß Hofmann bei der Übernahme der Funktion eines ersten Schutzhaftlagerführers in der Schublade 17.000 Mark gefunden und diese abgeliefert habe. Daraufhin seien seine Vorgänger Aumeier und Schwarz zur Verantwortung gezogen worden; Hofmann soll man deswegen den Vorwurf der Unkameradschaftlichkeit gemacht haben.

Staatsanwalt Vogel zieht ein altes Protokoll von Boger heran, da dieser Angeklagte nun nichts gegen Mitbeschuldigte zu sagen bereit ist. Dieses Protokoll wurde aufgenommen, als Boger sich in amerikanischer Haft befand.

Staatsanwalt Vogel: Angeklagter Boger, Sie haben im Jahr 1945 zu Protokoll gegeben, daß die widerrechtlichen Tötungen im Bunker, derentwegen das Verfahren gegen den Leiter der Politischen Abteilung Grabner in Weimar geführt worden ist, immer in Anwesenheit von Aumeier, Hofmann oder Schwarz stattgefunden haben.

Boger: Das ist richtig.

Vogel: Was sagen Sie, Angeklagter Hofmann, dazu?

Hofmann: Ich hatte mit diesen Erschießungen nichts zu tun. Als Liebehenschel Kommandant wurde, wurde ich erster Schutzhaftlagerführer, und zu dieser Zeit wurde die Schwarze Wand im Hof des Blocks 11 entfernt. Meine Aussage in Weimar richtete sich gegen Grabner. Ich habe Aumeier belastet und gesagt, daß er, Grabner und Höß die Tötungen gefördert haben. Als ich erster Schutzhaftlagerführer wurde, gab es im Block 11 keine Erschießungen mehr. Ich war vielleicht drei- bis viermal bei Bunkerentleerungen anwesend. Was hätte ich auch machen sollen? Aumeier sagte zu mir: „Hofmann, kommen Sie mit!“ Ich wußte nichts, ich wartete auf die Verhandlung und darauf, in Weimar auszusagen. Ich weiß nicht, wie Boger dazu kommt, zu behaupten, daß ich im Bunker bestimmt hätte, wer erschossen werden soll.

Boger: Das habe ich nicht gesagt. Entscheidend waren bei den Bunkerselektionen Grabner und Aumeier.

Vogel: Seinerzeit haben Sie die Namen Aumeier, Schwarz und Hofmann gleichwertig genannt.

Boger: Es waren auch andere Führer dabei. Josten und Sell zum Beispiel.

Vorsitzender: Es waren doch nicht immer alle gleichzeitig beisammen?

Boger: Ich glaube nicht, daß sich Aumeier etwas von Hofmann hätte sagen lassen. Es waren nicht immer dieselben Führer dabei.

Hofmann: Ich bleibe bei meinen Aussagen. Aumeier und Schwarz waren maßgebend.

Vertreter der Nebenklage Ormond: Wie war es, als der Kommandant Baer kam?

Hofmann: Er brachte meinen Versetzungsbefehl und sogar eine Fahrkarte mit.

Zeugen erinnern sich daran, daß Hofmann Mitglied der Kommission im Bunker war:

Vorsitzender: Sie haben hier den Angeklagten Hofmann erkannt. Was können Sie zu diesem sagen?

Langbein: Als ich im Herbst 1943 im Bunker war, ist Hofmann als Schutzhaftlagerführer mit der Kommission dorthin gekommen, die die Bunkerentleerungen vornahm.

Vorsitzender: Wie oft haben Sie Hofmann dort gesehen?

Langbein: Ich habe im Bunker sechs Kommissionen erlebt. Ich weiß nicht mehr, ob Hofmann bei allen dabei war.

Vorsitzender: Was können Sie als Mindestzahl angeben?

Langbein: Ganz bestimmt weiß ich, daß Hofmann zumindest einmal bei einer solchen Kommission dabei war.

Vorsitzender: Woher haben Sie ihn gekannt?

Langbein: Ich kannte Hofmann bereits von Dachau her, wo er Schutzhaftlagerführer war. In Dachau hat er mir einmal geholfen.

Vorsitzender: Bitte schildern Sie diesen Fall.

Langbein: Ich bin einmal bei dem ehemaligen Schutzhaftlagerführer Zill, der nach seiner Abkommandierung nochmals zu Besuch nach Dachau gekommen war, „aufgefallen", wie man im Lager sagte, und Zill befahl mir, mich ans Lagertor zu stellen, wo ich auf eine Strafe zu warten hatte. Ich stand dort stundenlang. Zill kam nicht. Aber Schutzhaftlagerführer Hofmann kam und fragte mich, warum ich hier stehe. Ich meldete, daß mich Zill herbefohlen habe. Darauf sagte Hofmann: „Hau ab!" So blieb ich von einer Strafe verschont.

Die Verteidigung bemüht sich, aus dieser Aussage den Nachweis abzuleiten, daß sich Hofmann im Rahmen seiner Möglichkeiten menschlich verhalten habe. Hofmann selbst meldet sich gegen Ende des Prozesses einmal zu Wort:

Hofmann: Ich möchte einmal etwas über die ganzen Verhältnisse in den Konzentrationslagern sagen:

Es hat in ganz Deutschland 700 oder 800 Lager gegeben, oder vielleicht reicht das nicht einmal. Es waren Lager unter dem Hund. Aber wenn man etwas gesagt hat — da hat einmal Pohl mir persönlich mit dem KZ gedroht. Als ich noch in Dachau war, hat es einmal mit der Bekleidung und mit der Verpflegung nicht geklappt, und ich habe das gemeldet. Da ließ mich Himmler selbst kommen und sagte, wenn ich mich nicht durchsetzen kann, dann wird er mich einmal für ein Jahr ins KZ schicken. Ein anderes Mal habe ich mich von Natzweiler direkt nach Berlin gewandt. Man hat mir gesagt, ich muß mich an den Dienstweg halten.

In einem anderen Fall hat uns eine Firma tausend Paar Schuhe angeboten. Ich hatte das Geld, um die Schuhe zu kaufen. Alles war da, aber es fehlte an einem lumpigen Fetzen Papier, damit ich die Schuhe haben kann. Pohl hat dieses Papier verweigert. Aber wo sind heute diese Herren? Der Saal hier wäre zu klein, um sie alle unterzubringen, wenn man alle anklagen wollte, die damals die Befehle gegeben haben. Die waren die Schuldigen, die am Schreibtisch gesessen sind und nur telefoniert haben! Man sagte uns einfach: „Seht zu, wie ihr zurecht kommt."

In seinem Schlußwort faßt sich Hofmann sehr kurz:

Ich stehe heute zum zweitenmal vor Gericht, und es ist gerichtsbekannt, daß gleichzeitig ein drittes Verfahren gegen mich läuft. Ich finde weiter keine Worte.

Oswald Kaduk

Der Angeklagte Kaduk wurde 1906 in Königshütte geboren. Über seine Jugend sagte er während der Voruntersuchung:

Während meiner Schulzeit gehörte ich nicht zu den guten Schülern, meine Leistungen waren mittlerer Art. Über meinen politischen Werdegang kann ich noch sagen, daß ich von Jugend auf eine nationale Einstellung gehabt habe. Dieses nationale Denken war bedingt durch das häusliche Milieu und auch durch den Umstand, daß ich in einem Gebiet wohnte, wo deutsch-polnische Gegensätze bestanden.

Er erlernte das Metzgerhandwerk, kam 1927 zur städtischen Berufsfeuerwehr in Königshütte.
Er trat der SS bei und wurde 1940 zur Waffen-SS eingezogen. Nach einer Erkrankung wurde er 1942 von der Fronttruppe weg und nach Auschwitz versetzt, wo er anfangs in der Wachtruppe, bald aber als Blockführer und schließlich als Rapportführer Dienst tat.
Im Dezember 1946 wurde er von einem Überlebenden aus Auschwitz erkannt, angezeigt und von der Behörde festgenommen. Am 24. März 1947 wurde er von einem russischen Militärgericht zu 25 Jahren Zwangsarbeit verurteilt, die er in der DDR abzubüßen hatte. Von seiner Festnahme und dem Prozeß erfuhren die Überlebenden von Auschwitz nichts, nicht einmal das Museum in Auschwitz hatte davon Kenntnis. Am 26. April 1956 wurde Kaduk begnadigt. Er begab sich nach West-Berlin und wurde im Hospital Tegel-Nord als Krankenpfleger angestellt. Seit dem 21. Juli 1959 befindet sich Kaduk in Untersuchungshaft.

Er empfindet die neuerliche Verhaftung als Ungerechtigkeit:

Kaduk: Wenn ich jetzt hier stehe, dann darum, weil ich unschuldig sitze. Ich bedaure sehr, daß ich 1956, nach meiner Entlassung aus dem Zuchthaus Bautzen, nach West-Berlin gegangen bin. In der DDR wäre ich nie verfolgt worden. Die neue Strafverfolgung ist nur ein Racheakt; die Strafklage ist ja durch die sowjetische Verurteilung schon verbraucht.

In Auschwitz war ich mit den Nerven völlig am Ende. Wenn Sie solche Aktionen sehen, dann sind auch Sie schokkiert. Ich habe noch nie in meinem Leben so viel Alkohol getrunken wie in Auschwitz.

Verteidiger Dr. Jugl argumentiert in seinem Plädoyer damit, es sei kein Strafanspruch gegeben, weil Kaduk in der Zeit zwischen 1951 und 1953 von den sowjetischen Behörden den zuständigen Stellen in der DDR zum Strafvollzug übergeben wurde, von denen er dann nachweislich auch begnadigt worden ist. Daß diese Begnadigung rechtsstaatlichen Grundsätzen widerspreche, sei nicht zu erkennen; nur in diesem Fall aber bestünde die Möglichkeit, Kaduk wegen seiner in Auschwitz begangenen Verbrechen vor Gericht zu stellen, diesmal in der Bundesrepublik. Als der Vorsitzende Kaduk zur Sache vernehmen will, bekommt er lediglich folgende Antwort:

Kaduk: Herr Vorsitzender, ich verweigere hier die Aussage zur Sache.

Vertreter der Nebenklage Ormond: Erkennen Sie auf diesen Abbildungen die Stehzellen im Bunker?

Kaduk: Ich war in Auschwitz Unterscharführer und kann mich an Stehzellen nicht erinnern. So was gab es nicht in Auschwitz. Es kann möglich sein, woanders. Bei uns jedenfalls nicht. Da wollen wir doch bei der Wahrheit bleiben. Das habe ich auch schon dem sowjetischen Major gesagt und das sage ich auch hier.

Die harte Sprache, die ungelenke Ausdrucksweise, das eruptive Ausstoßen von Sätzen, alles das ist für Kaduk ebenso charakteristisch wie sein ostentatives Strammstehen, die Hände an der Hosennaht, wenn

die Angeklagten zu Beginn jeder Sitzung aufgerufen werden, der Blick, den er in den Zuschauerraum wirft, wenn er sich zu setzen hat, um die Wirkung seines Auftritts festzustellen — alles das kann schriftlich nicht wiedergegeben werden.
Die Beschuldigungen, die gegen Kaduk vorgebracht werden, sind mannigfaltig:

Laks: Kaduk war im ganzen Lager als der gefürchtetste Mann bekannt.
Vorsitzender: Warum galt er als der gefürchtetste?
Laks: Man muß dort gewesen sein, um das zu verstehen.
Vorsitzender: Haben Sie gesehen, daß er jemanden totgeschlagen hat?
Laks: Von Zeit zu Zeit schon. Er hat bei jeder Gelegenheit zugehauen. Ob er mit einem Stock oder mit der Hand geschlagen hat, habe ich nicht gesehen. Man ist gleich verschwunden, wenn Kaduk da war.
Vorsitzender: Sahen Sie, daß er Lagerselektionen durchgeführt hat?
Laks: Ja, mehrere Male. Wir mußten dann alle auf der Lagerstraße antreten, uns ausziehen und vorbeimarschieren. Mehrere SS-Männer saßen da, wir mußten vorbeigehen und es wurden dabei Nummern aufgeschrieben. Die Aufgeschriebenen mußten auf einen Block und kamen dann nach Birkenau zum Vergasen. Ich habe selbst gesehen, wie sie auf Lastwagen hingefahren wurden, denn ich habe auf der Strecke nach Birkenau gearbeitet.
Vorsitzender: Kaduk war dabei?
Laks: Ja, Kaduk kann man nicht vergessen.
Vorsitzender: Wer war mit Kaduk bei diesen Selektionen?
Laks: Das weiß ich nicht.
Vorsitzender: Erinnern Sie sich an eine Selektion im Bad?
Laks: Ja, es war eine in der alten Wäscherei. Wir mußten uns ausziehen und dort durchgehen, wo die SSler gesessen sind. Die Nummern hat, glaube ich, ein Blockschreiber aufgeschrieben.
Vorsitzender: Bei Ihrer Vernehmung am 18. 5. 1960 sagten Sie, daß Kaduk saß und musterte und neben ihm ein Schreiber stand.
Laks: Ja, so war es.

So viele ehemalige Häftlinge erinnern sich an Kaduk und seinen bösen Ruf, daß der Vorsitzende ganz erstaunt ist, als sich ein Zeuge, der lange im Stammlager Auschwitz war, nicht an Kaduk erinnern kann. Doch jeder, der sich an ihn erinnert, spricht davon, wie Kaduk geschlagen hat:

Reineck: Einmal, als das Kommando Bauhof ins Lager einrückte, gab es beim Lagertor Kontrolle. Bei einem holländischen Juden wurde etwas gefunden, und er wurde daraufhin von dem Rapportführer Kaduk so geschlagen, daß er im Krankenbau gestorben ist.

Vorsitzender: Woher wissen Sie, daß er von Kaduk geschlagen worden ist?

Reineck: Die Funktionshäftlinge haben im Lager doch alles erfahren.

Vorsitzender: Wissen Sie das vom Hörensagen?

Reineck: Ja.

Ersatzrichter Hummerich: Sie haben früher ausgesagt, daß Sie das gesehen haben, weil Sie auf einem dienstlichen Weg zum Lagertor mußten. Erinnern Sie sich jetzt daran?

Reineck: Ja, jetzt erinnere ich mich. Ich habe solche Episoden öfters gesehen. Das Kommando mußte haltmachen und sich entkleiden. Dann wurde eine Durchsuchung vorgenommen. Der holländische Jude war noch nicht lange im Lager.

Kaduk: Wann soll das gewesen sein?

Reineck: Im Jahr 1943. Wann, weiß ich nicht genau, es war schönes Wetter.

Kaduk: Na ja, schönes Wetter haben wir ja auch heute. Ich war damals — im August und September 1943 — mit Malaria im Lazarett in Graz.

Vorsitzender: Warum soll es denn gerade zu dieser Zeit gewesen sein?

Kaduk: Ich streite nicht ab, daß ich bei der Durchsuchung geschlagen habe, wenn ich etwas gefunden habe. Aber es geht um Totschlag, und das kostet etwas. Bei Kaduk ist öfters etwas passiert. Aber der Holländer, das will ich Ihnen genau sagen, ist gar nicht gestorben. Nach 14 Tagen habe ich ihn nämlich wieder bei einem anderen Kommando erwischt. Was sagen Sie dazu? Das war nämlich so gewesen. Wenn die Häftlinge etwas zum Essen organisiert haben, dann sollten sie das draußen essen, aber nicht ins Lager nehmen. Meistens haben sie aber Alkohol ins Lager geschmuggelt. Einmal waren es 18 Flaschen. Sie haben Methylalkohol ins Lager geschmuggelt, und einer ist daran sogar gestorben. Da habe ich gefilzt, damit so etwas nicht wieder vorkommt. Wenn ich jemanden das erstemal erwischt habe, dann hat er ein bis zwei Ohrfeigen bekommen. Beim zweitenmal habe ich eine Meldung gemacht.

Reineck: Die Geschichte mit dem Methylalkohol stimmt sogar, aber aus Menschenfreundlichkeit hat Kaduk bestimmt nicht gefilzt.

Kaduk: Wie ist denn die Nummer von diesem Häftling?

Reineck: Das kann ich nicht sagen.

Kaduk: War die Nummer nicht 63.387?

Reineck: Aber das ist doch meine Nummer.

Noch öfters überrascht Kaduk das Gericht mit seinem ausgezeichneten Gedächtnis — wenn er sich erinnern will. Ein polnischer Zeuge berichtet:

Mikolajski: Ich erinnere mich, daß einmal — es dürfte Anfang Sommer 1944 gewesen sein — beim Appell ein Häftling fehlte. Alle Capos mußten innerhalb der großen Postenkette suchen, auch die SS suchte. Nach vielleicht einer Stunde fanden die Capos den Häftling. Als sie ihn ins Lager brachten, hielten ihn zwei an den Händen, zwei an den Füßen. Er mußte bereits stark geschlagen worden sein, denn er stöhnte. Hinter ihm ging Kaduk. Am Tor standen viele SS-Männer. Kaduk schlug den Häftling auf den Kopf und schrie: „Schweig, du Hund!" Er hat ihn so geschlagen, daß der Häftling aus Nase und Ohren blutete. Er lag dann vielleicht eine Stunde beim Tor. Später wurde die Leiche von Leichenträgern fortgebracht. Ich habe diesen Vorfall genau beobachtet.

Ein Rechtsanwalt aus Wien bezeugt:

Dr. Skrein: Es war einmal bei einem Abendappell im Jahr 1944. Ich war damals auf Block 16. Der Appell verzögerte sich, weil ein Mann fehlte. Die Blockführer suchten und schleppten ihn aus dem Block. Der völlig abgezehrte Häftling wurde zu den Rapportführern Kaduk und Clausen gebracht. Die schlugen ihn zusammen. Als der Unglückliche schon am Boden lag, sind sie von rechts und links mit ihren Stiefeln auf ihm herumgetrampelt. Ich habe das aus geringer Entfernung beobachtet und werde das nie vergessen.

Vorsitzender: Bitte schildern Sie den Vorfall näher.

Dr. Skrein: Sie sind mit aller Kraft mit dem Absatz auf den Brustkorb getreten. Ich habe es krachen gehört. Sie traten so lang, bis er kein Lebenszeichen mehr von sich gab. Das ist eine meiner schlimmsten Erinnerungen aus Auschwitz.

Vorsitzender: Wann war das etwa?

Dr. Skrein: Es dürfte im Spätsommer 1944 gewesen sein. Es war noch warm, wir hatten noch keine Mäntel.

Vorsitzender: Haben Sie auch andere Erinnerungen an Kaduk?

Dr. Skrein: Einmal wurden Zigeuner entlaust, und wir in der Bekleidungskammer bekamen den Befehl, sie nachher frisch einzukleiden, zuerst die Männer, dann die Frauen. Hartwig, Clausen und Kaduk sind dabei herumgestanden. Eine Frau wollte den Büstenhalter nicht ausziehen. Kaduk riß ihn herunter. Bei dieser Gelegenheit erzählte er den anderen, wie angenehm es sei, wenn man nackte Frauen in die Gaskammer drängt und ihnen dabei an die Brust greift. Als er das sagte, stand er etwa drei Meter von mir entfernt.

Vorsitzender: Haben Sie Kaduk beim Einmarsch der Arbeitskommandos beobachtet?

Dr. Skrein: Ja, es war Usus, daß er sich beim Tor aufstellte und prügelte, wenn einer nicht stramm marschiert ist. Kaduk war das gefürchtetste Wesen. Er hat mit den Köpfen der Häftlinge Punchingball gespielt.

Vorsitzender: Angeklagter Kaduk, was haben Sie dazu zu sagen?

Kaduk: Ich gebe keine Erklärung ab.

Vorsitzender: Haben Sie jemanden totgetrampelt?

Kaduk: Herr Direktor, das ist nicht wahr. Beim Appell habe ich niemanden totgetrampelt. Und vor Häftlingen habe ich überhaupt nicht erzählt.

Ein polnischer Zeuge spricht von seinen Beobachtungen:

Kral: Es war im Sommer 1942, da fielen einmal zwei Häftlinge unseres Blocks auf, weil sie beim Appell auf das Kommando: „Mützen ab!" nicht schnell genug ihre Mützen gezogen haben. Kaduk hat es bemerkt. Als das Kommando „Wegtreten" gegeben wurde, holte sich Kaduk die beiden heraus — es waren ein Pole und ein französischer Jude, beide Neuzugänge —, fragte sie nach ihrem Beruf und schlug ihnen mehrmals ins Gesicht. Die Häftlinge hatten noch keine Lagererfahrung und wußten nicht, daß man, wenn man von Kaduk geschlagen wurde, umfallen sollte. Kaduk steigerte sich in eine große Wut hinein, nahm ein Rundeisen von einem Arbeitstisch, der in der Nähe stand, und schlug dermaßen auf den Kopf des einen ein, daß dieser sofort umfiel. Der Kopf war nahezu gespalten. Dem zweiten — dem Juden — befahl er, sich auf den Rücken zu legen. Kaduk legte ihm das blutbesudelte Eisen auf den Hals und stellte sich auf das eine Ende. Ein Häftling mußte sich auf das andere Ende stellen. So wurde dieser Mensch erwürgt.

Im Keller vom Block 17 wurde in der ersten Hälfte 1942 von Kaduk auf die gleiche Weise ein Häftling erwürgt, weil er Kartoffel gebraten hat ... Ich bitte um Baldriantropfen, ich zittere innerlich. Wenn ich nur den Namen Kaduk höre, bekomme ich schon einen Zusammenbruch.

Vorsitzender: Wer mußte sich auf die zweite Seite des Eisens stellen?

Kral: Einer aus unserer Reihe. Alles spielte sich vielleicht zwei Meter vor unserer Reihe ab.

Vorsitzender: War der Häftling tot?

Kral: Er mußte sich noch vielleicht sechs oder sieben Minuten quälen.

Vorsitzender: Und der erste Häftling?

Kral: Der war sofort tot.

Vorsitzender: Diese Fälle sind von der Staatsanwaltschaft nicht angeklagt?

Staatsanwalt Vogel: Kaduk ist des Mordes in einer unbestimmten Anzahl von Fällen angeklagt. Also kann auch dieser Fall ohne weiteres einbezogen werden.

Vorsitzender: Wo haben Sie die andere Tötung durch Kaduk beobachtet?

Kral: Unser Kommando Neubau hatte im Keller von Block 17 sein Büro. Ein Häftling, der zu unserem Kommando gehörte, hatte dort Kartoffel gebraten. Kaduk war damals Blockführer und hatte genug Zeit, herumzugehen und zu kontrollieren. Er kam zu uns und roch, daß etwas gebacken wurde. Kaduk fragte, wer hier gebraten hat. Niemand meldete sich. Kaduk konnte die Kartoffeln nicht finden, aber er roch sie. Da sah er einen Häftling, dessen Gesicht vom Kartoffelbraten verschmiert war. Er schlug ihn, und der Häftling gab zu, daß er gebraten hatte. „Jetzt werde ich dir den Rest zu essen geben", rief Kaduk, warf den Unglücklichen zu Boden und legte ihm die „Krawatte" an. Er legte eine Stange auf seinen Hals, trat drauf und befahl einem Anwesenden, sich auf das andere Ende zu stellen. Dieser lief aber davon. Kaduk schoß ihm nach. Beide Häftlinge wurden später in den Krankenbau gebracht. Was aus dem Angeschossenen geworden ist? Er kam nicht mehr in unser Kommando zurück. Der andere ist an Ort und Stelle erwürgt worden.
Vorsitzender: War der Liegende schon tot, als der andere davonlief?
Kral: Ich glaube, halbtot. Nachdem Kaduk geschossen hatte, stellte er sich dann allein auf die Stange. Kaduk ging zusammen mit den Häftlingen weg, die den Angeschossenen wegbrachten.

Weitere ähnliche Fälle werden dem Gericht bekundet:

Eder: Es war an einem Sonntagnachmittag im Sommer. Damals war ein Teil der Zigeuner vorübergehend im Stammlager untergebracht. Die Häftlinge sind spazierengegangen. Plötzlich ertönte der Ruf: „Der Kaduk kommt! Der Kaduk kommt!", und alles flüchtete. Ich sah den Herrn Kaduk kommen, seine Pistolentasche aufmachen und sah, wie er die Pistole herausgenommen hat. Ich hörte dann, wie geschossen wurde. Später hat man einen Häftling zum Krankenbau geschleift und dort hingelegt, wo sonst die Toten lagen. Es wurde gesagt, daß der Kaduk ihn erschossen hat.
Vorsitzender: War Ihnen Kaduk bekannt?
Eder: Kaduk war der Schrecken des Lagers, Kaduk war ein

Begriff. Ich gehörte im Lager zum Fußvolk. Die meisten Zeugen, die hier ausgesagt haben, gehörten zur Lagerprominenz. Sie waren den Strapazen nicht so ausgesetzt wie wir. Ich habe Kaduk vom Tor her gekannt, wo er gestanden ist, wenn die Kommandos einmarschiert sind; und vom Lager, wo er Häftlinge geschlagen hat, weil sie nicht schnell genug die Mütze vor ihm gezogen haben. Ich kann nicht sagen, ob das noch ein Mensch war. Er schlug fürchterlich und war bei Prügelstrafen immer vorne. Kaduk war oft betrunken. Das muß ich sagen, wenn es auch ein Milderungsgrund ist.

Vorsitzender: Nun, Angeklagter Kaduk, wie ist das gewesen?

Kaduk: Ich gebe keine Erklärung ab.

Staatsanwalt Vogel: Früher haben Sie dazu zu Protokoll gegeben: „Ich erinnere mich nicht, wahllos geschossen zu haben. Das ist schon zu lange her. Wenn ich aber mit meiner Pistole einmal hingelangt hätte, dann wären gleich mehrere umgefallen."

Kaduk: Wenn ich nicht glaubwürdig bin, dann gebe ich überhaupt keine Erklärungen mehr ab.

Mehrmals noch flüchtet Kaduk in die Pose des Beleidigten. Ein Zeuge aus Krakau sagt:

Kieta: Es war im Herbst 1943, kurz nachdem das Bordell im Block 24 eröffnet worden war. Viele kamen hin und schauten zu den Fenstern im ersten Stock hinauf. Unten im Block waren die Hauptschreibstube und das Museum eingerichtet. Dort arbeitete auch Prof. Dunikowski, ein Bildhauer. Ich ging zu ihm. Es war neblig, und der Scheinwerfer über dem Tor war eingeschaltet. Da hörte ich vom Lagertor schreien und erkannte die Stimme Kaduks. Er war damals — wie so oft — betrunken. Man hatte Angst vor ihm wie vor einem Teufel. Dann hörte ich fünf Schüsse. Die Häftlinge liefen aufgescheucht auseinander. Ich ging um die Ecke des Blocks, in den Saal, wo das Orchester probte. Durch das Fenster sah ich den schwankenden Kaduk mit der Pistole in der Hand. Auf dem Boden lag ein Häftling. Er zitterte noch, dann wurde er still. Später sah ich zwei Leichenträger mit einem Rollwagen kommen.

Verteidiger Dr. Jugl: Wie weit war die Entfernung vom Tor zur Leiche?

Kieta: 20 oder 25 Meter höchstens. Ich glaube nicht, daß Kaduk bewußt den Häftling erschossen hat, er hat ziellos auf die Häftlinge geschossen.

Vorsitzender: Woraus schließen Sie das?

Kieta: Das ist bei Kaduk häufig vorgekommen. Er war oft so betrunken. Er schwankte damals ganz deutlich.

Vorsitzender: Vielleicht kann uns der Angeklagte Boger angeben, wie es mit Kaduk und dem Alkohol aussah.

Boger: Kaduk war meistens betrunken.

Vorsitzender: In der Voruntersuchung haben Sie das schärfer ausgedrückt.

Boger: Na ja, er hat gesoffen.

Und immer wieder wird dem Gericht gesagt, wie Kaduk gewütet hat:

Vorsitzender: Kannten Sie den Angeklagten Kaduk?

Klein: Ja. Man hat mich im Lager gleich auf ihn aufmerksam gemacht. Wenn ein neuer Transport kam, suchten wir Tschechen gleich die neu angekommenen Tschechen auf und informierten sie, gleichgültig, ob es Juden oder Nichtjuden waren. Mir wurde gesagt: „Der schlimmste SS-Mann ist der Kaduk, gib auf den acht!"

Vorsitzender: Haben Sie gesehen, daß Kaduk jemanden totgeschlagen hat?

Klein: Ich habe einmal gesehen, daß er einen Häftling derart geschlagen hat, daß dieser nicht mehr aufstehen konnte. Kaduk brüllte ihn an: „Steh auf, du stinkiger Jude!". Der am Boden Liegende hat sich nicht mehr gerührt, ich nehme an, er war tot. Warum er geschlagen wurde, weiß ich nicht. *Bei der Gegenüberstellung erkennt der Zeuge Kaduk sofort, Kaduk grüßt ihn halb militärisch.*

Verteidiger Dr. Jugl: Wann ereignete sich dieser Vorfall?

Klein: Das war im Jahr 1943, ich glaube, im Frühling.

Kaduk: Ich habe öfters Menschen geschlagen, aber nur mit der Hand. Totgeschlagen habe ich niemanden, das nehme ich nicht ab.

Erschießungen innerhalb und außerhalb des Lagers — immer wieder berichten Zeugen davon, und oft fällt der Name Kaduk:

Princz: Ich war in Auschwitz als Kutscher eingesetzt und bin mehrmals täglich zu verschiedenen Kommandos gefahren. Ich kannte daher den Angeklagten Kaduk gut, den ich oft gesehen habe. Häufig mußte ich Kies und Sand fahren. Dabei habe ich einige Male Kaduk bei der Kiesgrube gesehen. Ich erinnere mich, daß wir vielleicht im März oder April 1943 Kies nach Birkenau zu Bauarbeiten führen mußten. Damals sind wir drei-, viermal täglich dorthin gefahren, und Kaduk kontrollierte uns dabei. Wir mußten auch viel Sand für die Krematorien nach Birkenau führen. Es war für Kaduk eine liebe Unterhaltung, die jungen weiblichen Häftlinge, die Sand aufluden und sehr geschwächt waren, zu malträtieren und Frauen, die sich während der Arbeit ausruhten, zu erschießen. Ich habe das selbst achtmal gesehen. Ich weiß das so genau, weil ich mich deswegen bemüht habe, nicht mehr zur Kiesgrube fahren zu müssen. Acht Frauen hat Kaduk dort in meiner Gegenwart erschossen.

Vorsitzender: Ist Ihnen sonst noch ein Vorfall bekannt, bei dem Sie Kaduk morden sahen?

Princz: Ja, ich erinnere mich an meinen Mithäftling namens Nikolaus Engel. Er war im Kommando der Flugzeugzerlegebetriebe, ist geflohen, wurde ergriffen, ins Lager zurückgebracht und zum Tod verurteilt. Ich habe gesehen, wie man ihn zurückbrachte. Das ganze Lager mußte antreten. Gerade in dieser Zeit sind einige Fluchten geglückt. Es sollte eine Abschreckung erfolgen. Alle Kommandos mußten früher ins Lager. Vor der Küche wurde ein Galgen aufgestellt. Ich stand an der Ecke. Engel wurde vorgeführt, irgend etwas wurde vorgelesen, ich habe nicht verstanden, was. Eine Gruppe von SS-Leuten war anwesend, auch Kaduk. Der Jakob vom Bunker war ebenfalls da. Engel wurde ein Strick um den Hals gelegt und der Hocker unter seinen Füßen umgeworfen. Aber Engel fiel zu Boden, denn der Strick riß. Damals glaubten wir, daß er nicht nochmals gehängt würde. Kaduk prügelte Engel bis zum Block 11 zurück. Am zweiten Tag nach diesem Vorfall mußten wir in die Kiesgrube fahren und für den Block 11 Sand bringen, wo wir den Boden vor der Schwarzen

Wand zu bestreuen hatten. Jakob sagte mir bei dieser Gelegenheit, es ist nicht gelungen, Engel zu retten, Kaduk hat ihn erschlagen.

Vorsitzender: Sagte er nicht erschossen?

Princz: Ich kann keine Einzelheiten sagen, er sagte „erledigt".

Vorsitzender: Früher gaben Sie zu Protokoll, daß er „erschossen" gesagt hätte.

Princz: Er hat gesagt *(spricht jiddisch)*: „Kaduk hat ihn toit gemacht!"

Staatsanwalt Wiese: Womit hat Kaduk die Frauen erschossen?

Princz: Mit seiner Pistole.

Wiese: Wer hat den Hocker unter Engel weggestoßen?

Princz: Kaduk.

Als die Häftlinge schon evakuiert waren, setzte Kaduk seine Taten fort:

Toch: Das letzte Mal habe ich Kaduk gesehen, als er vor der Küche im Stammlager einen holländischen Häftling erschossen hat. Das war am 20. oder 21. Jänner 1945. Das Lager war schon evakuiert, und nur die Kranken sind zurückgeblieben. Ich war bei dem Pflegepersonal der Kranken. Es waren damals etwa 1300 Mann im HKB zurückgeblieben, darunter auch Pfleger, die sich entschlossen hatten, zu bleiben. Ich habe in der Diätküche in Block 28 gekocht. Wir hatten noch von dem SS-Unterscharführer Schebek aus der Küche Lebensmittel bekommen. Das Wasser holten wir aus dem Feuerlöschteich. Auf dem Rückweg ging ich durch Block 6 und 17. Auf der Stiege des Block 17 habe ich Kaduk beobachtet. Er war vielleicht drei Meter von mir entfernt. Zuerst gab es einen Wortwechsel, dann hat er den Häftling — er hieß Ackermann — erschossen.

Vorsitzender: Ist Kaduk ins Lager zurückgekehrt?

Toch: Er war schon vorher im Lager gewesen. Ackermann ist zusammengebrochen. Kaduk hat weitergeschossen. Ich bin über die Stiege hinuntergesprungen und habe mich so in Dekkung gebracht. Mir ist der Namen des Opfers geläufig, denn ich habe Ackermann gekannt, er war Mediziner und im Personal des Krankenbaus. Die Ärzte Dr. Steinberg und Dr. Gordon bestätigten mir, daß Ackermann infolge der Bauchschüsse gestorben ist.

Kaduk: Das Lager wurde am 18. Januar evakuiert, ein Transport ging nach Mauthausen, einer nach Nordhausen und einer nach Dachau. Am 17. Januar um 10 Uhr vormittag haben die SS-Führer ihre Frauen weggebracht. Ich wollte auch meine Familie wegbringen und bat um Urlaub. Am 19. bin ich dann nach Auschwitz zurück und bin zum Bahnhof. In Auschwitz war alles leer, die Küche und alles war aufgerissen. Ich habe keine Begegnung mit Toch oder Ackermann gehabt. Ich bin dann wieder zum Bahnhof, und in der Tschechei habe ich den Transport erwischt. Ich kenne Toch. Er war Anfang Dezember 1944 Türposten im HKB. Ich habe bemerkt, daß ein Häftling in den Block gegangen war und kein Türposten dastand. Da habe ich befohlen: „Torposten heraustreten!" und habe ihm eine Ohrfeige gegeben, daß er an die Wand geflogen ist.

Staatsanwalt Kügler: Waren keine Häftlinge mehr im Lager, als Sie am 19. dorthin zurückkamen?

Kaduk: Ich bin nur bis zur Glocke gekommen. Auf der Lagerstraße war niemand. Ich habe mich dann abgesetzt.

Vorsitzender: Herr Zeuge, was sagen Sie zu dieser Darstellung des Angeklagten?

Toch: Ich bleibe bei meiner Aussage.

Bei den Evakuierungsmärschen wurde Kaduk ebenfalls gesehen:

Herrmann: Am 18. Januar 1945 wurden wir zum Abmarsch aus dem Lager fertiggemacht. Bei jeder zehnten oder fünfzehnten Reihe gingen SS-Posten auf beiden Seiten. Die Kolonne hat sich schrecklich langsam fortbewegt, die SS patrouillierte ständig. Ich habe dabei Kaduk gesehen. Er und andere haben damals Häftlinge erschossen. Ob er auf einem Motorrad oder in einem Wagen gefahren ist, weiß ich nicht mehr.

Staatsanwalt Kügler: Wie viele Menschen wurden nach Ihrer Beobachtung von Kaduk erschossen?

Herrmann: Ich habe keine Vorstellung mehr davon. Es wurden so viele erschossen.

Kügler: Ist Ihnen ein bestimmter Fall in Erinnerung?

Herrmann: Nein.

Kaduk: Ich habe den Evakuierungsmarsch nach Groß-Rosen nicht mitgemacht, ich bin erst am 19. oder 20. Januar nach

Auschwitz gekommen. Der Zeuge Toch hat mich belastet, daß ich am 20. den Häftling Ackermann erschossen haben soll, ich kann es also nicht gewesen sein.

Herrmann: Ich bleibe bei meiner Aussage. Kaduk hat uns beim Transport zusammengestellt. Es ist eine Lüge, wenn er sagt, er war am 18. nicht im Lager. Er hat mich in die Reihe hineingestellt, ebenso meinen Freund Rudolf Steiner aus Wien.

Ein Überlebender des Sonderkommandos kann sich an ähnliche Vorfälle erinnern:

Buki: Ich habe Kaduk auch bei der Evakuierung gesehen. Er hat dort wie jeder SS-Mann diejenigen erschossen und dann mit Füßen in die Straßengräben gestoßen, die nicht mehr weitergehen konnten. Ich sah ihn etwa am 19. oder 20. Januar 1945 auf dem Marschweg.

Vorsitzender: Der Angeklagte Kaduk sagte, er habe nicht am Evakuierungsmarsch teilgenommen.

Buki: Wenn er sagt, daß er nicht in Birkenau war, so kann er auch das sagen. Er war immer besoffen.

Verteidiger Dr. Jugl: Sie glauben, daß Kaduk am zweiten Tage des Evakuierungsmarsches bei Ihrer Gruppe war?

Buki: Am ersten oder am zweiten oder am dritten Tag. Wir waren bis zum 24. Januar auf dem Marsch. Dann bin ich entflohen. Ich habe mich versteckt.

Kaduk: Bei der Evakuierung kam ich ja erst viel später. Ein Häftling hat hier ausgesagt, daß ich am 19. Januar im Stammlager Auschwitz einen Häftling namens Ackermann erschossen habe. Da kann der Kaduk ja nicht im Stammlager und zugleich auf dem Evakuierungsmarsch gewesen sein. Es war ja nur ein Kaduk, und das war ich.

Vorsitzender: Aber es ist doch möglich, daß Sie im Stammlager und später bei der Kolonne bei der Evakuierung waren. Sie könnten eine Fahrgelegenheit gehabt haben.

Kaduk: Ich bin zu Fuß nach Mauthausen gegangen. Mein Transport und wir alle sind nach Mauthausen gekommen. Wir sind mit der Eisenbahn dorthin gefahren. Ich war am 19. Januar noch im Stammlager, und damals war niemand mehr dort.

Vorsitzender: Es wäre doch möglich, daß Sie am 19. mit einer Fahrgelegenheit zu dem Häftlingszug gestoßen sind.

Kaduk: Ich habe den Häftlingstransport erst in der Tschechoslowakei getroffen. Ich bin mit einem Wehrmachtsfahrzeug dorthin gefahren.

Richter Hotz: Von wo sind Sie am 19. in das Stammlager Auschwitz gekommen?

Kaduk: Wenn ich ehrlich sein soll, ich bin von zu Hause gekommen. Ich habe am 18. Januar gesehen, daß alle SS-Offiziere ihre Frauen weggebracht haben. Da habe ich mich gemeldet um ein paar Stunden Urlaub und habe meine Familie aus Königshütte evakuiert.

Auf alle diese Beschuldigungen antwortet Kaduk in ähnlicher Weise wie auf jene, die besagt, er habe einen Häftling erschossen, weil er bei dem Häftling bei einer Durchsuchung verbotene Gegenstände gefunden hat:

Kaduk: Es ist unmöglich, daß ich einen Häftling erschossen habe, der sich etwas organisiert hat. Ich habe grundsätzlich nie erschossen. Mir geht es nur um die Wahrheit. Wenn ich einen mit einer Flasche Schnaps erwischt habe, der bekam vielleicht 25 am Arsch. Oder fünf Wochen Kiesgrube. Das ist öfter passiert bei Kaduk, jawohl! Aber ich habe grundsätzlich niemanden erschossen wegen Organisieren. Aber ich bin ja nicht glaubwürdig, ich bin ja ein Verbrecher, ein Mörder.

Selbst im Krankenbau, der nicht zu seinem Wirkungsbereich gehörte, hat Kaduk gemordet, wie ein tschechischer Zeuge berichtet:

Lederer: Am 18. August 1943 — ich glaube es war an diesem Tag — wurde eine große Selektion im Krankenbau des Stammlagers durchgeführt. Am nächsten Tag wurden die Selektierten aufgerufen, und Anzüge wurden an sie verteilt. Es erschienen Rapportführer Kaduk und andere SS-Leute. Ich erinnere mich, daß ein junger Franzose — er dürfte etwa 17 bis 18 Jahre gewesen sein und hatte ein sehr gewinnendes Äußeres — sich vor Kaduk niedergekniet hat, und ich sah, wie er ihn bat. Kaduk hat ihm Tritte ins Gesicht und gegen die Brust versetzt. Der Franzose konnte nicht mehr aufstehen und wurde weggetragen. Weil ich das nicht vergessen kann, darum habe ich mich hier als Zeuge gemeldet.

Vorsitzender: Haben Sie Kaduk gesehen, als Sie später Blockschreiber waren?

Lederer: Ja, ich habe ihn oft gesehen. Er stand meist unter Alkohol und hat dann mit dem Revolver im Lager herumgeschossen.

Kaduk: Ich habe keine Häftlinge selektiert, ich war am 18. August 1943 in Auschwitz gar nicht zugegen, ich hatte mit dem Krankenbau dort auch nichts zu tun und hatte nicht entschieden.

Lederer: Kaduk soll doch zugeben, daß er das war. Es ist möglich, daß das Datum anders war, aber ich sah den Franzosen vor Kaduk knien, und er hat ihn ermordet.

Kaduk: Das ist nicht wahr. Wenn jemand ins Gas gekommen ist, dann habe ich niemanden vorher geschlagen. Der Zeuge soll doch bei der Wahrheit bleiben. Ich bin der letzte, und alles wird nun auf mich geschoben.

Im Hof von Block 11 wurde Kaduk gesehen:

Vorsitzender: Haben Sie den Angeklagten Kaduk auf Block 11 schießen gesehen?

Fabian: Ja, er hat dort geschossen. Jeder Rapportführer hat dort geschossen. Kaduk fiel mir auf, weil er das Gewehr niemals hinter seinem Rücken versteckt hielt. Er war ein Rohling.

Vorsitzender: Sahen Sie Kaduk auch außerhalb des Blocks 11 schießen?

Fabian: Ja, er hat manchmal im Lager herumgeschossen, und wir mußten uns verstecken. Einmal war er dabei besoffen. Ein anderer SS-Mann hat ihn nachher zum Tor geführt.

Vorsitzender: Hat dabei Kaduk jemanden totgeschossen?

Fabian: Das weiß ich nicht.

Sehr genau und sachlich schildert Kaduk dem Gericht seine Mitwirkung an Hinrichtungen:

Kaduk: Zwölf Häftlinge wurden als Vergeltungsmaßnahme aufgehängt. Wer sie ausgesucht hat, weiß ich nicht. Der Befehl kam wahrscheinlich aus Berlin. Kommandant Baer gab den Befehl. Ich sagte dem Lagerältesten: „Heute werden zwölf aufgehängt". Ein Zug der 4. Kompanie ist im Lager aufmarschiert. Ich bin mit zwei Blockführern zu Block 11 gegangen und habe die zwölf vorgeführt. Einer nach dem anderen ging zum Galgen. Niemand wurde dabei ausgepeitscht. Ich hatte eine Maschinenpistole. Das ging folgendermaßen vor: Tempo eins — zum Schemel; Tempo zwei — auf den Schemel; Tempo drei — Verlesung des Urteils; sie mußten den Kopf selbst in die Schlinge stecken; Tempo vier — Hocker weg. Ich habe einen Hocker weggerissen. Ein Arzt war dabei, er hat den Tod festgestellt. Es war damals im Lager Unruhe, so wie eine Meuterei. Ich weiß nicht, ob ich heute glaubwürdig bin. Man soll aber bei der Wahrheit bleiben, nicht übertreiben.

Jemand, der Kaduk sehr genau kennenlernen mußte, sitzt im Zeugenstuhl:

Vorsitzender: Kannten Sie den Angeklagten Kaduk?
Nieciuński: Sehr gut. Daß ich heute an einem Ohr fast taub bin, habe ich Kaduk zu verdanken. Ich hatte ihn schon vorher sehr oft gesehen. Aber im August 1944 — es war an einem Sonntag — habe ich ihn persönlich sehr nahe kennengelernt. Wir sind damals mit dem Lagercapo in einen Konflikt geraten. Der Lagercapo hat uns gemeldet, und mir wurde befohlen, mich in der Blockführerstube bei Kaduk zu melden. Er hat mich fürchterlich zusammengeschlagen. Anfangs schlug er mit den Fäusten, dann befahl er mir, mich über den Tisch zu legen und schlug mit einem Ochsenziemer. Ich mußte zählen. Ich habe, glaube ich, bis zwanzig gezählt, dann hielt ich es nicht mehr aus und habe geschrien, obwohl ich mir vorgenommen hatte, nicht zu schreien. Nachher fragte mich Kaduk, woher ich stamme. Ich sagte, daß ich aus Warschau bin. Darauf brüllte er: „Wir kennen die Herren Banditen aus Warschau schon!" Es war zur Zeit des Warschauer Aufstandes. Er begann mich von neuem zu schlagen. Nach einem Schlag, der das linke Ohr

traf, blutete ich. Ich kam nachher in den Krankenbau und bin heute auf diesem Ohr nahezu taub. Das ist meine unmittelbare Bekanntschaft mit Kaduk.

Kaduk: Ich habe in Auschwitz nur mit der Hand geschlagen. Einen Gummiknüppel gab es nur für eine Prügelstrafe im Block 11. Ich habe grundsätzlich Häftlinge nur mit der Hand geschlagen. Ich gebe zu, ich habe eine feste Hand, und wenn ich da geschlagen habe, dann war bald einer weg.

Kaduk wird gefragt, welche Tätigkeit er auf dem berüchtigten Block 11 ausgeübt hat:

Vorsitzender: Wie war es auf Block 11?

Kaduk: Ich persönlich habe dort nicht geschossen. Wenn ich es getan hätte, würde ich es sagen. Es ist ja auf Befehl geschehen. Ich war paarmal im Block 11 und habe dort die Durchführung der Prügelstrafe kontrolliert. Die Häftlinge mußten nach dem Appell heraustreten. Ich habe gesagt: „Ohne Tritt marsch!" Dann habe ich in Block 11 gesagt: „Da sind zwölf Kandidaten für die Prügelstrafe" und habe dem Arzt gemeldet. Meistens war das um 8 Uhr früh. Der Jakob hat dann den Bock geholt. Es lag dann an Jakob und dem Arzt. Wenn der Arzt zugezwinkert hat, gab es nur zehn. Dann die Hose herunter und der Arzt hat festgestellt.

Ich habe öfters geschlagen, aber mit der Hand. Ich habe eine ziemlich derbe Hand.

Kaduk wird auch beschuldigt, selektiert zu haben. Der Zwillingsbruder des Zeugen Nieciuński berichtet:

Waclaw Nieciuński: Etwa im Oktober oder Anfang November 1942 — ich arbeitete damals im Kommando Werkstätte — wurde beim Einmarsch der Kommandos eine Selektion durchgeführt. Die Häftlinge wurden angehalten und mußten ihre Hose bis zum Knie hochkrempeln, dann gingen sie langsam durch das Tor. Die Blockführer waren so verteilt, daß jeder

Häftling an einem vorbeigehen mußte. Alle diejenigen wurden von den Blockführern herausgeholt, deren Füße und Knie geschwollen waren. Die Blockführer haben verschieden gearbeitet. Der Blockführer Kaduk wütete besonders und holte alle mit geschwollenen Beinen heraus. Die Ausgesuchten wurden vor Block 24 aufgestellt und dann gruppenweise auf Lastwagen verladen. Sie wurden bestimmt nach Birkenau zur Vergasung geschickt. Ich hatte Glück, denn unser Kommando als Werkstättenkommando mußte nicht diese Selektion passieren.

Ich habe im Sommer oder Herbst 1943 noch einmal direkte Bekanntschaft mit Kaduk gemacht. Damals mußten wir ins Bad zwischen Block 1 und 2, und Kaduk hat alle Schlechtaussehenden zur Vergasung herausgeholt. Er hatte einen Stock, dessen Griff gebogen war. Wir mußten in einer Reihe an ihm vorbei, und er holte mit dem Stock diejenigen am Hals heraus, die er ausgesucht hatte. Diese Leute erschienen nie wieder in unserem Kommando oder Block.

Vorsitzender: Zu welcher Tageszeit fand diese Selektion statt?

Waclaw Nieciuński: Es war am Abend nach dem Appell.

Vorsitzender: Wie wurde der Befehl gegeben, wenn Sie ins Bad gehen mußten?

Waclaw Nieciuński: Wir gingen gruppenweise in den Baderaum, einige Blocks waren dazu ausgewählt.

Vorsitzender: Selektierte dort Kaduk allein?

Waclaw Nieciuński: Es waren einige SS-Männer dort, aber als ich im Waschraum war, hat Kaduk allein selektiert.

Vorsitzender: Gab es dort unter den anderen SS-Leuten jemanden mit einem höheren Dienstgrad?

Waclaw Nieciuński: Nein.

Staatsanwalt Wiese: Wieviel Häftlinge hat Kaduk Ihrer Erinnerung nach bei dieser Gelegenheit selektiert?

Waclaw Nieciuński: Das ist sehr schwer zu sagen. In meiner Gegenwart dürfte er 20 bis 30 ausgesucht haben.

Kaduk: Ich persönlich habe keinerlei Entscheidung über Leben und Tod in Auschwitz getroffen. Ich bleibe dabei.

Waclaw Nieciuński: Das ist nicht wahr. Kaduk hat unter starkem Alkoholeinfluß persönlich selektiert. Ich erinnere mich genau, wie er mit seinem gebogenen Stock die Leute am Hals herausgezogen hat.

Ein Zeuge aus Israel erinnert sich genau an eine andere Lagerselektion:

Herrmann: Als Liebehenschel im Herbst 1943 Kommandant wurde, trat eine überraschende Änderung ein. Die Selektionen wurden abgeschafft. Plötzlich mußten aber eines Abends die Juden nach dem Appell stehenbleiben und zur alten Wäscherei bei Block 2 gehen. Das war im Winter 1943/1944. Wir mußten uns alle ausziehen. Die Selektion wurde von Kaduk und Clausen ausgeführt, beide waren damals angeheitert. Clausen hatte eine Schnapsflasche in der Hand, Kaduk einen Spazierstock, den er umgekehrt hielt. Mit dem gebogenen Griff zog er diejenigen beim Hals heraus, die er für den Tod bestimmte. Daneben stand an einem Pult ein Schreiber, der die Nummern aufzuschreiben hatte. Drei oder vier Tage waren die Selektierten noch im Lager, vielleicht sogar noch länger. Es ging das Gerücht um, daß sie nicht vergast werden sollten, aber ein Freund von mir hat seinen Vater, der damals auch selektiert wurde, später im Lager nie mehr finden können. Sicherlich war kein Arzt und überhaupt kein SS-Offizier bei der Selektion dabei. Es wurden die Körperschwachen herausgesucht.

Vorsitzender: Der Angeklagte Kaduk behauptet, er habe nur für Arbeitskommandos Selektionen durchgeführt.

Herrmann: Davon weiß ich nichts.

Kaduk: Ich persönlich habe nicht über Leben und Tod entschieden, ich nicht. Ein Arzt hat die Selektionen durchgeführt. Ich war nicht zuständig, ich war nicht dabei, ich konnte dem Arbeitseinsatz keine Vorschriften machen.

Auch von späteren Selektionen wird dem Gericht berichtet:

Nieciuński: Im Herbst 1944 habe ich beobachtet, daß Kaduk zwei- oder dreimal im Bad zwischen Block 1 und 2 des Stammlagers selektiert hat. Er hat mit einem Stock Juden zum Vergasen ausgesucht. Ich habe damals in der neuen Wäscherei mit einem sehr sympathischen alten Juden gearbeitet. Auch er wurde von Kaduk ausgesucht. Die Selektierten sind auf einen anderen Block — ich glaube, auf Block 8 oder 9 — verlegt worden. Es ist mir gelungen, in diesen Block hineinzukommen. Ich habe den Juden besucht. Die ganze Gruppe ist später nochmals ins Lager entlassen worden, und wir freuten uns schon alle. Aber nach zwei Tagen wurden sie nach ihren Nummern aufgerufen und zum Vergasen weggebracht.

Vorsitzender: Haben Sie Kaduk bei dieser Selektion selbst gesehen?

Nieciuński: Ja. Mir ist Kaduk dabei ganz deutlich in Erinnerung, ich kann das mit absoluter Sicherheit sagen.

Vorsitzender: War Kaduk damals allein, hat er seine Auswahl völlig willkürlich getroffen?

Nieciuński: Soweit ich mich erinnere, waren noch einige SS-Männer dabei, aber alle hatten einen niedrigeren Dienstgrad als Kaduk. Er war Rapportführer. Selektiert hat er nach eigenem Willen. Man sagte damals im Lager: „Dr. Kaduk".

Vorsitzender: Der Angeklagte Kaduk sagt, daß diese Selektionen nicht für die Gaskammer, sondern zur Zusammenstellung von Transporten für Arbeitslager vorgenommen worden seien.

Nieciuński: Das ist nicht wahr. Zu dieser Zeit wurden zwar Transporte für Arbeitslager zusammengestellt, das ging aber auf einem ganz anderen Weg vor sich. Ich hatte Freunde in der Schreibstube. Dort wurden diese Listen zusammengestellt.

Staatsanwalt Wiese: Ist Ihnen noch erinnerlich, wieviel Menschen Kaduk bei den Selektionen, die Sie beobachten konnten, ausgesucht hat?

Nieciuński: Es war keine sehr große Zahl. Damals sind zwei oder drei Blocks zusammen ins Bad gegangen. In unserem Block waren sehr wenige Juden. Es wurden nur Juden selektiert. Als ich aber auf den Block ging, um meinen alten jüdischen Freund zu besuchen, habe ich gesehen, daß dort eine Gruppe von vielleicht 60 bis 80 ausgesucht war.

Wiese: Haben Sie später erfahren, daß diese Selektierten als tot abgeschrieben wurden?

Nieciuński: Ich habe erfahren, daß sie ins Krematorium nach Birkenau gebracht worden sind. Das war für uns so klar, daß man nicht weiter gefragt hat.

Kaduk: Ich bestreite, daß ich im Stammlager persönlich Selektionen durchgeführt habe. So etwas gab es nicht.

Aber sehr viele Zeugen erinnern sich an Selektionen, die Kaduk durchgeführt hat:

Friedrich: Einmal hieß es nach dem Abendappell: „Alle Juden heraus!" Die Juden des ganzen Lagers mußten antreten und wurden in die alte Wäscherei getrieben. Dort waren Kaduk und Clausen. Sonst waren bei Selektionen immer mehrere SSler anwesend, damals handelte es sich aber meinem Empfinden nach um eine Selektion von Kaduk. Wir mußten uns ganz ausziehen und im Gänsemarsch an ihm vorbeigehen. Kaduk stand mit einem Spazierstock da. Wenn er auf jemanden zeigte, dann bedeutete das ein Todesurteil. Die Nummer des Häftlings wurde aufgeschrieben. Wir alle, auch die, deren Nummern aufgeschrieben wurden, gingen auf den Block zurück. Am nächsten Abend habe ich die Selektierten nicht mehr gesehen. Wir haben gewußt, daß sie ins Krematorium gebracht worden sind.

Vorsitzender: Woher haben Sie das gewußt?

Friedrich: Immer, wenn Kaduk einen Muselmann getroffen hat, hat er sich dessen Nummer aufgeschrieben, und am nächsten Tag ist dieser verschwunden. Die damals aufgeschrieben wurden, waren auch Muselmänner.

Vorsitzender: Der Angeklagte Kaduk behauptet, damals seien Transporte für Außenlager zusammengestellt worden.

Friedrich: Damals gab es keine solchen Transporte. Alle, die ausgesucht wurden, waren sehr geschwächt. Viele waren eindeutig Muselmänner.

Vorsitzender: Wie viele wurden damals selektiert?

Friedrich: Das weiß ich nicht mehr.

Vorsitzender: Hat Kaduk auch sonst Häftlinge aufgeschrieben?

Friedrich: Sehr häufig. Ich habe das als Blockschreiber beobachten können. Ich war untertags im Lager. Wenn Kaduk ins Lager kam, suchte sich jeder zu verstecken. Ich habe oft beobachtet, daß er sich die Nummer eines Muselmanns geben ließ, und am nächsten Tag war dieser nicht mehr da.

Kaduk: Die letzte Selektion im Stammlager Auschwitz hat am 18. 1. 1944 stattgefunden. Bei Selektionen habe ich persönlich nicht über Leben und Tod zu entscheiden gehabt. Liebehenschel hat sich damals in Berlin dafür eingesetzt, daß der Transport nicht ins Gas geht, aber Berlin war dafür, daß er vergast werde. Die Selektion wurde durch den Arbeitsdienstführer durchgeführt.

Friedrich: Diese Selektion war ganz bestimmt nicht im Januar, ich erinnere mich daran genau.

Kaduk: Selektionen, wenn man es so nennen will, gab es das ganze Jahr, im Februar, im Juni, im Juli, Ende August. Es wurden Transporte zusammengestellt nach Bremen, nach Neuengamme und nach anderen Lagern.

Vorsitzender: Aber bei solchen Transporten hat es sich doch meist nicht um Muselmänner gehandelt?

Kaduk: Nein, die Muselmänner, die schickte man ins Gas.

Das sagt Kaduk so selbstverständlich, als ob er davon redete, daß Abfälle in den Papierkorb geworfen werden. Der letzte Lagerälteste hat Kaduk aus der Nähe beobachten können:

Dr. Dürmayer: Der Rapportführer Kaduk war der Ärgste. Er hat bei jeder Gelegenheit geschlagen. Ich glaube, der Grund dafür lag darin, daß er ein Volksdeutscher war und nun beweisen mußte, daß er ein besonders guter Deutscher und ein 150prozentiger SS-Mann war. SS-Leute haben ihn als „Wasserpolak" bezeichnet. Daß Kaduk an der Rampe Dienst gemacht hat, habe ich von ihm selber gehört. Er hat auch im Spätherbst 1944 eine Selektion in der alten Wäscherei durchgeführt. Die SS hat über diese Sachen ganz offen mit mir als dem Lagerältesten gesprochen. Bei den Selektionen ging es nicht streng preußisch her, die SS-Leute haben sich miteinander unterhalten und dazwischen selektiert.

Vorsitzender: Hat Kaduk mit Ihnen von der Rampe gesprochen?

Dr. Dürmayer: Ja, er und Schebek haben von den Selektionen an der Rampe in einer unfaßbar zynischen Art erzählt. Sie prahlten nach ihrer Rückkehr mit ihren Heldenstückln wie bei einer Jagdgesellschaft. Sie wunderten sich, was die Juden alles bei sich hatten und was man ihnen nicht alles abnehmen konnte.

Kaduk: Die letzte Selektion im Stammlager war Anfang 1944, die Selektierten sind am 18. oder 20. Januar vergast worden. Der Kommandant Liebehenschel konnte damals in Berlin nichts dagegen erreichen. Im Herbst 1944 wurden bei den Selektionen nur Transporte für andere Lager zusammengestellt, nach Neuengamme, Bremen, Sachsenhausen. Sie wurden nicht von uns, sondern von den Arbeitseinsatzführern Fries, Emmerich, Müller und Schoppe durchgeführt. Ich selbst habe nie über Leben und Tod entschieden. Daß ich dabeigestanden habe, habe ich nie bestritten, ich war aber nicht verantwortlich.

Staatsanwalt Kügler: Wer war denn verantwortlich, Angeklagter Kaduk?

Kaduk: Na, sagen wir mal ... die Schutzhaftlagerführer Hößler und Aumeier.

Vorsitzender: Und was haben Sie an der Rampe getan?

Kaduk: Eine Kompanie hat die Postenkette gebildet, die Häftlinge wurden ausgeladen, der Schutzhaftlagerführer hat angeordnet, und die haben dann ihr Gepäck an der Rampe abgegeben.

Vorsitzender: Wer hat sie denn dazu aufgefordert?

Kaduk: Das war von uns gewesen, aber nur auf Befehl. Wir haben sie gezählt, denn die Stärke mußte ja stimmen. Selektiert haben nur die Ärzte und die Schutzhaftlagerführer. Ich war nur Handlanger.

Dr. Dürmayer: Alle Blockführer und Rapportführer haben sich ausnahmslos zum Rampendienst gedrängt. Hätte es eine Ausnahme gegeben, dann hätten wir davon gewußt. Nachher haben sie sich gerühmt: „Ich habe Schnaps!", „Ich habe einen Ring!" und ähnlich.

Noch einmal kommt Kaduk auf die Lagerselektionen zu sprechen:

Kaduk: Im Januar 1944 war die letzte Selektion gewesen. Die Häftlinge wurden listenmäßig erfaßt, am 18. Januar kamen sie dann zur Vergasung nach Birkenau. Später kann ich mich überhaupt an keine Selektion erinnern.

Vorsitzender: Waren Sie vielleicht so betrunken?

Kaduk: Nein, so betrunken nicht. Angetrunken war ich, das gebe ich zu. Ich konnte in Auschwitz meinen Dienst nur so ertragen. Was ich persönlich gemacht habe, dafür stehe ich grade, das ist mir egal, aber ich habe persönlich nicht entschieden über Leben und Tod. Nachts habe ich überhaupt nicht selektiert.

Staatsanwalt Vogel: Haben Sie den Zeugen mißhandelt?

Kaduk: Der Zeuge kommt mir bekannt vor.

Vogel: Waren es so viele Mißhandlungen, daß Sie es deswegen nicht wissen?

Kaduk: Da kann ich mich nicht erinnern. Da waren 17.000 Häftlinge in Auschwitz, die mußten wir kurz halten, nicht wahr? Da hat es schon Ohrfeigen gegeben.

Vogel: Davon fällt niemand um.

Kaduk: Mancher ist schon umgefallen, wenn ich nur die Hand gehoben habe.

Hastig und polternd, hart in der Aussprache und prahlerisch im Ton — so klingen die Worte Kaduks. Öfters mischt sich auch ein Akzent der Wehleidigkeit in seine Ausführungen:

Kaduk: Ich habe manchmal im Lager eine Ohrfeige gegeben, das kann ich immer verantworten. Es war sehr schwer, im Lager Disziplin zu halten, denn es gab eine starke Untergrundbewegung. Aber heute schiebt man alle Schuld auf uns, aber wir waren es nicht, die die Häftlinge in die Gaskammer getrieben haben. Wenn man dagegen etwas gesagt hat, dann hat der Aumeier oder der Hößler nur gesagt: „Halt die Klappe!" Die Ärzte haben die Häftlinge in die Gaskammer geschickt, niemand anderer. Der Kommandant war dabei und der Standortarzt war dabei und Dutzende Offiziere, aber die Letzten beißen immer die Hunde. Ich lasse mir von niemandem etwas unterschieben.

Vertreter der Nebenklage Raabe: Haben Sie auch Adjutanten gesehen, wenn selektiert worden ist?

Kaduk: Ob ich einen Angeklagten dabei gesehen habe, da verweigere ich die Aussage. Ich werde niemanden anderen belasten.

Kaduk fühlt sich noch immer an Ehrbegriffe gebunden, in denen er bei der SS erzogen wurde.
Ein Zeuge weist darauf hin, daß Kaduk auch in Birkenau tätig war:

Benesiewicz: Ich habe den Angeklagten Kaduk von dem Birkenauer Lagerabschnitt B II d her gekannt.

Diese Aussage konnte zwar nur aus einem in Polen aufgenommenen Protokoll verlesen werden — aber es gibt Zeugen, die dem Gericht persönlich von ihren Erlebnissen mit Kaduk in Birkenau berichten können:

Staatsanwalt Vogel: Sie haben hier bei der Gegenüberstellung den Angeklagten Kaduk erkannt. Was können Sie über ihn sagen?

Wetzler: Ich erinnere mich, daß er damals, als der Rapportführer Schillinger beim Krematorium erschossen worden war, in Birkenau war — etwa Ende 1943. Er hat schwache Häftlinge aussortiert. Ich erinnere mich auch, daß er hie und da Sport mit Häftlingen durchgeführt hat.

Vorsitzender: Der Angeklagte Kaduk bestreitet, jemals in Birkenau seinen Dienst versehen zu haben. Sind Sie sicher, daß Sie ihn dort gesehen haben?

Wetzler: Wer von der SS nach Birkenau gehen wollte, ging hin. Ich habe ihn ganz bestimmt dort gesehen.

Vorsitzender: Hat Kaduk auch Häftlinge erschossen?

Wetzler: Ja, das hat man gehört.

Kaduk: Ich habe keinen Dienst in Birkenau versehen, ich war nur im Stammlager, ich streite das ab. Mein Revier war das Stammlager.

Staatsanwalt Vogel: Erinnern Sie sich an die Erschießung des Rapportführers Schillinger?

Kaduk: Ja, das hat man gehört, das war im Lager allgemein bekannt, er war ja Rapportführer, und das wußten alle.

Vogel: Sie waren doch auch auf der Rampe?

Kaduk: Ich hatte dort nichts zu tun. Ich war nur auf der alten Rampe, wenn ich dorthin abkommandiert worden bin. Daß ich in Birkenau auf der Rampe war, ist nicht wahr. Die Zeugen haben mich belastet, dort gewesen zu sein, wo ich nicht war.

Wetzler: Haben Sie vielleicht auch den Lagerältesten Danisch nicht gekannt?

Kaduk: Ich kannte ihn nicht. Ich habe gehört, daß er ein Berufsverbrecher war.

Wetzler: Woher wußten Sie das denn? Ich sah den Angeklagten Kaduk mit Danisch sprechen. Sie sprachen im schlesischen Dialekt. Beide sind, glaub' ich, aus ein und derselben Stadt.

Verteidiger Dr. Eggert: Wo war Danisch Lagerältester?

Wetzler: Im Lagerabschnitt B II d. Er hatte die Nummer 11.182 und stand sehr gut mit Kaduk. Danisch hatte auch zu Wertsachen Zutritt.
Dr. Eggert: Welchen Ruf hatte er?
Wetzler: Er war ein Berufsmörder.

Ein polnischer Zeuge schildert dem Gericht folgende Episode:

Doering: Ich kam im August 1943 nach Birkenau. Zuerst blieben wir in Quarantäne. In dieser Zeit wurden uns die Schuhe abgenommen. Wir mußten Steine tragen. Der Weg war etwa zwei Kilometer lang und recht steinig. Wir hatten ihn täglich acht- bis zehnmal zurückzulegen. Kaduk kam oft zur Arbeitsstelle, ihm ging es immer zu langsam. Darum ließ er uns Sport machen. Wir mußten im Kreis laufen, uns hinwerfen, springen und wie Frösche hüpfen. Das war für alle sehr hart, besonders für Ältere und Kranke unter uns. Gerade diese wurden von Kaduk geschlagen und getreten. Einer davon, ein Mann etwa zwischen fünfzig und fünfundfünfzig Jahren, starb nach diesen Mißhandlungen.

Ein weiterer Vorfall, der sich vielleicht vier Wochen später ereignete, ist mir im Gedächtnis. Zu dieser Zeit mußten wir stundenlang auf dem Appellplatz strammstehen. Einmal wurde festgestellt, daß beim Mittagsappell ein Häftling fehlte. Etwa acht bis zehn SSler — unter ihnen Kaduk — suchten den Fehlenden, auch die Blockältesten suchten. Zwei bis drei Stunden lang dauerte diese Suche. In dieser Zeit wurden von jedem Block drei Geiseln herausgesucht. Wie ein Blockältester sagte, würden diese Geiseln erschossen werden, wenn der fehlende Häftling nicht gefunden werden sollte.

Plötzlich hörte man lautes Rufen. Der Häftling ist gefunden worden. Alles lief hin, und man brachte ihn zum Lagertor. Er hatte sich in einem Holzhaufen verkrochen und ist dort gestorben. Er wurde tot aufgefunden. Es handelte sich um einen Polen, der etwa 60 Jahre alt gewesen sein dürfte. Der Fehlende wurde also gefunden, trotzdem erschoß Kaduk die drei Geiseln vom Block 4. Er sagte dann: „Verrecken kann man im Lager nur bei der Arbeit und nicht wie ein Schwein in einer Ecke!“

Vorsitzender: Haben Sie die Leiche gesehen?
Doering: Ja, sie lag noch einige Zeit beim Tor. Sie trug Spuren von Schlägen.
Vorsitzender: Hat Kaduk die Leiche noch getreten?
Doering: Es wurde erzählt, aber ich habe es nicht selbst gesehen.
Vorsitzender: Wurden die drei Geiseln in Ihrer Gegenwart erschossen?
Doering: Nahezu. Die drei Geiseln selbst konnte ich nicht sehen, ich sah aber, wie sich Kaduk der Stelle näherte, wo sie standen. Er zog die Pistole, dann hörte ich etwa vier bis fünf Schüsse. Etwa eine halbe Stunde später konnten wir den Appellplatz verlassen. Dann habe ich die drei Erschossenen gesehen. Es war damals kein anderer SS-Mann mit einer Waffe in der Hand zu sehen. Später sagten mir Häftlinge aus Block 4, daß Kaduk sie erschossen hat.
Vorsitzender: Sahen Sie die Schußverletzungen?
Doering: Sie wurden in den Kopf geschossen.
Kaduk: Ich habe keinen Dienst in Birkenau gemacht. Mir ist nichts bekannt. Ich war von 1942 bis zur Evakuierung im Stammlager. Wenn ich im Stammlager bin, kann ich nicht auch in Birkenau sein.
Doering: Ich erinnere mich ganz bestimmt, ich habe Kaduk genau erkannt.
Kaduk: Mir ist nichts bekannt.

Ein anderer Zeuge hat Kaduk ebenfalls in Birkenau gesehen:

Vorsitzender: Sie haben hier den Angeklagten Kaduk erkannt. Was können Sie über ihn sagen?
Paisikovic: Ich erinnere mich an einen Vorfall bei der Küche im Lagerabschnitt d in Birkenau. Kaduk ist aufgefallen, daß ihn ein Häftling nicht anständig gegrüßt hat. Er hat ihn mit dem Kopf ins Wasser gesteckt.
Vertreter der Nebenklage Raabe: War der Häftling tot?
Paisikovic: Ich habe gesehen, daß er tot war.
Verteidiger Adolf: Woran haben Sie das erkannt?
Paisikovic: Wenn jemand mit dem Kopf im Wasser steckt, seine Füße herunterhängen und er rührt sich nicht, dann denke ich, daß er nicht lebt.

Kaduk wird über seine Tätigkeit an der Rampe befragt:

Vorsitzender: Waren Sie an der Rampe?
Kaduk: Wir sind alle ausgerückt, alle Blockführer und Rapportführer. Ich hatte dort eine andere Aufgabe, ich machte keine Selektion. Das machten der erste Schutzhaftlagerführer und die Ärzte. Der Wachsturmbann hat die Postenkette gestellt. Dann kam der Transport vom Bahnhof. Der Leutnant von der Begleitmannschaft hat dem Lagerführer gemeldet. Der Arzt war dabei. Dann wurde der Befehl gegeben, alle raustreten, das Gepäck auf die Rampe. Es war uns befohlen, nicht zu schlagen, damit keine Panik entsteht. Dann sagten wir: Männer rechts, Frauen links, alles in Fünferreihen antreten und sich einhaken. Einer von der Aufnahme der Politischen Abteilung hat durchgezählt, und der Lagerführer hat den Transport übernommen, wenn die Stärke richtig übergeben war. Dann wurde die Selektion von den Ärzten und vom Lagerführer durchgeführt. Der Arzt hat bestimmt, manchmal waren auch zwei Ärzte dort. Dann hat Dr. Wirths gesagt: „Kollege, wir brauchen 40 Frauen für den Block 10.“ Der Arzt hat diese ausgesucht. Immer hat der Arzt bestimmt, ich war doch kein Fachmann.

Der Staatsanwalt gibt sich mit so allgemeinen Feststellungen nicht zufrieden:

Staatsanwalt Kügler: Angeklagter Kaduk, welche Tätigkeit hatte der Adjutant bei der Ankunft der Judentransporte?
Kaduk: Ich verweigere die Aussage.
Kügler: Diese Leute waren damals Ihre Vorgesetzten in Auschwitz. Bisher ist die Beweislage für die Unterführer einfach gewesen, für die Leute, die am Schreibtisch ihren Dienst versehen haben, schwieriger. Sie haben hier mehrfach erklärt, Ihnen geht es um die Wahrheit.
Verteidiger Dr. Eggert: Ich erhebe Einspruch. Diese Art der Befragung ist unzulässig.
Vorsitzender: Warum? Der Staatsanwalt hat das Recht, dem Angeklagten einen Vorhalt zu machen.
Verteidiger Gerhardt: Ich erhebe auch Widerspruch.

Vorsitzender: Nun, Angeklagter Kaduk, haben Sie zu den Sachen noch etwas zu sagen?

Kaduk: Ich wurde schon einmal wegen Auschwitz bestraft. Mir wurde der Vorwurf gemacht, an der Ermordung von zwei Millionen schuld gewesen zu sein. Ich habe nur als Soldat meine Befehle prompt ausgeführt. Ich habe nicht nach Recht und Unrecht gefragt. Die Schreibtischmörder und Lieferanten sind heute auf freiem Fuß. Ich bin erbittert, ich verweigere die Aussage.

Ein Überlebender des Sonderkommandos hat dem Gericht etwas zu sagen, was in der langen Zeit der Ermittlungen und auch während des Prozesses, der zur Zeit dieser Aussage bereits seit länger als einem Jahr dauert, nicht bekanntgeworden ist:

Vorsitzender: Wer hatte die Leitung über das Sonderkommando bei den Vergasungen, als noch in den Bauernhäusern und nicht in den Krematorien vergast wurde?

Buki: Moll und Kaduk. Als die Krematorien fertig waren, habe ich Kaduk nicht mehr gesehen. Dann war Muhsfeld dort. Wenn Transporte ankamen und sich ausziehen mußten, war Kaduk der Befehlsgeber. Aber es waren auch noch viele SS-Wachleute dort. Moll war zeitweise dabei, auch Achtermann und andere waren dort. Kaduk gab selbst nicht den Befehl zum Ausziehen, das machten Leute niedrigeren Grades. Die Alten und Kranken, die vor dem Krematorium erschossen wurden, erschoß meist Kaduk.

Vorsitzender: Wie viele hat damals Kaduk in Ihrer Gegenwart erschossen?

Buki: Mehrere. Alte und Kranke. Er hat sehr oft geschossen. Manchmal schoß er mit einer großen Pistole, manchmal mit einer Art Maschinengewehr oder Maschinenpistole.

Vorsitzender: Wie oft haben Sie solche Erschießungen beobachtet?

Buki: Das ist sehr schwer zu sagen. Zuerst wollte ich nicht hinschauen, dann habe ich mich daran gewöhnt und beobachtet. Ich glaube sicher, daß ich mehr als fünf Erschießungen gesehen habe, Rechnung habe ich aber keine geführt.

Vorsitzender: Alle Angeklagten sollen vortreten. Herr Zeuge, bitte, betrachten Sie die Angeklagten und sagen Sie, wen Sie erkennen.

Buki (erkennt Kaduk und sagt): Der war aber früher magerer.

Vorsitzender: Der Angeklagte Kaduk sagt hier immer, daß er nie in Birkenau war, sondern nur im Stammlager seinen Dienst versehen hat.

Buki: Das ist eine Lüge. Ich habe schon unmittelbar nach dem Krieg niedergeschrieben *(liest vor):* Auf Befehl von Kaduk teilt unser Capo die Arbeit ein. Die Gruppe 1 hat die Leichen aus dem Bunker zu bringen, die Gruppe 2 hat die Leichen zu den Loren zu schaffen, die Gruppe 3 hat die Leichen auf den Loren zu transportieren und die Gruppe 4 hat die Leichen in die Grube zu werfen.

Vorsitzender: Erinnern Sie sich noch an einen besonderen Vorfall im Zusammenhang mit dem Angeklagten Kaduk?

Buki: Ja, es war an einem Abend um fünf Uhr. Unser Kommando mußte zum Einmarsch antreten. Ein Junge von vielleicht zehn oder elf Jahren trat mit uns an. Kaduk fragte: „Was ist das für ein Junge?" Der Bursch war zu uns gekommen, als eine Gruppe von etwa 50 Menschen zur Erschießung zum Krematorium gebracht wurde. Menschen wurden nur dann vergast, wenn sie in größerer Zahl kamen. Der Junge ist aus dieser Gruppe zu uns gekommen und hat sich uns angeschlossen. Kaduk nahm ihn bei der Hand, sprach mit ihm, beruhigte ihn, führte ihn zum Graben und erschoß ihn dort.

Auch ein anderer Vorfall ist mir in Erinnerung: Einmal wurden Muselmänner von Auschwitz zum Vergasen gebracht. Aus der Gruppe der Muselmänner wurde mein Name gerufen — ich sah meinen Bruder. Er rief mir zu, ich soll ihm ein bißchen Wasser geben, ich habe aber kein Wasser gehabt. Da habe ich einen kleinen Unterscharführer gebeten, ob ich nicht meinem Bruder in der Gruppe Wasser holen dürfe. Er sagte, das sei nicht erlaubt, ich müsse zu Kaduk gehen. Ich ging zu ihm, er schlug mich. Auch unser Capo erfuhr, daß mein Bruder in der Gruppe der Muselmänner war, und teilte mich mit anderen ein — wir waren insgesamt zehn Mann —, aus dem Lager Essen zu holen. Während wir im Lager waren, flüchteten zwei Häftlinge aus dem sogenannten Wasserkommando. Dieses Kommando mußte die Knochen der verbrannten Leichen zerstoßen und in die Weichsel werfen. Dabei sind zwei geflüchtet. Als wir vom Essen zurückkamen, gab es große Aufregung. Kaduk fragte uns: „Wieviel wart ihr?“ Wir meldeten: „Zehn Häftlinge.“ Er schrie: „Ihr Schweinehunde, ihr wart zwölf!“ und trat uns mit Füßen. Das Kommando mußte dann ein paar Stunden mit dem Bauch auf der Erde liegen.

Richter Hotz: Wo hätten Sie denn von Kaduk Wasser bekommen können?

Buki: Es gab eine Küche etwa 300 Meter vom Bunker entfernt, dort hat ein Häftling für Kaduk Kaffee machen müssen.

Verteidiger Dr. Jugl: Der Angeklagte Kaduk hat gesagt, daß er nie in Birkenau gewesen sei, und es gab bisher kaum Zeugen, die das Gegenteil beweisen konnten.

Buki: Kaduk war in Birkenau.

Dr. Jugl: Können Sie sagen, wo Kaduk den Jungen erschossen haben soll?

Buki: Ja, ich habe es selbst gesehen.

Verteidiger Gerhardt: Ich mache darauf aufmerksam, daß bei der Gegenüberstellung der Zeuge bloß gesagt hat: „Ich glaube, das ist Kaduk“.

Buki: Ja, er ist so fettgefressen, er schaut viel besser aus als im Lager.

Kaduk: Ich hatte in Birkenau nichts zu tun gehabt. Mein Vorgesetzter war Palitzsch, und ich war immer im Stammlager.

Sollte sich der Zeuge Buki in der Person irren? Freilich hat ein anderer Zeuge ähnliches — wenn auch in lapidarer Kürze — bereits ausgesagt, ohne daß diese Feststellung zu weiteren Nachforschungen geführt hätte:

Dr. Münch: Mir ist bekannt gewesen, daß Kaduk Moll als Blockführer bei den Krematorien in Birkenau vertreten hat.

Dr. Münch war SS-Untersturmführer und Arzt im Hygieneinstitut der Waffen-SS in Auschwitz.
Ein Zeuge kann auch Positives über Kaduk aussagen:

Dr. Snieszko: Am 4. August 1944 wurde ich von Kaduk und noch einem anderen SS-Mann über Berlin und Stralsund in ein Außenlager von Ravensbrück gebracht.

Kaduk: Ich habe mit diesem Transport nichts zu tun gehabt. Anfang August habe ich einen Transport zur Einheit Dirlewanger gebracht, gemeinsam mit dem SS-Unterscharführer Hartwig.

Dr. Snieszko: Der Angeklagte hat ein schlechtes Gedächtnis. Er wird sich erinnern, wenn ich ihm sage, daß er auf der Fahrt mit mir polnisch gesprochen hat.

Kaduk: Das ist nicht wahr, der Zeuge hat ein schlechtes Gedächtnis.

Dr. Snieszko: Ich glaube, Sie können sich ganz gut an unser Gespräch erinnern.

Kaduk: Ich war am 4. August 1944...

Vorsitzender: Aber streiten Sie doch nicht, das ist ja kein Anklagepunkt.

Dr. Snieszko: Ich werde den Angeklagten noch an etwas erinnern. Als wir in Berlin ankamen, hat er mich gefragt, ob ich Reiseproviant mitbekommen habe. Ich habe keinen mitbekommen. Kaduk gab mir eine Büchse Sardinen, die er aus Kanada in Auschwitz geholt hatte. Dann fragte er mich, ob ich etwas trinken wolle. Ich habe sehr lange kein Bier getrunken und bat um Bier. Kaduk bestellte in Berlin auf seine Rechnung ein Bier für mich.

Kaduk ist es dermaßen gewohnt, alles abzustreiten, was Zeugen über ihn aussagen, daß er selbst diese Aussage entkräften will.

Der Lagerälteste des Krankenbaues schildert eine Episode, die für den Angeklagten Kaduk bezeichnend scheint:

Dr. Fejkiel: Folgende Episode ist für Kaduk charakteristisch. An einem Sonntag wurde ich zur Blockführerstube gerufen. Kaduk war dort, und eine schlecht aussehende Frau. Kaduk befahl mir, die Frau zu untersuchen. Dabei fragte er: „Wie lange wird diese Hure noch leben?“ Ich untersuchte die Frau. Später stellte sich im Gespräch heraus, daß es sich um Kaduks Frau handelte.

Und eine andere Episode: Nach dem Attentat auf Hitler glaubte Kaduk, der Krieg sei schon zu Ende. Total betrunken kam er ins Lager, wollte Häftlingen seine Pistole und seinen Koppel geben und nach Hause gehen.

Vorsitzender: Haben Sie selbst gesehen, daß Kaduk Häftlinge mißhandelt hat?

Dr. Fejkiel: Ich habe gesehen, wie er Häftlinge bis zur Bewußtlosigkeit geschlagen hat. Dann wurden seine Opfer in den Krankenbau gebracht.

Staatsanwalt Vogel: Wissen Sie, ob Kaduk in Block 11 Menschen erschossen hat?

Dr. Fejkiel: Ich wußte davon, habe es aber nicht selbst gesehen. Jeder Rapportführer hat dort geschossen.

Vogel: Früher sagten Sie aus, daß Sie öfters Kaduk mit einem Gewehr in den Block 11 gehen gesehen haben.

Dr. Fejkiel: Heute erinnere ich mich nicht daran.

Kaduk: Das mit der Frau stimmt nicht. Das war nicht meine Frau. Sie war nie in Auschwitz. Meine Frau war sehr wenig in Auschwitz. Sie war sehr gesund. Das habe ich nicht nötig gehabt, sie von einem Häftlingsarzt untersuchen zu lassen. Mein Sohn hat einmal gesagt: „Hier stinkt es ja so in Auschwitz!" Ich habe ihn auf andere Gedanken gebracht.

Heftig wehrt Kaduk die Aussage Dr. Fejkiels ab — fast heftiger als manch anderes Zeugnis, das ihn schlimmer beschuldigt. Kaduk ist einer der gesprächigen Angeklagten. Sich selbst sieht er so:

Kaduk: Unter den Lagerverhältnissen habe ich dazu geneigt, mich hin und wieder anzutrinken.

Der KZ-Betrieb kostete Nerven. Aber ich bin ein männlicher Typ, so daß ich nicht zusammengebrochen bin. Ich habe manchmal auch mit meinen Kameraden darüber gesprochen, daß der ganze Betrieb eine Schande ist. Wir waren der Auffassung, daß sich das alles rächen werde, das ist ja nun auch geschehen. Hier in der Bundesrepublik ist die Vergeltung nur etwas zu spät gekommen.

Manchmal scheint es, als ob sich Kaduk zu einem Geständnis aufraffen wollte. Das Beispiel Baretzkis, der als einziger frei spricht — wenn auch nicht über seine eigene Person —, scheint ihn zu locken. Aber Ehr-

begriffe der SS oder konkrete Vorteile für seine Angehörigen, die er nicht gefährden will, oder beides zusammen, hemmen ihn schließlich. Ehe die Beweisaufnahme zu Ende ist, steht Kaduk auf und geht zum Mikrophon:

Kaduk: Ich war dritter Rapportführer. Ich hatte keinen guten Ruf in Auschwitz gehabt bei den Häftlingen. Ich war öfters angetrunken. Sogar in den Vormittagstunden — um 10 Uhr schon hatte ich meine Ladung. Ich habe die Häftlinge ganz kurz gehalten. Ich habe viele Feinde, die mich schwer belasten. Wenn ein Häftling sich nicht an die Lagerordnung gehalten hat, dann habe ich ihn aufgeschrieben. Er wurde vorgeführt und erhielt vom Schutzhaftlagerführer entweder 25 oder SK oder er kam in die Kiesgrube. Ich persönlich habe aber niemanden totgetrampelt, das habe ich nicht gemacht. Kein Blockführer und auch kein Rapportführer hat das gemacht. Aber ich will Ihnen etwas verraten: Die Capos, die Berufsverbrecher in der Kiesgrube, die haben das getan. Und der Schutzhaftlagerführer hat das gewußt. Und wir konnten nichts dagegen unternehmen, wir waren ja nur kleine Unterscharführer. Wir waren alle unter Druck.

Staatsanwalt Kügler: Hat der Adjutant Mulka zu diesem Druck beigetragen?

Kaduk: Ich möchte diese Aussage verweigern. Mir ist das schwer zu sagen. Wir waren alle unter Druck, und wir haben nur die Befehle unserer Vorgesetzten durchgeführt. Das konnten wir nicht verweigern. Wir kamen ja nicht weg von Auschwitz. Ja, wenn einer Beziehungen hatte zu Berlin und wenn er dort ein Paket mit Gold oder so was mitgebracht hat, dann ist er weggekommen.

Ich gebe zu, es ist ein großes Verbrechen geschehen in Auschwitz. Aber das ist nicht unsere Schuld. Man muß das Ganze an der Wurzel anpacken. Wir sind jetzt die Hauptschuldigen und Mörder. Die Reporter schreiben über uns: Mörder, Mörder, Mörder. Sie müssen uns das erst beweisen. Unsere Angehörigen werden zu Hause verachtet. Steine werden in ihre Fenster geschmissen.

Kügler: Haben Sie noch etwas zu sagen?

Kaduk: Jawohl, Herr Staatsanwalt. Es geht um die Tat, die wir begangen haben. Es geht uns darum, daß die Herren, die uns tatsächlich in das Unglück gestoßen haben, die meisten jetzt frei herumlaufen. Globke zum Beispiel. Und gerade wir sitzen auf der Anklagebank, und das tut uns furchtbar weh.

Meine Verurteilung, das ist von Anfang an klar gewesen. Ich möchte keine Propaganda machen für den Osten, aber dort sind in fünf Jahren alle Kriegsverbrecher verurteilt gewesen. Und hier sucht man heute noch nach zwanzig Jahren. Und wir müssen jetzt für all das hinhalten, was in Auschwitz geschehen ist.

Verteidiger Dr. Jugl: Waren Sie schon, bevor Sie nach Auschwitz kamen, ein Säufer?

Kaduk: Ich habe in Zivil sehr wenig getrunken. Aber in Auschwitz konnte ich das Elend nicht sehen. Wenn man da an die Rampe kam und die Frauen und die Kinder sah, da mußte man sich so zusammenreißen — das kann man nur aushalten, wenn man trinkt. Man kann noch so hart sein. Aber leider, es ist passiert. Ich kann es nicht ändern *(weint)*.

Verteidiger Dr. Reiners: Wo waren Sie vor Auschwitz?

Kaduk: Ich war beim 9. SS-Regiment. Da wurde ich operiert und nach der Operation GvH geschrieben. Ich habe meiner Einheit geschrieben, sie sollen mich zurückholen.

Es ist gut, daß wir den Krieg verloren haben, denn sonst hätten die uns umgebracht. Mit solchen Gedanken habe ich mich befaßt. Und darum wollte ich weg von Auschwitz.

Der Dienst dort war ja allen zuwider. Die haben einfach am Posten geschlafen, und wer in den Bunker gekommen ist, hat sich nichts draus gemacht. Ich weiß genau, wie es in Auschwitz war. Und jetzt tragen wir die Schuld für das Dritte Reich.

In seinem Schlußwort ist Kaduk wiederum wortkarg:

Ich wurde bereits von einem sowjetischen Gericht verurteilt und stehe jetzt das zweite Mal vor einem Gericht. Ich schließe mich den Ausführungen meiner Anwälte an und habe sonst nichts zu sagen.

Stefan Baretzki

Baretzki wurde im Jahr 1919 in Czernowitz in Rumänien geboren. Sein Vater, Telefonmechaniker, starb, als Baretzki 19 Jahre alt war. Der Angeklagte besuchte die Volksschule und wurde anschließend als Strumpfwirker ausgebildet. Er arbeitete dann als Maschinenführer in einer Strumpffabrik in Czernowitz. Nach dem Einmarsch der deutschen Truppen in Rumänien wurde er — soweit sich das noch feststellen läßt, Ende 1940 — nach Deutschland als „Volksdeutscher" umgesiedelt. Baretzki spricht bis heute ein gebrochenes, manchmal schwer verständliches Deutsch. Er ging durch verschiedene Umsiedlungslager und war als Kraftfahrer bei einer Speditionsfirma in Oberschlesien tätig.

Im Herbst 1941 wurde Baretzki zur Waffen-SS eingezogen und nach Auschwitz kommandiert. Er blieb dort bis zur Evakuierung des Lagers und wurde erst nachher zum SS-Rottenführer befördert — hat also von allen angeklagten SS-Angehörigen in diesem Prozeß den niedrigsten Dienstgrad gehabt.

Nach der Evakuierung von Auschwitz wurde Baretzki zur SS-Division „30. Januar" versetzt und geriet Anfang Mai 1945 in russische Gefangenschaft, aus der er am 17. August desselben Jahres entlassen wurde. Er siedelte sich in Plaidt bei Koblenz an und war zuletzt als Arbeiter bei einer Kohlenhandlung beschäftigt. Im Mai 1953 wurde er im Zusammenhang mit einer Schlägerei zu 21 Tagen verschärften Arrests verurteilt, im April 1955 erhielt er wegen Widerstandes gegen die Staatsgewalt eine Geldstrafe von 75 DM und 14 Monate später wegen Körperverletzung eine weitere Strafe von 300 DM. Baretzki ist ledig.

Seit dem 12. April 1960 befindet sich dieser Angeklagte in Untersuchungshaft. Vor Gericht verantwortet er sich folgendermaßen:

Baretzki: Als Blockführer mußte ich turnusweise zur Rampe gehen, wenn ein Transport ankam. Ich hatte nur die Häftlinge des Kanada-Kommandos hinzubringen und konnte dann praktisch weggehen. Ich bin aber nicht weggegangen, denn es gab ja dort etwas zu organisieren. Ich hatte ja Hunger wie die Häftlinge auch.

Vorsitzender: Wer hat denn die Selektionen durchgeführt?

Baretzki: Die Offiziere.

Vorsitzender: Sie nicht?

Baretzki: Nein, nur die Offiziere, noch nicht einmal ein Sanitäter kam da ran. Herr Vorsitzender, die Kommission bestand meistens aus Offizieren. Was glauben Sie, was die da gemacht hätten, wenn da ein Sturmmann herumläuft.

Vorsitzender: Sie werden beschuldigt, daß Sie mit einem Spezialschlag Häftlinge getötet haben.

Baretzki: Herr Vorsitzender, ich besitze überhaupt keinen Spezialschlag. Die einen sagen, ich benutze einen Spezialschlag, da brauche ich ja keinen Stock. Die anderen sagen, ich habe einen Stock, da brauche ich ja keinen Spezialschlag.

Vorsitzender: Ein Zeuge sagt, Sie hätten in Birkenau einen Häftling mit der Pistole erschossen.

Baretzki: Ich habe aus meiner Pistole nur einmal geschossen. Da war ich noch im Wachsturm und tat Dienst im Turm. Ich mußte auf einen Häftling schießen, weil er in die Sperrzone vor dem elektrisch geladenen Draht gelaufen war, um Selbstmord zu begehen. Man mußte in solchen Fällen schießen. Mit einem Satz ist der Häftling im Zaun. Selbst wenn man ihn trifft, kommt der Häftling noch an den Draht. Wenn es einer trotzdem fertigbrachte, ihn vorher zu erschießen, bekam er sieben Tage Urlaub.

Hastig, explosiv ist die Sprechweise Baretzkis, manchmal kann man seinem Wortschwall schwer folgen.
Um die Zeiten zu klären, in denen Baretzki verschiedene Funktionen ausgeübt hat, wird ein SS-Kamerad von ihm, ebenfalls Volksdeutscher aus Rumänien, gerufen:

Vorsitzender: Waren Sie von Anfang an mit Baretzki in der SS-Wachtruppe in Auschwitz beisammen?

Huley: Als ich Ende 1941 nach Auschwitz kommandiert wurde, war er schon da, soweit ich mich erinnere. Wir waren zumindest bis Ende 1942 in der Wachkompanie beisammen. Ich erinnere mich, daß wir in diesem Jahr Weihnachten und Silvester gemeinsam gefeiert haben. Wir waren beide ausschließlich zum Wachdienst eingeteilt. Freilich mußten wir auch Wachposten für Außenkommandos stellen.

Vorsitzender: Wann wurde Baretzki Blockführer?

Huley: Ich weiß nur, daß ich ihn etwa im August oder September 1943 bereits als Blockführer gesehen habe.

Vorsitzender: Welche Sprache sprach Baretzki gewöhnlich?

Huley: Er sprach überwiegend deutsch, aber hie und da sprach er auch ukrainisch. Er war aus Rumänien, hat aber ukrainisch gesprochen.

Vorsitzender: Konnte Baretzki auch polnisch?

Huley: Es besteht ein wesentlicher Unterschied zwischen der ukrainischen und der polnischen Sprache, aber man kann sich verständigen.

Vorsitzender: Wie hat er sich mit Polen verständigt?

Huley: Er hat versucht, polnisch zu sprechen.

Verteidiger Gerhardt: Wie viele Volksdeutsche aus Rumänien waren in Auschwitz?

Huley: Wir waren in unserer Kompanie vielleicht 40 bis 50. Insgesamt dürften 200, 300 oder 350 dort gewesen sein.

Viele Zeugen, die als Häftlinge in Birkenau waren, kennen Baretzki:

Gwozdzik: Wir alle hatten Angst vor Baretzki. Einmal ist Baretzki mit dem Arbeitsdienstführer des Frauenlagers in unseren Block — es war Block 5 — gekommen. Sie haben einen Juden dorthin geführt. Fünf Minuten später lag dieser Jude tot im Block, er hatte ein blutverschmiertes Gesicht. Die beiden SSler sind mit ihm in den leeren Block gegangen.

Vorsitzender: Wissen Sie, ob Baretzki und nicht der Arbeitsdienstführer den Häftling getötet hat?

Gwozdzik: Einer von beiden muß ihn getötet haben oder beide gemeinsam.

Staatsanwalt Vogel: Bei Ihrer seinerzeitigen Vernehmung sagten Sie, daß nur Baretzki als Täter in Frage kam.

Gwozdzik: Ich weiß nur, daß sie zu zweit waren.
Vogel: Wie war das Verhalten Baretzkis sonst?
Gwozdzik: Er hat die Arbeitskommandos am Tor gefilzt und dabei geschlagen. Es verging kein Tag, an dem Baretzki nicht geschlagen hat.
Baretzki: Ich habe nie einen Menschen in Birkenau totgeschlagen. Ich bin erst am 24. Juli oder im August 1943 Blockführer geworden.

Ein polnischer Zeuge erinnert sich an einen ähnlichen Vorfall:

Szpalerski: Ich kenne den Blockführer Baretzki. Wir hielten ihn für einen Volksdeutschen aus Lodz. Sein Name war im ganzen Lager bekannt. Am besten habe ich Baretzki kennengelernt, als er mir 25 gab. Das war im Sommer 1943. Er hat mich mit dem Stock während der Arbeit geschlagen und auch diese Strafe selbst angeordnet.

Einmal beim Appell kam er zu unserem Block und wurde auf ein paar Griechen aufmerksam gemacht, die nicht ordentlich in der Reihe standen. Bei ihm war ein junger SS-Mann, der eine Brille trug. Beide Griechen wurden in den Block gejagt, in den auch die SSler gingen. Von der Baracke hörten wir dann furchtbares Schreien. Nach dem Appell haben wir beide tot gefunden.
Vorsitzender: War außer Baretzki noch jemand in der Baracke?
Szpalerski: Ja, sie waren zu zweit. Beide SS-Leute sind hineingegangen.
Vorsitzender: Haben Sie die Leichen später gesehen?
Szpalerski: Ja, aber der Stubendienst hat sie gleich weggetragen. Mißhandlungen und Prügeleien hat man in Birkenau oft gesehen.

Kugelmann lebt heute in Frankfurt:

Kugelmann: Baretzki war der Schrecken des Lagers. Wegen seiner krummen Beine nannten wir ihn den „Krummen“. Ich bekam von ihm Schläge und Tritte.

Vorsitzender: Ist Ihnen bekannt, daß er jemanden totgeschlagen hat?

Kugelmann: Das kann ich nicht behaupten. Er stand immer unter Alkohol. Er hat mich und noch ein paar zum Sport genommen. Er hat die Kommandos so schnell gegeben, daß sie nicht eingehalten werden konnten. Dann hat er geschlagen. Ich habe noch heute eine Narbe von seinem Tritt.

Vorsitzender: Ist jemand bei diesem Sport liegengeblieben?

Kugelmann: Wir haben alle in den Block hineingebracht und ihnen kalte Umschläge gegeben. Wer auf die Nieren geschlagen worden ist, war fertig. Wer in den Krankenbau eingeliefert worden ist, ist nicht mehr zurückgekommen.

Baretzki: Ich habe das nicht getan, was der Zeuge sagt. Ich habe in Auschwitz auch keinen Schnaps getrunken, sondern nur Bier.

Kugelmann: Gerochen hat er wie zehn Brauereien zusammen. Blutprobe haben wir keine machen können.

Der Zeuge Polak war Blockältester in Birkenau:

Vertreter der Nebenklage Ormond: Haben Sie gesehen, daß der Angeklagte Baretzki geschlagen hat?

Polak: Ja, das habe ich gesehen. Er prahlte damit, daß der gleich umfällt, den er einmal schlägt. Er hat mit Hand und Ellbogen geschlagen. Dann trat er auch in gefährliche Stellen. Ich habe manche Opfer von ihm nachher im Krankenbau gesehen. Ich kann mich genau an einen Juden erinnern, der lag im Sterben. Er war so getreten, daß die Genitalien derart geschwollen waren und so voll Eiter, daß man es nicht beschreiben kann. Er sagte, Baretzki hätte das gemacht. Später hat mir der Blockälteste mitgeteilt, daß dieser Jude nicht mehr lebt.

Der ehemalige Häftlingsarzt im Quarantänelager Birkenau erinnert sich so an Baretzki:

Dr. Wolken: Ich habe den Angeklagten Baretzki gekannt, weil er zeitweise Blockführer im Quarantänelager Birkenau war. Ich habe gesehen, wie am 15. April 1944 auf dem Appellplatz vier SS-Männer — darunter Baretzki — auf Häftlinge eingeschlagen und auf sie geschossen haben. Elf Häftlinge wurden damals erschossen.

Vorsitzender: Hat auch Baretzki geschossen?

Dr. Wolken: Alle haben geschossen. Es sind jetzt 20 Jahre dazwischen. Ich sah damals keinen SS-Mann, der nicht schoß.

Vorsitzender: Woher wissen Sie, daß elf Leute erschossen worden waren?

Dr. Wolken: Das stand nachher im Totenbuch.

Auch Mikusz hatte dank seiner Funktion einen größeren Überblick über die Vorkommnisse in Birkenau; er war dort „Arbeitseinsatz":

Mikusz: Im Spätherbst 1944 kam nach dem Aufstand in Warschau ein Transport von dort ins Lager. Es waren vielleicht 300 Häftlinge. Die Neuzugänge mußten immer erst marschieren, grüßen und exerzieren lernen. Die beiden Blockältesten Wacek und Franek Katarszynski, richtige polnische Teufel, haben die Neuzugänge mißhandelt, wo sie nur konnten. Das war so schlimm, daß schließlich die Häftlinge davonzulaufen versuchten. Dabei kamen Häftlinge zu nahe an den Draht heran und die Posten schossen in das Lager. Damals haben auch Baretzki, Grabatkin und der Rapportführer Kurpanik geschossen. Es war ein furchtbares Durcheinander im Lager. Das war kurz vor dem Appell. Ich habe gesehen, daß Baretzki zwei Häftlinge getroffen hat. Auch die anderen haben mehrere getroffen. Dabei war Baretzki ein schlechter Schütze. Ich habe früher einmal gesehen, wie er einen Zigeuner anschießen wollte und nicht getroffen hat.

Baretzki war aber den Häftlingen nicht nur seiner Brutalität wegen bekannt:

Corrin: Baretzki war deswegen bekannt, weil er Geschäfte machte. Ich habe ihn in das Zimmer des Blockältesten gehen gesehen. Man sagte mir, daß er dort Geschäfte machte. Einmal habe ich auch Baretzki gesehen, wie er einen Transport aus Lodz zu den Krematorien begleitete. Die Ankommenden haben uns gesagt, daß dieser Transport von Lodz kam.

Vorsitzender: Der Angeklagte Baretzki sagt, er habe die Transporte nicht ins Krematorium, sondern nach Kanada geführt.

Corrin: Von dem Lodzer Transport kam niemand nach Kanada. Sie kamen ins Krematorium, und der Rest wurde dann auf Arbeitslager in Deutschland verteilt. Ich habe den Transport, den Baretzki damals begleitet hat, noch in besonderer Erinnerung. Jeder der Angekommenen hatte ein Päckchen in der Hand. Einer ließ seines fallen, und ein anderer hob es auf. Ich dachte, wenn er wüßte, wohin er geht, würde er das nicht tun. Ein älterer Mann konnte nicht mehr weitergehen. Da nahm ihn ein Häftling aus dem Kanada-Kommando auf Befehl eines SSlers auf die Schultern, wie man einen Sack mit Kartoffeln schleppt.

Baretzki: Ich hatte keine Leute in das Krematorium begleitet. Nur Geheimnisträger konnten ins Krematorium, ich war kein Geheimnisträger, ich war nur ein kleiner SS-Mann aus Rumänien und durfte das Krematorium nicht betreten. Wenn ich hineingegangen wäre, hätten die mich dort gefragt, ob ich noch alle auf dem Christbaum hätte.

Corrin: Als mir Baretzki beim Untersuchungsrichter gegenübergestellt wurde, hat er zugegeben, daß er auf der Rampe war.

Baretzki: Daß ich auf der Rampe war, habe ich ja gesagt. Wer Lagerdienst hatte, mußte auch auf die Rampe. Der hatte dort aber nur Häftlinge zu beaufsichtigen, das Gepäck ging ihn nichts an. Und ich habe es auch nicht nötig gehabt, mit Häftlingen Geschäfte zu machen. Wenn ich einmal etwas gebraucht habe, dann habe ich nur dem Capo sagen müssen, ich brauche zehn Dollar, dann hat er das gemacht.

Corrin: Ich sage ja nicht, daß Sie mit dem Capo keine Geschäfte gemacht haben.

Baretzki: Was in Auschwitz geschehen ist, war schlimm. Ich bin 1943 auf Urlaub gewesen und habe meiner Mutter davon erzählt. Sie hat es mir nicht geglaubt; sie hat gesagt: „Das gibt es doch gar nicht. Menschen brennen doch nicht, Fleisch kann doch nicht brennen.“ Sie hat es nicht geglaubt.

Die schnell hervorgestoßenen Satzfetzen Baretzkis gestatten es, sich ein Bild über diesen Menschen, seine Gedanken und seine Umgebung

zu machen. Manchmal hat es den Anschein, als ob er immer noch Blockführer in Auschwitz wäre, so lebendig schildert dieser Angeklagte einzelne Szenen.
Ein russischer Zeuge sagt aus:

Mischin: Baretzki hat im Russenlager furchtbar gewütet. Einmal hat er einem Polen einen Stock gegeben und befohlen: „Töte diesen Russen da!" Der Pole weigerte sich, da erschlug er den Polen. Er hat ihn abseits in einen Raum geführt und ihn dort erschlagen. Die Leiche wurde auf die untere Bettstelle gelegt.

Ich habe Baretzki auch in Birkenau getroffen. Er hatte einen Spitznamen bei uns: Belak, das heißt Toller. Er war so sadistisch, daß man es gar nicht beschreiben kann. Später allerdings, etwa ab 1943, ist bei ihm eine große Änderung vor sich gegangen. Damals waren schon viele SS-Leute anders zu den russischen Kriegsgefangenen. Wir waren sehr wenig und galten als eine Art Museumstück. Es war sicherlich auch die Lage an der Front, die diese Änderung erwirkt hat. Ich habe zu dieser Zeit in der Wäscherei gearbeitet. In diesem Kommando waren damals nur Russen. Wir hatten die Wäsche derer zu waschen, die vergast worden sind. Diese Wäsche war nicht für Häftlinge bestimmt, sondern wurde ins Reich geschickt. Wir bekamen mehr Seife, damit wir gut waschen konnten. Baretzki kam häufig zu uns in die Wäscherei. Er gab uns gelegentlich den Befehl, für den Abend zehn bis zwölf Hemden vorzubereiten. Abends kam er dann und nahm diese Hemden, es waren selbstverständlich bessere, mit. Unser Capo hat einmal gesagt, er soll für die Wäsche auch uns etwas bringen. Baretzki brachte uns tatsächlich Margarine, Brot und auch Spiritus. So wurde Baretzki vom SS-Banditen zum einfachen Dieb.

Verteidiger Erhard: Haben Sie eine Häftlingsnummer eintätowiert?

Mischin: Ja, ich habe die Nummer tätowiert und auch ein AU dazu.

Erhard: Können Sie uns diese Nummer zeigen?

Mischin: Ja, aber ich will sie zuerst den Verbrechern zeigen.

Er öffnet sein Hemd und zeigt die Häftlingsnummer, die ihm auf die Brust tätowiert ist.

Erhard: Wann wurde Ihnen die Nummer eintätowiert?
Mischin: Ende Oktober oder Anfang November 1941.

Mischin ist erregt: Die Atmosphäre im Gerichtssaal, der Ton der Fragen der Verteidiger verursachen das. Es kann nicht übersehen werden, daß russischen Zeugen am kühlsten begegnet wird.
Sachlich und nüchtern sagt ein anderer Zeuge aus, der als Elektriker in Birkenau eine Sonderstellung hatte:

Porebski: Ich kannte den Blockführer Baretzki und habe öfters mit ihm gesprochen. Er spricht fließend polnisch. Er fragte mich, wo ich geboren sei und ob ich aus der Bukowina stamme. Später habe ich mich öfters mit ihm unterhalten. Mir gegenüber war er immer korrekt.
Vorsitzender: Haben Sie gesehen, daß er Häftlinge mißhandelt hat?
Porebski: In meiner Gegenwart tat er das nicht. Ich glaube, er hat sich vor mir etwas geniert. Aber ich sah, daß er einmal auf einen Häftling schoß. Es war am Abend zur Zeit der Essenausgabe. Ich sah, wie ein SS-Mann einen Häftling in der Baracke erschoß. Als sich der SS-Mann umdrehte, konnte ich erkennen, daß es Baretzki war. Ich habe noch gesehen, wie er aus dem Block herausging. Später einmal — es dürfte im Frühling 1944 gewesen sein — sah ich, wie er einen Häftling mit dem Vornamen Michail — der hatte eine Häftlingsnummer um 80.000 herum — geschlagen hat. Als ich wieder ins Lager zurückkam, habe ich nach dem Häftling gefragt. Man sagte mir, er lebt nicht mehr.
Vorsitzender: Wo hat sich der erste Fall abgespielt?
Porebski: Im Lagerabschnitt B I b.
Vorsitzender: Wo sind Sie währenddessen gestanden?
Porebski: Ich war im Block. Nach dem Schuß habe ich Baretzki im Profil erkannt. Der Häftling lebte nicht mehr. Der Blockälteste trug die Leiche hinaus und legte sie neben dem Block. Erst nach dem Appell durfte die Leiche fortgeschafft werden, damit der Appell stimmt. Ich weiß nicht, warum Baretzki damals den Häftling erschossen hat. Es wurden öfters Häftlinge ohne jeden Kommentar erschossen.

Vorsitzender: Wissen Sie, was das für ein Häftling war und wo Baretzki ihn getroffen hat?

Porebski: Es war ein Jude, und Baretzki traf ihn etwas hinter dem Ohr. Ich habe die Leiche gesehen.

Baretzki: Ich kenne diesen Zeugen. Er war immer nur im d-Lager. Sie kamen doch jeden Tag um 4 Uhr zu uns?

Porebski: Ja, ich erinnere mich. Wir haben miteinander polnisch gesprochen. Als ich einmal verbotene Sachen ins Lager brachte, haben Sie mich revidiert. Sie haben mich hinter die Küche geführt und mir dann erlaubt, die Sachen ins Lager zu nehmen. Erinnern Sie sich nicht an unsere Gespräche damals? Ich habe viele Medikamente ins Lager gebracht, und wir haben oft miteinander gesprochen.

Baretzki greift Porebski nicht so an wie die meisten anderen Belastungszeugen. Auch ein Überlebender des Sonderkommandos erinnert sich an den Angeklagten:

Vertreter der Nebenklage Ormond: Kennen Sie den Angeklagten Baretzki?

Buki: Ja, er war Blockführer in Birkenau. Ich erinnere mich, daß Baretzki einmal zu uns in die Baracke kam, in der das Sonderkommando isoliert war, ich glaube, es war Block 2. Wir hatten eine Torwache. Die rief damals nicht rechtzeitig „Achtung!", wie sie es zu tun hatte, wenn ein SS-Mann kam. Baretzki hat die Torwache so geschlagen, daß der Häftling am nächsten Tag gestorben ist.

Vorsitzender: Wo ist dieser Häftling gestorben?

Buki: In der Abteilung unserer Baracke, die als Krankenbau eingerichtet war. Wir hatten in unserer Baracke so eine Abteilung, weil die Kranken des Sonderkommandos nicht in den allgemeinen Krankenbau verlegt werden durften.

Vorsitzender: Bei der Gegenüberstellung haben Sie den Angeklagten Baretzki hier nicht erkannt.

Buki: Nein, aber ich glaube, es ist der dort *(zeigt auf Baretzki)*.

Baretzki: Der Dolmetsch hat mich in der Pause dem Zeugen gezeigt.

Buki: Ich habe mit dem Dolmetsch in der Pause überhaupt nicht gesprochen.

Baretzki: Es stimmt auch nicht. Das Sonderkommando war im Block 13 untergebracht und nicht im Block 2, wie der Zeuge sagt. Block 2 war eine Schreibstube, und Block 13 durfte kein Blockführer betreten.

Buki: Das ist möglich. Ob es Block 2 oder 13 war, weiß ich jetzt nicht mehr, es war der Block neben dem Strafkommando.

Vorsitzender: Wo hat Baretzki den Häftling geschlagen? Außerhalb oder in der Baracke?

Buki: Im Block. Er ist oft zu uns in den Block gekommen. Er hat beim Blockältesten Schnaps geholt und verschiedene andere Sachen bekommen.

An der Niederschlagung des Aufstandes, den das Sonderkommando am 7. Oktober 1944 versucht hat, war Baretzki auch beteiligt:

Vertreter der Nebenklage Ormond: Ist Ihnen bekannt, daß Baretzki an der Niederschlagung des Aufstandes im Krematorium beteiligt war?

Polak: Ja, Baretzki hat selbst erzählt, daß er dabei ungefähr 15 Menschen erschossen hat.

Baretzki: Ich habe damals keine Häftlinge erschossen. Das ist nicht wahr. Ich habe auch nicht mit dem Zeugen gesprochen. Ich war gar nicht da. Ich war beim Krematorium I, dort sind die ersten Häftlinge ausgebrochen. Das Krematorium III hat gebrannt, aber nach dem Ausbruch. Der Aufstand war im Krematorium I. Wir sind mit dem Auto bis zur Sola und haben dort abgesperrt. Als wir hingekommen sind, waren die Häftlinge schon lange weg. Wir haben eine Postenkette ausgestellt und den ganzen Wald durchgekämmt.

Polak: Die SS hat nach den Flüchtenden gejagt, die in dem Wald waren. Baretzki prahlte hinterher, wie viele er erschossen hat. Er erzählte, daß er damals eine Maschinenpistole hatte. Auch erzählte er, daß manche Angeschossene in ihren Taschen Granaten hatten, die aus der Unionfabrik stammten und selbstgebastelt waren. Er ging am nächsten Tag durchs Lager und hat das erzählt.

Baretzki: Das ist nicht wahr. Ich besaß überhaupt keine Maschinenpistole. Ich wäre ja zwei Tage zu spät gekommen, wenn ich mir erst eine Maschinenpistole geholt hätte. Das kann ja gar nicht wahr sein.

Energisch setzt sich Baretzki zur Wehr. Ein polnischer Zeuge gibt an:

Bodek: Ich bin im Frühling 1943 nach Birkenau gekommen und habe Baretzki gleich am Anfang kennengelernt. Im Jahr 1944 war ich Pfleger im Krankenbaulager B II f Birkenau. Ich erinnere mich, daß einmal Baretzki dort zu tun hatte. Kranke aus den Außenlagern sind in diesen Lagerabschnitt gebracht worden. Sie wurden im Waschraum entkleidet und mußten warten, bis sie ins Gas abtransportiert wurden. Ich glaube, sie waren aus Janina oder Golleschau. Es spielten sich höllische Szenen ab, denn die Kranken wußten, wohin sie kommen. Als die Lastautos kamen, standen Blockführer Spalier und jagten sie auf die Autos. Baretzki war dabei einer von den aktiven Treibern, er hat mit seiner Peitsche nachgeholfen. Alle Kranken waren nackt. Sie wurden zu den Krematorien IV und V gebracht.

Richter Hotz: Können Sie den Angeklagten Baretzki beschreiben?

Bodek: Ja. Er war kräftig, dunkelhaarig und hatte O-Beine. Einmal brachte irgend jemand einen Ball zu uns, und wir haben Fußball gespielt. Da kam Baretzki, erzählte, daß er ein guter Fußballspieler sei, und hat mitgespielt. Ich glaube sogar, er hat ein Tor geschossen. Er gebrauchte auch polnische und ukrainische Worte. Er war zuerst Sturmmann, später Rottenführer.

Ersatzrichter Hummerich: Wie hat Baretzki im allgemeinen gesprochen?

Bodek: Gewöhnlich sprach er deutsch, aber er hatte einen sehr primitiven Wortschatz. Was seine Muttersprache war, weiß ich nicht.

Bei der Gegenüberstellung erkennt der Zeuge den Angeklagten Baretzki sofort.

Baretzki: Der Zeuge kann mich gar nicht vor dem August 1943 gesehen haben oder höchstens nur im d-Lager. Ich bin Ende Juli ins d-Lager gekommen, das habe ich immer gesagt und sage es auch heute noch. Vorher war ich Posten und ein Posten kommt in kein Lager, das kann sogar der Langbein sagen. Der Posten hat ja gar keinen Ausweis.

Vorsitzender: Vielleicht sind Sie abkommandiert worden?

Baretzki: Ja meinen Sie, man hatte eine Woche so und eine Woche so zu tun in Auschwitz? Das hat es nicht gegeben in Auschwitz.

Vorsitzender: Zeuge, bleiben Sie bei Ihrer Aussage?

Bodek: Ja, ich habe Baretzki gesehen. Ich bin davon völlig überzeugt.

Baretzki: Ich war auch nie in Auschwitz Rottenführer. Wenn ich das gewesen wäre, da müßten mir die ja heute noch nachzahlen.

Bodek: Baretzki war zuerst Sturmmann und später, nach seiner Teilnahme an der Sonderaktion, ist er bestimmt Rottenführer gewesen.

Baretzki: Ich wurde am 20. April 1945 zum Rottenführer befördert. Das muß doch noch festgestellt werden können.

Die Sache mit den Muselmännern aus den Außenlagern — ich will das einmal erklären: Es gibt da nur eine Verlegung und eine Überstellung. Gewöhnlich kommen die Kranken am Samstag mittag. Immer kommen sie zum Abschnitt BIId, die aus den Außenlagern zurückkommen, sind sowieso krank. Montag werden sie dann dem Arzt vorgestellt. Die Häftlinge, die überstellt werden, die kommen gar nicht erst ins Lager. Da darf ich ja gar nicht das Tor aufmachen als Blockführer. Überstellt, das heißt doch in die Gaskammer. Es ist ja ein Unterschied zwischen Verlegung und Überstellung.

Vorsitzender: Mußten sich die Kranken auskleiden? Und wo mußten sie sich auskleiden?

Baretzki: Ja, sie haben sich ausgekleidet, aber doch nicht im Lager. Wenn man die ins Lager hineinläßt, dann ist es ja schon passiert. Sie müssen sich das vorstellen, da kommt am Samstag ein Auto oder zwei Autos, da steht ein Mann am Tor, ein anderer Blockführer ist in der Blockführerstube, und der Posten hält einen Schein in der Hand. Das Auto hält direkt vor dem Tor, der Chauffeur sagt: „Da ist eine Verlegung", ich sperr' das Tor auf, das Auto fährt hinein, und da sind nun auf dem Auto zweierlei Sorten von Menschen. Der Fahrer wartet gar nicht, der kippt einfach, und da liegen die zweierlei Menschen durcheinander. Wie soll man sie da ordnen? Wie soll man da alle Nummern herausfinden? So was kommt auch vor. Der Alte frißt mich ja auf, wenn ich überstellte Leute ins Lager aufschreibe. Da rufe ich den Lagerältesten: „Danisch, laß sie alle stehen!" In den Block kommen die sowieso nicht hinein, die versauen ihn ja nur ganz. Sie kommen nur in den Waschraum. Hier kommen sie auch nur nachts hinein, bei Tag stehen sie wieder draußen. Erst am Montag mittag kriegen sie das erste Essen, denn sie werden erst Montag früh zur Verpflegung gemeldet. Die Leute, die überstellt sind, die bekommen auch dann kein Essen, denn sie leben ja praktisch nicht mehr.

Vertreter der Nebenklage Ormond: Sie waren nach Ihrer Angabe in der Zeit vom März bis August 1943 Läufer, da konnten Sie doch ins Lager hinein?

Baretzki: Woher denn, ich hatte doch keinen Ausweis. Die Läufer, die sitzen in Auschwitz I, da heißt es: „Läufer heraus", und ein Läufer fährt nach Monowitz, ein anderer nach Jawischowitz oder nach Rajsko. Da habe ich meine Tasche, da kriege ich die Kuverts hinein, alles ist zu, ich unterschreibe den Empfang und setz mich aufs Fahrrad. Ich komm' nur im Lager bis zur Blockführerstube, in das Lager kommt doch keiner hinein, der Läufer hat im Lager überhaupt nichts zu tun. Auch der Spieß von der Kommandantur kommt nicht ins Lager hinein.

Ormond: Aber es gibt doch Kommandanturbefehle, in denen ausdrücklich erwähnt wird, daß Kinder nichts im Lager verloren haben. Es gibt eine Beschwerde darüber, daß Kinder im Lager waren. Es war also doch nicht ausgeschlossen, ins Lager hineinzukommen.

Baretzki: Was heißt hier, Kinder von SS-Angehörigen im Lager? Ein Kind ist ein Kind, und Kinder, das sind viele Kinder. Das war der Junge vom Schwarzhuber. Er war sechs Jahre alt und hatte eine Tafel um den Hals gehabt, wenn er ins Lager gegangen ist, seinen Vater zu suchen. Auf der Tafel ist gestanden, daß er der Sohn vom Schutzhaftlagerführer Schwarzhuber ist, damit sie ihn nicht schnappen und weg in die Gaskammer mit ihm. Er geht ja nur seinen Vater suchen.

Kaum ein Zeuge hat die Atmosphäre von Birkenau so plastisch schildern können wie Baretzki, der heftig gestikulierend vor dem Mikrophon steht. In der Erregung spricht er in Gegenwartsform — und Auschwitz wird beklemmend gegenwärtig.

Der „Arbeitseinsatz" Mikusz erinnert sich auch an den folgenden Vorfall:

Mikusz: Als ich Baretzki kennenlernte, war er ganz jung, so wie ein junger Hund. Wir glaubten damals, er wird ein zugänglicher Blockführer sein. Aber bereits in den ersten Frühlingsmonaten des Jahres 1943 im Lagerabschnitt B I b begann es. Ich lag damals auf Block 4. Beim Appell wurde eine Verordnung der SS verlautbart: Die Kranken durften in der Nacht nicht in den Block gehen, sondern mußten draußen bleiben. Beim Morgenappell lagen diese Häftlinge dann am Boden. Manche lebten noch, manche nicht mehr. Die Blockführer machten damals ihre Meldungen beim Rapportführer Schillinger. Baretzki hat sich einem am Boden liegenden Häftling genähert und stellte sich für vielleicht eine Minute auf dessen Hals. Dann ging er fort. Als er sah, daß der Häftling noch seinen Kopf bewegen wollte, kam er zurück und stellte sich nochmals auf den Hals. Das spielte sich vor allen Häftlingen des Block 4 ab.

Im Block 7, dem sogenannten Todesblock, habe ich gesehen, daß viele Häftlinge eingeliefert wurden, die von Baretzki in den Unterleib geschlagen waren. Er hatte damals einen scheußlichen Ruf. Mir selbst — das muß ich auch sagen — war er nicht schlecht gesonnen. Ich trug die Binde als Arbeitseinsatz und Bindenträger wurden anders behandelt.

Vorsitzender: Wurden viele geschlagene Häftlinge in diesen Block eingeliefert?

Mikusz: Ja. Es waren damals furchtbare Zustände. Die Kranken lagen nicht nur im Block, sondern auch draußen. Die Papierverbände waren angefroren, wenn man sie abriß, sind sie mit dem Fleisch abgegangen.

Vorsitzender: Hat sich Baretzki unmittelbar auf den Hals des am Boden Liegenden gestellt oder hat er einen Stock über den Hals gelegt und sich auf den Stock gestellt?

Mikusz: Nein, es war kein Stock auf dem Hals, er hat sich direkt mit den Stiefeln auf den Hals gestellt. Es war sehr unangenehm anzuschauen. Nach dem erstenmal hat der Häftling noch den Kopf heben können. Er hat ihm aber nicht erlaubt, ruhig zu sterben.

Baretzki war auch auf der Rampe in Birkenau. Ein SS-Zeuge soll behilflich sein, zu klären, was Baretzki dort zu tun hatte:

Verteidiger Gerhardt: Herr Zeuge, Sie waren doch als Angehöriger der Politischen Abteilung an der Rampe, wenn Transporte ankamen. Wer hat die Transporte durchgezählt?

Hofer: Die Blockführer, die zum Dienst eingeteilt waren.

Gerhardt: Der Angeklagte Baretzki sagt aber, daß das Zählen ausschließlich Aufgabe der Aufnahmeabteilung der Politischen Abteilung war.

Hofer: Die Blockführer haben die ankommenden Häftlinge in Fünferreihen aufgestellt, durchgezählt und mir die Zahl übergeben. Dann habe ich mich vergewissert, ob diese Zahl stimmt.

Baretzki: Das ist nicht wahr. Der Blockführer zählt nicht. Sie haben die Häftlinge dort oft zehnmal abgezählt. Der Blockführer kommt doch gar nicht ran, ihr seid ja dort herumgelaufen. Die Blockführer haben nur abgesperrt und dafür gesorgt, daß die Waggons sauber gemacht werden, das war die Arbeit vom Blockführer.

Hofer: Ich habe gesagt, wie es zuging. Es stimmt: Ich habe manchmal drei- oder viermal gezählt, aber die Blockführer haben beim Zählen mitgeholfen, alle Leute auf der Rampe haben die Häftlinge gezählt.

Vorsitzender: Sehen Sie, auch beim Untersuchungsrichter haben Sie zu Protokoll gegeben, daß alle gezählt haben.

Hofer: Ja, ich habe auch durchgezählt.

Staatsanwalt Kügler: Und wer hat die Kinder gezählt?

Hofer: Es sind ganze Familien angekommen, ich denke, die sind ins Krematorium gegangen. Wer sie gezählt hat, weiß ich nicht.

Ehemalige Häftlinge erinnern sich in der Regel besser als SS-Angehörige, die ein Strafverfahren zu befürchten haben:

Mikusz: Ich war Arbeitseinsatz in Birkenau und habe darum viel sehen können. Im Jahr 1944 sind die Ungarntransporte angekommen. Damals hat Baretzki ganze Transporte von der Rampe ins Krematorium geführt. Nachher ist er betrunken zurückgekommen und war sehr gefährlich. Ich habe ihn gesehen, wie er Transporte zuerst zwischen den Lagerabschnitten B II c und d durchgeführt hat. Ursprünglich wurden die Transporte direkt zu den Krematorien II und III gebracht. Als aber so viele eintrafen, daß diese Krematorien nicht nachkamen, führte man die Transporte auf der Lagerstraße zwischen B II c und d zu den Krematorien IV und V. Es waren Kinder und Frauen dabei. Ich konnte das ganz genau sehen, weil ich mich freier im Lager bewegen durfte.

Simon Gotland mußte im Aufräumungskommando auf der Rampe arbeiten:

Vorsitzender: Sie haben auf der Rampe arbeiten müssen. War der Angeklagte Baretzki auf der Rampe?

Gotland: Ja, ich habe ihn dort einige Male gesehen. Er hatte immer einen Stock in der Hand, er hat immer geschrien. Er war so aktiv, daß ich es nicht beschreiben kann. Einmal kam ein Zug mit etwa 3000 Menschen. Ich war immer einer von den letzten, die am Zug waren. Die Menschen waren alle krank. Baretzki sagte mir: „Du hast 10 bis 20 Minuten Zeit, dann sind alle Menschen aus den Waggons!" Eine Frau schrie laut, sie war gerade während der Geburt. Ich zog das Kind aus der Frau und habe es in Kleidungsstücke eingewickelt und neben der Frau auf den Boden gelegt. Dann brachte ich ein Lebensmittelpaket zur Mutter. Baretzki kam mit dem Stock auf mich zu und schlug mich und die Frau. Er schrie mich an: „Warum spielst du noch mit dem Dreck!" und trat nach dem Kind, daß es fortfiel wie ein Fußball. Dann befahl er mir: „Bring die Scheiße hierher!" Das Kind war tot. Als ich später wieder an die Stelle kam, war die Mutter auch tot.

Vorsitzender: Können Sie das mit ruhigem Gewissen beschwören?

Gotland: Ich kann das aus reinem Herzen beschwören, es war hundertprozentig schlimmer, als ich es hier sagte. Vielleicht war Baretzki krank, als er das tat.

Baretzki: Das mit dem Kind habe ich nicht gemacht. Ich habe schon beim Untersuchungsrichter gesagt, das ist gelogen, und habe deswegen eine Geldstrafe bekommen.

Der Ton von Zeugen und Angeklagten kann nicht wiedergegeben werden. Ihre Erregung teilt sich allen Anwesenden mit.

Alex Rosenstock, der in der Zahnstation in Birkenau arbeitete, kommt aus Israel nach Frankfurt:

Rosenstock: Baretzki war Blockführer bei uns in Birkenau und zeichnete sich dadurch aus, daß er besonders gern Sport mit Häftlingen betrieb. Er hatte einen speziellen Ellbogenschlag, den er trainiert hatte. Einmal war ich dabei, als ein Appell durchgeführt wurde, nachdem die Arbeitskommandos das Lager bereits verlassen hatten. Man suchte diejenigen, die sich vor dem Ausrücken gedrückt hatten. Ein jüdischer Häftling hatte sich damals auf der Latrine versteckt und wurde gefunden. Baretzki hat ihn mit dem Stock auf den Kopf geschlagen.
Vorsitzender: Was war das Schicksal dieses Häftlings?
Rosenstock: Ich habe nach etwa einer Stunde zum Häftlingsarzt geschickt, um mich zu erkundigen, und erhielt die Antwort: „Es ist nichts mehr zu machen, der Häftling ist tot."
Baretzki: Daß ich totgeschlagen habe, das ist nicht wahr.
Rosenstock: Vielleicht erinnern Sie sich, daß Sie zwei Tage nachher zu mir gekommen sind, einen Zahn zu extrahieren.
Baretzki: Daß ich zu Ihnen in die Zahnstation gekommen bin, das stimmt.
Rosenstock: Sie sind zur Behandlung zu mir gekommen.
Baretzki: Ja. Ich hatte einen schlechten Zahn, und im SS-Revier hat man schlecht behandelt. Ich habe einen Stiftzahn bekommen.
Rosenstock: Das war zwei Tage nach diesem Vorfall.

Diese Beschuldigung war vorher nicht bekannt. Die Staatsanwaltschaft erhebt keine Nachtragsanklage. Auch der Zeuge Doering belastet Baretzki mit Verbrechen, die in der Voruntersuchung nicht bezeugt wurden:

Doering: Als einmal unser Kommando vom SS-Lazarett, wo wir zu arbeiten hatten, ins Lager marschierte, sah ich, wie Baretzki einen Häftling schlug. Der Häftling fiel hin, Baretzki trat ihn, und als der Häftling wieder aufstand, schlug er weiter auf ihn ein. Der Häftling lief dann in Richtung des Lagerabschnittes Mexiko davon. Baretzki schoß ihm zweimal nach. Der Häftling fiel zu Boden. Wir marschierten weiter ins Lager.

Vorsitzender: Wissen Sie, von wo dieser Häftling war?

Doering: Ich weiß nicht. Das geschah beim Einmarsch der Arbeitskommandos. Etwas weiter vor uns stand eine Kolonne von etwa 40 Häftlingen, wahrscheinlich gehörte er zu diesem Kommando. Der Vorfall hat sich im Herbst 1943 abgespielt.

Ich erinnere mich jetzt noch an einen weiteren Vorfall im Zusammenhang mit Baretzki, den ich seinerzeit bei meiner Vernehmung nicht angegeben hatte. Er spielte sich etwa Mitte 1944 ab. Damals arbeitete ich im Kommando Zerlegebetriebe. Das Kommando war sehr groß — ich glaube, wir waren 1300 Häftlinge — und hatte Flugzeugwraks zu zerlegen. Die Arbeitsstelle war weit weg von Birkenau.

Ein russischer Häftling hatte sich während der Arbeit versteckt und war eingeschlafen. Das Kommando mußte zu Mittag antreten, und er fehlte. Funktionshäftlinge mußten suchen, der Häftling wachte durch den Lärm auf und kam heraus. Als er sah, daß das ganze Kommando angetreten war, lief er zu uns. Capos gingen ihm entgegen, warfen ihn zu Boden und schlugen ihn mit Stöcken. Eine Gruppe von russischen Häftlingen, die in Reih und Glied stand, schrie daraufhin. Ein Kommandoführer — ich glaube, er hieß Schulz oder so ähnlich, er war jung und stark — sagte, dieser Protest wäre ein Aufstand. Deswegen wurden auch die anderen Häftlinge geprügelt. Als wir in das Lager zurückmarschierten, mußte ein Teil des Kommandos zur Strafe bei der Küchenbaracke stehenbleiben. Baretzki und andere SSler inspizierten diesen Strafappell. Mir ist es nach einiger Zeit gelungen, in die Baracke zu kommen; die Häftlinge der Feuerwache, die aufzupassen hatten, daß sich niemand entfernen konnte, paßten nicht genau auf. Nach etwa zwei Stunden Stillstehen fielen die ersten um. Daraufhin wurden sie geschlagen. Zwanzig Meter von dem Platz entfernt, wo die Häftlinge stehen mußten, war ein Wasserreservoir. Baretzki hat Häftlinge ins Wasser hineingeworfen — es dürften vielleicht fünf gewesen sein. Wenn diese versuchten, an den schrägen Wänden des Löschteiches herauszukommen, hat sie Baretzki mit Füßen zurückgestoßen. Keiner konnte heraus. Ich wollte meinen Kameraden, die stehen mußten, etwas zu essen bringen, aber die Feuerwache paßte auf, und ich konnte nicht mehr hin. In der Nacht erzählten Kameraden, daß im Löschteich mehr als fünf ertrunken sind.

Daß fünf ertrunken sind, habe ich selber gesehen. Das war noch zu der Zeit, als ich in der Kolonne stand.

Vorsitzender: Waren es mindestens fünf?

Doering: Es dürften vier bis sechs gewesen sein, also mindestens vier.

Vorsitzender: Dieser Vorfall ist noch nicht angeklagt. Die Staatsanwaltschaft wird wohl überlegen, ob sie eine Nachtragsanklage erhebt.

Doering: Es gibt auch noch andere Zeugen, die diesen Vorfall beobachtet haben.

Baretzki: So ein Vorfall hat sich überhaupt niemals abgespielt. Alle mußten ja den Appell mitmachen. Erst kommt der Appell, und dann kommt die Strafe. Das ist nicht wahr.

Vorsitzender: Mußte Ihr Kommando nach dem Appell stehenbleiben?

Doering: Wir traten nicht zum Appell an, ein Teil unseres Kommandos blieb bei der Küche stehen, wurde dort gezählt.

Baretzki: Das ist unmöglich, wie soll man da einen Appell machen? Die Häftlinge waren ja aus verschiedenen Blocks, der Appell wäre ganz durcheinander gekommen.

Doering: Ich nehme an, daß man unser Kommando dazugezählt hat.

Baretzki: Aber die ganze Tabelle muß ja stimmen.

Vorsitzender: Angeklagter Baretzki, was sagen Sie zur Tat als solche?

Baretzki: Sie hat sich nicht zugetragen. Ich habe auch keine Häftlinge stehen gesehen.

Verteidiger Gerhardt: Wie groß war der Löschteich?

Doering: Etwa 8×15 Meter. Er war rechteckig und seine Wände waren schräg.

Gerhardt: Wurden die Leichen herausgezogen?

Doering: Am nächsten Morgen waren keine Leichen mehr im Löschteich.

Doering wird nach den anderen Zeugen befragt, die diesen Vorfall bestätigen können, und diese werden geladen. Die Staatsanwaltschaft entschließt sich in diesem Fall, Nachtragsanklage zu erheben:

Lazanowicz: Ich habe im Kommando Zerlegebetriebe gearbeitet. An einem Tag — es war vielleicht in der ersten Hälfte des

Jahres 1944 — durfte unser Kommando nach dem Einrücken ins Lager Birkenau nicht abtreten, sondern mußte auf einem Platz zwischen der Küche und dem Löschteich auf der rechten Seite der Lagerstraße stehenbleiben. Wir sind dort einige Stunden gestanden. Viele von uns waren so schwach, daß sie nicht so lange strammstehen konnten und sich niedergehockt haben. Da kam Baretzki und stieß diejenigen, die nicht strammstanden, in das Wasserbassin. Das Bassin hatte Betonwände.

Vorsitzender: Warum durften Sie damals nicht in die Blöcke abtreten?

Lazanowicz: Beim Kommando wurde festgestellt, daß ein Häftling fehlte.

Vorsitzender: Wie stark war das Kommando?

Lazanowicz: Das wechselte, aber es war manchmal bis zu 1400 Häftlinge stark. Der Fehlende ist in einem Haufen aufgefunden worden, in dem die Flugzeugwracks lagen. Darum gab es den Strafappell.

Vorsitzender: War es dabei dunkel?

Lazanowicz: Ja, aber bei der Küche war es beleuchtet, freilich nicht besonders stark. Ich stand vielleicht drei bis vier Meter vom Löschteich entfernt.

Vorsitzender: Wie hat Baretzki die Häftlinge in den Teich gestoßen?

Lazanowicz: Diejenigen, die gehockt sind, wurden von Baretzki an der Jacke zum Teich gezogen und hineingeworfen. Diejenigen, die wieder herauswollten, wurden von ihm getreten. Er tat das so lang, bis die Häftlinge unter Wasser blieben.

Vorsitzender: Um wie viele Häftlinge handelte es sich dabei?

Lazanowicz: Um mehrere. Nicht nur Baretzki war daran beteiligt, aber wer die anderen SS-Leute waren, weiß ich jetzt nicht mehr.

Vorsitzender: Wie viele Häftlinge starben im Wasser?

Lazanowicz: Es ist mir unmöglich, eine genaue Zahl anzugeben. Es dürften etwa zehn gewesen sein, eher mehr als weniger.

Vorsitzender: Kennen Sie den ehemaligen Häftling Doering?

Lazanowicz: Ja, ich kenne ihn, er war im selben Kommando, und wir haben in derselben Hundertergruppe gearbeitet.

Vorsitzender: Doering hat uns hier als Zeuge diesen Vorfall etwas anders geschildert.

Lazanowicz: Ich kann nur das erzählen, woran ich mich erinnern kann.

Baretzki: Der Rapportschreiber, Kazimierz mit Vornamen, müßte sicherlich sagen können, ob das so, wie der Zeuge es geschildert hat, möglich gewesen war. Es war unmöglich, daß zwischen der Küche und der Blockführerstube ein Kommando stehenblieb. Da hätten wir ja Posten anfordern müssen. Der Vorfall hat sich nicht so abgespielt.

Lazanowicz: Ich habe noch etwas über Baretzki auszusagen. Etwa Mitte 1944 wurde beim Rückmarsch unseres Kommandos beim Tor eine Durchsuchung vorgenommen. An ihr hat auch Baretzki teilgenommen. Er fand bei einem Juden ein Päckchen Zigaretten. Er nahm die Zigaretten, warf sie unter die Häftlinge und hat auf polnisch gerufen: „Nehmt nur!" Den jüdischen Häftling hat er bis zur Bewußtlosigkeit geschlagen. Dieser ist später gestorben.

Baretzki: Daran ist kein Wort wahr. Beim Einmarschieren waren der Lagerführer und der Rapportführer und zehn bis zwölf Blockführer da. Wenn es heißt: Kommando filzen! Dann habe ich das getan, aber ich kann doch nicht Zigaretten unter die Häftlinge werfen, sonst werde ich ja eingesperrt wegen Häftlingsbegünstigung, ich kann sie nur selber einstecken.

Vorsitzender: Sie werden nicht nur beschuldigt, Zigaretten unter die Häftlinge geworfen zu haben, sondern Sie werden beschuldigt, einen Häftling totgeschlagen zu haben.

Baretzki: Ich habe keinen Häftling totgeschlagen.

Ein weiterer Zeuge wird zu dem Vorfall beim Löschteich gehört:

Vorsitzender: Kannten Sie den Angeklagten Baretzki?

Hadas: Ja, er war Blockführer in Birkenau.

Vorsitzender: Wieso können Sie sich an ihn so genau erinnern?

Hadas: Wenn ein Blockführer im Lager war und die SS ihn brauchte, dann wurde er von der Blockführerstube mit dem Namen gerufen, und die Häftlinge im Lager mußten diesen Ruf weitergeben.

Vorsitzender: Hatten Sie mit Baretzki einmal persönlich einen Zusammenstoß?

Hadas: Ja. Es war an einem Sonntag, es regnete, und ich wollte von meiner Baracke in eine andere gehen. Ich habe Baretzki nicht gesehen, er bemerkte aber mich und rief mich heran. Er fragte mich: „Warum hast du die Mütze nicht abgenommen?" Ich sagte, daß ich ihn nicht bemerkt habe, er gab mir ein paar Ohrfeigen, so daß ich hingefallen bin, trat mich mit dem Fuß, dann ließ er mich liegen und ging weg.

Vorsitzender: Seit wann kannten Sie Baretzki?

Hadas: Ich glaube, er war bereits im Lager B II d, als wir dorthin übersiedelten, das war etwa im Frühling 1943. Das kann ich aber nicht mit Sicherheit sagen.

Vorsitzender: Was wissen Sie sonst über Baretzki?

Hadas: Ich war später im Kommando Zerlegebetriebe. Das Kommando wohnte im Block 16. Es war sehr groß, wir waren tausend oder noch mehr Häftlinge. Einmal ist irgend etwas im Kommando passiert. Als wir in das Lager zurückmarschierten, konnten die ersten Hundertschaften ohne weiteres durch, aber wir wurden angehalten, mußten einige Stunden stehen. Baretzki und noch zwei SS-Männer haben den Weg abgesperrt. Baretzki schlug mit seinem Stock, den er immer bei sich trug. Schließlich befahl er, daß einige von uns in das Wasser springen. Es war ein Löschteich dort.

Vorsitzender: Wie tief war dieser Löschteich?

Hadas: Ich habe keinen Grund gesehen, er war jedenfalls so tief, daß man in ihm nicht stehen konnte. Baretzki befahl, ins Wasser zu springen. Anfangs folgte niemand dem Befehl, dann schlug Baretzki wüst drein, die ersten sprangen, und die anderen sprangen auf diese. Ich habe selbst gesehen, daß drei Tote aus dem Löschteich herausgezogen wurden. Bei dem Appell fehlten noch weitere Häftlinge, die Feuerwache suchte im Löschteich nach ihnen, und es wurde später gesagt, daß noch zwei Leichen gefunden worden sind.

Vorsitzender: Was war der Anlaß für diesen Strafappell?

Hadas: Es ist irgend etwas im Kommando vorgekommen. Man hat gesagt, ein Russe ist schlafend aufgefunden worden oder so ähnlich.

Vorsitzender: Wo befand sich der Löschteich?

Hadas: Er war bei der Schreibstube und der Küche im Lager B II d.

Vorsitzender: Wann etwa hat sich dieser Vorfall ereignet?

Hadas: Das ist sehr schwer zu sagen. Vielleicht im Herbst 1943 oder im Frühling 1944. Ich kann das nicht genau fixieren, es war jedenfalls noch kühl.

Vorsitzender: Wieso sind die Leute im Teich ertrunken? Wurden sie gehindert, herauszukommen?

Hadas: Ich glaube, sie sind deswegen ertrunken, weil der eine auf den anderen gesprungen ist, um den Schlägen auszuweichen. Es waren viele Muselmänner dabei.

Vorsitzender: Was tat Baretzki, als die Menschen im Löschteich waren?

Hadas: Er stand an einer Ecke des Teiches und trat auf die Hände derjenigen, die sich bemühten, aus dem Teich herauszukommen.

Vorsitzender: Besteht kein Zweifel, daß es Baretzki ist, der das getan hat?

Hadas: Nein. Ich kenne Baretzki, und ich habe ihn selbst gesehen.

Staatsanwalt Vogel: Dauerte der Strafappell beim Löschteich nicht längere Zeit?

Hadas: Ja, wir sind vielleicht drei Stunden gestanden, auch noch nach dem Appell.

Vogel: Sind dabei Menschen umgefallen?

Hadas: Viele sind umgefallen. Wir hatten ja den ganzen Tag gearbeitet und waren müde.

Vogel: Was ist mit den Umgefallenen geschehen?

Hadas: Sie blieben so lange liegen, bis der Appell dauerte.

Vogel: Ist jemand von diesen in den Teich geworfen worden?

Hadas: Davon ist mir nichts bekannt.

Vogel: Sie sagten, daß mit Baretzki auch noch zwei andere SS-Leute beim Löschteich waren. Was taten die beiden anderen?

Hadas: Diese sperrten den Weg ab. Baretzki war allein aktiv.

Verteidiger Gerhardt: Wie viele Häftlinge standen dort?

Hadas: Wir waren ein paar Hundertschaften.

Gerhardt: Hatten Sie einen Überblick über den ganzen Platz?

Hadas: Ich glaube, eine Hundertschaft stand noch vor mir. Das war noch, bevor der Appell durchgeführt wurde. Ich stand etwas weiter vorne.

Vorsitzender: Ist Ihnen sonst noch etwas über Baretzki bekannt?

Hadas: Ich habe noch einen Fall in Erinnerung, der sich im

Jahr 1944 zugetragen haben dürfte. Ich war damals im Kommando Straßenreinigung und lud bei der Küche Abfälle auf einen Rollwagen. Baretzki ging durch das Lager, rief einen Häftling zu sich und gab ihm eine Ohrfeige. Das geschah etwa 10 bis 15 Meter von mir entfernt. Der Häftling wollte sein Gesicht schützen und hob die Hand. Baretzki brüllte ihn an: „Was, du willst einen SS-Mann schlagen?" und prügelte auf ihn los, trat ihn, nachdem der Mann hingefallen war, und legte einen Schaufelstiel über dessen Hals, trat auf den Schaufelstiel und wippte so lange, bis der Häftling tot war. Ich sah, wie der Mann weggetragen wurde. Das geschah nach den Ereignissen bei dem Löschteich, zu der Zeit, als die Transporte aus Lodz nach Auschwitz kamen.

Vorsitzender: Diese Aussage ist von größter Bedeutung. Schließen Sie einen Irrtum völlig aus?

Hadas: Ein Irrtum ist nur in der Zeit möglich.

Richter Hotz: Wie hat Baretzki zu den Häftlingen gesprochen?

Hadas: Ich habe gehört, daß er auch manchmal polnisch und jiddisch geschimpft hat.

Hotz: Kannten Sie einen Mithäftling namens Doering?

Hadas: Wenn es derjenige ist, der in den Zerlegebetrieben gearbeitet hat, mit dem Vornamen Karol, dann kannte ich ihn. Aber er war nicht in meiner Hundertschaft.

Baretzki: Das stimmt nicht. Ich habe beides nicht gemacht.

Vorsitzender: Angeklagter Baretzki, bereits zwei Zeugen haben uns den Vorfall beim Löschteich geschildert.

Baretzki: Ich habe das nie gemacht. Das konnte gar nicht geschehen, denn in das Wasserbassin durfte ja niemand hinein.

Vorsitzender: Na, zum Vergnügen durfte sicherlich niemand hinein. Aber das geschah doch nicht zum Vergnügen.

Baretzki: Nicht einmal ein SS-Mann durfte hinein. Nicht einmal wir durften baden gehen; und das mit dem Schaufelstiel über dem Hals, so etwas habe ich nie gesehen.

Der „Arbeitseinsatz" von Birkenau wird danach gefragt, ob ihm der Vorfall beim Löschteich bekanntgeworden ist:

Vorsitzender: Ist Ihnen ein Löschteich im Lagerabschnitt B II d bekannt und wissen Sie, ob in diesem Löschteich Häftlinge ertränkt wurden?

Mikusz: Ein solcher Löschteich befand sich bei der Küche. Mir ist bekannt, daß einmal das Kommando Zerlegebetriebe ins Lager einrückte, irgend etwas hat mit dem Stand nicht gestimmt, das Kommando wurde gegenüber der Küche aufgestellt und mußte stehen bleiben. Baretzki und andere Blockführer waren dabei. Man trieb damals Menschen ins Wasser. Zwei Menschen sind dabei ertrunken, weil sie nicht schwimmen konnten oder weil sie Muselmänner waren. Ich weiß, daß die Feuerwehr sie mit Haken gesucht hat.

Vorsitzender: Haben Sie bemerkt, daß Menschen, die ins Wasser geworfen wurden, versuchten, herauszukommen, und von Baretzki daran gehindert wurden?

Mikusz: Ja, ich habe das gesehen, denn ich war in der Schreibstube auf Block 2 ganz in der Nähe von diesem Löschteich. Er hat den Menschen Fußtritte gegeben, wenn sie versuchten, herauszukommen.

Vorsitzender: Wann hat sich dieser Vorfall abgespielt?

Mikusz: Vielleicht im Sommer oder Herbst 1944. Es ist sehr schwer, die Zeit zu bestimmen, aber es war damals noch warm.

Und noch ein Zeuge bestätigt den Vorfall am Löschteich:

Benesiewicz: Der Angeklagte Baretzki hat mich so geschlagen, daß noch heute meine Hand verkrüppelt ist.

Ich weiß, daß Baretzki in meiner Gegenwart einen Häftling so geschlagen hat, daß er nicht mehr ins Kommando zurückgekommen ist.

Baretzki hat auch Häftlinge in den Löschteich geworfen, wo sie ertranken. Ich war oft dort in der Nähe, weil ich als Minderjähriger das Essen von der Küche holen sollte, die neben dem Löschteich war. Die Ertränkungen im Löschteich fanden im Sommer 1943 statt. Eine solche Ertränkung sah ich einmal in der Mittagszeit.

Benesiewicz kann allerdings nicht in Frankfurt erscheinen. Ein in Polen mit ihm aufgenommenes Protokoll wird verlesen.

Jehuda Bacon wurde mit 14 Jahren aus Theresienstadt nach Auschwitz deportiert:

Vorsitzender: Kennen Sie den Angeklagten Baretzki?

Bacon: Er ist mir gut bekannt. Er war sehr gefürchtet. Man rief immer: „Baretzki kommt!“, wenn er das Lager betrat. Zu uns Kindern war er aber sehr milde. Wir hatten einen Pingpong-Tisch. Baretzki hat mit uns gespielt, auch Fußball. Ich erinnere mich, daß er einmal mit anderen SS-Leuten nach Kanada gegangen ist, dort die Häftlinge gefilzt und uns dann einen Sack mit Lebensmitteln, Zahnbürsten und anderen Sachen gebracht und diese verteilt hat. Aber ich habe auch Grausamkeiten von ihm kennenlernen müssen.

Ich habe einmal gesehen, wie Baretzki einen Häftling so zusammengeschlagen hat, daß der Häftling nicht mehr aufgestanden ist. Das war auf der Lagerstraße zwischen B II c und d. Ein anderes Mal habe ich gesehen, wie Baretzki auf der Rampe einen Ankommenden mit einer Flasche auf den Kopf geschlagen hat, so daß er zusammenfiel. Das war bei einem ungarischen Transport, vielleicht im August oder September 1944.

Auch ein anderer Vorfall ist mir in Erinnerung: Es war vor Weihnachten 1944, da hat Baretzki zehn Häftlinge aus dem Lager herausgerufen, darunter auch mich. Wir hatten große Angst, weil wir fürchteten, daß wir eine Strafe bekommen. Wir mußten mit ihm zur Blockführerstube, Baretzki nahm eine große Wurst, schnitt sie in zehn Teile, gab jedem von uns ein Stück und sagte: „Haut ab!“

Vorsitzender: Haben Sie Baretzki in einer anderen als der deutschen Sprache sprechen gehört?

Bacon: Ich glaube, er hat auch einige Worte Jiddisch gesprochen.

Vorsitzender: Angeklagter Baretzki, was sagen Sie zu dieser Aussage?

Baretzki: Es stimmt nicht alles. Einzelfälle stimmen nicht dabei.

Otto Kulka war noch jünger als Bacon, als er nach Auschwitz gebracht wurde:

Otto Kulka: Ich habe gesehen, wie bei der Liquidierung des Theresienstädter Familienlagers Baretzki mit dem Revolver in der Hand beim Aufladen der Opfer half. Er hat die Leute mit seiner Pistole bedroht. Bei dieser Gelegenheit habe ich ihn nicht schlagen gesehen.

Ich habe Baretzki auch sicher im Jahr 1944 auf der Rampe bei den Selektionen gesehen. Er hat mit schnellen Gesten die Leute trennen geholfen. Ich habe ihn auch von unserem Spielplatz aus beim Kanada-Kommando mit einem Stock gesehen, ohne daß an der Rampe Selektionen waren.

Eine Szene ist mir noch gut in Erinnerung. Es war im Spätsommer 1944, etwa um 9 Uhr früh, nach dem Ausmarsch der Arbeitskommandos. Alle im Lager gebliebenen Häftlinge mußten antreten, denn es wurde nach Drückebergern gesucht. Ein Häftling wurde auf der Latrine gefunden und vor die SS gebracht. Baretzki hat ihn mit seinem Stock auf den kahlen Kopf geschlagen. Ich hörte die Schläge nicht, sah aber das Blut. Der Häftling ist liegengeblieben. Dann sollte er 50 Schläge bekommen. Anfangs hat er gezählt, dann ist er verstummt. Ich weiß nicht sicher, ob Baretzki auch diese Schläge ausgeteilt hat. Abends erfuhr ich, daß der Häftling gestorben ist.

Auch beim Todesmarsch im Januar 1945 habe ich Baretzki gesehen. Wir wurden in Richtung Pleß geführt. Nach der ersten Nacht waren meine Kräfte schon fast zu Ende. Wir haben in den Straßengräben die Toten liegen gesehen. Ein Häftling hatte sich den Fuß gebrochen. Die anderen wollten ihn mitschleppen. Baretzki hat befohlen, daß der Häftling liegengelassen werden muß. Ich bin sicher, daß er ihn dann erschossen hat, anders konnte es damals gar nicht sein. Als wir Rast machten, habe ich Baretzki nicht mehr gesehen.

Baretzki: Ich war beim Rückmarsch nicht dabei, ich bin schon vorher von Auschwitz weg.

Auch der Vater von Otto Kulka hat Baretzki bei der Evakuierung gesehen:

Erich Kulka: Bei der Evakuierung von Auschwitz wurden alle Karteikarten im Lager verbrannt und das letzte Krematorium gesprengt. Wir wurden alle aufgerufen. Wer sich versteckt hatte und aufgespürt wurde, ist erschossen worden. Zwei Tage und zwei Nächte waren wir auf dem Todesmarsch. Die erste Nacht haben wir auf einem Fußballplatz geschlafen, die zweite Nacht auf einem Gut unter freiem Himmel. Viele sind dabei erfroren. In unserem Zug waren etwa zwei- bis dreitausend

Häftlinge. Ein Liquidierungskommando, bei dem auch Baretzki war, hat die Zurückgebliebenen erschossen. Es hieß da: „Los, los, aufstehen!“, und wer nicht mehr folgen konnte, wurde erschossen. Sicher hat auch Baretzki einige erschossen. In Loslau wurden wir dann verladen; es kamen auch noch Häftlinge aus Buna und Fürstengrube dorthin. Der Kommandant Baer war mit dem Auto dort. Bis zu 100 sind in einen offenen Kohlenwaggon geladen worden. In unserem Waggon sind mindestens 20 gestorben.

Baretzki: Ich bin bis Dachau mit dem Zug gefahren.

Erich Kulka: Ich kann mich nicht irren. Ich habe Baretzki gut gekannt, er ist oft in Birkenau in die Schlosserei gekommen, wo ich gearbeitet habe. Er hat sich jetzt zwar verändert, aber ich erkenne ihn heute sehr gut.

Baretzki: Als Sie mich hier erkennen sollten, sind Sie dreimal an mir vorbeigegangen.

Erich Kulka: Ich habe Baretzki hier deswegen nicht sofort wiedererkannt, weil ich durch das große Fenster geblendet war.

Hinter den Sitzen der Angeklagten befindet sich eine Glaswand.

Ein polnischer Zeuge hat Günstiges über Baretzki aus der Zeit auszusagen, als der Angeklagte noch nicht Blockführer in Birkenau war:

Vorsitzender: Sie haben hier den Angeklagten Baretzki erkannt. Was können Sie über ihn sagen?

Waclaw Nieciuński: Ich erinnere mich nicht ganz genau, aber wenn es der ist, den ich meine, dann war er einige Zeit eine Art Kommandoführer bei uns Reinigern. Er hat uns immer in der Früh vor dem Appell beim Tor abgeholt und abends ins Lager zurückgebracht. Damals war Baretzki uns gegenüber ein sehr anständiger Mensch. Er duldete, daß wir mit den Häftlingsfrauen der Politischen Abteilung, die ebenfalls früher zur Arbeit auszumarschieren hatten, Kontakt aufnahmen. Das war für uns sehr wichtig. Auf diese Weise erfuhren wir, wenn ein Transport zusammengestellt wurde oder Listen für Exekutionen geschrieben wurden.

Vorsitzender: Wann haben Sie Baretzki das erstemal gesehen?

Waclaw Nieciuński: Das muß im Sommer oder Herbst 1943 gewesen sein, aber ich erinnere mich an das Datum nicht mehr genau. Ich habe mich auch an seinen Namen nicht mehr erinnert, ich erkannte ihn nur am Gesicht und an der Gestalt.

Verteidiger Gerhardt: Der Angeklagte Baretzki sagt, daß er Sie immer mittags um 11 Uhr abgeholt hat, damit Sie für die SS-Arrestanten, die im Keller des Kommandanturgebäudes untergebracht waren, in der SS-Küche Essen holen.

Waclaw Nieciuński: Daran erinnere ich mich nicht. Wir gingen immer zur Hauptwache, um dort Essen zu holen.

Baretzki: Ich war Kommandanturläufer, und der Kommandanturläufer mußte immer vor dem Appell die Häftlinge holen. Es waren 18 oder 20 Häftlinge bei den Reinigern, diese mußte ich auf ihre Arbeitsplätze verteilen. Während des Tages hatte ich mit den Reinigern nichts zu tun. Um 11 Uhr habe ich immer vier Häftlinge geholt. Die haben mit einem kleinen Handwagen das Essen geholt. Es waren immer andere dabei, jeder hat sich dazu gedrängt, denn man konnte ab und zu eine Pellkartoffel in die Tasche stecken.

Baretzki ist der einzige Angeklagte, der von Zeit zu Zeit die Mauer des Schweigens durchbricht, die die Angeklagten — und viele SS-Zeugen — in diesem Prozeß errichtet haben:

Walter: Ich bin niemals auf der Rampe in Birkenau gewesen.

Baretzki (meldet sich zu Wort): Walter ist ein Lügner. Ich habe ihn mehrfach an der Rampe gesehen. Er fuhr mit einem Motorrad, einer großen BMW-Maschine.

Walter: Das ist nicht richtig. Ich habe nur einen kleinen 200er Adler gehabt. Aber es ist möglich, daß ich einmal an der Rampe vorbeigefahren bin.

Nach seiner Aussage wird Walter von der Staatsanwaltschaft wegen falscher Zeugenaussage verhaftet, nach einem Verhör freigelassen, und er sagt am nächsten Tag nochmals aus.

Walter: Ich muß sagen, ich war auf der Rampe. Ich habe mich besonnen. Aber ich war dort nie zum Dienst eingeteilt. Ich habe auf der Rampe Fotos gemacht.

Walter war Leiter des Erkennungsdienstes.
Baretzki ist auch der einzige, der Mitangeklagte belastet, obwohl er deswegen Angst hat — wie er an einer anderen Stelle selbst sagt. Offenbar ist aber manchmal die Wut darüber, daß die Kleinen herhalten sollen, während sich die Großen elegant zu drücken verstehen, größer als diese Furcht, daß es einmal „anders" kommt und er deswegen verfolgt wird.
Baretzki wird befragt, wie er als Blockführer instruiert worden ist:

Vertreter der Nebenklage Raabe: Angeklagter Baretzki, was haben Ihre Vorgesetzten Ihnen über die Behandlung der Häftlinge gesagt? Wurden Sie angehalten, eine harte Disziplin zu halten, brutal und roh zu sein?
Baretzki: Sonst konnte man ja das Lager überhaupt nicht in Schuß halten. Da waren doch zehntausende Häftlinge. Anders wäre es gar nicht möglich gewesen. Mein Vorgesetzter war jeden Tag im Lager. Das war der Lagerführer Schwarzhuber. Jeden Morgen um halb sechs hat es Befehlsausgabe gegeben, da hat er uns vorgehalten, was nicht in Ordnung war am vorigen Tag. Den Tag über konnte man ja den Lagerführer gar nicht sprechen. Aber am Morgen, da hat er gesagt: Wer hat noch eine Frage? Er wußte über alles Bescheid, was im Lager geschah. Wenn einer von den Herren im Lager war, dann war der Teufel los.
Raabe: Haben Sie Vorwürfe bekommen, wenn der Lagerführer erfahren hat, daß Sie Häftlinge geschlagen haben?
Baretzki: Da wurde nur gesagt: „Wenn etwas nicht stimmt, dann fahren Sie dazwischen!" Mit Güte konnte man sich im Lager nicht durchsetzen.

Der ehemalige SS-Richter und heutige Anwalt Dr. Gerhard Wiebeck berichtet weitschweifig und gelehrt, wie er zur Untersuchung von Korruptionsfällen bei der SS nach Auschwitz gekommen war und was er dort zu beobachten Gelegenheit hatte. Da fährt Baretzki erregt dazwischen:

Baretzki: Ich habe eine Frage an den Zeugen Dr. Wiebeck: Sie waren doch in Auschwitz. Sie sind doch ein Jurist. Warum haben Sie uns damals nicht gesagt, was da geschehen ist? Da sind doch Tausende von Menschen umgebracht worden. Warum haben Sie denn nicht gesagt, daß das Unrecht ist? Sie waren doch Richter.

Vorsitzender: Angeklagter Baretzki, Sie mußten doch wissen, daß man Menschen nicht umbringen darf.

Baretzki: Ich war in Auschwitz; dort hat man Tausende umgebracht. Man hat uns gesagt, das ist ein Gesetz, das muß so gemacht werden. Das hat der Lagerführer Schwarzhuber bei der Belehrung gesagt. Man hat gesagt, man muß vergasen. Wir wurden von Offizieren und Zivilisten belehrt. Man hat uns gesagt, die Judenvernichtung ist notwendig. Ich bin kein guter Sprecher, Sie müssen mir schon nachhelfen, Herr Vorsitzender. Man hat ja gefragt: Was haben denn die Leute gemacht? Man hat uns gesagt, sie haben Brunnen vergiftet und sie haben Sabotage geübt, und wenn wir gefragt haben: Auch die Frauen und Kinder? — hat man uns zur Antwort gegeben: „Wenn ihr im ersten Schuljahr seid, dann benützt ihr das Schulbuch für die erste Klasse und nicht das für die fünfte."

Vorsitzender: Auf deutsch: Das versteht ihr noch nicht.

Baretzki: Jawohl. Man hat uns gesagt: Das werdet ihr später erfahren. Man hat uns auch gesagt, was Hitler gemacht hat, ist alles Gesetz. Heute ist es kein Gesetz. Heute ist alles Unrecht, was in Auschwitz geschehen ist. Selbstverständlich haben wir die Tötungen beobachtet. Aber was hier von den täglichen Tötungen gesprochen wird, das ist nicht wahr. Die Häftlinge hätten uns ja in Stücke gerissen, hätten wir einen von ihnen erschlagen wollen. Ein Mann kann doch nichts gegen Zehntausende.

Vorsitzender: Die Häftlinge hätten das doch nicht gewagt, das hätte ihren sicheren Tod bedeutet.

Baretzki: So war es nicht in Auschwitz. Täglich totschlagen, das ist nicht wahr.

Vertreter der Nebenklage Ormond: Wer hat die Schulung durchgeführt? War das der Schulungsleiter Kurt Knittel?

Baretzki: Dieser Name ist mir bekannt. Die Schulungsleiter haben immer wieder gesagt: Ihr habt die Schulung nötiger als das Brot.

Kurt Knittel ist Regierungsschulrat in Karlsruhe. Für die Justiz ist er nicht erreichbar.

Hart und schnell ist die Sprache Baretzkis auch dann, als er vom Vorsitzenden aufgerufen wird, zu Ende des Prozesses sein Schlußwort zu sprechen:

Als ich nach Auschwitz gekommen bin, da hatte ich keine Ahnung, was dort gespielt wird. Ich bin in Auschwitz immer Sturmmann geblieben und niemals befördert worden. Wenn ich so diensteifrig gewesen wäre, wie die Staatsanwälte hier sagen, dann wäre ich doch befördert worden.

Ich habe nur die Befehle ausgeführt; die Befehle waren heilig. Wenn ein Vorgesetzter gesagt hat: „Das ist schwarz!" dann war das schwarz, auch wenn es weiß war.

Ich habe niemanden totgeschlagen.

Die Politische Abteilung

In jedem Konzentrationslager gab es eine sogenannte Politische Abteilung, sie hatte die Funktion einer Lagergestapo inne. In keinem anderen KZ hat diese Abteilung eine solche Bedeutung erlangt wie in Auschwitz. Der Grund für diese Sonderstellung ist wahrscheinlich darin zu suchen, daß die übrigen Lager bis auf Majdanek in Gegenden lagen, in deren Umgebung deutsche Bevölkerung wohnte oder zumindest eine Bevölkerung, die vom Nationalsozialismus für deutsch gehalten wurde. Auschwitz ist zwar zu Oberschlesien geschlagen worden, aber Stadt und Umgebung sind polnisch. Die SS-Führung in Auschwitz fürchtete, die Häftlinge könnten Kontakt mit der polnischen Bevölkerung aufnehmen. Die Politische Abteilung sah ihre Hauptaufgabe darin, eventuelle Kontaktaufnahmen der Häftlinge mit Polen zu verhindern oder aber bereits hergestellte Kontakte aufzuspüren. Sie hatte für diese Zwecke weit größere Vollmachten als die Politischen Abteilungen anderer Lager.

Die Politische Abteilung war in verschiedene Unterabteilungen gegliedert. Ein Zeuge beschreibt die Tätigkeit einer Unterabteilung:

Vorsitzender: Worin bestand die Tätigkeit der Politischen Abteilung?

Smoleń: Ich kenne aus dem Lager nur die Tätigkeit der Aufnahmeabteilung genau, da ich dort arbeiten mußte. Dort wurden an Neuzugänge die Häftlingsnummern ausgegeben, und deren Personalien aufgenommen. Danach wurde eine Zugangsliste geschrieben, die an 14 Dienststellen im Lager weitergeleitet wurde, die Kartothek angelegt und eine Übernahmebestätigung ausgestellt. Wenn Stark bei Ankunft eines Transportes von der Rampe zurückkam, gab er uns die Zahl an und wir stellten dann diese Bestätigung aus. Der Text lautete etwa:

Hiermit wird bestätigt, daß soundsoviel Juden aus — hier wurde der Ort, aus dem die Deportation erfolgte, angegeben — übernommen wurden.

Vorsitzender: Wurde da nur die Zahl derer angeführt, die als Häftlinge ins Lager kamen?

Smoleń: Nein, die Zahl des gesamten Transportes. Die Bestätigung wurde etwa so ausgestellt: Im Fernschreiben wurde angegeben, Frauen und eine Ziffer unter „a", eine andere unter „b", dann Männer, ebenfalls „a" und „b". Unter a wurden Zahlen angegeben, die den ausgegebenen Häftlingsnummern und ebenfalls der Zugangsliste entsprachen. Wir hatten eine genaue Übersicht über die täglich ausgegebenen Häftlingsnummern.

Vorsitzender: Wie war das Verhältnis der Ziffern, die unter „a" und die unter „b" angegeben wurden?

Smoleń: Das war sehr unterschiedlich. Anfang 1942 kamen fast alle ins Lager, damals kamen slowakische Transporte und der erste französische Transport; dann änderte sich das. Wenn das Lager überfüllt war, war die Zahl derer, die sofort bei der Ankunft vergast wurden, größer. Wenn neue Außenlager gegründet wurden, kamen mehr ins Lager. Es gab auch größere Transporte, von denen überhaupt niemand ins Lager kam. Im Durschnitt dürften schätzungsweise etwa 20 bis 25 Prozent der Angekommenen ins Lager eingeliefert worden sein.

Vorsitzender: Eine Zeugin hat hier gesagt, daß ihrer Schätzung nach etwa 10 Prozent ins Lager gekommen wären.

Smoleń: Das war zu verschiedenen Zeiten sehr unterschiedlich. Ich meine einen Durchschnitt, der die ganze Zeit berücksichtigt.

Vorsitzender: Wer gab Anordnungen, wieviel von einem Transport ins Lager gebracht werden sollen?

Smoleń: Das ist mir nicht bekannt. Ich erinnere mich daran, daß es einmal zu einer Empörung der Selektierten gekommen war. Eine Frau hat den SS-Mann Schillinger dabei erschossen und Emmerich angeschossen. Der ganze Transport, der aus Bergen-Belsen kam, wurde daraufhin vergast. Das Fernschreiben lautete dann so, daß alle 1600 ins Gas gekommen sind.

Vorsitzender: Erinnern Sie sich auch an Zivilisten, die ins Lager gebracht worden sind, ohne in den Stand der Häftlinge aufgenommen zu werden?

Smoleń: Ja, es wurden verschiedene Gruppen gebracht, die bei uns nicht registriert wurden. Sie kamen aus Gefängnissen und wurden meistens auf Block 11 geführt. Dort mußten sie bleiben, bis das Polizeistandgericht tagte. Bis 1943 wurden an solche Gefangenen keine Häftlingsnummern ausgegeben, später erhielten sie provisorische Nummern als Polizeihäftlinge. Sie behielten ihre Kleidung und hatten auch keine Nummer an dem Gewand aufgenäht. In der Regel wurden sie nach dem Standgericht erschossen.

Vorsitzender: Haben Sie einen Überblick, wie viele Menschen unmittelbar bei der Einlieferung nach Auschwitz vergast worden sind?

Smoleń: Ich habe an die Widerstandsorganisation im Lager Nachrichten weitergegeben. Als wir im Winter 1943/44 merkten, daß die SS daranging, Unterlagen zu vernichten, habe ich die Zahlen, die auf den Fernschreiben über die angekommenen Transporte angeführt waren, zusammengezählt. Soweit ich mich heute erinnere, ergab die Summe um drei Millionen. Ich weiß heute nicht mehr, ob das die Zahl aller nach Auschwitz Deportierten ist, oder nur die Zahl derer, die sofort in den Gaskammern getötet worden sind.

Vertreter der Nebenklage Ormond: Zu dieser Gesamtzahl von drei Millionen kommen noch die ungarischen Transporte aus dem Jahr 1944 dazu?

Smoleń: Die sind noch nicht dabei.

Ormond: Wissen Sie Gesamtzahlen?

Smoleń: Nein. Sie festzustellen, ist ungeheuer schwierig. Im Auschwitz-Museum konnten Teilzahlen rekonstruiert werden. So wissen wir, daß etwa 60.000 Juden aus Griechenland nach Auschwitz deportiert wurden. Diese Zusammenstellung wurde gemacht, als der Merten-Prozeß in Athen vorbereitet wurde. Jetzt ist eine Zusammenstellung über die aus Frankreich deportierten Juden veröffentlicht worden. 72.000 kamen von dort nach Auschwitz, 49.000 wurden sofort vergast und 23.000 haben Häftlingsnummern bekommen.

Sein Kamerad, der wie Smoleń jahrelang in der Aufnahmeabteilung arbeitete, berichtet über die Tätigkeit dieser Abteilung:

Bartel: Wenn Transporte nach Auschwitz kamen, wurden sie telefonisch oder telegrafisch angekündigt, je nachdem, von wo sie kamen. In dieser Benachrichtigung war die Zahl der Transportierten und der Ort, von wo der Transport abfuhr, angegeben. Mit dem Zug brachte der Transportleiter eine Liste mit, bei den jüdischen Massentransporten allerdings manchmal nur die Zahl. Diese Massentransporte begannen im Spätfrühling 1942. Damals wurde bei der Politischen Abteilung ein Dienstplan aufgestellt, wer zur Entgegennahme der Transporte an die Rampe zu gehen habe.

Die Einweisung erfolgte von verschiedenen Stellen. Die politischen Häftlinge wurden von der Gestapo oder dem SD eingewiesen. Die Judentransporte liefen unter der Bezeichnung: „Übersiedlung nach dem Osten". Andere, die ihren Arbeitsplatz verlassen oder ähnliche Delikte begangen hatten, kamen als Erziehungshäftlinge für eine bestimmte Zeit — etwa drei bis sechs Monate — nach Auschwitz. Später erhielten auch diese eine Häftlingsnummer und wurden gewöhnliche Häftlinge. Es gab ferner Polizeihäftlinge, die von einem Gericht verurteilt waren und nur zur Exekution ins Lager gekommen sind. Sie wurden nicht aufgenommen, sondern direkt auf Block 11 gebracht und erschossen oder vergast. Schließlich gab es auch Polizeihäftlinge aus der Umgebung, die auf Block 11 auf ein Gericht zu warten hatten, das entschied, wer von ihnen als Häftling ins Lager kam und wer erschossen wurde. Nach Ankunft eines Transportes ging von der Politischen Abteilung ein Fernschreiben an das Reichssicherheitshauptamt.

Vorsitzender: Worin bestand der Text dieser Fernschreiben?

Bartel: Zuerst wurde die Zahl der Angekommenen angegeben, als erstes eine Gesamtzahl, diese aufgegliedert in Frauen und Männer, dann folgte die Zahl derer, die ins Lager aufgenommen worden sind, und schließlich die Zahl derer, die „gesondert untergebracht" wurden, wie es hieß. Die Personen, die als Häftlinge für das Lager bestimmt waren, wurden in das Lager geführt, und dort erfolgte ihre Aufnahme. Wenn sie nach Birkenau kamen, fuhren wir dorthin, um an Ort und Stelle die Aufnahme durchzuführen. Zuerst wurden die Personalien aufgenommen, danach wurden Zugangslisten angelegt und schließlich eine Kartei.

Staatsanwalt Kügler: Sie haben also einen Überblick über die Zahlen derer gehabt, die unmittelbar nach ihrer Ankunft in Auschwitz vergast wurden. Können Sie Angaben über die Gesamtzahl der Vergasten machen?

Bartel: Es waren über drei Millionen, vielleicht bis vier Millionen.

Eine andere Abteilung wird von einer Zeugin geschildert:

Kagan: Ich habe am 26. Juni 1942 mit der Arbeit im Standesamt der Politischen Abteilung begonnen. Jedes Standesamt hatte drei Funktionen: Die Aufzeichnung der Geburten, der Hochzeiten und der Todesfälle. Bei uns wurden auch einige Geburten registriert, ich glaube, es waren etwa 20, natürlich von Arierinnen. Ich erinnere mich an eine Freundin, eine Jüdin aus der Slowakei, die schwanger ins Lager kam. Als das bekannt wurde, ist sie von der Aufseherin Franz aus dem Stabsgebäude nach Birkenau verlegt worden. Dort ist sie nach der Entbindung noch gesehen worden. Einige Zeit später ist sie mit dem Baby ins Krematorium gebracht worden. Es wurde auch eine Hochzeit bei uns registriert: Rudi Friemel hat seine spanische Frau nach deutschem Recht heiraten dürfen. Ende 1944 wurde er gehenkt.

Ich bekam alle Akten zu sehen. Die der Deutschen waren dick und wurden korrekt geführt. Bei Russen wurde ein vereinfachtes Verfahren angewandt. In vielen polnischen Akten befand sich der Vermerk: Rückkehr unerwünscht. Bei den Juden bestand der Akt nur aus einem Blatt. Ich bekam jeweils den Akt mit der Todesmeldung. Ich kann aus der Praxis sagen, daß nichts der Wahrheit entsprach. Als Ort wurde Kasernenstraße angegeben, das Todesdatum wurde willkürlich eingesetzt, die Todesursache falsch.

Vorsitzender: Wer hat die Todesmeldungen unterschrieben?

Kagan: SS-Ärzte. Häftlinge, die als „auf der Flucht erschossen" gemeldet wurden, mußte ich umschreiben. In diesen Fällen mußte ich Herzschlag schreiben.

Vorsitzender: An wieviele derartige Fluchterschießungen können Sie sich erinnern?

Kagan: Das ist schwer zu sagen, es waren sehr viele. In die Hunderte in einem Jahr.

Vorsitzender: Wurden Sie zu besonderem Stillschweigen verpflichtet?

Kagan: Als wir in das Frauenkommando der Politischen Abteilung aufgenommen wurden, hat uns Grabner gesagt, daß wir hier schweigen müssen und sogar durch unser Mienenspiel nichts verraten dürfen.

Vorsitzender: Was geschah mit denen, die sofort bei ihrer Ankunft in Auschwitz vergast wurden?

Kagan: Die kamen nie in das Standesamt.

Vorsitzender: Wieviel Tote wurden in einem Jahr registriert?

Kagan: Im Jahre 1942 dürften es ungefähr 47.000 bis 50.000 gewesen sein.

In der gefürchteten Vernehmungsabteilung stand ein Folterinstrument, das bei den Vernehmungen angewandt wurde; man nannte es „Schaukel". Ein Zeuge, der ebenfalls in der Politischen Abteilung arbeiten mußte, berichtet, wie die „Schaukel" entstanden ist:

Mylyk: Ich bemerkte ein Eisenrohr zwischen den Schreibtischen von Boger und Dylewski im Gebäude des SS-Reviers. Das war der Beginn der Schaukel. Später wurde eine richtige Schaukel im Vernehmungszimmer der Baracke der Politischen Abteilung eingerichtet.

Vorsitzender: Haben Sie gesehen, daß Boger geschlagen hat?

Mylyk: Einige Male. Einmal war die Tür angelehnt, und ich bin zufällig vorbeigegangen, um meinem Vorgesetzten Kirschner irgend etwas auszurichten, da öffnete sich die Tür, und es standen Boger und Dylewski bei einem Häftling, der auf der Schaukel hing. Boger schrie mich an: „Raus! Raus!". Beide hatten in ihrem Schrank Ochsenziemer. Oft lagen diese auf dem Schreibtisch.

SS-Unterscharführer Broch wurde im Auschwitz-Prozeß als Zeuge und nicht als Angeklagter geführt; gegen ihn wird noch ermittelt. Er sagt zögernd, aber deutlich genug über die Tätigkeit der Vernehmungsabteilung aus:

Vorsitzender: Haben Sie als Angehöriger der Politischen Abteilung Häftlinge wegen Mordverdachtes vernommen?

Broch: Meine Dolmetscherin hat einmal die Unterhaltung von Häftlingen gehört und mir berichtet, sie hätten gesagt, daß sie einen Mühlenbesitzer ermordet hätten. Dann habe ich diese Häftlinge deswegen vernommen.

Vorsitzender: Haben diese das ohne weiteres zugegeben?

Broch: Natürlich nicht. Das erste war, daß ich sie eingeschüchtert habe, ich bin eben um zehn Oktaven lauter geworden. Letzten Endes haben sie eingestehen müssen, dazwischen lagen vielleicht ein halbes Dutzend Ohrfeigen. Mit Stöcken habe ich nie geschlagen. Vielleicht war zufällig ein SS-Mann anwesend, der mit einem Stock geschlagen hat, aber ich habe niemandem gesagt, daß er mit Stöcken schlagen soll, höchstens hab' ich gesagt: „Kleb ihm eine". Schlagen durfte man nicht aus eigener Initiative. Aber in diesem Fall sagte der Chef: „Ich will unter allen Umständen wissen, ob der Mühlenbesitzer ein Deutscher oder ein Volksdeutscher ist! Sie wissen also Bescheid."

Richter Hotz: Wie hieß dieser Chef?

Broch: Grabner.

Vorsitzender: In der Politischen Abteilung war das Schlagen zur Herbeiführung von Geständnissen nicht grundsätzlich verboten?

Broch: Wenn der Chef sagte: „unter allen Umständen", dann war Schlagen erlaubt. Wir hatten nichts zu tun, als unsere Befehle durchzuführen.

Ein ehemaliger Blockältester im Krankenbau beschreibt die Spuren, die solche Vernehmungen bei den Häftlingen hinterlassen haben:

Vorsitzender: Haben Sie einmal im Krankenbau Verletzte nach Mißhandlungen gesehen?

de Martini: Ja. Solche Verletzte wurden von der Politischen Abteilung gebracht. Ich erinnere mich an einen Fall. Es kam ein Häftling, dessen Gesicht bis auf die Knochen abgeschmort war. In der Nacht darauf ist er gestorben. Er konnte nicht mehr reden, aber er hat auf einen Zettel geschrieben, daß man ihn mit dem Gesicht in einen Koksofen gestoßen hat.

Viele Tötungsaktionen vollzog die Politische Abteilung nach eigenem Gutdünken:

Mikolajski: Vom Fenster des SS-Reviers habe ich öfters Exekutionen im kleinen Krematorium beobachtet. Ich erinnere mich, daß einmal ein Mann in einem schwarzen Pelzmantel mit zwei Kindern, vielleicht im Alter von neun und elf Jahren, hingebracht wurde. Der Angeklagte Dylewski las ein Schreiben vor, dann führte Boger den Mann, der sich zuerst ausziehen mußte, ins Krematorium. Dylewski stand im Hof mit den Kindern. Später holte Boger die Kinder vom Hof ins Krematorium hinein. Ich sah diese Szene aus dem Fenster im Halbstock, der vom ersten Stock zum Boden führte. Keiner der drei kam aus dem Krematorium heraus. Das war etwa im Winter 1942.

Auch an einen zweiten Fall kann ich mich sehr deutlich erinnern, der sich etwa im Sommer 1943 abspielte. Eine Gruppe von Menschen — der Kleidung nach waren es Dorfbewohner, vielleicht elf Männer und drei oder vier kleine Kinder und einige Frauen — wurde zum Krematorium geführt. Im Hof sah ich Boger, Kaduk, Dylewski, Broad und noch jemanden, den ich nicht erkannt habe. Die Personen mußten sich ausziehen, die Männer ganz, die Frauen blieben im Hemd. Sie wurden dann ins Krematorium geführt und dort erschossen. Wer geschossen hat, kann ich nicht sagen. Sicher ist, daß Boger geschossen hat, denn als er herauskam, hatte er Schwierigkeiten mit dem Repetieren seiner Pistole.

Vorsitzender: Sie hatten früher in einem Brief den ersten Fall geschildert, aber dabei keinen Namen eines Angeklagten genannt. Im zweiten Fall haben Sie nur Kaduk und Boger genannt, nicht aber Dylewski und Broad.

Mikolajski: Ich habe damals nur eine allgemeine Erklärung abgegeben und hatte keine Zeit für genaue Einzelheiten. Jetzt habe ich mich innerlich auf die Aussage vorbereitet, und die Erinnerung ist wieder wachgeworden.

Vorsitzender: Es wäre aber nicht zu weitschweifig gewesen, auch die Namen Broad und Dylewski zu schreiben. Erinnern Sie sich noch an eine Exekution im Krematorium?

Mikolajski: Ja, ich erinnere mich an eine Vergasung des Sonderkommandos in Birkenau. Das dürfte etwa im Frühling oder Sommer 1944 gewesen sein. Ich sah vom Fenster aus, daß ein SS-Mann, den ich nicht kannte, vor dem Krematorium wartete. Ich ging hinaus und bemerkte, daß neben der Kommandantur etwa 20 bis 25 SS-Leute mit Karabinern aufgestellt waren. Ich merkte, daß etwas los sei, und sagte das anderen Häftlingen. Ich ging ins Lager, um mich zu orientieren, ob dort etwas passiert ist. Ich nahm mir eine Röntgenaufnahme, meldete mich ab, daß ich in die Häftlingszahnstation zur Untersuchung dieser Aufnahme gehe. Als ich auf dem Weg zum Lager war, sah ich ein Häftlingskommando, das von zwei Posten begleitet war, von denen einer einen Hund hatte. Das Tor zum Hof des Krematoriums war geöffnet. Im Vorbeigehen fragte ich einen Häftling unauffällig: „Woher seid ihr?“. Er antwortete: „Vom Sonderkommando Birkenau“ und machte mit dem Daumen eine Bewegung zum Schornstein des Krematoriums. Für mich war alles vollkommen klar. Ich kehrte um, ging wieder zur Zahnstation zurück und erzählte es meinen Kameraden in der Werkstatt.

Wir gingen in dem Halbstock, der zum Boden führt, zum Fenster. Auch der Unterscharführer Simon war bei uns. Alles geschah nun in Sekundenschnelle. Die Hälfte des Sonderkommandos war bereits im Hof, die andere Hälfte blieb vor dem Tor stehen. Es gab ein Durcheinander, die Häftlinge wollten nicht hinein, ein Scharführer pfiff, und die bereitgestellte SS lief herbei, umringte den Rest der Häftlinge und schob alle mit Schlägen durchs Tor. Das Tor wurde geschlossen, die Häftlinge wurden an die Mauer gestellt, und die SS stand mit auf sie gerichteten Karabinern vor ihnen.

Neben unbekannten SS-Männern sah ich Boger und Kaduk. Den Häftlingen wurde befohlen, sich auszuziehen. Sie folgten diesem Befehl nur zögernd. Dann wurden sie nackt ins Krematorium hineingejagt. Als alle drinnen waren, kam die SS aus dem Krematorium heraus, und die Tür wurde verschlossen. Die SSler rauchten Zigaretten.

Nach einer Weile kam Broad aus dem Revier. Ich habe nicht ganz genau gesehen, von wo er kam, denn er kam von unserer Seite. Er ging zum Krematorium und hatte in der Hand einen Sack oder etwas Ähnliches aus grünlichem Stoff. Er kniete auf dem Dach des Krematoriums nieder, entnahm der Tasche eine Maske, setzte sie auf, nahm eine Büchse, schlug mit irgendeinem Gegenstand darauf und schüttete den Inhalt der Büchse in das Dach des Krematoriums. Ich kann mich genau an eine Einzelheit erinnern. Er hat eine Büchse schlecht geöffnet, vielleicht deswegen, weil er nicht gut sehen konnte, und etwas vom Inhalt verschüttet. Dann hat er den Luftschacht mit dem Betondeckel verschlossen. In diesem Augenblick ging Dylewski zum Krematorium. Er nahm aus einem ähnlichen Sack eine Büchse, ging zu einem anderen Schacht, hat ebenfalls den Deckel aufgeschlagen und den Inhalt sehr schnell hineingeschüttet, dann den Schacht wieder zugedeckt. Er kam später als Broad herunter.

Nach etwa einer halben oder dreiviertel Stunde ging Broad mit einer Gasmaske ins Krematorium. Auf dem Hof sah ich Dylewski, Kaduk, Boger und noch irgend jemanden von der Politischen Abteilung. Dann gingen alle SS-Männer weg.

Vorsitzender: In Ihrem Brief haben Sie im Zusammenhang mit dieser Vergasung nur die Namen Boger und Kaduk genannt.

Mikolajski: Ich habe damals den Vorgang nicht genau beschrieben.

Vorsitzender: Was ist der früheste Zeitpunkt, zu dem dieser Vorgang, Ihrer Erinnerung nach, stattgefunden haben kann?

Mikolajski: Ich glaube, etwa im Frühling 1944. Ich erinnere mich, daß in dem Sonderkommando auch der Capo mitmarschiert ist. Er trug eine blaue Jacke und hatte an seiner Hand einen Knaben, der ebenfalls eine blaue Jacke anhatte.

Vorsitzender: Wieso war ein Knabe im Sonderkommando?

Mikolajski: Ich habe später erfahren, daß das der Sohn des Capos war. Er wurde mit dem Kommando vergast.

Vorsitzender: Sie haben jetzt geschildert, wie Dylewski und Broad die Vergasung vorgenommen haben. Früher haben Sie diese Namen nicht genannt.

Mikolajski: Ich habe mich früher auch nicht als Zeuge gemeldet, ich dachte, daß die anderen Zeugen genügen. Ich bin nicht gesund. Erst als ich hörte, daß im Verlauf des Prozesses bestimmte Tatsachen, die ich kenne, nicht gesagt wurden, habe ich meine Erlebnisse niedergeschrieben, das geschah aber sehr schnell. Es war nur eine globale Aussage. Ich rechnete mit der Gelegenheit, bei Gericht Einzelheiten sagen zu können.

Staatsanwalt Kügler: Sie sagen, daß die Vergasung des Sonderkommandos im Jahr 1944 stattgefunden hat?

Mikolajski: Ja, vielleicht Anfang des Jahres.

Kügler: Ist es möglich, daß Sie sich im Zeitpunkt irren?

Mikolajski: Natürlich. Es ist sehr schwer, einen Zeitpunkt genau festzulegen. Es gab keine Woche in Auschwitz, wo nicht irgend etwas passierte.

Kügler: Sie glauben also, daß Sie sich bei Zeitangaben irren können?

Mikolajski: Ja, bei Daten leicht.

Ein Zeuge bestätigt die Behauptung der Anklage, daß die SS-Angehörigen der Politischen Abteilung an den Selektionen ankommender Transporte regelmäßig teilnahmen:

Mylyk: Ich weiß genau, daß alle Angehörigen der Politischen Abteilung an der Rampe Dienst versahen, denn wenn Rampendienst war, hat vorher Kirschner mir ein Schreiben übergeben, in dem Sonderzuteilung angefordert wurde. Damit mußte ich zur SS-Kantine gehen und bekam dort einen halben Liter Schnaps für vier Personen, Weißbrot, Wurst und Zigaretten. Diese Rationen wurden dann an diejenigen verteilt, die Dienst hatten. Den Schnaps gab ich Kirschner. Die Betreffenden nahmen ihre Koppel, und bei uns blieben oft nur ein, zwei SS-Angehörige zurück, meistens Pichler. Wenn ein Transport kurz vor Arbeitsschluß kam, dann wurde unser Kommando ins Lager geführt. Kirschner, der die rechte Hand von Grabner war, paßte genau auf, daß alle ihren Dienst an der Rampe pünktlich versahen.

Die Häftlinge, die in der Politischen Abteilung zu arbeiten hatten, galten als Geheimnisträger.

Bartel: Die Häftlinge, die in der Politischen Abteilung zu arbeiten hatten, sollten alle liquidiert werden. Die Häftlinge von der Politischen Abteilung Majdanek, die nach Auschwitz kamen, wurden liquidiert. Wir selbst wurden in Sachsenhausen gefragt, nachdem wir dorthin überstellt worden waren, ob jemand von uns in der Politischen Abteilung gearbeitet hat.
Staatsanwalt Kügler: Wann wurden die Häftlinge der Politischen Abteilung Majdanek erschossen?
Bartel: Das wird wohl im Juni 1944 gewesen sein, etwa zwei bis drei Wochen, bevor ich abtransportiert wurde.

Ein anderer Zeuge berichtet vom Ende eines „Geheimnisträgers":

Vorsitzender: Ist Ihnen ein Fall bekannt, in dem Geheimnisträger beiseite geschafft wurden?
Holuj: Ja. Es handelte sich um Dr. Samuel, der auf dem Versuchsblock 10 im Stammlager zu arbeiten hatte. Er hat einmal einen Brief an Himmler geschrieben. Ich habe den Brief gelesen, da alle Häftlinge, die korrespondieren wollten, ihre Post in der Schreibstube abgeben mußten. Dr. Samuel bat Himmler, er möge seine Tochter retten, die in Birkenau war, und berief sich dabei auf seine Verdienste im Ersten Weltkrieg. Er war an der Front und hatte eine Verwundung erlitten. Später war er in Köln gegen die Besatzungsmacht tätig und wurde dafür ausgezeichnet. Er bat um die Entlassung seiner Tochter unter Hinweis auf diese Verdienste. Das dürfte etwa im Herbst 1943 gewesen sein. Nach einigen Tagen verschwand Dr. Samuel aus dem Lager, dann kam eine Totenmeldung. Ich habe gehört, daß er in Birkenau oder im alten Krematorium erschossen worden sein soll. Er war Geheimnisträger, da er für Prof. Clauberg und Dr. Schumann bei den Versuchen in Block 10 zu arbeiten hatte.

Richter Hummerich will den administrativen Vorgang rekonstruieren, der bei Erschießungen durch die Politische Abteilung üblich war:

Ersatzrichter Hummerich: Angeklagter Boger, wie wurden die Leute aus dem Lager geholt, die von der Politischen Abteilung zur Erschießung bestimmt waren?

Boger: Ich hatte persönlich damit gar nichts zu tun. Kirschner gab Zettel aus, die zum Schutzhaftlagerführer gingen; die Häftlinge hatten sich am Tor bereitzustellen, wurden abgeholt und in den Bunker geführt.

Kaduk (meldet sich zu Wort): Es war so: Wir haben einen Bescheid bekommen — nach dem Appell von der Politischen Abteilung — von Kirschner: Morgen früh um 8.30 Uhr haben diese und jene Häftlinge an der Glocke zu stehen. Die Häftlinge rücken dann nicht mehr zur Arbeit aus. Dann wurden sie erschossen so gegen 9 bis ½10 Uhr. Ein Arzt wurde bestellt. Von der Politischen Abteilung war immer jemand dabei. Die Häftlinge wurden von der Stärke abgezogen.

So einfach und alltäglich war das in Auschwitz.
Nach dem Aufstand des Sonderkommandos am 7. Oktober 1944 hatte der Zeuge Karl Broch Vernehmungen durchzuführen:

Broch: Samstag waren wir einmal beim Exerzieren. Plötzlich ballert's an allen Ecken und Enden. Eine Revolution ist im Gang. Die Häftlinge des Sonderkommandos haben beim Krematorium einen Aufstand versucht. Als nachher die Sachbearbeiter bei der Untersuchung, woher die Häftlinge die Munition hatten, nicht weiterkamen, habe ich den Auftrag bekommen, den Fall weiter zu bearbeiten. Dynamit und Pulver waren in Auschwitz nur in einer Fabrik. Dort war alles in einem alten Geldschrank aufbewahrt. Ich habe mir die Mädchen, die in der Nähe dieses Schrankes gearbeitet haben, vorgeladen. Sie mußten ja wissen, wer das Pulver in das Sonderkommando geschmuggelt hat. Sie haben mir dann auch die Namen verraten.

Vorsitzender: Was haben Sie getan, damit Ihnen die Namen bekanntgegeben wurden?

Broch: Ich habe jeder versprochen, daß ihr nichts passiert, wenn sie mir die Namen sagt.

Vorsitzender: Hatten Sie die Möglichkeit, so ein Versprechen zu geben?

Broch: Ich konnte es nicht halten, aber ich versprach mir davon einen größeren Erfolg.

Vorsitzender: Und ist den Mädchen nachher nichts geschehen? Wurden die Mädchen nicht hingerichtet?

Broch: Ja, etwas Ähnliches sagte mir meine Häftlingsschreiberin.

Vorsitzender: Sie haben also etwas Falsches versprochen?

Broch: Ich habe es nicht gewollt, ich habe nicht das geringste gewußt. Wenn man Erfolg haben wollte, dann mußte man eben etwas versprechen.

Vorsitzender: Das ist aber schlimmer als Betrug.

Seit Jahren ist das und vieles andere der Staatsanwaltschaft bekannt. Die Politische Abteilung liebte es, mit Spitzeln zu arbeiten. Sie konnte leicht Denunzianten bekommen; ihr standen alle nur denkbaren Möglichkeiten zur Verfügung, schwache Menschen dazu zu zwingen:

Vorsitzender: Was wissen Sie über das Ende der Häftlinge im Kommando Vermessung?

Holuj: Zwölf von ihnen wurden aufgehängt, 13 erschossen. Die Aktion wurde von der Politischen Abteilung durchgeführt. Dieses Kommando hatte große Bewegungsmöglichkeit, da es Vermessungen außerhalb des Lagers durchzuführen hatte. Viele Lebensmittelsendungen gingen über dieses Kommando ins Lager. Die Politische Abteilung hat anscheinend davon erfahren und einmal eine Provokation in Szene gesetzt. Sie schickte einen ihrer Vertrauensleute ins Kommando, der sich als Mitglied der Widerstandsbewegung ausgab. Er brachte Gold aus Kanada und sagte, man soll das den Familien von Leuten geben, die von der SS erschossen worden sind. So wurde ihm eine Frau bekannt, mit deren Vermittlung Lebensmittel ins Lager geschmuggelt wurden. Die SS erfuhr die Adresse der Frau, griff zu, und die Häftlinge des Kommandos hatten Angst, daß bei Verhören ihre ganze Arbeit bekannt werden würde. Darum organisierten sie schnell eine Flucht und machten einen SS-Mann, der ihr Kommando begleitete, betrunken. Aber das ganze Kommando wurde verhaftet.

Eine Sonderaktion der Politischen Abteilung kommt zur Sprache:

Mylyk: Eines Tages, ich glaube, es war im Sommer 1943, gingen zu Mittag alle SSler weg, nachdem sie ihre Helme und Pistolen genommen hatten. Bei uns blieb lediglich Pichler, der von den anderen wie eine Art Halbidiot behandelt wurde. Er sagte mir damals: „Mylyk, das ist eine Scheißerei, sie sind hingefahren, um die Juden zu liquidieren". Als wir abends schon lange im Lager waren, es dürfte zehn oder halb elf Uhr gewesen sein und war stockdunkel, rief der Blockälteste: „Kommando Politische Abteilung antreten!" Wir sind erschrocken, denn wir wußten, daß wir als Geheimnisträger galten, und fürchteten, daß unsere letzte Stunde geschlagen hat. Am Tor stand Kaduk und einer von der Politischen Abteilung. Kaduk rief: „Schnell, ihr Hunde!" Wir wurden zum alten Krematorium geführt und sahen, daß dort ein Lastwagen mit einer Plache stand. Es brannte Licht. Ich sah Boger, Dylewski, Kirschner und andere von der Politischen Abteilung. Kirschner gab mir und Gemski den Befehl, den Lastwagen abzuladen. Es war eine komplette zahnärztliche Einrichtung drauf, Körbe mit Kristall, Porzellan, Photoapparate, Ledertaschen und ein Korb voll mit Wodkaflaschen. Boger gab uns aus einer Flasche zu trinken. Ich sagte: „Wir haben Angst, beim Einmarsch könnte man eine Fahne bei uns bemerken", da antwortete Boger: „Keine Angst, ich werde euch selbst ins Lager bringen." Wir mußten alle Sachen ins alte Krematorium einräumen, dann führte uns Boger ins Lager zurück.

Vorsitzender: Wissen Sie, was aus den Besitzern dieser Habe geworden ist?

Mylyk: Die Juden aus Bedzin und Sosnowitz, von wo der Lastwagen kam, sind alle erschossen worden. Ein SS-Mann hat das den Häftlingen in der Unterkunftskammer gesagt, er hat geprahlt und es als eine Ehre empfunden, daß er mit dabei war.

Pajak gehörte ebenfalls zum Häftlingskommando „Politische Abteilung". Er ergänzt die Schilderung Mylyks:

Vorsitzender: Was wissen Sie über die Aktion der Politischen Abteilung gegen die Ghettos von Bedzin und Sosnowitz?

Pajak: Es war im August 1943. Wenn die SS zu einer auswärtigen Aktion ausrückte, dann blieben wir in der Politischen Abteilung allein und wurden nur von einem SS-Mann bewacht. Der blieb dann im Zimmer von Kirschner, wo das Telefon stand. An diesem Tag waren alle von der Politischen Abteilung weg, bei uns blieb nur der Unterscharführer Pichler. Von ihm konnte man manches erfahren, da er gefühlsbetont war. Er blieb auch nach dem Abendappell bei uns und führte uns nicht in den Block zurück. Wir fragten, was los sei. Er sagte: „Ach, es ist wieder eine Schweinerei im Gang. Heute ist wieder etwas los.“ Spät am Abend kamen die SS-Männer der Politischen Abteilung an, und uns wurde befohlen, verschiedene Gegenstände, die sie mitgebracht hatten, in die Baracke zu tragen. Es waren Kisten mit Porzellan, Besteck und anderes dabei. Ich erinnere mich, dabei folgendes Gespräch gehört zu haben. Ein Mann sagte: „Diese Schublade ist nur voller Papiere und dabei hat der Jude sie so verteidigt, als ob weiß Gott was drin wäre“.

Vorsitzender: Woher wissen Sie, daß diese Dinge aus Bedzin und Sosnowitz gebracht wurden?

Pajak: An manchen Gegenständen waren Anschriften. Später sah ich auch Personalbogen der Häftlinge, die aus diesen beiden Städten damals in das Lager eingeliefert worden waren.

Boger: Zur Aktion auf Bensburg *(deutsche Bezeichnung von Bedzin)* kann ich nur sagen, daß diese von Kattowitz aus angeordnet war. Es ist durchaus möglich, daß bei der Abladung auch Kristall und ähnliches dabei war. Das wurde dann ins Führerheim gebracht.

Boger reagiert stets empfindlich, wenn ihm Korruption oder Bereicherung vorgeworfen wird.
Richter Hummerich will die Stellung der Politischen Abteilung im Gefüge des SS-Apparates möglichst genau ergründen:

Ersatzrichter Hummerich: Wie war die Politische Abteilung eingebaut in das Reichssicherheitshauptamt?

Boger: Die Abteilung II — also die Politische Abteilung — war sozusagen der verlängerte Arm der Gestapo. Grabner und

Schurz als Chef der Politischen Abteilung waren der Stapoleitstelle Kattowitz unterstellt.

Hummerich: Wurden die Tötungsaktionen in Auschwitz direkt von der Politischen Abteilung angeordnet?

Boger: Ja. Grabner gab jeweils konkrete Befehle, die alle Einzelheiten regelten. Kirschner hatte in der Politischen Abteilung die Stellung eines Spießes.

Hummerich: Sie haben einmal gesagt, daß Grabner keine Berechtigung hatte, von sich aus verschärfte Vernehmungen anzuordnen.

Boger: Nein, das konnte nur von Kattowitz geschehen, auch von dem hier als Zeugen vernommenen Dr. Thümmler. Ich war bei mindestens zwei verschärften Vernehmungen unter Schurz dabei, die von Dr. Thümmler angeordnet waren. Von diesen verschärften Vernehmungen wurden Protokolle angefertigt, und diese haben dann Maßnahmen ausgelöst.

Wenn nach der Politischen Abteilung gefragt wird, kommt in der Antwort regelmäßig Grabner vor, der Name des ersten Chefs dieser Abteilung. Der ehemalige Schutzhaftlagerführer charakterisiert ihn so:

Hofmann: Ich kann nur das eine sagen, daß Grabner der Herr war vom ganzen Lager. Bei Schurz hat sich das geändert, weil er selbst den Kopf geschüttelt hat, als er nach Auschwitz gekommen ist. Er hat gesagt: „Was ist denn los?“ Bei Grabner hat auch der Standortarzt nichts zu sagen gehabt. Grabner, Schwarz und Aumeier waren sich einig.

Grabners weiteres Schicksal wird vom Gericht erforscht. Der ehemalige SS-Richter Dr. Konrad Morgen sagt dazu aus:

Dr. Morgen: In der Politischen Abteilung herrschten unter der Ägide Grabner furchtbare Zustände. Die Politische Abteilung führte auch Exekutionen auf eigene Faust durch, was ich als Mord betrachte. Ich habe Grabner festnehmen lassen. Daraufhin wurde ich zu SS-Obergruppenführer Müller zum Rapport befohlen. Müller brüllte mich an, was ich für einen Unfug gemacht hätte, ich hätte kein Verständnis für staatspolizeiliche

Aufgaben. Er war ganz weiß und warf mich schließlich hinaus. Ich rechnete mit meiner Verhaftung. Ich wollte Müller umstimmen und ging nach fünf bis zehn Minuten nochmals zu ihm hinein, entschuldigte mich für mein militärisch unmögliches Auftreten und erbat seine Weisungen für weitere Handlungen. Daraufhin bot mir Müller Platz an. Ich fragte: „Wie beurteilen Sie es, wenn ein Untergebener aus eigenem Gutdünken Häftlinge töten würde?" Müller antwortete: „Das ist ein unmögliches Vorgehen." Darauf ich: „Das hat Grabner gemacht."

Grabner wurde schließlich wegen Mordes in 2000 Fällen angeklagt. Das Verfahren wurde nicht zu Ende geführt. Auf Müllers Befehl wurde Grabner nach Berlin überstellt und kam dann zu einer Bewährungseinheit.

Sein Untergebener, Dr. Wiebeck, kann sich an diese Affäre folgendermaßen erinnern:

Dr. Wiebeck: Ende Februar 1944 wurde ich zur Dienststelle Dr. Morgen versetzt. Wir hatten in Auschwitz Korruptionsdelikte und über die Generallinie hinausgehende Handlungen, zum Beispiel eigenmächtige Tötungen, zu bekämpfen.

Vorsitzender: Heißt das, daß die Generallinie da endete, wo die eigenmächtigen Tötungen anfingen?

Dr. Wiebeck: Man kann es so ausdrücken. Die Untersuchung der allgemeinen Tötungen war nicht gestattet. Ich hörte, daß die Judenvernichtung von Hitler mündlich befohlen worden war. Das Verfahren wurde dadurch eingeleitet, daß Goldklumpen, die aus Zahngold bestanden, gefunden worden waren. Es war bekannt, daß die SS große Goldschiebungen machte. Das Vergasungsproblem wurde in den Anklageschriften zu den Korruptionsfällen angeschnitten.

Vorsitzender: Wollen Sie das etwas näher erläutern?

Dr. Wiebeck: Ich glaube, vor dem SS-Gericht in Kassel wurden Anklagen erhoben, in deren Rahmen auch von Vergasung die Rede war. Es handelte sich aber um Vermögensdelikte, angeklagt wurde wegen Unterschlagung. Im Mittelpunkt stand der Fall des Leiters der Politischen Abteilung, Grabner, der in Haft war wegen über der Generallinie liegender Dinge. Der

Standortarzt Dr. Wirths war ein Gegner von Grabner und führte gegen diesen ein Tagebuch. Bei der Evakuierung sagte er mir: „Wenn Sie Akten brauchen, kann ich Ihnen welche geben."

Vorsitzender: Was haben Sie im Laufe der Untersuchung festgestellt?

Dr. Wiebeck: Es wurde vor allem wegen angeblich von Berlin befohlenen, aber meiner Meinung nach eigenmächtigen Bunkerausräumungen untersucht.

Vorsitzender: Was haben Sie dabei bei Grabner feststellen können?

Dr. Wiebeck: Es wurde in dem Fall verhandelt, aber es kam zu keinem Urteil. Die Sache Grabner geriet ins Stocken. Die Ermittlungen waren sehr schwierig, denn Eigenmächtigkeiten waren ihm schwer nachzuweisen.

Vorsitzender: Waren Sie einmal mit Dr. Morgen in einer Gaskammer?

Dr. Wiebeck: Ja, Dr. Morgen hat mich einmal in eine Verbrennungsanlage mitgenommen und hat mir eine Gaskammer gezeigt. Dort trat ein SS-Unterführer an uns heran und fragte: „Was wird mit uns geschehen, wenn der Krieg zu Ende ist?" Diesen Fall hat Dr. Morgen im Prozeß gegen Grabner mitgeteilt. Er bezeichnete diese Äußerung als tragisch.

Staatsanwalt Kügler: Haben Sie dort den Entkleidungsraum gesehen?

Dr. Wiebeck: Ja, ich sah den Entkleidungsraum mit den Kleiderhaken.

Kügler: Sahen Sie die Verbrennungsräume für die Leichen und die Öfen?

Dr. Wiebeck: Ich sah die Anlage, aber sie war nicht in Betrieb. Damals fand die Verbrennung im Freien statt. Eine weißlich gelbe Wolke lag über dem ganzen Lager, und ein penetranter Geruch verbreitete sich.

Kügler: Haben Sie die Zuständigkeit derer untersucht, die für die Vergasung verantwortlich waren?

Dr. Wiebeck: Damals interessierte uns das nicht. Es handelte sich dabei um justizfreie Hoheitsakte.

Diese Bezeichnung sagt mehr über die Atmosphäre im Dritten Reich aus als lange Untersuchungen.

Das Verfahren gegen Grabner wurde von SS-Sturmbannführer Doktor Werner Hansen geführt:

Dr. Hansen: Ich war SS-Richter und wurde als solcher mit der Verhandlung im Fall des SS-Untersturmführers Grabner von der Politischen Abteilung des Konzentrationslagers Auschwitz beauftragt. Selbst war ich niemals in Auschwitz und hatte auch keine Vorermittlungen in diesem Fall geführt. Grabner war angeklagt, 2000 Häftlinge ermordet zu haben. Dr. Morgen, der die Anklage vertrat und auch die Ermittlungen geführt hatte, sagte mir, den Hintergrund dieser Verhandlung bildeten Massentötungen in Auschwitz. Er sagte mir auch, daß offensichtlich Anordnungen der höchsten Staatsführung vorliegen würden. Diese Aktionen lagen außerhalb des Machtbereichs der Justiz. Ein Ermittlungsverfahren wegen dieser Massenmorde war daher auch völlig ausgeschlossen. Es ist ja bekannt, daß Richter und Gerichte bei Hitler kein großes Ansehen genossen haben. Das äußerste, was getan werden konnte, war eben die Anklage gegen Grabner.

Grabner sagte aus, daß er für diese 2000 Tötungen besondere Exekutionsbefehle des Reichssicherheitshauptamtes bekommen habe mit der Anweisung, diese Befehle nachher sofort zu vernichten. Das sagte Grabner allerdings erst, als er von mir in die Enge getrieben worden war. Wir haben uns in der Zentrale erkundigt, ob solche Befehle vorgelegen seien, und bekamen keine Antwort. So wurde die Verhandlung vertagt.

Vorsitzender: Sie haben von Widerständen gesprochen, die bei diesem Verfahren spürbar waren.

Dr. Hansen: Ja, das ganze Gerichtsverfahren war nur nach Überwindung erheblicher Widerstände möglich.

Vorsitzender: Von wo kamen diese Widerstände?

Dr. Hansen: Vom Wirtschaftsverwaltungshauptamt und dessen Leiter Pohl und vom Reichssicherheitshauptamt, dem die Politische Abteilung unterstand.

Vorsitzender: Wegen welcher Delikte wurde das Verfahren gegen Grabner eingeleitet?

Dr. Hansen: Grabner, der Kriminalobersekretär war, wurde beschuldigt, 2000 Häftlinge ermordet zu haben. Die sollen erschossen worden sein, wenn der Arrest in Auschwitz überbelegt war. Es bestand der Verdacht, daß diese Erschießungen nur erfolgten, um Platz zu gewinnen. Die Todesfälle sollen mit fingierten Krankengeschichten und Todesursachen getarnt worden sein.

Vorsitzender: Hat man das damals schon festgestellt?

Dr. Hansen: Das war damals Gegenstand der Anklage. Die Zahl der Opfer war nicht genau zu eruieren, die Zahl 2000 war eine angenommene Mindestzahl. Es wurde zwei Tage verhandelt, die Verhandlungen fanden in Weimar statt. Es wurden mehrere Zeugen geladen, ich kann mich aber nur mehr an den Zeugen Höß erinnern. Höß hat versucht, Grabner zu entlasten. Er ist in einer sehr überheblichen Art und Weise in den Gerichtssaal hereingerauscht. Er sagte: „Ihr wißt ja gar nicht, was vor sich geht. In Auschwitz werden ganze Transporte liquidiert!" Ich erinnere mich, daß er in einer Verhandlungspause bei Grabner gestanden ist und abfällige Bemerkungen über das Gericht gemacht hat. Ich habe ihn deswegen unsanft angefahren.

Vorsitzender: Hat Höß gesagt, daß die Tötungen auf seinen Befehl erfolgt seien?

Dr. Hansen: Nein, er hat das von sich abgewälzt, er hat keineswegs die Verantwortung übernommen. Grabner, der sich in Untersuchungshaft befand, blieb auch nach Vertagung des Verfahrens in Untersuchungshaft.

Das Gericht gibt sich auch damit noch nicht zufrieden und lädt den Vorgesetzten des SS-Sturmbannführers Hansen:

Mittelstädt: Als Hauptamtsleiter beim SS-Gericht habe ich mich dienstlich mit den KL-Untersuchungen zu befassen gehabt. Ich habe mich vielleicht zwei- oder dreimal damit befaßt, weil sich gewisse Kräfte gegen diese Untersuchungen eingeschaltet hatten. Ich bekam aber eine Zusicherung von Nebe. Schließlich wurde mir die Untersuchung zentral übertragen. Das war aber erst im September und Oktober 1944, und damals war nicht mehr viel zu machen. Daran dürfte auch die Untersuchung schließlich gescheitert sein.

Vorsitzender: Worauf erstreckten sich die Untersuchungen?

Mittelstädt: Die Untersuchungen erstreckten sich auf alle kriminellen Tatbestände. Historisch begann es mit einer Untersuchung gegen Korruption in Auschwitz. Es war ein Erfolg von Dr. Morgen, daß sich die Untersuchung schließlich auch auf Verbrechen an Leib und Leben der Häftlinge erstreckt hat. Es kam zu einer Verhandlung gegen den Leiter der Politischen Abteilung, Grabner. Der sagte aus, er hätte auf Befehl gehandelt. Ich sandte daraufhin den Untersturmführer Kaiser nach Berlin zu Müller, dem Leiter der Gestapo, um das Befehlsmaterial zu überprüfen. Das war aber nicht möglich. Die Verhandlung gegen Grabner wurde vertagt.

Auch bei kleinen SS-Leuten in Auschwitz führte das Verfahren gegen Grabner zu Folgen:

Vorsitzender: Wurde bei Ihnen während Ihrer Dienstzeit in Auschwitz eine Hausdurchsuchung vorgenommen?

Wildermuth: Ja. Man hat vermutet, ich hätte mir in Auschwitz fremde Sachen angeeignet. Auch bei anderen wurden Hausdurchsuchungen vorgenommen und bei verschiedenen ist was rausgekommen. Die sind dann abgeführt worden und kamen ins Straflager Matzkau.

Vorsitzender: Wissen Sie, daß einmal eine Baracke abgebrannt ist?

Wildermuth: Ja. Wer das gemacht hat, weiß ich nicht. In der Baracke sollen Sachen drin gewesen sein, die bei den anderen bei den Hausdurchsuchungen gefunden worden sind.

Eifrig half Boger, die rechte Hand Grabners, die Spuren zu verwischen:

Holuj: Ich erinnere mich, daß etwa Ende 1943 Boger einmal in die Schreibstube des Krankenbaus in Block 21 kam, das Totenbuch und andere Dokumente zu sich nahm und sie in die Baracke der Politischen Abteilung außerhalb des Lagers brachte. Kurze Zeit später hörten wir, daß diese Baracke in Brand gesetzt worden war. Wahrscheinlich ist das in Verbindung mit dem Besuch einer Sonderkommission geschehen. Es gab damals eine Auseinandersetzung zwischen dem Standortarzt und der Politischen Abteilung, weil das Konto der Toten durch die Exekutionen der Politischen Abteilung dem Standortarzt zu hoch belastet erschien.

Unter dem Nachfolger Grabners, SS-Untersturmführer Hans Schurz, verlor die Politische Abteilung die so sehr gefürchtete, alles beherrschende Stellung in Auschwitz.

Der Bunker

Im Bunker des Konzentrationslagers wurden Häftlinge eingesperrt. Unterlagen sind erhalten geblieben, die sogenannten Bunkerbücher, sie werden während des Verfahrens immer wieder herangezogen. Zeugenaussagen erklären, wieso diese Dokumente vor der Vernichtung durch die SS geschützt werden konnten:

Ersatzrichter Hummerich: Wissen Sie, wie die Bunkerbücher aus dem Lager gebracht wurden?

Dr. Klodziński: Im Bunker war Pilecki Schreiber, der sehr zuverlässig war. Er brachte mir und Cyrankiewicz eine Abschrift des Bunkerbuches. Im Kommando Kiesgrube arbeitete ein Verbindungsmann von uns, Józef Ruch aus Krakau. Er kam in der Früh zu mir in Block 20, und dort habe ich ihm mit Leukoplast das Bunkerbuch an ein Bein geklebt. Beim Ausmarsch morgens wurde nur selten kontrolliert. Er versteckte dann das Buch in der Kiesgrube auf einem vorbereiteten Platz. Dort arbeitete auch ein polnischer Zivilarbeiter, der das Buch zu sich nahm.

Das war etwa Ende 1943 oder Anfang 1944. Zur gleichen Zeit wurden auch andere Dinge aus dem Lager geschmuggelt. Nach der Befreiung habe ich das Bunkerbuch wiedererkannt.

Der Blockschreiber vom Bunkerblock 11, Ingenieur Pilecki, erscheint ebenfalls vor Gericht:

Vorsitzender: Welche Aufgaben hatten Sie als Blockschreiber im Bunker?

Pilecki: Ich hatte den Stand genau zu führen, der sich im Block sehr häufig änderte, und zweimal am Tag den Rapport zu machen.

Vorsitzender: Führten Sie auch das Bunkerbuch?

Pilecki: Ja, im Zusammenhang damit. Ich hatte ferner eine Kartei der Polizeihäftlinge zu führen. Im Bunker waren Häftlinge, die entweder von der Lagerführung oder von der Politischen Abteilung dorthin eingeliefert worden waren. Nicht geführt wurden Häftlinge, die die Politische Abteilung für ihre eigenen Zwecke hinbrachte — also zum Beispiel Spitzel oder solche, die im Bunker eine Strafe abzubüßen hatten, die zum Beispiel einige Nächte hindurch in den Stehbunker eingeschlossen wurden. Diese Häftlinge wurden in ihrem Blockstand weitergeführt, da sie ja auch untertags dort waren und in ihrem Kommando arbeiten mußten. Sie mußten sich nach dem Abendappell in der Zentralschreibstube melden und wurden vom diensthabenden Blockführer eingeschlossen. Dieser entließ sie vor dem Frühappell.

Vorsitzender: Was verstehen Sie unter Häftlingen, die die Politische Abteilung für ihre eigenen Zwecke hinbrachte?

Pilecki: Es handelte sich um Vertrauensleute dieser Abteilung, die in bestimmte Zellen eingeschlossen wurden, um Personen auszuhorchen, von denen die Politische Abteilung nichts herausbekam.

Vorsitzender: Können Sie uns mitteilen, wieso das Bunkerbuch erhalten blieb?

Pilecki: Es gab zwei Bunkerbücher; als das erste fertig war, mußte ich ein neues anlegen. Ich habe vom ganzen ersten Buch und vom zweiten Buch bis zu der Zeit, als die Bunkersäuberungen ihr Ende gefunden hatten, eine Kopie machen lassen. Das Original des ersten Buches und die Kopie des zweiten Buches schickte ich zu meinem Freund Klodziński, der im Block 20 war. Die Abschriften hatten Häftlinge gemacht, die im ersten Stock des Blocks 11 festgehalten waren. Im Original habe ich die Häftlinge, die am Leben geblieben sind, mit blauem Farbstift unterstrichen, diejenigen, die getötet wurden, mit rotem Farbstift durchstrichen. Da bei der Abschrift keine Farbstifte zur Verfügung standen, wurde bei den Toten ein Kreuz gemacht. Im Erdgeschoß vom Block 11 waren Polizeihäftlinge. Sie wurden von Gestapostellen ins Lager eingewiesen und trugen Zivilkleider. Sie waren nicht im Stand des Lagers geführt, in meiner Kartei aber schon. Im ersten Stock lagen zuerst Häftlinge, die vor ihrer Entlassung in Quarantäne waren. Dann kamen Häftlinge dorthin, die „IL" (im Lager) hatten oder überstellt werden sollten. Zu anderen Zeiten war dort auch eine Zugangsquarantäne eingerichtet. Einmal wurden selbst SS-Gefangene in diesen Räumen untergebracht, weil für sie im Kommandanturarrest kein Platz mehr war.

Vorsitzender: Was wissen Sie über die Erschießungen?

Pilecki: Ich war nicht dabei, das gehörte zu meinem Glück nicht zu meiner Aufgabe. Einige Male war aber doch meine Neugierde stärker als die Angst, und ich habe sie beobachtet. Der Vorgang war zu verschiedenen Zeiten unterschiedlich. Anfang 1943 — als noch nicht alle Häftlinge tätowiert waren — mußte ich von dem Augenblick, wo die Opfer in den Waschraum geführt wurden, bis zum Hinausführen an die Wand bei ihnen bleiben, denn ich mußte ihnen ihre Nummern auf die Brust schreiben, damit kein Irrtum vorkommen konnte. Die, die zur Erschießung vorgesehen waren, mußten in den Waschraum gehen, jene, die zur Entlassung vorgesehen waren, hatten sich am Gang vor der Schreibstube aufzustellen.

Vorsitzender: Wie sahen die Zellen im Bunker aus?

Pilecki: Es gab verschiedene Zellen. Einige waren mit einem Holzboden versehen, es gab auch Dunkelzellen und Stehzellen. In eine normale Zelle gingen zwei Pritschen hinein. Eine solche Zelle wurde in vier Stehzellen umgebaut. Jede davon hatte sicher weniger als einen Quadratmeter Fläche. Manchmal mußten vier bis fünf Menschen, die eine solche Strafe erhalten hatten, die Nacht über zusammen in eine Stehzelle. Die Öffnungen zu diesen Zellen waren etwa 80 cm hoch und wurden von außen mit einem Riegel verschlossen.

Vorsitzender: Waren auch Leute dauernd und nicht nur über Nacht in einer Stehzelle?

Pilecki: Ja. Es wurden auch Häftlinge gefesselt hineingestellt. Mir ist ein Fall bekannt, in welchem ein „unverbesserlicher" Häftling zum Hungertod in der Stehzelle verurteilt wurde. Bei Tag war er allein, in der Nacht kamen andere zu ihm. Ich habe auch von Fällen gehört, wo größere Gruppen — einmal zwanzig und einmal zehn Menschen — zum Hungertod verurteilt worden waren, weil jemand geflohen war. Zu dieser Zeit war ich aber noch nicht auf dem Block. Ich erinnere mich an zwei Todesfälle durch Verhungern, an Herbert Roman und Kurt Pachala.

Vorsitzender: Wie hatten Sie in diesem Fall die Todesmeldung auszustellen?

Pilecki: Ich weiß nicht. Normalerweise hatte ich einen verstorbenen Häftling papiermäßig dem Krankenbau zu überstellen. Dann war für mich der Fall offiziell erledigt. Ich durfte nie eine Todesmeldung ausstellen. Auch die Erschossenen wurden, als ob sie noch leben würden, dem Krankenbau überstellt und dort im Stand geführt.

Vorsitzender: Das war ja eine offensichtliche Lüge?

Pilecki: Es war nicht die einzige Lüge. Alle Schreibarbeiten hatten wir Häftlinge zu erledigen, denn die SS-Blockführer hatten Schwierigkeiten mit dem Schreiben.

Vorsitzender: Wie war der Vorgang bei den Bunkerentleerungen?

Pilecki: In der Regel wurden solche Entleerungen durchgeführt, wenn der Bunker überfüllt war. Manchmal war das einmal, manchmal drei- bis viermal im Monat. Dann kamen die Mitarbeiter der Politischen Abteilung mit ihrem Chef, der erste oder der zweite Lagerführer und manchmal auch der Rapportführer. Ein Blockführer vom Block 11 ging mit dieser Kommission in den Bunker. Die Kommission ging die Zellen ab. Der Kalfaktor war auf dem Gang im Bunker unten, der Schreiber stand am Bunkereingang, am Ende der Stiege. Der Blockführer öffnete eine Zelle nach der anderen, die Häftlinge meldeten sich, und die Sachbearbeiter trafen die Entscheidung. Es wurde entschieden, ob der betreffende Häftling in den Waschraum kam oder vor die Schreibstube oder ob er in der Zelle blieb. Wer aus der Zelle herausgeholt wurde, ging zum Schreiber, der die Entscheidung gehört hatte und dem Betreffenden sagte, wo er sich aufzustellen hatte. Zuerst wurden die Zellen mit Männern geöffnet, dann die mit Frauen. Bei der Erschießung war es umgekehrt, es wurden zuerst die Frauen erschossen und dann die Männer.

Vorsitzender: Wer hat entschieden, wohin ein Häftling zu gehen hatte?

Pilecki: Die Sachbearbeiter entschieden. Ich kann mich erinnern, daß in Einzelfällen jemand gesagt hat: „Das ist dein Fall.“ Ich kann mich auch erinnern, daß einmal ein Häftling dazu bestimmt wurde, ins Lager entlassen zu werden. Er stand daher auf dem Gang vor der Tür zur Schreibstube. Clausen, der auch Sachbearbeiter war, warf damals einen Blick auf die Gruppe und fragte den größten von ihnen nach Namen und Beruf. Es war der Rechtsanwalt Posniakowski aus Krakau. Clausen nahm ihn in den Waschraum.

Vorsitzender: Welche Rolle spielte Grabner bei den Bunkerentleerungen?

Pilecki: Ohne Zweifel war Grabner die wichtigste Persönlichkeit dabei. Die Politische Abteilung hatte die entscheidende Stimme, und er war deren Leiter. Ich bin sicher, daß der Lagerführer manchmal Häftlinge vor dem Tod bewahren wollte, Grabner aber deren Tod bestimmte.

Ebenerdig befanden sich zwei Waschräume. Einer für Männer auf der rechten Seite, ein kleinerer für Frauen auf der linken. Die Ausgesonderten mußten sich ausziehen. Ich hatte Häftlingsnummer, Namen und Geburtsdatum aufzuschreiben. Ich war dabei so aufgeregt, daß mir öfter Irrtümer passierten. Ich habe vor und im Waschraum geschrieben.

Später gingen alle SSler auf den Hof und stellten sich rechts an die Wand. Ein Blockführer nahm die Karabiner aus seinem Zimmer — es waren immer zwei in Gebrauch —, es handelte sich um Kleinkalibergewehre. Der andere Blockführer blieb auf dem Gang stehen. Zwei Häftlinge mußten den letzten Dienst tun: Einer von ihnen nahm zwei am Arm und lief mit ihnen an die Schwarze Wand. Links davon stand ein anderer Häftling mit einem Rechen. Wenn sie an der Wand standen, kamen zwei SSler und schossen in den Hinterkopf. Wenn der Schuß ertönte, kam der zweite Häftling mit zwei weiteren Opfern.

Vorsitzender: Wer hat geschossen?

Pilecki: Ich habe damals nicht besonders darauf geachtet. Soweit ich zusah, habe ich in Erinnerung, daß fast alle geschossen haben. Einer gab dem anderen den Karabiner.

Vorsitzender: Sie können heute keine Namen nennen?

Pilecki: Das ist schwer, ich bin nicht ganz sicher, aber ich bin überzeugt, daß ich alle schießen gesehen habe.

Vorsitzender: Bei Ihrer Einvernahme am 26. Oktober 1959 sagten Sie, Sie hätten mit Sicherheit gesehen, daß Boger, Schlage und andere geschossen hätten.

Pilecki: Damals konnte ich mich besser erinnern. Ich lebe Gott sei Dank nicht mehr mit meinen Gedanken in Auschwitz.

Vorsitzender: Wie wurden die Standgerichte durchgeführt?

Pilecki: Von Zeit zu Zeit kam die Gestapo Kattowitz, und auch der Chef der Gestapo der Stadt Auschwitz. Der Lagerführer kam zum Standgericht nicht auf Block 11. Bevor die Gestapo kam, erschien Florschütz von der Politischen Abteilung und gab Befehl, die Vorbereitungen für das Standgericht zu treffen. In unserer Schreibstube wurde der Tisch mit einem grünen Tuch gedeckt. An ihm nahmen dann die Gestapoleute von Kattowitz Platz. Einer von ihnen gab mir eine Liste. Der Blockführer öffnete die einzelnen Stuben im Erdgeschoß, und ich mußte die Namen vorlesen. Die Aufgerufenen hatten sich auf dem Gang aufzustellen. Manchmal wurden auch Häftlinge aus dem Lager geholt, die vielleicht in irgendeiner Verbindung mit den Gefangenen der Gestapo gestanden hatten. Einzeln wurden sie in die Schreibstube gerufen. Ein Fall dauerte etwa eine Minute, vielleicht sogar noch kürzer. Unmittelbar darauf wurden die Verurteilten in den Hof geführt. Als später deren Zahl zu groß wurde, sind alle mit einem Lastwagen nach Birkenau gebracht worden. Die ganze Verhandlung, bei der über das Schicksal von hundert bis zweihundert Personen entschieden wurde, dauerte vielleicht ein bis zwei Stunden. Jedes Todesurteil war vom Gauleiter unterschrieben. Ich sah Formulare mit der Urteilsformel, die bereits blanco vom Gauleiter Bracht unterschrieben waren.

Vertreter der Nebenklage Ormond: Hat sich im Block 11 etwas geändert, als Liebehenschel in Auschwitz Kommandant wurde?

Pilecki: Ja. Im ganzen Lager hat sich viel verändert. Im Block 11 spürte man diese Veränderung am deutlichsten. Die Todeswand wurde abgetragen, offizielle Erschießungen wurden nicht mehr durchgeführt, die Stehzellen wurden abgerissen.

Ormond: Und wie war es mit den Standgerichtsverhandlungen?

Pilecki: Darauf hatte der Kommandant keinen Einfluß.

Der Vorgänger Pileckis als Schreiber in Block 11 sagt aus:

Wloch: Im Februar 1942 kam ich als Schreiber in den Block 11. Franciszek Brol, mein Schulkamerad, war dort Blockschreiber. Er kam zur Entlassung in die Quarantäne und hat mich als seinen Nachfolger vorgeschlagen. Ich hatte dort die Aufnahme der Zugänge, die Blockkartei und das Bunkerbuch zu führen sowie täglich eine Stärkemeldung zu machen.

Vorsitzender: Waren Sie der einzige Schreiber auf diesem Block?

Wloch: Ja.

Vorsitzender: Hier haben Sie eine Fotokopie des Bunkerbuches. Können Sie Ihre Schrift wiedererkennen?

Wloch: Ja, hier beginnen meine Eintragungen. Meine erste Eintragung stammt vom 12. Februar 1942, und meine Schrift geht bis zum Dezember 1942. Die letzte Eintragung von mir ist hier vom 10. Dezember 1942.

Vorsitzender: Wo war Ihr Arbeitsraum im Block 11?

Wloch: Es war das zweite Zimmer rechts vom Eingang. Das erste Zimmer rechts war die Blockführerstube.

Vorsitzender: Können Sie uns schildern, wie die Bunkerentleerungen vor sich gingen?

Wloch: Etwa alle drei bis sechs Wochen wurden Bunkerentleerungen durchgeführt. Es kam eine Kommission, an der Spitze Aumeier, Grabner, Palitzsch und die Referenten der Politischen Abteilung. Ich kann das nur für die Zeit bis Ende 1942 beschreiben, dann bin ich in Quarantäne gekommen. Ich blieb zwar noch im Block 11, aber kam in den Stock hinauf, wo ich bis zum 6. April 1943 blieb. Dann wurde ich entlassen.

Vorsitzender: Wie ging die Selektion vor sich?

Wloch: Die Kommission ging in den Bunker. Der Blockführer vom Dienst öffnete die einzelnen Zellen, und dann entschieden die Mitglieder der Kommission, ob der Häftling in der Zelle bleiben, erschossen werden oder ins Lager freigehen soll. Ich hatte die Nummer der Häftlinge aufzurufen.

Vorsitzender: Mußten sich die Häftlinge nicht selbst melden?

Wloch: Nein, ich habe die Nummern aufgerufen. Ich wußte, wer in welcher Zelle war. Wenn ein Häftling von der Kommandantur in den Bunker eingewiesen wurde, dann hat Aumeier oder Palitzsch entschieden. Wenn er von der Politischen Abteilung eingewiesen worden war, entschied Grabner oder der Referent.

Vorsitzender: Was geschah nun mit denen, die zum Erschießen ausgesondert wurden?

Wloch: Die wurden in den großen Waschraum hinaufgeführt und mußten sich dort ausziehen. Der Bunkerkalfaktor und andere Häftlinge, die ihm halfen, mußten auf Brust und Schenkel der Nackten die Nummern schreiben. Hinaufgebracht wurden sie vom Blockführer und dem Bunkerkalfaktor.

Vorsitzender: War das damals bereits Jakob?

Wloch: Nein, das waren Bronislaw Pech und Hans Musiol. Jakob kam erst später. Zu meiner Zeit war er nur Gehilfe des Bunkerkalfaktors. Dann wurden die Opfer vom Waschraum an die Schwarze Wand geführt, und ich mußte Verlegungsmeldungen nach dem Krankenbau ausstellen, so war die Anweisung. Im Bunkerbuch selbst wurden sie unter dem Datum als verstorben oder entlassen verzeichnet.

Vorsitzender: Wenn also im Bunkerbuch entlassen steht, so wurde er in jedem Fall freigelassen ins Lager?

Wloch: Ja, entlassen bedeutete immer, er ging ins Lager.

Vorsitzender: Und wenn verstorben steht, bedeutet das immer erschossen oder auch natürlichen Tod?

Wloch: Wenn verstorben im Bunkerbuch verzeichnet ist, dann kann es sich um Erschießung oder um einen Tod sonstwie handeln.

Vorsitzender: Wie oft wurden solche Erschießungen durchgeführt?

Wloch: Es gab zwei Arten von Erschießungen. Solche, die mit einer Entleerung des Bunkers zusammenhingen, und auch Erschießungen von Häftlingen, die aus dem Lager direkt in den Bunker geführt wurden, ohne erst in den Zellen bleiben zu müssen.

Richter Perseke: Ist Ihnen bekannt, daß in der Stehzelle Häftlinge verhungert sind?

Wloch: Ja, ich habe davon gehört. Es gab im Bunker 28 Zellen. Eine Zelle war in vier Stehzellen unterteilt, das war rechts vom Eingang. Wenn jemand zur Stehzelle verurteilt war, dann wurde er dem Blockführer des Bunkers übergeben mit der Anweisung: „ohne Kost“ oder „jeden dritten Tag Essen“. Meistens wurden Häftlinge wegen Fluchtversuches in die Stehzelle gebracht. Es gab aber auch Lagerstrafen. Man mußte über Nacht in der Stehzelle sein, das war eine größere Zelle, in der mehrere zusammen stehen mußten. So weit ich mich erinnere, ist zu meiner Zeit einer im Stehbunker verhungert, ich glaube, sein Name war Bruno Graf. Wann das war, weiß ich nicht.

Perseke: Nach dem Bunkerbuch ist er am 5. Februar 1943 gestorben. Zu dieser Zeit waren Sie aber schon in Quarantäne. Woher haben Sie das erfahren?

Wloch: Wir sprachen im Block darüber.

Perseke: Wer löste Sie als Blockschreiber im Block 11 ab?

Wloch: Pilecki. Ich bin jeden Tag mit ihm zusammengekommen, und wir haben natürlich gesprochen.

Ersatzrichter Hummerich: Wieviel SS-Männer lösten sich im Dienst als Blockführer ab?

Wloch: Das war verschieden. Zuerst war am Tag der Rangälteste, der Dienst hatte, und eine Hilfe. In der Nacht war ein dritter SSler. Später haben sich nur zwei abgelöst, von denen jeder zwölf Stunden Bereitschaftsdienst hatte.

Staatsanwalt Vogel: Wurde im Block ein Gewehr aufgehoben?

Wloch: Ja, ein Kleinkalibergewehr war im Block 11, und wenn jemand von der Politischen Abteilung zu den Erschießungen kam, brachte er ein zweites mit.

Vogel: Hatte die Kommission Papiere, wenn sie in den Bunker ging, oder nur eine Liste?

Wloch: Sie hatte nur Notizen, Papiere habe ich nicht bei ihr gesehen. Manche trafen ihre Entscheidungen auch ganz ohne Notizen.

Vom ersten Blockschreiber des Bunkers konnte nur das in Polen aufnommene Protokoll verlesen werden:

Brol: Ich war bis zum März 1942 Blockschreiber auf Block 13, der später Block 11 genannt wurde.

Ich habe dort mehrmals Vorbereitungen zu Exekutionen gesehen, die im Hof an der Schwarzen Wand durchgeführt worden sind. Die Häftlinge, die dafür bestimmt waren, mußten sich am Appellplatz unter der Glocke aufstellen, wurden ausgezogen, und die Hände wurden ihnen mit Draht auf dem Rücken zusammengebunden. Das machte der Bunkerkalfaktor Kurt Bennewitz. Er schrieb den Häftlingen auch auf ihre Oberschenkel die Nummern auf. Damals waren Engelschall und andere Blockführer in Block 11. Der Blockführer führte immer zwei Häftlinge gleichzeitig in den Hof. Die

Erschießungen erfolgten einzeln, und die Leichen wurden von der Schwarzen Wand zum Tor getragen. Engelschall ist Ende Sommer weggekommen, sein Nachfolger war Seufert. Die Exekutionen durch Genickschuß haben im Frühling oder Anfang Sommer 1941 angefangen.

Ich habe auch oft gesehen, daß im Bunker Häftlinge an Hunger gestorben sind. Sie wurden in Dunkelzellen ohne Essen eingeschlossen. Meistens geschah das als Vergeltungsmaßnahme, wenn ein Häftling geflohen war.

Die Politische Abteilung arbeitete mit allen Mitteln:

Boratyński: Als ich in Zelle 19 im Bunker inhaftiert war, warnten mich einmal die Blockschreiber Pilecki und Jakob, daß in dieser Zelle ein Spitzel der Politischen Abteilung — Olpiński — sei. Er sollte uns aushören.

Auch solche Methoden wurden angewandt:

Kral: Zur Jahreswende 1942/43 wurde ich sechs Wochen im Stehbunker eingesperrt. Einmal in drei Tagen bekam ich Essen, sonst nur Wasser oder Kaffee. In den Stehbunkern neben mir starben Häftlinge vor Hunger. Kurt Pachala aus Breslau starb am 14. Jänner vormittag. Ich erinnere mich an das Datum, weil das mein Geburtstag ist. Bruno Graf starb dort, dann ein französischer Jude, ein Russe und ein Pole. Die Stehzelle von Pachala wurde nie geöffnet. Er konnte schreien, ja selbst auf Hitler fluchen, niemand öffnete. Am letzten Tag hörte man nur mehr Stöhnen und Würgen. Dann hörte ich den Blockführer Gehring kommen. Sie öffneten seine Zelle, zogen ihn auf den Gang und legten die Leiche vor die Tür meiner Zelle. Ich konnte sie durch eine Ritze sehen. Pachala war barfuß und furchtbar abgemagert. Gehring fragte einen anderen Blockführer: „Was hat denn der Hund mit seinen Schuhen gemacht, vielleicht hat er sie gar aufgefressen?" Dann wurden aus der Zelle die Schuhe ohne Oberteil hinausgeworfen.

Als ich noch ein kleiner Junge war, sagten wir manchmal im

Scherz: Da eß ich meinen Schuh. Damals wußten wir noch nicht, daß man Schuhe wirklich essen kann.

Verteidiger Schallock: Pachala ist neben Ihnen im Stehbunker gestorben?

Kral: In Zelle zwei.

Schallock: Wie lange war Pachala in dieser Zelle?

Kral: Als ich in den Stehbunker kam, war er schon dort. Er sagte mir damals, daß er schon etwa vier Tage eingesperrt sei.

Schallock: Der Zeuge Pilecki hat hier mit großer Sicherheit gesagt, daß Pachala nie im Stehbunker war. Und Pilecki war doch Blockschreiber im Bunker.

Kral: Wenn Pilecki so etwas sagt, dann erinnert er sich entweder nicht oder er weiß nicht, was im Bunker vorgegangen war. Zum Stehbunker hatte nur die SS Zutritt.

SS-Unterscharführer Karl Broch, der in diesem Verfahren nur als Zeuge und nicht als Angeklagter erscheint, sagt aus:

Broch: Ich war zwei- oder dreimal mit der Kommission bei der Entleerung des Bunkers. Aumeier hatte dabei eine Liste in der Hand und machte bei verschiedenen Namen Kreuze. So weit ich weiß, bedeutete ein Kreuz: ins Lager entlassen, zwei Kreuze: in der Zelle bleiben, und drei Kreuze: erschossen werden. Der Bericht des Sachbearbeiters war ausschlaggebend.

Vertreter der Nebenklage Raabe: Es lagen also keine Urteile aus Berlin vor?

Broch: Ich habe niemals solche Urteile gesehen. Ein Befehl aus Berlin kann nicht vorhanden gewesen sein, weil an Ort und Stelle entschieden wurde.

Nicht nur Häftlinge von Auschwitz waren die Opfer des Todesblocks — wie dieser Block genannt wurde. Jemand, der genau Bescheid weiß, wird als Zeuge einvernommen:

Dr. Thümmler: Von Herbst 1943 bis zu dem Zeitpunkt, als die Russen kamen, war ich Kommandeur der Sicherheitspolizei in Kattowitz. Ich hatte die Aufsicht über die Kriminalpolizei, die Staatspolizei und später auch über den SD. Ich führte den

Vorsitz bei dem Polizeigericht, das nach dem gesetzlichen Wortlaut ein Standgericht war. Diesen Vorsitz habe ich von meinem Vorgänger Dr. Mildner übernommen. Bei der Sitzung der Polizeigerichte war ich auch im Konzentrationslager Auschwitz. Ich glaube, daß die letzte Sitzung dort etwa im Spätherbst 1944 gewesen sein dürfte.

Vorsitzender: Wo haben die Verhandlungen dort stattgefunden?

Dr. Thümmler: Ich kann das nicht mehr genau sagen, wir sind immer mit dem Auto bis ans Tor gefahren. Ich war sechs- oder siebenmal bei solchen Gerichtssitzungen im Konzentrationslager Auschwitz.

Vorsitzender: War es im Block 11?

Dr. Thümmler: Da bin ich überfordert.

Vorsitzender: Waren Sie auch einmal im Hof dieses Blocks?

Dr. Thümmler: Vielleicht einmal. Dort soll eine Mauer gewesen sein. Ich habe sie aber nicht mehr in Erinnerung.

Vorsitzender: Eine schwarzgestrichene Mauer muß doch auffallen, das ist doch etwas Ungewöhnliches.

Dr. Thümmler: Ich habe keine Erinnerung daran.

Vorsitzender: Waren bei den Gerichtssitzungen auch Verteidiger anwesend?

Dr. Thümmler: Wenn mal einer gewünscht wurde.

Vorsitzender: Wurde einer gewünscht?

Dr. Thümmler: Das war sehr selten.

Vorsitzender: Und wenn es vorkam?

Dr. Thümmler: Dann wurde er bestellt.

Vorsitzender: Wer war es dann?

Dr. Thümmler: Auch ein Beamter meiner Dienststelle. Es sind immer der Gerichtssitzung umfangreiche Vorvernehmungen vorausgegangen. Bei der Sitzung selbst wurde der Angeklagte dazu gehört, ob seine Unterschrift von ihm anerkannt wird. In den meisten Fällen war die Sache ganz klar und eindeutig.

Vorsitzender: Wurden vorher auch verschärfte Vernehmungen durchgeführt?

Dr. Thümmler: Ich weiß nicht. Ich habe jedenfalls nichts davon erfahren. Ich habe von verschärften Vernehmungen nichts gehört. Die Tatbestände waren auch so klar, daß es keiner verschärften Vernehmung bedurft hätte.

Vorsitzender: Wenn ein Urteil lediglich auf einem Geständnis beruht, so muß doch der Richter größte Bedenken haben, wenn vorher verschärfte Vernehmungen durchgeführt worden sind, die mit Mißhandlungen verbunden waren.

Dr. Thümmler: Ja, selbstverständlich. Ich habe während meiner ganzen Dienstzeit Wert darauf gelegt, daß keine Gewaltakte vorkommen. Ich kann aber nicht dafür geradestehen, wenn einer doch mißhandelt hat.

Vorsitzender: Muß sich ein Vorgesetzter nicht auch darum kümmern, daß seine Befehle durchgeführt werden? Was wir bisher über die Sondergerichte in Auschwitz gehört haben, ist höchst bedenklich.

Dr. Thümmler: Ich war ziemlich ahnungslos, als ich nach Kattowitz gekommen bin. Dann habe ich natürlich von den Vergasungen gehört. Ich habe mit Schmauser darüber gesprochen, das war etwa Mitte 1944, und ich habe dann vorgeschlagen, daß wir beim Reichsführer selbst, pardon, bei Himmler, vorsprechen, damit das Lager abgebaut wird. Es war mir so unheimlich. Es kam dann zu einer Besprechung bei Himmler, und ich habe einen Bericht von etwa drei bis vier Seiten vorgelegt, in dem ich alles auf militärische Dinge abstellte, darauf hinwies, daß so ein Riesenlager bei dem Rückzug der Truppen eine militärische Gefahr bedeuten würde.

Staatsanwalt Vogel: Sind bei den Gerichtsverfahren auch Zeugen vernommen worden?

Dr. Thümmler: In der Regel nicht, aber es kam schon vor. Wir fragten die Angeklagten, ob alles stimme, und sie sagten alle ja.

Vogel: Das Gericht sprach nur Todesurteile und KZ-Einweisungen aus?

Dr. Thümmler: Ja, ein Freispruch war praktisch ausgeschlossen. Zu meiner Zeit gab es ja auch keine Unschuldigen, es wurden nur in absolut klaren Fällen Gerichtsverfahren eingeleitet.

Vogel: Gab es schon Blanko-Todesurteile?

Dr. Thümmler: Davon ist mir nichts bekannt.

Vogel: Wurden die Angeklagten sofort nach dem Spruch erschossen?

Dr. Thümmler: Zu meiner Zeit nicht. Früher dürfte es so gewesen sein. Ich weiß das aber nur aus Erzählungen.

Vogel: Wurde das Urteil schriftlich fixiert?

Dr. Thümmler: Ja. Es wurde von einem Verwaltungsbeamten, der Protokollführer war, entworfen und dann von den drei Richtern unterschrieben. Der Beamte selbst war kein Jurist.

So ein Urteil hat etwa eine halbe bis eine Seite Umfang gehabt. Darin stand der gesamte Tatbestand.

Staatsanwalt Kügler: Wo sind Sie heute angestellt?

Dr. Thümmler: Darf ich diese Frage dem Gericht schriftlich beantworten? *(Dr. Thümmler ist bei den Zeiss-Werken beschäftigt.)*

Ersatzrichter Hummerich: Welchen Dienstgrad hatten Sie?

Dr. Thümmler: SS-Obersturmbannführer und Oberregierungsrat.

Vogel: Am 12. 6. 1942 wurde ein Erlaß herausgegeben, demzufolge verschärfte Vernehmungen nicht durchgeführt werden durften, um Geständnisse zu erreichen.

Dr. Thümmler: Ich habe immer wieder Wert darauf gelegt, daß keine Gewalt angewendet wird. Der einzige Mann, der Gewalt anwandte, der Leiter der Politischen Abteilung, Grabner, kam weg, weil er meinen Anweisungen entgegengehandelt hat.

Vorsitzender: Ich kann mir nicht vorstellen, daß es so viele freiwillige Geständnisse bei diesen Sondergerichten gegeben hat.

Dr. Thümmler: Es handelte sich meistens um junge polnische Nationalisten. Sie wurden mit amerikanischen oder englischen Waffen in der Hand ergriffen.

Erster Staatsanwalt Dr. Großmann: Wer bestimmte die Zusammensetzung des Standgerichts?

Dr. Thümmler: Ich.

Dr. Großmann: Wer bestimmte den Ankläger?

Dr. Thümmler: Ich.

Dr. Großmann: Wer bestimmte den Verteidiger?

Dr. Thümmler: Ich.

Dr. Großmann: Sie bestimmten also alles?

Dr. Thümmler: Es gab keine andere Möglichkeit.

Dr. Großmann: Wenn Einweisung ins KZ ausgesprochen wurde, wie lautete dann der Spruch?

Dr. Thümmler: Auf unbestimmte Zeit.

Dr. Großmann: Wie oft etwa wurde ein solcher Spruch gefällt?

Dr. Thümmler: Relativ sehr oft, vielleicht in 40 Prozent der Fälle.

Dr. Großmann: Das heißt also, daß in 60 Prozent der Fälle ein Todesurteil ausgesprochen wurde?

Dr. Thümmler: Ja, aber vor meiner Zeit gab es nicht so viele KZ-Einweisungen. Ich erinnere mich deshalb daran, weil ich bei der ersten Sitzung, die ich präsidierte, deswegen eine lebhafte Auseinandersetzung mit meinem Beisitzer hatte.

Dr. Großmann: Hat nie ein Angeklagter gesagt, daß er seine Unterschrift nur unter Gewalt geleistet hat?

Dr. Thümmler: Nein, kein einziger hat seine Unterschrift bestritten. Ich glaube nicht, daß bei der Abfassung des Protokolls Gewalt angewandt worden ist.

Vertreter der Nebenklage Raabe: Wie viele Todesurteile wurden von dem Standgericht unter Ihrem Vorsitz ausgesprochen?

Dr. Thümmler: Einige Hunderte.

Raabe: Wie viele Hunderte?

Dr. Thümmler: Das kann ich nicht genau sagen.

Raabe: Waren es 900?

Dr. Thümmler: Nein, 900 waren es nicht, es ist furchtbar schwer, eine Zahl anzugeben.

Raabe: Wieso haben die Verhandlungen zu Ihrer Zeit in geringerem Ausmaß stattgefunden als zur Zeit Dr. Mildners?

Dr. Thümmler: Das lag an mir. Aber mein Vorgänger Dr. Mildner ist keineswegs mit Schimpf und Schande abberufen worden.

Raabe: Wie war Ihre Zusammenarbeit mit der Politischen Abteilung in Auschwitz?

Dr. Thümmler: Ich habe keine solche Zusammenarbeit gehabt. Sie erhielt Weisungen von meinem Vertreter, das ist möglich, aber ich erinnere mich nicht genau daran, etwas unterschrieben zu haben.

Raabe: Sie haben vorhin gesagt, daß Sie sechs- bis siebenmal in Auschwitz waren, und sagten, daß dabei einige hundert Todesurteile ausgesprochen wurden.

Dr. Thümmler: Ich will mich nicht auf die Zahl sieben festlegen, vielleicht war ich auch achtmal dort.

Vorsitzender: Angeklagter Boger, haben Sie hier nicht einmal gesagt, daß die Schaukel eine Erfindung der Gestapo in Kattowitz war?

Boger: Ich habe nicht Kattowitz gesagt. Es gab andere Dienststellen der Gestapo aus dem Generalgouvernement, die auch in Auschwitz Vernehmungen durchführten. Die Leiter der Politischen Abteilung in Auschwitz, Grabner und sein Nachfolger Schurz, waren Beamte der Leitstelle Kattowitz. Sie waren dieser auch disziplinär unterstellt. Aber nur eben diese

beiden Leiter, wir andere waren Angehörige der Waffen-SS und unterstanden der Kommandantur. Grabners Vertreter war Wosnitza, Schurz hat zwei oder drei Vertreter gehabt, die sich abgelöst haben. Ich habe auch für die Gestapo Kattowitz Vernehmungen durchgeführt.
Dr. Thümmler: Das kann durchaus sein.

Unbehelligt kann Dr. Thümmler den Zeugenstand verlassen.
Der Angeklagte Broad hat in seinem Bericht die Tätigkeit der Sondergerichte unter dem Amtsvorgänger von Dr. Thümmler geschildert:

Dicht neben der Tür muß sich der Delinquent aufstellen. Mildner verliest die Urteilsbegründung. „Nach dem Ergebnis der staatspolizeilichen Ermittlungen hat sich der Pole ... gegen die Gesetze des deutschen Reiches vergangen, indem er ...", so fing es im allgemeinen an, und der Schluß bestand in dem monotonen und empfindungslos heruntergeleierten Satz: „Das Polizei- und Standgericht der Staatspolizeileitstelle Kattowitz verurteilt ihn zum Tode". Mit einer Miene, die sowieso keine Kritik zuläßt, blickt der Despot, der so mutig im Töten ist, nach links und rechts und nimmt das zustimmende Nicken der Beisitzer als selbstverständlich entgegen. Der Verurteilte kommt nicht mehr zu Wort. Kaum eine Minute nimmt jeder Fall in Anspruch. Kaus kann oft nicht so schnell die Akten heraussuchen.

Nach knapp zwei Stunden ist die Sitzung beendet. Von den 210 Personen wurden 206 zum Tode verurteilt, für 4 wurde Schutzhaft angeordnet. Mildner beeilt sich, zur Exekutionsstelle zu kommen.

Die Erschießungen im Hof von Block 11 schildert Broad mit folgenden Worten:

An einer Steinmauer im Hof des Blocks 11 steht die Schwarze Wand. Der Rapportführer oder ein Arrestaufseher vollzieht die Erschießung. Um nicht die Aufmerksamkeit der Passanten zu erregen, die auf der nicht weit hinter der Steinmauer vorbeiführenden Landstraße entlanggehen, wird ein Kleinkalibergewehr mit einem Magazin für 10 bis 15 Schuß verwendet. Aumeier, Grabner und der jeweilige Henkersknecht, der bereits das schußfertige Gewehr hinter dem Rükken verborgen hält, stehen im Vollgenuß ihres Machtbewußtseins in Positur. Im Hintergrund warten verängstigt einige Totenträger mit Bahren auf ihre traurige Beschäftigung. Sie können das Grauen nicht bezähmen, das aus ihrem Gesichtsausdruck spricht. Neben der Schwarzen Wand steht ein Häftling mit einer Schaufel. Ein ausgesucht starker Gefangener des Reinigungspersonals bringt im Laufschritt die ersten beiden Opfer. Er hält sie an den Oberarmen fest und drückt sie mit dem Gesicht gegen die Wand. „Prosto!" (geradeaus) kommandiert jemand, falls sie die Köpfe seitwärts drehen. Obwohl diese wandelnden Skelette, von denen mancher monatelang in den stinkenden Kellerzellen ein Dasein fristete, wie man es keinem Tier zumuten würde, kaum noch auf den Beinen stehen können, rufen viele von ihnen in dieser letzten Sekunde „Es lebe Polen!" oder „Es lebe die Freiheit!"

Der Henkersknecht beeilt sich dann jedesmal mit dem Genickschuß oder sucht sie durch brutale Schläge zum Schweigen zu bringen.

Kaum hörbar fällt Schuß auf Schuß. Röchelnd brechen die Opfer zusammen. Der Henker stellt fest, ob seine Genickschüsse, die er aus wenigen Zentimetern Entfernung abgibt, gut sitzen. Er tritt den am Boden Liegenden auf die Stirn, zieht die Haut zurück, um auf diese Weise festzustellen, ob ihr Blick gebrochen ist. Aumeier und Grabner sehen sachverständig zu. Wenn ein Erschossener noch röchelt, dann befiehlt einer dieser beiden SS-Führer: „Der muß noch einen kriegen!" Ein Schuß in die Schläfe oder ins Auge bereitet dann diesem unglücklichen Leben ein endgültiges Ende.

Im Laufschritt eilen die Leichenträger mit den Bahren hin und her, laden die Toten auf und werfen sie am anderen Ende des Hofes auf einen Haufen. Immer mehr blutüberströmte Leiber liegen dort. Noch minutenlang strömt den Erschossenen in einem feinen Strahl das Blut aus der Einschußwunde am Hinterkopf und ergießt sich über den Rücken. Stumm und ohne äußerliche Zeichen innerer Bewegung tritt jedesmal, wenn zwei Erschossene abtransportiert werden, der Häftling mit der Schaufel heran und bedeckt die schaumigen Blutlachen mit Sand. Mechanisch lädt der Henker jedesmal sein Gewehr durch und führt Exekution auf Exekution durch. Entsteht einmal eine Verzögerung, dann setzt er die Waffe ab, pfeift sich ein Liedchen oder unterhält sich mit den Umstehenden über betont gleichgültige Themen. Er will mit dieser zynischen Haltung zeigen, wie wenig es ihm ausmacht, „dieses Pack umzulegen", und wie „hart" er ist. Er ist stolz darauf, diese unschuldigen Menschen ohne jede Gewissensempfindung umzubringen. Wenn einer nicht den Kopf stillhält, dann preßt er ihm die Gewehrmündung ins Genick und drückt ihn mit dem Gesicht an die Wand.

Dr. Glowacki aus Warschau, der als Leichenträger in den Hof des Blocks 11 gehen mußte, erinnert sich so:

Dr. Glowacki: Unser Leichenträgerkommando mußte nach den Erschießungen im Hof vom Block 11 immer die Leichen wegtragen.

Vorsitzender: Führte immer Jakob zwei Häftlinge zur Schwarzen Wand?

Dr. Glowacki: Nein, nicht nur Jakob. Vor ihm mußten das auch andere Häftlinge tun. An deren Namen kann ich mich nicht mehr erinnern.

Die für den Tod Bestimmten wurden in den Waschraum gebracht, mußten sich dort ausziehen, die Hände wurden ihnen auf den Rücken gefesselt. Dann wurden sie von Jakob über die Treppe in den Hof und direkt vor die Schwarze Wand geführt, wo sie mit dem Gesicht zur Wand in einem Abstand von ein bis zwei Metern voneinander aufgestellt wurden. Dann näherte sich ihnen ein SS-Mann, setzte seinen Karabiner am Genick auf und schoß aus einer Entfernung von etwa 10 cm. Wenn der erste gefallen war, wurde der zweite erschossen. Dann kamen wir und hatten die Leichen auf die Seite zu einem Kanalgitter zu tragen, wo das Blut abfloß. Dort häuften wir die Leichen, die noch warm waren, aufeinander. Jakob holte inzwischen die nächsten, es ging alles sehr schnell.

Wenn sehr viele Menschen zu töten waren, dann schossen gleichzeitig zwei SS-Leute, und vier Häftlinge wurden zur selben Zeit an die Wand geführt. Ich erinnere mich an die Massenexekution einer Gruppe von mehr als 160 Künstlern aus Krakau. Die Leichen waren damals hoch aufeinandergetürmt. Das Blut floß aus dem Tor hinaus. Unter den Ermordeten waren viele Freunde von mir.

Ein anderer ehemaliger Leichenträger sagt aus:

Weiß: Als Leichenträger bin ich bei Exekutionen sehr oft in den Hof des Blocks 11 gerufen worden. Die größte Exekution, die ich erlebt habe, war am 28. Oktober 1942. Damals wurden 285 Häftlinge erschossen. Ich habe mir den Tag gemerkt, weil das der tschechische Nationalfeiertag ist. Damals schossen sehr viele SSler, ich glaube, es waren sechs oder acht, die sich abwechselten. Die Exekution dauerte zwei oder zweieinhalb Stunden. Wir waren nachher völlig vernichtet. Wir waren blutig und sahen aus wie Metzger.

Diese Schilderungen werden von dem tschechischen Zeugen Fabian ergänzt:

Fabian: Ich war etwa vom Herbst 1943 bis zur Evakuierung Leichenträger im Stammlager Auschwitz.

Vorsitzender: Welche Aufgabe hatten die Leichenträger?

Fabian: Wir hatten täglich die Leichen der Verstorbenen aus den Blöcken des Krankenbaus, sowie aus Block 20 und Block 11 die der Getöteten in den Leichenkeller zu bringen. Abends hatten wir dann die Leichen mit Handwagen ins Krematorium zu führen. Manchmal ging es auf einmal, manchmal mußten wir zweimal fahren. Wir mußten auch bei den Spritzungen auf Block 20 die Leichen von dort wegtragen.

Vorsitzender: Waren diese Leichen bekleidet?

Fabian: Nein, sie waren entkleidet, nur einige hatten noch eine Brille oder einen Gürtel. Ich erinnere mich, als ich zum erstenmal dazu eingeteilt war, aus dem Waschraum vom Block 20 die Gespritzten zu holen, lagen dort mehr als 40 Tote. Die alten Leichenträger sagten uns nicht, worum es sich handelte. Am zweiten Tag war dasselbe, erst später habe ich den Einstich in der Herzhöhe und einen Blutstropfen dort gesehen. Nahezu täglich hatten wir von dort Leichen wegzutragen, außer am Sonntag. Wir trugen die oft noch warmen Leichen in Block 28. Nicht nur die SS, sondern auch der polnische Häftling Pańszczyk hat dort gespritzt. Die Polen haben ihm versprochen, daß sie ihn in Stücke schneiden werden.

Vorsitzender: Haben Sie auch Leichen aus Block 11 weggetragen?

Fabian: Wir haben dort Tausende aufgeladen.

Vorsitzender: Wie sind Sie in den Block hineingekommen?

Fabian: Jedesmal vor dem Erschießen wurden wir gerufen. Bei einer großen Exekution mußten wir in der Ecke lange warten, währenddessen im Keller unten die Häftlinge ausgesucht wurden.

Vorsitzender: Bitte, schildern Sie das genau.

Fabian: Wir sind in der Regel durch das Tor in den Hof geführt worden, der zwischen Block 10 und 11 lag. Wenn einzelne erschossen wurden, geschah das manchmal im Waschraum des Blocks 11. Dorthin hatten wir auch die Leichen zu tragen, denen Fleisch entnommen wurde. Ich erinnere mich an einen großen Zigeuner, er war ein Riese, der wurde nackt zur Schwarzen Wand geführt und hatte nur seine Halbschuhe an. Nachdem der Schuß ihn traf, fiel er um und verlor dabei seine Schuhe. Wir bekamen den Befehl, die Leiche in den Waschraum zu tragen. Es war das damals die letzte Hinrichtung an diesem Tag. Dann mußten wir den Wagen holen, und als wir alle Leichen aufgeladen hatten, holten wir die Leiche des Zigeuners aus dem Waschraum. Den Anblick kann ich nicht vergessen. Ihm war Fleisch aus Armen, Beinen und der Brust herausgeschnitten worden. Vorher habe ich SS-Leute in weißen Mänteln mit chirurgischen Instrumenten im Waschraum gesehen. Zuerst glaubten wir, der Zigeuner habe etwas verschluckt, und sie wollten es herausholen, aber dann geschah so etwas öfter. Meistens wurde den Leichen von stärkeren Frauen Fleisch entnommen. Am häufigsten war das im Sommer 1944.

Bei großen Exekutionen war die ganze Politische Abteilung im Hof, auch einen SS-Arzt und Höß habe ich dort gesehen. Staszek, ein Pole, der auf Block 11 tätig war, kam vor solchen Exekutionen mit seinem Fahrrad zu uns auf Block 28 und rief in den Keller hinunter: „Leichenträger, zwei Tragbahren“ oder „Eine Kiste“ oder „Zwei Kisten“. Wenn wir mit Kisten gerufen wurden, so hieß das, daß eine kleine Hinrichtung war, vielleicht ein oder drei Menschen oder eine Frau mit einem Kind. Wenn wir mit Tragbahren gerufen wurden, dann hieß das: Es steht eine große Exekution bevor. Bei Einzelhinrichtungen wurden wir manchmal gerufen, wenn die Hinrichtung schon erfolgt war. Bei größeren Hinrichtungen hatten wir in der rechten Ecke des Hofes zu warten. Wir hörten aus dem Bunker heraus die Meldungen in den einzelnen Zellen. Dann mußten sich die Opfer im Waschraum entkleiden, dessen Fenster mit einer Decke verhängt war. Jakob und ein anderer Häftling führten immer im Laufschritt je zwei zur Schwarzen Wand. Sie wurden mit einem Flobertgewehr von hinten in den Kopf geschossen. Wir mußten die Leichen bei den Händen und Füßen packen und zwei auf eine Tragbahre legen. Wir brachten sie zum Kanal, der im Hof auf der Seite des Blocks 10 war und haben dort die Toten von der Bahre heruntergekippt. Währenddessen sind schon zwei andere erschossen worden. Es ging sehr schnell. Wir liefen immer hin und zurück. Während aller Exekutionen, die ich an der Schwarzen Wand gesehen habe, ist nicht einer nach dem Schuß mit dem Kopf gegen die Wand gefallen. Alle lagen sie auf dem Rücken. Manche erhielten zwei Schüsse. Der zweite Schuß wurde meistens in die Schläfe oder in ein Auge abgegeben. Wir hatten die Ärmel und die Hosenbeine aufgekrempelt und waren mit Blut ganz vollgespritzt. Oft spritzte das Blut noch, während wir die Leichen trugen. Alles ging sehr schnell. Die Erschießung von 100 Häftlingen dauerte nicht lange.

Einmal geschah folgendes: Ich trug vorne, da hörte ich plötzlich hinter mir auf der Bahre eine Stimme: „Herr Oberscharführer, Sie haben mich schlecht getroffen.“ Stiwitz, der damals geschossen hatte, sagte: „Halts Maul, du kriegst noch eine!“ Wir mußten die Tragbahre absetzen, und Stiwitz schoß dem Häftling in den Kopf.

Einmal hat eine Frau schrecklich geschrien, da hat Aumeier befohlen: „Nehmt zuerst die Verrückte!“ Ein anderes Mal hat sich ein Mann von Jakob losgerissen, hat sich vor die SS aufgestellt, sich gegen die Brust geschlagen und gerufen: „So muß ein Reichsdeutscher verrecken." Grabner zeigte nur zur Wand, der Deutsche ließ sich nicht hinführen, sondern stellte sich selbst etwa zwei Meter entfernt von der Wand auf und ließ sich erschießen. Ein älterer Pole, ich sehe das wie heute, sagte zu seinem Leidensgefährten: „Komm, was hast du denn Angst, oben werden wir uns wiedersehen." Einige beteten, andere riefen: „Es lebe die Freiheit!" oder sangen die Nationalhymne. Andere riefen: „Ihr kommt auch dran!" — Ich bin jetzt verstört, ich kann schwer weitersprechen.

Vorsitzender: Kam es öfters vor, daß bei den Hinrichtungen nicht alle Opfer tot waren?

Fabian: Ja, bei jeder großen Hinrichtung gab es solche Fälle, Dann blieb der Aufseher vom Block 11 im Hof, ging zu dem Leichenhaufen, und wir mußten diejenigen, die noch atmeten, herausziehen, und sie wurden erschossen.

Oft wurden auch Fluchtversuche unternommen, und wenn die Flüchtigen erschossen worden waren, dann mußten wir die Leichen, die meist einen geöffneten Schädel oder geöffneten Leib hatten, weil anscheinend Dumdumgeschosse benützt worden waren, vor Block 24 auf der Seite des Lagertores ausstellen. Sie wurden auf Kisten gelegt, und der Kopf mit einer Kiste unterstützt. Darüber wurde eine Tafel angebracht, auf der in deutsch und polnisch stand: „Im KZ Auschwitz ist eine Flucht unmöglich" oder „So wird es jedem geschehen, der eine Flucht versucht".

Verteidiger Dr. Fertig: Wie lange wurden regelmäßig in Block 11 Erschießungen durchgeführt?

Fabian: Gegen Ende gab es immer weniger Erschießungen. Regelmäßig waren diese Exekutionen nie. Früher waren sie mindestens einmal in der Woche. Es gab eine Zeit, wo solche Exekutionen nahezu täglich waren. Im Jahr 1944 wurden sehr viele Frauen hingerichtet.

Wenn wir die Leichen beim alten Krematorium auszuladen hatten, dann gab es besonders schlimme Szenen, wenn uns beim Hinausführen der Leichen bei der Blockführerstube befohlen wurde: „In 20 Minuten habt ihr zurückzukommen!" Wir haben dann den Beton mit Kübeln begossen, einzelne von uns stiegen auf den Leichenwagen hinauf und warfen die Leichen herunter, andere haben mit Riemen die Toten am Arm ins Krematorium gezogen. Wenn ein solcher Befehl gegeben wurde, dann mußten wir zwei Tote auf einmal ziehen. Wir hatten keine Zeit, uns nachher noch die Hände zu waschen oder die Decken zusammenzulegen, mit denen der Leichenwagen zugedeckt war.

Ich vergesse auch einen Anblick niemals: Als wir ins Krematorium kamen, waren in einem Raum lauter Vergaste. Sie knieten, der Kopf des einen war auf den Füßen des anderen. Andere Vergaste standen, weil sie so eng gedrängt waren, daß sie nicht umfallen konnten. Die Leichen waren nackt.

Ein anderes Mal, als wir mit unserem Wagen zum Krematorium kamen, war das Tor zum Vorraum nicht geöffnet. Durch die Ritze sahen wir, daß drinnen zwei große Gefäße mit Fleisch verladen wurden. Stiwitz und zwei andere SS-Leute taten das. Sie hatten dort ein Motorrad mit Beiwagen. Erst als sie hinausfuhren, konnten wir durch das nun geöffnete Tor hinein. Es sah drinnen aus wie in einer Metzgerei. Zerschnittene Leichen waren notdürftig mit Brettern zugedeckt.

Wie tief der Mensch gedemütigt wurde, geht aus dieser Aussage hervor:

Löffler: Im Frühling 1943 wurde ich im Krankenbau des Stammlagers als Pfleger ausgebildet. Manchmal kam ein Oberscharführer und suchte starke Männer. Wir mußten dann zum Block 11. Einmal, vielleicht Mitte April 1943, wurden im Hof des Block 11 deutsche Offiziere erschossen. Wir mußten die Leichen aufstapeln. Für diese Arbeit bekamen wir eine Zulage, Brot und Pferdewurst. Ich habe mich zu dieser Arbeit wegen der Zulage gemeldet.

Wilhelm Boger

Der Angeklagte Boger wurde 1906 in Stuttgart geboren. Nach Erlangung der mittleren Reife und einer kaufmännischen Lehre war er als kaufmännischer Angestellter bei verschiedenen Firmen tätig. Im Frühling 1932 wurde er arbeitslos.

Im Jahr 1922 war Boger der nationalsozialistischen Jugendbewegung, 1930 der SS beigetreten. Im Jahr 1933 wurde er als SSler zur Hilfspolizei einberufen. Sein damaliger Vorgesetzter sagt über diese Zeit — wenn auch vorsichtig — aus:

Vorsitzender: Kannten Sie den Angeklagten Boger?

Engelbrecht: Ja, ich habe ihn gut gekannt. Er war bei meiner Dienststelle in Friedrichshafen von Ende 1933 bis zum Ausbruch des Ostkrieges.

Vorsitzender: Welchen Dienstgrad hatte Boger damals?

Engelbrecht: Boger war damals Kriminalsekretär. Er war mit Aufgaben allgemeiner Art betraut, zum Teil hatte Boger auch Einzelaufgaben bekommen, ebenfalls grenzpolizeiliche Aufgaben. Er ist nach Kriegsbeginn irgendwo nach dem Osten weggekommen.

Vorsitzender: Ist Ihnen bekannt, daß Boger nach Ziechenau gekommen ist?

Engelbrecht: Er war dort tätig, das weiß ich. Ich nehme an, daß er gleich nach Ziechenau kam, als er nach dem Osten versetzt wurde. Boger war in Ziechenau und in Ostrolenka. Ich glaube, in einem der beiden Orte war er der Leiter des Grenzpolizeikommissariats.

Staatsanwalt Vogel: Hatte Boger schon eine polizeiliche Ausbildung, als er 1933 nach Friedrichshafen kam?

Engelbrecht: Sicher nicht. Ich kann mir nicht vorstellen, daß er damals schon eine polizeiliche Ausbildung gehabt hat. Im allgemeinen hatte er auch politische Dinge zu bearbeiten.

Vogel: Ist Ihnen bekannt, daß Boger im Dienst einmal einen katholischen Geistlichen mißhandelt hat?

Engelbrecht: Mir ist das damals dienstlich nicht zur Kenntnis gekommen.

Vertreter der Nebenklage Ormond: Hat Ihnen Boger später einmal erzählt, daß er Schwierigkeiten gehabt hat und daß er auch in Haft genommen war?

Engelbrecht: Ich erinnere mich dunkel daran. Es mag sein, daß damals Zeugnisse über ihn angefordert worden sind. Er ist degradiert worden, aber über den Grund der Degradierung habe ich nur Gerüchte gehört.

Ormond: Bezogen sich diese Gerüchte auch auf den Vorwurf von Abtreibungen?

Engelbrecht: Ja, so etwas kann es gewesen sein.

Was Boger in Ostrolenka getan hatte, wurde im Verlauf des Prozesses nicht geklärt. Eine spontan gemachte Angabe eines engen Mitarbeiters von Boger ist jedoch bezeichnend:

Vorsitzender: Hat Broad bei seiner ersten Einvernahme unmittelbar nach seiner Verhaftung im April 1959 ausgesagt, daß Boger seinerzeit in Ostrolenka SS-Hauptsturmführer war?

Aedtner: Ja.

Vorsitzender: Erinnern Sie sich, was er damals über Boger sagte?

Aedtner: Er sagte, daß Boger stolz darauf war, daß er den Namen „Henker von Ostrolenka" führte. Daran erinnere ich mich.

Vorsitzender: Ja, das steht auch im Protokoll.

So weit der Kriminalbeamte, der Broad verhaftet hat.
Der Verteidiger Bogers, Rechtsanwalt Schallock, stellt in seinem Plädoyer den Fall so dar, daß Boger bezichtigt worden war, eine Abtreibung veranlaßt zu haben. Tatsächlich soll von seiner Dienststelle — nicht von ihm selbst — eine junge Volksdeutsche die Erlaubnis bekommen haben, eine Schwangerschaft zu unterbrechen, weil sie ein „rassefremdes" Kind erwartete.

Ein ehemaliger Häftling spricht von einer aussergewöhnlichen Begegnung mit Boger. Die Aussage wirft Licht auf diesen Lebensabschnitt des Angeklagten:

Diamanski: Ich wurde in Berlin in der Prinz-Albrecht-Straße in einer Gemeinschaftszelle festgehalten. Dort befand sich nur noch ein politischer Häftling, sonst waren lauter SS-Leute in der Zelle. Auf der Pritsche neben mir lag der SS-Offizier Boger. Er war Gestapoleiter in Ostrolenka und hatte den Spitznamen „Henker von Ostrolenka". Es hieß, daß die ganze Leitstelle damals gesessen sei, wohl weil sie mehr organisiert hatte, als ihr zustand. Als ich nach Auschwitz kam, erkannte ich dort Boger wieder.

Vorsitzender: Hatten Sie in der gemeinsamen Haft mit Boger diesem etwas von Ihren Paketen abgegeben?

Diamanski: Ja, wir lagen ja Bett an Bett.

Vorsitzender: Hatten Sie einen Grund, auf Boger böse zu sein?

Diamanski: Zuerst hatte ich vor ihm Angst, als ich ihn in Auschwitz wiedersah, aber mir persönlich hat er nie etwas getan. Ich kann nicht sagen, daß er sich mir gegenüber schlecht benommen hätte.

Richter Hotz: Boger hat hier gesagt, daß er nie in Auschwitz geschossen hätte.

Diamanski: Alle haben geschossen, mit wenigen Ausnahmen.

Boger: Ich kenne den Zeugen sehr gut aus Berlin. Ich könnte ihn auf mehrere Täuschungen hinweisen, aber ich möchte ebenso kameradschaftlich sein wie er früher.

Vom Gefängnis kam Boger in eine Bewährungseinheit. Auch das wurde dem Gericht geschildert:

Kilp: Ich kenne Boger aus Rußland. Wir waren im Frühling 1942 gemeinsam beim Angriff am Wolchow. Boger war in einem Bewährungszug, ich war in einem Pionierbataillon der Polizei. Er war gewöhnlicher Mann, ich war Unteroffizier.

Vorsitzender: Warum war Boger in einer Bewährungseinheit?

Kilp: Ich weiß es nicht. Im Frühling 1942 wurde ich wegen Krankheit aus der Front zurückgezogen und kam nach Dresden. Dort habe ich im August 1942 Boger wiedergetroffen.

Boger: Der Zeuge muß sich zeitlich täuschen. Wir waren auch nach dem August noch in Dresden beisammen. Ich bin im Juni 1942 aus dem Reservelazarett entlassen worden, hatte anschließend drei Wochen Genesungsurlaub und kam dann nach Dresden. An der Front war ich als gewöhnlicher Pionier eingesetzt, in Dresden erhielt ich wieder den Rang eines Feldwebels, SS-Oberscharführers, zugebilligt. Als solcher wurde ich von dort nach Auschwitz versetzt.

In Auschwitz kam Boger zur Politischen Abteilung. Er war dort bis zur Evakuierung des Konzentrationslagers tätig, dann wurde er nach Dora-Nordhausen versetzt.

Nach Kriegsende ging Boger nach Ludwigsburg, wo er im Juni 1945 von der amerikanischen Militärpolizei verhaftet wurde. Ende November 1946 sollte er nach Polen ausgeliefert werden. Ihm gelang aber die Flucht aus diesem Transport. Über die Zeit nach seiner Flucht sagt Boger aus:

Boger: Nach meiner Flucht aus der Haft bin ich bei Verwandten und Bekannten in Württemberg untergetaucht, ohne polizeilich angemeldet zu sein. Damals zeigte es sich noch, daß die Deutschen zusammenhielten, denn sie kannten mich alle, und niemand zeigte mich an.

Er verweigert die weitere Aussage mit Worten, die für ihn charakteristisch sind:

Boger (zur Vernehmung zur Sache aufgerufen): Mein Entschluß ist unabänderlich, ich verzichte auf jede Aussage.

Auch folgende Redewendung, die er bei seiner Vernehmung gebraucht, ist kennzeichnend für die Denkweise Bogers:

Boger: Ich war ein alter Hase in der nationalsozialistischen Bewegung. Lassen Sie mich, Herr Vorsitzender, an dieser Stelle jener Häftlinge ohne Unterschied der Rasse und Religion gedenken, die im Konzentrationslager Auschwitz umkamen. Lassen Sie mich aber auch der SS-Leute gedenken, die in Auschwitz ihren Dienst tun mußten.

Boger wurde — wie bereits dargestellt — als erster in diesem Verfahren verhaftet. Unmittelbar nach seiner Verhaftung gab er zu Protokoll:

... In Ludwigsburg hielt ich mich 1945, ohne polizeilich gemeldet zu sein, etwa drei Wochen lang auf, wurde aber durch Verrat eines Auschwitzer Häftlings von den Amerikanern festgenommen und ins Interniertenlager gebracht. Nach kurzem Aufenthalt im Interniertenlager erfolgte die Verschubung nach Dachau, von wo die Auslieferung an Polen erfolgte.

Auf dem Transport nach Polen in der Nacht vom 22. zum 23. November 1946 bin ich in der Nähe von Cham mit drei weiteren Gefangenen ausgebrochen und begab mich in die Heimat meiner Mutter bei Crailsheim. In den Ortschaften Schmalfelden, Lichtel, Untereichenrot und anderen hielt ich mich ohne gültige Personalpapiere und ohne polizeilich gemeldet zu sein bis Sommer 1949 auf.

Auf Grund eines Ausschreibens der Staatsanwaltschaft Ravensburg wurde ich in Untereichenrot festgenommen. Dort war ein Verfahren wegen Körperverletzung im Amt gegen mich anhängig. Es handelte sich dabei um ein Wiederaufnahmeverfahren aus dem Jahre 1937. Nach fünfwöchiger Untersuchungshaft wurde ich wieder entlassen.

Niemand hat es für nötig befunden, nachzuforschen, was dieser Wilhelm Boger nach 1947 getan haben mochte, niemand hat bemerkt, daß Boger aus amerikanischer Haft geflohen war und von amerikanischen Behörden daher sicherlich gesucht wurde.

Nach meiner Entlassung aus der Untersuchungshaft habe ich mich in Schmalfelden, Kreis Crailsheim, polizeilich gemeldet. Meine Personalpapiere wurden mir dort ordnungsgemäß ausgehändigt. Im Februar 1951 wurde mein Entnazifizierungsverfahren vor der Hauptspruchkammer Stuttgart durchgeführt. Ich war als Hauptschuldiger angeklagt. Das Verfahren wurde auf Kosten der Staatskasse eingestellt.

Bogers Frau, die wenige Wochen später vernommen wurde, sagt etwas ausführlicher aus:

Auf Vorladung erscheint am 25. Oktober 1958 die verheiratete Buchhalterin Marianne Boger, geborene Ittner, geboren am 9. März 1917 in Grasseth, Kreis Falkenau (ČSR), wohnhaft in Hemmingen, Kreis Leonberg, Schauchertstr. 12, und gibt, mit dem Gegenstand der Vernehmung vertraut gemacht, zur Wahrheit ermahnt, folgendes an:

„Ich bin in Grasseth geboren. Nach meiner Schulentlassung arbeitete ich als Kontoristin beim Rechtsanwaltsbüro Doktor Ludwig Unger in Falkenau.

Etwa im Februar 1940 war ich in Südostpreußen und arbeitete dort als Sekretärin beim Bürgermeister von Ostrolenka. Bis März 1941 war ich dort tätig. Zwischenzeitlich gebar ich mein erstes Kind. Zu dieser Zeit war ich allerdings noch nicht verheiratet.

Meinen jetzigen Mann lernte ich in Falkenau kurz nach dem Einmarsch kennen. Er kam nach Ostrolenka, wo ich auch arbeitete. Im April 1941 heiratete ich in Ludwigsburg.

Mein Mann wurde im April oder Mai 1940 wegen eines Dienstvergehens suspendiert. Er war eine Zeitlang in Ehrenhaft und längere Zeit ohne dienstliche Beschäftigung. Ich war in Zuffenhausen und Ludwigsburg wohnhaft; während dieser Zeit arbeitete ich bei der Brauerei Wulle.

Im Herbst 1941 wurde er zur Front einberufen. Ich selbst begab mich zu meinen Eltern nach Grasseth.

Während des Fronteinsatzes meines Mannes wurde er verwundet, kam in ein Lazarett nach Thüringen und anschließend in Genesungsurlaub nach Grasseth, wurde wieder zum Ersatzbataillon nach Dresden versetzt und kam dann im Dezember 1942 ins Lager Auschwitz.

Im Frühjahr 1943 zog auch ich mit meinem dreijährigen Kind und mit dem 13jährigen Sohn aus erster Ehe meines Mannes nach Auschwitz.

In Auschwitz war ich bis November 1944. Durch die Kriegsverhältnisse und meine erneute Schwangerschaft fuhr ich auf Anraten meines Mannes zurück zu meinen Eltern nach Grasseth. Am 8. Januar 1945 wurde ich von meinem zweiten Kind entbunden. Ich wurde am 18. Januar 1946 verhaftet, kam ins Gefängnis und später ins Lager nach Falkenau. Bis Juli 1946 war ich in Haft und wurde im August 1946 ausgesiedelt. Meine Eltern mit meinen Kindern wurden schon im März 1946 nach Hessen ausgewiesen.

Meine Eltern wohnten mit den Kindern in Niederwetz in Hessen. Auch ich habe mich nach meiner Ausweisung dort niedergelassen und bis zum Jahre 1951 dort gewohnt.

Von Januar 1945 bis August 1946 hatte ich von meinem Mann keinerlei Nachricht. Als ich nach Niederwetz kam, hörte ich zum ersten Mal wieder ein Lebenszeichen von ihm. Er schrieb mir aus dem Internierungslager in Dachau. Er sollte nach Polen ausgeliefert werden. Auf dem Transport nach Polen ist er geflüchtet und hielt sich in Stuttgart-Zuffenhausen und im Kreis Crailsheim illegal auf. Ich habe ihn während dieser Zeit wiederholt getroffen. Er lebte illegal, ohne Papiere und ohne sich polizeilich gemeldet zu haben.

Im Sommer 1949 wurde er in Schmalfelden festgenommen, kam ins Gefängnis nach Langenburg, wurde aber nach kurzer Untersuchungshaft wieder freigelassen. Von diesem Zeitpunkt ab konnte er sich wieder frei bewegen. In Niederwetz hat er sich polizeilich angemeldet und sich gültige Personalpapiere verschafft. Am 21. April 1948 bekam ich mein drittes Kind. Mein Mann war bis November 1950 arbeitslos, kam dann zur Firma Heinkel in Stuttgart-Zuffenhausen als Hilfsarbeiter, wurde nach einiger Zeit Automatendreher und ist seit einigen Jahren als kaufmännischer Angestellter dort tätig.

Am 1. Juli 1951 verzog ich mit meinen drei Kindern und meiner Mutter von Niederwetz nach Hemmingen, Kreis Leonberg. Durch die Firma erhielten wir eine Dreizimmerwohnung. Ich selbst bin seit November 1954 ebenfalls bei der Firma Heinkel als Buchhalterin tätig.

Wie bereits angegeben, kam mein Mann nach seiner Verwundung und Wiedergenesung im November 1942 ins Konzentrationslager Auschwitz. Ich kam im März 1943 ebenfalls nach dort. Wir bewohnten ein kleines Einfamilienhaus mit drei Zimmern, Küche und Bad. Das Haus befand sich unmittelbar angrenzend an den Lagerbereich, allerdings außerhalb der Lagerumzäunung. Ich war seinerzeit nicht berufstätig, sondern versorgte meinen Haushalt und die Kinder. Für die Dienstwohnung mußten wir eine kleine Miete bezahlen.

Mein Mann zählte zum Kommandanturstab im Rang eines

SS-Oberscharführers. Er hatte das Referat „Flucht, Diebstahl und Fahndung".

Frage: Hatte Ihr Mann einen regelmäßigen Dienst?

Antwort: Er kam zum Mittag- und Abendessen nach Hause. Sein Dienst verlangte viel Nervenkraft. Er kam meist abgehetzt nach Hause. Ich wollte eine Versetzung meines Mannes erreichen und ging eines Tages zum Kommandanten. Beim Adjutanten Zoller verlangte ich die Ablösung meines Mannes und seine Versetzung zur Truppe. Er war zeitweilig mit den Nerven total fertig.

Frage: Hieraus kann man doch schließen, daß Ihr Mann mit den im Lager begangenen Verbrechen und Unmenschlichkeiten nicht mehr fertig wurde und Sie selbst eine Änderung seines Dienstes herbeiführen wollten.

Antwort: Ich wußte über begangene Verbrechen zu dieser Zeit, die im Lager vorkamen, nicht das geringste. Sicherlich forschte ich bei meinem Mann nach der Ursache seiner Gereiztheit und Nervosität. Er bearbeitete ja Flucht, Ausreißversuche und andere Delikte bei Vergehen von SS-Angehörigen. Dieser ständige Einsatz führte eben zu dieser ernsten Krise.

Frage: Wurde Ihr Mann draufhin versetzt oder kam er in eine andere Abteilung?

Antwort: Nein, versetzt wurde er nicht. Aber dafür bekam er einen drei- oder vierwöchigen Familienerholungsurlaub.

Frage: Wurde Ihr Mann auch des Nachts ins Lager gerufen?

Antwort: Ja. Auch dies kam hin und wieder vor.

Die Häftlinge, die in der Umgebung Bogers arbeiten mußten, charakterisieren ihn so:

Wasserstrom: Boger hat seinen Beruf — er war Kriminalist — geliebt. Er mußte arbeiten. Wenn er gerade keine Vernehmung hatte, fuhr er mit dem Rad ins Lager und hat etwas gesucht. Er hat auch immer etwas gefunden.

Er hat die Polen mehr als die Juden gehaßt. Die Schaukel nannte er seine Sprechmaschine, ohne sie konnte er nicht vernehmen. Er hat mich gezwungen, bei den Vernehmungen dabei zu sein und auch während der Folterungen zu dolmetschen. Ich hatte vor keinem SS-Mann so gezittert wie vor

Boger. Alle SSler kamen zu Boger, um bei ihm zu lernen, wie man vernimmt.

Die SSler sprachen auch in meiner Gegenwart sehr offen miteinander. Als ich bei einer solchen Gelegenheit hinausgehen wollte, sagten sie mir: „Du kannst ruhig hierbleiben, du kommst aus Auschwitz sowieso nicht hinaus."

Das bestätigt auch eine andere Zeugin, die ebenfalls im Kommando Politische Abteilung zu arbeiten hatte:

Majerczyk: Als die Front immer näher rückte, sagte eines Tages Boger: „Wehe uns, wenn wir den Krieg verlieren!" Unser Kommando war ein Himmelfahrtskommando, und wir mußten damit rechnen, daß wir als Geheimnisträgerinnen vergast werden. Ich fragte damals Boger: „Herr Oberscharführer, was geschieht dann mit uns?" Er hat mir geantwortet: „Das ist nicht so schlimm, drei Minuten, dann bist du weg."

Zu den Häftlingen, die für ihn zu arbeiten hatten, war Boger sogar fürsorglich. Seine Häftlingssekretärin bezeugt das:

Rosenthal: Zu mir als seiner Schreiberin war Boger sehr anständig. Er ließ sein Kochgeschirr mit Essen stehen und sagte: „Maryla, das ist sauber zu machen." Das durfte er eigentlich nicht. Im Winter besorgte er mir warme Kleidungsstücke und Schuhe. Einmal sagte er zu mir: „Ich habe nichts gegen die Juden. Ich hasse nur die verfluchten Polaken."

Und gerade mit diesen Polen hatte Boger hauptsächlich zu tun, wenn er Vernehmungen durchführte. Denn die Kontaktaufnahme der Häftlinge — selbstverständlich in erster Linie der polnischen — mit der Bevölkerung der Umgebung sollte um jeden Preis verhindert werden.
Ein Verhör, das Boger durchgeführt hat, wird beschrieben:

Boratyński: Als ich zum Verhör in die Politische Abteilung gebracht wurde, lagen auf dem Gang Freunde von mir mit dem Gesicht zum Boden. Mein Freund Janicki wurde aus einer Tür hinaus gegen die Wand geworfen. Als ich ins Zimmer kam, fragte mich Grabner, ob ich wüßte, warum ich da sei. Ich antwortete mit Nein und bekam viele Schläge. Ich wurde von Wosnitza verhört und dann in den Bunker zurückgeführt, das heißt, getragen. Nach einigen Tagen wurde ich erneut in die Politische Abteilung gebracht. Auf dem Tisch sah ich einen Teller mit Heringen. Im Zimmer waren Grabner, Wosnitza, Boger und zwei bis drei weitere SSler. Wosnitza fragte mich: „Hast du jetzt Lust zu sprechen?" Ich fragte, worüber. Boger, der hinter mir stand, schrie: „Friß!". Es wurde mir ein Stuhl in den Rücken geschlagen, und ich fiel um. Dann mußte ich die vielen Heringe essen. Man stopfte mir alles in den Mund, ich erbrach und mußte auch das Erbrochene aufessen. Ich weiß nicht wie, aber ich habe die Heringe aufgegessen. Nachher mußte ich wieder auf dem Gang warten, und schließlich führte mich Boger mit anderen zum Todesblock zurück. Ich glaubte, daß ich wieder in die Zelle 8 gebracht werde, aber Boger übergab die anderen Häftlinge dem Blockführer und hat mich auf den Hof geführt. Ein Blockführer fesselte meine Hände auf den Rücken, und man hängte mich mit den Armen an den Pfahl. Ich hatte furchtbaren Durst und Schmerzen, denn Boger hat mich noch geschaukelt. Dabei schlug er mir in den Magen und sagte: „Ich werde dich sprechen lehren." Ich weiß nicht, wie lange ich so gehangen bin, ich habe die Besinnung verloren.

Dann wurde ich — noch immer mit auf dem Rücken gefesselten Händen — in eine Stehzelle gebracht. Meine Hose wurde heruntergelassen, und ein Eimer hineingestellt. In diesen Tagen gab es mehrere Selektionen im Bunker. Man konnte sich an alles gewöhnen, aber nie an diese Selektionen.

Ich wurde erneut zum Verhör gebracht. In der Politischen Abteilung sah ich Wróblewski; er wurde gerade hinausgetragen. Er war auf die Schaukel gespannt worden und hatte an ihr hin- und hergezerrt, zu meinem Glück war diese Maschine dadurch kaputt. Ich wurde nach einer Geheimorganisation und nach Kontakten mit der polnischen Bevölkerung der Umgebung gefragt.

Staatsanwalt Vogel: Wo befand sich die Stehzelle?

Boratyński: Es war die letzte Zelle rechts. Sie war etwa 90 zu 120 cm groß. Oben befand sich ein rundes Loch mit etwa acht bis zehn cm Durchmesser, durch welches Luft hereinkam. Mir wurde zu essen gegeben, aber ich hatte die Hände auf den Rücken gefesselt. Ich habe kniend gegessen. Der Blockführer Müller zeigte Herz: Er hielt seinen Stiefel unter mein Kinn, als ich mit dem Gesicht ins Essen fiel. Die Suppenreste auf meinem Bart verursachten eine Flechte. In der Nacht konnten wir von Zelle zu Zelle sprechen. Neben mir waren Wróblewski und Kral.

Vogel: Ist in den Stehzellen jemand verhungert?

Boratyński: Ich habe davon gehört, aber ich war nicht dabei.

Nach einigen Wochen, die ich im Stehbunker mit gefesselten Händen verbringen mußte, wurde ich in Zelle 20 — eine Dunkelzelle — gebracht. Man konnte von dort die Vorbereitungen für eine Hinrichtung hören. Es war der Winter 1942/43, die Kalfaktoren mußten den gefrorenen Sand kleinschlagen. In der Stille des Bunkers hörte man die Schlüssel. Die Kommission kam, und ich konnte die hohe Stimme Aumeiers deutlich erkennen. Man hörte aufsperren, Stimmen, in einem solchen Fall kann man seine Angst nicht beherrschen. Zum Schluß wurde meine Zelle geöffnet. In ihr befand sich auch ein Pole aus Duisburg namens Maximilian Bestinski. Er wurde gefragt, weswegen er im Bunker sei. Er antwortete: „Ich weiß nicht." Da neigte sich Boger zu Grabner und sagte ihm etwas, dann hieß es: „Heraus!", und Boger fügte hinzu: „Dieser Bandit kommt aus Bromberg, das genügt." Bestinski hat nämlich zuletzt in Bromberg gelebt. Draußen standen schon andere Selektierte. Wir wurden hinaufgeführt und in den Waschraum gebracht. Der Blockschreiber Jan Pilecki sagte uns, daß wir uns die Brust naßmachen müssen, und schrieb dann die Häftlingsnummern auf die Brust. Wir konnten uns nicht beherrschen, und viele haben ihre Notdurft an Ort und Stelle erledigt. Ich stand neben der Tür zum Waschraum.

Rapportführer Plagge fragte den Lagerführer Aumeier, wieviel er heute vom Block 11 abschreiben soll. Aumeier nannte ihm eine Zahl, dann wurden wir gezählt. Ein SS-Mann trat mit seinem Stiefel auf meinen nackten Fuß, ich rutschte auf den Exkrementen aus und erhielt einen Tritt, dann hörte ich: „Es ist einer zuviel." Ich weiß nicht, was weiter geschah. Pilecki gab mir Häftlingskleidung, der Blockführer Müller führte mich weiter auf den Gang bis zur Blockführerstube im

Block 11, dort mußte ich stehen. Nach einiger Zeit kamen die Herren gut gelaunt den Gang herunter zum Waschraum. Ich hörte, daß die Exekution angefangen hat.

Blockführer Müller holte mich in den Hof und befahl mir, dem Kommando der Leichenträger beim Wegschaffen der Leichen zu helfen. Alles geschah sehr schnell. Die Leichen mußten an die Wand des benachbarten Blocks 10 gebracht werden. Die Exekution wurde von Boger ausgeführt. Jeweils wurden zwei nackt an die Schwarze Wand geführt, Boger rief ihnen zu: „Kopf hoch!", und schoß ihnen aus sehr kurzer Entfernung in den Hinterkopf. Einige andere SSler der Politischen Abteilung gaben mit Pistolen Fangschüsse. Ich erinnere mich an Wosnitza, Aumeier, einen jungen SSler, der Brillenträger war, und einen Arzt mit einem runden, rosigen Gesicht. An der Exekutionsstelle mußte Sand von einem Haufen, der sich unweit befand, aufgestreut werden, damit das Blut nicht auf die SS-Männer spritzt. Dann gingen die SSler hinaus, und ich wurde in die gleiche Zelle des Bunkers zurückgeführt.

Vorsitzender: Wieviel Menschen hat Boger an diesem Tag mindestens erschossen?

Boratyński: Ich kann keine Zahl nennen, der Waschraum war voll.

Vorsitzender: Waren es mindestens sechs Personen?

Boratyński: Bestimmt viel mehr. Der Waschraum hatte eine Größe von etwa drei zu viereinhalb Metern.

Vorsitzender: Wir müssen eine Mindestzahl feststellen. Waren es mindestens sechs?

Boratyński: Sicher mehr als sechs, auch mehr als zehn.

Boger: Ich habe niemanden in Auschwitz erschossen. Der Zeuge irrt sich. Ich habe keinen Grund zu sagen, ich hätte nicht geschossen, wenn ich geschossen hätte.

Die Technik Bogers war auf das genaueste ausgearbeitet:

Langbein: Als ich im Bunker war, wurde aus meiner Zelle ein sogenannter Volksdeutscher zum Verhör geholt. Er kam in einem unbeschreiblichen Zustand zurück. Seine Hoden waren derart geschwollen, grün und blau, daß man sich so etwas nicht vorstellen kann, wenn man es nicht selbst sehen muß. Er sagte, daß er von Boger auf die Schaukel gespannt worden war. Es war eine Spezialität Bogers, einen so gefolterten Häftling nach etwa zwei bis drei Tagen neuerlich auf die Schaukel zu spannen, wenn er beim ersten Mal nicht das gesagt hat, was Boger wünschte. Der erste Schmerz bei Schlägen ist nicht gar so schlimm. Wenn man aber nach zwei bis drei Tagen an der Stelle, wo man vorher geschlagen wurde, auch nur berührt wird, dann ist der Schmerz kaum auszuhalten.

Nicht nur Polen waren Bogers Opfer:

Leeuwarden: Ein Freund von mir lag krank im Häftlingskrankenbau. Sein Pfleger sagte mir, man könne ihn retten, wenn ich Medikamente organisiere. Als Tauschobjekt habe ich mir eine Flasche Schnaps besorgt. Sie wurde bei mir gefunden, und ich mußte am Abend zum Schutzhaftlagerführer Aumeier zum Rapport. Ich wurde mit 25 Schlägen und acht Tagen Stehbunker bestraft. Nachher mußte ich noch zur Politischen Abteilung zum Verhör. Als ich dorthin kam, hörte ich Schreien und Schlagen. Ich sah, wie Boger einen Häftling aus dem Fenster herausgeschmissen hat. Es war ein Pole, der halbtot war und nach Wasser rief. Ich wollte ihm in meiner Mütze Wasser bringen. Dabei sah mich Boger, schrie mich an und schlug mich zusammen. Dann mußte ich auf dem Gang stehen. Schließlich wurde mir befohlen, den Mißhandelten ins Lager zu tragen. Ich glaube, er war schon tot, als ich ihn aufnahm. Ich habe die Leiche beim Tor abgelegt. Über Nacht mußte ich in den Stehbunker.

Später mußte ich wieder zu Boger kommen. Er versuchte, mir ein Geständnis abzupressen, woher ich die Flasche Schnaps hatte. Ich habe gesagt, ich hätte sie unter einem Zementhaufen gefunden. Boger spannte mich auf die Schaukel und schlug mich, bis ich bewußtlos wurde. Ich meldete mich freiwillig zu einem Transport nach Warschau. Ich wollte Boger nicht nochmals in die Hände fallen.

Vorsitzender: War es sicher Boger, der Sie geschlagen hat, als

Sie dem Verletzten Wasser brachten? Was hat er damals gesagt?

Leeuwarden: Nichts. Er hat mich zusammengeschlagen und getreten. Als ich später von der Schaukel kam, hat mir Jakob im Bunker sehr geholfen, er hat mich zusammengeflickt.

Vorsitzender: Angeklagter Boger, was sagen Sie zur Schilderung dieses Zeugen?

Boger: Es ist teils Wahres dran, teils Erdichtetes. Ich habe nie einen Häftling aus dem Fenster geworfen und auch nie einen so geschlagen, daß er an den Folgen starb.

Vorsitzender: Aber wurde denn dieser Zeuge nicht wegen einer Flasche Schnaps bewußtlos geschlagen?

Boger: Das ist durchaus möglich. Die Anordnung für eine verschärfte Vernehmung kam aber immer vom Abteilungsleiter.

Vorsitzender: Also von dem heute toten Grabner?

Boger: Jawohl. Ich bezweifle aber, daß der Zeuge mich persönlich gekannt hat.

Vorsitzender: Er sagt aber, daß Sie ihn auf die Schaukel gespannt haben.

Boger: Das ist möglich.

Verteidiger Dr. Aschenauer: Ich beantrage die Verlesung einer Anordnung, der zu entnehmen ist, bei welchen Gruppen von Häftlingen verschärfte Vernehmungen ohne Genehmigung von Berlin vorgenommen werden konnten.

Staatsanwalt Vogel: Gibt es auch eine Anordnung, daß solche Häftlinge totgeprügelt werden konnten?

Boger: Von mir oder einem anderen Angehörigen der Politischen Abteilung wurde kein Häftling so geschlagen, daß er tot war.

Vertreter der Nebenklage Ormond (zu Boger): Sie sagten, daß in dieser Aussage teilweise Wahres sei. Was ist das Wahre an dieser Aussage?

Boger: Die verschärfte Vernehmung.

Ormond (zum Zeugen): Haben Sie infolge ihrer KZ-Haft Gesundheitsschäden?

Leeuwarden: Ich hatte einen doppelten Schädelbasisbruch, ein zerrüttetes Nervensystem, später sind mir die linken Zehen abgefroren, und ich habe Typhus bekommen. Ich bin zu 40 Prozent erwerbsunfähig.

Ein anderes Opfer Bogers ist einem Zeugen dem Namen nach bekannt:

Olszówka: Wenn Boger ins Lager kam, dann wußte man, daß eine Untersuchung oder ein Todesurteil zu erwarten war. Ich erinnere mich an den Fall von Franz Malz. Er war ein politischer Häftling aus Stettin, der Capo im Erkennungsdienst. Er war sehr mutig. Er hatte den Spitznamen „Pelikandoktor". Ich hatte oft mit dem Erkennungsdienst zu tun und kannte ihn gut.

Malz hatte einmal — es dürfte etwa im August oder September 1943 gewesen sein — zu dem SS-Rottenführer Reit von der Kantine gesagt, die Deutschen werden den Krieg verlieren. Am nächsten Tag wurde er in die Politische Abteilung gebracht und dann im kleinen Krematorium erschossen. Das haben SS-Hauptscharführer Walter und SS-Unterscharführer Hofmann vom Erkennungsdienst bestätigt. Sie sagten: „Franz Malz ist jetzt in der Freiheit — durch den Schornstein. Boger hat ihn erschossen."

Walter und Hofmann wurden als Zeuge vernommen, aber nicht nach Malz befragt.
Derselbe Vorfall wird von einem anderen Zeugen bestätigt:

Woycicki: In unserem Kommando Erkennungsdienst war zuerst Franz Malz Capo. Im Sommer 1943 wurde er zur Politischen Abteilung befohlen und kam nicht mehr zurück. Am nächsten Tag sagte uns SS-Unterscharführer Hofmann, daß Malz wegen Verbreitung zersetzender Nachrichten unter der SS verhaftet worden sei. Er sagte: „Boger hat mit ihm Schluß gemacht." Wir sollen das als Warnung betrachten und nicht mit SS-Angehörigen sprechen.

Ein anderer Zeuge kann ebenfalls Namen von Opfern Bogers nennen:

Posener: Boger ist eines Tages im Lager Monowitz erschienen, hat mich in eine grüne Minna verfrachtet und im Bunker abgeliefert. Dort mußte ich in einer Zelle auf dem Boden liegen, denn andere hatten schon ältere Rechte auf die beiden Pritschen. Fünf bis sechs Tage vergingen ohne Vernehmung. Es geschah auch sonst nichts. Dann wurde ich zu Boger gebracht. Ich bekam ein paarmal was auf den Kopf und Schläge ins Gesicht und wurde dann auf den Gang hinausgeschickt. Nach mir wurde Walter Windmüller hineingerufen, auch ein Jude. Ich schätze, daß er etwa zwei bis drei Stunden drin gewesen ist. Er kam dann wankend heraus, war blutig geschlagen, und das Blut floß ihm aus den Hosenbeinen. Man hat in Auschwitz gelernt, mit unbewegtem Mund zu sprechen. Windmüller hat mir gesagt, daß ihm dort drin die Hoden zerschlagen worden sind. Paar Tage später haben wir seine Todesmeldung bekommen.

Ersatzrichter Hummerich: Die Eintragungen im Bunkerbuch stimmen mit den Aussagen des Zeugen überein.

Vorsitzender: Was hat der Angeklagte Boger dazu zu sagen?

Boger: Der Zeuge schildert den Fall in ziemlich objektiver Weise von seiner Sicht aus. Es ist möglich, daß jemand bei einer verschärften Vernehmung blutete. In Fällen, wo Blut aus der Hose lief, ist die Vernehmung aber abgebrochen worden, ob der Häftling gestanden hatte oder nicht. Dann war der Zweck der verschärften Vernehmung ja erreicht. Es dürfte sich um einen Widerstandsfall gehandelt haben. Der Häftling ist mit Sicherheit erschossen worden.

Vorsitzender: Hatten Sie für diese Torturen einen Befehl?

Boger: Ich hatte den Befehl, eine verschärfte Vernehmung durchzuführen.

Ersatzrichter Hummerich: Ihnen ist doch bekannt, daß ein Gefangener, der so mißhandelt wird, daß ihm das Blut aus der Hose fließt, schließlich zu jeder Aussage bereit ist. Sie als Fachmann sollten wissen, daß eine solche Aussage wertlos ist.

Boger: Ich bin darin anderer Meinung, und zwar mit ausdrücklichem Bezug auf das Lager Auschwitz. Ich bin auch der Auffassung, daß in manchen Fällen heute noch die Prügelstrafe angebracht wäre, zum Beispiel im heutigen Jugendstrafrecht. Ich habe nicht totgeschlagen, ich habe Befehle ausgeführt. *Als Unruhe auf der Zuschauertribüne hörbar wird, wendet sich Boger dorthin.* Sie mögen dort oben lachen, Sie waren ja nicht dabei.

Vorsitzender: War man denn berechtigt, all die unzähligen Todesurteile zu fällen?

Boger: Na, klar!

Manche hatten Glück, wenn ihr Fall von Boger behandelt wurde:

Dr. Fejkiel: Im September 1943 kam etwa um 10 Uhr Boger in den Krankenbau. Er ging zuerst in Block 28 und ließ sich die Kartei zeigen. Ein halbes Jahr früher ist ein Häftling geflohen, nachdem er aus dem Krankenbau entlassen worden war. Boger führte den Schreiber von der Ambulanz, Kazimierz Kowalczyk, in den Bunker. Dann kam Boger auf Block 20 und rief meine Nummer aus. Er führte mich in den Bunker; er fuhr auf seinem Fahrrad, und ich mußte vor ihm herlaufen. Ich wurde verhaftet, weil ich eine Entlassung vorgenommen hatte.

Vorsitzender: Sind damals auch andere Häftlinge verhaftet worden?

Dr. Fejkiel: Ja, es war eine große Verhaftungswelle, bis zu 80 kamen in den Bunker, darunter Langbein, Wörl, Diem, Dunikowski, Mosdorf. Boger suchte immer nach einer Geheimorganisation.

Vorsitzender: Wurden Sie vernommen?

Dr. Fejkiel: Ja, zweimal. Der Standortarzt Dr. Wirths holte mich aber aus dem Bunker. Etwa 20 gingen frei, und 70 wurden erschossen. Während der Haft habe ich drei Bunkerselektionen erlebt. Bei mir hieß es immer: „Zurück in die Zelle!" Am 11. Oktober wurden wir — vielleicht 20 — auf den Gang hinausgeholt. Normalerweise bedeutete das, daß man erschossen wurde. Damals war es aber umgekehrt. Wir wurden zur Politischen Abteilung geführt und hatten dort zu warten. Nach vielleicht zwei Stunden kamen Boger, Lachmann und andere, alle hatten die Ärmel hochgekrempelt. Boger sagte, daß das das letzte Mal sei, daß wir davonkommen. Wenn noch einmal etwas passiert, dann geht es uns so wie heute den anderen. Wir wurden zurückgeführt. Im Hof sahen wir die Leichen unserer Kameraden. Einige habe ich erkannt.

Ich weiß, daß Boger unmittelbar am Tod des Anwalts Woszniakowski Schuld trägt. Dieser war Oberst in der österreichisch-ungarischen Monarchie. Er stand schon auf dem Gang, da sagte Boger: „Der Alte da kommt zurück." So kam Woszniakowski zur Gruppe derer, die erschossen wurden.

Ich weiß, daß Boger sehr häufig in Block 11 erschossen hat, er liebte das. Ich sah ihn oft mit einem Gewehr zum Bunker gehen.

Boger: Ich habe niemals ein Gewehr durch das Lager getragen. Der Zeuge hat selbst Angaben über sein mangelndes Erinnerungsvermögen gemacht.
Vorsitzender: Sie haben also niemals im Lager geschossen?
Boger: Nein.
Dr. Fejkiel: Wahrscheinlich hat dann der Karabiner allein geschossen.

Hatte man die Möglichkeit dazu und kam außerdem noch der Zufall zu Hilfe, dann konnte man auch mit Boger Geschäfte machen:

Baranovský: Die Häftlingsärztin Enna Weiß bat mich, gynäkologische Instrumente zu organisieren, damit sie schwangeren Frauen das Leben retten könne. Alle schwangeren Frauen wurden damals nach der Entbindung gemeinsam mit den Neugeborenen getötet. Ich habe diese Instrumente aus dem Häftlingskrankenbau des Stammlagers nach Birkenau ins Frauenlager gebracht. Die Häftlingsärzte sagten mir aber nach einiger Zeit, ich müsse die Instrumente zurückbringen, da sie der SS-Lagerarzt suche. Unser Kommando hatte einen kleinen Wagen, in dem wir einen doppelten Boden eingebaut hatten. Dort versteckte ich die Instrumente und führte sie ins Stammlager zurück. Bei der Blockführerstube zerschlugen SSler den Wagen und fanden die Sachen.

Man führte mich zur Politischen Abteilung. Ich mußte etwa vier bis fünf Stunden mit dem Gesicht zur Wand auf dem Gang stehen. Boger verhörte mich dann kurz, und ich kam in den Bunker. Dort erlebte ich die Kommission. Wir mußten uns in einer Reihe aufstellen, ich stand als erster. In der Tür standen Grabner, Boger, Dylewski, Broad und andere. Als ich mich meldete, sagte Boger: „Ab!" Ich wurde zur Gruppe derer gestellt, die für den Tod bestimmt waren. Der Schreiber im Bunker war ein guter Freund von mir. Er sagte mir, ich soll mich immer als letzter aufstellen, und begann ein Gespräch mit Lachmann, der sich damals — es war im September 1943 — schon umzustellen begonnen hatte.

Uns wurde „Rechts um" befohlen und wir gingen die Stiegen hinauf in den Waschraum. Dort mußten wir uns ausziehen. Lachmann rief meine Nummer und führte mich zu Boger, dem er sagte: „Du hast den überhaupt nicht verhört." Boger antwortete nur: „Scheißegal, ab!" Lachmann sagte weiter: „Du mußt das aber untersuchen". Darauf erwiderte Boger, daß ich in den Bunker zurückgebracht werden soll. Von der Zelle aus hörte ich dann die Exekution — immer Schritte und Schüsse.

Ich erlebte noch eine weitere Bunkerselektion, doch wußte ich schon, daß mir meine Kameraden helfen wollten. Damals richtete sich Boger in seiner neuen Wohnung ein Bad ein. Normalerweise hätte er eine Steinbadewanne bekommen. Er sagte meinem Freund, dem Capo Plaskura, daß er mich freilasse, wenn er eine Emailbadewanne bekäme. Man beschaffte sie ihm und auch noch eine Muschel dazu. Später wurde ich Boger vorgeführt. Er hatte einen schön eingerichteten Arbeitsraum mit roten Teppichen. Er begann an seinem Schreibtisch zu essen. Mich fragte er nur, woher ich das medizinische Gerät hätte. Ich antwortete, daß ich es gefunden habe. Boger stand auf, er hat mich nicht viel geschlagen, ich glaube, es waren zwei Ohrfeigen und drei Tritte, dann wusch er sich die Hände und gab mir zu essen. Schließlich wurde ich zurück in den Bunker geführt, wo schon meine Entlassung vorbereitet war.

Vorsitzender: Angeklagter Boger, was haben Sie dazu zu sagen?

Boger: In meiner neuen Wohnung war zuerst kein Bad. Mir wurde eines zugesagt, aber es war keine Wanne da. Ich sagte, ich werde sehen, ob ich eine Badewanne finde. Ich fand eine, aber der Capo sagte mir, sie sei für einen SS-Führer vorgesehen. Ich bin mit meiner Bitte zum Verwaltungsführer, und die Wanne wurde in meiner Wohnung angebracht. Die Montage erfolgte in Anwesenheit meiner Frau. Ein Kuhhandel ist völlig ausgeschlossen.

Baranovský: Boger sprach mit dem Capo Józef Plaskura, der heute in Warschau lebt und das bezeugen kann.

Vorsitzender: Angeklagter Boger, hat Ihnen damals Lachmann vorgehalten, daß Sie diesen Häftling noch nicht vernommen haben?

Boger: Ich habe mich damals ausschließlich mit der Widerstandsgruppe des Obersten Gilewicz beschäftigt, ich kann mich nicht an andere Ermittlungen erinnern. Lachmann hat mich aufmerksam gemacht, daß ich noch eine Vernehmung durchzuführen habe.

Vorsitzender: Haben Sie „Ab“ gesagt?
Boger: Nein.

Aber in der Regel machte Boger das, was er „verschärftes Verhör“ nannte:

Kral: Ich wurde im Dezember 1942 im Lager von der Politischen Abteilung verhaftet. Zuerst brachte man mich auf die Politische Abteilung. Ich mußte auf dem Gang mit dem Gesicht zur Wand stehen. Etwa 15 Häftlinge standen schon dort, einige lagen auf dem Boden und bluteten. Ich wurde zu Untersturmführer Wosnitza geführt und sah, wie Grabner, ganz verschwitzt, ohne Jacke aus dem Zimmer kam. Im Zimmer waren außer Wosnitza und Grabner auch Kirschner, Boger, Dylewski und andere.
Vorsitzender: Was geschah nun?
Kral: Sie sagten: „Wir sind keine Gestapo, wir sind keine Kriminalpolizei, wir sind die Politische Abteilung des KZ. Wir fragen nicht, wir hören nur zu. Was du zu sagen hast, mußt du selbst wissen.“ Ich wußte nicht, was ich sagen sollte, und bat Grabner, mich zu fragen. Auf einen Wink von Grabner wurde ich auf den Kopf geschlagen. Ich wurde bewußtlos.
Vorsitzender: Wer tat das?
Kral: Ich sah Boger neben mir stehen. Als ich wieder zu mir kam, lag ich auf dem Gang. Ich hatte starke Schmerzen. Als ich die Augen öffnete, stand Boger neben mir. „Du Hund, steh auf!“ schrie er mich an, aber ich hatte keine Kraft, ich konnte mich nur auf meine Knie aufrichten. Boger trat nach mir. Ich versuchte, mich an der Wand aufzurichten. Blut floß an mir herunter. Überall an den Kleidern, an der Wand, in den Schuhen war Blut. Ich hatte große Schmerzen. Der Kopf war zerschlagen, der Kiefer, die Nase. Sie hatten mich sicher noch geschlagen, als ich bewußtlos war. Spät abends wurde ich in den Bunker gebracht und am nächsten Tag wieder vorgeführt. Diese Vernehmungen dauerten einige Tage. Einmal holte mich wieder Boger, ich stand auf dem Gang mit dem Gesicht zur Wand. Wenn sich jemand umdrehte, wurde er mit dem Kopf an die Wand geschlagen. Ich hörte Schreie, sah aber

diesmal keine zerschlagenen Häftlinge auf dem Gang. Schließlich wurde ich in das Zimmer von Grabner gerufen. Der fragte mich, ob ich hungrig sei. Ich sagte nein, damals empfand ich wirklich keinen Hunger, aber Grabner sagte nur: „Ich weiß, wann du zuletzt gegessen hast. Du wirst heute mein gutes Herz kennenlernen, ich werde dir zu essen geben." Dann rief er Boger. Auf einem Tisch standen Teller mit Heringsalat. Boger nahm mich und den Salat mit in sein Zimmer und befahl mir, zu essen. Ich konnte jedoch nicht, denn meine Hände waren auf dem Rücken gefesselt. Ich bat, meine Hände freizumachen, die Fesseln schnitten tief ins Fleisch, ich habe heute noch die Spuren davon. Boger sagte nur: „Wie frißt du Schwein denn im Bunker?" Dann öffnete Grabner die Fesseln, und Boger gab mir die Heringe. Sie waren sehr salzig. Ich mußte schließlich erbrechen. Boger schlug mich so lange, bis ich alles aufgegessen hatte. Schließlich hatte ich noch etwas im Mund. Bevor Boger wegging, rief er anderen SS-Männern zu: „Paßt auf, daß er den Rest nicht ausspuckt."

Dann wurde ich wieder in Block 11 gebracht. Der Durst steigerte sich. Man führte mich auf den Boden, und ich wurde mit auf den Rücken gefesselten Händen aufgehängt. Ich mußte mich auf einen Stuhl stellen, der dann weggeschoben wurde. Die Gelenke platzten fast, und ich hatte furchtbare Schmerzen. Vor mir stand ein Eimer mit Wasser, und man fragte mich, ob ich trinken wolle. Man lachte nur, wenn ich mich vor Schmerzen krümmte, und drehte mich hin und her. Durch die Bewegungen steigerten sich die Schmerzen noch. Nach etwa 50 Minuten wurde ich abgenommen und neuerlich verhört. Boger hat mich vernommen. Er hatte dabei folgendes Prinzip. Er schlug den ersten stark, dann sagte er zu den anderen: „Wenn ihr nicht die Wahrheit sagt, erwartet euch das gleiche." Damals wurden Janicki und Wróblewski erledigt. Wir standen in einer Reihe auf dem Gang in der Vernehmungsbaracke. Zuerst wurde Janicki verhört. Er kam auf die Schaukel. Ein SSler hielt seinen Kopf und brachte ihn in die richtige Lage zum Schlagen. Zwei SS-Männer schlugen abwechselnd. Aus Janicki wurde einfach Hackfleisch gemacht, er wurde zerstückelt. Boger hat ihn schließlich von der Schaukel abgenommen und auf den Gang geschmissen. Hinter ihm blieb eine Blutspur. Nach einer Weile öffnete Janicki die Lippen, und man sah, daß er durstig war, er hat die Zunge herausgestreckt. Boger ging auf ihn zu und hat mit seinem Stiefel den Kopf von Janicki umgedreht.

Dann wurde Zdzislaw Wróblewski zum Verhör geholt. Die Tür wurde absichtlich offengelassen. Nachdem Wróblewski auf der Schaukel 20 Doppelschläge erhalten hat, warf er mit einer heftigen Bewegung die Schaukel um und sagte, daß er alles sagen wolle. Er wurde von der Schaukel abgenommen, und Boger ging mit ihm weg. Sie waren kaum eine halbe Stunde fort, dann kamen sie zurück, und Boger hatte eine verrostete Pistole bei sich. Er schlug sie mir gegen den Kiefer und sagte: „Endlich haben wir, was wir haben wollten!"

Wir wurden in den Bunker abgeführt. Janicki trugen wir auf seinem Mantel. Wróblewski wurde von uns gestützt. Wir wurden in die Zelle 20 gesperrt. Am nächsten Morgen wurde die Tür geöffnet und Bogers Silhouette wurde sichtbar. „Raus, ihr Hunde, aus der Zelle!", schrie er. Wróblewski konnte sich nicht mehr erheben. „Steh auf, du Schwein!". Auch darauf reagierte Wróblewski nicht mehr. Boger hat ihn einige Male getreten, zog dann seine Pistole und erschoß ihn. Ich wurde noch am selben Tag aus dem Bunker entlassen und in den Krankenbau verlegt. Wróblewski war Hauptmann.

Vorsitzender: Herr Boger, angesichts der furchtbaren Schilderung, die wir gehört haben, meinen Sie nicht, daß Sie uns nun doch etwas zu sagen haben?

Boger: Nein.

Vorsitzender: Boger, Sie haben ausgesagt, daß Sie im Lager keinen Schuß abgegeben haben.

Boger: Das stimmt.

Vorsitzender: Wollen Sie sagen, daß die Darstellung des Zeugen lügenhaft war?

Boger: Lückenhaft und nicht in allen Teilen der Wahrheit entsprechend.

Vorsitzender: Na gut, dann setzen Sie sich wieder.

Diese Aussage hat das Gericht mehr als viele andere erschüttert. Der Ton des Zeugen ist in einem Buch nicht wiederzugeben, die vielsagenden Pausen kann man nicht schriftlich nachzeichnen. Merkwürdigerweise unterblieb die Frage an Boger, in welchen Teilen diese Aussage von ihm als wahr bestätigt wird.

Die Verteidigung hat sich bemüht, die Aussage gerade dieses Zeugen zu entwerten, durch die auch andere Angeklagte schwer belastet werden. Der Name Kral spielt darum in dem Prozeß eine große Rolle. In einem späteren Abschnitt wird darüber zu lesen sein.

Boger vernahm auch Leute, die außerhalb des Lagers verhaftet wurden:

Karwowski: Einmal kam Boger in einem Auto zum Krankenbau des Stammlagers. In dem Wagen befanden sich drei Leichen und ein angeschossener Mann. In Bogers Begleitung waren zwei Gestapomänner. Er rief mich — ich war Pförtner im Block 28 — und befahl mir, eine Bahre zu holen und den Angeschossenen sofort in den Operationssaal auf Block 21 zu bringen. Der Angeschossene lag schon fast in Agonie. Er wurde in den Operationssaal gebracht. Boger gab den Befehl, ihn sofort zu operieren und ihm das Leben zu retten. Der Häftlingsarzt der chirurgischen Abteilung sagte, er glaube nicht, daß noch etwas zu machen sei, der Patient liege ja schon in Agonie. Daraufhin antwortete Boger: „Er muß gerettet werden, damit er aufgehängt werden kann." Der Verwundete ist während der Operation gestorben. Die drei Leichen sind im Wagen geblieben, und das Auto ist währenddessen von der Gestapo weggeführt worden.

Vorsitzender: Sie haben früher zu Protokoll gegeben, daß in dem Wagen zwei Tote und zwei Schwerverletzte waren. Jetzt sprechen Sie von drei Toten und einem Verletzten.

Karwowski: Ja, einer von denen, den ich jetzt als tot bezeichnete, hat noch leichte Lebenszeichen von sich gegeben, starb aber gleich bei der Ankunft. Er war, wie es mir schien, mit einer Maschinenpistole in die Brust und in den Bauch geschossen worden. Ich sah die Einschüsse.

Boger: Häftlinge, die bei einem Fluchtversuch verwundet wurden, sind grundsätzlich in den Krankenbau gekommen. Die Angaben des Zeugen dürften daher zutreffend sein. Da ein Zusammenhang mit anderen Häftlingen gesucht werden mußte, bestand ein Interesse, den einen am Leben zu erhalten. Ich habe in diesem Fall die Anweisung gegeben, den Häftling zu operieren. Ich habe gesagt, er muß gerettet werden, damit er dann vernommen werden kann.

Vorsitzender: Sollte er nicht operiert werden, damit er dann doch gehenkt werden kann? Sollte er vielleicht zuerst vernommen und dann gehenkt werden?

Boger: Das ist möglich, aber das ging über mein Interesse hinaus und über meine Zuständigkeit.

Eine Frau, die im Häftlingskommando „Politische Abteilung" zu arbeiten hatte, schildert einen anderen Fall:

Majerczyk: Ich erinnere mich, daß einmal ein polnischer Widerstandskämpfer von außerhalb des Lagers in die Politische Abteilung gebracht wurde. Er wurde auf die Schaukel gespannt, und dann hat die ganze Baracke gezittert. Trotzdem brachte ihn Boger nicht zum Sprechen. Als Repressalie ließ er daraufhin dessen ganze Familie ins Lager bringen, auch die alte Mutter. Es war etwas Schreckliches. Boger hat dem Gefolterten versprochen, seine Familie geht frei, wenn er ein Geständnis ablegt. Der Widerstandskämpfer sprach. Boger ließ ihn und nachher seine ganze Familie umbringen.

Verteidiger Dr. Aschenauer: Woher wissen Sie, daß die Leute umgekommen sind?

Majerczyk: Ich habe die Akten gesehen, und es wurde im Lager bekannt.

Weitere ehemalige Häftlinge dieses Kommandos sagen aus:

Vorsitzender: Wurden Sie, als Sie dem Kommando Politische Abteilung zugeteilt wurden, wegen Ihrer Schweigepflicht belehrt?

Steinberg: Ja. Ich erinnere mich, daß Boger uns damals sagte: „Wir werden euch zur fröhlichen Himmelfahrt vorbereiten, falls ihr ein Wort sagt."

Vorsitzender: Erinnern Sie sich sonst an Boger?

Steinberg: Einigermaßen. Ich arbeitete zuerst bei ihm, aber ich habe seinen Dialekt nicht verstanden. Darum hat er mich zurückgeschickt, und Maryla hat für ihn geschrieben. Boger ist auch ins Zigeunerlager gekommen. Er hat dort aber nicht gewohnt.

Vorsitzender: Was wissen Sie von Boger sonst?

Steinberg: Er hat seine Vernehmungen in einer sehr, sehr verbrecherischen Art durchgeführt. Ich habe das gehört, weil sein Zimmer in der Baracke anschließend an unser Zimmer war. Man hörte aus seinem Zimmer Lärm, Heulen, Weinen und oft nur Röcheln. Diese Vernehmungen nahmen selten mit einem abschließenden Protokoll ihr Ende. Seine Schreiberin blieb oft noch länger bei der Arbeit, wenn wir einrücken mußten. Im Block hat sie sehr selten gesprochen, sie hatte Angst.

Vorsitzender: Wie war Boger zu den Häftlingen des Kommandos Politische Abteilung?

Steinberg: Gut. Er hat dafür gesorgt, daß wir einen Kessel Essen mehr bekamen.

Frau Steinberg lebt heute in Israel. Der nächste Zeuge kommt aus Polen nach Frankfurt:

Pajak: Ich erinnere mich an einen Vorfall, der sich etwa 1942 ereignet hat. Ein SS-Mann verlangte irgendwelche Akten. Ich ging in das Zimmer, in dem Boger und Broch waren, um sie zu holen. Ich öffnete die Tür und sah, daß Boger die Jacke ausgezogen, das Hemd offen hatte und in der Hand einen Stock oder eine Stange hielt. Neben ihm war Broch, der ebenso bekleidet war. Mit einem Auge sah ich neben dem Schrank in gebückter Haltung einen Häftling hocken. Es war nur ganz kurz, dann schrie mich Boger an: „Raus!", und ich bin sofort aus dem Zimmer gegangen.

Das war derselbe Broch, der als Zeuge und nicht als Mitangeklagter vernommen wurde. Frau Kagan war ebenfalls in dem Kommando „Politische Abteilung":

Kagan: Boger war der Schrecken von Auschwitz. Es war einmal im März 1943 in der kleinen Baracke. An der Längsseite der Baracke standen Häftlinge, die aus dem Bunker zur Vernehmung vorgeführt worden waren. Sie waren blau vor Kälte. Aus der Baracke drang schreckliches Geschrei. Ich verstand

„Jesus! Gnade!" Die Tür hat sich geöffnet, und ein Körper fiel auf den Gang, mir fast vor die Füße. In Bogers Zimmer habe ich die Schaukel gesehen. Meine Freundinnen zogen mich schnell in ihr Zimmer.

Vorsitzender: War der Häftling tot?

Kagan: Er befand sich in einem Zustand, daß er nicht mehr leben konnte. Er war nur noch ein Fetzen, ein Sack, aber kein Mensch. Boger selbst habe ich nicht im Zimmer gesehen, ich sah nur die Schaukel. Aber es war mir bekannt, daß es sein Zimmer war, aus dem der Unglückliche herausgeworfen wurde.

Vorsitzender: Befand sich die Schaukel nicht in einem eigenen Raum?

Kagan: Das war verschieden. Boger hatte auch ein Zimmer unten in der Kommandantur, wo die Politische Abteilung ihre Räume hatte. Maryla, die Schreiberin von Boger, war meine Schlafnachbarin. Sie hatte eine wilde Angst vor Boger. So fragte sie mich einmal: „Spreche ich im Schlaf?" Sie befürchtete, etwas ungewollt zu verraten, was sie nicht sagen durfte.

Die Dolmetscherin Bogers sagt aus:

Wasserstrom: Als Dolmetscherin war ich bei vielen Vernehmungen dabei, die Boger mit Hilfe der Schaukel durchgeführt hat. Manchmal waren die Häftlinge schon auf der Schaukel tot. Wenn nicht, dann wurden sie ins Revier und später nochmals auf die Schaukel gebracht oder sie wurden auf den Gang gestellt und nach paar Stunden kamen sie wiederum auf die Schaukel.

Vorsitzender: Gab es die Einrichtung der Schaukel in der Politischen Abteilung schon, bevor Boger nach Auschwitz kam?

Wasserstrom: Ich habe früher nichts von der Schaukel gehört. Wenn es nicht seine Erfindung gewesen ist, wäre er wohl nicht so stolz auf sie gewesen. Er sprach von ihr als seiner Sprechmaschine.

Vorsitzender: Können Sie eine Mindestzahl von Opfern angeben, die Boger auf der Schaukel getötet hat?

Wasserstrom: Es waren bei Boger sehr viele. Eine genaue Zahl anzugeben ist sehr schwer. Wenigstens dürfte es zwanzigmal gewesen sein, daß der Tod in meiner Gegenwart eingetreten ist.

Vorsitzender: Wie lange waren Sie als Dolmetscherin in der Politischen Abteilung?

Wasserstrom: Von Anfang 1943 bis zur Evakuierung am 18. Januar 1945.

Staatsanwalt Vogel: Haben Sie selbst gesehen, daß Bogers Opfer an den Folgen der Mißhandlungen gestorben sind?

Wasserstrom: Ich habe sie in einem Zustand gesehen, in dem sie keine fünf Minuten länger leben konnten.

Vertreter der Nebenklage Ormond: Wurde während der Folterungen auf der Schaukel ein Protokoll aufgenommen?

Wasserstrom: Wenn Boger ohne Schaukel vernommen hat, dann hat eine Schreiberin das Protokoll geführt. Bei der Schaukel war seine Schreiberin nicht dabei. Ich habe bei diesen Vernehmungen immer gezittert.

Boger: Die Zeugin war bei mir als Dolmetscherin, wie sie selbst sagt. Aber sie war höchstens fünfmal in meinem Dienstzimmer und kein einziges Mal bei der Schaukel. Bei einer verschärften Vernehmung war niemals eine Dame dabei.

Wasserstrom: Dame, sagen Sie?

Boger: Das kann ich ja wohl heute sagen.

Der Herbst 1943 war für Boger nicht günstig:

Schaner: Als Liebehenschel Kommandant wurde, ist das Schlagen verboten worden, und die Schaukel wurde ins alte Krematorium gebracht. Boger sagte damals: „Wie soll man die Schweine zum Sprechen bringen, wenn man sie nicht schlagen darf.“

Vertreter der Nebenklage Ormond: Haben Sie selbst gehört, daß sich Boger so über das Verbot der Schaukel empört hat?

Schaner: Ja, Boger hat Broad gegenüber geschimpft.

Ormond: Woher wissen Sie, daß die Schaukel im Krematorium trotzdem betätigt wurde?

Schaner: Ich habe von dort ein- oder zweimal furchtbar schreien gehört. Es wurden Jugoslawen gefoltert, wir sind gerade am Krematorium vorbeimarschiert und konnten es daher hören.

So sagen diejenigen aus, die als Häftlinge in der Umgebung Bogers arbeiten mußten.

Joachimowski gehört zu der Gruppe jener polnischen Zeugen, die nicht nach Frankfurt kommen konnten. Aus seinem Vernehmungsprotokoll wird verlesen:

Joachimowski: Im Frühling 1943 wurde mein Mithäftling Reinhard Wienhold wegen Fluchtvorbereitungen verhaftet. Boger kam auf den Block, setzte mir die Pistole auf die Brust, verhaftete mich und brachte mich in den Bunker. Am nächsten Morgen wurde ich aus der Zelle in das Büro des Blockführers vom Bunker hinaufgebracht. Boger fragte mich, was ich von der geplanten Flucht von Wienhold und zwei Mithäftlingen weiß. Ich sagte: „Ich weiß nichts". Dann ließ er mich auf den Tisch legen, fixierte meine Füße, ein SS-Mann mußte meine Hände halten, und Boger befahl einem anderen, mich zu schlagen. Ich erhielt 40 Schläge mit dem Ochsenziemer auf das Gesäß. Nachher befragte mich Boger nochmals, ich antwortete wieder, daß ich nichts weiß. Da ließ mich Boger in die Baracke der Politischen Abteilung führen, Handschellen anlegen und meine Hände so unter die Knie ziehen, daß zwischen Armen und Kniegelenken eine Stange durchgeschoben werden konnte. Die Stange wurde gehoben, und ich wurde auf die sogenannte Schaukel gehängt. Boger sagte mir, daß ich sechzig Schläge bekomme und mitzählen müsse. Wenn ich mich beim Zählen verspreche, würde von neuem begonnen werden. Während der Schläge schaukelte mich Boger. Ich erhielt dreimal sechzig Schläge. Immer wieder fragte dazwischen Boger dasselbe, immer wieder antwortete ich dasselbe. Dann wurde ich von der Schaukel heruntergenommen. Später wurde ich nochmals auf die Schaukel gespannt, ich kann aber nicht mehr sagen, wie oft ich geschlagen wurde, weil ich ohnmächtig war. Als ich aufwachte, lag ich auf dem Boden und wurde mit Stiefeln getreten. Dann ist ein SS-Mann mit einem Löffel gekommen, und Boger hat befohlen, daß ich das trinke, was in dem Löffel war. Nachher mußte ich mich auf den Gang hinaussetzen. Währenddessen wurde Wienhold vorgeführt, und man hat ihn drinnen geschlagen. Nach einiger

Zeit warf man ihn auf den Gang hinaus. Er war so blaugeschlagen, daß ich seine Augen nicht sehen konnte. Ich bin wieder in den Bunker gekommen. Dort habe ich gehört, daß der Mithäftling Lupa nach dem Verhör gestorben ist. Auch Wienhold ist kurze Zeit nach dem Verhör gestorben.

Vorsitzender: Zu dieser Aussage wird aus dem Bunkerbuch festgestellt, daß der Zeuge Tadeusz Joachimowski mit demselben Geburtsdatum und der Häftlingsnummer, die der Zeuge im verlesenen Protokoll angegeben hat, am 30. März 1943 von der Politischen Abteilung in den Bunker eingeliefert und am 13. April desselben Jahres entlassen worden ist. Im Bunkerbuch ist ferner angeführt, daß der in der Aussage genannte Häftling Jan Lupa am 3. März 1943 in den Bunker eingeliefert worden ist und am 9. März 1943 von dort entlassen wurde. Von dem ebenfalls in der Aussage erwähnten Häftling Reinhard Wienhold ist im Bunkerbuch nur vermerkt, daß er am 22. März 1943 durch die Politische Abteilung eingeliefert wurde. Über eine Entlassung ist nichts eingetragen.

Boger: Als der Fall Wienhold behandelt wurde, war ich noch nicht Fluchtsachen-Bearbeiter. Ich habe erst ab Anfang 1944 dieses Ressort bearbeitet. Vorher hatte ich allgemeine Widerstandssachen und Diebstahlssachen zu bearbeiten. Ich habe daher auch den Fall Lupa nicht behandelt. Die Aussage des Zeugen stimmt nicht. Ich habe auch niemals im Block 11 selbst eine verschärfte Vernehmung durchgeführt.

Vorsitzender: Aber verschärfte Vernehmungen haben Sie durchgeführt? Schließlich wurde ja die Schaukel Bogerschaukel genannt.

Boger: Die Schaukel hätte auch jeden anderen Namen haben können. Die Schaukel hat schon existiert, bevor Boger nach Auschwitz gekommen ist.

Vorsitzender: Wie erklären Sie dann den Namen „Bogerschaukel“?

Boger: Das liegt im Zug der allgemeinen gegen mich betriebenen Propaganda.

Joachimowski kann vom Gericht nicht eingehender befragt werden. Auch Bartosziewicz ist nicht persönlich erschienen. Er gab in Polen zu Protokoll:

Bartoszsiewicz: Ich habe unter anderem in der Gerberei gearbeitet und dort Boger beobachten können, da er den Capo Grönke oft besuchte. Ich erinnere mich, daß wir ihm einmal einen Kinderwagen in seine Wohnung bringen mußten, als ihm ein Kind geboren wurde.

Einmal wurden bei einem Appell einige Nummern von Häftlingen vorgelesen, unter anderem auch meine. Wir mußten uns in Zweierreihen aufstellen. Grabner und andere Angehörige der Politischen Abteilung kamen, befragten uns kurz, und dann wurden wir in den Block 11 geführt. Wir mußten uns nackt ausziehen, erhielten einen dünnen Drillichanzug und wurden im Bunker eingesperrt. In dieser Gruppe befanden sich auch Oberst Gilewicz, Dr. Diem, der Künstler Dunikowski, Mosdorf und andere. Ich wurde von Boger vernommen. In Gegenwart Bogers und auf seine Weisung schlug mich ein SS-Mann. Schließlich peitschte mich Boger über Gesicht und Körper, weil ich nicht das sagte, was er von mir wissen wollte. Er wollte wissen, welcher Organisation wir angehören. Nach einiger Zeit wurde ich in den Block 11 zurückgeführt und in eine Stehzelle eingeschlossen, wo man nur durch einen Windfang Luft erhalten konnte. Drei Tage hätte ich nichts essen und trinken sollen. Aber der Blockschreiber Pilecki und der Kalfaktor Jakob haben so manipuliert, daß ich doch etwas zu essen und trinken bekam. Ich wurde zu einem zweiten Verhör geholt. Boger setzte mir eine Pistole an den Kopf, nachdem er mich gezwungen hatte, mich mit dem Gesicht zur Wand zu stellen. Ich erinnerte ihn an den Kinderwagen, den ich in seine Wohnung gebracht hatte. Schließlich wurde ich wieder in den Bunker zurückgeführt.

Im Oktober 1943 wurden im Bunker Nummern aufgerufen, unter anderem auch meine. Wir waren etwa zwanzig Polen, die zur Politischen Abteilung geführt wurden. Dort hatten wir vier Stunden zu warten, dann kamen Grabner, Boger und Lachmann. Es wurde uns gesagt, wenn einer von uns von einer Organisation träumen sollte, dann erwartet uns das, was jetzt unseren Kameraden geschehen ist. Boger sagte noch zu mir: „Du hast Glück gehabt!" Schließlich wurden wir zum Block 11 zurückgeführt, und dort sagte uns Pilecki, daß unsere Kameraden erschossen worden sind. Ich sah Gilewicz und andere im Hof in einer Blutlache liegen.

Mir ist auch bekannt, daß Boger eine ganze Reihe von Spitzeln im Lager unterhielt. Solche Spitzel waren unter anderem Malorny, Olpiński und Dorosiewicz.

Auf eine Frage des Staatsanwaltes Wiese sagt der Zeuge, daß er den Kinderwagen im Sommer zu Boger gebracht hat, zu einer Zeit, als die Judentransporte bereits liefen.

Boger: Der Zeuge ist mir persönlich gut bekannt. Was er sagt, trifft nicht alles zu.

Zu der Zeit waren meine Kinder schon so groß, daß sie keinen Kinderwagen mehr brauchten. Meine zweite Tochter ist aber erst im Jahr 1945 geboren. Ferner nennt der Zeuge einige Spitzel, aber er nennt nicht alle. Mehr will ich in dieser Angelegenheit nicht sagen.

Energisch wehrt Boger jede Verdächtigung einer illegalen Bereicherung ab. Sich zu den anderen Vorwürfen zu äußern, hält er nicht für erforderlich.

Als letzter Zeuge im Auschwitz-Prozeß wird der Pole Burakowski vernommen. Die Verteidiger des Angeklagten Broad haben seine Ladung beantragt. Zufällig fällt bei dieser Einvernahme auch der Name Boger. Mühsam und umständlich muß der Vorsitzende diesem Zeugen eine Schilderung seiner Erlebnisse mit Boger entlocken:

Vorsitzender: Sie haben vorhin auch den Namen Boger genannt. Ist Ihnen über ihn etwas bekanntgeworden?

Burakowski: Ja, er hat in meiner Gegenwart vier Personen ermordet.

Vorsitzender: Bitte, schildern Sie doch dem Gericht diese Vorfälle.

Burakowski: Einmal, als er einen jungen Juden ermordet hat, habe ich mit dem Vorarbeiter Marian einen Teppich für Boger in dessen Wohnung tragen müssen. Boger ist mit Marian und mir, die wir den Teppich trugen, zu seiner Wohnung gegangen. Vorher hatte er ein Verhör auf seiner Schaukel durchgeführt. Ich habe in den Raum hineingeschaut. Marian hat den Teppich für Boger in Kanada organisiert. Als wir zurückkamen, wollte Boger nachschauen, was der Mann, der auf die Schaukel gespannt war, machte. Zuerst ging Boger in den

Raum hinein, hinter ihm ich. Der Mann hing auf der Schaukel und war tot. Die Leichenträger haben ihn weggetragen, und ich mußte den Raum sauber machen. Er muß vorher geblutet haben. Er hatte auch Blut an der Nase.

Vorsitzender: War der Mann schon auf der Schaukel, als Boger wegging?

Burakowski: Ja. Boger war mitten im Verhör, als Marian zu ihm kam und sagte, daß wir den Teppich haben. Der Teppich war Boger wichtiger als dieser Mensch. Als wir in seine Wohnung gingen, habe ich dort auch sein kleines Töchterchen gesehen.

Vorsitzender: War der Mann auf der Schaukel sehr zerschlagen?

Burakowski: Furchtbar. Von seinem Gesäß waren nur mehr Fetzen da. Als ich zurückkam und den Raum reinigen mußte, floß das Blut nicht mehr, aber es war Blut da.

Vorsitzender: Und wissen Sie, daß Boger das angerichtet hat?

Burakowski: Natürlich er, er hat ihn doch verhört. In diesem Fall hat Boger das Verhör allein durchgeführt. Ich habe ja durch das Klosettfenster beobachtet, wie er den Häftling in den Raum hineingenommen hat.

Vorsitzender: Wann hat sich das abgespielt?

Burakowski: Im Sommer 1943.

Vorsitzender: Und wie waren die anderen Fälle?

Burakowski: Einer spielte sich vielleicht zwei Wochen vorher ab. Im allgemeinen hat Boger zuerst in seinem Zimmer verhört. Wenn der Häftling nichts sagen wollte, hat er ihn in die Baracke genommen und geschlagen. Ich habe dann gesehen, wie er den Häftling aus dem Vernehmungszimmer herausgebracht und die Treppen der Baracke hinuntergestoßen hat. Der Häftling ist vor der Baracke liegengeblieben. Boger hat ihm noch zwei Fußtritte gegeben.

Vorsitzender: War dieser Mann dann tot?

Burakowski: Er lebte noch, aber zu 95 Prozent war er bereits erledigt. Er ist von Trägern ins Lager gebracht worden.

Vorsitzender: Bisher haben wir nur von Leichenträgern gehört.

Burakowski: Ja, es waren Leichenträger. Diese Menschen warf man in die Leichenhalle von Block 28. Das habe ich alles selbst gesehen.

Vorsitzender: Wie lang hat das Verhör gedauert?

Burakowski: Vielleicht eineinhalb Stunden.

Vorsitzender: Sie haben noch von weiteren Fällen gesprochen.

Burakowski: Ein anderer Fall spielte sich genauso ab wie dieser. Als ich in das Zimmer kam, lag der Mann neben der Schaukel.

Vorsitzender: Was haben Sie selbst gesehen?

Burakowski: Ich habe gesehen, wie er zum Verhör in das Zimmer von Boger gebracht wurde und Boger vielleicht zwei Stunden später allein aus dem Zimmer herauskam. Dann habe ich den Mann auf dem Boden gesehen. Er lebte nicht mehr.

Vorsitzender: Wieso sind Sie in den Raum gekommen?

Burakowski: Ich habe doch dort sauber zu machen gehabt. Das war gar kein Geheimnis, die Tür war den ganzen Tag offen, nur wenn verhört wurde, wurde die Tür zugemacht. Boger ist hinausgegangen, ich ging hinein, um sauber zu machen. Ich mußte immer das Blut abwaschen. Die Leichenträger kamen, während ich dort reinigte. Boger machte das alles ganz offiziell.

Vorsitzender: Wie war der Mensch zugerichtet?

Burakowski: Er war tot. Er war sehr geschlagen und blutete aus der Nase. Die Menschen, die auf der Schaukel waren, haben hauptsächlich aus der Nase geblutet.

Vorsitzender: Wie spielte sich der vierte Fall ab, den Sie anfangs erwähnt haben?

Burakowski: Genau auf die gleiche Art. Es war vielleicht eine Woche oder zehn Tage Zwischenraum zwischen diesen Fällen. Boger ging wieder hinein und nach einer gewissen Zeit — vielleicht nach eineinhalb oder zwei Stunden — kam er heraus, und der Mann lag tot da.

Vorsitzender: Hat Boger Ihnen gesagt, daß Sie darüber nicht reden dürfen?

Burakowski: Nein, er hat gar nichts gesagt, er hat kein Hehl daraus gemacht.

Boger: Meine Wohnung wurde von der Unterkunftsverwaltung eingerichtet. Daß der Zeuge mit Marian hin und wieder in meine Wohnung gekommen ist, kann stimmen, weil sie Wäsche gebracht haben; aber einen Teppich, das stimmt nicht.

Vorsitzender: Aber der Zeuge hat ja nicht nur über den Teppich geredet, sondern ausgesagt, daß Sie vier Menschen totgeschlagen haben.

Boger: Es wurde kein Häftling auf der Schaukel getötet oder so geschlagen, daß nachher der Tod eingetreten wäre. Das hat sich nicht zugetragen. Verschärfte Vernehmungen haben niemals eineinhalb oder zwei Stunden gedauert. Auch waren immer noch eine oder zwei Personen mit mir dabei.

Vorsitzender: War auch der Angeklagte Dylewski mit Ihnen bei verschärften Vernehmungen?

Boger: Nein, ich habe niemals gemeinsam mit Dylewski verschärfte Vernehmungen durchgeführt. Dylewski hat selbst vernommen.

Vorsitzender: Zeuge, Sie haben hier die Erklärung des Angeklagten Boger gehört.

Burakowski: Ich bleibe hundertprozentig bei meinen Angaben.

Staatsanwalt Kügler: Angeklagter Boger, wer war denn bei den verschärften Vernehmungen dabei, wenn Sie eine solche durchführten?

Boger: Das war sehr verschieden. Mir fallen heute die Namen nicht ein, und wenn sie mir einfallen würden, würde ich sie wahrscheinlich auch nicht angeben.

Wieder dementiert Boger die „Teppichgeschichte" energischer als alles andere. Der Pole Mikusz war jahrelang als „Arbeitseinsatz" in Birkenau tätig:

Vorsitzender: Sie haben hier den Angeklagten Boger erkannt. Was können Sie über ihn sagen?

Mikusz: Sein Name allein war gefährlich. Er hatte in Birkenau die Spitzel unter sich, die polnischen Blockältesten Franek und Wacek. Ich habe die beiden einmal auf eine Liste von Fachleuten geschrieben, die auf Transport gehen sollten. Sie wurden aber von der Politischen Abteilung gestrichen. Die beiden sagten zu mir: „Paß auf, wir haben den Boger hinter uns, du bekommst uns nicht los."

Vorsitzender: Ist Ihnen bekannt, daß Boger in Auschwitz Menschen getötet hat?

Mikusz: Davon habe ich nur gehört. Dafür hatte die Politische Abteilung den Block 11.

Leichenträger hatten Zutritt zu diesem Block:

Vorsitzender: Haben Sie als Leichenträger Boger im Hof des Block 11 schießen gesehen?

Fabian: Ja, ich habe Boger dort mehrmals gesehen, als er geschossen hat.

Vorsitzender: Wie weit war Boger von den Opfern entfernt?

Fabian: Jakob führte die Opfer direkt an die Wand, die Schützen standen unmittelbar dahinter. Bei einer größeren Hinrichtung haben immer zwei SS-Leute gleichzeitig geschossen.

Vorsitzender: Woher kannten Sie Boger dem Namen nach?

Fabian: Ich habe den Namen von Polen gehört.

Vorsitzender: Hat Boger öfter geschossen?

Fabian: Bestimmt.

Staatsanwalt Vogel: Welche Mindestzahl können Sie angeben, die Boger in Ihrer Gegenwart im Hof des Block 11 erschossen hat?

Fabian: Eine Zahl anzugeben ist unmöglich. Es können Tausende gewesen sein, tausend kann aber auch zu viel oder zu wenig gewesen sein.

Vorsitzender: Angeklagter Boger, bleiben Sie dabei, daß Sie in Auschwitz keinen Menschen erschossen haben?

Boger: Jawohl!

Ein anderer Leichenträger, Tscheche wie Fabian, kann sich auch an Boger erinnern:

Vorsitzender: Ist Ihnen jemand namentlich bekannt, der von Boger im Hof von Block 11 erschossen worden ist?

Weiß: Ja. Zum Beispiel Ignaz Fischer und Kazek Kowalczyk. Kowalczyk war vom Block 28 und hatte die Häftlingsnummer 353. Ich erinnere mich genau — es war im Sommer 1943 —, da war gerade ein SS-Arzt in der Ambulanz und erledigte dort die Arztvormeldungen. Ich war damals Läufer und Kowalczyk Schreiber auf Block 28. Bei einem Tisch in der Nähe des SS-Arztes schrieben wir einige Schonungszettel aus und mußten andere Verordnungen des Arztes in die Kartei eintragen. Da kam Boger herein, meldete sich beim SS-Arzt, bat um Entschuldigung und fragte nach dem Häftling Nummer 353. Kowalczyk meldete sich, Boger ging zu Rohde, flüsterte ihm etwas zu, der nickte, und Boger nahm Kowalczyk mit auf die Politische Abteilung und nachher in den Bunker. Einige Tage später wurde Kowalczyk erschossen. Ich erfuhr auch den Grund: Aus dem Krankenbau durften nur am Werktag Entlassungen vorgenommen werden. Ein Häftling wurde aber einmal an einem Sonntag entlassen. Es war ein Pole, der am nächsten Abend aus seinem Kommando flüchtete. Kowalczyk hat den Entlassungsschein geschrieben.

Vorsitzender: Erinnern Sie sich an diese Erschießung?

Weiß: Ja, damals waren es nicht viele, vielleicht zwanzig. Wir Leichenträger warteten im Hof. Ein großer Kalfaktor führte je zwei am Oberarm zur Schwarzen Wand. Boger legte das Gewehr an den Kopf. Ganz bestimmt war er es, der Kowalczyk erschossen hat. Das war im Herbst 1943, vielleicht im September oder Oktober.

Vorsitzender: Im Bunkerbuch ist folgende Eintragung: Kazimierz Kowalczyk, geb. 20. März 1915, Häftlingsnummer 353, eingeliefert in den Bunker am 24. September 1943, erschossen am 11. Oktober 1943. Wie war der Vorfall bei Ignaz Fischer?

Weiß: Auch er wurde von Boger erschossen. Er war vielleicht ein Jahr jünger und ging mit meinem Bruder in die Schule. Wir stammten aus derselben Ortschaft und waren mit demselben Transport nach Auschwitz gekommen. Er ist im Sommer 1943 erschossen worden.

Vorsitzender: Im Bunkerbuch steht eingetragen: Ignaz Fischer, Häftlingsnummer 29.067, geb. 27. Januar 1925, eingeliefert in den Bunker am 13. März 1943, erschossen am 3. April 1943, einliefernde Stelle: Politische Abteilung. Sagen Sie, Angeklagter Boger, wollen Sie jetzt immer noch bestreiten, daß Sie in Auschwitz jemanden erschossen haben?

Boger: Herr Vorsitzender, ich habe nichts zu dementieren.

Vorsitzender: Sie sollen auch nichts dementieren, sondern Sie sollen uns sagen, ob Sie geschossen haben.

Boger: Nein, ich habe weder im Block 11 noch sonst irgendwo in Auschwitz einen Schuß abgegeben.

Weiß: Ich habe ihn doch selbst gesehen.

Der Rapportschreiber vom Krankenbau konnte beobachten:

Dr. Paczula: Im Frühling oder Sommer 1943 führte Boger zwei russische Offiziere in den Block 11. Der Pförtner des Krankenbaus rief: „Boger kommt!“ Ich habe ihn beobachtet. Die beiden waren offensichtlich höhere Offiziere, ihre Uniformen waren sauber, sie waren schon ältere Leute. Sie gingen ruhig in den Block 11. Gleichzeitig sah ich zwei Leichenträger in den Block hineingehen. Nach etwa vier oder fünf Minuten hörte ich zwei Schüsse aus einer Luftbüchse. Bald darauf kam Boger allein wieder heraus. Kurz danach kamen auch die Leichenträger, die ihre Last auf Block 28 trugen. Ich ging auch in den Leichenkeller, wo ich oft war, denn ich mußte wegen des Rapports immer die Zahl der Leichen überprüfen. Dort sah ich die beiden Russen nackt in einer Holzkiste. Die Leichen waren noch warm.

Vorsitzender: Woher wußten Sie, daß es sich um die beiden Offiziere handelte?

Dr. Paczula: Ich hatte sie vorher gesehen und erkannte sie am Körperbau. Sie waren groß und kräftig. Die Leichenträger hatten schwer zu tragen. Der eine Russe, der oben lag, hatte eine Glatze.

Ein deutscher Zeuge kennt auch Namen von einigen Opfern Bogers, die an der Schwarzen Wand getötet wurden:

Scheidel: Ich war in Quarantäne im ersten Stock vom Block 11. Heimlich habe ich von dort einmal die Exekutionen an der Schwarzen Wand beobachtet. Dabei habe ich Boger schießen gesehen. Gustl Berger schrie etwas auf bayrisch. Boger hat ihn erschossen. Ein anderer Häftling — er hieß Ludwig und war ein Grüner aus Wien — lag auf den Knien, hielt die Hände hoch und hat um sein Leben gebettelt. Auch ihn hat Boger erschossen.

Vorsitzender (zu Boger): Sie haben diese Aussage gehört. Bisher haben Sie behauptet, Sie hätten in Auschwitz keinen Schuß abgegeben.

Boger: Ich habe niemals in Auschwitz einen Schuß auf einen Menschen abgegeben. Es wäre angenehm, zu sagen, ich hätte einmal an der Schwarzen Wand schießen müssen. So setze ich mich ja dem Vorwurf der Feigheit aus, aber ich habe nicht geschossen. Wenn ich geschossen hätte, dann hätte ich nur einen Befehl ausgeführt.

Vorsitzender: Zeuge, bleiben Sie bei Ihrer Aussage?

Scheidel: Ja. Ich habe kein Interesse daran, jemanden, der im Schlamassel ist, hineinzulegen.

Wenige Monate nach dieser Vernehmung ist Scheidel einem Herzschlag erlegen.

Woycicki: Am 28. Oktober 1942 wurde ein Transport aus Lublin erschossen, er bestand aus 200 Personen. Zu dieser Gruppe wurden 80 Häftlinge aus dem Lager dazugenommen. Alle wurden auf Block 11 gebracht, und dort wurde ihnen befohlen, sich auszuziehen. Sie lehnten das ab. Es kam zu einem Aufstand auf dem Gang. Der Block wurde versperrt. Lagersperre wurde befohlen. Etwa um drei Uhr nachmittag kam eine große Gruppe von SS-Männern zum Bunker. Die Exekution wurde durchgeführt. Die Rollwagen, auf denen die Leichen zum Krematorium gebracht wurden, hinterließen auf der Lagerstraße eine Blutspur. Hinter dem Rollwagen ging ein Häftling mit seiner Mütze in der Hand. Er sagte: „Auf dem Wagen liegt mein Vater." Ich fragte, woher er das wisse. Er antwortete, daß er durch eine Ritze in einem Fenster in Block 10 die Exekution beobachtet habe. Palitzsch, Boger und Lachmann haben geschossen. Der Häftling hieß Jan Olszynski aus Krynica.

Vorsitzender: Haben Sie Boger mit einem Gewehr durchs Lager gehen gesehen?

Woycicki: Ich habe Boger oft im Lager gesehen, manchmal auf einem Fahrrad, ein anderes Mal zu Fuß. Manchmal trug er dabei ein Gewehr.

Es ist allerdings unwahrscheinlich, daß Boger bereits im Oktober 1942 in Auschwitz war.
Ein Zeuge aus Prag hat folgende Beobachtung gemacht:

Farber: Ich war im Desinfektionskommando und kam bei der Arbeit auch in den Block 10, den Frauenversuchsblock, wo wir ebenfalls zu desinfizieren hatten. Ich habe von dort durch die Ritzen der mit Brettern verschlagenen Fenster in den Hof von Block 11 gesehen. Ich weiß genau, daß wir an einem Herbsttag im Jahr 1943 ganz in der Früh durch die Ritzen geschaut haben. Einer von unserem Kommando stand bei der Treppe, um aufzupassen, damit wir nicht überrascht werden. Wir anderen beobachteten. Im Hof an der Wand von Block 11 stand ein kleines Mädchen. Sie hatte ein bordeauxrotes Kleidchen an und hatte kleine Zöpfe. Die Hände hielt sie diszipliniert an der Seite wie ein Soldat. Ich erinnere mich, daß sie einmal an sich herunterschaute, sich schnell bückte und mit dem Ärmel die Schuhe putzte. Dann stand sie wieder still da. Später sah ich Boger aus dem Block in den Hof gehen. Er nahm das Kind an der Hand. Dieses ging ganz brav mit. Er stellte es mit dem Gesicht gegen die Schwarze Wand. Das Kind schaute sich nicht einmal um. Boger nahm sein Gewehr von der Schulter und erschoß das Mädchen. Dann ist er wieder in Block 11 zurückgegangen.

Vorsitzender: Wieso kannten Sie damals Boger?

Farber: Boger war im Lager sehr bekannt. Er kam sehr oft auf seinem Rad und mit einem Gewehr auf Block 11.

Vorsitzender: Wie alt war Ihrer Schätzung nach das Kind?

Farber: Vielleicht sechs oder sieben Jahre. Die Leichenträger sagten uns nachher, es sei ein polnisches Kind, dessen Eltern ein oder zwei Tage vorher erschossen worden waren.

Boger wurde nicht nur dabei beobachtet, wie er Menschen an der Schwarzen Wand erschossen hat; es wird auch bezeugt, daß er aus dem Bunker Opfer für diese Erschießungen ausgesucht hat:

Boratyński: Während ich im Bunker war — es war im Winter 1942/43 — wurde ein Junge selektiert. Er war in Zelle 19 und wir in Zelle 20, unsere Tür stand offen. Wir sahen, wie Boger den Jungen hinausführte und sagte: „Du wirst heute erschossen, damit du lernst, daß man niemanden fliehen lassen darf." Einer aus dem Kommando, in dem dieser Junge war, hat einen Fluchtversuch unternommen. Der Junge war für die Zehnergruppe verantwortlich, in der der Flüchtige war.

Vorsitzender: Wie alt war dieser junge Mensch etwa?

Boratyński: Ich glaube zwischen 16 und 19 Jahren.

Vorsitzender: Von wem wurde er erschossen?

Boratyński: Ich habe das nicht gesehen. Ich habe nur gesehen, wie er hinausgeführt wurde. Dr. Gralla, der in meiner Zelle war, hat mir die Worte Bogers übersetzt.

Vorsitzender: Als Sie früher verhört wurden, haben Sie diesen Fall nicht geschildert.

Boratyński: Man hat so viel erlebt. Was ich jetzt gesagt habe, stimmt ganz genau.

Vorsitzender (zu Boger): Was haben Sie zu diesem Fall zu sagen?

Boger: Er ist mir nicht erinnerlich.

Vorsitzender: In diesem Zusammenhang ist das eine frivole Redensart.

Boger: Ein Vorarbeiter wurde nie wegen einer Flucht in seinem Kommando zum Tod verurteilt.

Daß Boger nicht nur einer unter mehreren Referenten war, geht aus einer anderen Aussage hervor:

Langbein: Ich war von Ende August bis Anfang November 1943 im Bunker. Während dieser Zeit habe ich sechs Bunkerselektionen erlebt. Die Kommission setzte sich aus dem Leiter der Politischen Abteilung, Grabner, dem Schutzhaftlagerführer, dem Rapportführer und den verschiedenen Referenten der Politischen Abteilung zusammen. Von diesen waren mir Boger und Lachmann namentlich bekannt. Wir mußten uns mit unseren Häftlingsnummern melden, und dann wurde kurz entschieden, meist vom Referenten. „Raus!" bedeutete Erschießen an der Schwarzen Wand. Die meisten derartigen Entscheidungen traf Boger. Ich erinnere mich, daß einmal sieben Häftlinge bei einer solchen Bunkerentleerung aus meiner Zelle geholt wurden. Damals rühmte sich Boger: „Sechs sind von mir." Nur in einzelnen Fällen gab es kurze Diskussionen, bevor die Entscheidung gefällt wurde.

Vorsitzender (zu Boger): Sie haben gehört, daß der Zeuge Langbein erwähnt hat, Sie sagten: „Sechs sind von mir."

Boger: Das waren Fälle, die ich bearbeitet habe.

Vorsitzender: Was geschah mit diesen sechs?

Boger: Sie dürften zweifellos erschossen worden sein. Darüber haben aber die Vorgesetzten entschieden, Grabner und der Kommandant.

Vom Ende der jungen schönen Jüdin Lilly Toffler sprechen mehrere Zeugen:

Pozimska: Ich kannte Lilly Toffler, ich bin mit ihr ins Lager gekommen. Sie hat im Labor in Rajsko gearbeitet. Einmal geschah etwas, und sie wurde von der Politischen Abteilung verhaftet. Boger hat gesagt: „Wenn sie nicht gesteht, dann werde ich sie mit meiner eigenen Hand erschießen". Das habe ich von Kameradinnen gehört, die im Kommando Politische Abteilung gearbeitet haben.

SS-Obersturmbannführer Dr. Joachim Caesar war der Leiter der landwirtschaftlichen Betriebe in Auschwitz, also auch der Chef der Pflanzenzuchtstation in Rajsko. Er wird nach dem Schicksal des Mädchens befragt:

Vorsitzender: Erinnern Sie sich an Lilly Toffler?
Dr. Caesar: Ja, wenn Sie den Namen nennen, erinnere ich mich, sie war in der Pflanzenzuchtstation als Zeichnerin.
Vorsitzender: Erinnern Sie sich, daß Lilly Toffler von der Politischen Abteilung abgeholt wurde?
Dr. Caesar: Ja. Ich fragte, was da los sei, und hörte etwas von einem mysteriösen Brief — möglicherweise einem Liebesbrief. Später habe ich gehört, daß man die Lilly getötet hat.
Vorsitzender: Wer hat sie getötet?
Dr. Caesar: Ich weiß es nicht, ich war nicht dabei.
Vorsitzender: Hatten Sie damals nicht eine heftige Auseinandersetzung mit Boger?
Dr. Caesar: Ich erinnere mich nicht mehr. Es liegt so viel dazwischen.
Vorsitzender: Im Jahr 1961 sagten Sie, daß man Ihnen auf der Politischen Abteilung erklärt habe, es handle sich um einen aussichtslosen Fall.
Dr. Caesar: Gut, bleiben wir bei dieser Version.

Der Brief, der gefunden wurde und der das Ende Lillys bedeutete, war an Gabis gerichtet. Gabis wird von Krakau nach Frankfurt geladen, damit er hilft, den „Fall Toffler" zu klären:

Vorsitzender: Sind Sie damit einverstanden, daß Ihre Aussage zur Stützung des Gedächtnisses des Gerichtes auf Tonband aufgenommen wird?

Gabis: Ich möchte lieber nicht, daß sie aufgenommen wird.

Die Frage richtet der Vorsitzende zu Beginn der Vernehmung an jeden Zeugen. Sie wird in der Regel bejaht.

Vorsitzender: Kennen Sie den Fall Lilly Toffler?

Gabis: Manchmal wurden Frauen ins Männerlager geführt, um sich die Zähne behandeln zu lassen. Ich habe dort ein Gespräch mit einem Mädchen begonnen, das ich damals noch nicht näher kannte. Sie arbeitete in der Gärtnerei Rajsko. Später erfuhr ich, daß sie Lilly Toffler hieß. Am 16. September 1943 — ich habe mir das Datum genau gemerkt — kam der Häftling Solarz zu mir. Er war sehr aufgeregt und erzählte, er habe mit einem anderen Häftling einen Kranz zur Kommandantur tragen müssen. Er hatte einen Zettel für mich, den ihm Toffler gegeben hatte. Den Zettel hatte er im Kranz versteckt. Aber als er ihn herausnehmen wollte, fiel der Zettel zu Boden, wurde von einem SS-Offizier bemerkt und zur Politischen Abteilung gebracht. Ich war sehr aufgeregt. Am nächsten Tag sah ich — zu dieser Zeit arbeitete ich in der Häftlingsschreibstube beim Lagereingang —, wie zwei Häftlinge zu Block 11 geführt wurden. Einer war eben Solarz. Der zweite war derjenige, der mit ihm den Kranz getragen hatte. In den Nachmittagsstunden sah ich Lilly Toffler, die ebenfalls zu Block 11 geführt wurde. Wer sie geführt hat, weiß ich nicht mehr. Die folgenden Tage verbrachte ich in großer Aufregung. Mich wunderte es, daß keiner der drei zur Vernehmung nach vorne geführt wurde, wie es sonst üblich war. Dafür ging Boger täglich zweimal zu Block 11. Das war außergewöhnlich. Am Sonntag vormittag kam der Bunkerjakob zu mir und sagte, er wisse alles. Er bat mich, ich soll mich freiwillig bei Boger melden und sagen, daß ich der Empfänger des Briefes sei, sonst gebe es eine große Aktion, und es würde schlimme Konsequenzen haben. Mir fiel der Entschluß sehr schwer, aber ich entschloß mich, mich Montag bei Boger zu melden. Nach dem Mittagsappell am Sonntag konnte ich beobachten, daß Boger ins Lager kam und daß der Block 18 erneut antreten mußte. Vom Block 11 aus erschien Boger mit Lilly Toffler und ging mit ihr die Reihen der Häftlinge, die vor Block 18 zum Appell angetreten waren, ab. Sie sollte offensichtlich den Adressaten des Briefes erkennen. Aber sie hat Boger einen falschen Block angegeben, denn sie wußte genau, daß ich auf Block 3 lag. Einige Zeit später stürmte Boger in meine Stube herein und führte mich auf Block 11. Ich wurde in Zelle 25 gesteckt und blieb dort bis Montag. Wenn keine SS im Bunker war, hat Jakob die Frauen zu einem kurzen Spaziergang in den Hof geführt. Dabei hat Lilly Toffler in meine Zelle geschaut und mir erzählt, daß sie furchtbare Qualen mitzumachen habe. Vier Tage lang habe sie Boger immer Vor- und Nachmittag hinauf in den Vorraum geholt, sie nackt ausziehen lassen und ihr die Pistole an die Schläfe gesetzt, damit sie verrate, an wen der Brief gerichtet war. Schließlich hat mich Jakob verraten, weil er das nicht mehr mitanschauen konnte.

Am Dienstag wurde der Bunker entleert. Es erschien eine Kommission, mit ihr auch Boger. Er rief mir zu: „Du bist mein, komm heraus!“ Der Lagerführer Hofmann machte auf einer Liste neben meinem Namen ein rotes Kreuz, das konnte ich sehen. Wir mußten am Gang warten. Dann ertönte das Kommando: „Rechts um, in Richtung nach oben, marsch!“ Ich ging ganz zum Schluß. Als wir über den Gang zum Waschraum mußten, sah ich links zwei Häftlinge stehen, die ins Lager entlassen werden sollten. Ich weiß nicht, welche Kraft mich geführt hat, aber ich ging zu diesen beiden hin. Wir standen nun zu dritt dort während der ganzen Exekution. Nachher ging die Kommission der SS ins Lager, Jakob kam ganz mit Blut besudelt zurück, zog mich an der Hand und führte mich zum Exekutionsplatz. Ich glaubte, jetzt komme ich dran. Jakob zeigte mir einen Haufen von Leichen. Oben lag die Leiche von Lilly Toffler. Ich fragte: „Wer hat sie ermordet?“ Jakob antwortete: „Boger“.

Vorsitzender: Was ist das Schicksal der beiden Kranzträger gewesen?

Gabis: Sie wurden auch von Boger umgebracht.

Vorsitzender: Die Darstellung des Todes von Lilly Toffler, die Sie hier gegeben haben, deckt sich nicht mit der Aussage von Ludwig Wörl.

Gabis: Ich kenne Wörl, ich war mit ihm in Zelle 25.

Vorsitzender: Wörl sagte, er habe im Bunker Lilly Toffler kennengelernt, mit ihr gesprochen und dann selbst erlebt, wie Boger die Lilly Toffler im Waschraum erschossen habe.

Gabis: Was ich gesehen habe, das sage ich. Das war eines der schwersten Erlebnisse meines Lebens, ich werde es nie vergessen.

Vorsitzender: Wo wurde Lilly Toffler erschossen?

Gabis: Ich weiß es nicht, ich habe nur die Leiche im Hof gesehen. Ein blutiger Haufen lag dort. Es war schwer, die einzelnen Leichen zu erkennen. Aber die Leiche Lilly Tofflers erkannte ich, weil ihr Kopf nach unten hing; die Haare hingen weit herab. Da sie oben lag, wußte man, daß sie als letzte erschossen worden ist.

Vorsitzender: Sahen Sie auch die Leichen der beiden Kranzträger?

Gabis: Diese Leichen konnte ich nicht erkennen. Aber ich habe gesehen, wie sie beide nach oben zur Exekution geführt worden waren.

Geschworener: Wieso hatte Lilly Toffler lange Haare? Wurden den Häftlingen nicht die Haare geschoren?

Gabis: Es gab bevorzugte Gruppen von Häftlingen, die Haare stehenlassen durften. Zu ihnen gehörte Lilly Toffler.

Vertreter der Nebenklage Dr. Kaul: Der Zeuge soll die Angeklagten ansehen, ob er sie identifizieren kann.

Gabis: Ich möchte die Angeklagten lieber nicht anschauen.

Vertreter der Nebenklage Ormond: Angeklagter Boger, wollen Sie zu dieser Schilderung eine Stellungnahme abgeben?

Boger: Nein.

Gabis: Bitte, Herr Vorsitzender, fragen Sie den Angeklagten Boger, was auf dem Zettel gestanden ist, der drei Menschen das Leben gekostet hat.

Boger: Ich will darauf nicht antworten.

An einem anderen Verhandlungstag bequemt sich Boger doch zu einer Äußerung:

Vertreter der Nebenklage Raabe (zu Boger): War im Fall Lilly Toffler eine Exekutionsanordnung von Berlin gekommen, obwohl nach Angabe des Zeugen Wörl nur drei bis vier Tage zwischen Einlieferung in den Bunker und Erschießung vergangen sind?

Boger: Ich habe den Fall nicht selbst bearbeitet.

Raabe: Haben Sie von dem Fall gehört?

Boger (nach langer Pause): Der Vorgang war anders. Ich habe den Fall überhaupt nicht bearbeitet. Gehring hat sie eines Abends in meinem Beisein durch Genickschuß aus einer Mauser-Kleinkaliberbüchse erschossen. Ich war damals aus einem anderen Anlaß im Block 11. Kirschner kam mit der Exekutionsanordnung und hat diese Gehring übergeben. Wir waren alle bestürzt. Jakob hat mich mit Tränen in den Augen gefragt, ob es denn keine andere Möglichkeit gäbe. Aber es gab kein Zurück. Lilly Toffler war eine Geheimnisträgerin, ihr Kontakt mit Außenstehenden mußte zum Tod führen.

Raabe: Wie lange war sie etwa im Bunker?

Boger: Einige Tage.

Vorsitzender: Aber es handelte sich ja bloß um einen Liebesbrief?

Boger: Ich war nicht der Sachbearbeiter.

Bei dieser Erklärung kann Boger, der sonst mehr als nüchtern über Mordaktionen von großem Ausmaß spricht, seine Erregung nicht unterdrücken.

Ein polnischer Zeuge macht das Gericht auf eine weitere Tötungshandlung aufmerksam, an der Boger beteiligt war:

Nieciuński: Boger war im Lager bekannt. Ich war Reiniger in der Kommandantur. Dort ging Boger aus und ein. Im vorletzten Block außerhalb des Lagers hatte Boger auch einen Dienstraum. Seine Verhöre führte er in einer Baracke durch, die später abgebrannt ist. Ich habe gesehen, wie nach Verhören aus dieser Baracke Leichen herausgetragen wurden. Ich sah auch, wie Boger mit einem kleinen Karabiner ins Krematorium ging. Ich habe Menschen nach Verhören gesehen. Sie waren mit Blut besudelt.

Vorsitzender: Woher wissen Sie, daß die Menschen, die aus der Baracke herausgetragen wurden, tot waren?

Nieciuński: Ich habe es gesehen. Die Leichen wurden zugedeckt auf Bahren hinausgetragen. Sie wurden später hinausgetragen, vorher wurden die zusammengeschlagenen lebenden Häftlinge hinausgeführt. Die Leichen wurden erst vor dem Appell weggetragen. Von Häftlingen im Krematorium habe ich auch erfahren, daß Boger bei Exekutionen im Krematorium geschossen hat. Ich bin völlig sicher, daß ich ihn dorthin gehen gesehen habe. Er hat dort mindestens zwei bis drei Exekutionen durchgeführt.

Vorsitzender: Wieviel Menschen wurden bei diesen Exekutionen erschossen?

Niecuński: Es waren gewöhnlich kleine Gruppen, je zehn oder höchstens zwölf Personen. Aber einmal im Sommer 1943 ist eine große Gruppe von Zivilisten in das Lager gekommen, und ein Sondergericht wurde veranstaltet. Den Vorsitz führte Boger. Die Häftlinge hatten sich zwischen den beiden Kommandanturgebäuden aufzustellen, und das Gericht tagte durch das Fenster. Die Verhandlung für eine Person dauerte jeweils vielleicht eine Minute, sie endete stets mit einem Todesurteil. Mein Bruder hat das gesehen und es mir erzählt.

Vorsitzender: Sind diese Menschen vorher in den Baracken verhört worden?

Niecuński: Ja, die Verhöre dauerten längere Zeit. Sie wurden von der Politischen Abteilung durchgeführt. Später merkten wir, daß Vorbereitungen für ein Gericht getroffen wurden. Die SS war aufgeregt. Der Platz war von SS mit Hunden umstellt.

Ich muß aber bemerken, daß Boger mir gegenüber sehr korrekt war. Er hat mich einmal verhört, und ich wurde nicht geschlagen. Er hat sich auch sehr um Blumen gekümmert und dafür gesorgt, daß sie begossen werden.

Boger: Ich bin nie mit einem Kleinkarabiner ins Krematorium gegangen und habe auch nie in meinem Zimmer ein solches Gewehr aufbewahrt.

Der Zwillingsbruder des Zeugen wird geladen, er konnte dieses außerordentliche Sondergericht selbst beobachten:

Waclaw Niecinski: Ich war im Kommando Kommandanturreiniger und habe dort den Angeklagten Boger öfter gesehen, weil ich auch sein Zimmer im Parterre im Hauptgebäude der Kommandantur zu reinigen hatte. Das Fenster seines Zimmers schaute auf das Lager. Da wir einige Bewegungsfreiheit hatten, kam ich oft am alten Krematorium und an der Vernehmungsbaracke vorbei, wo Boger Vernehmungen durchführte.

Ich erinnere mich, daß etwa in der Zeit Mai, Juni oder Juli 1943 — es war jedenfalls schon warm — Boger und ein großer blonder, schlanker SS-Mann eine Reihe von Verhören durchführten. Eine größere Gruppe von Zivilisten war nach Auschwitz gebracht worden. Ich erfuhr, daß sie in Myslowitz verhaftet worden waren. Unter ihnen befanden sich auch Frauen. Die Verhöre fanden in der Holzbaracke statt. Wir gingen mehrmals vorbei, um zu beobachten, was dort vor sich ging. Zu zweit oder zu dritt standen die Zivilisten vor der Baracke und wurden vom einen Helfer Bogers in die Baracke geführt. Ich sah, wie die Opfer später herausgebracht oder sogar herausgeworfen wurden. Von manchen hatte ich den Eindruck, daß sie schon tot oder zumindest nahe dem Tod waren. An einem Samstag hatten wir eine andere Diensteinteilung bei der Reinigung, und ich reinigte das Zimmer, in dem von Boger die Verhöre durchgeführt worden waren. Das Zimmer befand sich vom Gang aus links. Rechts von der Tür stand ein kleiner Schreibtisch in der Ecke. Direkt neben der Tür war ein großer Schrank mit Glasfenstern, wie man ihn etwa für chirurgische Instrumente benützt. In diesem Schrank befanden sich die Werkzeuge von Boger: Ochsenziemer, Stöcke, Gummistäbe und andere Schlaginstrumente. Einige Stöcke waren am Ende versengt. Links in dem Raum befand sich die berüchtigte Bogerschaukel.

Das Zimmer, in dem Boger sein Büro hatte, ist nicht zu verwechseln mit dem Zimmer, in dem Boger seine Verhöre durchgeführt hat. Sein Büro habe ich oft gereinigt. In dem Zimmer stand ein Schreibtisch und ein kleines Tischchen für eine Schreibmaschine. Das Zimmer war sehr gut eingerichtet, auf dem Boden lag ein großer Teppich. Am Schreibmaschinentischchen hatte eine Häftlingsfrau mit einem jüdischen Winkel ihren Platz. Boger brachte jeden Tag Suppe und befahl mir, sie auf den Ofen zu stellen. Die Suppe war für diese Häftlingsfrau bestimmt.

Etwa im Juni oder Juli 1943 wurden besondere Vorbereitungen getroffen bei dem ersten Gebäude außerhalb des Zaunes, in dem das SS-Revier untergebracht war. Die Gruppe der Zivilisten wurde zwischen das SS-Revier und das Verwaltungsgebäude gebracht. Ein Fenster im Block des SS-Reviers im Parterre wurde geöffnet, und zwar dasjenige, das dem Drahtzaun am nächsten war. Die ganze Gruppe war von SS-Leuten umstellt. Am offenen Fenster stand ein Tisch, und an dem Tisch saß das Gericht. Ich glaube, daß Boger der Vorsitzende des Gerichtes war. Wir konnten die ganze Szene aus einem kleinen Fenster am Dachboden des Verwaltungsgebäudes beobachten, in dem wir als Reiniger arbeiteten. Jeder einzelne aus der Gruppe wurde der Reihe nach vor das Fenster gerufen und verweilte kurz davor. Der Vorsitzende des Gerichts stand auf und verlas durch das Fenster ein Urteil oder etwas Ähnliches. Die Worte konnte ich nicht verstehen. Aber mehrmals habe ich das Wort „Tod" gehört. Nachdem alle aufgerufen worden waren, ging das Gericht hinaus, und die Gruppe wurde weggeführt.

Vorsitzender: Von wem wurde die Gruppe weggeführt?

Waclaw Nieciński: Die Gerichtsmitglieder haben sie geführt, unter ihnen auch Boger.

Vorsitzender: Hat Boger den Zug angeführt?

Waclaw Nieciński: Das ist sehr schwer zu sagen. Die Wachmannschaft führte die Gruppe, und die Gerichtsherren gingen daneben, aber mehr vorne. Ein Teil der Zivilisten wurde ins kleine Krematorium gebracht. Ich konnte noch sehen, wie das Tor geöffnet wurde. Nach einer Weile schloß sich das Tor. Ich erfuhr später, daß der andere Teil der Gruppe zu Block 11 geführt worden war. Vielleicht ein bis zwei Stunden später, nachdem die Zivilisten im Krematorium verschwunden waren, wurden ihre Leichen verbrannt. Ich habe starkes Feuer und auch Rauch gesehen.

Ich sah auch Boger einige Male mit einem kleinen Karabiner zum kleinen Krematorium oder zu Block 11 gehen. Dieser Karabiner war in einem Zimmer aufbewahrt, das gegenüber dem Büro von Boger lag.

Richter Perseke: Sie haben gesagt, daß Boger, soweit Sie sich erinnern, den Vorsitz bei der Gerichtsverhandlung führte. Wie weit reicht Ihre Erinnerung?

Waclaw Nieciński: In den Grenzen des menschlichen Gedächtnisses bin ich dessen sicher.

Perseke: Wissen Sie, wer Beisitzer bei dieser Sondergerichtsverhandlung war?

Waclaw Niecinski: Ich glaube, einer war Wosnitza, ein Angehöriger der Politischen Abteilung, der immer in Zivil ging.

Ersatzrichter Hummerich: Ist Ihnen noch in Erinnerung, welcher Zeitraum zwischen den Vernehmungen der Zivilisten und dem Sondergericht lag?

Waclaw Niecinski: Die Verhöre dürften eineinhalb oder zwei Monate gedauert haben. Das Gericht fand unmittelbar nach Beendigung der Verhöre statt.

Hummerich: Wo waren diese Zivilisten während dieser Zeit untergebracht?

Waclaw Niecinski: In einem abgeschlossenen Block im Lager.

Staatsanwalt Wiese: Wie stark war die Gruppe dieser Zivilisten aus Myslowitz?

Waclaw Niecinski: Ich habe sie auf mehr als hundert geschätzt.

Boger: Die Zivilisten wurden von der Gestapoleitstelle Kattowitz aus dem Gefängnis Myslowitz nach Auschwitz verlegt. Diese Polizeihäftlinge wurden nur von Beamten der Sonderkommission aus Kattowitz vernommen. Das Sondergericht fand dort statt, wo der Zeuge es geschildert hat. Es wurde so angelegt, weil damals Fleckfiebergefahr bestanden hat. Ich weiß das aber nur vom Hörensagen. Ich war nicht dabei. Das Sondergericht wurde von Mildner geleitet. Die Beisitzer des Gerichts waren Gestapobeamte aus Kattowitz.

Waclaw Niecinski: Ich bleibe dabei, daß die Verhöre von Boger und einem großen blonden SS-Mann geführt worden sind und daß Boger am Sondergericht teilgenommen hat.

Verteidiger Steinacker: Ich mache darauf aufmerksam, daß in einer Eintragung in den Auschwitz-Heften unter dem Datum 12. Februar 1943 angegeben steht, daß diese Zivilisten aus Myslowitz von Gestapobeamten der Außenstellen verhört worden sind.

Waclaw Niecinski: Nein, ich bleibe dabei, sie wurden von der Politischen Abteilung in Auschwitz verhört.

Wenn von Tod und Vernichtung gesprochen wird, fällt fast regelmäßig der Name Bogers. Als das Theresienstädter Familienlager „liquidiert" wurde — dieser „Fachausdruck" der SS für Massenmord hat sich auch bei dem Gericht eingebürgert — war Boger ebenfalls dabei:

Diamanski: Ich war im Zigeunerlager zuerst Lagercapo, dann Lagerältester. Eines Tages kam ein geschlossener Transport aus Theresienstadt nach Birkenau. Alle wurden gemeinsam in einem Familienlager untergebracht und vollständig vom anderen Lager abgetrennt. Diese Häftlinge wurden nicht zu Arbeitskommandos eingeteilt. Ich konnte in diesen Lagerabschnitt gehen und lernte dort eine Journalistin kennen, die mir sagte, daß sie mit dem Major der Deutschen Luftwaffe Novotny, verheiratet gewesen sei. Als Halbjüdin ist sie ins Lager gekommen.

Als das Familienlager liquidiert wurde, war ich dort. Wir politischen Häftlinge versuchten, Übergriffe von grünen Funktionshäftlingen zu mildern. Boger stand auf der Lagerstraße. Ich habe mit Frau Novotny gesprochen. Sie ist auf Boger zugegangen und hat ihm ihre Verachtung ins Gesicht gerufen. Daraufhin hat er sie erschossen, obwohl sie 20 Minuten später sowieso ins Gas gekommen wäre.

Vorsitzender: Wie weit befanden Sie sich vom Tatort?

Diamanski: Ich stand etwa fünf bis sechs Meter weit entfernt.

Vorsitzender: Brachte Frau Novotny ihre Verachtung nur mit Worten oder auch mit Schlägen zum Ausdruck?

Diamanski: Es geschah alles so schnell, sie hat ihm haßerfüllt irgendwelche Ausdrücke ins Gesicht geschleudert.

Vorsitzender: Konnte sich Boger körperlich angegriffen fühlen?

Diamanski: Wie kann man sich bedroht fühlen, wenn so viele SS-Leute in der Nähe sind?

Verteidiger: Was taten Sie, als Frau Novotny umfiel?

Diamanski: Ich bin hingelaufen und habe sie gemeinsam mit einem Grünen und noch einem Häftling aufs Auto aufgeladen.

Verteidiger: Bevor man einen Schuß loslöst, muß man doch zuerst die Pistole ziehen und sie entsichern. Das kann doch gar nicht so schnell gehen.

Diamanski: Bei einer solchen Sache hatte die SS in Auschwitz immer entsicherte Pistolen. Ich habe gesehen, daß Boger geschossen hat.

Boger: Ich habe keine Frage an den Zeugen.

Boger war immer für gründliche Arbeit:

Erich Kulka: Vor der zweiten Vernichtungsaktion des Theresienstädter Familienlagers wurden einige Arbeitsfähige in einen anderen Lagerabschnitt gebracht. Unter ihnen war Frau Hansl, die im Familienlager ein Kind geboren hatte, das seine Häftlingsnummer auf das Bein tätowiert bekam. Das Kind war damals drei Monate alt. Die Frau gab ihm ein Schlafmittel und hat es in einer Tasche durch das Tor geschmuggelt. In der Sauna im Frauenlager mußten sich die Frauen entkleiden, und das Kind wurde gefunden. Die SS-Aufseherin war von der Tat so gerührt, daß sie der Frau zusagte, sie dürfe ihr Kind behalten. Auch der gefürchtete SS-Mann Buntrock entschied: Wegen ihrer Tapferkeit darf die Mutter ihr Kind behalten. Alle haben das Kleine wie ein Wunder angeschaut. Am nächsten Tag kam jedoch Boger mit einer Liste. Er hatte festgestellt, daß bei der Zahl derer, die für den Tod bestimmt waren, ein Kind gefehlt hat. Er hat die Mutter zusammen mit dem Kind ins Gas geschickt.

Auch bei der „Liquidierung" des Zigeunerlagers war Boger tätig:

Piwko: Eines Tages gab es eine große Aufregung und Schreien. Lastautos kamen. Die Zigeuner wußten genau, was ihnen blüht, denn etliche SSler hatten Zigeunerinnen als Freundinnen. Denen hatten sie von der bevorstehenden Liquidierung erzählt.

Ich lief in den Waschraum im benachbarten Lagerabschnitt und beobachtete von dort aus. Ich kam erst gegen Schluß der Aktion. Die Zigeuner wurden geschlagen. Nachher haben Boger und andere die Blöcke durchsucht und Kinder, die sich versteckt hatten, herausgezogen. Die Kinder wurden zu Boger gebracht. Der packte sie an den Füßen und schmiß sie an die Wand. Mir ist schlecht geworden, und ich bin weggelaufen.

Vorsitzender: Das hat bisher noch kein Zeuge gesagt. Haben Sie das tatsächlich mit eigenen Augen gesehen?

Piwko: Ich habe das fünf-, sechs- oder siebenmal gesehen.

Vorsitzender: Wie alt waren die Kinder?

Piwko: Etwa zwischen vier und sieben Jahren.

Richter Perseke: Können Sie Boger nicht verwechseln?

Piwko: Es war sicher Boger. Ich bin tagtäglich auf dem Weg zu meinem Kommando an der Politischen Abteilung vorbeigegangen. Manchmal trafen wir dabei Boger. Oft fuhr er auf dem Fahrrad.

Vertreter der Nebenklage Raabe: Das ist das Fürchterlichste, was wir bisher gehört haben. Haben Sie das wirklich gesehen? Es ist fast menschlich nicht faßbar.

Piwko: Was ich gesagt habe, kann ich beschwören.

Verteidiger Dr. Aschenauer: Geschah das in der Nacht oder am Tag?

Piwko: Am Tag.

Dr. Aschenauer: Die Liquidierung des Zigeunerlagers ist aber in der Nacht erfolgt.

Piwko: Das geschah am Tag, und zwar in den Nachmittagstunden.

Vorsitzender: Angeklagter Boger, was haben Sie dazu zu sagen?

Boger: Nichts. Ich habe bei der Liquidierung des Zigeunerlagers nicht mitgewirkt.

Piwko: Dann war ich vielleicht derjenige.

Vorsitzender: Zeuge, können Sie diese Aussage verantworten? Sie ist für Boger von außerordentlicher Bedeutung.

Piwko: Ja. Wo Schuld ist, muß auch eine Strafe sein.

Bei Hinrichtungen trat Boger ebenfalls in Aktion:

Wysoczyński: Einmal mußten wir in Birkenau nach dem Appell stehenbleiben. Russische Gefangene waren geflohen, aber gefaßt und zurückgebracht worden. Eine Gruppe von SS-Leuten brachte vier Gefangene, deren Hände am Rücken gefesselt waren. Ich stand etwa 40 bis 50 Meter weit entfernt. Plötzlich entstand eine merkwürdige Bewegung, es sah so aus, als ob einer der Russen etwas gerufen hätte oder als ob er sich einem der SS-Männer nähern wollte. Da sprang Boger, den ich sehr gut kannte, auf ihn zu und begann ihn zu schlagen. Der Häftling fiel hin, Boger und andere SS-Männer schlugen weiter auf ihn ein. Boger war so wütend, daß er dem Mann dann selbst die Schlinge um den Hals legte und den Hocker unter seinen Füßen wegstieß.

Staatsanwalt Vogel: Wurde vor der Exekution ein Urteil oder ein sonstiges Schriftstück verlesen?

Wysoczyński: Nein.

Boger: Ich habe diesen Fall selbst bearbeitet. Die vier Russen wurden von der polnischen Bahnpolizei aufgegriffen und waren einige Tage im Block 11. Das Ermittlungsergebnis wurde weisungsgemäß nach Berlin gesandt, und dann wurden die Russen nach Birkenau zur Exekution überstellt. Es wurden verstärkte Sicherheitsmaßnahmen getroffen. Der Zug wurde ins Lager geführt, der Kommandant, der Schutzhaftlagerführer und die Politische Abteilung waren anwesend. Die Häftlinge wurden durch Capos geführt. Wir standen in der Nähe des Galgens. Beim Hereinführen hat sich etwas ereignet, das auf Widerstand hindeutete. Ein Delinquent hat auf russisch unverständliche Rufe ausgestoßen, seine Fesselung gelöst und fuchtelte mit den Armen in der Gegend herum. Ich selbst erhielt von ihm einen Fußtritt, dabei wurde mir eine Rippe gebrochen. *Auf Unruhe und Lachen im Zuschauerraum:* Ja, da können Sie ruhig lachen, das ist aber eine Tatsache. Der Mann wurde dann überwältigt, die Fesselung wurde wieder vollzogen, und ich habe das Urteil verlesen. Es war schwer zu verstehen, die Russen brüllten irgend etwas, aber es wurde doch verlesen und dann vollstreckt. Ich selbst habe es nicht vollzogen, das haben Häftlingscapos getan.

Vorsitzender: Sie sind doch als Kriminalbeamter ausgebildet. Sie müssen also wissen, daß es sich um kein Urteil gehandelt hat.

Boger: Man kann es auch eine Exekutionsverfügung nennen.

Wysoczyński: Ich habe nichts von einem Vorlesen gehört. Boger hat selbst die Exekution vorgenommen.

Vorsitzender: Sind nur 24 Stunden zwischen der Ergreifung der Flüchtlinge und der Hinrichtung verflossen?

Wysoczyński: Nicht mehr.

Ein anderer polnischer Zeuge erinnert sich auch an diese Exekution:

Mikusz: Ich war dabei, als drei russische Kriegsgefangene in Birkenau aufgehängt wurden — das war im Jahr 1944. Sie waren geflohen, wurden aber zurückgebracht und vor der

Küche gehenkt. Das Urteil hat Boger vorgelesen. Einer der Kriegsgefangenen rief etwas, ich weiß nur, daß der Name Stalin darin vorgekommen ist. Boger hat ihn geschlagen, und der Häftling, der schon auf dem Hocker stand, gab Boger darauf einen Fußtritt. Boger wird sich sicherlich daran erinnern *(Boger nickt)*. Die Exekution wurde von einem kriminellen Häftling namens Rudi durchgeführt.

Staatsanwalt Kügler: Herr Boger, stimmt es, daß der Russe Sie getreten hat?

Boger: Das habe ich bereits gesagt, Herr Staatsanwalt. Aber es handelte sich um vier Russen, nicht um drei.

Boger ist für Genauigkeit.
Eine weitere Hinrichtung kommt zur Sprache:

Staatsanwalt Vogel: Erinnern Sie sich an die Erhängung eines Blockältesten in Birkenau?

Dr. Glowacki: Ich erinnere mich, es handelte sich um Mietek, einen Polen mit einer niedrigen Nummer. Er war Blockältester vom Block 28 in Birkenau. Während eines Appells wurde er vom Blockführer abgeholt, zum Tor gebracht und dann von Boger gehenkt. Warum, weiß ich nicht.

Boger: Ich kann mich an den Fall nicht erinnern, aber es ist durchaus möglich, daß es so war. Es wird dann einen Grund gehabt haben. Wenn ich ihn gehenkt habe, dann habe ich die Ermittlungen geführt und eine entsprechende Exekutionsanordnung erhalten.

Es wurde auch weniger offiziell getötet:

Wetzler: Einmal haben beim Appell zwei Häftlinge gefehlt. Beim Suchen stellte sich heraus, daß sich zwei kroatische Zigeuner im Waschraum versteckt hatten. Boger hat sich an der Suchaktion beteiligt. Gegen Mitternacht sind die Zigeuner dort gefunden worden. Ein Blockführer meldete das Boger. Dieser sagte: „Wascht sie doch einmal gründlich ab“. Der Blockführer ging daraufhin in den Waschraum und erschoß die beiden.

Der Grund war verschieden, das Ergebnis immer das gleiche:

Kronauer: Es war nebelig, unser Kommando mußte daher stehenbleiben und durfte nicht zur Arbeit ausrücken. Da kam ein SSler mit einem Kochgeschirr, rief einen jungen Burschen und sagte ihm: „Hol Wasser!" In dem Augenblick kam Boger. Auf einmal knallte es, der Junge lag zusammengekrümmt auf dem Boden, die Pistole von Boger hat noch geraucht. Boger hat dann die SS-Posten angeschissen, warum sie zugelassen hatten, daß der Junge Wasser holte. Der Junge war in meinem Kommando Putzer.

Vorsitzender: Wie weit waren Sie entfernt?

Kronauer: Etwa 50 Meter.

Man ist nachgerade abgestumpft, wenn man Tag für Tag derartige Schilderungen hören muß. Dennoch erregt die Aussage der Zeugin Wasserstrom alle:

Wasserstrom: Einen Vorfall kann ich nie vergessen: Es dürfte etwa im November 1944 gewesen sein. Ein Lastwagen, auf dem jüdische Kinder waren, fuhr zum Lager. Der Wagen hielt bei der Baracke der Politischen Abteilung. Ein Junge — er dürfte etwa vier bis fünf Jahre alt gewesen sein — sprang herunter. Er spielte mit einem Apfel, den er in der Hand hielt. Da kam Boger mit Draser an die Tür. Boger nahm das Kind an den Füßen und schlug es mit dem Kopf gegen die Wand. Draser befahl mir dann, die Wand abzuwischen. Später wurde ich zu Boger gerufen, um zu dolmetschen. Er saß in seinem Zimmer und aß den Apfel des Kindes.

Verteidiger Dr. Aschenauer: Sie haben eine Broschüre über die Politische Abteilung und verschiedene Artikel veröffentlicht. Ist in einer dieser Publikationen dieser Vorfall geschildert?

Wasserstrom: Nein.

Dr. Aschenauer: Warum haben Sie nie darüber geschrieben?

Wasserstrom: Das ist eine sehr private Sache. Seit diesem Zeitpunkt wollte ich keine Kinder haben.

Verteidiger Schallock: Haben Sie mit Kolleginnen aus Ihrem Kommando über diesen Vorfall mit dem Kind gesprochen?

Wasserstrom: Ich kann das nicht genau sagen, wir haben viel gesprochen und sehr viel Schreckliches gesehen, nahezu täglich.

Boger: Zur Sache mit dem Kind habe ich überhaupt nichts zu sagen. Das ist eine ungeheure Erfindung, vielleicht etwas für die Presse.

Am nächsten Verhandlungstag läßt der Vorsitzende die Zeugin nochmals in den Gerichtssaal bitten.

Vorsitzender: Ihre Aussage bezüglich des Vorfalles mit dem Kind ist so schwerwiegend, daß ich Sie nochmals hergebeten habe. Der Verteidiger Dr. Aschenauer hat Sie gefragt, wieso Sie diesen Vorfall früher nie erwähnt hatten. Sie gaben zur Antwort, sie haben private Gründe dafür.

Wasserstrom: Es ist mir sehr peinlich, darüber zu sprechen. Nachdem ich aus dem Lager befreit worden war, kam ich in die Hoffnung. Ich kann aber keine Kinder sehen, sonst muß ich weinen. Ich habe kein Kind bekommen.

Staatsanwalt Vogel: In dem Begleitschreiben, mit dem seinerzeit das Protokoll der Vernehmung dieser Zeugin in Paris hergesandt wurde, steht, daß von einer weiteren Befragung der Zeugin wegen deren Erregung abgesehen worden ist.

Vorsitzender: Handelte es sich bei Ihren Angaben um die reine Wahrheit?

Wasserstrom: Ich beschwöre es.

Kann man das glauben? Raya Kagan hat in Auschwitz mit Dounia Wasserstrom zusammengearbeitet — sie haben miteinander gelebt. Die Zeugin wird befragt:

Vorsitzender: Kennen Sie Frau Wasserstrom?

Kagan: Ja, sie war Dolmetscherin in der Politischen Abteilung. Ich half bei ihr aus, wenn bei uns im Standesamt nicht zu viel Arbeit war.

Vorsitzender: Erinnern Sie sich an einen besonderen Vorfall, den Ihnen Frau Wasserstrom im Lager erzählt hat?

Kagan: Ja, es war etwas Schreckliches im Zusammenhang mit Boger. Er hat ein Kind an die Wand geschlagen und dann den Apfel des Kindes gegessen. Sie hat mir das nach dem Krieg in

Paris erzählt, ich glaube, im Jahr 1947. Als Folge davon hatte sie verschiedene Störungen.

Vorsitzender: Frau Wasserstrom hat bisher über diesen Vorfall noch nichts geschrieben. Für uns ist das sehr wichtig.

Kagan: Sie hat es mir damals sicher erzählt.

Verteidiger Dr. Aschenauer: Stehen Sie heute noch in Verbindung mit Frau Dounia Wasserstrom?

Kagan: Ich stehe mit allen Kameradinnen in Verbindung, aber mit Dounia weniger, weil sie in Mexiko lebt.

Boger war auch auf der Rampe, wenn Transporte nach Auschwitz kamen:

Palarczyk: Als Blockälteste hatte ich im Frauenlager mehr Bewegungsfreiheit und konnte Boger auch auf der Rampe beobachten, wo er immer anwesend war, wenn die großen griechischen und ungarischen Transporte angekommen sind. Immer war ein SS-Arzt auf der Rampe, daneben meistens Boger und Houstek-Erber von der Politischen Abteilung.

Vorsitzender: Woher kannten Sie Boger?

Palarczyk: Boger war überall bekannt. Uns selbst tat er nichts Böses.

Boger: Bei allen ankommenden Transporten war jeweils ein SS-Mann der Aufnahmeabteilung der Politischen Abteilung anwesend, in weitaus weniger Fällen auch einer der Ermittlungsabteilung. Ich war manchmal dort an der Rampe, habe aber nie selektiert.

Palarczyk: Die größte Rolle an der Rampe hatte immer der SS-Arzt gespielt, neben ihm Boger und Houstek.

Bei den Gaskammern hatte Boger ebenfalls zu tun:

Princz: Als ich einmal mit meinem Pferdewagen Kies zum Zigeunerlager fuhr, sah mich Boger, ließ mich anhalten, den Kies abladen und befahl mir, mit ihm zum Theatergebäude zu fahren. Im allgemeinen durften wir nicht im Trab fahren. Boger gab mir aber den Befehl: „Trab!“ Beim Theatergebäude wurden Kartons auf unseren Wagen geladen. In einer

Schachtel dürften etwa 20 Gasbüchsen gewesen sein. Boger gab den Befehl: „Sofort zum Krematorium IV nach Birkenau!“ Er fuhr auf dem Wagen mit. In der Nähe des Krematoriums mußten wir stehenbleiben. Dort standen SS-Leute, Boger verlangte: „Geben Sie mir eine Gasmaske“, und ließ die Schachtel abladen. Er nahm einige Blechbüchsen heraus; sie sahen wie Konserven aus. Boger und die anderen öffneten sie und schütteten sie in die offenen Fenster des Krematoriums IV. Dort waren in einer Höhe, die ein Mensch erreichen konnte, Fenster. Man hörte aus dem Krematorium ein dumpfes Dröhnen. Die SS schloß die Fenster, und ich bekam den Befehl, wegzufahren.

Vertreter der Nebenklage Raabe: Haben Sie Boger schon vor diesem Vorfall gekannt?

Princz: Sehr gut. Ich habe ihn nahezu täglich gesehen. Einmal ließ er mich unterwegs nackt ausziehen und durchsuchte mich, ob ich nicht Briefe bei mir habe. Er hat aber nichts gefunden. Dadurch, daß ich viel im Lagerbereich herumfuhr, hatte ich Möglichkeit, Briefe zu schmuggeln.

Mir ist auch noch ein anderer Vorfall mit Boger in Erinnerung, der sich etwa im Juni oder Juli 1944 abgespielt hat. Damals hatte ich die Reste von den Habseligkeiten der Angekommenen, die nicht mehr verwendbar waren, von der Rampe zum Krematorium V zu bringen, neben dem eine offene Grube war, in der auch diese Abfälle verbrannt wurden. Der Chef der Krematorien, Moll, war dort. Ich fuhr vom Weg herunter zur Grube. Die Häftlinge luden meinen Wagen ab. In der Grube lagen viele Leichen, auch daneben lagen Leichen. In der Nähe von diesen standen zehn oder zwölf Kinder im Alter von zwei bis vier Jahren. Moll nahm ein Kind und warf es ins Feuer. Boger schoß auf das Kind, als es ins Feuer fiel. Währenddessen sagte Boger zu uns: „Gefällt es dir? So haben wir die Juden in Warschau fertig gemacht.“ Ich bin weggefahren.

Ein Überlebender des Sonderkommandos berichtet:

Müller: Boger ist im Jahr 1943 oft auf seinem Fahrrad mit der Aktentasche zu uns in die Krematorien gekommen. Wir wußten schon, wenn er kommt, wird etwa eine halbe Stuude später ein Transport in das Krematorium IV zum Erschießen gebracht werden. Einmal kam ein slowakischer Judentransport in unser Krematorium, Boger war auch da. Die Männer waren schon in der Gaskammer, aber die Tür war nicht ganz fest geschlossen. Als das Gas hineingelassen wurde, haben die Männer an die Tür gedrängt, diese öffnete sich, und die Männer liefen halb betäubt in den Hof hinaus. Es waren vielleicht 150 bis 200. Die Drähte um das Krematorium waren elektrisch geladen. Boger und auch andere SS-Leute — ich glaube, es waren Chauffeure der Lastwagen, die den Transport hergebracht hatten — haben in die Menschen geschossen. Jeder hat geschossen.

Vorsitzender: Früher sagten Sie, daß Boger bei jeder Vergasung dabei war.

Müller: Er war bei vielen Vergasungen dabei, aber nicht immer. Aber er ist jedesmal gekommen, wenn man Leute im Krematorium erschossen hat.

Obwohl Auschwitz schon aufhörte, als KZ zu bestehen, tötete Boger weiter. Anna Palarczyk aus Krakau erinnert sich:

Vertreter der Nebenklage Ormond: Haben Sie beim Evakuierungsmarsch im Jahre 1945 den Angeklagten Boger gesehen?

Palarczyk: Ja. Bei der Evakuierung sind wir gruppenweise marschiert, und wer nicht mehr mitgehen konnte, wurde erschossen. Auf einem Schlitten fuhr Boger an unserer Kolonne vorbei, er hatte eine Pistole in der Hand, und ich erinnere mich an seinen schrecklichen Gesichtsausdruck. Die ganze Kolonne ist ganz auf die Seite gewichen, so furchtbar war er anzusehen. Später habe ich ihn in Wodzislaw am Bahnhof wiedergesehen. Wir standen etwas entfernt vom Bahnhof. Er war direkt dort. Beim Bahnhof wurden Häftlinge exekutiert, die nicht mehr weitergehen konnten. Ich habe Boger hingehen gesehen und dann die Schüsse gehört.

Boger: Ich habe damals keine Exekutionen durchgeführt, ich habe damals das Gepäck meiner Familie weggeführt.

Palarczyk: Ich habe Boger sicherlich gesehen.

Der „Arbeitseinsatz" von Birkenau hat Boger ebenfalls bei der Evakuierung beobachtet:

Mikusz: Am 18. Januar 1945 wurden wir evakuiert. Beim Evakuierungsmarsch sah ich Boger, der in einem Schlitten fuhr. Sonst hatte er immer ein Kleinkalibergewehr bei sich, damals trug er aber eine Maschinenpistole. Vor unserem Transport ging ein Transport von Frauen und Kindern, in diesem war auch meine Mutter. Links und rechts sahen wir neben der Straße Leichen, die einen Genickschuß aufwiesen. — Ich bitte um eine Sekunde Pause.

Ich habe mir die Leichen genau angeschaut, ob unter ihnen meine Mutter war. Schließlich sah ich sie im Straßengraben. Sie war aber nicht erschossen, sondern sie saß abseits und war so mitgenommen, daß sie nicht mehr gehen konnte. Wir haben sie in unsere Reihe genommen und sie gestützt. Das wurde uns gestattet. Wir führten ein kleines Wägelchen mit. Ich habe meine Mutter daraufgesetzt. In einer Ortschaft blieb unser Transport zwei Nächte lang. Dort habe ich Zivilkleider für meine Mutter beschafft und sie versteckt. Wir fuhren weiter. Uns wurde damals gesagt, wenn jemand zurückbleibt und gefunden wird, wird er sofort erschossen. Nach weiteren zwei Tagen Fußmarsch kamen wir nach Wodzislaw, dort wurde unser Transport in offene Waggons verladen. In der Nacht wurden vier Häftlinge gebracht, die sich in dem Ort, wo wir übernachten mußten, versteckt gehalten hatten und gefunden worden waren. Vor dem Bahnhof gab Boger Befehl, diese Häftlinge zu erschießen.

Vertreter der Nebenklage Raabe: Wurden diese vier Häftlinge sofort auf dem Bahnhof erschossen?

Mikusz: Da war der Perron, da kamen die Geleise, dann ein Zaun, und dahinter war ein Weg. Auf diesem Weg wurden die Häftlinge auf Bogers Befehl erschossen. Das führten SS-Männer mit Maschinenpistolen durch. Die Häftlinge hatten sich umzudrehen und wurden aus vier bis fünf Metern getroffen. Boger stand etwas abseits.

Verteidiger Schallock: Auf welchem Bahnhof wurde die Exekution durchgeführt?

Mikusz: Auf dem Bahnhof von Wodzislaw. Von dort ist unser Transport nach Mauthausen gefahren.

Boger: Ich war niemals auf dem Bahnhof, den der Zeuge genannt hat.

Burakowski ist Boger nach der Evakuierung von Auschwitz in einem anderen Lager wiederbegegnet:

Burakowski: Ich habe Boger auch im Lager in Nordhausen-Dora wiedergesehen. Er war dabei, als 150 Häftlinge im Februar oder März 1945 getötet wurden. Sie wurden zu zehn gehenkt. Sie waren gefesselt und geknebelt. Als die ersten zehn fertig waren, sind die nächsten drangekommen. Nachdem dreißig so gehenkt waren, bemerkte man, daß es auf diese Weise zu lang dauerte. Der Rest wurde darum im Bunker erschossen. Warum das geschah, ist mir unbekannt. Boger war sicher dabei. Wo es Tod gab, war er dabei, denn er liebte das.

Staatsanwalt Kügler: Wenn das Gericht sich für diesen Fall interessiert, gebe ich bekannt: Er ist bereits geklärt. Es handelte sich damals um Russen, die ermordet worden sind.

Was für ein Mensch ist das, der so blutige Spuren hinterläßt? Die Aussage eines bereits vor Beginn des Prozesses verstorbenen Pfarrers wird verlesen. Diese Aussage deutet an, daß Boger nicht erst in der Atmosphäre des Vernichtungslagers zu dem Menschen geworden ist, als welcher er vor Gericht geschildert wird:

Geßler: Als Pfarrer wurde ich vielleicht 15- oder 20mal nach Friedrichshafen vorgeladen und dort meistens von Boger vernommen. Er versuchte mich einzuschüchtern, brüllte mich an und drohte mir mit der Einlieferung ins Konzentrationslager. Er wollte mich fertig machen. Von der Gestapo wurden auch Demonstrationen vor dem Pfarrhaus organisiert und Flugzettel verteilt. Eine solche Demonstration fand in der Nacht vom 27. zum 28. Mai 1938 statt. Bei dieser Gelegenheit stieg Boger über eine Leiter durchs Fenster ins Pfarrhaus ein. Er hat mich schließlich in Schutzhaft genommen und ich erhielt von der Partei Ortsverbot.

Boger: Der Zeuge Geßler ist mir seit dem Jahr 1930 bekannt.

Er war in der Gegend als Zentrumsparteimann allgemein bekannt und hat auch an nationalsozialistischen Versammlungen als Diskussionsredner teilgenommen. Seine Darstellung ist im wesentlichen richtig. Nur muß hinzugefügt werden, daß er vor 1933 im Rathaus mitbestimmt hat. Das war natürlich nach 1933 nicht mehr möglich. Die Demonstrationen wurden nicht von der Gestapo organisiert. Die Gestapo hatte damit nichts zu tun. Wir wurden erst gerufen, als die Sache bereits in Gang war. Er war nur einmal nach Friedrichshafen vorgeladen; der Sachbearbeiter war Meier. Die Darstellung, daß ich durch das Fenster eingestiegen wäre, ist nicht richtig, weil die Tür aufgemacht wurde. Niemand ist damals durch das Fenster eingestiegen, und wenn jemand eingestiegen ist, dann geschah das von Demonstranten.

Vorsitzender: Warum haben Sie dann den Pfarrer Geßler nach Friedrichshafen mitgenommen?

Boger: Weil uns eine Vernehmung im Ort unter den gegebenen Verhältnissen nicht möglich war.

Vorsitzender: Die bekannte „kochende Volksseele" ist also in Tätigkeit getreten.

Boger: Den Anlaß dazu hat der Pfarrer selbst gegeben.

Vorsitzender: Jedenfalls lag ein Fall von Landfriedensbruch vor. Wurde jemand deswegen festgenommen?

Boger: Da war nichts festzunehmen.

Vorsitzender: Sie sind aber doch polizeilich ausgebildet und mußten wissen, daß beim Eindringen in das Pfarrhaus Landfriedensbruch vorgelegen ist.

Boger: Und was ist das, wenn sich der Stadtpfarrer gegen den Staat stellt? Ich war damals nicht der verantwortliche Beamte. Herr Engelbrecht, der hier als Zeuge vernommen worden ist, war damals verantwortlicher Beamter.

Recht energisch und nicht ohne Selbstbewußtsein wehrt sich Boger. Der Staatsanwalt will den Charakter Bogers näher ergründen. Er fragt Karl Broch, der mit Boger in der Politischen Abteilung in Auschwitz Dienst versehen hat:

Staatsanwalt Vogel: Sie haben früher zu Protokoll gegeben, daß Boger die unsympathischste Erscheinung in Auschwitz war.

Broch: Boger war mir von dem Tag an unsympathisch, als er sich von seiner ersten Frau hat scheiden lassen. Mir wurde erzählt, was im Anschluß an diese Scheidung geschehen ist. Ich möchte das nicht gern in aller Öffentlichkeit sagen.

Vorsitzender: Sie meinen, daß er nachträglich mit seiner geschiedenen Frau beisammen war?

Broch: Ganz richtig, er hat nach der Scheidung mit ihr geschlafen.

Edward Pyś mußte in der Küche des SS-Reviers arbeiten. Er berichtet über einen anderen Charakterzug Bogers:

Pyś: Boger lag zwei- oder dreimal bei uns als Patient im SS-Revier. Bei dieser Gelegenheit hatte auch ich mit ihm zu tun. Ich glaube, er litt an Nervenstörungen. Er hatte Angst, daß wir ihn vergiften. Ich mußte ihm einmal eine Flasche Apfelsaft bringen. Als ich ins Zimmer zu ihm kam, war die Flasche schon geöffnet. Er schrie mich an, und ich mußte eine neue Flasche bringen und diese in seiner Gegenwart öffnen.

Auch der SS-Richter Dr. Wiebeck wird befragt, welchen Eindruck er von Boger erhalten hat:

Vorsitzender: Sie haben früher zu Protokoll gegeben, daß im Verfahren gegen Grabner auch Boger von Ihnen verhört wurde.

Dr. Wiebeck: Ja, das stimmt. Ich habe Boger vernommen. Ich wollte hinfühlen, was da gespielt wurde. Boger ist zu mir ins SS-Hotel gekommen. Er machte zunächst einen recht glaubwürdigen Eindruck, aber herauszubekommen war aus ihm nichts. Er soll früher Hauptsturmführer gewesen sein.

Vorsitzender: Warum war er es dann in Auschwitz nicht mehr?

Dr. Wiebeck: Ich hörte, wegen irgendeiner Abtreibungssache. In Weimar sagte Boger im Verlauf des Prozesses, daß der frühere Leiter der Politischen Abteilung, Grabner, nicht pflichtwidrig gehandelt habe. Er sagte theatralisch: „Viel zuwenig haben wir umgebracht, alles geschah für Führer und Reich!“

Staatsanwalt Kügler: Wie benahm sich Boger im Gespräch mit Ihnen?

Dr. Wiebeck: Er war sehr nett, aber er war bei der Voruntersuchung sehr verhalten.

Kügler: Angeklagter Boger, was haben Sie dazu zu sagen?

Boger: Ich weiß nicht, daß ich mit Dr. Wiebeck beisammen war.

An einem anderen Verhandlungstag äußert sich Boger zu dem Verfahren gegen seinen Auschwitzer Vorgesetzten, Maximilian Grabner:

Staatsanwalt Vogel: Angeklagter Boger, erinnern Sie sich an die Hauptverhandlung gegen Grabner in Weimar, die der Zeuge Dr. Hansen hier geschildert hat?

Boger: Ja, es war im großen und ganzen so, wie der Zeuge es hier darstellt.

Vogel: Sie haben im Jahr 1945 zu Protokoll gegeben, daß Grabner in diesem Verfahren hätte fertiggemacht werden sollen.

Boger: Ja, das dürfte ungefähr der Wirklichkeit entsprechen.

Vogel: Sie haben ferner zu Protokoll gegeben, daß die KZ-Hasen Ihre Aussage mit größter Sorge erwartet hätten.

Boger: Es war damals so wie hier. Die kleinen Hasen müssen sitzen. Man hätte das Verfahren gegen Höß oder Aumeier einleiten müssen.

Der „kleine Hase" Boger hat wohl keinen Satz im Verlauf des Prozesses so oft und mit so großer Überzeugungskraft wiederholt als diesen:

Boger: Ich habe nie einen Häftling in Auschwitz und auch kein Kind erschossen.

Richter Hummerich stellt an den Angeklagten, der sich so stur verantwortet, immer wieder Fragen:

Ersatzrichter Hummerich: Angeklagter Boger, bevor Sie nach Auschwitz kamen, wurden zwei Verfahren gegen Sie durchgeführt. Was können Sie dazu sagen?

Boger: Das erste Verfahren wurde durchgeführt, als ich bei der Staatspolizeileitstelle in Ziechenau war. Es wurde in Berlin durchgeführt.

Hummerich: Und dann?

Boger: Das zweite Verfahren wurde in Hohensalza durchgeführt. Dazwischen wurde ich ein Jahr spazieren geschickt, dann erst kam ich zur Strafeinheit. Als ich nach Auschwitz kommandiert wurde, gehörte ich nicht mehr dem SD an, sondern der Waffen-SS. Zuerst machte ich in Auschwitz Dienst bei der Wachtruppe und wurde entweder am 6., 7. oder 8. Januar 1943 zur Politischen Abteilung versetzt.

Hummerich: Was haben Sie zu den Vorwürfen zu sagen, daß bei verschärften Vernehmungen, die Sie durchgeführt haben, Häftlinge gestorben sind?

Boger: Es ist nicht vorgekommen, daß jemand bei der verschärften Vernehmung gestorben ist. Wenn bei dieser Vernehmung ein Zustand erreicht wurde, daß aus dem Häftling nichts mehr herausgeholt werden konnte, ist die Vernehmung abgebrochen worden. Wohl ist es vorgekommen, daß nach der Vernehmung jemand erschossen worden ist.

Hummerich: Haben die Sachbearbeiter der Politischen Abteilung vor den Exekutionen an der Schwarzen Wand Auskunft über den Stand der Ermittlungen gegeben?

Boger: Jawohl. Dabei ist es auch vorgekommen, daß Grabner den Befehl gegeben hat, die Häftlinge zu erschießen. In einem solchen Fall habe ich zwei Häftlinge erschossen. Ich glaube, Grabner hat das als eine Art Mut- oder Gehorsamkeitsprobe befohlen. *(Pause)* Ich habe — es wird im März 1943 gewesen sein — schon wiederholt bei Bunkerräumungen mitgewirkt. Einmal *(Pause)*, da habe ich von Grabner bei einer *(Pause)* — es wurde eine Bunkerentleerung durchgeführt, merkwürdigerweise wurde sie plötzlich abgebrochen, Grabner ist nach oben gerufen worden. Es war erst die Hälfte der Zellen durchgegangen worden. Es wurden damals nur die Häftlinge nach oben gebracht, die bereits zum Tod bestimmt waren. Die anderen wurden wieder in die Zellen eingeschlossen. Wir gingen nach oben. Höß und ein unbekannter SS-Führer waren bei Grabner. Die Erschießungen haben Palitzsch und Quackernack vorgenommen. Nach zwei oder drei Erschießungen sagte Grabner zu Quackernack: „Geben Sie Ihr

Gewehr ab, weiter schießt der Oberscharführer Boger!" Ich habe daraufhin zwei Häftlinge erschossen. Dann kommandierte Grabner eine weitere Ablösung, und andere haben auch geschossen. Das war der einzige Fall, wo ich an der Schwarzen Wand geschossen habe.

Hummerich: Haben Sie nachher etwas getan, um zu verhindern, daß Sie nochmals zu solchen Exekutionen herangezogen werden?

Boger: Ich bin am anderen Tag zum Untersturmführer Grabner gegangen und habe gesagt: Ich bin entweder hier, um im Ermittlungsdienst zu arbeiten, oder ich mache etwas anderes. Alles kann ich nicht verkraften. Er hat erkennen lassen, daß es ihm selbst unangenehm war und daß der Kommandant mit mir zufrieden ist. Weitere Exekutionen kommen nicht mehr in Frage, sagte er.

Ich möchte entschieden bestreiten, daß in Auschwitz die Leute rücksichtslos umgebracht wurden. Für uns kleine Leute war keine Möglichkeit, irgend etwas zu tun, was die Sache verhindert hätte. Wir kleinen Leute hatten in Auschwitz keinen Einfluß.

Hummerich: Aber Sie waren doch früher schon Hauptsturmführer. Damals haben Sie sich dagegen zur Wehr gesetzt, daß ein Hauptmann der Wehrmacht umgelegt wird. Sie hatten deswegen ja auch ein Verfahren.

Boger: Ja, das habe ich damals abgelehnt. Aber nach meinem Einsatz in der Bewährungseinheit hatte ich diese Möglichkeit nicht mehr.

Grabner hat mir einmal unmißverständlich gesagt: „Wenn Sie nicht wollen, dann kommen Sie dahin, wo Sie hergekommen sind. Aber glauben Sie nicht, daß Sie an die Front kommen." Ich habe es bei verschärften Vernehmungen nicht zum letzten getrieben. Das, was ich gemacht habe, kann ich verantworten. Aber was die anderen gemacht haben, ist eine andere Sache.

Hummerich: Aber denken Sie an das, was die Zeugen hier über Ihre verschärften Vernehmungen ausgesagt haben.

Boger: Ja, Boger ist der einzige hier, den man geschnappt hat, an dem bleibt jetzt alles hängen.

Vorsitzender: Bisher haben Sie hier wiederholt angegeben, daß Sie in Auschwitz keinen einzigen Menschen erschossen haben.

Boger: Wenn eine solche Fülle auf einen zukommt, dann ist es unmöglich, sich festzulegen auf eine Sache, die Folgen hat.

Vorsitzender: Aber wenn Sie wirklich nur in zwei Fällen erschossen haben, wäre es da nicht besser gewesen, wenn Sie von Anfang an gesagt hätten: Ja, ich habe geschossen, aber nur zweimal? Sie bleiben also dabei und ebenfalls bei der Aussage, daß bei verschärften Vernehmungen, die Sie durchgeführt haben, niemand gestorben ist?

Boger: Jawohl!

Richter Perseke: Wer waren die anderen SS-Angehörigen, die nach Ihnen auf Befehl Grabners an der Exekution teilgenommen haben?

Boger: Darüber möchte ich keine Angaben machen.

In dem Schlußwort, das jedem Angeklagten am Ende des Prozesses zusteht, liest Wilhelm Boger von einem Zettel ab:

Während der nationalsozialistischen Herrschaft gab es für mich nur den Gesichtspunkt, Befehle ohne jede Einschränkung auszuführen. Heute sehe ich, daß die Idee, der ich anhing, Verderben gebracht hat und falsch war.

Verschärfte Vernehmungen sind, wie befohlen, von mir ausgeführt worden. Ich war aber nicht bei der Vernichtung der Juden, sondern bei der Bekämpfung der polnischen Widerstandsbewegung und des Bolschewismus tätig.

Hans Stark

Stark ist mit 19 Jahren zur Wachmannschaft in Auschwitz versetzt worden. Ein Teil der Verbrechen, die ihm zur Last gelegt werden, hat er noch als Minderjähriger begangen. Darum wurde bei den Zeugenvernehmungen, die Stark betrafen, ein Sachverständiger zugezogen. Der Sachverständige, ein Medizinalrat, schildert dem Gericht den Lebenslauf des Angeklagten:

Dr. Lechler: Der Angeklagte Stark ist am 14. Juni 1921 in Darmstadt geboren. Sein Vater war dort Polizeimeister. Er genoß eine typisch preußische Erziehung, etwa nach dem Grundsatz: „Wer nicht gehorchen kann, kann niemals befehlen." Nach dem Besuch der Volksschule ging Stark in ein Realgymnasium in Darmstadt, das er zuerst mit durchschnittlichem Erfolg absolvierte. Später hat seine Leistung nachgelassen. Das war Anlaß zu heftigen Auseinandersetzungen mit seinem Vater. Dieser hielt es für notwendig, seinen Sohn in ordentliche Zucht zu bringen. Er wollte ihn zum Arbeitsdienst geben oder zum Militär, beides war aber nicht möglich, da Stark zu diesem Zeitpunkt erst etwas mehr als 16 Jahre alt war. In dieser Zeit erhielt der Vater ein Merkblatt der SS-Totenkopfverbände. Der Vater hielt diese Einheit geeignet für die Erziehung seines Sohnes und gab am 1. Dezember 1937 die schriftliche Einwilligung dazu, daß sein sechzehneinhalbjähriger Sohn den SS-Totenkopfverbänden beitritt. Stark kam damals nach Oranienburg und war der jüngste Rekrut seiner Einheit. Bei der SS erhielt er eine intensive Schulung in nationalsozialistischer Weltanschauung. Die ersten sechs Monate seiner Grundausbildung verbrachte Stark bei dieser Einheit, ohne Urlaub zu bekommen. Bereits im Januar 1938 wurde er als Wachmann beim Konzentrationslager Oranienburg eingesetzt. Ihm war es streng verboten, bei seinem ersten Besuch zu Hause etwas über die Vorkommnisse im KZ zu berichten. Er wirkte zu Hause bedrückt und der Vater wollte deswegen seinen Sohn von der SS lösen.

Von Juni 1938 bis zum September 1939 kam Stark zu weiterer Ausbildung zur SS-Einheit beim Konzentrationslager Buchenwald, später nach Dachau. Im August 1940 hatte Stark bei München einen Reitunfall und wurde daraufhin GvH geschrieben. Anschließend wurde er als Außenwache in Dachau eingesetzt und von dort nach Auschwitz versetzt. Bemühungen Starks, von Auschwitz weg an die Front zu kommen, wurden mit den Worten abgetan: „Unser Feind steht hier, wir bestimmen, wann Sie wegkommen!" Der Vater Starks nahm mit einem SS-Führer, der ihm persönlich bekannt war, Kontakt auf, und dieser gab den Rat, daß sich sein Sohn zum Studium melden soll; das wäre die einzige Möglichkeit, vom KZ wegzukommen. Im März 1942 hat daraufhin Stark sein Abitur abgelegt und später ein Semester Rechtswissenschaft in Frankfurt studiert. Anschließend wurde Stark an die Front versetzt, wurde im Juni 1943 verwundet, kam im April 1944 auf einen Offizierslehrgang nach Arolsen und wurde im November 1944 zum SS-Untersturmführer befördert. Im März 1945 wurde Stark nochmals verletzt. Nach Kriegsende wurde er gefangengenommen und ist aus einem Gefangenenlager geflohen. Ende 1945 war er wieder in Darmstadt, wo er zuerst bei Bauern arbeitete. Später hat er landwirtschaftliche Studien in Gießen absolviert. Im August 1950 wurde Stark durch eine Spruchkammer als Mitläufer eingestuft.

Starks Vater hat im Jahr 1948 Selbstmord begangen, wie der Angeklagte sagt, deswegen, weil er sich Vorwürfe gemacht hat, seinem Sohn die Genehmigung gegeben zu haben, der SS beizutreten. Im Jahr 1956 wurde Stark wegen fahrlässiger Tötung zu einer Gefängnisstrafe von sechs Monaten verurteilt.

Vertreter der Nebenklage Ormond: Diese Angaben beruhen auf Aussagen des Angeklagten?

Dr. Lechler: Ja.

Ormond: Haben Sie diese Angaben überprüft?

Dr. Lechler: Nein, das war nicht möglich.

Ormond: Wissen Sie die näheren Umstände der fahrlässigen Tötung, deretwegen Stark verurteilt wurde?

Dr. Lechler: Es handelte sich um eine Wagenfahrt unter Alkoholeinfluß.

Vertreter der Nebenklage Raabe: Wann haben Sie als Sachverständiger das letzte Mal mit dem Angeklagten Stark gesprochen?

Dr. Lechler: Vor Beginn dieses Prozesses.

Raabe: Nun dauert dieser Prozeß bereits 15 Monate. Haben Sie in der Zwischenzeit nicht nochmals mit ihm gesprochen? Es sind doch inzwischen sehr viele Dinge zur Sprache gekommen, die Sie vor Beginn dieses Prozesses noch nicht wissen konnten.

Dr. Lechler: Das Verhandlungsergebnis ergänzte nur meine bereits gemachten Feststellungen, ich sah keine Notwendigkeit dafür.

So kann man diese Schilderung als einen Bericht des Angeklagten selbst betrachten. Er sagt zu Beginn des Prozesses:

Stark: Im September 1940 bin ich in München, wo ich beim SS-Regiment Westland meinen Dienst versah, vom Pferd gefallen und holte mir einen doppelten Unterschenkelbruch. Ich wurde GvH geschrieben und Ende Oktober 1940 zum benachbarten Konzentrationslager Dachau abkommandiert. Kurz vor Weihnachten wurden junge Rottenführer und Unterscharführer angefordert, die als Blockführer nach Auschwitz gehen sollten. So kam ich nach Auschwitz.

Vorsitzender: Sie wirkten dort sofort als Blockführer?

Stark: Jawohl. Wir sind dort sofort als Blockführer eingesetzt worden. Durch einen Zufall kam ich dann in die Politische Abteilung. Beim Reiten lernte ich den Chef dieser Abteilung, SS-Untersturmführer Grabner, kennen. Er fragte mich nach meinem Beruf, und kurze Zeit danach wurde ich von der Politischen Abteilung angefordert. Eines Tages stand die Abstellung im Kommandanturbefehl. Ich kam in die Aufnahmeabteilung.

Dort wurden einkommende Häftlinge zunächst mit Nummern versehen, anschließend waren Personalbogen zu erstellen und Karteikarten anzulegen. Die Häftlinge kamen entweder im Fußmarsch, mit LKW-Transport oder mit dem Zug. Jeden Donnerstag kam außerdem noch ein Schubwagen von Breslau. Zuerst wurden die Häftlinge am Lagertor aufgestellt, dann kam der Transportleiter und händigte auf der Aufnahme die Transportpapiere aus. Die Häftlinge traten zum Zählen und zur Übergabe einer Nummer an. Damit war meine Tätigkeit zunächst erledigt, ich führte die Leute zur Effektenkammer.

Einmal, ich möchte sagen, es dürfte im Juni, Juli oder August 1941 gewesen sein, kam ein Befehl, wonach bei den gefangenen Russen Einsatzkommandos tätig werden sollten, um die Gefangenen nach Kommissaren zu durchsuchen. Diese waren gemäß Befehl dem nächsten KL zuzuführen und zu liquidieren. Im September 1941 kamen die ersten nach Auschwitz. Diese Leute wurden sofort in den Block 11 geführt und an der Schwarzen Wand erschossen. Sie wurden nicht aufgenommen und nicht erfaßt. Im Oktober dieses Jahres sagte einmal Grabner bei einer solchen Exekution: „Hier macht der Stark weiter." Vorher hatten Blockführer und der Rapportführer Palitzsch geschossen. Die Blockführer hatten sich schon abgewechselt. Ich mußte Palitzsch ablösen. Ich weiß nicht, wie viele es waren.

Vorsitzender: Mehr als einer?

Stark: Ja.

Vorsitzender: Mehr als zwei?

Stark: Vier bis fünf werden es schon gewesen sein.

Zwei Monate später hat Stark Studienurlaub erhalten und bereitete sich zu Hause auf sein Abitur vor. Im Oktober 1941 hat er auch noch an einer anderen Tötungsaktion mitgewirkt.

Vorsitzender: Wie kamen Sie dazu?

Stark: Grabner sagte mir, es komme ein Transport und ich solle mich bereithalten. Der Transport war für den Abend zwischen 20 und 21 Uhr angekündigt, kam aber erst gegen 22 Uhr. Dann stellte sich heraus, daß das keine Leute für die Aufnahme waren, sondern solche, die vom Standgericht zum Tod verurteilt worden sind. Der Kommandant ordnete an, daß sie in das kleine Krematorium kommen und dort vergast werden sollen.

Vorsitzender: Wieviel waren es?

Stark: Das weiß ich nicht. Es können 150 oder 200 gewesen sein. Immerhin waren es vier Lastwagen voll. Es waren Juden und Polen.

Vorsitzender: Auch Frauen?

Stark: Auch, jawohl.

Vorsitzender: Auch Kinder?

Stark: Im Jahr 1941 kamen noch keine Kinder nach Auschwitz. Die Listen wurden verglichen, und nachdem sie verlesen waren, rückten wir im kleinen Krematorium ein.

Vorsitzender: Was wurde den Häftlingen gesagt?

Stark: Nichts, die waren schon informiert.

Vorsitzender: Worüber informiert?

Stark: Daß sie erschossen werden. Nachdem alle drin waren, machte sich oben der Mann, der für die Vergasung zuständig war, fertig. Meistens waren zwei Leute erforderlich. Er war aber allein. Er rief herunter, er brauche noch jemanden. Ich war der einzige, der da unten noch rumstand im Kreis der anwesenden Führer, die anderen waren im Vergasungsraum beschäftigt. Da sagte Grabner: „Los, helfen!" Ich bin nicht gleich gegangen. Da kam der Schutzhaftlagerführer und sagte: „Etwas plötzlich!", und der Kommandant sagte: „Wenn Sie nicht hinaufgehen, werden Sie mit reingesteckt." Da mußte ich hinauf und dem oben beim Einfüllen helfen.

Vorsitzender: Was haben denn die Leute unten in diesem Raum gemacht?

Stark: Das weiß ich nicht.

Vorsitzender: Haben Sie nicht gehört, was sich da unten abspielte?

Stark: Die haben geschrien.

Vorsitzender: Wie lange?

Stark: Zehn bis fünfzehn Minuten.

Vorsitzender: Wer hat den Raum geöffnet?

Stark: Der Sanitäter.

Vorsitzender: Was haben Sie dann gesehen?

Stark (nach einer Pause): Es war ein furchtbarer Anblick.

Vorsitzender: Die Leute lagen übereinander, kreuz und quer wie nach einem sehr schweren Todeskampf?

Stark: Ich habe nicht genau hingesehen, ein Blick hat mir genügt.

Vorsitzender: Was für Gefühle hatten Sie?

Stark: Nie wieder.

Vorsitzender: Warum? Hielten Sie es für Unrecht?

Stark: Nein, durchaus nicht.

Vorsitzender: Wie dann „nie wieder", wenn es doch Recht war und unumgänglich?

Stark: Wenn jemand erschossen wurde, war das ganz etwas anderes. Aber die Anwendung von Gas war eben unmännlich und feige. Ich habe mich gegen die Ausführung solcher Befehle nicht gesträubt. Es kam mir gar nicht in den Sinn. Über Rechtmäßigkeit und Unrechtmäßigkeit habe ich mir gar keine Gedanken gemacht. Auf Grund meiner in der SS erhaltenen weltanschaulichen Schulung kam mir gar nichts anderes in den Sinn. Uns wurde das Denken abgenommen, das taten ja andere für uns. Jedes dritte Wort war doch: Die Juden sind an allem schuld, die Juden sind unser Unglück; das wurde uns eingehämmert.

Ich schäme mich heute dafür, daß ich diese und andere Befehle damals für notwendig und unausweichlich angesehen habe.

Staatsanwalt Vogel: Kann man — überspitzt ausgedrückt — sagen, daß damals das Parteiprogramm für Sie an die Stelle der Zehn Gebote getreten ist?

Stark: In dieser Zeit ja.

Bei anderer Gelegenheit sagt Stark:

Stark: Ich wollte mehrmals von Auschwitz weg, aber es klappte nicht.

Ein Zeuge, der als Häftling unmittelbar unter Stark arbeitete, erinnert sich allerdings anders:

Ersatzrichter Hummerich: Was ist Ihnen über das Verhältnis des Angeklagten Stark zu Kirschner bekannt?

Smoleń: Ich habe aus Gesprächen, die Stark mit anderen SSlern geführt hatte, entnommen, daß er mit Kirschner nicht einig war. Als er einmal von einem Urlaub zurückkam, bemerkte ich, daß er ganz wütend war. Ich habe den Gesprächen entnommen, daß er in seiner Abwesenheit für eine Führerschule gemeldet worden war, bei der nachher Frontbewährung erforderlich war. Stark war wütend, daß ihm während seines Urlaubs von Kirschner — der das offensichtlich veranlaßt hatte — ein so boshafter Streich gespielt worden war.

Stark wurde, für ihn wohl völlig überraschend, am 23. April 1959 verhaftet. Kriminaloberkommissar Aedtner, der ihn im Auftrag der Zentralstelle zur Verfolgung der Naziverbrecher verhaftet hat, sagt aus:

Vorsitzender: Herr Zeuge, Sie haben unmittelbar nach der Verhaftung von Stark diesen vernommen. Was war Ihr Eindruck?

Aedtner: Stark war von sich aus sehr aussagewillig. Er sprach auch von Dingen, die uns damals noch unbekannt waren.

Vorsitzender: Stark hat im ersten Protokoll zugegeben, an Erschießungen und Vergasungen teilgenommen zu haben. Hat er auch gesagt, daß er das für Unrecht gehalten hat?

Aedtner: Ja, er sagte, daß die Vergasungen Unrecht gewesen seien.

Vorsitzender: Laut Protokoll seiner ersten Einvernahme schildert er seine Teilnahme an der Vergasung folgendermaßen: „Da dieses Zyklon-B körnerförmig war, rieselte es beim Hineinschütten über die Menschen. Sie fingen furchtbar an zu schreien, denn sie wußten nun, was mit ihnen geschieht. Nach wenigen Minuten war es still. Nach Verlauf einer Zeit von ungefähr 10 bis 15 Minuten wurde der Vergasungsraum geöffnet. Die Getöteten lagen kreuz und quer durcheinander. Es war ein schrecklicher Anblick."

Der Angeklagte gab ferner zu, als Aufnahmeleiter der Politischen Abteilung so ziemlich bei jeder Vergasung und Erschießung zugegen gewesen zu sein. Hat Stark auch davon etwas erwähnt, daß er bei der ersten Vergasung, bei der er mitwirkte, gezwungen wurde, das Gas einzuwerfen?

Aedtner: Mir ist nicht in Erinnerung, daß eine Drohung ausgesprochen war. Hätte er das gesagt, dann wäre es sicher ins Protokoll gekommen. Stark war einer der wenigen, die das Protokoll selbst formuliert und diktiert haben.

Vorsitzender: Angeklagter Stark, ist das nun richtig, was hier gesagt worden ist?

Stark: Es ist alles richtig, jawohl.

Vorsitzender: Warum haben Sie damals nichts von den gegen Sie gerichteten Drohungen ausgesagt, die Sie hier in der Hauptverhandlung geschildert haben? Was ist nun richtig? Das, was Sie damals oder was Sie hier in der Hauptverhandlung gesagt haben?

Stark: Es war so, wie ich es hier in der Hauptverhandlung geschildert habe.

Vorsitzender: Warum haben Sie das damals nicht so zu Protokoll gegeben?

Stark: Es kam mir damals nicht in Erinnerung.

Vorsitzender: Aber es liegt doch sehr nahe, daß man sagt, jemand ist hinter mir gestanden, der hat mich gezwungen, ich mußte es machen. Davon haben Sie weder bei Ihrer Einvernahme vor dem Kriminaloberkommissar noch bei Ihrer Einvernahme vier Tage später vor dem Untersuchungsrichter etwas gesagt. Sie bleiben also dabei, daß Sie gezwungen worden sind?

Stark: Ich habe das damals aus meiner Sicht geschildert. Ich wurde nach 17 Jahren das erste Mal mit dieser Sache wieder konfrontiert. Angefangen hat Grabner damit. Dann hat der Kommandant davon gehört. Ich war wegen der Überprüfung der Namenslisten dort. Der Sanitäter oben am Dach vom Krematorium hat gerufen, er bräuchte noch jemanden, denn es mußten immer zwei gleichzeitig das Gas einschütten. Da sagte Grabner: „Der Stark steht da herum, er soll helfen!" Alle anderen SS-Leute waren beim Hineindrängen in die Gaskammer beteiligt. Ich antwortete: „Hier ist doch Quackernack zuständig!" Grabner sagte, ich soll nicht lange reden, und der Kommandant Höß, der das gehört hatte, sagte: „Marsch hinauf oder Sie gehen selbst mit in die Kammer hinein!"

Vorsitzender: Warum haben Sie nicht gleich den Befehl von Grabner befolgt?

Stark: Ich weiß das heute nicht mehr. Ich glaube deswegen, weil Quackernack zuständig war.

Vorsitzender: Haben Sie diese Handlung damals als rechtmäßig empfunden?

Stark: Damals ja.

Vorsitzender: Warum bedurfte es dann erst einer Drohung, damit Sie hinaufgingen und das Gas einwarfen?

Stark: An sich war Quackernack dafür zuständig, ich hatte damit nichts zu tun.

Vertreter der Nebenklage Ormond: Wer war der einzelne Sanitäter, der auf dem Dach des Krematoriums stand und nach einem zweiten rief?

Stark: Theuer.

Ormond: Der ist bereits hingerichtet.

Staatsanwalt Wiese: Herr Zeuge, können Sie uns schildern, was für einen Eindruck Sie hatten, als Sie mit dem verhafteten Stark dessen Wohnung aufsuchten?

Aedtner: Es wurde damals kein Gespräch zwischen Stark und seiner Frau geführt. Stark sagte zu seiner Frau, die sehr erschüttert war, lediglich: „Es handelt sich um eine Sache aus dem Krieg, von der du nichts weißt."

Wiese: Die Staatsanwaltschaft kann dem Gericht die Wehrstammrolle von Stark vorlegen. Dort ist verzeichnet, daß Stark am 25. Mai 1943 von Auschwitz zur Front, und zwar zur Panzergrenadierdivision „Das Reich" versetzt worden ist.

Stark: Vom 1. Dezember 1942 bis 31. März 1943 hatte ich Studienurlaub. Während dieses Urlaubs studierte ich in Frankfurt am Main Jus und reichte ein Versetzungsgesuch ein. Am 1. April 1943 meldete ich mich in Auschwitz bei Grabner zurück, der sagte: „Was wollen Sie hier noch, Sie sind ja bereits versetzt." Ich habe daraufhin meine Sachen in Ordnung gebracht und bin nach Dachau abgefahren, wo ich mich bei meiner neuen Einheit gemeldet habe.

Ormond: Ein Zeuge hat es hier anders dargestellt. Er sagte, daß Sie, als Sie vom Urlaub zurückkamen, sehr enttäuscht über Ihre Versetzung gewesen seien.

Stark: Ich erinnere mich an diese Aussage. Der Zeuge hat angegeben, ich habe gesagt: „Das habe ich dem Kirschner zu verdanken". Ich gebe zu, mit Kirschner hat mich nie eine Freundschaft verbunden. Ich hatte an diesem Tag eine schwere Auseinandersetzung mit ihm, aber nicht deswegen, weil ich zur Fronteinheit versetzt wurde, sondern deswegen, weil er mir nicht anläßlich der Reise nach Dachau eine 48stündige Aufenthaltserlaubnis bei mir zu Hause geben wollte.

Der Studienurlaub wird urkundlich belegt:

Vorsitzender: Es werden Dokumente der Universität Frankfurt verlesen, die Auskunft über das Studium des Angeklagten Stark geben:

Hans Stark war im Winter 1942/43 an der Universität in Frankfurt am Main inskribiert, das war sein erstes Semester. Sein Studienziel war Doktor juris. Er hatte am 13. März 1942 im Realgymnasium Darmstadt die Externistenprüfung zum Abitur abgelegt. Seine arische Abstammung wird bestätigt.

Wie benahm sich der Jus-Student in Auschwitz? Ein SS-Mann schildert ihn so:

Vorsitzender: Welchen Eindruck hatten Sie vom Angeklagten Stark?

Leischow: Er hatte etwas an sich; die Häftlinge mußten vor ihm laufen, wenn er sie führte. Er hatte eine unheimliche, kreischende Stimme. Ich sah, wie er Häftlinge mit Füßen trat.

Vorsitzender: War er brutal?

Leischow: Er hat die Häftlinge angeschrien. Er mußte furchterregend auf Leute wirken, die keinen Schutz hatten.

Ein polnischer Häftling, der unter Stark arbeitete, charakterisiert ihn mit folgenden Worten:

Bartel: Stark war sehr scharf zu seinen Untergebenen. Er hat den Grundsatz gehabt, junge Menschen hart zu erziehen; das war seine Auffassung.

Ein anderer ehemaliger Häftling aus dem Kommando „Politische Abteilung" entwirft folgendes Bild von Stark:

Beckmann: Ich wurde als Dolmetsch bei der Aufnahmeabteilung eingesetzt.

Vorsitzender: Haben Sie dort täglich den Angeklagten Stark gesehen?

Beckmann: Fast täglich. Mir gegenüber hat er sich sehr gut verhalten. Als ich einmal krank wurde, hat er dafür gesorgt, daß ich im Krankenbau gut gepflegt werde.

Vorsitzender: Wie hat sich Stark sonst aufgeführt?

Beckmann: Er war eine günstige Ausnahme gegenüber anderen SSlern. Mir ist nur einmal aufgefallen, daß er, als unser Kommando zur Aufnahme eines Transportes nach Birkenau marschierte, die Polen unseres Kommandos eine Zeitlang hüpfen ließ, weil sie irgendwie undiszipliniert waren. Er wollte uns wahrscheinlich zeigen, was er alles leisten konnte.

Richter Hotz: Haben Sie auch mit Stark persönlich, außerhalb des dienstlichen Verkehrs, gesprochen?

Beckmann: Ja, ich habe mehrmals ein bißchen mit ihm gesprochen. Es war typisch für ihn, daß er zeigen wollte, daß deutsche Schulen besser seien als Schulen im Ausland. Er hat öfter eine Art Examen mit uns veranstaltet und war stolz, wenn er etwas besser wußte. Mehrmals hat er mich gefragt, warum wir als Holländer und als Stammverwandte der Deutschen gegen die Deutschen gekämpft haben. Ich glaube, daß er die allgemeine Auffassung teilte, daß Juden Untermenschen sind. Er war das, was man damals einen ausgesprochenen Arier nannte. Er hat zu uns immer sehr herablassend gesprochen.

Vorsitzender: Wenn Stark antisemitisch eingestellt war, haben Sie auch gesehen, daß er Juden mißhandelt hat?

Beckmann: Nein, ich hatte persönlich den Eindruck, daß er sich selbst zu gut fühlte, um seine Hände damit zu beschmutzen.

Vorsitzender: Hat sich Stark gerne hervorgetan?

Beckmann: Ja, er war angeberisch. Er ist gern in seiner schönen Uniform herumstolziert.

Sachverständiger Dr. Lechler: Können Sie weitere Beispiele zur Charakterisierung der Persönlichkeit Starks geben?

Beckmann: Er hat zum Beispiel immer nach unserer Schulbildung gefragt.

Dr. Lechler: War er intelligent?

Beckmann: Ich will sagen, er war nicht dumm.

Beckmann hatte freilich nicht den täglichen, unmittelbaren Arbeitskontakt mit Stark wie Bartel oder Smoleń. Letzterer, zur Zeit

Direktor des Museums in Auschwitz, gibt einen Überblick über die Tätigkeit des Angeklagten:

Vorsitzender: Wann kamen Sie in das Kommando „Aufnahme" in der Politischen Abteilung?

Smoleń: Im Frühling 1941. Der erste Schreiber Karl Bock hat mich in das Kommando genommen, als er erfuhr, daß mein Vater in Mauthausen war. Stark hat mich dann bestätigt. Damals waren in diesem Kommando nur Polen, ich glaube, es waren sechs oder sieben.

Vorsitzender: Wer leitete die Abteilung?

Smoleń: Zuerst Clausen, aber ich habe ihn fast nie gesehen. Er war bei der SS der Verantwortliche für Sportsachen. Hans Stark war sein Vertreter. Als Clausen wegkam, wurde Stark bis etwa Anfang Sommer 1943 Leiter der Abteilung.

Vorsitzender: Der Angeklagte Stark sagt, daß er von November 1941 bis März 1942 Studienurlaub gehabt habe.

Smoleń: Stark hatte öfters Studienurlaub, zuerst für das Abitur, dann für das Jus-Studium. Im Dezember 1941 war er sicher nicht in Auschwitz.

Vorsitzender: War Stark 1943 noch in Auschwitz?

Smoleń: Ich glaube schon. Er war dort, als das Zigeunerlager eingerichtet wurde.

Vorsitzender: Hatte Stark mit den ankommenden Transporten zu tun?

Smoleń: Wenn die Ankunft eines Transportes telefonisch gemeldet wurde, hat Stark entweder veranlaßt, daß ein SSler zur Rampe fuhr, oder er ist selbst hinausgefahren. Manche Transporte kamen auf dem Bahnhof Auschwitz, manche auf der Rampe an. Damals führte die Rampe noch nicht in das Lager Birkenau. Wenn er zurückkam, übergab er uns den Transportzettel und brachte die Häftlinge mit. In der ersten Zeit gab es ja noch keine Massentransporte, die kamen erst später.

Vorsitzender: Als schon die Transporte bei der Ankunft einer Selektion unterworfen wurden, war da Stark an diesen Selektionen beteiligt?

Smoleń: Wenn er von der Rampe zurückkam, erzählte er dem SS-Mann Eggersdörfer von der Küche davon. Sie lachten und Stark sprach davon, wie Kranke auf Autos verladen wurden.

Stark sagte: „Da habe ich einem geholfen, aufs Auto zu kommen!“ oder so ähnlich.

Einmal brachte Stark eine Frau, die ein Kind auf dem Arm hielt. Neben der Frau ging ein kleiner Junge, der aber nicht ihr Sohn war. Als Stark in das Zimmer des Rapportführers ging, um den Karabiner zu holen, sprach ich kurz mit der Frau. Dann führte Stark die Frau und die Kinder ins Krematorium, das neben dem Stammlager war. Der SS-Unterscharführer Otto Klaus aus Lauffen am Neckar war darüber sehr empört. Aus dem kurzen Gespräch mit der Frau habe ich entnommen, daß es um ein Kaninchen ging, das einem Deutschen gehörte und von dem Kind zum Spielen mitgenommen worden war. Das wurde als Diebstahl betrachtet, und die drei wurden erschossen. Durch unser Fenster sahen wir, wie sie hingeführt wurden. Als Stark zurück kam, war er sehr nervös.

Öfters wurden auch Gruppen von Menschen erschossen — entweder in Block 11 oder im Krematorium. Ich erinnere mich an mindestens vier oder fünf solche Fälle. Wenn Stark von einer solchen Aktion zurückkam, war er immer nervös, er wusch sich die Hände, zog sich den Rock aus, und der Kalfaktor mußte ihm die Stiefel putzen. In solchen Fällen rauchte Stark, der sonst kein starker Raucher war.

Vorsitzender: Womit hat Stark diese Menschen erschossen?

Smoleń: Mit einem Kleinkaliber-Gewehr. Das wurde nie bei uns, sondern immer im Zimmer von Rapportführer Palitzsch aufbewahrt. Dorthin führte die letzte Tür links in der Blockführerstube.

Vorsitzender: Führte Stark die Frau mit den Kindern allein?

Smoleń: Er war damals bestimmt allein. Ich habe ihn mit dem Karabiner nie in Begleitung anderer gesehen.

Vorsitzender: Haben Sie ihn damals in das Krematorium hineingehen gesehen?

Smoleń: Ich habe gesehen, wie er das Tor öffnete. Er ist nicht zur Kommandantur abgebogen.

Vorsitzender: Wie oft haben Sie Stark mit dem Karabiner gesehen?

Smoleń: Eine genaue Zahlenangabe ist jetzt schwer. Wenn ich vier- oder fünfmal sagte, so ist das niedrig angenommen. Jedesmal hat er mindestens vier oder fünf Personen geführt.

Ich kann mich an Jerzy Karwat erinnern, einen 19jährigen

Polen aus Krakau, der an Händen und Füßen gefesselt und an dessen Fesseln eine Eisenkugel befestigt war. Er wurde ganz allein gebracht, die Fesseln mußten in der Schlosserei geöffnet werden. Er wurde von Stark in Block 11 geführt; damals ging Stark ohne Karabiner. Nach ein paar Tagen erfuhren wir, daß Karwat nicht mehr am Leben war.

Staatsanwalt Vogel: Kam Stark nach seinem Urlaub für das Jus-Studium nochmals nach Auschwitz?

Smoleń: Er ist im Jahr 1943 nach einem Urlaub noch für einige Tage ins Lager gekommen. Damals befahl er, daß sich alle Zigeuner im Lager bei ihm zu melden haben. Er traf Vorbereitungen für die Einrichtung des Zigeunerlagers.

Vogel: Hat Stark, wenn er zur Rampe ging, einen Stock mitgenommen?

Smoleń: Ich weiß, daß die SS-Männer, die zur Rampe gingen, Stöcke mitnahmen. Im Büro standen solche Stöcke. Zuerst fuhr Stark mit einem Fahrrad, später mit einem Motorrad zur Rampe.

Ein polnischer Zeuge hat seiner Aussage, die einen anderen Komplex betrifft, noch hinzuzufügen:

Gabis: Ich habe noch etwas über Stark auszusagen. Es war im Herbst 1942. Ich sah vor der Tür seines Zimmers eine junge Frau, sie mochte 22 Jahre alt sein, mit einem Säugling stehen. Es war außergewöhnlich, daß eine einzelne Person in der Blockführerstube warten mußte. Ich habe beobachtet, was mit der Frau geschah. Immer wieder schaute ich unter allerlei Vorwänden auf den Gang hinaus. Sie stand einige Stunden lang dort. Dann kam Stark vom Kommandanturgebäude mit einem kleinen Karabiner, nahm die Frau und führte sie zum alten Krematorium. Ich bin ihm in einer Entfernung von 100 Metern gefolgt und ging zur Zahnstation. Durch ein Fenster im Halbstock beobachtete ich, daß Stark die Frau mit dem Kind in das Krematorium führte. Er war nur kurze Zeit drinnen. Dann kam er allein zurück und ging zur Kommandantur. Ich ging in meinen Arbeitsraum.

Stark: Dieser Fall mit der Frau hat sich niemals ereignet.

Vorsitzender: Zeuge, nehmen Sie diese Aussage auf Ihren Eid?

Gabis: Ja.

Ist es dieselbe Frau, irrt sich einer der beiden Zeugen in der Zahl der Kinder? Handelt es sich um verschiedene Morde? Kein Gericht kann das jetzt noch klären.
Auch am Ort der Exekutionen wurde Stark beobachtet:

Brol: Bei den Exekutionen an der Schwarzen Wand habe ich auch Stark schießen gesehen. Er tötete die Opfer mit Genickschuß. Wie oft er das getan hat, weiß ich nicht, aber er erschoß ziemlich viele.

Brol war der erste Blockschreiber im Bunker. Sein Nachfolger in dieser Funktion, Wloch, erinnert sich auch an Stark:

Vorsitzender: Hat der Angeklagte Stark an den Bunkerentleerungen teilgenommen?
Wloch: Ja, Stark war ebenfalls dabei.
Vorsitzender: Hat Stark auch entschieden, wer erschossen werden soll?
Wloch: Ja.
Vorsitzender: Haben Sie einmal eine Erschießung aus dem Fenster beobachten können?
Wloch: Ja, einmal habe ich eine solche Erschießung beobachtet. SS-Leute von der Politischen Abteilung schossen, und ich sah auch Stark schießen. Ganz bestimmt hatte er mindestens sieben bis acht Häftlinge selbst erschossen. Ich schaute zu, weil ich einen Häftling kannte, der zum Erschießen ausgesucht worden war, es war ein Freund von mir namens Murek. Murek war vorher nicht im Bunker gewesen, sondern wurde am gleichen Tag aus dem Lager in den Block 11 gebracht. Zu dieser Aktion wurden alle, die zur Erschießung kamen, aus dem Lager gebracht. Im Bunker wurde an diesem Tag keine Selektion durchgeführt.
Richter Perseke: Wann etwa war diese Erschießung?
Wloch: Ich glaube, im April 1942, jedenfalls im Frühling dieses Jahres.
Staatsanwalt Vogel: Wie oft hat nach Ihrer Erinnerung Stark im Bunker bei Selektionen selbst entschieden?
Wloch: Das kann ich nicht sagen.

Vogel: Wenn er entschieden hat, hatte er dann nur in einem Fall oder in mehreren Fällen die Entscheidung getroffen?

Wloch: Jedenfalls in mehreren Fällen.

Wloch konnte seine Aussagen in Frankfurt machen. Von Brol erhielt das Gericht ein Protokoll, das in Polen aufgenommen wurde und verlesen wird. Auch die Aussage von Tadeusz Joachimowski aus Krakau liegt nur schriftlich vor:

Joachimowski: Im Frühling 1942 lag ich im Block 15 a. Von dort sah ich einmal, wie mehrere Sankas zu Block 11 gefahren sind, und wie Personen, die russische Militärmäntel trugen, aus diesen Autos in den Hof von Block 11 geführt wurden. Dann hörte ich, daß geschossen wurde, und schließlich sah ich, daß Leichen weggeführt wurden. Ich habe ebenfalls gesehen, daß Stark an dieser Exekution teilgenommen hat.

Stark: In der Aussage ist davon die Rede, daß Kommissare in Sankas zu Block 11 geführt wurden. Das war niemals der Fall. Kommissare kamen in kleinen Gruppen zu Fuß oder aber mit Heeres-LKW hin.

Joachimowski hat keine Möglichkeit, auf den Einwand Starks zu erwidern.
Bartel erinnert sich an folgende Episode:

Bartel: Ich erinnere mich genau, daß einmal der Rapportführer Palitzsch zu Stark sagte, dieser soll zum Block 11 gehen. Damals wurden dort vielleicht zwei oder drei Personen erschossen. Stark kam zurück und sagte: „Jetzt ist ein Häftling erschossen worden, der nicht hätte erschossen werden sollen. Mein Gott, was wird Grabner dazu sagen." Er ist oft mit dem Karabiner fortgegangen. Wenn er von Erschießungen kam, sagte er: „Bartel, Schüssel mit Wasser, ich möchte meine unschuldigen Hände waschen!" Normalerweise rauchte Stark nicht, aber wenn er von dort zurückkam, rauchte er. Das Gewehr brachte er in die Blockführerstube, von wo er es geholt hatte, zurück.

Vertreter der Nebenklage Ormond: Wenn Stark seine unschuldigen Hände waschen wollte, meinte er das zynisch?

Bartel: Ich glaube, das war zynisch gemeint.
Ormond: Als Sie Stark bei seinen Gesprächen mit anderen SSlern beobachten konnten, war er da erschüttert?
Bartel: Sein Verhalten war eher zynisch. In solchen Fällen merkte ich bei ihm keine Aufregung.

Aus dem Protokoll des Zeugen Rablin wird ein weiterer belastender Vorfall verlesen:

Rablin: Ich habe gesehen, wie Stark gemeinsam mit dem Blockältesten von Block 7 mit den Häftlingen dieses Blocks Sport gemacht hat. Als ich hinzukam, dauerte dieser Sport bereits eine Zeitlang. Es lagen schon einige Leichen auf dem Platz. Dasselbe beobachteten auch manche Kameraden, so Boratyński.
Stark: Ich habe zu keiner Zeit Sport auf Block 7 kommandiert.
Verteidiger Erhard: Der Zeuge Rablin hat als Mitzeugen Boratyński genannt. Boratyński ist hier bereits als Zeuge vernommen worden, hat aber von diesem Vorfall kein Wort gesagt. Der Blockälteste des Blocks 7 war ein gewisser Staller, der in Deutschland lebt und hier vernommen werden könnte.

Staller dürfte kaum ein geeigneter Zeuge sein. Er wird selbst schwer beschuldigt. Boratyński ist nach diesen Vorfall nicht gefragt worden. Schließlich wird dem Gericht eine Szene geschildert, plastischer, als man erregt gesprochene Worte zu Papier bringen kann:

Kral: Unser Kommando arbeitete beim Ausheben der Fundamente für den Block 15 im Stammlager. Angehörige der Politischen Abteilung gingen dort auf dem Weg zum Bunker oft vorbei. Einmal kam Stark vorbei, der drei Zivilisten zu Block 11 führte. Häftlinge der Strafkompanie, die in der Baugrube arbeiteten, haben sich anscheinend nach den Zivilisten umgedreht. Stark hat diese Häftlinge ins Wasser getrieben, das in der Grube stand. Damals war der Strafkompanie ein Transport von 500 polnischen Juden zugeteilt.

Als Stark mit Engelschall vom Block 11 zurückkam, haben

sie mit den Häftlingen der SK Sport gemacht. Sie befahlen ihnen, ins Wasser zu springen und wieder herauszukommen. Unter den Juden befand sich einer, Isaak mit Namen, der sehr stark war. Ihm wurde befohlen, die anderen Häftlinge zu ertränken. So sind einige getötet worden. Schließlich befahl man ihm, seinen eigenen Vater zu ertränken. Isaak wurde wahnsinnig und fing zu schreien an. Daraufhin hat Stark Isaak erschossen.

Auch ein anderer Fall ist mir im Zusammenhang mit Stark bekannt, doch bitte ich, die Namen der Opfer, die ich dem Gericht bekanntgeben kann, nicht zu veröffentlichen. Denn die Eltern leben noch und wissen nicht, welchen Tod ihre Kinder gefunden haben. Wir arbeiteten damals in der Kiesgrube hinter der Küche. Stark kam mit dem Rapportführer Stiwitz. Er hat auf einen Polen mit dem Schaufelstiel geschlagen. Der schrie: „Jesus Maria, man tötet mich!" Stark antwortete: „Jetzt hilft dir keine schwarze Madonna!" Zusammen mit Stiwitz tötete er meinen Freund, vier Meter von meiner Arbeitsstelle entfernt. Der andere Pole wurde etwa zehn Meter von dort auf die gleiche Weise getötet. An diesem Tag wurden zehn Häftlinge so umgebracht. Wir mußten sie zum Appell mitnehmen. Nachher wurden die Leichen in Block 28 gebracht.

Auf Grund dieser Aussage wird Stark, der Anfang November 1963 nach viereinhalb Jahren Untersuchungshaft auf freien Fuß gesetzt wurde, am 15. Mai 1964 wieder in Haft genommen. Die Verteidigung bemüht sich mit aller Kraft, die Aussage Krals zu erschüttern. Immer wieder werden Zeugen gefragt, ob ein solcher Vorfall überhaupt möglich war:

Staatsanwalt Vogel: Waren Sie in der Strafkompanie auch auf Block 15 tätig?

Kamiński: Ja, eine Weile habe ich dort beim Fundamentlegen gearbeitet. Es war sehr viel Schlamm.

Vogel: War in der Baugrube Wasser?

Kamiński: Ja, sehr viel, einige Häftlinge sind dort ertränkt worden. Ich habe gesehen, wie sie herausgeholt worden sind. Sie waren im Schlamm erstickt.

Vogel: Wann war das?

Kamiński: Im Spätfrühling 1941, den Monat kann ich nicht genau sagen. Damals war die Lage in der Strafkompanie fürchterlich.

Vogel: Haben Sie gehört, wer die Häftlinge dort ertränkt hat?

Kamiński: Ich kann das nicht sagen.

Vogel: Waren willkürliche Ertränkungen und Erschießungen damals häufig?

Kamiński: Sehr häufig, das war unser tägliches Brot.

Gab es Grundwasser in Auschwitz? Wie hoch war dessen Spiegel? Vielen Zeugen wurden diese Fragen gestellt, die für sie unverständlich sein mußten:

Vorsitzender: Erinnern Sie sich an eine Baugrube an der Stelle, wo später der Block 15 errichtet wurde?

Sowul: Ja.

Vorsitzender: Ist Ihnen erinnerlich, daß in dieser Baugrube Wasser gestanden ist?

Sowul: Ja, dort stand Grundwasser. Es war sehr tief.

Vorsitzender: Wieso ist Ihnen gerade die Baugrube vom Block 15 in Erinnerung?

Sowul: Weil der Bau so lange gedauert hat.

Vorsitzender: Ist Ihnen bekannt, daß in diesem Grundwasser jemand ertränkt wurde?

Sowul: Ich habe davon gehört.

Vorsitzender: Haben Sie gehört, daß diese Häftlinge vom Capo ertränkt wurden?

Sowul: Nein, ich hörte, daß es die SS war. Genau kann ich mich nicht mehr daran erinnern, denn es gab in Auschwitz zu viele Fälle von Mord und Totschlag.

Beim Lokaltermin wird bei Block 15 nachgegraben, um die Tiefe des Fundaments festzustellen. Auf Antrag der Verteidigung wird der Direktor des Museums in Auschwitz nochmals nach Frankfurt geladen:

Vorsitzender: Ist Ihnen bekannt, wann der Block 15 umgebaut wurde?

Smoleń: Damit wurde im Jahre 1941 begonnen. Ich glaube, daß der Bau erst 1942 fertig geworden ist. Der Block wurde völlig neu aufgebaut, die Fundamente wurden ausgehoben. Ich habe die Baustelle öfter gesehen, weil ich daran vorbeigegangen bin. Neben der Baugrube befanden sich Haufen ausgehobener Erde. Es ist deshalb schwer, die Tiefe der Baugrube zu schätzen. Ich habe sie damals auf etwa sechs bis sieben Meter geschätzt, ich weiß aber nicht, ob das von der ebenen Erde oder von einem Erdhaufen aus geschah. Wir haben uns damals darüber Gedanken gemacht, warum die Grube so tief gegraben wird, daß das Grundwasser darin stand. Es gab damals eine Lagerparole, daß dort ein Kesselraum für eine Heizungsanlage oder so etwas ähnliches erbaut werden soll.

Vorsitzender: Stand in der Baugrube Wasser?

Smoleń: Ja.

Vorsitzender: Gab es unten eine Lage von Brettern für die Häftlinge, die dort arbeiteten?

Smoleń: Ich habe gesehen, daß die Häftlinge auf mehreren Stufen arbeiteten. Sie haben mit den Schaufeln die Erde jeweils eine Etage höher werfen müssen. Es gab vielleicht drei oder vier solche Stufen, jede in einem Abstand von etwa eineinhalb Metern von der anderen. Erde wurde auch mit Schubkarren auf einem Brettersteg nach oben gefahren. Das alles ist aber nur eine flüchtige Beobachtung von mir.

Verteidiger Erhard: Haben Sie in Auschwitz gehört, daß Stark in der Baugrube Häftlinge erschossen oder ertränkt hat?

Smoleń: Nein, davon habe ich in Auschwitz nichts gehört.

Schließlich mobilisiert die Verteidigung gegen den Zeugen Kral eine Reihe von ukrainischen Zeugen, die in Auschwitz der Banderagruppe angehörten und ihr auch heute noch angehören. Über das, was bei diesen Vernehmungen zutage kam, wird im nächsten Abschnitt berichtet. Eine Aussage aus dieser Gruppe sei aber vorgezogen; denn sie gibt Aufschluß über Stark.

Dr. Klymyschyn: Unterscharführer Stark kam einmal auf unsere Stube, um nachzusehen, er rief mich, und als er erfuhr, daß ich Ukrainer bin, fragte er mich, ob ich deutsch und maschinschreiben kann. Ich habe beides bejaht. Er sorgte dann dafür, daß ich saubere Kleidung bekam, und nahm mich in das Aufnahmekommando der Politischen Abteilung auf. Ich glaube, Stark führte Leute in dieses Kommando ein, von denen er glaubte, sie seien nicht imstande, das Lagerleben zu ertragen.

Richter Hotz: Wann hat Sie Stark in das Aufnahmekommando aufgenommen?

Dr. Klymyschyn: Das war in den ersten Tagen des Jahres 1943.

Hotz: Kann es vielleicht schon vor Weihnachten 1942 gewesen sein?

Dr. Klymyschyn: Es könnte sein.

Hotz: Wie lange war Stark Ihr Vorgesetzter in diesem Kommando?

Dr. Klymyschyn: Vielleicht drei Monate, vielleicht etwas weniger.

Hotz: Der Angeklagte Stark sagt aber, daß er bereits am 1. Dezember 1942 von Auschwitz weggekommen ist und 1943 nur mehr ganz kurz nach Auschwitz kam, aber keinen Dienst mehr versah.

Dr. Klymyschyn: Es ist möglich. Ich habe sehr kurz bei Stark gearbeitet, ich meinte, es können höchstens drei Monate gewesen sein.

Vertreter der Nebenklage Ormond: Wann glauben Sie also, daß sie zu dem Kommando Politische Abteilung gekommen sind?

Dr. Klymyschyn: Ich kann es nicht mehr genau sagen, es ist sogar möglich, daß es bereits Anfang Dezember war.

Ormond: Und ist es möglich, daß Sie nicht drei Monate, sondern vielleicht nur wenige Tage unter Stark gearbeitet haben?

Dr. Klymyschyn: Nein, es waren zumindest einige Wochen, also mindestens drei Wochen.

Wessen Zeitangaben sind glaubhaft? Die von Stark oder die des Zeugen Dr. Klymyschyn, der dem Angeklagten sichtlich wohlgesinnt ist? Die Verteidigung verlangt, daß der Zeuge Kral nochmals geladen wird. Da sich aber der Verteidiger Dr. Laternser bei der ersten Vernehmung so weit verstiegen hat, daß er einen Haftbefehl gegen Kral beantragte, lehnt es dieser Zeuge ab, ein zweites Mal von Polen nach Frankfurt zu kommen. So wird er nochmals in seiner Heimat über denselben Vorfall vernommen. Im Protokoll heißt es:

Kral: Ich war in der Strafkompanie, die bei der Baugrube zu arbeiten hatte, wo später der Block 15 stand. Die Baugrube war vielleicht vier Meter tief. An der Ostseite war sie etwas flacher, dort wurde bereits mit dem Bau der Mauer begonnen.

Wir sahen, wie eines Tages Stark eine Gruppe von Zivilisten an der Baugrube vorbei zum Block 11 führte. Weil Häftlinge von der Arbeit aufgeschaut hatten, trieb Stark diese in das Wasser hinein, das in der Baugrube stand. Es war 1,80 Meter hoch. Zwei Häftlinge ertranken dabei. Nach einiger Zeit kam Stark mit Engelschall vom Block 11 zurück und befahl Sport. Der Sport bestand darin, daß die Häftlinge ins Wasser springen mußten. Da sie zögerten, diesen Befehl durchzuführen, befahl er einem starken Juden, der ebenfalls in der SK war — er hieß Isaak, vielleicht war das aber nur sein Vorname — die Säumigen unterzutauchen. Nachdem so Isaak ein Dutzend Häftlinge ertränkt hatte, bekam er den Befehl, auch seinen eigenen Vater zu ertränken. Da bekam er einen Wahnsinnsanfall, ging auf Stark zu, es knallte ein Schuß, und Isaak fiel um. Ich sah noch, wie Stark seine Pistole wieder in die Tasche steckte. Ich konnte das alles nur heimlich beobachten, weil ich währenddessen intensiv arbeiten mußte.

Über die Tätigkeit von Stark an der Rampe sagt Bartel, der schon mehrmals zu Wort kam:

Bartel: Stark und auch andere SSler haben ganz offen davon erzählt, daß sie bei Selektionen an der Rampe waren.

Vorsitzender: Früher haben Sie zu Protokoll gegeben, daß Stark an diesen Selektionen aktiv teilgenommen habe.

Bartel: Ohne Zweifel. Er kam verstaubt, müde und aufgeregt zurück, verlangte Wasser und sagte, er müsse sich ausruhen.

Vorsitzender: Hat er bestimmt bei diesen Selektionen aktiv mitgewirkt?

Bartel: Das kann ich nicht sagen, denn ich war nicht dabei. Darüber wurde nicht gesprochen, aber ich glaube, Stark mußte auf Grund seines Stolzes und seiner fanatischen Überzeugung von der Richtigkeit dieser Aufgabe aktiv mitgewirkt haben. Er ging immer mit einem Stock nach Birkenau.

Bartel erinnert sich auch an einen besonderen Vorfall im Zusammenhang mit Starks Wegen nach Birkenau:

Bartel: Im Jahr 1942 ging ich mit Stark nach Birkenau, ich weiß nicht mehr, aus welchem Anlaß. In Birkenau mußten wir warten und gingen in den Abschnitt B II a. In einem Block waren nur Juden untergebracht. Stark ging in eine Stube dieses Blocks. Es wurde Meldung erstattet, Stark suchte zwei Juden aus und befahl dem Stubenältesten, sie zu töten. Zuvor ließ er die Juden mit den Händen auf der Erde niederknien. Der Stubenälteste sagte: „Ich weiß nicht, wie ich das machen soll." Da nahm Stark einen Hocker, der dort stand, riß diesem ein Bein aus und schlug mit diesem Holzbein auf das Genick des einen Juden. Er erschlug ihn an Ort und Stelle. Dann erschlug er den zweiten und sagte dem Stubenältesten: „Jetzt habe ich gezeigt, wie man es machen muß. Wenn du meine Befehle nicht befolgst, dann töte ich dich."

Vorsitzender: Herr Zeuge, Sie werden diese Aussage beschwören müssen. Werden Sie das können?

Bartel: Ja. Ich erinnere mich auch, daß Stark auf dem Rückweg von Birkenau etwa folgendes zu mir sagte. Wir gingen gerade am Lagertor von Birkenau vorbei. „Schauen Sie, wieviel Ziegelsteine da sind! Wenn der Krieg zu Ende ist, wird jeder Ziegelstein den Namen eines Getöteten tragen. Vielleicht wird es dann dafür nicht genug Ziegel geben. Auch für Ihre Familie sind viele Ziegel hier."

Vorsitzender: Waren Stark die beiden Juden, die er erschlagen hat, bekannt?

Bartel: Nein, er hat die ersten besten herausgegriffen.

Vorsitzender: Sie haben von dieser Beschuldigung bisher noch nichts gesagt, wieso nicht? Es handelt sich doch um einen glatten Mord!

Bartel: In meiner Vernehmung wurde ich ersucht, vor allem ein Gesamtbild über das Lager zu geben. Es ist leicht möglich, daß dabei ein Detail ausgelassen wurde.

Vorsitzender: Wann ereignete sich dieser Vorfall?

Bartel: Im Frühling 1942.

Ersatzrichter Seiboldt: Haben Sie sich vom Tod der beiden Juden überzeugen können?

Bartel: Ich bin überzeugt, daß sie tot waren.

Seiboldt: Können Sie ausschließen, daß sie nur bewußtlos waren?
Bartel: Ich bin überzeugt, sie waren tot.
Vorsitzender: Wo standen Sie, als Stark auf die beiden einschlug?
Bartel: Ich bin vielleicht ein, zwei Meter von Stark entfernt gestanden. Zuerst mußte der erste niederknien, er erhielt einen Schlag, wurde weggetragen, dann mußte der zweite niederknien, und Stark schlug wieder. Die beiden wurden auf die Seite geschafft. Stark hat dann im Block die Ordnung überprüft. Als wir zurückkamen, lagen die beiden schon vor dem Block.

Am nächsten Verhandlungstag kommt der Vorsitzende auf diesen Vorfall nochmals zurück:

Vorsitzender: Ich möchte Ihnen in aller Offenheit noch einen Vorhalt machen, Herr Zeuge. Sie haben im August 1947, also unmittelbar nach der Befreiung, Ihre Erlebnisse zu Protokoll gegeben. Sie haben später Herrn Hermann Langbein darüber berichtet. Sie wurden im Jahre 1959 mehrere Tage lang von Staatsanwalt Vogel vernommen, wenige Tage später nochmals vom Ermittlungsrichter, und in all diesen Fällen haben Sie nicht ein einziges Mal über diesen Mord an zwei Juden gesprochen. Dieser Vorfall gehört doch zu den schlimmsten Dingen, die Sie in Auschwitz erlebt haben. Soll das Schlimmste am ersten vergessen sein? Wollen Sie uns bitte erwidern.
Bartel: Dieser Fall war nicht der tragischste, den ich in Auschwitz erleben mußte. Ich habe dort viel Schlimmeres gesehen. Ich habe dort auch den Tod meiner Angehörigen mitansehen müssen.

Auch über die erste Vergasung in Auschwitz wird Bartel befragt:

Bartel: Die erste Vergasung in Auschwitz wurde im Jahr 1941 durchgeführt. Man wollte prüfen, ob Tötungen auf diese Weise durchführbar seien. Die Vergasung fand im Keller des Blockes 11 statt. Stark war sehr aufgeregt, denn er hatte als Assistent von Grabner die Vorbereitungen zu überwachen.

Er hat mit Grabner und Lachmann an dieser Vergasung teilgenommen. Er kam mit einer Gasmaske und sagte: „Die erste Vergasung hat soeben stattgefunden."

Vorsitzender: Wer hat das Gas eingeworfen?

Bartel: Ich bin nicht in der Lage, diese Frage zu beantworten.

Vorsitzender: Sie haben früher Palitzsch als Leiter dieser Aktion bezeichnet.

Bartel: Ich glaube, die Vernichtung oblag der Lagerleitung, und Palitzsch war Rapportführer. Die Politische Abteilung arbeitete mit der Lagerleitung zusammen.

Vorsitzender: Sie haben früher zu Protokoll gegeben, Stark habe am Tag der Vergasung gesagt, es gebe ein großes Fest.

Bartel: Ich kann mich jetzt an dieses Gespräch nicht mehr erinnern, meine erste Einvernahme erfolgte vor fünf Jahren. Wenn ich es damals gesagt habe, so muß es so gewesen sein.

Es kommt zu einem Zwiegespräch zwischen Zeugen und Angeklagtem:

Stark: Erinnert sich der Zeuge noch an unsere Gegenüberstellung im Oktober 1959?

Bartel: Ja, ich erinnere mich. Sie sagten zu mir: „Warum haben Sie das nicht vor zehn Jahren angegeben? Jetzt habe ich Frau und Kind."

Stark: Sie sagten damals: „Wir haben sehr viel Gutes bei Ihnen gehabt, aber es ist so viel Schlimmes in Auschwitz geschehen, daß ich alles sagen muß."

Bartel: Ja, das stimmt.

Was müssen diejenigen fühlen, die im Gerichtssaal denen wieder gegenüberstehen, die sie in Auschwitz so gut gekannt haben? Auch der Zeuge Müller erinnert sich sehr genau an Stark:

Müller: Ich wurde am 13. April 1942 nach Auschwitz gebracht. Der ganze Transport, ungefähr 250 Mann, Juden aus der Slowakei, wurde im Block 11 untergebracht. Einmal hatte ich großen Durst und ging mit einem Kameraden in den Hof von Block 11, wo ein Kessel mit Tee stand. Wir wollten trinken. Als wir zum Kessel gingen, kamen Lagerführer Aumeier und der Blockführer von 11 und sahen uns. Aumeier sagte: „Trinkt nur weiter!" Als wir am Faß standen, drückten uns die SS-Leute den Kopf in den Tee. Ich verlor die Besinnung. Später sagte mir der Blockälteste, daß ich mich bei der Blockführerstube zu melden habe. Ich wurde von einem Posten zum Krematorium geführt. Ich ging in den Hof. Ein Unterscharführer machte das Tor auf. Ich erkannte ihn, es war Stark. Mit einer Peitsche schlug er auf mich. Es wurde noch eine Tür geöffnet, ich sah einen Ofen und drei Häftlinge, die auf einem Wagen voll mit Leichen arbeiteten. Ich war damals 20 Jahre alt und hatte noch keine Leiche gesehen. Ich blieb stehen. Stark schlug auf uns ein und rief: „Los, schnell, schnell, die Leichen ausziehen!" Vielleicht 700 angezogene Leichen lagen dort, Kinder, Frauen, Männer, neben ihnen Pakete. Rechts von dieser Stelle lagen noch etwa 100 Menschen, auf ihrer Kleidung stand „SU". Es lagen zerstörte Koffer, Brot, Kleider herum, alles voll Blut. Wir mußten die Leichen ausziehen, Stark schlug auf uns ein. Es ist eine schrecklche Arbeit, starren Leichen Kleider und Schuhe auszuziehen. Wenn wir etwas zerrissen, schlug Stark immer wieder auf uns ein.

Vorsitzender: Hatten die Leichen Wunden?

Müller: Ja.

Vorsitzender: Waren sie erschossen worden?

Müller: Nein, sie waren vergast worden. Ich habe das später gesehen. Die Leichen standen vor den Ventilatoren in der Gaskammer dicht gedrängt. Ich habe gesehen, wie ein totes Kind an der Brust seiner Mutter hing. Auf dem Boden lagen grüne Kristalle. Es roch nach Mandeln oder nach Hartspiritus. Ich kann diesen Geruch heute noch nicht vertragen.

Wir waren sieben Häftlinge bei dem Sonderkommando. Zu dieser Zeit waren zwei Öfen im Betrieb. Vor jedem Ofen stand ein Wagen, mit dem die Leichen eingeführt wurden. Drei Leichen wurden gleichzeitig auf einen Wagen geladen. Diese Wagen liefen auf Schienen. Einmal haben drei von uns nicht weiterarbeiten können. Da zog Stark seinen Revolver und schoß vor meinen Augen drei Kameraden, Weiß, Goldschmidt und Neumann, nieder.

Weil die Zahl der Leichen stark zunahm mußten wir sie auf LKW verladen und bei Nacht auf ein Feld hinausfahren. Hier war eine große Grube ausgehoben, in ihr stand Wasser. Wir waren damals zu viert und mußten vier- bis fünfhundert Leichen in die Grube werfen. Ein Auto mit einem roten Kreuz stand neben der Grube und beleuchtete mit seinen Scheinwerfern die ganze Szene. Nachher führte uns Stark in den Block 11 zurück. Wir kamen in eine Bunkerzelle, in der kein Licht war. Es war ein schreckliches Gefühl, wenn wir in der Frühe die Schlüssel hörten. Wir bekamen Suppe. Drei neue Häftlinge, Franzosen, wurden zu uns in die Zelle gebracht. Dann wurden wir alle wieder zur Fahrbereitschaft geführt und fuhren mit einem Feuerwehrauto zur Grube hinaus. Das Auto pumpte das Wasser aus der Grube, und wir mußten in den Graben, der jetzt sumpfig war, hinuntersteigen und die Leichen auf einen Haufen zusammentragen. Oben an der Grube standen Aumeier, Grabner und andere SS-Leute. Stark leitete diese Aktion. Wir konnten die Leichen kaum herausziehen, sie gingen unter unseren Händen in Stücke. Arme rissen aus. Die Leichen waren voll Wasser. Aber Stark trieb uns an wie Tiere. Zwei französische Kameraden konnten nicht weiter. „Was ist los, ihr Moritze!" schrie Stark, zog seine Pistole und erschoß die beiden, die sich auf die Toten gestützt hatten. Schließlich mußten wir im Laufschritt ins Lager zurück. Wir waren voll Blut und Schmutz. So wie wir waren, wurden wir in den Bunker geführt, diesmal in Zelle 13. Dort gab es Licht. Es war eine schreckliche Nacht. Wir waren seelisch und körperlich völlig zusammengebrochen. Wie Tiere haben wir auf der Erde geschlafen.

Als uns am nächsten Tag der Blockführer das Essen brachte, baten wir ihn, uns waschen zu dürfen. Er ließ uns in den Waschraum hinauf, und wir bekamen auch andere Kleider, dann kamen wir wieder in die Zelle 13 zurück. Als es Abend wurde, hörten wir vom Hof aus schreien: „Fischlkommando, bereitmachen!" Ich kann noch heute den Tonfall nachmachen, mit dem Stark diesen Ruf ausstieß. Dieser Ruf war das Signal für uns, unsere Holzschuhe anzuziehen. Wir wurden in den Hof und zum Krematorium geführt. Diesmal kamen zwei slowakische Häftlinge mit. Stark führte uns zum Krematorium, stellte uns dort an die Wand und sagte, wir haben zu warten, bis er uns etwas befiehlt. Wir dürfen mit niemandem sprechen, sonst werden wir erschossen. Nach geraumer Zeit wurden die Hoftore geöffnet, und vielleicht 350 jüdische

Frauen, Männer und Kinder wurden hereingeführt. Grabner, Aumeier, Stark und andere SS-Führer und Unterführer waren dabei. Stark befahl: „Los, alle ausziehen!" Ich sah später an den Kleidern, daß es sich um Juden aus Polen handelte. Sie müssen gewußt haben, daß etwas nicht in Ordnung ging, und zogen sich nur langsam aus. Stark und die anderen brüllten immer wieder: „Los, vorwärts, ausziehen!" Stark schlug mit der Peitsche auf die Menschen ein. Ich sah einen Mann, der seine Krawatte ausziehen wollte, die er — nicht hatte. Die Kinder gingen zu ihren Eltern, aber sie weinten nicht. Es waren wahrscheinlich Juden aus einem Ghetto. Dann wurden alle in die Gaskammer geführt. Dort war nur ein Ventilator, Licht brannte. Die Tür wurde zugesperrt, und Stark gab uns den Befehl: „Klamotten sammeln!" Wieder wurde das Tor geöffnet, wieder kamen 300 Menschen hinein. Dasselbe begann von vorne. Nachdem das Gas vom Dach des Krematoriums in den Vergasungsraum geführt worden war, hörte man schweres Husten, Kinder und Erwachsene schreien, alles durcheinander. Dann wurde es langsam ruhiger, das Husten leiser, und wir sahen Stark mit der Gasmaske vom Dach herunterkommen. Wir hatten den Befehl, die Klamotten zu durchsuchen und alle Wertgegenstände, Dollars, Gold und anderes, in einer Kiste zu sammeln. Stark stand bei der Kiste und steckte alles das, was ihm gefiel, in die Tasche.

In dieser Zeit — etwa im Mai und Juni 1942 — wurde entweder vor dem Morgenappell oder nach dem Abendappell vergast, niemals untertags. Wenn SS-Offiziere nicht dabei waren, war der Vorgang noch schrecklicher. Einmal hat sich ein Jude, wahrscheinlich ein Rabbiner, unter Kleidern versteckt. Als wir auf Befehl die Kleider zusammenbündelten, fand ihn Stark und rief: „Ah, Israel, komm einmal her!" Er stellte den Mann an die Wand, schoß ihm in ein Bein. Der Jude fiel. Stark stellte ihn nochmals auf, schoß ihm in das zweite Bein, nahm einen Koffer, setzte den Juden darauf und schoß, bis dieser endlich tot war. Jüdinnen aus einem anderen Transport haben Stark angefleht, er möge sie verschonen. Er sagte: „Sarah, stell dich auf!", nahm zwei Frauen, brachte sein Gewehr mit dem Schalldämpfer, und die Frauen mußten zusehen, wie er das Gewehr lud. Die eine kniete nieder und bat: „Herr Kommandant, bitte lassen Sie mich leben, ich habe ja nichts gemacht!" Stark schrie nur: „Los, Sarah, aufstehen!" Er schoß ihr in die Beine, und die andere mußte zuschauen. Schließlich schoß er beide Frauen tot. Mein ganzes Leben lang, wo immer ich gehe, werde ich Stark stets vor mir sehen.

Vielleicht sechs Wochen lang habe ich Stark bei dieser Arbeit beobachtet. In dieser Zeit trieb er mindestens zehn- bis elftausend Menschen in die Gaskammern. Untertags brachte man uns in den Bunker, in Zelle 13.

Manchmal durften wir ein bißchen im Hof an die Luft gehen. Wir sahen, daß Stark auch dort Menschen erschoß. Wir mußten die Leichen in Kisten legen, die auf Wagen geladen und abtransportiert wurden. Es handelte sich um kleinere Judentransporte. Capos nahmen die Menschen an der Hand, und Stark schoß mit seinem Karabiner.

Vorsitzender: Woher wußten Sie, daß diese Person Stark hieß?

Müller: Am ersten Tag wußte ich überhaupt nichts. Aber nach einigen Tagen habe ich SS-Leute sprechen gehört: „Ist Unterscharführer Stark hier?" So habe ich mir seinen Namen gemerkt.

Verteidiger Erhard: Sie sagten, daß die Leichen vergast und die Kleider mit Blut besudelt waren.

Müller: Ja. Das Vergasen dauerte vielleicht acht bis zehn Minuten. In dieser Zeit ging Blut von den Menschen. Es war doch schrecklich, was dort vor sich gegangen ist.

Erhard: Sie haben viele Einzelheiten, die Sie heute über Stark berichtet haben, früher nicht zu Protokoll gegeben.

Müller: Ich habe so viele vernichtete Menschen gesehen. Es gibt so vieles zu erzählen. Stark soll nur sagen, ob er mich kennt. Ich kann noch zeigen, wo er mich geschlagen hat. Ich habe noch Narben davon.

Vertreter der Nebenklage Raabe zu Stark: Ist das wahr, was der Zeuge hier gesagt hat?

Stark: Ich gebe keine Erklärung ab.

Als aber Müller bereits nach Prag abgereist war, sagte Stark seinem Verteidiger, die Daten Müllers seien nicht wahr. Rechtsanwalt Erhard will aus dem Kalendarium der Auschwitz-Hefte beweisen, daß die Zahlen, die Müller angibt, übertrieben seien. Seine Schlußfolgerung lautet: Dann kann die ganze Aussage von A bis Z nicht stimmen.

Ein SS-Kollege von Stark erinnert sich ebenfalls, wenn auch nur dunkel, an Vergasungen, an denen Stark beteiligt gewesen sein soll:

Vorsitzender: Kannten Sie den Angeklagten Stark?

Broch: Ja. Damals war er etwa 18 bis 20 Jahre alt. Er war ziemlich robust, und ich habe ihm immer gesagt, daß er sich nicht zu Ungesetzlichkeiten hinreißen lassen soll. Er war charakterlich so veranlagt, leicht außer sich zu gehen. Er neigte zu unüberlegten Handlungen.

Vorsitzender: Sie haben früher zu Protokoll gegeben, daß einmal im kleinen Krematorium 80 Juden vergast wurden und zu dieser Zeit Sie und Stark im Büro waren. Grabner kam und sagte, es gebe etwas Besonderes, Stark soll dableiben. Im Zusammenhang damit haben Sie dann zu Stark gesagt, er möge sich nicht zu unrechten Dingen verleiten lassen.

Broch: Ja, das stimmt.

Vorsitzender: Warum sprachen Sie diese Aufforderung aus?

Broch: Alles war so geheimnisvoll. Ich habe das deswegen gesagt, weil Stark zurückbleiben mußte. Er war so jung.

Vorsitzender: Was hat Grabner damals eröffnet?

Broch: Er hat nichts gesagt. Er sagte lediglich, Stark soll zurückbleiben.

Mit weißem Haar tritt ein Pädagoge aus Krakau vor Gericht. Nicht eine Spur von Haß, sondern nur Mitleid klingt in seiner Stimme:

Kret: Bei einem Appell hieß es, wer deutsch und russisch kann, soll sich melden. 120 haben sich gemeldet. Wir mußten antreten, wurden einzeln in ein Zimmer gerufen und einer Prüfung in beiden Sprachen unterworfen. 25 haben die Prüfung gut bestanden. Wir wurden nochmals geprüft, geblieben sind nur mehr 19 oder 20. Ich auch. Wir mußten im Lager bleiben und warten. Während dieser Zeit mußten wir eine schwere Walze ziehen. Am 7. Oktober 1941 ist ein Transport russischer Kriegsgefangener ins Lager gekommen. Es war Abend, es war schon dunkel. Wir wurden zum Block 24 gerufen und zum Bahnhof geführt. Dort stand ein Zug. Völlig ausgehungerte Kriegsgefangene waren in den Waggons. Wir mußten die Anordnungen der SS übersetzen. Den Gefangenen wurde befohlen, sich zu fünft aufzustellen. Kessel mit Suppe wurden gebracht, die Gefangenen mußten in einer Reihe vor den Kesseln antreten. Zwei Capos standen bei jedem Kessel. Der eine gab die Suppe aus, der andere trieb die Leute mit einem Knüppel weiter. Die Essenkessel standen unmittelbar an einer Böschung, die man nicht sehen konnte. Fast jeder Russe fiel beim Weggehen um. Die Russen wurden in einem Teil des Lagers untergebracht. Alle Kleider wurden ihnen abgenommen. In den nächsten Tagen kamen weitere Transporte. Wir hatten von allen die Personalien aufzunehmen. Es waren insgesamt ungefähr 12.000 Menschen. Führer des Aufnahmekommandos war Stark.

Vorsitzender: Woher haben Sie seinen Namen erfahren?

Kret: Sein Name war bekannt. Als ich ihn das erstemal sah, dachte ich: Gott sei Dank, der schaut anständig aus. Ich kannte schon Moll in der Gärtnerei, der schlimm wütete. Nachher kam Stark auf die Stube und schlug die Kriegsgefangenen mit der Peitsche. Für mich als Lehrer war das eine traurige Enttäuschung.

Vorsitzender: Hat Stark in Ihrer Gegenwart Kriegsgefangene auch getötet?

Kret: Ich habe das nicht gesehen.

Vorsitzender: Hat er sich an Tötungsaktionen beteiligt?

Kret: Es wurde davon gesprochen. Als ich ihn einmal schlagen sah, sagte man zu mir: „Das ist nicht das Schlimmste, was Stark tut."

Vertreter der Nebenklage Ormond: Waren die Kriegsgefangenen unzureichend bekleidet und verpflegt?

Kret: Zwei bis drei Wochen lang waren sie alle nackt, dann erst haben sie Anzüge bekommen.

Ormond: War Stark dafür verantwortlich?

Kret: Ich weiß es nicht, ich glaube aber, daß er in gewissem Grad verantwortlich gewesen sein muß.

Sachverständiger Dr. Lechler: Können Sie zur Charakterisierung des Angeklagten Stark noch weitere Einzelheiten angeben?

Kret: Ja. Ich habe mich für ihn besonders interessiert, und zwar vom pädagogischen Standpunkt aus. Er war jung, sah sympathisch aus, und ich konnte nicht verstehen, warum er so grausam war. Ich habe mit einem Kameraden gesprochen, der bei ihm im Kommando gearbeitet hat. Dieser sagte mir: „Ich weiß nicht, was mit Stark ist. Im Grund ist er anständig." Mir schien, daß er zu früh unter den Einfluß einer bösen Ideologie geraten ist. Über seinem Schreibtisch war ein Spruch angebracht, der lautete: „Mitleid ist Schwäche".

Dr. Lechler: Für wie alt haben Sie damals Stark geschätzt?

Kret: Er hat ausgesehen, als ob er 23 oder 24 Jahre gewesen wäre.

Ein russischer Zeuge erinnert sich an das Russenlager so:

Pogoschew: Wir waren im Block 3 des Stammlagers untergebracht, der zu dem abgetrennten Russenlager gehörte. Unser Blockältester, ein Deutscher, feierte einmal ein Fest. Zu ihm kamen einige SS-Männer. Aus seinem Zimmer drang Lärm und Gesang. Vielleicht eine Stunde später öffnete sich die Tür dieses Zimmers, und die SS-Männer kamen heraus. Der Blockälteste blieb bei der Tür stehen. Die SS-Männer kamen in unser Zimmer. Wenn ein SS-Mann das Zimmer betrat, mußte alles wie erstarrt stehenbleiben. Der SS-Mann rief einige von uns heraus. Zwölf mußten heraustreten, ich auch. Der Blockälteste stellte uns der Größe nach auf. Ich war der zweite von rechts. Wir waren alle ganz nackt. Der SS-Mann trat den nackten Häftlingen mit dem Stiefel zwischen die Beine. Neben mir stand Suslow, er stöhnte. Nun kam der SS-Mann zu mir. Er schlug mir mit der Faust auf das Nasenbein. Ich verlor das Bewußtsein. Mein Nasenbein ist seitdem zerschlagen. Als ich aufwachte, war mein Gesicht voll Blut. Neben mir lag Suslow, er zuckte. Ich habe gleich begriffen, daß ich mich nicht bewegen durfte. An den Stiefeln erkannte ich, daß der SS-Mann zurückkam und auf Suslow und andere einschlug. Dann ist er wieder ins Zimmer des Blockältesten verschwunden. Nur drei von den zwölf, die antreten mußten, sind am Leben geblieben, die anderen sind gestorben — auf welche Weise, weiß ich nicht, denn ich war ohne Bewußtsein. Als die Leichen weggetragen wurden, sagte ich, daß ich noch lebe. Meine Mithäftlinge halfen mir, ins Zimmer zurückzukommen. Später fragte ich, wer der SS-Mann sei, der uns so fürchterlich mißhandelt hatte. Der Dolmetsch sagte mir, das sei Stark gewesen.

Aus der Aussage von Rablin wird eine weitere Stelle verlesen, die Stark betrifft:

Rablin: Ich war zeitweise beim Kommando Rollwagen 4 eingeteilt. Während wir in der Regel von zwei SS-Posten begleitet wurden, wurden einmal fünf SS-Posten zu unserer Begleitung eingeteilt. Der Capo sagte: „Heute geschieht etwas Außergewöhnliches." Wir fuhren zu einer Grube in die Nähe des sogenannten Theatergebäudes. Vor der Grube — es war eine Kiesgrube — hat ein SS-Kommando mit Helmen Aufstellung genommen. Seitlich davon standen einige SS-Leute, darunter Fritzsch, Engelschall, Stark und Dylewski. In der Grube standen Zivilisten, die die Hände auf dem Rücken gefesselt hatten. Es ertönte eine Salve, und nachher sah ich, wie Stark und andere in die Grube gingen und mit Pistolenschüssen diejenigen töteten, die sich noch regten. Nachher mußten wir in die Grube gehen und die Leichen auf die Wagen verladen. Es waren sicherlich mehr als zehn Personen, die erschossen worden sind. Ich konnte unter den Leichen einen Bekannten sehen, einen Kellner aus Kraków. Wir wurden von Palitzsch gezwungen, den blutbesudelten Sand zu durchwühlen. Wir mußten einen Kiefer, der Goldzähne enthalten sollte, suchen. Die Leute waren in den Brustkorb geschossen. Ich habe nicht gesehen oder gehört, daß vor der Exekution irgendein Urteil verlesen worden wäre.

Stark: Ich habe an der von dem Zeugen geschilderten Exekution nicht teilgenommen und auch keine Fangschüsse angebracht.

Folgende Episode ergänzt das Bild des Jus-Studenten Stark:

Mikolajski: Stark war im Jahr 1941 oft in der Zahnstation. Die Politische Abteilung hatte damals im Parterre des SS-Reviers ihre Arbeitszimmer, und Stark kam oft zu uns und schaute in unsere Räume. Einmal kam er auch in die technische Werkstatt und sagte: „Ihr verfressenen Schweine, ich kriege euch noch und lasse euch durch den Kamin gehen." Wir hatten, als er ins Zimmer kam, gerade nicht gearbeitet.

In unserem Kommando war ein Pole aus Krakau namens

Malyszcyk, er war Zahntechniker. Er beklagte sich bei uns, daß Stark jedesmal, wenn er ihn sah, etwas Unangenehmes zu ihm sagte. „Ich habe das Gefühl, Stark wird mich eines Tages umbringen", sagte Malyszcyk. Vielleicht hatte Stark deswegen einen solchen Haß auf ihn, weil Malyszcyk groß und stark war wie ein Bär.

Im Sommer 1942 — mir ist der genaue Zeitpunkt entfallen, jedenfalls war es damals sehr heiß — kam Befehl, daß Malyszcyk nach dem Appell im Lager zu bleiben habe. Es war bekannt, daß nach einem solchen Befehl die Häftlinge auf Block 11 gebracht und dort erschossen wurden. Trotz des Befehls marschierte Malyszcyk mit unserem Kommando zur Arbeit. Gegen 11 Uhr vormittag kam Stark auf die Zahnstation, ließ Malyszcyk rufen und nahm ihn mit sich. Wir waren sehr unruhig, und ich ging unter einem Vorwand ins Lager. In der Häftlingszahnstation sagte man mir, daß mit Malyszcyk schon alles zu Ende sei. Man habe beobachtet, wie er auf Block 11 geführt wurde. An diesem Tag fand eine große Exekution statt. Man sagte mir: „Die Leiche liegt hinter dem Block 28, du kannst Malyszcyk noch einmal sehen, wenn du willst." Vom Wagen der Leichenträger war ein Rad abgesprungen, die Leichenträger mußten deswegen die Leichen abladen und legten sie bei Block 28 an den Draht. Ich sah dort etwa 40 Leichen, unter ihnen auch Malyszcyk.

Stark: Ich war im Herbst 1941 auf der Zahnstation und habe mir einen Zahn plombieren lassen, sonst war ich nicht dort. Ich habe dieses Gespräch nicht geführt.

Eine kranke Frau sitzt im Zeugenstuhl:

Vorsitzender: Können Sie sich an den Fall des Häftlings Flora erinnern?

Krafft: Ich kann mich leider daran erinnern. Flora war eine slowakische Jüdin. Sie war ältlich, ängstlich und sehr bescheiden. Die Zugänge wurden damals in alte Russenanzüge gekleidet. Sie war bei der Aufnahme vollkommen verwirrt. Ich habe ähnliches täglich bei der Aufnahme der Neuzugänge erlebt. Ich hatte damals das Hauptbuch zu führen, und Stark kontrollierte meine Arbeit. Wenn er kam, war es seine liebe Gewohnheit, die angekommenen geschundenen Häftlinge zu traktieren und zu schockieren. Flora kam gerade an die Reihe, als Stark anwesend war. Sie nannte ihren Namen. Stark brüllte: „Lauter!". Sie nannte ihren Namen nochmals. Stark brüllte wieder: „Lauter!" und immer wieder „Lauter!". Sie konnte nicht mehr lauter rufen. Es war eine Szene, die ich nie vergessen werde. Schließlich brüllte Stark: „Raus!", trat sie, daß sie niederfiel. Sie mußte sich draußen neben das Fenster stellen und hundertmal ihren Namen rufen. Mir gab Stark den Befehl, aufzupassen, daß sie tatsächlich hundertmal ruft. Dann ging er weg. Plötzlich kam er wieder und fragte mich: „Wie oft hat sie schon gerufen?" Draußen war es kalt und windig. Ich sagte aus Mitleid: „96mal". Die Zeit war aber recht kurz. Er sagte: „Was?", rannte hinaus und fragte Flora, wie oft sie gerufen habe. Flora nannte die richtige Zahl, die weit niedriger war. Stark kam zu mir und brüllte mich an: „Warum hast du mich belogen?" Ich antwortete, ich habe schon bis 96 gezählt. Da befahl er mir: „Raus, du stellst dich neben sie und rufst hundertmal: Ich darf meine Vorgesetzten nicht belügen." In diesem Augenblick kamen Grabner und Aumeier. Wenn Grabner in der Nähe war, war Stark meist gemäßigter. Stark meldete den Vorfall, und Grabner sagte nur: „Lassen Sie das, die soll ihr Hauptbuch führen". Als ich ein oder zwei Tage später an meinem Pult stand, sah ich Stark mit Flora am Fenster vorbeigehen. Sie gingen durchs Tor. Als Stark zurückkam, ging er zu mir und sagte: „Die habe ich jetzt erledigt, und du bist die nächste. Ich finde schon einen Grund, verlaß dich drauf!"

Stark: Ich bestreite diese Belastung. Ich kenne die Zeugin nicht. Es war nicht meine Art, Strafarbeiten zu diktieren, und ich habe nie eine Frau geschlagen. Ich war im Frauenlager nur unter Aufsicht einer Aufseherin, anders durfte ich gar nicht hinein.

Vorsitzender: Führten Sie nicht die Aufsicht über die Arbeit der weiblichen Häftlinge, die für die Aufnahmeabteilung tätig waren?

Stark: Ich bin dort nicht dabeigesessen. Ich war vielleicht einmal dort, aber nicht jeden Tag. Eine Aufseherin hat die Häftlinge beaufsichtigt. Anfangs waren die weiblichen Häftlinge sich selbst überlassen. Ich habe nur Karteikarten hingebracht und die fertig geschriebenen Karten abgeholt.

Vorsitzender: Die Zeugin hat aber den Fall mit dem Häftling Flora genau erzählt. Glauben Sie, daß das alles aus den Fingern gesogen ist?

Stark: Ich behaupte, daß ich das nicht gemacht habe.

Vorsitzender: Zeugin, Sie haben den Angeklagten Stark gehört. Haben Sie einen Zweifel, daß Stark das getan hat?

Krafft: Ich habe überhaupt keinen Zweifel, besonders, seitdem ich ihn hier reden gehört habe. Ich erkenne seine Stimme ganz genau, nur die Tonart hat sich seither reichlich gemildert.

Der medizinische Sachverständige, der zu begutachten hat, ob auf Stark das Jugendstrafrecht angewendet werden soll, schließt seine mit starkem Gefühl vorgetragenen Ausführungen mit den Worten:

Dr. Lechler: Der Angeklagte Stark ist ein Beispiel dafür, wie ein durchschnittlich begabter, durchaus normal und unauffällig veranlagter junger Mensch bereitwillig das mit sich geschehen läßt, was man als eine Umkehrung des Gewissens bezeichnen kann. Er ist ein Beispiel für die Anfälligkeit des Menschen, sich zum Werkzeug totalitärer Machthaber pervertieren zu lassen. Das Ergebnis davon ist, daß die sittliche Kontrollinstanz durch ein Führerbewußtsein ersetzt wird. Die letzte Konsequenz: Es entstehen Funktionäre ohne Gewissen. Damals waren auch normale Menschen nicht fähig, Recht und Unrecht zu unterscheiden. Stark ist durch diese Einflüsse in seiner seelischen Entwicklung stehengeblieben. Bestürzend ist das Mißverhältnis zwischen Tätern und Taten.

Aus diesen Gründen glauben wir, daß Stark, der erst im Juni 1942 das 21. Lebensjahr vollendet hat, bis zu dieser Zeit dem Gesetz nach als Jugendlicher gelten kann.

Zum Schlußwort aufgerufen, äußert Stark als einziger Angeklagter Gedanken, die als eine Andeutung von Reue ausgelegt werden können:

Ich habe an der Tötung vieler Menschen mitgewirkt. Ich habe mich nach dem Krieg oft gefragt, ob ich ein Verbrecher geworden bin. Ich habe darauf keine Antwort gefunden. Ich habe an den Führer geglaubt, wollte meinem Volk dienen und war von der Richtigkeit meines Tuns überzeugt. Heute weiß ich, daß diese Ideen falsch sind. Ich bedaure meinen Irrweg sehr, aber ich kann ihn nicht ungeschehen machen.

Die Banderagruppe

Die Verteidiger Dr. Laternser und Steinacker wollen den starken Eindruck, den die Aussagen des polnischen Zeugen Kral gemacht haben, um jeden Preis erschüttern. So kommt ein Kapitel von Auschwitz zur Sprache, das zwar nicht unmittelbar mit dem Prozeß zu tun hat, aber im Ablauf des Verfahrens immer wieder aufgegriffen wird und nicht ohne Interesse ist, das Schicksal der ukrainischen Banderagruppe:

Verteidiger Dr. Laternser: Welche Funktion hatten Sie im Kommando Neubau, Herr Zeuge?

Kral: Ich war Obercapo.

Dr. Laternser: Haben Sie Mithäftlinge geschlagen?

Kral: Nein. Ich bin Pole und Mensch gewesen.

Dr. Laternser: Kennen Sie die Brüder Wassil und Olek Bandera?

Kral: Ich habe von ihnen gehört.

Dr. Laternser: Bleiben Sie bei Ihrer Aussage, wenn ich Ihnen mitteile, daß vor der Tür Zeugen stehen, die bekunden werden, daß Sie diese beiden Brüder Bandera in Auschwitz totgeschlagen haben?

Kral: Davon kann keine Rede sein, die Banderas standen unter der besonderen Obhut von SS-Unterscharführer Stark.

Verteidiger Steinacker: Ich bin gestern aus München angerufen worden, die erwähnten Zeugen haben sich sofort zur Verfügung gestellt, sie sind auf meine Veranlassung schon angereist. Ich beantrage ihre Vernehmung und bitte um sofortige Entscheidung, da die Zeugen draußen warten.

Ersatzrichter Hummerich: War die Familie Bandera damals als polenfeindlich bekannt?

Kral: Ich habe unmittelbar nach dem Krieg von Banderabanden gelesen. In Auschwitz war mir das unbekannt. Dort war mir aber bekannt, daß Stark Spitzel einsetzte, die den Tod der Banderas klären sollten. Ein solcher Spitzel hieß Bogdan Komarnicki.

Das Gericht verkündet nach einer Beratung den Beschluß, die genannten Zeugen zu vernehmen.

Staatsanwalt Kügler: Angeklagter Boger, war Ihnen die Banderagruppe bekannt?

Boger: Ja, aber ich möchte in diesem Stadium keine Angaben darüber machen.

Kügler: Angeklagter Stark, war sie Ihnen bekannt?

Stark: Mir war die Banderagruppe nicht bekannt.

Kügler: Sie hatten sich aber doch mit dieser Gruppe zu befassen?

Stark: Nein, die Banderagruppe ist für mich kein Begriff.

Zeuge Kowal: Ich kenne Kral. Als ich 1942 nach Auschwitz kam, war er Obercapo im Kommando Neubau. Er hat meine Kameraden geschlagen, seine Untercapos auch.

Vorsitzender: Haben Sie die Brüder Bandera gekannt?

Kowal: Ja, Wassil war als erster tot. Das Kommando Neubau hatte damals an zwei Blocks im Lager Auschwitz I gebaut. Wassil war schon geschwächt und mußte Schubkarren in den ersten Stock transportieren. Das konnte er nicht. Er wurde deswegen geschlagen, Kral war auch dabei und hat es geduldet. Wassil war fünf Tage im Kommando, dann ist er im Krankenbau gestorben.

Vorsitzender: Was ist Ihnen über das Schicksal seines Bruders bekannt?

Kowal: Der kam später aus Rom nach Auschwitz. Er ging denselben Weg. Ich habe nicht gesehen, daß ihn jemand geschlagen hat, aber gehört, daß er starb. Ich war zwei bis drei Wochen im Kommando Neubau. In dieser Zeit sind die Brüder Bandera gestorben.

Staatsanwalt Kügler: Gehören Sie heute der Banderagruppe an?

Kowal: Ja, ich sympathisiere mit ihr.

Kügler: Warum haben Sie sich an den Verteidiger Dr. Laternser gewandt?

Kowal: Wir wußten aus der Zeitung, daß er sich mit der Befragung von Kral beschäftigt. Ich war gerade geschäftlich in München.

Kügler: Was wollten Sie mit Ihrer Meldung als Zeuge erreichen?

Kowal: Ich wollte klarstellen, daß dieser Zeuge auch ein Helfer der Verbrecher war.

Kügler: Können Sie etwas über die Personen aussagen, die in diesem Prozeß angeklagt sind?

Kowal: Ich kann nichts sagen, was hier nicht schon gesagt worden ist.

Vorsitzender: Warum kamen Sie nach Auschwitz?

Kowal: Aus politischen Gründen. Ich wurde nach der Selbständigkeitserklärung der Ukraine vom 30. Juni 1941 verhaftet.

Vorsitzender: Wann haben Sie die anderen vier eben erschienenen Zeugen das letzte Mal gesehen?

Kowal: Im ukrainischen Verlag in München. Ich bin der Repräsentant dieses Verlages in Belgien.

Zeuge Witoszynsky: Als ich nach Auschwitz kam, war ich einige Wochen im Neubaukommando, dessen Obercapo Kral war. Er war dort der Schrecken, ein engster Mitarbeiter der SS-Männer.

Vorsitzender: Sind Sie beim ukrainischen Verlag in München angestellt?

Witoszynsky: Ja.

Vorsitzender: Haben Sie sich in München wegen dieser Aussage besprochen?

Witoszynsky: Mich hat gestern Kowal angerufen und mir mitgeteilt, daß er nach Frankfurt kommen will. Ich war darüber erstaunt, daß man in der Presse Kral als Helden bezeichnet hat, und sagte ihm, ich komme auch.

Vertreter der Nebenklage Strott: Wo hat Sie Kowal angerufen?

Witoszynsky: In meinem Büro in Paris.

Strott: Und wann hat er Ihnen gesagt, wo Sie hier in Frankfurt erscheinen sollen?

Witoszynsky: Kowal hat mich vom Bahnhof abgeholt.

Vorsitzender: Was ist Ihnen über das Schicksal der Brüder Bandera bekannt?

Witoszynsky: Zuerst kam Wassil nach Auschwitz. Er wurde sofort von kriminellen Elementen — darunter auch Kral — angegriffen. Er wurde von vielen mißhandelt und war in zwei bis drei Tagen ein Schatten. Sie haben ihm immer gesagt, er soll sterben wie ein Hund. Schließlich wurde er so geschlagen, daß wir ihn wegtragen mußten. Er ist dann gestorben. Einige

Tage später wurde sein Bruder Dr. Olek Bandera aus Rom nach Auschwitz eingeliefert. Seine Geschichte war ähnlich, nur wurde er schneller erledigt.

Kral: Was hier gesagt wurde, ist nicht wahr. Ich habe niemanden im Kommando Neubau geschlagen. Unser Kommando galt als „polnisches Nest", und die Politische Abteilung hat mich bespitzeln lassen, weil ich anderen geholfen habe. Ich hätte auch keinen Grund, gegen die Brüder Bandera vorzugehen. Ich lebe in Schlesien, die Geschwister Bandera stammen aus der Ukraine. Die Politische Abteilung hat untersucht, wie die Brüder Bandera gestorben sind. Wenn die Schilderung dieser Zeugen wahr wäre, würde ich niemals aus dem Bunker herausgekommen sein.

Schließlich werden entgegen den Anträgen des Verteidigers Dr. Laternser alle drei Zeugen vereidigt.

In den Vereinigten Staaten kommissarisch vernommen, gibt ein anderer ukrainischer Zeuge folgende Schilderung über Wassil Bandera und Kral:

Martinek: Ich bin am 20. Juli 1942 mit einem Transport von dreißig ukrainischen politischen Häftlingen nach Auschwitz gekommen. Ein, zwei Wochen war ich im Kommando Neubau eingeteilt, dessen Obercapo Kral war. Dann kam ich in das Kommando Babice, später in die Kartoffelschälerei und in die Lagerwäscherei.

Im Kommando Neubau wurde ich zum Zementmischen eingeteilt. Ich habe Wassil Bandera gekannt, der dort Schubkarren fahren mußte. Ich habe gesehen, wie Obercapo Kral ihm einmal, als er mit einem Schubkarren auf dem Bau hinauffuhr, entgegengegangen ist und gegen den Schubkarren getreten hat, so daß der Schubkarren und mit ihm Bandera von etwa drei Meter Höhe runterfielen. Dabei wurde der Zement, der im Schubkarren war, über Bandera geschüttet. Kral sagte darauf dem Capo Podgórski: „Nimm den Bandera zum Waschen". Podgórski hat Bandera zum Wasserbottich gezerrt und ihn hineingestellt, daß ihm das Wasser bis zur Brust ging. Mit einem Stock schlug Podgórski Bandera auf den Kopf und rief immer: „Waschen! Waschen! Waschen!" Schließlich zog er ihn bewußtlos aus dem Faß heraus. Ich habe das von etwa 12 bis 15 Meter Entfernung beobachtet. Kral stand mit einem SS-Mann lachend dabei.

Am nächsten Morgen blieb Bandera nach dem Befehl „Arbeitskommandos formieren!" stehen. Ich habe erfahren, daß er sich krank gemeldet hat. Aber Kral befahl ihm, mit dem Kommando auszumarschieren, und wies ihm die größte Schubkarre zu, die übervoll beladen werden mußte. Als Bandera diese Schubkarre nicht ziehen konnte, stieß ihn Kral, warf ihn zu Boden und trat ihn. Bandera blieb blutüberströmt liegen und wurde schließlich in den Krankenbau geschleppt. Ich habe erfahren, daß er dort nach einer Spritze gestorben ist.

Ich erinnere mich auch, daß Kral andere geschlagen hat, so zum Beispiel einen Theologiestudenten. Es verging kein Tag, an dem Kral nicht geschlagen hat.

Die Verteidiger laden weitere ukrainische Zeugen, um die Glaubwürdigkeit von Kral zu erschüttern:

Dr. Wintowiak: Nach meiner Ankunft in Auschwitz mußte ich zuerst einige Tage im Kommando Neubau arbeiten. Im selben Kommando war auch Wassil Bandera. Er ist schon mißhandelt worden, als er mit mir in Quarantäne im Block 11 lag. Obercapo des Kommandos Neubau war Kral. Er hat Bandera furchtbar geschlagen. Bandera hatte Wunden auf Gesicht, Händen und Beinen. Kral schleppte ihn schließlich ins Parterre des Blockes, an dessen Aufstockung wir zu arbeiten hatten. Es wurde erzählt, daß Kral und ein anderer Capo ihn dort in ein Faß mit Wasser gesteckt haben. Ich glaube, Kral hatte einen Befehl von der Politischen Abteilung oder dem Bauführer. Am nächsten Tag sah Bandera so aus, daß man es nicht mehr schildern kann. Er war barfuß, denn seine Füße waren so geschwollen, daß sie nicht mehr in die Schuhe hineingingen. Er spie Blut und sagte ukrainisch: „Helft mir". Kral rief aus: „Was willst du denn in diesem Kommando, du kannst ja nicht arbeiten!" und schleppte ihn in den Krankenbau. Am Abend haben wir erfahren, daß Bandera tot sei.

Ein polnischer Arzt, der im Häftlingskrankenbau beschäftigt war, schildert den Tod von Bandera etwas anders:

Staatsanwalt Kügler: Kennen Sie die Brüder Bandera?

Dr. Tabeau: Ich habe gelesen, was in der Presse über sie geschrieben wurde. Ein Bandera starb bei mir auf Block 28, als ich dort Pfleger war. Er hatte Durchfall. Ich weiß nicht, welchen Vornamen er hatte, aber ohne Zweifel war es einer der Brüder, denn es kamen viele Ukrainer zu ihm auf die Stube und baten, daß man ihn gut pflege.

Kügler: Haben Sie bemerkt, daß er vorher geschlagen worden war?

Dr. Tabeau: Auf Block 28 war keine chirurgische Abteilung, es ist daher nicht möglich, daß er wegen Schlägen in den Krankenbau eingeliefert worden war. Ich kann mich bei ihm an keine Verletzungen erinnern.

Kügler: War Durchfall der Einlieferungsgrund?

Dr. Tabeau: Die Ursache seiner Einlieferung ist mir nicht mehr in Erinnerung.

Kügler: Wurden Häftlinge, die geschlagen worden waren, in den chirurgischen Block eingeliefert?

Dr. Tabeau: Die Entscheidung lag beim Arzt; aber auch im Lager wurden die chirurgischen Fälle auf die chirurgische Abteilung gebracht.

Verteidiger Steinacker: Daß Bandera an Durchfall gestorben war, ist doch etwas sehr Alltägliches in Auschwitz gewesen?

Dr. Tabeau: Ja, so etwas war alltäglich.

Steinacker: Wieso ist Ihnen dann der Fall in Erinnerung?

Dr. Tabeau: Ich erinnere mich deswegen an diesen Fall, weil sich so viele für Bandera interessierten.

Bei der Vernehmung eines weiteren ukrainischen Zeugen der Verteidigung wurde die Stellung derjenigen Häftlinge, die zur Banderagruppe gehörten, beleuchtet:

Mirchok: Etwa zwei bis drei Tage nach dem Tod von Wassil Bandera kam sein Bruder Olek Bandera in das Kommando Neubau. Obercapo Kral sagte zu ihm: „Dein Bruder ist schon erledigt, heute kommst du dran.“ Ich habe das selbst gehört. Olek Bandera wurde furchtbar geschlagen. Wir erfuhren, daß er am nächsten Tag schon tot war. Als ich ihn das letzte Mal sah, konnte er nicht mehr sprechen.

Staatsanwalt Wiese: Warum war Kral von Anfang an so gegen die Brüder Bandera eingestellt?

Mirchok: Der Bruder der beiden, Stefan Bandera, war der Leiter der ukrainischen Untergrundbewegung in Polen. Er hatte die Ermordung eines polnischen Ministers organisiert und diese im Jahr 1934 auch durchgeführt. 1936 fand gegen ihn deswegen ein Prozeß in Krakau statt.

Vertreter der Nebenklage Ormond: Wurden nicht die Ukrainer der Banderagruppe in Auschwitz von der SS besonders betreut?

Mirchok: Das war viel später, wir waren damals schon alte Gefangene. Dann konnten wir es uns so einrichten, daß wir Ukrainer alle auf eine Stube kamen.

Ormond: War nicht Stark Ihr unmittelbarer Vorgesetzter?

Mirchok: Ich weiß es nicht. Ich glaube nicht, aber es ist möglich. Bei uns trat eine Änderung ein, als wir in Babice zur Arbeit eingeteilt waren. Ein Wachposten, der dort Dienst versah, stammte aus der Bukowina. Er hat uns geholfen und einen Brief an unser Komitee in Krakau weitergeleitet. Wir haben das Komitee davon benachrichtigt, daß die Brüder Bandera tot sind. Die Frau von Olek Bandera war eine Verwandte des italienischen Außenministers Ciano. Von dieser Seite wurde infolgedessen interveniert, eine Untersuchung eingeleitet, in deren Verlauf Kral und auch ein anderer Capo des Kommandos Neubau verhaftet wurden. Sie wurden damals geschlagen. Man erklärte dann offiziell, daß Olek Bandera an einer Krankheit gestorben sei. Kral wurde daraufhin wieder Obercapo.

Ormond: Haben Sie gewußt, daß Kral auch im Stehbunker war?

Mirchok: Ja, ich wußte es, aber ich glaube, er war nur ein paar Tage dort, nicht wochenlang, wie es jetzt heißt.

Ormond: Von wem wurde die Untersuchung geführt?

Mirchok: Sie wurde von der Politischen Abteilung geführt. Auch wir wurden vernommen. Ein Herr war dort, und zwei andere mit Knüppeln. Ich wurde gefragt, was ich über die Ermordung von den Brüdern Bandera wisse. Damit war meine Vernehmung abgeschlossen.

Vorsitzender: Angeklagter Boger, können Sie uns Näheres über die ganze Angelegenheit sagen?

Boger: Ich wurde in diese Ermittlungen eingeschaltet, als sie bereits in Gang waren. Im wesentlichen habe ich damals das gleiche gehört, was die ukrainischen Zeugen hier jetzt ausgesagt haben. Ich habe zuerst Malorny vernommen. Ich kann nicht behaupten, daß Kral der Totschläger war, aber ich glaube sogar, daß ihm Grabner den Auftrag gegeben hat, die Banderas zu töten. Damals ist auch die üble Geschichte mit den Heringen und Kral geschehen.

Vorsitzender: Sie haben vorher so verständnisvoll genickt, als der Zeuge aussagte.

Boger: Ja, es hat sich eine Kette geschlossen; ich hatte bisher nur Vermutungen.

Staatsanwalt Kügler: Wie war die Sache mit den Heringen? Stimmt es also, daß Kral gezwungen wurde, Heringe zu essen?

Boger: Leider Gottes. Mir wird heute noch übel, wenn ich daran denken muß. Es waren vielleicht zwei Salzheringe. Ich habe immer eine Abneigung gegen Fisch gehabt. Bitte ersparen Sie es mir, daß ich darüber näher berichten muß. Kral war nur einige Tage im Stehbunker.

Der so empfindsame Boger bestätigt damit andere Aussagen von Kral, die von der Verteidigung in Zweifel gezogen wurden. Und noch ein Angehöriger der Banderagruppe wurde von den Verteidigern geladen:

Dr. Klymyschyn: Aus der Gruppe Bandera kamen zwei Ukrainertransporte nach Auschwitz. Der eine kam am 20. Juli 1942, bestand aus 24 Mann, von diesen starben 13. Zwei Tage später kam Olexej Bandera allein. Am 8. August 1942 kam der zweite Transport, in dem ich mich befand. Von diesem zweiten Transport starben drei Menschen.

Vorsitzender: War diese Gruppe im Lager besser gestellt?

Dr. Klymyschyn: Dann wären nicht so viele gestorben.

Vorsitzender: Wurden Sie von der Politischen Abteilung vorzugsweise behandelt?

Dr. Klymyshyn: Der einzige Vorzug war die Verlegung einer Gruppe Ukrainer von Birkenau nach Auschwitz.

Vorsitzender: Wurden Angehörige dieser Gruppe als Spitzel der Politischen Abteilung eingesetzt?

Dr. Klymyschyn: Ich kann hier unter Eid sagen, ein ukrainischer politischer Häftling war niemals Spitzel. Wir waren selbst gegen die Deutschen. Wir hatten die deutsche Regierung gefragt, ob sie unser Freund oder unser Feind sein wollte. Sie ließ uns verhaften und zeigte damit, daß sie unser Feind war.

Vertreter der Nebenklage Ormond: Wollen sie im Ernst aufrechterhalten, daß die Ukrainer der Banderagruppe im Lager keine bessere Behandlung hatten?

Dr. Klymyschyn: Wir wurden von den Polen getrennt und kamen gemeinsam auf eine Stube, aber sonst hatten wir keine Bevorzugung.

Ormond: In welchen Kommandos waren die Ukrainer der Gruppe eingeteilt, die aus dieser Stube waren?

Dr. Klymyschyn: Einige waren in der SS-Küche, andere im Schlachthaus, andere in der Bekleidungskammer und in der Wäscherei.

Ormond: Danke, das genügt mir.

Daß es sich um sogenannte „gute Kommandos" handelt, weiß man inzwischen im Gerichtssaal. Polnische Zeugen mit großer Lagererfahrung werden zur Abwehr der Attacke der Verteidigung von der Anklagebehörde über die Banderagruppe befragt:

Staatsanwalt Vogel: Kannten Sie den Obercapo Kral vom Kommando Neubau?

Dr. Klodziński: Ja. Ich weiß, daß er wegen des Verdachts einer Geheimorganisation im Bunker war. Ich habe ihn öfters gesehen, als er von der Politischen Abteilung durchs Lager geführt wurde. Er war schwer mißhandelt. Wir bekamen die Nachricht, daß er trotzdem niemanden verraten hat. Dann kam er als Schwerkranker auf meinen Saal in Block 20. Wir bemühten uns, ihn zu retten.

Vogel: Wurden Kranke in den Häftlingskrankenbau eingeliefert, die sagten, daß sie von Kral mißhandelt worden waren?

Dr. Klodziński: Nein, ich hatte volles Vertrauen zu ihm.

Richter Hotz: Haben Sie gehört, daß er geschlagen hat?

Dr. Klodziński: Nein.

Vertreter der Nebenklage Ormond: Ist Ihnen etwas darüber bekannt, daß die Banderaleute Zuträgerdienste für die SS geleistet haben?

Dr. Klodziński: Bogdan Komarnicki war der größte Spitzel der Politischen Abteilung. Er ist bis heute nicht gerichtlich verfolgt worden und soll im Westen leben.

Dem ehemaligen Capo aus dem SS-Revier, Ignacy Golik aus Warschau, werden ähnliche Fragen gestellt:

Vertreter der Nebenklage Ormond: Haben Sie den Obercapo Kral im Lager gekannt?

Golik: Ja, ich kannte ihn, er war anständig.

Ormond: Galt er als Schläger?

Golik: Ich habe nichts davon gehört und habe ihn auch nicht schlagen gesehen.

Ormond: Gab es eine Differenz im Lager zwischen der sogenannten Banderagruppe und den polnischen Häftlingen?

Golik: Ich hörte davon. Ein Mitglied der Banderagruppe war in der SS-Küche, er hieß Franek. Mir war bekannt, daß er mit der Politischen Abteilung gearbeitet hatte. Wir paßten alle auf und hatten keinen Kontakt mit ihm.

Der Direktor des Museums von Auschwitz, dessen überlegte, sachliche Art, Angaben zu machen, nicht ohne Eindruck geblieben ist, hat zum Thema Banderagruppe zu sagen:

Staatsanwalt Vogel: Kannten Sie die Banderagruppe?

Smoleń: Ja, sie kam in zwei oder drei Transporten im Jahr 1942 nach Auschwitz. Die einweisende Dienststelle war die Kommandantur der Sipo in Krakau, die auch die Gruppe unter ihrer besonderen Obhut hatte. Auf deren Anweisung interessierte sich Stark für sie. Die Gruppe wurde gemeinsam untergebracht, drei Banderaleute kamen in unsere Aufnahmeabteilung. Ich habe oft mit ihnen gesprochen, und sie haben mir ihr Schicksal erzählt. Die ganze Gruppe wurde in Lemberg verhaftet, nachdem sie eine ukrainische Regierung gebildet hatte. Einige waren in der deutschen Wehrmacht als Dolmetscher tätig, sie führten auch Verhöre durch, das alles weiß ich aber nur vom Hörensagen. Viele von ihnen haben in Deutschland studiert. Am 18. Dezember 1944 wurden einige aus dem KZ entlassen.

Vogel: Inwieweit interessierte sich Stark für diese Banderagruppe?

Smoleń: Er ging auf ihren Block und fragte, ob sie Beschwerden hätten.

Die zuletzt zitierten Zeugen waren Polen. Vielleicht, so argwöhnt die Verteidigung, war der Haß zwischen den ukrainischen Banderaleuten und Polen auch noch hinter dem elektrisch geladenen Stacheldraht von Auschwitz so stark, daß die Glaubwürdigkeit polnischer Angaben in Zweifel gezogen werden müsse.

Ein deutscher Zeuge, der diesen Gegensätzen fernstand und als „Arbeitseinsatz" Überblick im Lager hatte, sagt aus:

Vorsitzender: Kannten Sie eine ukrainische Gruppe im Lager?

Krumme: Ich hatte mit der Gruppe Bandera zu tun. Einmal wurde der Befehl gegeben, diese Gruppe geschlossen in einem Block unterzubringen, etwa 40 bis 60 wurden in eine Stube zusammengelegt. Bei denen ging es sehr preußisch zu. Ein anderes Mal wurde befohlen, alle in gute Kommandos wie SS-Küche, Schneiderei und so weiter einzuteilen.

Noch weniger kann folgende Angabe angezweifelt werden:

Staatsanwalt Vogel: Der Rapportführer Clausen hat im Jahr 1945 in amerikanischer Haft ein ausführliches Protokoll über Auschwitz niedergeschrieben. Darin gibt er an, daß im Block 11 der Bunkerjakob und der Schreiber dieses Blockes versucht haben, viel für die Gefangenen zu tun. Sie hatten dabei einen Gegner, nämlich den ukrainischen Arzt der Banderagruppe, der im Block 11 war und der wiederholt Meldungen machte.

Schließlich kommt Boger nochmals in dieser Angelegenheit zu Wort:

Richter Hotz: Angeklagter Boger, unter welcher Beschuldigung wurde Kral von der Politischen Abteilung verhaftet?

Boger: Der Fall Kral war meine erste Arbeit, als ich am 10. Januar 1943 nach Auschwitz kam. Ich mußte den Häftling Malorny vernehmen. Das dauerte den ganzen Tag. Dabei ergaben sich zahlreiche Beschuldigungen gegen Kral, auch der Verdacht, daß er an der Ermordung der beiden Banderas beteiligt war. Malorny war ein V-Mann der Politischen Abteilung. Wie die Sache weiter verlief, kann ich nicht mehr sagen. Kral ist aus dem Bunker und dann aus dem Lager entlassen worden. Über die Gründe dafür sind mir nur Vermutungen bekannt.

Verteidiger: Haben Sie Kral bei seiner Vernehmung gesagt, weswegen er vernommen wird?

Boger: Ihm wurden die Banderamorde vorgehalten. Es gab damals auch noch andere Momente und Vermutungen. Meine Vermutungen über die Gründe, warum Kral später entlassen wurde, möchte ich nicht aussprechen.

Klar und eindeutig sind Bogers Ausführungen allerdings nicht.
Staatsanwalt Vogel gibt im Plädoyer seiner Meinung Ausdruck, daß nachträglich eine Legende um das Ende der Brüder Bandera in Auschwitz geschaffen worden sei. Er weist auf gewisse Widersprüche in den Aussagen der ukrainischen Zeugen hin, hebt hervor, es sei auffallend, daß sich diese Gruppe von ehemaligen Häftlingen vor der Aussage von Kral nicht an das Gericht gewandt hat und daß diese Zeugen keinen einzigen SS-Mann von Auschwitz belastet haben.

Klaus Dylewski

Dylewski wurde im Jahr 1916 in Finkenwalde (im Kreis Stettin) geboren. Nach dem Ersten Weltkrieg optierte sein Vater für Polen und erhielt die polnische Staatsangehörigkeit. Der Angeklagte ging in der Umgebung von Kattowitz in die Volksschule und legte 1935 im Gymnasium von Nikolai die Reifeprüfung ab. Anschließend studierte er an der Technischen Hochschule in Danzig zuerst Flugzeugtechnik, nach dem sechsten Semester wechselte er die Fachrichtung und studierte Maschinenbau.
Sein weiterer Lebenslauf wird dem Gericht von seiner ersten Frau geschildert, die von der Verteidigung geladen worden ist:

Vorsitzender: Zeugin, Sie haben als geschiedene Frau des Angeklagten Dylewski das Recht, sich der Aussage zu entschlagen.
Ruth Dylewski: Ich möchte hier aussagen. Ich habe mich am 24. Juni 1942 mit meinem geschiedenen Mann verlobt. Zu dieser Zeit war er schon in Auschwitz. Er ist gleich nach dem Frankreichfeldzug nach Auschwitz versetzt worden.
Vorsitzender: Wann haben Sie sich kennengelernt?
Ruth Dylewski: Er verkehrte etwa ab Sommer 1939 in unserem Elternhaus, wo er ein gerngesehener Gast war. Ab Februar 1941 haben wir uns näher kennengelernt. Er studierte an der Technischen Hochschule in Danzig. Als der Krieg ausbrach, hat er sich wie fast alle Studenten zur Danziger Heimwehr gemeldet. Später wurde diese Heimwehr, glaube ich, automatisch von der SS übernommen. Er wurde zum Frankreichfeldzug einberufen. Den letzten Brief von ihm bekam ich aus Bordeaux. Er schrieb, er freue sich, weil er einen Studienurlaub erwarte. Er kam nach Breslau und bat uns, daß wir ihm dorthin seine Zivilkleider schicken. Wir warteten dann täglich auf ihn, aber er kam nicht. Statt dessen kam ein Brief, der

schon äußerlich durch ein überdimensionales SS-Zeichen gekennzeichnet war. Damals wurden SS-Männer für Auschwitz ausgesucht, und da mein geschiedener Mann perfekt polnisch sprach, ist er wohl in erster Linie in Frage gekommen. Sein nächster Brief kam schon aus Auschwitz, er war ganz schrecklich. Klaus war verbittert, man kann gar nicht mehr deprimiert sagen.

Vorsitzender: Hat Ihr Mann Ihnen damals geschrieben, zu welchem Dienst er in Auschwitz eingeteilt war?

Ruth Dylewski: Ich glaube, er war als Dolmetsch eingesetzt, aber ich weiß es nicht hundertprozentig. Ich meine, daß ich ihm vom Anfang an an die Politische Abteilung geschrieben habe. Bei unserer Verlobung am 24. Juni 1942 bekam er Studienurlaub nach Danzig. Er hatte auch im Sommer 1941 einen längeren Studienurlaub, ich glaube vier Monate lang.

Vorsitzender: Der Angeklagte Dylewski hat hier angegeben, daß er einen Studienurlaub während des Winters 1942/1943 gehabt hat.

Ruth Dylewski: An einen Urlaub zu dieser Zeit kann ich mich nicht erinnern, ich glaube, daß er seit Sommer 1942 nicht mehr in Danzig war. Wir haben uns später bei seinen Eltern in Oberschlesien getroffen. Nach der Hochzeit waren wir eine Woche in Zopot, dann in Oberschlesien. Ich habe in Nikolai eine kleine Wohnung bei einer alten Dame genommen. Er kam jedes Wochenende oder fast jedes Wochenende von Sonnabend Mittag bis Montag früh dorthin. Am 13. Juni 1944 wurde uns eine Tochter geboren. Sechs Wochen vorher bin ich nach Danzig zu meinen Eltern gefahren. Mein geschiedener Mann fuhr einige Tage später auch nach Danzig. Dort blieb er bis vielleicht Ende Juli oder Anfang August 1944. Ich weiß, daß er am 20. Juli 1944 sicher dort war und auch noch am 22. Juli, dem Geburtstag meiner Mutter. Am 20. Juli war ich in einem Kino, und er holte mich ab. In diesem Urlaub erzählte er mir, daß seine Bemühungen, von Auschwitz wegzukommen, endlich Erfolg gehabt haben. Er fuhr von dort nur mehr nach Auschwitz zurück, um seine Sachen zu holen. Den ersten Brief von ihm bekam ich schon aus Nürnberg. Er bemühte sich bereits von den ersten Wochen an, von Auschwitz wegzukommen, aber alle Bemühungen schlugen fehl. Auschwitz muß für ihn schrecklich gewesen sein. Es gingen bei ihm seelisch enorme Veränderungen vor sich. Seine Unbeschwertheit war weg, und sein Humor war vorbei.

Vorsitzender: Erinnern Sie sich, wann er sich das erste Mal um eine Versetzung bemüht hat?

Ruth Dylewski: Bereits im ersten Brief schrieb er mir, daß ein Bleiben für ihn unerträglich wäre. Die SS-Kameraden seien ja gut, aber je höher die SS im Rang hinaufging, umso schlechter sei sie. Er erzählte mir später laufend, daß er schriftliche Eingaben wegen einer Versetzung gemacht und sich dabei auf seinen schlechten Gesundheitszustand berufen hatte. Er bekam nachts oft Anfälle. Vorher war er ganz gesund.

Vorsitzender: Welcher Art waren diese Anfälle?

Ruth Dylewski: Wenn er lag, wurde er ganz unbeweglich. Man mußte ihn dann hochreißen. Solche Anfälle hat er ja auch heute noch.

Vorsitzender: Sie haben auch später von ihm nicht erfahren, was er in Auschwitz getan hat?

Ruth Dylewski: Er war in der Politischen Abteilung. Aber mit seiner Tätigkeit dort hat er mich nicht belastet. Ich erinnere mich nur, daß er einmal ganz hart wurde, als ich ihm vorschlug, daß ich mich nach Auschwitz versetzen lasse, damit ich ständig bei ihm bin. Er sagte, es sei genug, wenn nur einer von uns mit Auschwitz belastet ist.

Vertreter der Nebenklage Ormond: Steht Ihre Scheidung im Jahre 1953 im Zusammenhang mit seiner Tätigkeit in Auschwitz?

Ruth Dylewski: Nein, sie hat damit gar nichts zu tun.

Dylewski: Ich kann mich an den Studienurlaub im Jahre 1942 nicht genau erinnern. Die Daten, daß ich im Winter 1942/1943 Studienurlaub gehabt habe, entnehme ich dem Akt der Staatsanwaltschaft. Ich bin sicher, daß ich sowohl im Jahr 1941 als auch 1942 Urlaub hatte; es ist möglich, daß es im Sommer 1942 war.

Verteidiger Steinacker: Zeugin, erinnern Sie sich an ein Gespräch mit der Mutter des Angeklagten wegen eines Häftlings?

Ruth Dylewski: Ja, einmal waren meine Schwiegermutter und mein Mann in der Küche. Ich kam in die Küche und hörte ein Gespräch. Meine Schwiegermutter sagte, daß im Ort ein Friseur festgenommen und nach Auschwitz gebracht worden sei und fragte: „Kannst du dich nicht um ihn kümmern? Das war doch ein ordentlicher Mann." Mein geschiedener Mann antwortete: „Wenn du einmal hörst, daß jemand nach Auschwitz gekommen ist, so nenne mir nur den Namen. Wenn ich etwas tun kann, mache ich es." Meine Schwiegermutter fragte noch, ob das nicht gefährlich für ihn sei, aber er machte nur eine wegwerfende Geste. Später sagte er beiläufig, daß dieser Mann jetzt Friseur in Auschwitz sei, ihm immer die Haare schneide und daß es ihm gut gehe.

Am 6. November 1941 wurde Dylewski zum SS-Unterscharführer, am 17. April 1944 zum SS-Oberscharführer befördert. Im August desselben Jahres wurde ihm die Leitung der Abteilung Maschinenbau in einem unterirdisch angelegten Rüstungsbetrieb in Happurg bei Nürnberg übertragen.
1945 gelang es Dylewski, sich in Zivilkleidern unter dem falschen Namen Peter Schmidt zu verbergen. Zuerst als landwirtschaftlicher Arbeiter, dann als Gärtnereigehilfe tätig, setzte der Angeklagte etwa 1948 sein Studium an der Humboldt-Universität in Ost-Berlin fort. 1950 zog er nach Düsseldorf, wo er zuerst als Gewerbelehrer und seit 1951 als Sachverständiger für Werkstoffabnahme beim Technischen Überwachungsamt in Düsseldorf tätig war. Zuletzt hatte er einen Bruttomonatsverdienst von 1650 DM. Im Jahr 1953 heiratete er zum zweitenmal.
Am 24. April 1959 wurde Dylewski das erste Mal verhaftet, aber bereits am 25. Mai desselben Jahres gegen eine Kaution von 3000 DM aus der Untersuchungshaft entlassen. Am 16. Dezember 1960 wurde er neuerlich in Haft genommen, aber vom Amtsarzt für haftunfähig erklärt und am 22. März 1961 enthaftet — diesmal gegen Stellung einer Kaution von 15.000 DM. Während des Verfahrens wird er auf Antrag des Vertreters der Nebenklage am 5. Oktober 1964 wieder in Haft genommen.
Über seine Tätigkeit in Auschwitz sagt der Angeklagte dem Gericht:

Dylewski: Ich war zuletzt als SS-Oberscharführer Ermittlungsbeamter der Politischen Abteilung in Auschwitz und nahm als Dolmetsch oder Schreiber an Vernehmungen teil. Ich war auch bei verschärften Vernehmungen durch Gestapobeamte aus Kattowitz zugegen. Die Häftlinge wurden auf einem Folterinstrument — Schaukel genannt — mißhandelt, um Geständnisse von ihnen zu erhalten. Diese Schaukel ist schon verwendet worden, bevor Boger in Auschwitz war. Ich selbst habe mich an diesen Mißhandlungen nicht beteiligt.

Bei den Bunkerentleerungen im Block 11 war ich ebenfalls dabei. Die im Arrest festgehaltenen Häftlinge wurden von den Sachbearbeitern der Politischen Abteilung in drei Gruppen eingeteilt: Ein Teil wurde ins Lager freigelassen, andere zu Lagerstrafen verurteilt, bei der dritten Gruppe wurde Exekution angeordnet, denn in Auschwitz stand auf Flucht Todesstrafe. Die Erschießungen erfolgten im Hof des Blocks 11. Die Gefangenen mußten sich in einem Waschraum völlig entkleiden und wurden dann einzeln von einem Aufseher oder Capo zur Schwarzen Wand geführt. Mit dem Gesicht zu dieser Mauer wurden sie dann aus allernächster Nähe erschossen. Ich selbst bin in den meisten Fällen nach der Bunkerselektion weggegangen, habe aber auch mitunter die Exekution überwachen müssen, selbst habe ich aber nicht geschossen.

Staatsanwalt Vogel: Haben Sie bei den Exekutionen nicht an das fünfte Gebot — du sollst nicht töten — gedacht?

Dylewski: Ich empfand die Erschießungen insgeheim als grausam, aber ich hatte keine Vorstellungen davon, wieweit das Kriegsrecht ging. Ich habe die Erschießungen für Kriegsrecht gehalten.

Ich habe das Unrechtmäßige der Handlungen im Arrestblock nicht erkannt. An eine Befehlsverweigerung habe ich nie gedacht, denn das war für mich nicht drin.

Als Angehöriger der Politischen Abteilung bin ich auch an der Rampe von Birkenau bei Selektionen ankommender Transporte in der Postenkette gestanden und habe kontrolliert, ob sich noch Häftlinge im Zug aufhielten. Ich war bei der Einteilung der Häftlinge für die Vergasung zugegen und bin dieser Gruppe bis zum Eingang des Lagers Birkenau gefolgt.

Ich war zu jung. Für einen jungen Menschen ist das nicht so einfach. Ich bin von der Schulbank weg in diese entsetzlichen Dinge hineingestoßen worden, ehe sich eine Hornhaut über meine Gefühle bilden konnte. Ich glaube auch, daß der Grund zu meiner späteren Erkrankung damals gelegt worden ist. Bereits sechs Wochen nach meiner Ankunft in Auschwitz erkrankte ich durch eine psychische Schockwirkung und leide noch heute daran.

Vertreter der Nebenklage Ormond: Sie haben das Gymnasium absolviert und anschließend studiert. Sie sind mit 25 Jahren nach Auschwitz gekommen — von Schulbank kann man da kaum sprechen.
Dylewski: Ich folge dem Rat meines Verteidigers und beantworte Fragen der Nebenklage nicht.

Auch Fragen des Vorsitzenden fördern nicht mehr zu Tage:

Vorsitzender: Es liegt eine Aussage eines Zeugen vor, daß Sie einen Häftling bei einer Vernehmung erschlagen hätten.
Dylewski: Diese Aussage ist unwahr. Ich habe allerdings einmal einem Häftling eine Ohrfeige gegeben.
Vorsitzender: Das bedeutet doch auch Schlagen?
Dylewski: Ich hielt das nicht für so wichtig. Übrigens bin ich der Meinung, daß der Häftling damit ausgezeichnet bedient war.

Die Verteidigung will den Nachweis erbringen, daß Dylewski in Auschwitz nervenkrank wurde und sich bemühte, von dort wegzukommen:

Verteidiger Steinacker: Ein Schreiben des Angeklagten Dylewski, das in einem Rundbrief seiner Kameradschaft veröffentlicht worden ist, blieb erhalten. Es trägt das Datum vom 3. September 1941 und lautet:

„Es ist an der Zeit, ein Lebenszeichen von mir zu geben. Ich bin nach wie vor an Auschwitz gekettet, und es deutet auch kein Anzeichen darauf hin, daß ich das Kriegsende woanders erleben werde. Eine einzige Chance konnte ich nicht ausnützen, weil ich mit einer schweren Nervenerkrankung ans Bett gefesselt war. Jetzt genieße ich einen zweimonatigen Erholungsurlaub, den einzigen Vorteil dieser Erkrankung."

Der Verteidiger läßt einen ehemaligen Mitschüler Dylewskis laden:

Vorsitzender: Sie kannten den Angeklagten Dylewski?
Kremser: Ja, ich kenne ihn seit der frühesten Jugend. Wir waren

in der Elementarschule vier Klassen beisammen. Meine Schwester ist mit der Schwester Dylewskis befreundet gewesen.

Vorsitzender: Haben Sie Dylewski später wiedergesehen?

Kremser: Ich war im Jahr 1944, ich glaube im Februar, einmal auf Urlaub zu Hause. Da fragte mich meine Mutter, ob ich weiß, was in Auschwitz geschehe. Für mich war der Begriff Auschwitz fremd. Ich war bereits seit dem Jahr 1937 von Oberschlesien weg. Sie erzählte mir, daß dort ein Konzentrationslager sei. Wir wohnten damals in Nikolai, 30 bis 40 Kilometer von Auschwitz entfernt. Sie fragte mich weiter, ob ich es billigen könne, daß man dort Kinder von ihren Müttern trennt, und daß diese umgebracht werden; denn immer wieder kommen Züge nach Auschwitz, und das Lager werde nie voll. Ich fragte sie, was ich denn machen soll. Ich kann mich doch nicht auf den Marktplatz stellen und das dort hinausschreien. Sie erzählte mir, sie habe die Mutter von Dylewski getroffen, die bitterlich geweint habe, weil Klaus nach einem Nervenzusammenbruch fliehen wolle.

Verteidiger Steinacker: Das war im Februar 1944?

Kremser: Ja, es kann auch im Januar oder im März gewesen sein, jedenfalls war es sehr kalt, es hat gefroren.

Zeugen, die in Auschwitz als Häftlinge Reinigungsarbeiten durchzuführen hatten, konnten Dylewski beobachten:

Vorsitzender: Kannten Sie den Angeklagten Dylewski?

Krokowski: Ja. Er war sehr brutal. Ich habe oft sein Zimmer geputzt und dabei Blut von den Wänden und vom Schreibtisch abwischen müssen. Mißhandlungen selbst habe ich von ihm nicht gesehen.

Vorsitzender: Ist Ihnen bekannt, daß Dylewski Häftlinge zu Tode geprügelt hat?

Krokowski: Nein, das ist mir nicht bekannt.

Ein anderer Pole erinnert sich so:

Vorsitzender: Haben Sie als Reiniger in der Politischen Abteilung auch den Angeklagten Dylewski kennengelernt?

Burakowski: Ja, Dylewski war mit Boger verglichen humaner. Die Häftlinge haben nach seinen Verhören geweint. Er hat mit dem Bleistift getötet — ich meine damit, die Todesurteile gemacht.

Vorsitzender: Was haben die Häftlinge, die geweint haben, gesagt?

Burakowski: Sie sind auf den Block 11 geführt worden und haben gesagt, sie werden nun wegen einer Kleinigkeit erschossen. Das ist noch nicht alles über Dylewski. Aus dem Kommando Lebensmittel-Rollwagen wurden immer Gold und Valuta in das Gebäude der SS-Kommandantur gebracht und dort in einem Magazin im Keller aufbewahrt. Ich selbst habe den Kameraden dieses Kommandos manchmal geholfen, die Sachen hinunterzutragen. Rechts im Keller war ein Magazin. In diesem Keller waren auch Zellen für SSler, die straffällig geworden waren, und eine von diesen Zellen hatten wir für unsere Bürsten, Waschmittel und derartige Sachen zur Verfügung.

Es war im Sommer oder Herbst 1943, da wurde ein SS-Mann, der einen Koffer voll Gold hatte, geschnappt und verhaftet. Er ist in eine Zelle gekommen. Zwischen den Zimmern von Dylewski und Broch befand sich ein leerer Raum. Der Koffer mit dem Gold ist dorthin gestellt worden. Einmal am Sonntag, als auf der Politischen Abteilung nicht gearbeitet wurde, habe ich gesehen, daß Dylewski gekommen ist, und da die Tür zu dem leeren Raum offenstand, sah ich Dylewski über den Koffer gebeugt und bemerkte, daß er etwas herausnahm. Als er gesehen hat, daß ich ihn bemerkt habe, kam er zu mir, blieb vor mir stehen und sah mich lange an. Er hat mich vielleicht zwei Minuten angeschaut, ohne etwas zu sagen und ich fühlte, daß er etwas überlegt hat. Dann ist er aber fortgegangen und hat nichts gesagt.

Von einem weiteren polnischen Zeugen kann nur das Protokoll verlesen werden:

Joachimowski: Im Frühling 1942 habe ich gesehen, daß Dylewski einen Häftling aus der Strafkompanie zur Politischen Abteilung gebracht hat. Ich korrigiere mich, es kann auch bereits Ende 1941 gewesen sein. Dylewski hat diesen Häftling sehr geschlagen; dann wurde dieser wieder zurückgebracht. Später wurde er erneut von Dylewski vorgeführt und vernommen. Nachher ist jede Spur von ihm verschwunden. Man sagte, er ist gestorben.

Auch ein anderer Vorfall ist mir in Erinnerung. Auf Block 15 lag ein Mithäftling, der Flieger aus Tarnów war. Dylewski holte ihn zur Politischen Abteilung, und als der Häftling zurückkam, hatte er einen Kopf wie ein Ballon. Er sagte mir, Dylewski warf ihm eine Verbindung mit einer militärischen Geheimorganisation vor, und Dylewski selbst hat ihn so furchtbar vernommen. Nach einer weiteren Vernehmung ist dieser Mann gestorben.

In seinem Plädoyer bemerkt Verteidiger Steinacker dazu, daß Joachimowski der einzige Zeuge ist, der das aussagen konnte. Da aber Joachimowski trotz mehrerer Ladungen nicht vor Gericht erschienen ist, wurde von allen Prozeßbeteiligten auf eine Vernehmung dieses Zeugen verzichtet. Als sich später die Möglichkeit bot, in Polen selbst Zeugen vernehmen zu lassen, die verhindert waren, nach Frankfurt zu kommen, wurde das Protokoll mit Joachimowski doch noch aufgenommen. Die Verteidigung hat aber Bedenken gegen die Verwertung dieser Aussage. Wenn gegen einen Menschen der Vorwurf eines Mordes erhoben wird, dann können nur Bekundungen in der Hauptverhandlung selbst maßgebend sein.
Welche Tätigkeit übte Dylewski im Bunker aus?

Baranovský: Als ich im Bunker inhaftiert war, suchte Dylewski aus meiner Zelle Kramarš heraus. Kramarš ist mit demselben Transport wie ich nach Auschwitz gekommen.

Richter Hotz: Was sagte Dylewski zu Kramarš?

Baranovský: Er sagte nur: „Ab.“ Damit war die Sache für Kramarš beendet.

Dylewski: Die Darstellung bezüglich meiner Person ist nicht zutreffend.

Baranovský: Meiner Meinung nach trifft sie zu.

Der erste Blockschreiber des Bunkers gibt an:

Brol: Bei den Exekutionen an der Schwarzen Wand habe ich auch Dylewski schießen gesehen. Er tötete die Opfer mit Genickschuß. Wie oft er das getan hat, weiß ich nicht, aber er erschoß ziemlich viele.

Auch diese Aussage kann nur verlesen werden. Der Nachfolger Brols erscheint vor Gericht:

Vorsitzender: War nach Ihrer Erinnerung der Angeklagte Dylewski bei Bunkerentleerungen dabei?

Wloch: Ja, er war dabei.

Vorsitzender: Hat Dylewski auch selbst entschieden, wer erschossen werden soll?

Wloch: Ja.

Vorsitzender: Hat Dylewski nachher auch im Hof selbst erschossen?

Wloch: Das habe ich nicht gesehen, und das wurde mir auch nicht erzählt.

Staatsanwalt Vogel: Ist Ihnen erinnerlich, wie oft Dylewski entschieden hat, wer zum Erschießen ausgesondert werden soll?

Wloch: Das kann ich nicht sagen.

Vogel: Hat er jeweils in einem oder in mehreren Fällen die Entscheidung getroffen?

Wloch: Sicherlich in mehreren Fällen.

Der Nachfolger von Wloch als Schreiber im Block 11 war Jan Pilecki:

Pilecki: Ich erinnere mich daran, daß einmal eine Gruppe von Häftlingen in den Bunker eingesperrt und verdächtigt wurde, Fluchtvorbereitungen durch einen Kanal getroffen zu haben. Mit dieser Gruppe kam auch der Häftling Lewandowski in den Bunker, von dem mir aufgefallen war, daß er schon mehrmals mit einer Gruppe eingeliefert wurde, aber immer als einziger am Leben blieb. Ich warnte daher draußen im Lager Bekannte vor Lewandowski. Leichtsinnigerweise habe ich laut gesprochen, und ein Spitzel der Politischen Abteilung mit

Namen Dorosiwicz hörte das. Am nächsten Morgen kam Dylewski in den Bunker, ließ das Häftlingspersonal antreten und musterte uns. Schließlich mußte ich allein stehenbleiben. Er fragte mich, was ich für Dummheiten im Lager erzähle. Ich stritt alles ab. Man wurde damals schon für weniger wichtige Sachen erschossen. Ich konnte seinen Reden entnehmen, daß er die Untersuchung gegen die Fluchtverdächtigen führte.

Wenn es das Gericht gestattet, möchte ich mich bei dieser Gelegenheit bei Dylewski bedanken. Ich verdanke ihm, daß ich heute hier sitze. Er schenkte mir damals das Leben.

Vorsitzender: Früher gaben Sie zu Protokoll, daß bei der nächsten Bunkerentleerung Dylewski angeordnet hat, daß Lewandowski erschossen wird.

Pilecki: Jetzt erinnere ich mich, daß es so war.

Vorsitzender: Sie sagten auch, daß Dylewski Ihnen damals eine Ohrfeige gegeben hat.

Pilecki: Daran erinnere ich mich jetzt nicht mehr.

Vertreter der Nebenklage Raabe: Sind Sie sicher, daß Dylewski der Sachbearbeiter im Fall Lewandowski war?

Pilecki: Dylewski hat entschieden, wohin Lewandowski bei der Bunkerentleerung zu gehen hatte.

Verteidiger Steinacker: Der Angeklagte Dylewski sagt, daß Lewandowski wegen eines Fluchtversuchs im Bunker war.

Pilecki: Die ganze Gruppe stand unter diesem Verdacht. Auch als Lewandowski früher im Bunker war, kam er jedesmal mit einer Gruppe, die unter Fluchtverdacht stand.

Raabe: Angeklagter Dylewski, waren Sie in diesem Fall Sachbearbeiter?

Dylewski: In Fluchtfällen war ich Sachbearbeiter. Wenn das ein Fluchtfall war, ist es möglich.

Der bereits zitierte Zeuge Joachimowski hat auch eine weitere Beobachtung zu Protokoll gegeben:

Joachimowski: Im Frühling 1942 lag ich im Block 15 a. Von dort sah ich einmal, wie mehrere Sankas zu Block 11 gefahren sind und wie Personen, die russische Militärmäntel trugen, aus diesen Autos in den Hof von Block 11 geführt wurden. Dann hörte ich, daß geschossen wurde, und schließlich sah ich, daß Leichen weggeführt wurden. Ich habe gesehen, daß Dylewski an diesen Exekutionen teilgenommen hat.

Auch diese Episode kann vom Gericht nicht geklärt werden, da Joachimowski selbst in Frankfurt nicht befragt werden kann.
Der Zeuge Kral hat auch Dylewski belastet:

Kral: Unser Kommando hatte etwa im Frühling 1942 den Vorplatz vor dem Krematorium I mit Betonplatten zu belegen. Bei dieser Gelegenheit habe ich gesehen, wie Dylewski einen Zivilisten ins Krematorium gebracht hat. Die Tür wurde geschlossen, dann ertönte ein Schuß, und nach etwa fünf Minuten kam Dylewski heraus. Der Zivilist kam nicht mehr heraus. Der Vorplatz vor dem Krematorium wurde mit einer hohen Planke umgeben. Wir ahnten, daß der Vorplatz deswegen so ausgebaut wurde, damit dort die Zivilisten ungesehen zum Auskleiden gezwungen werden konnten. Einmal war Lagersperre, und wir hörten aus der Nähe des Krematoriums Schreien und Schüsse sowie Hundegebell und Motorengeräusch. Am nächsten Tag mußten wir die Umzäunung des Vorplatzes ausbessern, weil einige Latten zerbrochen waren. Auf dem Vorplatz lagen Kleider von Frauen, Männern und Kindern. An Hand von zerrissenen Papieren konnten wir feststellen, daß diese Gegenstände von Deutschen stammten.

Ich habe Dylewski etwa fünf- bis sechsmal gesehen, als er ins Krematorium ging.

Ein tschechischer Zeuge, der in Auschwitz Leichenträger war, wird verhört.

Bei der Gegenüberstellung aller Angeklagten erkennt der Zeuge Fabian den Angeklagten Dylewski:

Vorsitzender: Welche Erinnerung verbindet Sie mit diesem Angeklagten, den Sie eben wiedererkannt haben?

Fabian: Das war einer von den jungen SS-Leuten, die im Hof des Block 11 geschossen haben. Ich erinnere mich, daß er selbst einzelne hinführte und erschoß. Er hat sie selbst erschossen oder der Blockführer vom Block 11 hat sie dann erschossen. Sein Name ist mir nicht bekannt, auch sein Spitzname nicht.

Verteidiger Steinacker: Wann soll dieser Angeklagte die Menschen in den Block 11 gebracht haben?

Fabian: Entweder 1943 oder 1944. Ich erinnere mich, daß er einmal eine jüdische Familie hinführte. Sie war eine schöne junge Frau.

Vorsitzender: Aus wie vielen Personen bestand diese Familie?

Fabian: Aus einem Mann, einer Frau und einem Kind.

Vorsitzender: Und dieser Angeklagte hat die Familie erschossen?

Fabian: Ja, diese drei hat er erschossen. Damals hat uns Staszek geholt, und wir Leichenträger mußten warten. Die Erschießung erfolgte bei der Schwarzen Wand. Entweder direkt an der Wand oder ein Stück davon entfernt.

Richter Perseke: Trug Dylewski damals eine normale SS-Uniform?

Fabian: Das weiß ich nicht, ich habe ihn sowohl in einer normalen SS-Uniform als auch in einem bläulichen Anzug gesehen.

Ein anderer tschechischer Zeuge schaut während seiner Einvernahme auffallend oft nach links, wo schräg vor ihm der Angeklagte Dylewski sitzt. Schließlich sagt er:

Farber: Ich möchte meine Aussage erweitern, denn ich habe hier unter den Angeklagten einen SS-Mann erkannt, an dessen Taten ich mich noch erinnere. Ich habe einmal vom Block 10 aus eine individuelle Exekution beobachten können. Eine Familie wurde damals in den Hof des Bunkers geführt. Der Mann war vielleicht 34 Jahre alt, seine Frau etwas jünger. Sie hatte ein Kind auf dem Arm, das vielleicht ein Jahr alt war, er führte einen kleinen Jungen an der Hand. Sie standen lange im Hof. Dann kam ein SS-Mann in den Hof, eben dieser SS-Mann, den ich hier auf der Anklagebank sehe, und schoß zuerst in den Kopf des Kindes, das in den Armen der Mutter lag. Die Mutter brach zusammen. Er erschoß dann die auf dem Boden liegende Mutter. Der Mann kniete vor dem SSler nieder und wies auf den Jungen. Der SS-Mann erschoß den Mann und schließlich den Jungen. Ich sehe diesen Herrn hier sitzen. Wir nannten ihn Klaus. Die Polen sagten, wenn er zum Bunker ging: „Klaus geht jetzt auf Block 11.“

Vorsitzender: Dieser Angeklagte hat nicht mit einem Gewehr geschossen?

Farber: Nein, er kam mit seiner Pistole zu der Familie. Als er bei den Leuten war, hatte er seine Pistole schon gezogen. Er hat die Familie an Ort und Stelle erschossen, während es sonst üblich war, diejenigen, die zur Exekution bestimmt waren, an die Schwarze Wand zu führen. Alle vier, Vater, Mutter und die beiden Kinder, wurden in eine Holzkiste gelegt und abends weggeführt.

Die Verteidigung will diese überaus schwerwiegende Belastung entkräften:

Verteidiger Steinacker: Wurde Ihnen der Name Klaus das erste Mal genannt, als Sie diese Exekution gesehen haben?

Farber: Nein, der Name war mir schon vorher bekannt. Ich hatte diesen Klaus im Lager öfter gesehen. Wir waren ja als Desinfektionskommando häufig im Lager.

Dylewski: Der Zeuge irrt sich.

Farber: Ich bleibe bei meiner Aussage, ich erkenne das Gesicht genau. Ich sage das nur ungern, aber es ist wahr. Ich habe hier den Angeklagten die ganze Zeit angeschaut, weil er schräg vor mir sitzt. Sein Aussehen hat mein Gedächtnis aufgefrischt.

Diese Aussage gibt den Anstoß dazu, daß Dylewski wiederum in Haft genommen wird. Um die Angaben von Farber zu widerlegen, läßt die Verteidigung Dylewskis den Rapportschreiber im Krankenbau, der wegen seiner präzisen Angaben und seines hervorragenden Gedächtnisses einen starken Eindruck hinterlassen hat, nochmals laden:

Vorsitzender: Ihre nochmalige Vernehmung wurde von der Verteidigung beantragt. Kennen Sie einen SS-Mann mit dem Vornamen Klaus?

Dr. Paczula: Die meisten Häftlinge kannten die SS nicht mit Vornamen. Es gab Ausnahmen, wenn Häftlinge durch eine besondere Arbeit näheren Kontakt mit der SS hatten.
Vorsitzender: War der Angeklagte Dylewski unter seinem Vornamen bekannt?
Dr. Paczula: Im Krankenbau war es bekannt, daß er Klaus und Dylewski hieß. Die Zusammenstellung war frappierend, denn der Familienname war slawisch, und der Vorname deutsch.

Noch ein Zeuge erkennt Dylewski bei der Gegenüberstellung:

Vorsitzender: Sie haben hier den Angeklagten Dylewski erkannt. Was können Sie über ihn sagen?
Müller: Nachdem Stark weggekommen ist, hat dieser Mann dessen Funktion übernommen. Er hat in der Gaskammer Menschen erschossen. Soweit ich mich erinnere, hat er meistens eine blaue Kombination angehabt, wenn er erschossen hat. Ein Häftling mußte einmal Blutflecken von dieser Kombination putzen. Weil er einige übersehen hatte, wurde er geschlagen. Das alles habe ich aber nur gehört.
Vorsitzender: Wann hat Dylewski die Rolle von Stark übernommen?
Müller: Es dürfte Ende Sommer 1942 gewesen sein.

Müller arbeitete im alten Krematorium. Er kommt ebenfalls aus der Tschechoslowakei. Die Verteidigung sieht in dem Umstand, daß die drei Zeugen Fabian, Farber und Müller etwa zur gleichen Zeit aus Prag nach Frankfurt kommen, einen Beweis dafür, daß diese ihre Aussagen aufeinander abgestimmt hätten. Sie läßt dabei außer acht, daß sie sich zu verschiedenen Zeiten als Zeugen gemeldet hatten.
Andrzej Rablin muß in Krakau einvernommen werden. Dort gibt er zu Protokoll:

Rablin: Ich war zeitweise im Kommando Rollwagen 4 eingeteilt, und wir fuhren einmal zur Kiesgrube beim Theatergebäude. Dort hatte ein SS-Kommando mit Helmen Stellung bezogen. Seitlich standen einige SS-Leute, darunter auch Dylewski. In der Grube waren Zivilisten, deren Hände auf dem Rücken mit Draht gefesselt waren. Es ertönte eine Salve, und nachher sind einige SS-Männer, darunter auch Dylewski, in die Grube gestiegen und haben diejenigen mit Pistolenschüssen getötet, die sich noch geregt haben.

Der Pole Kamiński schildert vor Gericht folgende Episode:

Kamiński: Ich war in der Strafkompanie. Die Hälfte aus unserem Transport wurde gleich bei der Ankunft in Auschwitz zur Strafkompanie eingeteilt. Eines Nachmittags im Spätsommer des Jahres 1941 — den Monat kann ich nicht mehr genau sagen — kam ein SS-Mann in die Kiesgrube, wo die Strafkompanie arbeitete, und rief die Capos zusammen. Der SS-Mann war Dylewski. Er gab Anweisung, daß alle Juden zu liquidieren sind.

Vorsitzender: Wieso wissen Sie das?

Kamiński: Weil ich das gehört habe. Ich stand in unmittelbarer Nähe.

Vorsitzender: Was hat Dylewski gesagt?

Kamiński: Er sagte *(der Zeuge spricht deutsch)*: „Alle Juden zum Totschlagen." Jedenfalls sagte er Juden, tot und schlagen. Diese drei Worte kannte ich damals gut. Ich weiß nicht, ob ich mich grammatikalisch richtig ausgedrückt habe.

Vorsitzender: War das ein Befehl oder ein Wunsch? Das ist ja ein Unterschied.

Kamiński: So wie ich es verstand, war es ein Befehl. Gleich danach haben die Capos angefangen, die Juden zu schlagen und zu töten. Ein Capo wandte sich an Dylewski wegen eines jungen Juden, eines 15- bis 16jährigen Burschen, der in unserem Kommando war und leichtere Arbeit hatte. Er mußte nur die Werkzeuge ausbessern und stand unter dem Schutz dieses Capos. Ich habe nicht gehört, was der Capo zu Dylewski sprach, ich weiß nur, daß dann der Capo den Jugendlichen herbeirief. Dylewski schaute ihn an, machte ein Zeichen, daß er wieder zur Arbeit gehen solle, und als sich der Jude umdrehte, schoß ihm Dylewski von hinten in den Kopf. Der Jude fiel um und lebte nicht mehr.

Vorsitzender: Wieso kannten Sie Dylewski?

Kamiński: Ich habe ihn gesehen, wenn er in die SK kam. Zuerst habe ich seinen Namen nicht gekannt. Man nannte ihn Klaus. Jedesmal, wenn er zur SK kam, wurden wir dort schärfer angefaßt. Er gehörte nicht zur Bewachung.

Vorsitzender: Welchen Dienstgrad hatte er?

Kamiński: Das weiß ich nicht genau, aber er war kein Offizier. Später machte man mich aufmerksam, daß man achtgeben muß, weil Klaus polnisch kann.

Vorsitzender: Womit hat Dylewski geschossen?

Kamiński: Er hat die Pistole herausgezogen, und ich habe den Schuß gehört. Ich stand etwa 20 bis 30 Meter entfernt.

Vorsitzender: Haben Sie gesehen, wie er die Pistole entsichert hat?

Kamiński: Das kann ich nicht sagen.

Vorsitzender: Wie hieß der Jude?

Kamiński: Man nannte ihn Jakobek, das heißt, der kleine Jakob.

Vorsitzender: Haben Sie dann gesehen, wie die Capos die Juden erschlagen haben?

Kamiński: Ja, ich habe es gesehen. Es waren damals 20 Juden in unserem Kommando, vielleicht waren es weniger oder mehr. Die Capos schlugen mit Stöcken auf sie, bis sie am Boden lagen. Dann legten sie den Stock auf den Hals und traten darauf, bis der Häftling tot war.

Vorsitzender: Was für eine Pistole hatte Dylewski?

Kamiński: Das weiß ich nicht.

Richter Hotz: Waren Sie den ganzen Spätsommer in der SK?

Kamiński: Im Spätsommer war ich auch im Krankenbau.

Vertreter der Nebenklage Raabe: Begann das mit dem Erschlagen der Juden unmittelbar nach der Anordnung von Dylewski?

Kamiński: Ja, das alles hat ein paar Stunden gedauert. Damals haben auch Posten Juden erschossen. Diese wurden von den Capos in die verbotene Zone geschickt. Dafür haben Posten Sonderurlaub bekommen.

Verteidiger Dr. Laternser: Haben Sie selbst gehört, wie sich der Capo mit der Frage wegen des Juden an Dylewski gewandt hat?

Kamiński: Ich habe es nicht gehört, aber ich konnte es mir aus dem Bild zusammenreimen. Ich wußte auch, daß der Capo den Jungen gern hatte.

Dr. Laternser: Sie standen doch 20 bis 30 Meter entfernt?

Kamiński: Wenn etwas laut gesagt wurde, konnte ich es schon hören. Ich hatte kein Metermaß, ich kann nicht genau sagen, wie weit ich entfernt war.

Vorsitzender: Angeklagter Dylewski, wollen Sie sich zu dieser Beschuldigung nicht erklären?

Dylewski: Was soll ich sagen? Ich war im Frühling 1941 auf Studienurlaub und kam erst am 1. September zur Politischen Abteilung. Am 3. September bin ich wieder auf Erholungsurlaub gegangen und habe mit der Arbeit in der Politischen Abteilung erst Mitte September angefangen und war der kleinste Mann dort. Ich machte Übersetzungen und hatte überhaupt nichts mit der Strafkompanie zu tun.

Kamiński: Ich bestehe auf meiner Aussage.

Raabe: Was verstehen Sie, Zeuge, unter dem Ausdruck Spätsommer? Meinen Sie auch September damit?

Dr. Laternser: Ich erhebe Widerspruch gegen diese Frage.

Vorsitzender: Vielleicht kann man die Frage so formulieren: Welchen Zeitpunkt bezeichnen Sie als Spätsommer?

Kamiński: Bis September einschließlich.

Vertreter der Nebenklage Ormond: Ist der Angeklagte Dylewski nicht bereits im Frühjahr 1941 zur Politischen Abteilung gekommen?

Dylewski: Das ist völlig falsch. Ich glaube, es war nach dem 1. 9. Ich sage das Datum 1. 9. nur deshalb, weil ein solcher Vorhalt von der Staatsanwaltschaft erfolgt ist.

Ein tschechischer Zeuge, der auf der Rampe arbeitete, glaubt sich von dort an Dylewski zu erinnern:

Vorsitzender: Sie haben bei der Gegenüberstellung den Angeklagten Dylewski erkannt. Was wissen Sie über ihn?

Gibian: Er hat sich bei Selektionen an der Rampe aktiv betätigt.

Verteidiger Steinacker: Wann haben Sie Dylewski an der Rampe selektieren gesehen?

Gibian: Zur Zeit der Ungarntransporte im Jahr 1944.

Verteidiger Steinacker: Zur Zeit der Ungarntransporte war Dylewski aber nicht in Auschwitz. Er befand sich damals auf einem Studienurlaub.

Gibian: Er war dort. Ich irre mich nicht, ich habe ihn damals sicher gesehen.

Auch Rablin hat eine Erinnerung im Zusammenhang mit Dylewski und den Krematorien:

Rablin: Entweder im Herbst 1943 oder im Frühling 1944 war ich im Frauenlager Birkenau mit Elektroinstallationen beschäftigt, da hörte ich vom Platz vor dem Krematorium her Schüsse. Häftlinge liefen auf dem Platz angstvoll herum, und ich habe dort einige SS-Leute schießen gesehen, unter anderen auch Dylewski. Es ertönte eine Sirene. Dylewski hat aus einer Maschinenpistole geschossen. Nachher habe ich auf dem Platz vier Tote liegen gesehen.

Aber auch diese Angabe kann nur aus dem Protokoll verlesen werden. Vor Gericht bekundet ein anderer polnischer Zeuge:

Motz: Ich habe in der SS-Kantine gearbeitet und konnte einmal durch das Fenster beobachten—es war im Sommer 1942—, wie Dylewski aus der SS-Küche ging. Er hat bemerkt, daß ein Häftling ein paar Kartoffeln genommen hat. Da sprang er auf diesen Häftling zu und schlug ihn mit seinem Stock auf den Kopf und überall hin, wo er nur traf, bis der Häftling fiel. Dann legte Dylewski den Stock auf den Hals des Liegenden und stellte sich auf beide Enden des Stockes. Der Häftling starb.

Im Jahr 1942 wurde ich auch von Dylewski verhört. Ich wurde morgens zur Politischen Abteilung gebracht, Dylewski war dort und zwei jüngere SS-Leute. Dylewski fragte mich: „Weißt du, wo du bist?“ Ich sagte: „Jawohl, ich bin im KZ.“ Dylewski gab mir eine Ohrfeige: „Weißt du, warum du jetzt verhaftet bist?“ Ich sagte: „Ich weiß nicht.“ Da sagte er: „Weil du ein Heckenschütze bist“, nahm die Peitsche und schlug mir übers Gesicht. Als er mich weiter schlug, faßte ich einmal an seinen Schreibtisch, die Schublade war offen, und Dylewski schloß die Schublade, so daß ich bis heute einen verunstalteten Finger habe. Dylewski schlug mich so auf den Kopf, daß ich bewußtlos wurde. Ich bekam damals einen Schädelbruch.

Richter Hotz: Leiden Sie heute noch an den Folgen dieses Schädelbruches?

Motz: Ja, ich habe Schwindelanfälle und bin oft krank.

Karol Doering aus Warschau schildert ausführlich einen Vorfall, der sich ihm stark ins Gedächtnis eingeprägt hat:

Doering: Es war um die Jahreswende 1943/44 — es dürfte eher Ende 1943 gewesen sein —, da mußten wir an einem Sonntag Baumaterial ins Lager Birkenau tragen. In der Transportkolonne war ein guter Freund von mir, der Ingenieur Roman Galezowski. Auf einem schmalen Weg gingen wir zur Bahnstation. Als einmal eine Stockung entstand, rief ein SSler, den ich nicht kannte: „Schneller, schneller!" Ich ging vor Roman, hinter ihm ein älterer Pole. Roman war schwach und konnte daher nicht schneller gehen. Der hinter ihm Gehende rief ihm zu, er soll doch schneller laufen. Galezowski antwortete hastig, er könne nicht. Wir haben nicht bemerkt, daß ein SS-Mann hinter einem Steinhaufen stand. Der machte Galezowski ein Zeichen, er solle zu ihm kommen. Galezowski folgte dem Befehl und nahm stramme Haltung vor ihm an, wir gingen weiter. Nach etwa 50 Schritten blieben wir stehen, und ich sah, daß der SS-Mann Galezowski mit der Hand schlug. Mehrmals fiel Roman hin, immer wieder wurde ihm befohlen, aufzustehen, und er wurde aufs neue geschlagen. Wir haben Steine aufgenommen und wurden in einer Kolonne aufgestellt. Ich sah im Vorbeigehen, daß Roman mehrmals nach hinten auf den Steinhaufen fiel und weiter geschlagen wurde. Er lebte damals noch. Dann ging der SSler weg. Der Blockälteste, der unsere Arbeit zu leiten hatte, befahl Galezowski, aufzustehen und sich mit einem Stein unserer Kolonne anzuschließen. Wir mußten ihn stützen. Das war sein letzter Weg. Als wir ins Lager zurückkamen, wurde Galezowski schlecht, er bekam Brechreiz, und wir meldeten ihn zur Ambulanz. Am nächsten Tag kam er in den Krankenbau. Wir wollten ihm dann noch durch Freunde etwas hineinschicken, aber man sagte uns, daß er bereits gestorben war.

Vorsitzender: Und der SS-Mann war Dylewski?

Doering: Wir fragten Galezowski, warum er so geschlagen wurde. Er antwortete, weil er seinem Hintermann gesagt habe, daß er nicht laufen könne. Wir wunderten uns, daß der SS-Mann polnisch verstand. Der Blockälteste sagte uns, daß das Dylewski von der Politischen Abteilung sei, vor dem man sich in acht nehmen müsse, weil er sehr gut polnisch spreche.

Vorsitzender: Dieser Vorfall ist nicht angeklagt?
Staatsanwalt Vogel: Nein.
Verteidiger Dr. Laternser: Wissen Sie, wer der Blockälteste war?
Doering: Es war ein Deutscher, er hieß Kaufhold oder so ähnlich.
Dylewski: Ich habe Vernehmungen durchgeführt und war tagsüber nicht in Birkenau. Nur abends ging ich manchmal hin, um Broad zu besuchen. Ich habe nie einen Häftling geschlagen. Mir war gleichgültig, ob jemand schnell grüßte oder schnell ging.
Doering: Ich bin überzeugt, daß es Dylewski war, der das tat. Was soll ich noch sagen?
Ersatzrichter Hummerich: Erinnern Sie sich an den Vornamen des Blockältesten?
Doering: Ja, er hieß Franz und war etwa 48 bis 50 Jahre alt.
Vogel: Angeklagter Dylewski, ist es vorgekommen, daß Sie auch Sonntag nach Birkenau gegangen sind?
Dylewski: Ich war sonntags fast durchwegs zu Hause. Ich wohnte in der Nähe und saß meist auf meiner Stube und bereitete mich auf mein Examen vor.
Doering: Ich kann nur wiederholen, was ich gesagt habe. Ich wüßte nicht, warum mir der Blockälteste damals eine falsche Auskunft gegeben haben soll.

Die Staatsanwaltschaft erhebt wegen dieser Beschuldigung keine Nachtragsanklage.
Ein Zeuge hat positive Erinnerungen an Dylewski:

Dr. Klymyschyn: Unterscharführer Stark hat mich mit Diplomingenieur Dylewski bekannt gemacht, der damals Unterscharführer war. Dylewski war Student in Danzig und dort mit ukrainischen Studenten befreundet. Er hat mir gesagt: Wenn Sie einmal Schwierigkeiten haben, dann sagen Sie nur Ihrem Chef, daß er Sie mit mir in Verbindung bringt. Einige Monate später kam ein Transport mit 150 ausgehungerten Ukrainern aus Lwów nach Birkenau. Ich habe mich damals zu Dylewski gemeldet und ihn gefragt, ob er nicht helfen könnte. Dylewski sagte: „Ich habe erwartet, daß du kommen wirst, um für dich zu bitten und jetzt bittest du für so viele. Ich weiß nicht, ob es gehen wird, aber ich werde es versuchen." Die 150 Leute wurden daraufhin nach Auschwitz auf Block 17 verlegt und in Quarantäne gebracht. Das hat ihnen das Leben gerettet.

Staatsanwalt Vogel: Hatte also Dylewski Möglichkeiten, sich für Häftlinge einzusetzen?

Dr. Klymyschyn: Wie er es gemacht hat, weiß ich nicht. Zuerst sagte er, er glaubt nicht, daß er helfen kann. Einem einzelnen könnte er schon helfen, aber ob er so vielen helfen kann, das weiß er nicht.

Vertreter der Nebenklage Ormond: Wie oft haben Sie mit Dylewski in Auschwitz gesprochen?

Dr. Klymyschyn: Ich habe ihn vielleicht vier- oder fünfmal gesehen, gesprochen habe ich vielleicht drei- oder viermal mit ihm. Möglicherweise habe ich ihn auch sieben- oder achtmal gesehen.

Dr. Klymyschyn gehörte zur ukrainischen Banderagruppe. Deren Verhältnis zur SS in Auschwitz wurde vor Gericht erörtert. Im vorangegangenen Kapitel sind einige Aussagen darüber zusammengefaßt. Da sich die Verteidigung Dylewskis sofort nach dessen erster Verhaftung im Frühling 1959 intensiv darum bemüht hat, daß der Haftbefehl aufgehoben werde, sind dem Gericht Schriftstücke eingereicht worden, die das Bild von diesem Angeklagten ergänzen können:

Herr Diplomingenieur Klaus Dylewski ist mir aus der Zeit meines Studiums in Danzig in den Jahren von 1938 bis 1941 bekannt. Er gehörte einem jüngeren Semester an, arbeitete jedoch in dem gleichen Zeichensaal, in dem auch ich meinen Arbeitsplatz hatte.

Mir ist bekannt, daß Herr Dylewski, genauso wie alle anderen Studenten deutscher Nationalität, im Mai des Jahres 1939 gezwungenermaßen eingezogen wurde. Dabei fand meines Wissens eine völlig wahllose Aufteilung der eingezogenen Studenten in die Kaserne Hochstrieß zur Landespolizei und in die Festung Hagelsberg der Heimwehr statt. Aus der Heimwehr hat sich, soweit ich mich erinnern kann, später eine SS-Einheit entwickelt, während die Angehörigen der Landespolizei zur Wehrmacht überführt wurden. Herr Dylewski wurde zur Festung Hagelsberg eingezogen.

Herrn Dylewski hatte ich im Laufe der Jahre von 1939 bis 1941 aus den Augen verloren. Ich entsinne mich jedoch heute noch mit Erschütterung eines Besuches des Herrn Dylewski im Saale 190 der Danziger Technischen Hochschule anläßlich eines Urlaubes. Hier berichtete er vor einem kleinen Kreis unter Beachtung aller Vorsichtsmaßnahmen davon, daß er zur Bewachung in einem Lager — ohne den Namen des Lagers zu nennen — kommandiert worden sei. Was er da erleben müsse, grenze an das, was ein Mensch überhaupt ertragen könne. Er sei im Begriff, verrückt zu werden. Die Belastungen, denen er dort unterliege, könne er nervlich nicht aushalten. Essei ihm aber unmöglich, von dort wegzukommen. Er habe schon häufig versucht, zur Front kommandiert zu werden, doch anscheinend lasse man Leute, die zuviel wissen, nicht mehr fort. Er berichtete auch Einzelheiten über das, was er von betrunkenen Wachmannschaften ansehen müsse. Wenn man als normaler Mensch versuche, gegen solche menschenunwürdige Behandlungsweisen Einspruch zu erheben, riskiere man sein eigenes Leben. Dabei machte er gegenüber seinem früheren ruhigen und ausgeglichenen Wesen einen fahrigen, erschöpften, unkonzentrierten Eindruck. Er hatte sich, wie wir nachher feststellten, sehr verändert, er erschien gehetzt.

Dieses Gespräch ist mir heute noch deutlich im Gedächtnis, da es mir erstmalig die Augen über die Greuel in den KZ-Lagern öffnete. Ich habe deshalb dieses Gespräch bis heute nicht mehr vergessen und bin bereit, da ich mich deutlich jeder Einzelheit entsinne, meine Aussage darüber zu beeiden.

Obwohl ich nicht weiß, wessen Herr Dylewski angeklagt ist, kann ich es mir nicht vorstellen, daß sich Herr Dylewski, nachdem er diese Stellungnahme im Jahre 1941 eingenommen hat, schuldig gemacht hat. Persönlich traue ich es ihm nicht zu, daß er sich des gegen ihn gerichteten gerichtlichen Verfahrens durch die Flucht entziehen wird. Vor allem aber halte ich einen Fluchtversuch deshalb für ausgeschlossen, weil Herr Dylewski, soweit ich hörte, sich eine neue bürgerliche Existenz in der Bundesrepublik aufgebaut hat.

Oberhausen/Rhld., den 8. Mai 1959 — Karstedt

In der Hauptverhandlung wird Karstedt von der Verteidigung nicht als Zeuge geführt. Der Geistliche, der Dylewski seit langen Jahren betreut, hat folgenden Eindruck von ihm bekommen:

Herr Dylewski ist langjähriges Glied der Evangelischen Kirchengemeinde Uerdingen. Er nimmt an dem gottesdienstlichen Leben der Gemeinde teil und ist mir aus zahlreichen seelsorgerlichen Gesprächen wohl bekannt. Von hier aus weiß ich um seine Zugehörigkeit zur Waffen-SS und um jene Zeit in seinem Leben, in der er als Unterscharführer in das Konzentrationslager Auschwitz abkommandiert gewesen ist.

Es erübrigt sich eine Darstellung der vergangenen Situation. Ein Urteil über jene Zeit, in der ich Herrn Dylewski nicht gekannt habe, überfordert mich.

Ich glaube, mich dafür verbürgen zu können,

1. daß Herr Dylewski heute ein durch den christlichen Glauben geprägter und gebundener Mensch ist;
2. daß er keinen Versuch unternehmen wird, sich der geforderten Verantwortung zu entziehen, auch wenn er mit Rücksicht auf seinen gefährdeten Gesundheitszustand bis zur gerichtlichen Vernehmung aus der Untersuchungshaft entlassen wird;
3. daß Herr Dylewski alles zu seiner Rechtfertigung tun, nichts aber unternehmen wird, um wider Recht und Wahrheit seinen Vorteil wahrzunehmen. Die Gefahr einer Verdunkelung scheidet meinem Dafürhalten nach völlig aus.

Uerdingen, den 30. April 1959 — Evangelische Gemeinde

Hasheider, Pfarrer

In seinem Schlußwort betont Dylewski mit großer Entschiedenheit:

Ich erkläre noch einmal, daß meine Angaben, die ich in diesem Prozeß gemacht habe, der Wahrheit entsprechen. Ich war nicht auf der neuen Rampe. Ich war kein einziges Mal im alten Krematorium. Ich habe keinen Menschen im Hof des Block 11 erschossen. Die Angaben der beiden polnischen Blockschreiber sind zutreffend, entgegenstehende Aussagen der tschechischen Zeugen sind unwahr. Ich sage das mit allem Nachdruck und ich beschränke mich auf diese Worte.

Pery Broad

Broad wurde 1921 in Rio de Janeiro geboren, er ist nach Schobert und Stark der jüngste Angeklagte. 1926 übersiedelte er mit seiner Mutter nach Berlin, behielt aber seine brasilianische Staatsangehörigkeit. In Berlin besuchte er die Technische Hochschule.
Broad trat in die Hitlerjugend ein und erhielt deren goldenes Ehrenzeichen. 1941 meldete er sich zur Waffen-SS — wie sein Verteidiger ausführt, deshalb, weil er als Ausländer keine Aussicht hatte, zur Wehrmacht zu kommen, sich aber immer als Deutscher gefühlt hat. Wegen Kurzsichtigkeit wurde Broad zum Wachdienst in Auschwitz eingeteilt. Im Juni 1942 ließ er sich zur Politischen Abteilung versetzen. Er begründet das damit, daß es ihm beim Wachdienst nicht gefallen habe.
Anfang Mai 1945 geriet Broad in englische Kriegsgefangenschaft, aus der er zwei Jahre später entlassen wurde. Er war dann als kaufmännischer Angestellter tätig.
Am 30. April 1959 wird Broad verhaftet. Aus dieser Haft wird er am 23. Dezember 1960 gegen Stellung einer Kaution von 50.000 DM entlassen. Im Lauf des Verfahrens ordnet das Gericht am 6. November 1964 seine neuerliche Verhaftung an.
Broad ist zum drittenmal verheiratet. Von seiner ersten Frau ließ er sich scheiden, seine zweite Frau ist gestorben.
Zu Beginn des Prozesses verantwortet sich Broad folgendermaßen:

Broad: Ich nahm an den sogenannten Bunkerentleerungen teil, wenn ich für meinen Chef, SS-Untersturmführer Grabner, etwas aufschreiben mußte. Grabner befahl mir ohne Begründung, mitzukommen. So habe ich an zwei Exekutionen von schätzungsweise jeweils 30 Häftlingen an der Schwarzen Wand teilgenommen. Es wurden jeweils zwei nackte Häftlinge von Jakob an den Oberarmen zur Schwarzen Wand geführt, und dann von hinten von einem SS-Unter- oder Oberscharführer aus fünf Zentimeter Entfernung mit Genickschüssen aus einem kleinkalibrigen Gewehr liquidiert. Ich selbst habe niemals Häftlinge durch Genickschüsse umgebracht. Der Eindruck dort war für mich das Fürchterlichste in Auschwitz.

Staatsanwalt Vogel: Bei der polizeilichen Vernehmung haben Sie nicht abgestritten, sich selbst an Exekutionen beteiligt zu haben. Damals sagten Sie wörtlich: „Ich kann dies nicht mit Sicherheit abstreiten, selbst mitgeschossen zu haben. Aber ich weiß mit Sicherheit, daß es sich nicht um Frauen gehandelt hat." Sie sagten damals ferner, daß sich Jakob einmal darüber beklagt hätte, Sie hätten ihm beinahe in die Hand geschossen, als er Häftlinge an der Schwarzen Wand zu halten hatte.

Broad: Es ist mir unerklärlich, wie ich damals dazu kam, diese Aussage zu machen. Ich war bei dieser Vernehmung erregt und krank und habe deshalb falsche Formulierungen gebraucht. Die Wahrheit ist, daß ich nicht geschossen habe. Ich versuchte später ständig, dies richtigzustellen, aber es gelang mir nicht.

Einmal habe ich für wenige Minuten einem Standgerichtsverfahren beigewohnt. Meiner Schätzung nach sind innerhalb von zwei Stunden von diesem Gericht unter Vorsitz von Dr. Mildner 120 Häftlinge zum Tod verurteilt worden. Die Ermittlungsarbeit war schon vorher getan.

Mit dem Fahrrad habe ich gelegentlich bei Dienstwegen die Rampe passiert und mich dort auch manchmal mit Neuankömmlingen unterhalten. So kann vielleicht bei Zeugen der Eindruck entstanden sein, daß ich bei Selektionen mitgewirkt habe.

Im Herbst 1943 bin ich ganz zum Zigeunerlager übersiedelt. Meine Aufgabe bestand darin, Vernehmungen mit Zigeunern vorzunehmen, die durch Anfragen von Gerichten notwendig geworden sind. Ich habe die Vernehmungen lässig durchgeführt. Wenn die Vernommenen geleugnet haben, notierte ich das einfach. Eines Tages wurde ich im Zigeunerlager abgelöst.

Vertreter der Nebenklage Ormond: Hatte damals die große Zigeunervernichtung schon begonnen?

Broad: Dazu gebe ich keine Erklärung ab.

Vorsitzender: Was haben Sie über Ihre Tätigkeit und das gesamte Geschehen in Auschwitz gedacht?

Broad: Über die strafrechtliche Seite wird wohl das Gericht befinden. Ich kann mir also nur über die moralische Seite Gedanken machen.

Vorsitzender: Halten Sie das für zweckmäßig, was in Auschwitz geschah?

Broad: Da muß man zwischen dem Geschehen im Stammlager und im Vernichtungslager trennen. Der Gedanke mit dem Stammlager war nicht schlecht, denn man konnte dort die Häftlinge zur Arbeit anhalten. Aber dann wurde es mit der Vernichtungsmaschinerie gekoppelt.

Vorsitzender: Denken Sie zunächst an die etwa zehn Prozent der Häftlinge, die nicht vergast worden sind und die im Stammlager durch schwere Arbeit und Ausmergelung umgebracht worden sind? Die Häftlinge hatten doch dort ein entsetzliches Dasein zu führen. Glauben Sie immer noch, daß die Unterbringung im Lager rechtmäßig war?

Broad: Unter diesen Umständen nicht. Die Massenerschießungen habe ich für rechtmäßig angesehen, wenn die Urteile von einem Standgericht ausgesprochen worden waren.

Vorsitzender: Und die Selektionen?

Broad: Diese Selektionen an der Rampe waren zweifellos ein Verbrechen.

Vorsitzender: Und die anschließenden Vergasungen?

Broad: Die selbstverständlich auch.

Staatsanwalt Kügler (legt Bilder von Frauen und Kindern vor, die von der SS für den Gastod ausgesondert worden waren und vor dem Krematorium zu warten hatten): Handelt es sich bei diesen Personen um sogenannte nichtarbeitsfähige Menschen?

Broad: Wenn Sie übliche Maßstäbe anlegen, wonach Kinder als nicht arbeitsfähig gelten, ja.

Kügler: War Ihnen das Schicksal dieser Kinder bekannt?

Broad: Ich wußte, daß die Kinder in die Gaskammer kamen.

Vorsitzender: Erinnern Sie sich noch an eine Erklärung, die jeder SS-Mann, der nach Auschwitz versetzt wurde, unterschreiben mußte, wonach er über alles zu schweigen hatte, was mit dem Lager zusammenhängt?

Broad: Ich erinnere mich.

Vorsitzender: Halten Sie sich an diesen Eid jetzt noch gebunden?

Broad: Ich war heute doch wirklich offen genug.

Vorsitzender: Das weiß ich nicht.

Unmittelbar nach seiner Verhaftung klang die Verantwortung von Broad etwas anders:

Vorsitzender: Sie haben Broad im Jahr 1959 verhaftet. Wie war damals seine Reaktion?

Aedtner: Ich hatte nicht den Eindruck, daß er mit seiner Verhaftung rechnete, aber auch nicht den, daß er besonders überrascht gewesen war. Er hat sich sehr gut gefaßt und war ganz sachlich.

Vorsitzender: Hat Broad bei seiner ersten Einvernahme zu verstehen gegeben, er habe geglaubt, die Erschießungen in Block 11 seien rechtmäßig gewesen?

Aedtner: Ich weiß nicht, ob diese Frage gestellt worden ist. Es war vorausgesetzt, daß das ganze Geschehen in Auschwitz unter einem Unrechtsstern gestanden war.

Vorsitzender: Im Protokoll dieser Vernehmung steht, daß Broad gefühlsmäßig das Erschießen als Unrecht und Verbrechen angesehen habe. Sie wissen, das Unrechtsbewußtsein spielt in diesem Verfahren eine große Rolle.

Aedtner: Wenn es im Protokoll steht, so hat er es sicher so gesagt. Er sagte auch, daß er gegen seine Überzeugung nach Auschwitz gekommen sei. Da er, wie ich glaube, brasilianischer Staatsbürger war, mußte er sich besonders bewähren. Er glaubte, sich deswegen besonders forsch zeigen zu müssen.

Vorsitzender: Im Protokoll steht ebenfalls, er habe bereits ab 1943 erkannt, daß die Tätigkeit der Politischen Abteilung ein Verbrechen sei. Es steht dort: „Ich war damals sehr jung; ich fühlte mich schuldig, weil ich gefühlsmäßig die Tätigkeit als verbrecherisch erkannt hatte, sah aber keine Möglichkeit, wegzukommen“.

Aedtner: Ja, das war Broads Antwort. Er war bei der Vernehmung einsichtig. Wir führten eine längere Unterhaltung. Nach der Vernehmung war Broad recht froh, daß die Last von ihm genommen wurde. Er war gelöst und schien wie befreit.

Während der langen Dauer des Prozesses gab es keinen Augenblick, in welchem der Eindruck entstehen konnte, Broad wünsche sein Gewissen zu erleichtern. Viele Häftlinge hatten bei ihrer Arbeit den Angeklagten kennengelernt. Ein Pole, der als Reiniger tätig war, sagt:

Nieciuński: Der Angeklagte Broad ist mir in Erinnerung. Mir fiel sein außergewöhnlicher Name auf. Ich erfuhr auch, daß er viele Fremdsprachen spricht. Ferner bemerkte ich, daß er sehr sentimental und musikalisch war. Er spielte oft auf einem Instrument, ich weiß es nicht mehr, auf welchem, vor der Baracke. So habe ich ihn in Erinnerung behalten. Ich habe ihn auch mit dem kleinen Karabiner sowohl in das kleine Krematorium als auch in das Lager zum Bunker gehen gesehen. Das kam vielleicht drei- oder viermal vor.

Noch unmittelbarer konnten ihn weibliche Häftlinge beobachten, die im Kommando Politische Abteilung zu arbeiten hatten:

Kagan: Broad hatte ein sonderbares Wesen. Er war intelligent und sehr musikliebend. Ich habe einmal gehört, wie er ein Bachkonzert auf seinem Akkordeon gespielt hat. Ich bin hinter der Tür gestanden. Derselbe Broad hat Häftlinge geschlagen.

Vorsitzender: Sie haben früher einmal gesagt, daß Sie gelegentlich als Dolmetscherin bei ihm tätig waren und daß er die Häftlinge bei den Vernehmungen nicht mißhandelt hat, sondern nur Ohrfeigen und Fußtritte austeilte.

Kagan: Ja, er war schlau. Er hat geschlagen und Fußtritte gegeben, aber weniger als die anderen gefoltert. Zu schlagen hat er sich allerdings nicht gescheut. Ich gab ihm Unterricht in der russischen Sprache. Es ist sonderbar, daß er damals russisch lernen wollte.

Auch Lilly Majerczyk arbeitete im Kommando Politische Abteilung:

Vorsitzender: Kannten Sie den Angeklagten Broad?

Majerczyk: Ja. Er hatte in der Politischen Abteilung keine so hohe Funktion. Ein Häftling — es dürfte sich um einen polnischen Grafen gehandelt haben — hat sich mit Broad verständigt, damit dieser ihm bei einer Flucht helfe. Broad hat sich alles erzählen lassen und dann den Fall seinem Untersturmführer übergeben. Der Pole wurde erschossen.

Vorsitzender: Wieso vertraute der Pole dem SSler?

Majerczyk: Ich war drei Jahre in Auschwitz und wurde aus Broad nie schlau. Einmal glaubten wir, er sei ein Spitzel von dieser, ein anderes Mal, von der anderen Seite. Es gab auch sonst Fluchtvorbereitungen, bei denen SSler mithalfen.

Jenny Schaner gehörte ebenfalls zu diesem Kommando:

Schaner: Bei Broad wußten wir nie, wie wir dran waren. Er war freundlich und intelligent. Oft stellte er uns Fangfragen. So fragte er zum Beispiel: „Was heißt denn eigentlich SB?" Die Bedeutung des Wortes „Sonderbehandlung" durften wir offiziell nicht kennen.

Zuletzt arbeitete Broad mit Boger. Eines Tages kam ich zu meiner Freundin Lilly ins Zimmer. Damals war auch der polnische Häftling Tadek dort, der bei Fluchtversuchen die Fluchtpläne zu rekonstruieren hatte. Wir sprachen miteinander, obwohl es streng verboten war, daß sich weibliche Häftlinge mit männlichen unterhielten. Broad war im Zimmer nebenan. Er hat leise den Schalter geöffnet, durch den die beiden Zimmer miteinander verbunden waren. Als ich das bemerkt hatte, lief ich schnell hinaus. Kurze Zeit später kam Lilly und sagte, sie müsse meine Nummer haben, denn Broad schreibe eine Meldung. Dann hat Lilly Boger angefleht. Der zerriß schließlich den Zettel und sagte: „Sag der dummen Ziege, sie soll in ihrem Zimmer bleiben."

Vorsitzender: Ist Ihnen sonst noch etwas im Zusammenhang mit Broad in Erinnerung?

Schaner: Ja, ein Vorfall. Ein polnischer Partisan wurde einmal bei Boger auf der Schaukel vernommen. Er wurde fürchterlich geschlagen. Boger hat es dabei auf die Geschlechtsteile abgesehen. Der Pole schrie wie ein Hund, es war furchtbar. Dieser Häftling war so entstellt, daß ich geglaubt habe, er sei tot, als man ihn forttrug. Er ist in den Krankenbau gekommen. Boger hat ihn am nächsten Tag nochmals angefordert, doch der Arzt sagte, er sei nicht vernehmungsfähig. Daraufhin holte ihn Broad über den Kopf des Arztes hinweg zur Politischen Abteilung. Diese abermalige Vernehmung überlebte der Partisan nicht. Am nächsten Tag bekam ich die Todesmeldung zur Eintragung in die Totenlisten.

Auch Dounia Wasserstrom — Dolmetscherin in der Politischen Abteilung — erinnert sich an den Angeklagten:

Wasserstrom: Broad war ein ganz anderer Typ als Boger. Ich habe vor ihm nicht so gezittert wie vor Boger. Er war jung, klug und raffiniert. Ich wußte nie, was er dachte, ob er Mitleid mit uns hatte oder Haß gegen uns empfand. Es hatte den Anschein, als ob er die Geschehnisse in Auschwitz nicht ernst nähme. Er gründete im Zigeunerlager eine Kapelle und war darauf mächtig stolz. Als in Auschwitz ein Bordell eingerichtet wurde, fragte er: „Haben wir hier nicht wirklich ein Musterlager? Jeder arbeitet in seinem Beruf. Jetzt haben wir sogar das."

Seine Vernehmungsmethoden zeigt der folgende Vorfall mit einem russischen Häftling in scharfem Licht: Als dieser zu ihm ins Zimmer geführt wurde, sagte er höflich: „Bitte nehmen Sie Platz." Er fragte ihn nach seiner Schulbildung, seinem Beruf und ob er Stalin gesehen habe. Plötzlich sprang er auf und schrie den Häftling an: „Du sowjetisches Schwein, wie kannst du sitzenbleiben, wenn ein SS-Mann vor dir steht."

Broad hat auch bei mir Fremdsprachenunterricht genommen.

Vorsitzender: War Broad an Erschießungen beteiligt?

Wasserstrom: Ich war nicht dabei. Aber den Gesprächen, die die SS-Männer untereinander geführt haben, war zu entnehmen, daß sie alle beteiligt waren.

Vorsitzender: War er bei Folterungen dabei?

Wasserstrom: Er war bei Vernehmungen sehr oft bei Boger. Ich habe ihn schlagen gesehen. Ob er auch Menschen auf der Schaukel geschlagen hat, habe ich nicht gesehen. Wenn die SSler von der Rampe zurückkamen, waren sie immer aufgeregt. Broad war auch dabei.

Der Staatsanwalt will vom Angeklagten Boger eine Bestätigung dafür erhalten:

Staatsanwalt Vogel: Angeklagter Boger, haben Sie gemeinsam mit dem Angeklagten Broad Fluchtsachen behandelt?

Boger: Ja, Broad hat auch Fluchtsachen behandelt.

Vogel: Sie haben früher einmal zu Protokoll gegeben, daß Broad Ihr schicksalsverbundener junger Freund gewesen sei.
Boger: Broad hat Vernehmungen für mich durchgeführt, wenn in einem Verfahren mehrere Beschuldigte waren. Es kann sein, daß er auch bei verschärften Vernehmungen hinzugezogen wurde. Für verschärfte Vernehmungen war ein besonderes Kommando von Leuten da, die dafür prädestiniert waren. Das hat der Leiter der Abteilung angeordnet. Ich war dabei und nehme an, daß Broad auch bei diesem Kommando war.

Ein tschechischer Zeuge erinnert sich:

Radvanský: Ich wurde einmal zur Politischen Abteilung, und zwar zu Broad vorgeladen, weil ich seinerzeit aus Ravensbrück meiner Mutter illegal geschrieben hatte. Ich mußte am Gang mit dem Gesicht zur Wand stehen. Vor mir wurde ein Häftling, der aus dem Bunker vorgeführt worden war, vernommen. Ich hörte Schläge, Geschrei und dann zog man den Häftling aus dem Zimmer heraus, und die Schreiberin rief mich hinein. Daß Broad den Häftling vernommen hatte, merkte ich daran, daß er sich gerade die Hände abtrocknete. Er sagte dabei: „Der Schweinehund hat mich ganz dreckig gemacht."

Aber auch andere Erinnerungen an Broad sind lebendig geblieben. Ein polnischer Zeuge hat sich gemeldet, um für Broad auszusagen:

Vorsitzender: Herr Zeuge, Sie haben an das Gericht einen Brief geschrieben, in dem Sie mitteilen, daß Ihnen der Angeklagte Broad bekannt ist. Woher kennen Sie ihn?
Burakowski: Von März bis Oktober 1943 war ich im Kommando Reiniger Politische Abteilung. Dort habe ich Broad kennengelernt.
Vorsitzender: Was hat der Angeklagte getan?
Burakowski: Sein Zimmer war das letzte rechts hinter den Zimmern Dylewskis und Bogers. Ich befand mich in einem Raum gegenüber dem Zimmer Broads. Ich habe gesehen, wie

Häftlinge zum Verhör zu ihm hineingeführt und wieder herausgebracht wurden. Ich habe nicht bemerkt, daß diese Häftlinge geschlagen wurden.

Vorsitzender: Haben Sie in Erinnerung, daß einmal von der Gestapo Kattowitz Vernehmungen durchgeführt wurden?

Burakowski: Ja. Damals wurde furchtbar gefoltert.

Vorsitzender: Hat Ihnen Broad damals etwas gesagt im Zusammenhang mit einem Eimer Wasser?

Burakowski: Ja, das hat Broad gesagt. Die Häftlinge sind furchtbar geschlagen worden, und Broad sagte mir: „Wenn die SSler der Gestapo fortgehen, bring den Menschen da Wasser."

Vorsitzender: Hat er dabei auch gegenüber der Gestapo Kattowitz irgendwelche Ausdrücke gebraucht?

Burakowski: Ja, er hat sie als Metzger, Fleischer und Mörder bezeichnet.

Vorsitzender: Ist Ihnen ein Vorfall in Erinnerung im Zusammenhang mit Broad und einer Vergasung?

Burakowski: Ja, dieser Vorfall spielte sich etwa im Juni oder Juli 1943 ab. Familienmitglieder der jüdischen Gemeinden aus der Umgebung sollten ins Gas kommen. Die Leute wurden von deutschen Polizisten geführt und ein SS-Mann von der Kommandantur mußte voran, um den Weg zu zeigen. Ein höherer SS-Mann ist zu Broad gekommen und hat gesagt: „Schnell, gehen Sie!" Broad hat auf sein Bein gezeigt und getan, als ob er krank wäre. Da hat der SSler abgewunken und einen anderen genommen. Ich hatte den Eindruck, daß diese Fußkrankheit nur vorgetäuscht war. Broad hat bei dieser Gelegenheit zu mir gesagt: „Ich habe saubere Hände, ich will nichts damit zu tun haben."

Vorsitzender: Hat er Ihnen auch gesagt, wie Sie sich zu verhalten hätten, wenn nochmals nach ihm gefragt würde?

Burakowski: Ja. Wenn weitere Transporte kamen, die er ja durch das Fenster sehen konnte, ging er regelmäßig fort und sagte mir, ich soll sagen, er sei nicht da.

Vorsitzender: Ist Ihnen bekannt, warum Broad nur Rottenführer war?

Burakowski: Im Juli oder August 1943 wurde Karl Broch zum Unterscharführer befördert. Bei dieser Gelegenheit kam ich einmal ins Zimmer Broads und er sagte: „So wie ich bin, bleibe ich zwanzig Jahre lang Rottenführer."

Vorsitzender: Beruht es auf Tatsache, daß Sie Ihr Leben Broad zu verdanken haben?

Burakowski: Das kann ich nicht mit Sicherheit sagen. Einmal ereignete sich folgender Vorfall — das war am 10. Oktober 1943. Ich bin im leerstehenden Vernehmungszimmer Bogers eingeschlafen, weil ich sehr müde war. Der Vorarbeiter hat mich dort gefunden, und der Capo hat gesagt, ich werde aus dem Kommando herausgeschmissen und komme ins Kommando Faulgas, das sehr berüchtigt war. Abends kam aber Broad zu mir und sagte, er hat schon alles erledigt, ich werde auf ein Außenkommando kommen. Ich bin dann auch zum Außenkommando Brünn eingeteilt worden.

Vorsitzender: Sie schreiben dazu noch in Ihrem Brief, daß Sie trotzdem Broad nicht von aller Schuld reinwaschen können.

Burakowski: Nein, das kann ich nicht.

Vorsitzender: Was wissen Sie von seiner Schuld?

Burakowski: Ich hatte einen Kameraden im Kommando Lebensmittel-Rollwagen. Dieses Kommando mußte von Kanada Gold und Wertsachen in den Keller der Kommandantur bringen. Dieser Kamerad, ein Jude, fragte mich, wen ich für den Harmlosesten von der Politischen Abteilung halte. Ich antwortete ihm: „Broad." Da lachte er und sagte: „Du irrst dich. Ich habe gesehen, wie er bei der Vergasung und auf der Rampe dabei ist. Er hat etwas anderes zu tun."

Richter Hotz: Angeklagter Broad, stimmt das, was der Zeuge hier gesagt hat?

Broad: Ich kann mich an diese Vorfälle nicht erinnern. An die Vernehmung durch die Gestapo Kattowitz erinnere ich mich natürlich, aber an den Vorfall mit dem Wasser nicht.

Hotz: Erinnern Sie sich an den Zeugen?

Broad: Ja.

Die klarste Erinnerung dürfte wohl die Zeugin haben, die lange Zeit hindurch als Häftling Schreiberin bei Broad war:

Steinberg: Anfang 1943 wurde ich Schreiberin bei Broad und blieb das bis zur Evakuierung von Auschwitz.

Vorsitzender: Worin bestand Broads Tätigkeit?

Steinberg: Er führte Vernehmungen durch und hatte Anfragen von Gericht und Gestapo zu erledigen. Als ich hinkam, arbeitete er im Gebäude des SS-Reviers. Ungefähr im Frühling 1943 verlegte er sein Arbeitszimmer in eine kleine Baracke beim Krematorium, außerdem arbeitete er im Gebäude der Kommandantur. Ich war den ganzen Tag bei ihm.

Vorsitzender: Wie wurden die Vernehmungen von Broad durchgeführt? Handelte es sich hier um normale Vernehmungen?

Steinberg: Bevor das Protokoll diktiert wurde, hat er Fragen gestellt, und wenn er nicht gleich die Antwort bekam, die er erwartete, hat er mit Schlägen eine solche Antwort erpreßt.

Vorsitzender: Geschah das auch bei harmlosen Fragen?

Steinberg: Ja, auch dann. Wenn ich Schläge sage, so meine ich Foltern. Oft wurden die Häftlinge nachher bewußtlos aus dem Raum getragen. Im Arbeitszimmer in der kleinen Baracke stand ein kleiner Schreibtisch, in der Ecke befand sich die Schaukel. Mein Tischchen stand dem Fenster zugewandt. Die Schaukel war etwa einen halben Meter von meinem Arm entfernt. Oft nahm sich Broad eine Hilfe, wenn er schlagen wollte, zum Beispiel den SS-Mann Hoyer. Wenn er schlug, habe ich kein Protokoll geschrieben. Nach Folterungen waren manchmal Blutlachen auf dem Boden. Broad hat gewöhnlich einen Häftling von der Reinigung gerufen, der hat Wasser darüber geschüttet, und ich habe dann alles weggewischt. Dergleichen hat sich öfter wiederholt.

Vorsitzender: Wie sah die Schaukel aus?

Steinberg: Es war ein Gestell so wie ein Turngerät.

Vorsitzender: Haben Sie beobachtet, daß Häftlinge nach den Folterungen tot waren?

Steinberg: Wenn man den Häftling herausbrachte, habe ich das nicht festgestellt. Aber mir ist aufgefallen, daß manchmal ein gefolterter Häftling nicht mehr zu einem zweiten Verhör kam. Wenn ich ins Zimmer gerufen wurde, stand der Häftling meist schon drinnen. Er wurde angefahren: „Du wirst schon sprechen!“ Auf der Schaukel bekam er nur Hiebe, und immer wieder wurde ihm gesagt: „Du wirst schon sprechen, wir haben eine Sprache für dich!“ Solche Dinge sah ich sehr oft. Es besteht kein Zweifel daran, daß Broad an den Folterungen beteiligt war. Ich war damals schon einige Monate bei ihm und kannte ihn ganz genau.

Vorsitzender: Wie oft hat Broad Häftlinge mit Hilfe der Schaukel verhört?

Steinberg: Ziemlich oft. Einige Male hat er andere SSler zur Hilfe gerufen, einige Male hat er es allein getan. Er hat mit einem Knüppel geschlagen.

Vorsitzender: Aber Broad konnte doch nicht allein die Schaukel mit dem angeschnallten Häftling aufheben, dazu brauchte er doch einen zweiten?

Steinberg: Ich weiß nicht, wie der Häftling auf die Schaukel kam. Beim Schlagen war ich nur manchmal dabei. Meist mußte ich hinausgehen und mit dem Rücken zur Tür stehen bleiben. Wenn es dann so weit war, daß das Protokoll diktiert wurde, war der Häftling nicht mehr auf der Schaukel. Die Opfer waren überwiegend Polen.

Vorsitzender: Sind Häftlinge, die von Broad vernommen wurden, nachher gestorben?

Steinberg: Ich erinnere mich nicht daran.

Vorsitzender: Sind Sie später ins Zigeunerlager gekommen?

Steinberg: Als Broad versetzt wurde, bin ich mit ihm dorthin gekommen. Broad hat dort Vernehmungen mit Zigeunern durchgeführt, meist auf Grund von Anfragen, die von außen kamen. Ich kann mich zum Beispiel erinnern, daß einmal eine solche Anfrage gekommen ist. In dem Ort, in dem ein Zigeuner früher gelebt hat, sei eine Gans abhanden gekommen. Der Zigeuner wurde vorgeführt und von Broad befragt. Als er nicht antworten konnte, wurde er von ihm derart geschlagen, daß er von einer Ecke des Zimmers in die andere fiel. Dergleichen bedeutete für Broad eine Genugtuung.

Vorsitzender: Ist der Zigeuner später gestorben?

Steinberg: Das habe ich nicht gehört.

Vertreter der Nebenklage Ormond: Hat Broad seinen Dienst in Auschwitz widerwillig versehen?

Steinberg: Ich habe den Eindruck, daß er ihn mit großer Genugtuung ausgeübt hat. Er war zuerst Schütze, später wurde er Sturmmann. Ich kann mich erinnern, daß ich ihm das Band annähen mußte, als er zum Sturmmann befördert wurde. Nachher ist er mit der so dekorierten Uniform stundenlang vor dem Spiegel gestanden.

Broad: Ich habe niemals Häftlinge gefoltert.

Das Gericht bemüht sich, zu erforschen, was Broad im Zigeunerlager getan hat. Der holländische Zeuge van Velsen war Lagercapo in diesem Abschnitt des Birkenauer Lagerkomplexes:

Vorsitzender: Kannten Sie den Angeklagten Broad?

Van Velsen: Ja, Broad war täglich im Zigeunerlager.

Vorsitzender: Welche Tätigkeit hat er dort ausgeübt? Hat er Häftlinge mißhandelt?

Van Velsen: Ich habe das nie gesehen oder gehört. Broad war viel intelligenter als Boger, er paßte nicht in das Bild der SS. Die SSler holten abends oft Zigeunerinnen zum Tanzen. Broad spielte Musik, er liebte Jazz, die für die SS doch als dekadent verrufen war. Vielleicht hatte er nach einer Untergrundbewegung gesucht. Er war immer auf meiner Bude, dort hatte ich eine Karte an der Wand, und wir schauten auf ihr nach, wie die Front näher kam. Das war unsere Hoffnung. Broad hat nichts dagegen unternommen. Einmal hat man erzählt, daß ich bei mir Geld haben sollte. Broad hat polnische Zloty gefunden. Er hat mir das Geld nur weggenommen und sonst nichts weiter veranlaßt.

Elisabeth Guttenberger arbeitete in der Schreibstube des Zigeunerlagers:

Guttenberger: In einem Brief, den ich aus dem Lager schickte, habe ich in Zigeunersprache erwähnt, daß hier Leute Hungers sterben. Daraufhin wurde mir von Broad die Schreiberlaubnis entzogen, und ich durfte auch keine Pakete mehr bekommen. In dieser Zeit sind meine Mutter, meine Schwester, mein Vater und meine Brüder gestorben. Vorher habe ich ihnen mit den Paketen helfen können. Später habe ich wieder Schreiberlaubnis bekommen, aber die Paketsperre war für mich überaus hart, weil ich eben meinen Familienangehörigen in dieser schlimmen Zeit nicht helfen konnte.

Aus Israel kommt ein Zeuge, der eine Zeitlang Häftlingsarzt im Zigeunerlager war und dort folgendes Erlebnis mit Broad hatte:

Dr. Bejlin: Einmal kam im Zigeunerlager ein Freund zu mir und sagte: „Broad ruft mich, ich komme mich verabschieden." Nach seiner Vernehmung ist dieser Freund ins Lager gebracht worden. Er war bewußtlos und hat geröchelt. Als Arzt habe ich gesehen, daß keine Hoffnung mehr bestand.

Vorsitzender: Warum wurde dieser Mann gerufen?

Dr. Bejlin: Ich weiß nicht, warum. Er war Pole, ein Freund von mir aus Bialystok. Er ist auf der Bahre in den Krankenbau des Zigeunerlagers getragen worden, ich glaube in die chirurgische Abteilung. Ich habe später gehört, daß er gestorben ist. Ich befragte auch den Zigeuner, der ihn zurücktrug. Der sagte, daß Broad meinen Freund geschlagen habe. Broad war eine bekannte Gestalt im Zigeunerlager.

Broad: Ich bin am Tod dieses Häftlings nicht schuldig.

Vorsitzender: Wollen Sie diesen Fall nicht etwas eingehender schildern?

Broad: Vom Tod dieses Häftlings ist mir nichts bekannt. Es ist möglich, daß ich ihn vernommen habe, aber keinesfalls habe ich ihn erschlagen. Der Fall selbst ist mir unbekannt. Sicher ist er in diesem Zustand nicht aus meinem Zimmer abgeholt worden.

Vorsitzender: Wenn er so von der Politischen Abteilung zurückgebracht wurde, so waren Sie doch dafür zuständig?

Broad: Ich habe nicht ganz Birkenau zu bearbeiten gehabt. Auch andere SS-Männer der Politischen Abteilung kamen zu mir in die Baracke des Zigeunerlagers, um Vernehmungen durchzuführen. Diesen Fall habe ich nicht erlebt.

Das Gericht will wissen, ob Broad auch bei dem Massenmord an den Zigeunern mitgewirkt hat:

Vorsitzender: Haben Sie Broad bei der Liquidierung des Zigeunerlagers gesehen?

Polak: Ja.

Vorsitzender: Broad sagt aber, daß er damals nicht in Auschwitz, sondern auf einem Kurs in Arolsen gewesen sei.

Polak: Das kann nicht stimmen. Ich habe ihn dort bei der Blockführerstube stehen gesehen. Alle standen dort herum.

Polak war damals Blockältester im Zigeunerlager. Auch die Häftlingssekretärin von Broad erinnert sich:

Vorsitzender: Erinnern Sie sich noch an die Liquidierung des Zigeunerlagers?

Steinberg: Ja. Schon zwei bis drei Monate vorher bekam ich von Broad den Befehl, alle Zigeuner blockweise aufzuschreiben. Das war schwer, denn oft stimmte der Name nicht; manche Zigeuner hatten überhaupt keinen Familiennamen. Ich habe einige Tage an diesen Listen geschrieben. Als ich Broad die Listen abgab, mußten noch Änderungen vorgenommen werden. Broad gab mir an, wer von den Listen zu streichen sei. Diejenigen Zigeuner wurden vorgeladen, die Frontkämpfer waren und zu Ostern 1944 von der Front in das Lager eingeliefert worden waren. Broad fragte sie, ob sie sich sterilisieren lassen wollen, dann kämen sie frei. Wer sich dazu gemeldet hat, ist ins Stammlager verlegt worden, wurde sterilisiert und kam zu uns zurück. Dann wurden die reichsdeutschen Zigeuner, in deren Akt keine Verbrechen verzeichnet waren, von der Liste gestrichen.

Am Vortag oder am Tag der Liquidierung wurden sie nach Auschwitz in Quarantäne verlegt; Kinder waren kaum dabei. Ich erinnere mich, daß ich Broad die Listen am Vorabend übergeben mußte.

Als die Liquidierung begann, mußten wir ins Lager. Eine halbe Stunde, bevor die ersten Zigeuner auf die Lastwagen aufgeladen wurden, sah ich noch Broad. Wir wurden in die Schreibstube eingeschlossen. Wir hörten draußen Schreie wie: „Verbrecher! Mörder!“ Das ganze dauerte einige Stunden. Dann kam ein SS-Offizier, den ich nicht kannte, zu uns in die Schreibstube und diktierte mir einen Brief in die Maschine. Der Inhalt war etwa: „SB vollzogen.“ Er hat mir den Brief aus der Maschine genommen und ihn zerrissen. In der Früh waren keine Zigeuner mehr im Lager.

Vorsitzender: Sind damals versteckte Kinder im Lager zurückgeblieben?

Steinberg: Ich habe davon gehört, habe sie aber nicht gesehen.

Vorsitzender: Sind Sie sicher, daß Broad damals dort war?

Steinberg: Ich habe ihm eine halbe Stunde vorher noch die Listen übergeben.

Vertreter der Nebenklage Ormond: Broad sagt, daß er damals nicht in Auschwitz gewesen sei, sondern auf einem Kurs.

Steinberg: Er war damals ganz bestimmt in Auschwitz. Er ist später auf einen Kurs gegangen, als es keine Zigeuner mehr in Birkenau gab. Damals wohnte ich im tschechischen Familienlager.

Broad: Ich bin Ende Juni oder Anfang Juli von Auschwitz weggekommen. Vorher hat die Zeugin für mich die Heeresdienstvorschriften abschreiben müssen. Anfang August bin ich zurückgekommen, da ich aus dem Kurs wegen meines Augenleidens ausgeschieden bin. Ich war anschließend noch zwei Tage in Berlin und hoffe, dafür Zeugen bringen zu können. Jedenfalls war ich am 20. Juli sicher in Arolsen und beim Luftangriff sicher in Auschwitz. Nach meiner Rückkehr kam ich aber nicht mehr nach Birkenau, sondern ins Stammlager. In Birkenau hat Hans Hofmann meine Stelle übernommen. Was die Listen betrifft, so stimmt es, daß es dabei ein großes Durcheinander gab, aber diese Listen hatten nichts mit der Liquidierung des Zigeunerlagers zu tun. An Hand der Listen wurden nur die Transporte zusammengestellt. Ein Teil der Zigeuner wurde schon in früheren Transporten in andere Lager überstellt.

Ormond: Zeugin, ist ein Irrtum ausgeschlossen, daß Broad eine halbe Stunde vor dem Aufladen der Zigeuner im Lager war?

Steinberg: Da gibt es keinen Irrtum. Der Lehrgang, von dem Broad sprach, war später. Damals hat Hans Hofmann aus Jugoslawien bei uns gearbeitet. Broad kam auch nach dem Kurs wieder zu uns in die Baracke und hat in Birkenau gewohnt.

Der Verteidiger Broads läßt diesen Hans Hofmann als Zeugen laden:

Hofmann: Ich war bei der Politischen Abteilung in der Außendienststelle Birkenau. Dort war eine Zeitlang auch Broad, kurze Zeit Lachmann und anschließend wieder Broad. Er kam später weg, ich weiß aber nicht, wann. Er führte Vernehmungen verschiedener Art durch.

Vorsitzender: Ist Ihnen noch in Erinnerung, wann Broad wiederkam?

Hofmann: Er war vielleicht nur vier oder fünf Wochen weg, dann kam Lachmann endgültig weg. Nur während der Zeit Lachmanns war Broad nicht in Birkenau.

Vorsitzender: War Broad während der Liquidierung des Zigeunerlagers dort?

Hofmann: Ja, ein Teil wurde in der Zeit liquidiert, als ich dort war, und in dieser Zeit war auch Broad, glaube ich, dort.

Richter Perseke: Wo war Broad in der Zeit, in der Lachmann in Birkenau war?

Hofmann: In der Dienststelle im Hauptlager.

Staatsanwalt Vogel: Angeklagter Broad, Sie haben diesen Zeugen benannt?

Broad: Der Zeuge muß sich zeitlich irren. Ich war nicht dort, als das Zigeunerlager liquidiert wurde.

Vogel: Aber der Zeuge saß doch mit Ihnen im Zimmer.

Broad: Es handelt sich sicher um einen Irrtum des Zeugen.

Mehr Glück hat Broad mit einer Entlastungszeugin:

Hilli Weiß: Ich war Lagerschreiberin im Zigeunerlager und bin im Juli 1944 von dort weggekommen, zuerst ins Stammlager und dann nach Ravensbrück. Ich erinnere mich daran, daß sich Broad von mir verabschiedet hat, als ich noch im Zigeunerlager war und er von Lachmann abgelöst wurde. Dieser war dann bis zu meinem Abtransport dort tätig. Ich hatte mit Broad nur zu tun, wenn er aus anderen Lagern kam und Vernehmungen im Zigeunerlager durchgeführt hat. Manchmal habe ich auch Protokolle für ihn geschrieben. Broad war der anständigste Mensch der Lagerverwaltung. Er zeigte mir auch Entlassungsgesuche, die er für mich geschrieben hat. Einmal zeigte er mir einen ablehnenden Bescheid auf ein solches Gesuch, der aus Berlin gekommen war.

Auch von anderen habe ich im Zigeunerlager über Broad nichts Nachteiliges erfahren. Er war immer äußerst anständig, auch bei Vernehmungen, und war menschlich, das weiß ich auch von anderen. Er war ein SS-Mann mit einem Glorienschein.

Als einer der letzten Zeugen erscheint ein Pole vor Gericht, der in Birkenau die Funktion des „Arbeitseinsatzes" auszuführen hatte. Senatspräsident Hofmeyer benützt diese Gelegenheit und befragt auch ihn über die Liquidierung des Zigeunerlagers und über Broad:

Vorsitzender: Sie haben hier bei der Gegenüberstellung den Angeklagten Broad sofort erkannt. Woher kennen Sie ihn?

Mikusz: Ich habe ihn auf der Rampe gesehen. Er stand dort abseits; er war ein einfacher SS-Mann.

Dann sah ich ihn auch bei der Liquidierung des Zigeunerlagers, an der er teilgenommen hat. Sein Büro war ja in der Blockführerstube dieses Lagerabschnittes.

Vorsitzender: Haben Sie feste Anhaltspunkte dafür, daß Broad an der sogenannten Liquidierung dieses Lagers teilgenommen hat?

Mikusz: Ich habe ihn ja dort selbst gesehen. Das war Anfang August 1944. Vor jeder Liquidierungsaktion oder Selektion wurde eine Blocksperre befohlen. Etwa eine Woche vorher sind vielleicht 2000 arbeitsfähige Zigeuner aus dem Zigeunerlager in andere Lager gekommen. Dann war eines Abends Blocksperre, und die Liquidierung hat begonnen. Ich glaube, daß die Leitung dieser Aktion in Hand des Rapportführers Buntrock lag, der auch die Liquidierung des Theresienstädter Familienlagers durchgeführt hat. Wir Funktionshäftlinge konnten auch bei Blocksperre herumgehen. Ich war damals im Block 2 des Lagerabschnittes B II d, der an der Seite des Zigeunerlagers lag. Darum habe ich genau gesehen, wie SSler von der Blockführerstube ins Lager gingen, darunter auch Broad. Die Zigeuner wurden auf LKW aus dem Lager gefahren.

Vorsitzender: Handelte es sich damals um die Selektion der arbeitsfähigen Zigeuner?

Mikusz: Nein. Es handelte sich um die endgültige Liquidation des Zigeunerlagers.

Vorsitzender: Das ist eine außerordentlich wichtige Aussage. Der Angeklagte Broad verantwortete sich bisher damit, daß er zu dieser Zeit gar nicht in Auschwitz war.

Mikusz: Ich habe ihn dort gesehen. Er trug bereits damals eine Brille und hat sich seitdem nicht sehr verändert, deswegen habe ich ihn mir genau gemerkt. Ich kann mich auch an eine Einzelheit erinnern. Der Rapportführer Bonikut des Zigeunerlagers — er war einer von den besseren — wollte anscheinend an der Aktion nicht teilnehmen. Er hat sich krank gemeldet. Er war zwei Tage krank, obwohl das die SS nicht gerne gesehen hat.

Ich habe auch in Erinnerung, daß damals die Lastwagen in eine andere Richtung fuhren, und erst als es dunkel wurde, sind die Lastwagen mit den Zigeunern direkt zu den Krematorien II und III gefahren.

Vorsitzender: Wie lange dauerte diese Aktion?

Mikusz: Vielleicht eineinhalb oder zwei Stunden, aber das ist jetzt schwer zu sagen.

Vorsitzender: Sind dabei Schüsse gefallen?

Mikusz: Ich habe vielleicht zwei oder drei Schüsse aus einem Kleinkalibergewehr oder aus einer Pistole gehört. Ich glaube, es wurde damals im Block 3 geschossen.

Vorsitzender: Und Sie haben keinen Zweifel, daß Sie Broad selbst bei dieser Aktion gesehen haben?

Mikusz: Nein, ich habe keinen Zweifel.

Ich möchte aber noch etwas hinzufügen. Ich habe Broad niemals schlagen gesehen.

Vorsitzender: Angeklagter Broad, wollen Sie keine Erklärung abgeben? Sie sind doch jetzt sehr beschuldigt worden.

Broad: Ich kann nur wiederholen: Ich war in dieser Nacht nicht dabei.

Broad hat zugegeben, daß er auch im berüchtigten Block 11 war. Welche Rolle hat er dort gespielt?

Vorsitzender: Ist Ihnen bekannt, daß Broad auch bei Säuberungen im Bunker dabei war?

Steinberg: Ich hörte davon. Derartige Aktionen spielten sich fast jede Woche ab. Einmal kam Broad vom Bunker zurück. Seine Uniform war blutbefleckt. Er war mit Lachmann beisammen, dessen Tür zu unserem Zimmer offenstand. In der Türe sagte er zu Lachmann: „Weißt du, Gerhard, das hat heute wieder gespritzt wie aus einem Biest." Dabei hat er gelacht. Dann gab er mir seinen Rock zum Reinigen. Er war mit frischem Blut befleckt. Es war gar nicht leicht, die Flecken herauszubekommen.

Vertreter der Nebenklage Ormond: Angeklagter Broad, was haben Sie dazu zu sagen?

Broad: Ich kann mich an diesen Vorfall nicht erinnern. Ganz bestimmt ist aber bei Erschießungen an der Schwarzen Wand kein Blut an meine Uniform gekommen. Ich stand immer so weit von der Schwarzen Wand, daß ich nicht bespritzt werden konnte.

Das sagt seine Häftlingssekretärin. Ein Zeuge, der als Leichenträger oft in den Hof vom Block 11 kam, kennt zwar nicht den Namen des Angeklagten Broad, hat aber Gewichtiges auszusagen:

Als dem Zeugen Fabian alle Angeklagten gegenübergestellt werden, erkennt er auch den Angeklagten Broad. Der Vorsitzende fragt ihn, welche Erinnerung ihm im Zusammenhang mit diesem Angeklagten noch lebendig ist. Darauf antwortet der Zeuge:

Fabian: Dieser Angeklagte war auch bei Block 11. Ich erinnere mich, daß er einmal eine Frau erschoß. Er stand im Hof in der Reihe der SS-Leute an der Wand, da wurde eine junge Frau zur Schwarzen Wand geführt. Dieser Angeklagte sagte zu einem anderen SS-Mann: „Laß mir die, die ist jung, die erschieße ich." Daran erinnere ich mich ganz genau.

Vorsitzender: Wo stand damals Broad?

Fabian: Er stand am linken Flügel der Reihe der SS-Leute. Er hat auch sonst sehr häufig geschossen, besonders auf Frauen. Daß er bei großen Hinrichtungen geschossen hat, weiß ich hundertprozentig.

Richter Hotz: Wann hat Broad diese Frau erschossen?

Fabian: Im Sommer 1944.

Auf Grund dieser Aussage entschließt sich das Gericht, Broad wieder in Haft zu nehmen.
Auch ein deutscher Capo erinnert sich an Broad im Bunker:

Hirsch: Wenn die Kommission in den Bunker kam, dann mußten wir uns in unserer Zelle in einer Reihe aufstellen, und jeder meldete sich. Aumeier, Grabner, Boger, Broad und andere kamen. Wir wurden nach dem Vergehen befragt. Entschieden wurde vom Lagerführer, der sich vom Referenten beraten ließ. Ich erinnere mich an einen jungen Russen, der beim Appell nicht angetreten war und so wegen Fluchtverdacht in den Bunker eingeliefert worden war. Keiner von der Kommission wußte etwas über den Fall. Grabner sagte: „Das ist ja der Idiot, der hat sich verlaufen.“ Darauf sagte Aumeier: „Ah wos, an Bolschewik weniger.“ Der Russe wurde erschossen. Während der Erschießung im Hof wurde der Schacht, der zum Fenster unserer Zelle führte, zugedeckt. Dann kam die Decke weg, und vor dem Schacht stand Broad, der uns freundlich lächelnd eine Kippe gab. Damals habe ich 34 Schüsse gezählt.

Vorsitzender: War Ihnen Broad schon von früher bekannt?

Hirsch: Ja, ich kannte ihn von Birkenau. Er war sehr freundlich und scheinbar wohlwollend. Er hörte, daß ich etwas Russisch sprach. Da wollte er, daß ich Spitzeldienste gegen die Russen leiste. Ich zog mich dadurch aus der Schlinge, daß ich sagte, die Russen wären sehr mißtrauisch und kapselten sich von uns Deutschen völlig ab.

Vorsitzender: Haben Sie Broad auch auf der Rampe gesehen?

Hirsch: Ja, sehr oft.

Dort hat ihn auch ein Zeuge gesehen, der beim Abtransport der Habe der Ankommenden zu arbeiten hatte:

Vorsitzender: Sie haben hier bei der Gegenüberstellung auch den Angeklagten Broad erkannt. Wo haben Sie ihn gesehen und was können Sie über ihn sagen?

Gibian: Er war auch auf der Rampe. Er hat dort Listen von Transportführern übernommen. Ich kann nicht sagen, daß er bei Selektionen aktiv gewesen ist.

Eine deutlichere Erinnerung hat der polnische Zeuge Rablin:

Rablin: Einmal im Sommer 1943 war ich auf der Rampe, weil dort irgend etwas zu reparieren war; ich gehörte zu dieser Zeit dem Elektrikerkommando an. Es kam gerade ein Transport an, und ein älterer Mann aus der Gruppe der Ankommenden wandte sich an uns. Es war ein polnischer Jude. Er sagte etwas, ich kann mich erinnern, daß ein Ausdruck fiel wie: „Typische deutsche Ordnung." Da kam Broad angelaufen und hat irgend etwas geschrien. Wir bekamen den Befehl, uns zu entfernen und haben uns bemüht, langsam wegzugehen, um noch beobachten zu können. Broad sprang zu dem Juden zu, schlug ihn und trieb ihn zu seiner Gruppe zurück. Der Mann fiel schließlich auf den Boden, und Broad hat auf ihn getreten; er hat ihn zertreten. Dann ging er weg. Der am Boden Liegende wurde von Häftlingen weggetragen.

Die Aussage Rablins kann vor Gericht leider nur verlesen werden. Ein tschechischer Zeuge schildert folgende Episode:

Erich Kulka: Im Herbst 1944 kam wieder einmal ein Transport aus Theresienstadt nach Birkenau. Eine Mutter, die ganz verzweifelt ein kleines Mädchen an der Hand führte, schöpfte Hoffnung, als sie das Auto mit dem Roten Kreuz sah. Ein Häftling, der an der Rampe zu arbeiten hatte, hörte sie sagen: „Gott sei Dank, wir sind gerettet!" Der Häftling flüsterte ihr zu, daß der Rote-Kreuz-Wagen das Giftgas in das Krematorium führe, und sie auch dort verbrannt werden soll. Die erschrockene Frau sah Broad, wandte sich an ihn und fragte, ob das zutreffe. Broad soll geantwortet haben: „Gnädige Frau, wie können Sie nur einem Häftling glauben? Das sind doch Verbrecher, sehen Sie doch nur die kahlgeschorenen Köpfe." Dann ließ er sich den Häftling zeigen, der die Frau gewarnt hat, und machte eine Meldung. Der Häftling wurde zu 150 Stockschlägen verurteilt, und die anderen Häftlinge des Kommandos zu je zehn Schlägen. So weit ist mir diese Geschichte aus Erzählungen bekannt. Aber daß Broad beim Vollzug der Strafe dabei war, habe ich gesehen.

Vorsitzender: Was geschah mit dem Häftling?

Erich Kulka: Er starb.

Vorsitzender: Wurde vor der Strafe ein Urteil bekanntgegeben?

Erich Kulka: Es wurde eines verlesen, es hieß darin: Wegen Verbreitung von Greuelnachrichten.

Ein Zeuge aus Polen schildert das Ende eines Freundes:

Bodek: Ich kannte Broad etwa vom Ende 1943 an. Wenn wir von ihm sprachen, dann sagte man: Broad bedeutet einen eleganten Tod mit Handschuhen. Im Frühling 1944 führte er einmal den Häftling Obidowicz — einen polnischen Offizier — aus dem Krankenbaulager B II f weg. Ich kannte Obidowicz gut und war sehr beunruhigt, als er den Befehl bekam, sich anzuziehen. Es war damals keine Lagersperre, und ich konnte genau beobachten, daß ihn Broad von B II f nach links in die Richtung führte, die ich sehr gut kannte. Ein oder zwei Tage später hörte ich, daß der Capo vom Krematorium gesagt hat: „Obidowicz ist tot."

Vorsitzender: Woher kannten Sie Broad damals?

Bodek: Die Häftlinge kannten ihre Verfolger. Besonders bekannt waren diejenigen von der Politischen Abteilung. Broad war sehr gut bekannt. Er machte einen distinguierten Eindruck und war deswegen vielleicht noch gefährlicher.

Bei der Gegenüberstellung erkennt der Zeuge den Angeklagten Broad sofort.

Verteidiger Dr. Laternser: Was sagten Sie eben, als Sie den Angeklagten erkannten?

Bodek: Pery Broad.

Dr. Laternser: Woher kennen Sie seinen Vornamen?

Bodek: Im Lager war dieser Vorname sehr auffallend, er war daher bekannt.

Aus Bratislava kommt ein Zeuge, der im Birkenauer Lagerabschnitt BI b größere Bewegungsfreiheit und daher mehr Möglichkeit zur Beobachtung hatte:

Wetzler: Im Dezember 1942 ist eines Tages das Sonderkommando in Birkenau nicht ausgerückt. Es war damals 300 Mann stark. Vorher habe ich von einem Häftling aus diesem Kommando einen Brief bekommen, in dem er sich von seiner Schwester verabschiedete, die ebenfalls im Lager war. An dem Tag waren viele SSler im Lager. 15 Häftlinge aus dem Sonderkommando wurden herausgesucht. Broad hat mit Palitzsch und Stiwitz diese Aussonderung vorgenommen und die 15 zur Leichenhalle im Abschnitt B I b geführt. Warum gerade diese 15 ausgesucht wurden, ist mir unbekannt geblieben. Die übrigen 285 Häftlinge von einer Schicht des Sonderkommandos mußten auf der anderen Seite des Lagerabschnittes antreten. Eine größere Anzahl von SSlern hat diese Gruppe nach Auschwitz abgeführt. Die 15 Ausgesonderten wurden von Palitzsch, Stiwitz und Broad erschossen. Damals waren im Sonderkommando hauptsächlich slowakische Juden mit 36.000er Nummern. Sie sind von Lublin nach Auschwitz gekommen.

Vorsitzender: Früher haben Sie gesagt, daß diese Aktion im Zusammenhang mit einem Fluchtversuch durchgeführt worden sei.

Wetzler: Ja, ich glaube das. Soweit ich weiß, ist ein Fluchtversuch von denen verraten worden, die bei der Flucht nicht hätten mitkommen können. Das habe ich aber nur gehört. Broad war auch öfter im Häftlingsanzug im Lager, um zu spionieren, das ist bekannt gewesen.

Richter Perseke: Wie viele von den 15 hat Broad selbst erschossen?

Wetzler: Ich habe diese Frage erwartet, kann aber keine Antwort auf sie geben. Ich weiß, daß Broad auch ein Gewehr hatte und alle drei gefeuert haben.

Staatsanwalt Vogel: War Ihnen damals der Name Broad bereits bekannt?

Wetzler: Nein, den habe ich später erfahren. Ich habe mich immer sehr dafür interessiert, wenn junge Menschen, die in meinem Alter waren, so selbstherrlich über Leben und Tod entschieden haben. Er kam dann oft genug ins Lager, besonders gern in das Frauenlager, so daß ich ihn kennenlernen konnte. Er war ein fescher Mensch mit Augengläsern.

Broad: Die Beschuldigungen treffen nicht zu.

Auch der Zeuge Rablin erinnert sich, Broad einmal auf Häftlinge schießen gesehen zu haben:

Rablin: Entweder im Herbst 1943 oder im Frühling 1944 war ich mit Elektroinstallationen im Frauenlager Birkenau beschäftigt, da hörte ich vom Platz vor dem Krematorium her Schüsse. Häftlinge liefen auf dem Platz angstvoll herum, und ich habe dort einige SS-Leute schießen gesehen, unter anderem auch Broad. Da ertönte eine Sirene. Broad hat aus einer Maschinenpistole geschossen. Ich habe nachher vier Tote auf dem Platz liegen gesehen.

Da aber dieser Zeuge nicht nach Frankfurt kommen konnte, kann er vom Gericht nicht eingehender befragt werden.

Josef Neumann stammt aus der Tschechoslowakei und lebt jetzt in den Vereinigten Staaten:

Neumann: Als ich nach meinem mißglückten Fluchtversuch mit dem SS-Blockführer Pestek aus dem Bunker nach Birkenau gebracht wurde, führte mich der Posten in die Baracke der Politischen Abteilung vor dem Zigeunerlager. Dort wurde ich den SS-Männern Broad und Lachmann übergeben. Broad fragte mich: „Willst du reden? Schau mir gerade in die Augen!“ Ich antwortete, daß ich unschuldig sei. Da fing die Tortur schon an. Broad hielt meinen Kopf fest, und Lachmann schlug auf meinen Rücken ein. Vor Schmerzen riß ich mich einmal los und fiel zu Boden. Bei dieser Gelegenheit fiel auch die Brille Broads auf den Boden. Er sagte: „Das wird dir dein Leben kosten!“ Ich versuchte aufzustehen, hielt mich am Ofen fest, da schlug Broad die Ofentür zu. Meine Nägel waren blau. Als sie mit ihrer Tortur fertig waren, befahlen sie mir, am Lagerzaun in der Position „Stillgestanden“ bis zum Appell stehenzubleiben. So ging es vielleicht drei oder dreieinhalb Wochen. Täglich wurde ich etwa um 9 Uhr in der Früh vernommen und geschlagen, dann mußte ich beim Draht stehen, und wenn ich mich rührte, wurde ich hineingerufen und bekam wieder Schläge. Einmal hatte ich Blut im Urin. Als ich das meldete, hörte Broad zu schlagen auf.

Vorsitzender: Haben Sie ein dauerndes Leiden von diesen Schlägen davongetragen?

Neumann: Ja, mir wurden die Zähne ausgeschlagen, ich habe dauernd Nierenbeschwerden, ich war dreimal im Spital und leide an Schlaflosigkeit. Auch die Sehkraft meines rechten Auges ist geschädigt.

Richter Perseke: Wissen Sie, wer den SS-Mann Pestek verhört hatte?

Neumann: Das weiß ich nicht.

Staatsanwalt Vogel: Sie hatten als Leichenträger größere Bewegungsfreiheit in Birkenau?

Neumann: Ja, ich durfte in alle Lagerabschnitte und auch in das Frauenlager Birkenau.

Vogel: Wissen Sie noch, wann Sie Broad zum ersten Mal gesehen haben?

Neumann: Broad hatte sein Büro direkt neben dem Zigeunerlager. Ich war bei ihm bereits zwei bis drei Monate vor meinem Fluchtversuch zur Vernehmung. Aus dem Kommando der Leichenträger sind zwei oder drei Häftlinge geflohen. Deswegen wurde ich von Broad vernommen. Als diese Häftlinge gefaßt wurden, waren die Verhöre zu Ende.

Vertreter der Nebenklage Raabe: Wurden Sie von Broad und Lachmann auch mit Geräten geschlagen oder nur mit den Fäusten?

Neumann: Ich wurde mit Schaufelstielen und Fäusten geschlagen, mit Gegenständen beworfen; aber zwischendurch gab mir Broad auch einmal eine Zigarette.

Vogel: Angeklagter Broad, können Sie sich an diese Flucht erinnern?

Broad: Ich kann mich an die Flucht mit Hilfe des SS-Mannes Pestek erinnern. Ich war aber bei diesen Ermittlungen nicht eingeschaltet. Lachmann kam erst nach meiner Ablösung nach Birkenau. Es ist auch ganz unwahrscheinlich, daß diese Verhöre in Birkenau stattgefunden haben sollen. Es wäre doch viel bequemer gewesen, die ganze Angelegenheit in Auschwitz abzuwickeln. Ich habe zusammen mit Lachmann keine Vernehmungen durchgeführt. Ich vermute, daß sich dieser Vorfall nach meiner Ablösung ereignete. An und für sich war es nichts Besonderes, daß Häftlinge aus Auschwitz zu fliehen versuchten; das ist täglich vorgekommen.

Vogel: War es auch nichts Besonderes, daß bei Vernehmungen geprügelt wurde?

Broad: Bei uns in Birkenau ist nicht geprügelt worden. Ich selbst habe in Fluchtsachen nicht oft ermittelt.

Noch keine 17 Jahre war der Zeuge Löw alt, als er folgendes Erlebnis mit dem Angeklagten Broad hatte:

Bei der Gegenüberstellung erkennt der Zeuge den Angeklagten Broad.

Vorsitzender: In welchem Zusammenhang erinnern Sie sich an diesen Angeklagten?

Löw: Bei dem Evakuierungstransport am 18. Januar 1945 war dieser SS-Mann mit uns. Er hieß Peggy oder so ähnlich. Als wir das erste Mal unterwegs übernachteten, erschoß dieser Peggy den Häftling Oskar Kraft, weil dieser nicht mehr gehen konnte. Kraft war so alt wie ich. Er war aus meinem Kommando. Ich glaube mich nicht zu irren; der SS-Mann war damals vielleicht zwanzig Jahre alt und trug eine Brille.

Vorsitzender: Woher wußten Sie seinen Namen Peggy?

Löw: Andere SS-Leute haben ihn so gerufen.

Nun werden dem Zeugen Bilder von Broad in SS-Uniform aus der Auschwitz-Zeit gezeigt.

Löw: Ja, das ist Broad.

Vorsitzender: Angeklagter Broad, was haben Sie dazu zu sagen?

Broad: Ich war am 18. Januar in Groß-Rosen. Am 6. oder 7. Januar mußte ich die SS-Arrestanten von Auschwitz über Breslau nach Groß-Rosen bringen. Ich weiß das noch genau, weil einer unterwegs abhanden kam. Ich wurde bei der Ankunft in Groß-Rosen deswegen vernommen.

Vorsitzender: Sie haben seinerzeit angegeben, daß Sie bis zur Auflösung des Lagers in Auschwitz waren.

Broad: Die Auflösung erfolgte sukzessive. Wir fuhren mit einem regulären Zug ab und haben den Marsch nicht mitgemacht.

Vorsitzender: Aber der Zeuge hier erkannte Sie und erinnerte sich auch, daß Sie Peggy oder so ähnlich gerufen wurden. Das stimmt doch mit Ihrem Vornamen Pery überein. Der Zeuge bezichtigt die Angeklagten durchaus nicht in Bausch und Bogen. Im Gegenteil, er hat sonst niemanden beschuldigt, seine Angaben klingen durchaus nicht unglaubhaft.

Broad: Ich hoffte, der Zeuge Walter würde sich daran erinnern, daß ich damals mit SS-Arrestanten Auschwitz verließ.

Vertreter der Nebenklage Ormond: Erinnern Sie sich, daß Sie genau am 18. Januar 1945 von Auschwitz wegkamen?

Löw: Als wir von unserem Arbeitsplatz in den Union-Werken einrückten, kam keine Ablösung mehr, und wir alle wurden ins Lager gebracht. Ich glaube sicher, daß das der 18. Januar war. Es war damals schon ein Chaos. Einige Transporte waren bereits weggegangen.

Ormond: Wie erfolgte die Erschießung?

Löw: Ich ging in den letzten Reihen. Wir hatten Holzschuhe und daher ganz wunde Füße. Es knallte ein Schuß, ich drehte mich um, und Kraft lag am Boden. Der Schütze ging neben uns und jagte uns vorwärts.

Verteidiger Dr. Laternser: Wie groß war die Kolonne, in der Sie marschierten?

Löw: Es war die ganze Nachtschicht der Union, vielleicht 500 oder 600 Häftlinge.

Dr. Laternser: Wie viele Reihen marschierten hinter Ihnen?

Löw: Vielleicht vier oder fünf Reihen. Zuerst gingen wir genau in Fünferreihen. Später lösten sich die Reihen auf, und wir marschierten in einem Haufen. Zuerst war Kraft vor mir, dann blieb er zurück, und ich habe mich nach ihm umgesehen, denn wir wollten ihn unbedingt mit uns ziehen.

Dr. Laternser: Wieviel SS-Posten begleiteten diesen Zug?

Löw: Auf der einen Seite gingen noch zwei SSler außer dem Peggy. Beim Ausmarsch waren es vielleicht 12 oder 15, ich kann das aber nicht sicher sagen. Einige von den SS-Leuten kannte ich vom Unionkommando.

Dr. Laternser: Wann haben Sie den Angeklagten zum ersten Mal gesehen?

Löw: Er war einige Male beim Tor und hat dort Häftlinge visitiert.

Dr. Laternser: Hörten Sie den Knall, als auf Kraft geschossen wurde?

Löw: Ja. Es knallten häufig Schüsse, aber bei diesem Schuß drehten wir uns alle um, denn er wurde unmittelbar hinter uns abgegeben.

Mehrmals wird Broad als „einer der intelligentesten Angeklagten", als eine „schillernde Persönlichkeit" und ähnlich bezeichnet. Rechtsanwalt Henry Ormond, der in Broad einen eiskalten Analytiker sieht, ist es zu verdanken, daß dem Gericht ein Dokument vorgelegt wird, das in die Geschichte dieses Prozesses unter der Bezeichnung „Broad-Bericht" eingegangen ist — und nicht nur in die Prozeßgeschichte. Die Entstehung dieses so interessanten Dokuments wird von Zeugen, die Ormond laden ließ, geschildert:

Rothmann: Ich diente in der britischen Armee und hatte einmal für kurze Zeit — es war nach dem Krieg — vertretungsweise die Arbeit in der Intelligence Section übernommen. Dort arbeitete zu dieser Zeit Broad als Dolmetscher. Damals wurde mir von ihm sein Bericht über das Konzentrationslager Auschwitz übergeben. Es handelte sich um sechs Kopien. Eine davon habe ich mir behalten und jetzt dem Gericht zur Verfügung gestellt.

Vorsitzender: Haben Sie damals mit Broad gesprochen?

Rothmann: Ich war täglich mit ihm beisammen und habe ihn als hilfsbereiten Menschen kennengelernt. Er war gewillt, in allem zu helfen. Ich hielt ihn selbst für ein Opfer der Nazi. Er sagte uns, daß sein Vater Engländer gewesen sei und daß er in Auschwitz dauernd unter Alkohol stehen mußte, um all die Sachen im Krematorium mit ansehen zu können.

Vorsitzender: Hat Broad den Bericht allein geschrieben?

Rothmann: Ich habe nie gehört, daß ihm dabei jemand geholfen hätte. Ich müßte mich erinnern, wenn er mir damals etwas dergleichen gesagt hätte.

Vorsitzender: Ist der Bericht mit mündlichen Erzählungen Broads identisch?

Rothmann: Ungefähr.

Staatsanwalt Vogel: Sie haben nach der Lektüre des vorliegenden Berichts keinen Zweifel, daß es sich um diesen Broad-Bericht handelt?

Rothmann: Keinen.

Broad: Mein Vater war brasilianischer Staatsangehöriger, das kann durch viele Dokumente belegt werden. Seine Familie stammt aus England. Ich habe 1945 einen Bericht über Auschwitz geschrieben und diesen im britischen Camp Munsterlager den Engländern übergeben. Dort wurde eine Abschrift meines Berichtes angefertigt. Ich habe mir die hier vorgelegte Fotokopie flüchtig angesehen. Einiges stammt von mir, einiges dürften andere ergänzt haben, einiges ist auch falsch. Ich wundere mich, daß solche Sachen von mir stammen sollten.

Weil Broad gerne von seinem Bericht abrücken möchte, wird ein anderer Zeuge vor Gericht gerufen:

Van het Kaar: Es war vielleicht Anfang Juni 1945, ich war damals in der Vernehmungsabteilung eines Kriegsgefangenenlagers. Broad ist freiwillig gekommen und hat mir die Geschichte von Auschwitz erzählt. Mir schien das so wichtig, daß ich ihn sofort aus dem Lager geholt und ihm eine englische Uniform gegeben habe. Ich sagte ihm: „Schreiben Sie alles auf, besonders schildern Sie das tägliche Leben dort." Broad hat im selben Haus gewohnt, in dem wir wohnten, und hat in zwei bis drei Tagen allein alles aufgeschrieben. Später kam Broad in das Lager Munsterlager und fing allmählich an, uns beim Suchen von Kriegsverbrechern in den Lagern zu helfen.

Vertreter der Nebenklage Ormond: Haben bei der Abfassung des Berichtes auch noch andere Leute mitgewirkt? Bestand überhaupt die Möglichkeit dazu?

Van het Kaar: Nein. Broad hat den Bericht ganz allein hergestellt. Er ist freiwillig zu uns gekommen. Wir haben ihn nicht gesucht. Er ist etwa um den 15. Juni gekommen. Es war so eine Art Beichte von ihm. Er wollte es aus seinem Herzen haben.

Ormond: Hat Ihnen Broad bei Ihrer Tätigkeit im Kriegsgefangenenlager geholfen?

Van het Kaar: Ja. Er war bei vielen Vernehmungen dabei, um uns anzudeuten, wer ihm verdächtig erschien.

Ormond: War Broad später auch in Nürnberg?

Van het Kaar: Ich wurde im Dezember 1945 aus der englischen Armee entlassen. Aber ich berichtete Colonel Draper von allem und habe später gelesen, daß Broad in Nürnberg als Dolmetsch verwendet wurde.

Vorsitzender: Angeklagter Broad, was haben Sie dazu zu sagen?

Broad: Ich habe dazu nichts zu sagen.

Nach der Verlesung des Broad-Berichts, der einen nachhaltigen Eindruck auf alle macht, wird der Angeklagte eingehend verhört:

Vorsitzender: Angeklagter Broad, was sagen Sie zu dem verlesenen Dokument?

Broad: Einzelne Teile erkenne ich einwandfrei als meine Aufzeichnungen wieder, aber nicht das Dokument in vollem Umfang.

Vorsitzender: Sie hatten in Auschwitz weitgehend Einsicht in die Vorkommnisse.

Broad: Ja, ich hatte große Kenntnisse.

Vorsitzender: Sie brachten damals zum Ausdruck, daß es sich um Verbrechen handelte.

Broad: Das ist auch heute noch meine Überzeugung. Jede Art von Tätigkeit in Auschwitz war eine Beihilfe dazu. Ich glaube, es gibt mehrere Fassungen von diesem Bericht. Es scheint mir viel fremdes Wissen in diesem Bericht.

Vorsitzender: Der Bericht ist im gleichen Stil und aus einem Guß. Hat es nicht den Anschein, als ob er nur von einem Mann, also von Ihnen stammte?

Broad: Ja, das stimmt. Ich weiß nur nicht, woher die Zahlenangaben stammen. Ich konnte die nicht wissen.

Vertreter der Nebenklage Ormond: Wie lange waren Sie der englischen Einheit zugeteilt?

Broad: Von Sommer 1945 bis Ende 1946.

Ormond: Haben Sie damals den Bericht nicht doch vielleicht allein geschrieben?

Broad: Ich kann das weder bestreiten noch bestätigen. Vieles ist zutreffend, einiges falsch. Das Original war in deutscher Sprache geschrieben.

Ormond: Erinnern Sie sich an die Schilderung des Zeppelin-Kommandos?

Broad: Ich weiß, daß ein solches Kommando existierte. Es bestand aus Russen. Der Zweck ihrer Ausbildung war bekannt. Das Kommando Zeppelin wurde in Auschwitz ausgebildet. Ich habe das Bild der Russen mit ihren Tschakos vor mir. Auch die Schilderungen über die Vergasungen sind zweifellos von mir.

Ormond: Das Aussehen der Gaskammern und die Bilder davon in der Bauleitung?

Broad: Ja, das stimmt auch.

Ormond: Der Höhepunkt der Vergasungsaktion im Frühjahr 1944, als die Judendeportationen aus Ungarn erfolgten? Und daß Höß diese Aktion leitete?

Broad: Ja, das trifft zu.

Ormond: Die dreigleisige Bahnanlage im Lager Birkenau, wo ein Zug entladen wurde, während der nächste schon einlief?

Broad: Ja, das möchte ich annehmen.

Ormond: Daß damals der Prozentsatz der „Sonderbehandelten" höher war? Wer hat ihn festgesetzt?

Broad: Ich habe mich damals darüber mit Dr. Mengele unterhalten. Er sagte: „Gehe ich nicht, dann geht ein anderer, der einen höheren Prozentsatz zu den Gaskammern schickt". Ich sah die Transporte in Birkenau jeden Tag.

Vorsitzender: Wie ist die Zahl derer zustande gekommen, die von den Ärzten ausgewählt wurde?

Broad: Aus eigenem Wissen kann ich diese Frage nicht beantworten.

Vorsitzender: Eine Zeugin gab die Zahl mit zehn Prozent an.

Broad: Ich habe das auch etwa in dieser Form gehört. Der Prozentsatz war abhängig von dem Bedarf an Arbeitskräften. Aber das ist keinesfalls zuverlässig, ich weiß das nur vom Hörensagen.

Vorsitzender: Die Angeklagten könnten diese Fragen beantworten. Die Angeklagten müssen wissen, nach welchem Gesichtspunkt selektiert worden ist; die Adjutanten, der Lagerleiter, die Politische Abteilung, die Ärzte müssen das wissen.

Ormond: Die Schilderung der Zustände im Zigeunerlager stammt von Ihnen?

Broad: Ja, das ist eindeutig meine Kenntnis.

Ormond: Und die Schilderung der Korruption Grabners und die Weisung, „S" auf polnische Akten anzubringen und die Polen erschießen zu lassen?

Broad: Ja, es war Grabners wahnsinnige Idee, die Polen auszurotten.

Ormond: Im Bericht haben Sie sich stark von den Geschehnissen in Auschwitz distanziert. Ist das erst nachher erfolgt?

Broad: Mindestens im letzten Jahr von meinem Aufenthalt in Auschwitz. Ich bekam damals Aufschluß über die Tätigkeit des Sonderkommandos in Block 11. Als ich nach Birkenau versetzt wurde, wurde ich mir in vollem Umfang über die Geschehnisse klar.

Vorsitzender: Der Vorfall, daß ein Kind unter Kleidern versteckt wurde?

Broad: Ich kenne diese Schilderung. Es gab gewisse Schwierigkeiten im Prozeß gegen Moll. Er wurde damals nur wegen einem Kindesmord verurteilt. Daß Kinder in Auschwitz erschossen worden sind, habe ich gehört.

Moll war der Chef der Krematorien in Auschwitz, er wurde von einem amerikanischen Militärgericht zum Tod verurteilt.
Nach allem können die Versuche Broads, vor Gericht von seinem Bericht abzurücken, als gescheitert und der Bericht als authentisch angesehen werden. Es gibt kaum ein Dokument, das im Verlauf des Prozesses so oft zitiert wird, wie der Broad-Bericht, von dem darum auch Abschnitte in diese Dokumentation aufgenommen wurden.

Im Verlauf des Prozesses ist Broad wesentlich wortkarger, als er es in diesem Bericht gewesen ist. Auch in seinem Schlußwort beschränkt er sich auf einige knappe Sätze:

Sie wissen, daß ich bestreite, jemals an der Tötung von Menschen unmittelbar beteiligt gewesen zu sein. Zu einem Punkt drängt es mich, etwas zu sagen: Der Zeuge Fabian hat mich in unglaublicher Weise belastet. Ich bitte das Gericht, sich einmal in die Situation zu versetzen, daß man zu Unrecht mit so einem schweren Vorwurf belastet wird, und ich kann nur das Gericht mit allem Nachdruck bitten, mir zu glauben, daß ich das, was Fabian hier über mich ausgesagt hat, nicht getan habe.

Bruno Schlage

Schlage wurde 1903 in Truttenau in Ostpreußen geboren. Sein Vater war Arbeiter. Schlage erlernte den Maurerberuf und war seit 1928 meist auf ausländischen Baustellen einer Königsberger Firma als Maurerpolier tätig.

Nach seinen Angaben gehörte der Angeklagte niemals einer politischen Partei an. Im Jahr 1940 wurde er zu einer Polizeiverfügungstruppe in Ostpreußen eingezogen und bald darauf der 22. SS-Division zugeteilt. Von dort erfolgte seine Kommandierung zum Konzentrationslager Auschwitz. Damals war Schlage SS-Rottenführer. 1944 wurde er zum SS-Unterscharführer befördert.

Bei der Evakuierung von Auschwitz eskortierte er einen Häftlingstransport zu dem KZ Groß-Rosen. Nach Kriegsende geriet er in polnische Kriegsgefangenschaft, aus der er im August 1949 entlassen wurde. Er ließ sich in Dehme bei Bad Oeynhausen nieder.

Anfang 1962 wird Schlage in das Auschwitz-Verfahren einbezogen und während des Prozesses am 13. April 1964 in Haft genommen, da neue Beschuldigungen gegen ihn vorgebracht wurden.

In seiner Verantwortung vor Gericht vermeidet es Schlage soweit als möglich, sich festzulegen:

Schlage: Ich habe mich weder vor 1933 noch nach 1945 bis zum heutigen Tag politisch betätigt.

Als Arrestaufseher im Bunker habe ich lediglich die Zellen auf- und zugeschlossen.

Vorsitzender: Können Sie sich erinnern, daß im Block 11 Standgerichtsverhandlungen stattgefunden haben?

Schlage: Das weiß ich nicht.

Vorsitzender: Was wissen Sie über das weitere Schicksal der Polizeihäftlinge?

Schlage: Das kann ich nicht sagen. *(Nach einer Pause)* Falls sich bei der Vernehmung seine Unschuld herausstellte, ist er herausgekommen. Wenn er schuldig war... ja, das kann ich nicht sagen. Bei den Bunkerentleerungen hatte ich lediglich die Häftlinge aus ihren Zellen herausgeholt, sonst hatte ich nichts mit den Häftlingen zu tun.

Vorsitzender: Keiner hat etwas gemacht. Der Kommandant war nicht anwesend, der Schutzhaftlagerführer war nur so anwesend, der Beauftragte der Politischen Abteilung kam nur mit den Listen, der andere kam nur mit den Schlüsseln. Wie ging denn die Bunkerentleerung vor sich?

Schlage: Grabner kam'rein und schrie mich an: „Los, los, los, runter! Wir müssen Häftlinge holen." Dann habe ich sie geholt. Damit war meine Mission erfüllt, also ich möchte sagen, meine Aufgabe. Ich habe gehört, daß dann geschossen wurde, aber ich habe es nicht gesehen.

Vorsitzender: Verlieren Sie auf diese Weise nicht den letzten Rest an Glaubwürdigkeit? Sie waren doch der Arrestaufseher, das war doch Ihr Block, für den Sie verantwortlich waren. Das waren sozusagen Ihre Häftlinge. Sie mußten doch gemerkt haben, was da vor sich ging.

Schlage: Ich habe nur einmal gesehen, daß ein Häftling in der Stehzelle ohnmächtig geworden ist.

Vorsitzender: Was wissen Sie von Vergasungen?

Schlage: Das ist nach geraumer Zeit gesprächsweise durchgesickert.

Staatsanwalt Vogel: Was war Ihre innere Einstellung zu den Geschehnissen in Auschwitz?

Schlage: Die Methoden, die dort gehandhabt wurden, waren verabscheuenswürdig. Ich habe mich um nichts weiter gekümmert, weil ich das Leben satt hatte und nur das tat, was ich tun mußte.

Staatsanwalt Kügler: Ist Ihnen denn nie der Gedanke gekommen, einem Häftling das Leben zu erleichtern?

Schlage: Nein, ich machte mir Gedanken darüber, daß ich verraten werden könnte.

Aus ihrer ersten Zeit in Auschwitz erinnern sich russische Zeugen an Schlage:

Stjenkin: Es war Ende November 1941. Wir lagen auf Block 2, in Stube drei. Da mußte ich beobachten, wie der SS-Mann Schlage meinen Freund Kostin gefesselt und niedergeschlagen hat. Dann hat er ihm eine Schlinge um den Hals gelegt und zwei Geisteskranke aufgefordert, die Schnur zuzuziehen. Die Geisteskranken waren Häftlinge, die im Lager wahnsinnig geworden waren. Als sie schlecht zogen, hat er die beiden geschlagen. Sie zogen immer wieder am Strick und quälten Kostin, konnten ihn aber nicht erwürgen. Schließlich hat ihm Schlage selbst mit dem Stock auf den Kopf geschlagen, bis er tot war. Ich weiß nicht, warum das geschah.

Vorsitzender: Woher kannten Sie den Namen von Schlage?

Stjenkin: Den hat mir der Dolmetsch, ein russischer Emigrant, der in Polen gelebt hat und als Häftling im Lager war, gesagt.

Staatsanwalt Vogel: Was wissen Sie über Schlage sonst noch?

Stjenkin: Wir schliefen zuerst auf dem Boden und waren völlig nackt. In der Frühe kam Schlage in unsere Stube, lief über unsere Körper hinweg durch das Zimmer und brüllte: „Aufstehen!" Er schlug mit der Peitsche nach links und rechts und jagte uns nackt hinaus. Dabei gab es Tote. Wer den Kopf hob, der bekam Schläge.

Schlage: Die Angaben sind unwahr, ich war nie Blockführer im russischen Kriegsgefangenenlager.

Der Angeklagte leugnet nicht nur das. Das Gericht hat Schwierigkeiten, festzustellen, zu welcher Zeit Schlage in Auschwitz war. Deswegen wird ein Kollege aus seiner SS-Einheit in den Zeugenstand gerufen:

Paschke: Ich habe den Angeklagten Schlage bereits in Plock kennengelernt. Von dort sind wir beide in einer Gruppe von 30 oder 35 Mann nach Auschwitz in Marsch gesetzt worden. Das war Ende 1940 oder Anfang 1941.

In Auschwitz wurde ich Kurier bei einer Kompanie. Schlage war eine Zeitlang als Hilfskurier bei mir. Dann wurde er abkommandiert. Ich weiß nicht, wohin.

Schließlich möchte ich noch sagen, daß ich Heimatvertriebener bin und mich für diese Sachen überhaupt nicht mehr interessiere.

Paschke ist nicht der einzige SS-Zeuge, der mit einer derartigen Bemerkung sich selbst als Opfer hinstellen möchte.
Noch ein SS-Zeuge soll helfen, die Dienstzeiten Schlages in Auschwitz zu fixieren:

Mirbeth: Ich kam im April 1943 als Lagerführer in das Außenlager Golleschau. Dort habe ich Schlage abgelöst. Kommandant Höß brachte mich hin und nahm Schlage mit zurück. Schlage wurde deswegen abgelöst, weil der Lagerälteste mit zwei Häftlingen hatte flüchten können.

Schließlich wird Schlage gegen Ende des Prozesses aufgefordert, die Daten doch etwas genauer anzugeben:

Vorsitzender: Angeklagter Schlage, Sie haben bisher noch keine präzisen Zeitangaben über Ihre Tätigkeit in Auschwitz gemacht. Wann sind Sie nach Auschwitz versetzt worden?
Schlage: Ich bin im März oder April 1940 eingezogen und zur Polizei gemustert worden. Ich kam nach Plock und blieb dort bis Herbst 1940. Dann kam ich nach Czenstochau, wo ich in einer Kaserne weiter formal ausgebildet worden bin. Wann ich von dort nach Auschwitz versetzt wurde, weiß ich nicht mehr. Es kann im Oktober oder November 1940, es könnte aber auch im Herbst 1941 gewesen sein.
Vorsitzender: Das wäre ja eine Differenz von einem Jahr. Haben Sie keinerlei Anhaltspunkte, wo Sie in diesem Jahr gewesen sind? Wann haben Sie Geburtstag?
Schlage: Am 11. Februar.
Vorsitzender: Wo haben Sie Ihren Geburtstag im Jahr 1941 gefeiert?
Schlage: Ich kann es beim besten Willen nicht sagen.
Vorsitzender: Wo feierten Sie das Weihnachtsfest im Jahr 1940?
Schlage: Ich glaube, noch in Plock, es kann aber auch in Czenstochau gewesen sein.
Vorsitzender: Zu welcher Einheit sind Sie gekommen, als Sie nach Auschwitz versetzt wurden?
Schlage: Ich war zuerst in der 3. Kompanie bis zum Frühling oder Frühsommer 1942. Dann wurde ich eines Tages zum Schutzhaftlager abkommandiert. Ich kam zur Blockführer-

stube und wurde Lagerläufer, Hilfsblockführer und später die meiste Zeit Blockführer.

Vorsitzender: In welchem Block waren Sie Blockführer?

Schlage: In keinem. Ich war nur Blockführer vom Dienst, vorne beim Lagereingang.

Vorsitzender: Wie lange waren Sie das?

Schlage: Ich glaube, bis April oder Mai 1943. Dann hatte ich vorübergehend den Blockführer vom Block 11, Groh, zu vertreten. Dort war ich unbestimmt lang. Ich bin hingekommen und wieder weggegangen. Im Frühjahr 1943 kam ich nach Golleschau.

Vorsitzender: Waren Sie also in Golleschau, bevor Sie Blockführer im Block 11 wurden?

Schlage: Ich kann es mit dem besten Willen nicht mehr sagen. In Golleschau war ich etwa bis Mitte April 1943. Eines Tages kamen der Kommandant Höß und Grabner nach Golleschau, und ich wurde an Ort und Stelle wegen Fluchtbegünstigung verhaftet, weil drei Häftlinge aus dem Kommando geflohen waren. Eine unbestimmte Zeit lang war ich im Block 11 eingesperrt, wurde später entlassen und zur besseren Beobachtung als Blockführer vom Dienst auf unbegrenzte Zeit eingesetzt.

Vorsitzender: Wie lang waren Sie im Bunker in Haft?

Schlage: Vielleicht drei Wochen.

Vorsitzender: Ihre Angaben über Ihre Tätigkeit als Blockführer im Block 11 sind aber überaus ungenau. Erforschen Sie doch nochmals Ihr Gedächtnis.

Schlage: Ich kann keine konkreten Zeitangaben machen.

Vorsitzender: Bis zum Mai 1943 waren Sie also nicht Blockführer im Block 11?

Schlage: Nein.

Vorsitzender: Früher haben Sie das aber ausgesagt.

Schlage: Ich war so befangen, ich bin ja das erste Mal vor Gericht.

Vorsitzender: Sie haben früher auch gesagt, daß Sie nicht nur Blockführer, sondern auch Arrestaufseher im Block 11 waren und erst nachher nach Golleschau gekommen sind. Sie sagten bei Ihrer Vernehmung zu Beginn des Prozesses, daß Sie jeweils zwölf Stunden Dienst in Block 11 gemacht und währenddessen die Schlüsselgewalt gehabt haben.

Schlage: Ich war niemals in Block 11 fest stationiert. Ende

September oder Anfang Oktober 1943 bin ich mit geplatztem Blinddarm ins Lazarett gekommen. Dort lag ich bis April 1944, anschließend erhielt ich Genesungsurlaub. Als ich nachher nach Auschwitz zurückkam, konnte ich kein Koppel tragen und keinen regulären Dienst versehen. Ich kam deshalb zur Postzensurstelle.

Staatsanwalt Vogel: Wann wurden Sie Maurerpolier?

Schlage: Im Jahr 1925, als ich nach Königsberg gezogen war.

Vogel: Haben Sie für Ihre Firma auch im Ausland gearbeitet?

Schlage: Ja, ich war Bauführer in Estland, Lettland und Kurland. Wir hatten zehn Stammarbeiter, die anderen waren Ausländer.

Vogel: Wie haben Sie sich mit den Ausländern verständigt?

Schlage: Wir hatten einen Dolmetsch. Aber ich habe auch ein paar Brocken Russisch aufgeschnappt.

Vogel: Sind Sie vielleicht wegen dieser Russischkenntnisse für das Kriegsgefangenenlager der Russen in Auschwitz ausgesucht worden?

Schlage: Nein, ich habe in Auschwitz keinen russischen Kriegsgefangenen gesehen. Die Zeugen, die das ausgesagt haben, haben meinen Namen mit Plagge verwechselt.

Vorsitzender: Als Sie aus der Kriegsgefangenschaft entlassen wurden, wurde auf Ihrem Entlassungsschein eingetragen: Aus der Wehrmacht entlassen am 8. August 1949. Sie waren aber doch nicht in der Wehrmacht, sondern in der SS?

Schlage: Das wurde im Lager Friedland so eingetragen.

Vorsitzender: Ist das so geschehen, ohne daß Sie etwas dazu gemacht haben?

Schlage: Ich habe gar nichts dazu getan.

Staatsanwalt Kügler: Haben Sie einmal eine Ausbildung mit Hunden erhalten?

Schlage: Ja, ich kam einmal auf einen Lehrgang in die Nähe von Berlin.

Kügler: Welchen Zweck hatte dieser Lehrgang?

Schlage: Ich habe nachher die drei Hunde des Kommandanten Höß ausgebildet, das war im Jahr 1942 oder 1943.

*Daß Schlage gar nichts dazu getan hat, daß er auf dem Entlassungsschein als Angehöriger der Wehrmacht und nicht der SS aufscheint, **kann widerlegt werden:***

Staatsanwalt Vogel: In einem Entschädigungsantrag, den Schlage wegen seiner Kriegsgefangenschaft gestellt hat, gab er an, daß er Feldwebel bei einer Panzereinheit gewesen sei. Daß er bei der SS war und dort einen niedrigeren Rang hatte, verschwieg damals der Angeklagte.

Schlage wird beschuldigt, Blockführer im Bunker gewesen zu sein:

Vorsitzender: Kennen Sie den Angeklagten Schlage von Ihrer Tätigkeit als Blockschreiber im Block 11?
Wloch: Ja. Er kam etwa im Spätherbst 1942 in diesen Block.
Ersatzrichter Hummerich: Können Sie Schlage beschreiben?
Wloch: Er war etwas über 30 Jahre alt und mittelgroß.
Hummerich: Zu welchem Typ von SS-Mann zählte Schlage? War er mehr grob oder mehr besser?
Wloch: Er war eher einer von den brutaleren.

Im Bunker war damals auch das Sonderkommando, das im alten Krematorium zu arbeiten hatte, untergebracht. Der einzige Überlebende dieses Kommandos sagt aus:

Müller: Als ich im Frühling 1942 im Block 11 untergebracht war, habe ich dort den Blockführer Schlage kennengelernt. Tagsüber war unser Kommando im Bunker. Der Blockführer holte uns mehrmals aus der Zelle, damit wir im Hof an die Luft kamen. Der Vorarbeiter in unserem Kommando, Fischl, brachte nämlich von den Vergasten Wertgegenstände mit, und darum gestattete uns der Blockführer das, weil er dafür diese Dinge bekam. Wir durften uns an die Wand des Blockes setzen. Ich habe im Hof mehrmals gesehen, wie Schlage und auch andere Blockführer Häftlinge gequält haben. In ein Loch im Boden wurde eine Stange gestellt, und Häftlinge wurden daran mit auf dem Rücken gefesselten Händen aufgehängt. Auch zwei Capos haben dabei mitgeholfen. Die Gemarterten schrien vor Schmerzen. Schlage rief: „Sag die Wahrheit!" Ich habe gesehen, daß die Gefolterten nachher nicht aufstehen konnten.
Vorsitzender: Bei diesem Pfahlhängen waren nur die Blockführer beteiligt?

Müller: Mir sind Fälle in Erinnerung, wo auch unbekannte SS-Leute dabei waren, aber in anderen Fällen war der Blockführer allein.
Vorsitzender: Sind in Ihrer Gegenwart Häftlinge von Schlage getötet worden?
Müller: Einige Fälle haben tödlich geendet.
Vorsitzender: Ist jemand in Ihrer Gegenwart gestorben?
Müller: Einer ist nicht aufgestanden. Zwei Häftlinge wurden nach diesen Foltern in den Waschraum gebracht und dort hingelegt. Sie waren tot.
Vorsitzender: Haben Sie Schlage dabei gesehen?
Müller: Mit eigenen Augen und mehr als einmal.

Auf Angaben von ehemaligen Leichenträgern, die sich erinnern, Schlage bei Erschießungen im Hof vom Block 11 gesehen zu haben, reagiert der Angeklagte energisch:

Schlage: Die Schilderung des Zeugen, daß das Leichenkommando bei der Exekution im Hof des Blocks 11 war, stimmt nicht. Das Kommando wurde erst nach Beendigung der Exekution hereingelassen. Jakob und ein anderer Häftling aus Block 11 haben die Leichen weggetragen.
Vorsitzender: Während der Erschießungen waren also keine Leichenträger im Hof?
Schlage: Wenn ich Dienst machte, konnten Häftlinge nicht ein- und ausgehen.
Dr. Glowacki: Das ist eine unverschämte Lüge. Die Exekution fing nie an, bevor nicht die Leichenträger geholt waren.
Staatsanwalt Vogel: Angeklagter Schlage, woher wissen Sie, wie es bei der Exekution zuging?
Schlage: Ich habe zugegeben, daß ich eine Bunkerentleerung mitgemacht habe. Ich hatte Schlüsselgewalt und wußte, wenn Häftlinge angefordert wurden. Das hat der Führer des Exekutionskommandos bestimmt, und ich habe persönlich die Türen geöffnet, um das Leichenkommando hereinzulassen. Ich habe das Knallen gehört, aber ich habe nichts direkt gesehen.

Schlage wird ein Dokument des in polnischer Haft verstorbenen SS-Oberscharführers Wilhelm Clausen vorgelegt:

Staatsanwalt Vogel: Angeklagter Schlage, können Sie sich an den Rapportführer Clausen erinnern?

Schlage: Dem Namen nach ja.

Vogel: Clausen hat in amerikanischer Haft einen umfangreichen Bericht geschrieben, in dem er auch den folgenden Vorfall erwähnt: Einmal wurden sechs bis acht junge Burschen — Juden — zum Vergasen auf Block 11 gebracht. Sie waren vom Kommandanten ausgesucht worden, und Clausen hat sie im Block 11 bei Schlage abgegeben.

Schlage: Von Kindern ist mir nie etwas bekannt gewesen.

Vogel: Kennen Sie einen Blockführer Klerch?

Schlage: Ja, ich habe mit ihm abwechselnd Dienst im Block 11 versehen.

Vogel: Genau dasselbe schreibt Clausen. Sie haben im April und Mai 1944 abwechselnd mit Klerch Dienst gemacht.

Schlage: Das Datum stimmt nicht. Damals war ich im Lazarett.

Vogel: Aber wieso wäre Clausen im Jahre 1945 spontan daraufgekommen, ein falsches Datum zu schreiben?

Schlage: Ich bleibe dabei, ich war damals schwerkrank im Lazarett Laurahütte.

Ein Tscheche, der später als Dr. Glowacki zu dem Leichenträgerkommando eingeteilt war, wird befragt:

Vorsitzender: Erinnern Sie sich an den Angeklagten Schlage?

Fabian: Ja, er war so etwas wie Blockführer auf Block 11. Ich sah, wie einmal ein Mann im Waschraum von Block 11 eine Kniebeuge machen mußte, und Schlage ihn von hinten in den Kopf schoß. Dann kam ein Kind an die Reihe und schließlich die Mutter. Die Opfer wurden in den Waschraum geführt. Auf das Kind hat er mehrmals geschossen, denn es war nach dem ersten Schuß nicht tot und schrie noch. Ich habe auch gesehen, wie Schlage bei der Schwarzen Wand erschossen hat. Aber sicherlich war er bei den großen Hinrichtungen dort nicht dabei.

Vorsitzender: Wann ereignete sich dieser Vorfall?

Fabian: Es war im Jahr 1944, es war nicht mehr kalt, genau kann ich nicht sagen, wann.

Vorsitzender: War es bestimmt im Jahr 1944?

Fabian: Ganz sicher. Ich weiß das deswegen, weil wir damals die Leichen nicht mehr zum alten Krematorium geführt haben. Zu dieser Zeit wurden die Leichen mit Autos abgeholt, deswegen weiß ich es sicher.

Ich erinnere mich auch an einen anderen Vorfall im Zusammenhang mit Schlage. Nach einer Exekution lag im Leichenhaufen im Hof ein Zigeuner, der noch lebte. Schlage forderte ihn auf: „Steh auf!" Der Zigeuner bemühte sich, aufzustehen, es ging aber nicht. Da sagte Schlage: „Bleibe liegen!" Er gab einen Schuß auf ihn ab, aber der Zigeuner lebte noch. Er hatte in die Herzgegend geschossen, dann schoß er in seine beiden Schläfen. Immer noch lebte der Zigeuner. Ich weiß nicht, wie viele Schüsse er auf ihn abgegeben hat, zuletzt gab er einen Schuß in den Hals ab, und es kam schwarzes Blut heraus. Das war das Ende. Schlage sagte: „Der hatte ein Leben wie eine Katze."

Vorsitzender: Angeklagter Schlage, was haben Sie dazu zu sagen?

Schlage: Herr Direktor, derartiges ist mir nicht bekannt. Ich habe auch nie im Block 11 geschossen.

Staatsanwalt Vogel: Herr Zeuge, welche Mindestzahl von Erschossenen können Sie angeben, von denen Sie selbst gesehen haben, daß Schlage sie erschossen hat?

Fabian: Ich kann keine Zahl sagen, bestimmt waren es aber mehr als 100.

Vogel: Waren es Häftlinge oder auch Zivilisten?

Fabian: Alle waren nackt, aber sicherlich waren auch Zivilisten unter ihnen. Ich habe oft gesehen, daß ein Mann oder eine Frau in Zivil in Block 11 geführt wurde. Später mußten wir die Leichen holen.

Verteidiger Bürger: Wann ereignete sich der Vorfall, bei dem Schlage den Zigeuner erschossen haben soll?

Fabian: Das war im Sommer 1943, damals haben wir die Leichen noch in unser Krematorium beim Stammlager gebracht.

Bürger: War Schlage die ganze Zeit Blockführer im Block 11?

Fabian: Zum Schluß gab es nur mehr sehr wenige Hinrichtungen, und ich bin daher nicht oft hingekommen. Wir sagten damals: „Wenn die Toten aufstehen würden, würden sie nicht glauben, daß sie in Auschwitz sind.“ Ich glaube, Schlage war die ganze Zeit dort. Ich habe ihn immer bei den kleinen Hinrichtungen von Block 11 gesehen.

Vorsitzender: Angeklagter Schlage, haben Sie nicht eine Erklärung zu dieser Aussage abzugeben?

Schlage: Herr Direktor, Hohes Gericht, ich muß das ganz entschieden bestreiten. Ich habe nie die mir zur Last gelegte Tat begangen. Daß er mich schießen gesehen hat, das ist nie und nimmer wahr. Das wird mir alles zugemutet und angedichtet. Der Zeuge übertrifft ja alles an Gehässigkeit. Ich war in der angegebenen Zeit im Lazarett. Dies werde ich zur gegebenen Zeit durch Zeugen beweisen.

Vorsitzender: Na, da müssen Sie sich aber dranhalten.

Fabian: Ich sage nur die Wahrheit.

Schlage kann es zwar nicht beweisen, aber die Staatsanwaltschaft legt dem Gericht Unterlagen über den Lazarettaufenthalt des Angeklagten vor:

Staatsanwalt Vogel: Angeklagter Schlage, Sie haben bisher mehrfach angegeben, daß Sie ab Anfang Oktober 1943 etwa sechs Monate lang im Lazarett gelegen sind.

In Ihren SS-Dokumenten ist vermerkt, daß Sie am 3. November 1943 ins Lazarett Kattowitz eingewiesen wurden und von dort am 15. Februar 1944 — also durchaus nicht nach sechs Monaten — als dienstfähig entlassen worden sind.

Schlage: Ich bleibe bei meinen Angaben. Ich bin entweder Ende September oder Anfang Oktober mit einem Blinddarmdurchbruch nicht nach Kattowitz, sondern ins Lazarett Laurahütte gekommen. Ich bin nachher nie mehr dienstfähig gewesen. Ich bin nach sechs Monaten aus dem Lazarett ohne Koppel und mit einem Krückstock entlassen worden. Ich bleibe dabei.

Verbissen wehrt Schlage ab. Die Verteidigung wendet ein, daß die von Fabian geschilderte Tat im Jahr 1944 begangen worden sei, der Angeklagte aber nur wegen Verbrechen, die er im Bunker in den Jahren

1942 und 1943 begangen habe, angeklagt ist. Die Staatsanwaltschaft hat keine Nachtragsanklage deswegen erhoben.
Auch ein Zeuge, der in Birkenau war, erinnert sich an diesen Angeklagten:

Wetzler: Ich erinnere mich an folgenden Vorfall: Als Juden aus dem Ghetto von Bedzin und Sosnowitz zum Krematorium geführt wurden, hat ein Häftlingskommando, das am Weg gearbeitet hat, denen, die auf den Wagen geführt wurden, zugerufen: „Schmeißt uns doch euer Brot her, ihr werdet es sowieso nicht mehr brauchen." Die Häftlinge gehörten zum Planierungskommando. Schlage, der dort mit Lauschmann stand, hat das gehört und eine Untersuchung eingeleitet. Schließlich hat er befohlen, daß der Untercapo und noch einzelne bleiben konnten, 45 aber in die Gaskammer geführt wurden, weil sie verraten haben, was das Schicksal derer sei, die zu den Krematorien transportiert wurden.
Richter Hotz: Wer hat das Kommando über diese Aktion geführt?
Wetzler: Ich nehme an, daß das Schlage war. Er war der Organisator.

Und eine weitere bisher nicht bekannte Tat wird Schlage zur Last gelegt:

Severa: Als ich im Bunker war, befand sich in der Nachbarschaft meiner Zelle der Stehbunker. Dort war Herbert, ein deutscher Artist, eingesperrt. Wenn niemand unten im Bunker war, sang er Schlager. Er sagte selbst, daß Schlage ihn zum Hungertod verurteilt hat. „Jetzt wirst du hier verrecken", hatte ihm der Arrestaufseher gesagt. Als Schlage auf Urlaub war, steckten ihm der Bunker-Jakob und andere Häftlinge immer wieder etwas zu essen und zu trinken zu. Als Schlage zurückkam, wunderte er sich, daß der Artist noch am Leben war. Er hat die Häftlinge beschuldigt, daß sie ihm in seiner Abwesenheit zu essen gegeben haben. Schlage hat dann aufgepaßt, daß Herbert keine Nahrung bekommt. Darüber hat man von Tür zu Tür gesprochen, wenn kein SS-Mann unten im Bunker war. Herbert hat dann nicht mehr gesungen, seine

Stimme wurde immer schwächer, zum Schluß hörten wir nur noch unartikulierte Laute, dann hat er gebrüllt wie ein Tier. An einem Sonntag hat ihn der Jakob herausgezerrt. Es war im Februar 1943, etwa acht bis zehn Tage vor meiner Entlassung. Ich bin am 13. Februar aus dem Bunker gekommen.

Vorsitzender: Sie sagten früher, daß die Kalfaktoren erzählt haben, sie dürfen ihm nichts zu essen geben.

Severa: Ich habe gehört, daß sie nichts geben dürfen, weil Schlage furchtbar aufpaßt.

Verteidiger Bürger: Wann ist Ihnen der Name Schlage wieder eingefallen?

Severa: Als ich ihn in der Zeitung gelesen hatte.

Verteidiger Dr. Fertig: War beim Essenausteilen immer Schlage dabei?

Severa: Es war verschieden, aber immer waren Blockführer dabei. Mir ist nur Schlage geläufig. Nachts haben sie oben Karten gespielt, das haben wir heruntergehört.

Dr. Fertig: Woher wissen Sie, daß Roman verhungert ist?

Severa: Er hat kein Essen bekommen und zum Schluß nur mehr tierische Laute von sich gegeben. Am Sonntag wurde er von Jakob und einem Blockführer herausgezerrt. Ich weiß, daß er tot war. Mitgefangene sagten, daß die Zelle desinfiziert wird.

Schlage: Welchen Dienstgrad hatte ich?

Severa: Ich erinnere mich nicht.

Dr. Fertig: Haben Sie alles durch die Tür gehört oder Schlage auch selbst gesehen?

Severa: Ich habe es durch die Tür gehört.

Dr. Fertig: Wurde dem Artisten gesagt, daß er zum Hungertod verurteilt worden sei?

Severa: Ihm wurde gesagt: „Du kannst verrecken!“

Schlage: Ich kann dazu nichts sagen, weil mir der Fall nicht bekannt ist.

Auch ein anderer deutscher Zeuge erinnert sich an Schlage im Zusammenhang mit dem Stehbunker:

Breiden: Ich war im Frühling 1943 im Bunker. Zu dieser Zeit war auch der deutsche Häftling Roman wegen Organisieren, dort. Auch eine Frau war damals im Bunker, die sehr bekannt war. Sie hatte in Birkenau den Schmuck unter sich und stand unter dem Schutz des Kommandanten Höß. Sie hatte die Genehmigung, eine Katze in ihrer Zelle zu halten.

Vorsitzender: Nach dem Bunkerbuch ist der Häftling Heinz Roman mit der Häftlingsnummer 17.808 am 18. 2. 1943 in den Bunker eingeliefert worden und am 31. 5. 1943 dort gestorben.

Breiden: Roman ist in der Stehzelle verhungert. Aber er muß vorher in einer anderen Zelle gewesen sein, denn so lange kann man nicht in der Stehzelle sein, das ist ausgeschlossen. Die Frau sagte mir, daß Roman im Stehbunker ist. Am nächsten Tag höre ich etwas fallen und dann röcheln. Am Morgen höre ich ein schleifendes Geräusch. Dann sagt die Frau: „Jetzt haben sie den Heinz herausgezogen." In den letzten Tagen hat sich Heinz mit seinem eigenen Kot ernährt.

Ersatzrichter Hummerich: Können Sie sich an den Zeitpunkt erinnern? Ein anderer Zeuge sagte aus, daß sich dieser Vorfall im April ereignet haben soll.

Breiden: Den Zeitpunkt weiß ich nicht genau, an den Vorfall selbst erinnere ich mich ganz sicher.

Hummerich: Ein Mensch ist im Stehbunker verhungert. Angeklagter Schlage, sagen Sie noch immer, Sie wußten von nichts?

Schlage: Es waren sechs oder sieben oder gar acht Mann im Bunker, wir haben uns im Dienst abgewechselt, ich weise das zurück.

Hummerich: Ist Ihnen befohlen worden, jemanden verhungern zu lassen?

Schlage: Ich hatte mit dem Essenausteilen nichts zu tun. Ogurek war damals der oberste Blockführer im Bunker. Ich war nie Blockführer im Bunker, sondern Arrestaufseher. Ich hatte nur den Arrest zu beaufsichtigen. An den Stehbunker kann ich mich nicht mehr erinnern.

Vorsitzender: Es gibt Dinge im Leben, die kann man nicht vergessen.

Schlage: Ich erinnere mich an den Stehbunker, aber nicht in der Form, wie sie hier geschildert wurde. Die Öffnung war 1 Meter oder 1,30 Meter hoch, in ihm war Platz für zwei oder drei Mann.

Vorsitzender: Wie war es mit der Essenausgabe? Der Arrestaufseher muß doch wissen, ob Essen an die im Stehbunker Eingeschlossenen ausgeteilt wurde.

Schlage: Ich habe mich nie um die Essenausgabe gekümmert.

Vorsitzender: Wer hatte dann die Essenausgabe unter sich?

Schlage: Teilweise machte das der Jakob allein.

Vorsitzender: Und wenn es der Jakob nicht machte, was war dann?

Schlage: Allem Anschein nach muß ein Befehl vorgelegen haben, daß der Häftling nichts zu essen bekam.

Vorsitzender: Was haben Sie den Menschen im Stehbunker zu essen gegeben?

Schlage: Ich kann darauf keine klare Antwort geben.

Verteidiger Bürger: Vielleicht kennt einer der anderen Angeklagten den Fall Roman?

Boger: Ich kann mich an den Fall erinnern; wer ihn bearbeitet hat, weiß ich nicht mehr. Jedenfalls wurde Roman auf Antrag von Grabner und mit Einverständnis von Aumeier an der Schwarzen Wand erschossen. Zwei andere deutsche Capos wurden damals auf die gleiche Weise erledigt — erschossen. Es geschah aus Abschreckungsgründen. Sie hatten Kontakt mit einer polnischen Widerstandsbewegung.

Wegen dieser Beschuldigungen wird von der Staatsanwaltschaft eine Nachtragsanklage erhoben. Diese Belastung führt zur Verhaftung des Angeklagten.

Mehrmals wird der dritte Blockschreiber im Bunker, der Pole Jan Pilecki, als Kronzeuge für die Vorgänge im Block 11 bezeichnet. Pilecki wird auch über Schlage gefragt:

Vorsitzender: Wie lange war Schlage Blockführer im Block 11?

Pilecki: Das ist schwer zu sagen. Er war mehrmals dort. Als ich im Mai 1944 wegkam, blieb er noch dort.

Vorsitzender: Der Angeklagte Schlage sagt, er sei nur bis Dezember 1942 Blockführer im Bunker gewesen.

Pilecki: Ich habe keinen Einfluß auf seine Angaben. Zum Schluß war er Hauptblockführer.

Vorsitzender: Worin bestand seine Aufgabe?

Pilecki: Normalerweise hatten die Blockführer abwechselnd Dienst. Der Hauptblockführer hatte immer Tagesdienst. Am Morgen wurde der Appell abgenommen, dann ging der Blockführer mit dem Bunkerkalfaktor und den Helfern in den Bunker zur Essenverteilung.

Vorsitzender: Bestimmte der Blockführer, daß die in Stehzellen Eingeschlossenen kein Essen bekommen?

Pilecki: Normalerweise war untertags niemand in den Stehzellen. Wenn der Blockführer einmal schlechte Laune hatte, dann bekamen Häftlinge im Bunker kein Essen.

Vorsitzender: Ist es möglich, daß dem in einer Stehzelle eingeschlossenen Häftling Herbert Roman während eines Urlaubs von Schlage heimlich Essen gegeben wurde?

Pilecki: Das ist schwer zu sagen. Es ist wahrscheinlich, daß ihm Mithäftlinge heimlich Essen gaben. Wahrscheinlich hat dann der Blockführer nicht zugeschaut. Die Häftlinge, die das Essen verteilten, konnten den Riegel öffnen.

Vorsitzender: Wurde das unterbunden, als Schlage vom Urlaub zurückkam?

Pilecki: Ja, Roman war zum Tod durch Verhungern verurteilt.

Richter Hotz: Hat Schlage für die Essenverteilung manchmal den Schlüssel an Jakob gegeben?

Pilecki: Bei anderen Blockführern wäre das möglich gewesen, aber bei dem diensteifrigen Schlage ist das unvorstellbar.

Hotz: Wie drückte sich sein Diensteifer aus?

Pilecki: Der Unterschied war deutlich fühlbar. Bei anderen konnte man das Schicksal der Gefangenen im Bunker etwas erleichtern, man konnte ihnen mehr zu essen geben, sie öfters auf den Hof oder zum Baden führen. Bei Schlage wurde aber jeder schiefe Blick mit der Peitsche beantwortet.

Vorsitzender: Wie war der Ruf von Schlage?

Pilecki: Von den Blockführern des Bunkers konnte er zu meiner Zeit nur mit Gehring in Brutalität konkurrieren. Kam ein Häftling dem Block 11 zu nahe, dann wurde er von Schlage eingeladen und bekam von ihm Schläge.

Staatsanwalt Vogel: Ist Schlage auch bei den Exekutionen im Hof dabeigewesen?

Pilecki: Sicher. Er hat auch den Karabiner dorthin gebracht. Mir kommt wieder eine Einzelerschießung, die im Waschraum durchgeführt wurde, ins Gedächtnis. Es handelte sich um eine Frau. Sie dürfte schwanger gewesen sein und war Polizeihäftling. Sie wurde von Schlage im Waschraum erschossen. Dabei war ein Arzt in Luftwaffenuniform anwesend, der ein Gefäß hatte. Nach der Erschießung hat er in diesem irgend etwas weggebracht, wahrscheinlich zu Experimentierzwecken.

Vorsitzender: Von wo haben Sie das gesehen?

Pilecki: Ich mußte die Frau rufen. Sie kam dann in den Waschraum. Schlage ging mit dem Karabiner ebenfalls hinein und dann wieder hinaus.

Verteidiger: Als Sie seinerzeit in Frankfurt in der Voruntersuchung vernommen wurden, dauerte diese Vernehmung eine Woche. Sie haben aber diesen Fall damals nicht geschildert. Wieso?

Pilecki: Ich habe vergessen, darüber zu berichten. Ich habe wahrscheinlich auch jetzt sehr viele Fälle vergessen.

Verbissen und mit zäher Hartnäckigkeit verteidigt sich Schlage während des ganzen Prozesses. In seinem Schlußwort, das er wohlvorbereitet abliest, kommt das nochmals zum Ausdruck:

Ich brauche hier am allerwenigsten zu lügen. Ich habe nie in meinem Leben einen Menschen verhungern lassen, erschossen oder sonstwie zu Tode gebracht. So gern wie ich leben möchte, mögen meine Mitmenschen auch leben. Wer vor dem Krieg ein Mensch war, ist ein Mensch geblieben, auch wenn er in Auschwitz war. Ich war im Block 11 Aufseher genau so, wie heute im Gefängnis ein Aufseher ist.

Nach diesen Worten stockt Schlage und bittet um eine Pause. Der Vorsitzende läßt dem Angeklagten einen Stuhl bringen. Schlage setzt fort:

Ich möchte betonen: Ich habe in den Jahren 1928 bis 1938 bei Bauunternehmen gearbeitet und war in elf Ländern tätig, vorwiegend in Skandinavien. Ich habe Handwerksarbeit geleistet und geleitet. Wenn ich so ein Mensch wäre, wie ich hier hingestellt worden bin, so hätte ich es damals schon sein müssen. Ein Mörder wird nicht in vier bis fünf Jahren erzogen, schon gar nicht, wenn er aus geordneten Familienverhältnissen kommt. Ein Mörder wird geboren. Ich bin unbestraft.

Als ich Soldat wurde, hat man mich gleich belogen. Man sagte, ich käme zu einer Polizeiverfügungstruppe, ich kam aber zur 22. SS-Standarte. Es hat niemals für mich die Möglichkeit gegeben, mich versetzen zu lassen. Ich habe das Pech gehabt, nach Auschwitz zu kommen. Als ich hörte, daß das ein Vernichtungslager war, reichte ich ein Versetzungsgesuch ein. Man sagte mir: „Das ist doch nicht Ihr Ernst?" Das Gesuch wurde zerrissen und in den Papierkorb geworfen. Auf mein zweites Versetzungsgesuch sagte mir der Spieß Nebbe, daß ich dort meine Pflicht zu erfüllen habe, wo ich hingestellt werde. Wenn ich ein drittes Gesuch einreichen sollte, dann kann ich hinter Stacheldraht darüber nachdenken. Was hätte ich tun sollen, wenn ich nicht mein Leben und das meiner Familie gefährden wollte? Ich mußte meinen Dienst so ausführen, wie es verlangt worden ist. Wir konnten keinen Befehl verweigern, als unser Vaterland im totalen Krieg stand. Der Eid auf den höchsten Kriegsherrn war für mich bindend. Wir hatten keine Zeit, die Befehle zu überprüfen. Die Befehle waren sofort auszuführen.

Die Schulung durch den in diesem Verfahren mehrmals genannten Schulungsleiter Knittel diente nur der Hetze und trug zur Vernichtung der Menschen in Auschwitz bei.

Der Zeuge Severa hat hier die Unwahrheit gesagt. Ich bitte das Gericht, seine Aussagen gründlich und gewissenhaft zu überprüfen. Auch die russischen Zeugen irren sich, ich war niemals Blockführer im Russenlager. Es muß sich um eine Verwechslung handeln, denn dort war Plagge Blockführer.

Auch die Aussage des tschechischen Zeugen Fabian ist unrichtig. Eine solche Aussage kann nur von einem Menschen kommen, aus dem Haß und Rache sprechen. Dazu ist zu sagen, daß bekanntgeworden ist, wie sich die Tschechen gegenüber den Deutschen verhalten haben. Meine Familie ist bei der Besetzung unseres Vaterlandes schwer getroffen worden. Man ermordete meine Schwiegermutter, nachdem sie x-mal vergewaltigt worden ist. Auch andere Mitglieder meiner Familie hatten dasselbe Schicksal. In einem Lager in Polen wurde ich so geschlagen, daß ich bis heute ein berufsunfähiger Krüppel bin.

Ich bitte um ein gerechtes Urteil, das sich sowohl nach innen als auch nach außen hören und sehen lassen kann.

Johann Schobert

Der Angeklagte Schobert wurde im Dezember 1922 in Aufseß, Kreis Ebermannstadt, geboren. Er ist der jüngste von allen Angeklagten. Der Sachverständige, der zu begutachten hatte, ob Schobert das Jugendstrafrecht zugebilligt werden kann, sagt über die Kindheit des Angeklagten:

Dr. Luff: Der Angeklagte Schobert ist als uneheliches Kind zur Welt gekommen. Der Vater hat auf Wunsch seiner Eltern die Mutter nicht geheiratet. Die Mutter ist nach Angabe des Angeklagten nerven- und herzleidend.

Bereits mit 13 Jahren hat der Angeklagte bei Bauern gearbeitet. Er war ein gesundes Kind, hat die Volksschule mit durchschnittlichem Erfolg besucht, nur in Sport war er sehr gut.

Der Angeklagte, der am 17. Dezember 1922 geboren ist, kam bereits im Jahre 1933 zum Jungvolk. Mit 14 Jahren wurde er in die Hitlerjugend übernommen, ist aber dort nicht avanciert, weil er sich, wie er sagt, niemals vorgedrängt hat. Sein Wunsch war, Revierförster zu werden. Mit 18 Jahren wurde der Angeklagte zur SS eingezogen und kam an die Front, wo er viermal verwundet wurde. Wegen Frontdienstunfähigkeit wurde er nach Auschwitz versetzt, wo er nach seinen Angaben vom Februar 1943 bis zum Sommer 1944 Dienst versehen hat. Dann wurde er zu einem Lehrgang eingeteilt und kam als Waffenausbilder für Volksdeutsche zu einer anderen Einheit. Schließlich wurde er nochmals zum Fronteinsatz abkommandiert, schwer verwundet, kam in russische Kriegsgefangenschaft, aus der er im Herbst 1945 entlassen wurde.

Er bezeichnet sich als sehr naturverbunden und sagt, es

gebe nichts Schöneres für ihn als den Wald und die Tiere, die er dort beobachten könne. Von einer Spruchkammer wurde er als Mitläufer eingestuft, obwohl dieser sein Dienst in Auschwitz bekannt war. Er selbst sagt von sich, daß er auf alle Fälle dumm gewesen sei, weil er alles geglaubt habe, was die Nationalsozialisten gesagt haben. Er wird von Menschen, die ihn jahrelang kennen, als freundlich und schwerfällig bezeichnet.

Obwohl nach so langer Zeit keine Unterlagen für eine sichere Beurteilung vorhanden sind, glaube ich doch, daß für die Zeit, in der der Angeklagte noch nicht 21 Jahre alt war, das Jugendstrafrecht angewendet werden sollte.

Recht knapp sind die Erklärungen Schoberts über seine Tätigkeit in Auschwitz:

Schobert: Als ich Anfang 1943 nach Auschwitz abkommandiert wurde, bin ich gerade 20 Jahre alt geworden. Nach einem Lazarettaufenthalt — eine Folge meiner Verwundung — wurde ich dem Standesamt der Politischen Abteilung zugeteilt. 1944 wurde ich wieder zur Fronttruppe zurückversetzt. Durch mich ist niemand im Lager ums Leben gekommen, weder direkt noch indirekt. Ich war in Auschwitz nicht einmal bewaffnet, denn ich konnte wegen meiner schweren Verwundung keinen Koppel tragen. Ich war voll damit beschäftigt, die Sterbefälle zu beurkunden.

Vorsitzender: Fielen Ihnen die vielen Toten nicht auf?

Schobert: Darüber haben wir uns keine Gedanken gemacht.

Im Frühjahr 1944 war Schobert zum SS-Unterscharführer befördert worden.

Seit seiner Entlassung aus der Kriegsgefangenschaft lebt Schobert wieder in Aufseß. Vom 11. April bis 20. Juni 1960 war er in Untersuchungshaft, dann wurde er als haftunfähig freigelassen.

An ihn erinnern sich Zeuginnen, die im Kommando „Politische Abteilung" zu arbeiten hatten:

Staatsanwalt Vogel: Kannten Sie den Angeklagten Schobert?

Majerczyk: Ja, er war eine Bestie, aber er hatte keine große Macht.

Vorsitzender: Warum bezeichnen Sie ihn als Bestie?

Majerczyk: Er hat uns schikaniert, er gab Ohrfeigen, wenn jemand den Kopf drehte, er war ein Sadist.

Konkreter sind die Angaben einer anderen Zeugin aus diesem Kommando:

Schaner: Schobert war kräftig, jung und sehr primitiv. Er hat beim Schlagen mitgeholfen. Auf seinem Arbeitsplatz döste er oft vor sich hin. Wir haben nie mit ihm gesprochen.

Später nahm Schobert an Erschießungen im alten Krematorium teil. Einmal kam er von einer solchen Exekution zurück. Seine Augen waren blutunterlaufen, der Kragen geöffnet, das Hemd offen, und er sehr echauffiert. Man konnte Angst vor ihm bekommen. Jedes Kind hätte sehen können, woher er gekommen war.

Auch ein anderer Vorfall ist mir in Erinnerung: Unser Kommando marschierte zur Arbeit. Schobert führte uns. Ein Männerkommando begegnete uns, und ein Holländer rief mir „Jenny“ zu. Schobert hatte es gehört und paßte am nächsten Tag auf, als wir demselben Kommando wieder begegneten. Er ging zurück und schlug den Holländer derart, daß ihm das Blut herunterrann.

Aus einem anderen Grund wird diese Zeugin nochmals vorgeladen. Rechtsanwalt Raabe benützt diese Gelegenheit, um die Angaben, die Schobert betreffen, näher präzisieren zu lassen:

Vorsitzender: Wer hat Ihrer Erinnerung nach die Erschießungen im alten Krematorium durchgeführt?

Schaner: Ich sah Quackernack und später dessen Nachfolger Schobert sowie Kristan bei Erschießungen in das Krematorium hinein- und dann wieder herausgehen. Diese haben mit Sicherheit an den Erschießungen teilgenommen.

Staatsanwalt Wiese: Wann sahen Sie diese Männer hinein- und hinausgehen?

Schaner: Zu der Zeit, als keine Vergasungen mehr im alten Krematorium durchgeführt wurden.

Wiese: Hatten sie Gewehre bei sich, als sie hineingingen?

Schaner: Sicherlich hatten sie Gewehre.

Vertreter der Nebenklage Raabe: Sahen Sie Schobert oft mit dem Gewehr ins Krematorium gehen?

Schaner: Einige Male.

Raabe: Sahen Sie ihn gleichzeitig mit anderen hineingehen oder nur allein?

Schaner: Einige Male ging er mit Kristan hinein, manchmal auch allein mit dem Gewehr.

Eine weitere Aussage kann nur verlesen werden. Frau Weiß wurde in Österreich auf dem Rechtshilfeweg vernommen, da ihr Gesundheitszustand eine Reise nach Frankfurt nicht erlaubt:

Berta Weiß: Es war bei uns im Kommando Politische Abteilung allgemein bekannt, daß Schobert meistens an Sonntagen auf Block 11 schießen gegangen ist. Unser Kommando mußte auch sonntags zur Arbeit ausrücken. Wenn wir einmal mittags auf dem Gang antraten, ist Schobert mit einem Gewehr gekommen. Ich vermutete, daß er von einer Erschießung zurückkam. Mir ist auch bekannt, daß Schobert ohne Grund Häftlinge geschlagen hat.

Als vierte Zeugin aus dem Kommando „Politische Abteilung" gibt Raya Kagan an:

Kagan: Schobert hatte unsere Arbeit zu kontrollieren. Er hat wie jeder SS-Mann von der Politischen Abteilung auf der Rampe Dienst gemacht. Ich wußte das, habe es aber nicht selbst gesehen.

Vorsitzender: Wie war die Einteilung bei diesem Dienst?

Kagan: Ich glaube, der Spieß hat Listen gemacht, ich habe diese aber nicht gesehen. Alle hatten diesen Dienst, das habe ich erfahren. Einmal ist Schobert in der Früh mit einem Gewehr ins Standesamt gekommen. Er war ganz rot, hat wild geschaut und hatte schmutzige Kleider. Er hat sich wie ein Sack hingesetzt. Ich habe aus diesem Anblick geschlossen, daß er von einer Selektion zurückgekommen war. Mir war auch bekannt, daß Schobert bei Folterungen mitgeholfen hat.

Vorsitzender: Konnten Sie das alte Krematorium sehen?

Kagan: Ja, ich habe mehrmals gesehen, wie Transporte hineingeführt wurden. Ich saß beim Fenster, die Transporte waren gegenüber aufgestellt, ich habe sie daher genau gesehen.

Vorsitzender: Wer von der Politischen Abteilung war bei diesen Transporten dabei?

Kagan: Ich nehme an, auch Schobert.

Schobert: Ich will vorläufig auf diese Beschuldigungen nicht eingehen.

Sonst fällt der Name Schobert nicht. Stumpf und dumpf sitzt der Angeklagte die ganzen langen Verhandlungstage über auf seinem Platz.

Nur in seinem Schlußwort wird dieser Angeklagte etwas gesprächiger:

Ich wiederhole, daß durch mich in Auschwitz niemand ums Leben gekommen ist.

Ich habe lange darüber nachgedacht, wieso die Zeugin Schaner hier sagen konnte, daß sie mich mit einem Gewehr gehen gesehen hat. Sonntag vormittag hatten wir meist Scharfschießen. Ich war der beste Schütze und habe dadurch eine Flasche Schnaps gewonnen. Deswegen kam ich angetrunken mit dem Gewehr zurück.

Als Hitler an die Macht kam, war ich zehn Jahre alt. Wir wurden so erzogen, daß wir ganze Nazi werden sollten. Ich möchte Sie bitten, zu bedenken, was von unserem Jahrgang 1922 übriggeblieben ist. Ich weiß nicht, was ich noch sagen soll. Sind wir nicht auch Opfer des Nationalsozialismus?

Anhang am Ende des zweiten Bandes: